谨 贺

《植物油料加工产业学》

出版发行

中国粮油学会油脂分会

中国农机院油脂所

益海嘉里集团

二OO九年九月

◎ 主要作者介绍 ◎

王瑞元，男，1938 年 8 月生，江苏无锡人。1964 年毕业于江南大学油脂专业，享受国务院特殊津贴的教授级高级工程师。现任中国粮油学会常务副理事长、中国粮油学会油脂分会会长；中国粮食行业协会常务副会长、中国粮食行业协会小麦分会理事长。曾任粮食部粮油工业局局长、商业部商办工业司司长、国内贸易部工业司司长；中谷粮油集团公司总裁。

1964 年至今先后发表了行业建设、学术研究和经济管理等方面的论文 100 多篇，主要编撰出版了《中国油脂工业发展史》和《粮油食品营养与健康》等著作，主持完成了《植物油料加工产业学》一书的编著工作。

穆彦魁，男，1960 年 9 月生，河北井陉人。1985 年毕业于河南工业大学油脂专业，高级经济师。现任益海嘉里集团副董事长兼秦皇岛金海粮油工业有限公司总经理；上海益海企业发展公司、金海食品、益海石家庄面粉厂、富锦米业、益海昌吉粮油等十余家集团所属企业董事长；河北省食品工业协会副会长；中国粮食行业协会常务理事；中国粮食经济学会常务理事；秦皇岛市人大代表。曾任河北省粮食集团副总裁。

从 2000 年至今，主持了秦皇岛金海粮油、金海食品浓缩磷脂等工程项目，在我国率先制定了水稻循环加工模式，并在负责分管集团北方的 30 多家粮油加工企业得到实施。

李子明，男，1964 年 11 月生，四川广安人。1986 年毕业于河南工业大学油脂专业，享受国务院特殊津贴的研究员、硕士研究生导师。现任中国包装和食品机械总公司总经理；中国粮油学会理事，中国粮油学会油脂分会常务副会长、秘书长；中国农业机械学会农产品加工工程分会副理事长；中国机械工程学会包装与食品工程分会理事。

自 1986 年以来，主持完成了“YLZ 系列振动排渣过滤机的研制”课题，获得机械部科技进步三等奖、国家级新产品称号；主持研制的“YJP 系列油料挤压膨化机”获得中国机械科技进步二等奖，填补了国内空白，荣获中央企业劳动模范荣誉。

赵云发，男，1954 年 4 月生，山西汾阳人。1982 年元月毕业于河南工业大学粮食工程专业，高级工程师。现任银川高新技术产业开发区法制局调研员。曾任银川面粉厂副厂长；银川高新技术产业开发区经济发展局副局长、局长，招商局局长。中国农机院油脂所客座教授。

1976 年至今，主要编撰出版了《小麦制粉实用技术》、《小麦粉路基础》、《电力拖动》、《工厂建筑概论》、《数学三角形》、《球形网架结构设计》等多部著作。曾获宁夏回族自治区科技进步成果二等奖与三等奖各一项，拥有发明专利一项、实用新型专利三项。

ZHIWU YOULIAO JIAGONG CHANYEXUE

植物油料加工产业学

下 册

主　编　王瑞元
副主编　穆彦魁　李子明　赵云发

化学工业出版社
·北京·

本书共分上、下两册 7 篇 49 章，从产业经济学的角度研究植物油料加工产业实践的工程技术问题和解决的途径。通篇贯穿了工程科学、工程实践、工程效益与效能提升发展的主线，从产业概论到植物油料加工实践，从技术标准到过程控制、从政策法规到产业环境，较为系统地阐述了以植物油料为加工对象的产业化实践意义和工程实践经验。

本书适合从事油料加工的技术人员、管理人员、培训人员参考。

图书在版编目（CIP）数据

植物油料加工产业学．下册/王瑞元主编．—北京：化学工业出版社，2009.9

ISBN 978-7-122-06445-5

Ⅰ.植… Ⅱ.王… Ⅲ.植物油-油料加工-产业经济学 Ⅳ.F407.82

中国版本图书馆 CIP 数据核字（2009）第 135008 号

责任编辑：靳星瑞　　　　文字编辑：刘志茹　向　东　孙凤英

责任校对：顾淑云　　　　装帧设计：周　遥　相　海　任嘉嘉

出版发行：化学工业出版社（北京市东城区青年湖南街 13 号　邮政编码 100011）

印　　刷：北京永鑫印刷有限责任公司

装　　订：三河市万龙印装有限公司

880mm×1230mm　1/16　印张 24½　彩插 2　字数 778 千字　　2009 年 9 月北京第 1 版第 1 次印刷

购书咨询：010-64518888（传真：010-64519686）　　售后服务：010-64518899

网　　址：http://www.cip.com.cn

凡购买本书，如有缺损质量问题，本社销售中心负责调换。

定　　价：135.00 元

《植物油料加工产业学》编委会

编委会主任 相 海

编 委

王瑞元 穆彦魁 李子明 相 海 赵云发
涂长明 左恩南 姚 专 曲永询 张根旺
刘大川 李志伟 刘世鹏 褚绪轩 王兴国
宫旭洲 伍翔飞 张振涛 谷克仁 何东平
陈 刚 王 哲 王玉梅 周丽凤 张甲亮
刘喜亮 丁福祺 傅敦智 陶 钧 胡新标
周伯川 陈德炳 秦长泽 薛雅琳 徐新平
魏国平 郭 明 郝克非 姜巍伟 徐 斌
潘小平 闫子鹏 刘显树 江汉忠 景 波
贾先义 罗 俊 任卫民

《植物油料加工产业学》编写人员

主 编 王瑞元

副主编 穆彦魁 李子明 赵云发

编写人员

相 海 涂长明 周海军 李 超 胡淑珍
张 丽 周伯川 傅敦智 陶 钧 李志伟
周丽凤 李少华 任嘉嘉 宋健宇 牟广英

前 言

植物油料加工产业是一个传统的产业，随着当今先进的工业制造技术、生物技术与计算机技术在植物油料加工领域的渗入与应用，植物油料加工产业成为一个朝气蓬勃的朝阳产业。特别是近二十年来在国民生活水平逐步提高的背景下，植物油料加工产业得到了迅猛的发展，它对国民经济的重要贡献，已成为“粮油生命产业”的重要支柱产业。

由于植物油料具有食物安全、能源安全，以及在世界范围内消除贫困的重要作用，越来越受到世界各国政府和企业家们的重视。植物油料作物具有适应性强、易种植、生产周期短、含有丰富的营养成分等特点。在我国北纬33°～26°区间，属于中亚热带气候区，其冬季光、温、水条件较好，是我国植物油料——油菜籽作为冬季农业的主要产品；在我国北纬26°以南，属于南亚热带和热带气候区，其冬季光、温、水资源丰富。据初步估算，这一地带适宜发展冬种植物油料农业的冬闲农田有1070万公顷，占区内耕地面积的70%，进一步发展各种植物油料种植的潜力很大。发展植物油料冬季农业已成为我国农业增效和农民增收的重要途径之一。由此可见，发展我国植物油料加工产业具有潜在的资源优势。

植物油料加工产业的主营产品之一是食用植物油。2006年，我国食用植物油人均占有量16.91kg，2008年，我国人均占有量已达到全球食用植物油人均占有量19.48kg的水平。食用植物油市场销售量稳步增长，标志着我国食物结构进一步改善。食用植物油是食物安全的重要组成部分。食物安全包括食物数量安全、食物质量安全、食物结构安全；数量安全是基础，质量安全是保障，结构安全是关键；结构安全不仅牵涉食物安全的营养平衡体系，更牵涉植物油料加工产业的发展方向。因此，关注植物油料加工产业化是产业化实践的主题。

植物油料加工产业主营产品之二是食用饼粕与饲料饼粕。食用饼粕是人们重要的蛋白质资源，它是我国食物结构中营养平衡、健康评价的重要物质，人体所需的氨基酸大部分来自于植物蛋白质。现今以饼粕为原料加工的产品富含蛋白质，它不仅是食品，而且是功能性营养食品，是高附加值产品，是人类赖以生存的蛋白质资源性产品。特别是近几年，营养食品和功能性食品发展很快，积极开辟饼粕市场具有潜在的市场需求。

随着人们健康需求的期望值不断提高，因此人们对肉、奶、蛋的需求也随之提高，为此饲料工业所需的饲料饼粕具有稳定持久的市场需求。以植物油料为原料的饼粕加工，它既是开发植物资源、提高企业经济效益的需要，也是综合提高植物油料经济价值的需要，具有提高植物油料加工产业化整体水平的优势。

近几年来，植物油料加工的产品在印刷油墨、建筑油漆与涂料、机械制造冷却润滑等领域作为助剂或者作为代用品的开发生产，更大地推动了植物油料加工产业化的开发、研究、生产、产业一体化的步伐。当前国际石油能源危机致使全球经济的发展受到了很大制约，而以植物油料为生产对象作为能源燃料代用品兴起的生物柴油能源工业将进一步推动植物油料加工业的发展。

植物油料加工产业的工程实践是以植物油料为加工对象，它不同于一般意义的油脂制取，它不仅包括油脂制取的工程实践，还包括植物油料饼粕的开发、利用和生产工程实践，也包括植物油料深加工系列产品的开发、利用和生产实践。为了比较精确地阐述清楚植物油料加工产业的形成、发展，有必要对一些基本概念在这里解释一下。

产业的概念。产业一词，旧时指私有的土地、房屋、工厂等财产。现时关于产业的含义远不止旧时特指的财富范畴，比如人们常说的第一产业是指农业，第二产业是指工业，第三产业是指服务业；又如信息产业、教育产业、汽车产业等。产业一词是现今出现频率非常高的一个词，即使在政府的报告中、专家的论文中，很少在论述工程问题和经济分析时，不用或少用“产业”这个词。由此可见，理解和应用“产业”一词非常重要，根据作者工作实践的理解，“产业”一词是泛指从事某领域进行资源开发、生产加工、管理服务、效益评价等一系列经济活动的集合。在英文的词汇里，产业和工业同是一个词"industry"，即产业和工业类同，这足以见得汉语文明的博大精深，又折射出产业一词源于工业。

产业化的含义。产业化的内涵源于工业化。从政治经济学与微观经济学的阐述中可知，工业化的大致含义是指机器大工业在国家或者地区经济中发展并取得优势地位的过程，它推动整个国家经济或者地区经济的工程技术升级，资源合理配置使生产日益社会化。从工业化这个意义上讲，产业化的含义可以理解为从事某领域资源开发、生产制造、产品售后服务全过程经济活动的集合，并在该领域的经济活动中取得优势地位的过程。

植物油料加工产业学的内涵。植物油料加工产业学是关于以植物油料为加工对象，并在植物油料加工领域中探索工程实践与经济活动取得优势地位的学术研究过程的学问。本书立意提出"植物油料加工产业学"进行理论研究，是试图对植物油料加工领域、工程实践、过程控制以及产业政策与标准等领域对取得优势地位的有关过程进行探索性阐述，本书既包括了产业基础理论的内容，也包括工程实践方面的内容，本书以重视实践性为主，工程原理较少阐述，希望得到读者的认知。

正值中华人民共和国诞生六十周年之际，《植物油料加工产业学》一书的编著在中国粮油学会油脂分会及众多专家的支持和关注下，在中国农业机械化科学研究院、中国包装和食品机械总公司、益海嘉里集团的鼎力支持下出版了。这是遵照党中央、国务院科学发展观的精神，促进我国油料生产发展的战略思路，对我国改革开放以来植物油料加工行业科研攻关、引进消化吸收、产业提升、科研成果应用、产业化实践的一次全面性、技术性、科学性的总结。本书的编著汇集了众多专家学者的科研智慧，也凝聚了在实践探索中为之不懈奋斗的创业者的辛勤汗水和心血。

在编写此书的过程中，中国农业机械化科学研究院油脂所（北京中农康元粮油技术发展有限公司）相海所长付出了艰辛的努力和精心的策划；益海嘉里集团为此书的出版给予了鼎力支持，在此表示衷心的感谢。

由于编者的知识水平有限，尽管在编著过程中努力追求完善，但书中难免有疏漏之处，欢迎读者提出批评和改进意见。

张志元

2009 年 7 月

下册目录

第四篇　深加工产品工程实践

第五篇　过 程 控 制

第六篇　产 业 环 境

第七篇 产业政策与标准

第四篇

深加工产品工程实践

第二十四章　皂脚生产脂肪酸及其衍生产品

在植物油料加工过程中，从加工产业链层面上讲，第一层面为植物油脂（或植物饼粕）；第二层面上为植物饼粕（或植物油脂），第三层面上是植物油料分离出油脂和饼粕的同时，生产出一些附加产品，（或称副产品），诸如皂脚、糠蜡、以及油脂杂质等。本章主要阐述利用各种植物油料的皂脚生产脂肪酸及其下游产品的情况。

第一节　皂脚中脂肪酸的含量及其组成

一、皂脚中脂肪酸的含量

皂脚是油脂精炼过程中碱炼工序植物油脂的副产品。在皂脚中含有原料油脂的全部游离脂肪酸，并以肥皂形式而存在。由于碱炼的植物油脂对象不同，也由于生产中操作工艺和分离方法的不同，其中肥皂含量在25%～30%，中性油12%～25%，总脂肪酸40%～50%，其余都是水分和少量的胶体物质、色素、游离碱及饼屑等。

二、皂脚中脂肪酸的组成

皂脚中脂肪酸的化学成分随原料油脂的品种不同而不同。各种油料皂脚都可以生产出与原料油脂相同的混合脂肪酸，经分离可以制得各具特色的脂肪酸。从技术角度和操作角度上讲，应根据每种油料皂脚中含有的最大成分，或相对较大成分的那一种脂肪酸进行提取与分离提取的路线，这就是大家常说的“技术上可行，经济上盈利”的生产经营原则。因此，重视每种油料皂脚中特色脂肪酸的组成，是油料皂脚生产产品的前提。表24-1列出了几种油脂皂脚中脂肪酸的组成范围。

表24-1　几种油脂皂脚中脂肪酸的组成范围　　单位：%

名　称	糠油	菜籽油	豆油	棉籽油	花生油	茶籽油	亚麻油	葵花籽油	棕榈油
软脂酸($C_{16:0}$)	12～18	1～3	7～10	20～23	6～9	7.6	9～11	4.6～6.8	32～47
硬脂酸($C_{16:0}$)	1～3	1～2	2～6	1～8	3～6	0.8	9～11	1.7～3.9	1～6
花生酸($C_{20:0}$)				0.2～1.5	2～4				
棕榈油酸($C_{16:1}$)									
油酸($C_{18:1}$)	40～50	12～18	15～30	23～35	53～71	83.3	13～29	29.3～60	40～52
亚油酸($C_{18:2}$)	29～42	12～16	43～56	42～54	13～27	7.4	15～30	29.9～61.8	5～11
亚麻酸($C_{18:3}$)		7～9	5～11				44～61	0.2～0.5	
花生油酸($C_{10:1}$)		3～6				0.6			
芥酸($C_{22:1}$)		45～55							

皂脚中脂肪酸的含量。从表内可看出，米糠油、棉籽油、花生油、茶籽油的皂脚适宜生产油酸；豆油皂脚适宜生产亚油酸；亚麻油皂脚适宜生产亚麻酸。棉籽油、米糠油皂脚还可以生产硬脂酸（以十六碳为主）。

第二节　脂肪酸的理化性质和用途

脂肪酸是一个泛概念。诸如植物，它包括谷类、豆类等。脂肪酸是油酸、亚油酸、硬脂酸、软脂酸、亚麻酸等各个特色脂肪酸的总称。各个特色脂肪酸主要由含碳数不同而相关的。

一、脂肪酸的理化性质

在自然界，植物油料是脂肪酸的主要来源之一，组成天然脂肪酸的碳数大部分在二十碳以下。植物油的脂肪酸多数以偶数出现，并以十六碳和十八碳脂肪酸分布最广泛。

脂肪酸可分为饱和与不饱和脂肪酸两大类。一般在食用植物油中的不饱和脂肪酸是十八碳酸，如油酸、亚油酸含量都较高；菜籽油具有较多的二十二碳-烯酸。饱和脂肪酸有十四碳的豆蔻酸、十六碳的棕榈酸（又称软脂酸）、十八碳的硬脂酸。

在常温条件下，饱和酸凝固点较高，呈固体状态；不饱和酸凝固点低，呈液体状态。

脂肪酸分子中具有羧基基团，是一种极弱的酸，与氢氧化钠、氢氧化钾能生成脂肪酸钠（钾）盐，即肥皂。在强酸存在下能分解生成相应的脂肪酸和盐。

脂肪酸在氧存在的情况下，发生氧化分解，生成酸酐、酮、烃、低碳脂肪酸等，不饱和脂肪酸部分还会产生聚合作用，在高温下或催化剂、微生物、杂质存在时，氧化作用会加快。为了提高产品得率，保证产品质量，在生产过程中要创造条件，避免杂质混入，采用高真空蒸馏等。

不饱和酸在双键处可以起加氢反应，生成饱和酸，轻化工业上用的高级硬脂酸，一般用油脂氢化工艺制得。植物油脂肪酸的理化常数见表 24-2。

表 24-2　植物油料皂脚中脂肪酸的理化常数

名　称	中和值	相对分子质量	碘值	熔点/℃	沸点/℃	相对密度(20℃/40℃)
豆蔻酸($C_{14:0}$)	245.67	228.39		53.9	190.8	0.858(60℃)
棕榈酸($C_{10:0}$)	218.8	256.43		63.1	205.8	0.853(62℃)
硬脂酸($C_{10:0}$)	197.22	284.49		67.6	225	0.847(68.3℃)
花生酸($C_{20:0}$)	179.52	312.54		75.35	204(1.0)	0.827(100℃)
油酸($C_{18:1}$)	198.63	282.47	89.86	13.36(α-)	223	0.895
亚油酸($C_{18:2}$)	200.06	280.45	181.01	−5～−6.5	204(1.4)	0.9038(18℃)
亚麻酸($C_{18:3}$)	201.5	278.44	273.47	−11～12.8	157～158(0.001)	0.9046
花生油酸($C_{20:1}$)	180.69	310.52	81.74	24～24.5		0.8382(25℃)
芥酸($C_{22:1}$)	165.72	338.58	74.97	33.4～34.7	254.5	0.8532(70℃)

注：沸点右下角括弧内数字为在绝对压力时，其余未标明的在 10mmHg 时（1mmHg=133.322Pa）。

二、产品用途

1. 硬脂酸　硬脂酸主要用于橡胶工业、制皂工业及制取抛光膏、黄油等。其衍生物可用作合成去垢剂、香皂、化妆品、光泽剂、润滑脂、唱片材料、塑料工业、油漆工业及各种类型的保护涂料的原料。硬脂酸如能进一步提纯，降低碘值至 2 以下，硬脂酸可制取酯类、金属盐、棕榈醇、酰胺等。

目前一般油厂生产的硬脂酸，其中还含有一定数量的不饱和脂肪酸，碘值较高，降低了硬脂酸的使用价值。

2. 油酸　油酸为浅黄色或赤褐色的液体，是制取洗涤剂的重要原料，广泛用于毛纺工业。此外，亦可用作淫游洗矿剂、砖瓦脱模剂、皮蕈厂制革剂等。

3. 亚麻油脂肪酸　亚麻油是很好的干性油，能形成富有弹性而坚固的膜，保护被覆盖的物体。亚麻油脂肪酸除具有亚麻油的性能外，还具有比亚麻油更好的干燥性，因此可以制造高级油漆。

第三节　皂脚生产脂肪酸工艺及操作

皂脚生产脂肪酸由混合脂肪酸的制取和混合脂肪酸的分离两部分组成。在工业生产中，混合脂肪酸的制取有皂化酸解法、酸化水解法、高温催化剂法、高温无催化剂法和高温连续水解法等。混合脂肪酸的分离有冷冻压榨法、表面活性剂离心分离法、精馏法、溶剂分离法、尿素分离法等。在油脂工厂，目前皂脚脂肪酸的制取和分离，有的采用酸化水解冷冻离心分离法，大部分采用皂化酸解冷冻压榨分离法。

一、酸化水解冷冻离心分离法

1. 工艺流程　示意图见图 24-1。

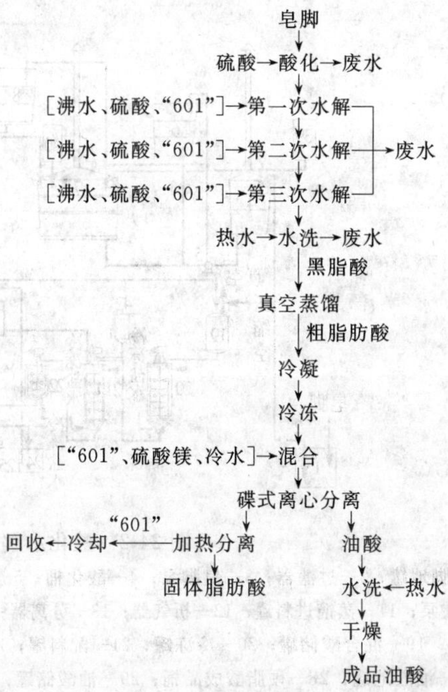

图 24-1　酸化水解冷冻离心分离法工艺流程示意

2. 酸化水解离心分离法工艺过程　酸化水解离心分离法工艺流程参见图 24-2。现结合工艺图说明如下。精炼油皂脚送入皂脚地罐 1，经过滤器 2，由皂脚泵 3 送入酸化桶 4，由硫酸计量罐 39 加入浓硫酸，分去皂脚中水分成酸化油，经耐酸泵 5 打入酸化油储存桶 6 储存，进一步静置分去酸化油中残余水脚后，仍由耐酸泵 5 打入常压水解木桶 7，由“601”表面活性剂计量罐 40 加入“601”和热水罐 41 加入热水及从硫酸计量罐 39 加入浓硫酸进行常压水解成黑脂酸，再由泵 5 打入黑脂酸储存桶 8，静置储存，进一步分去黑脂酸中残余水脚，放入水洗罐 9，由热水罐 41 供应热水进行水洗，经耐酸泵 10 打入蒸馏进料罐 11，由真空吸入夹套加热器 47、析气器 12，除去黑脂酸中空气和水分，进入道生加热器 14，加热至240～250℃，喷入半连续蒸馏塔 15，混合脂肪酸蒸气由塔顶进入夹套冷凝器 16 和列管冷凝器 17，将其冷凝成液体混合脂肪酸，进入受器 18，放入混合酸储罐 19，用压缩空气压入冷冻罐 20，由夹套通入冷冻盐水进行冷冻，冷冻之料用压缩空气压入配料罐 21，由“601”计量罐 42 加入“601”和回用水冷却罐 43 加入回用水，并加入预先溶解好的硫酸镁溶液，配好的料用压缩空气压入混合罐 22，进入碟式离心机 23 进行离心分离成轻、重两相。重相为硬脂酸和“601”的水溶液，流入硬脂酸地罐 24，用蒸汽加热后，由耐酸泵 25 打入硬脂酸分水塔 26，用蒸汽加热静置分层，放去底层“601”水溶液，上层为硬脂酸成品，装桶出厂。下层“601”水溶液放入回用水暂存罐 45，由耐酸泵 46 打入列管冷却器 44，用水预冷后进入回用水冷却罐 43，用冷却盐水进一步冷却至所需温度给配料备用。轻相为油酸，放入油酸地罐 27，由真空吸入油酸储罐 29，用压缩空气压入油酸水洗罐 30，由热水罐 41 加入热水进行水洗，洗去油酸中的“601”，再加热至 95～105℃用压缩空气鼓风脱水后，放入油酸成品罐 31。

3. 生产工艺和操作方法

(1) 酸化分水　酸化分水是使皂脚中的脂肪酸钠盐在硫酸作用下生成脂肪酸，并除去皂脚中的水分、胶质和杂质。

酸化反应式：

$$2RCOONa + H_2SO_4 \rightarrow 2RCOOH + Na_2SO_4$$

皂脚在酸化木桶中用直接蒸汽加热煮沸，在不断翻动下慢慢加入浓度 96% 的浓硫酸，如皂脚中杂质少，pH 值控制在 5～6，杂质多 pH 值控制在 2～3。用酸量为皂脚的 2%～3%。硫酸加毕，经常用烧杯取样观看，至杯中分为清楚三层（上层为粗脂肪酸；中层为泥层，此层愈少愈好；下层为废水）时，即表示酸化已好。酸化后静置半小时，放去废水和中间层。

(2) 常压水解　常压水解是使酸化油中的中性油在催化剂存在下水解生成脂肪酸和甘油。

$$\begin{array}{l} CH_2OCOR \\ | \\ CHOCOR \\ | \\ CH_2OCOR \end{array} + 3H_2O \xrightarrow[H_2SO_4]{\text{“601”}} 3RCOOH + \begin{array}{l} CH_2OH \\ | \\ CHOH \\ | \\ CH_2OH \end{array}$$

常压水解分三次进行。

第一次在酸化油中加 30% 的沸水，1% 的浓硫酸和 3% 的“601”，用直接蒸汽煮沸 8 小时，静置半小时，放净下层水脚。

第二次在酸化油中加 30% 的沸水，1% 的浓硫酸和 2% 的“601”，用直接蒸汽煮沸 8 小时，静置半

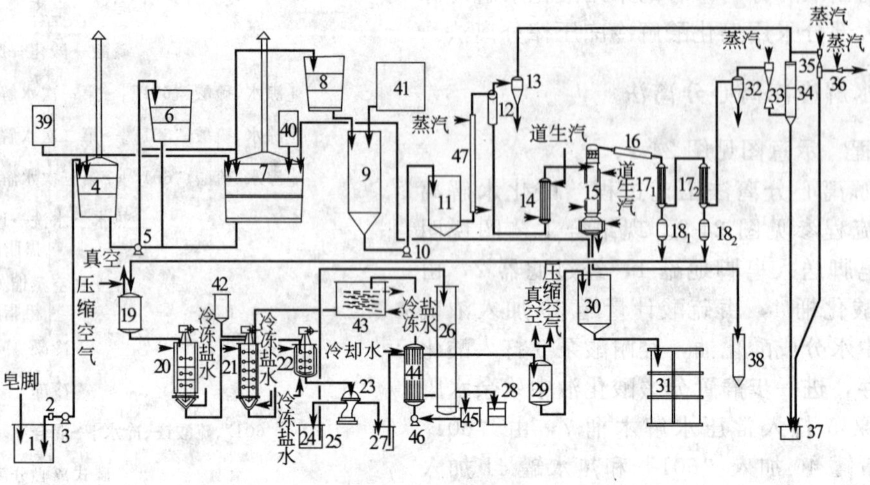

图 24-2 酸化水解离心分离法皂脚生产脂肪酸工艺流程

1—皂脚地罐；2—过滤器；3—皂脚泵；4—酸化桶；5—耐酸泵，6—酸化油储桶；7—分解桶；8—黑脂酸储桶，9—黑脂酸水洗罐；10—耐酸泵；11—蒸馏进料罐；12—析气器；13—分离器；14—道生加热器；15—蒸馏塔；16—夹套冷凝器；17—列管冷凝器；18—混合酸受器；19—混合酸储罐；20—冷冻罐；21—配料罐；22—混合罐；23—碟式离心机；24—硬脂酸地罐；25—耐酸泵；26—分水塔；27—油酸地罐；28—硬脂酸成品桶；29—油酸储罐；30—油酸水洗罐；31—油酸成品罐；32—分离器；33—一级蒸汽喷射泵；34—大气冷凝器；35—二级蒸汽喷射泵；36—三级蒸汽喷射泵；37—水封池；38—黑脂塔；39—硫酸计量罐；40—“601”计量罐；41—热水罐；42—“601”计量罐；43—回用水冷却器；44—回甩水冷却器；45—回用水暂存罐；46—耐酸泵；47—夹套加热器

小时，放清下层水脚。

第三次在酸化油中加 30％的沸水，1％的浓硫酸和 1％的“601”，用直接蒸汽煮沸 4 小时，至酸值合格（脂肪酸质量指标）为止，静置半小时，放去水脚。

（3）水洗　水洗是除去黑脂酸中残存的硫酸根离子，防止后道设备严重腐蚀。

黑脂酸用 40％～50％的沸水多次洗涤至放出的废水 pH 值 6～7 为止。水洗料温 80～90℃，每次水洗静置时间半小时，静置时如水与脂肪酸分层困难，可加入少量食盐使乳化破坏。

（4）蒸馏　黑脂酸经高温真空蒸馏，达到除去杂质，改善色泽的要求。

洗净的黑脂酸放去水脚后，用间接蒸汽预热至 80～90℃，利用蒸馏系统的真空将黑脂酸吸入套管加热器加热至 130～140℃，进入析气器除去水分和空气，最后进入道生加热器加热至 240～250℃喷入蒸馏塔，脂肪酸气化后从塔顶进入夹套冷凝器和列管冷凝器，冷凝成液体混合酸进入储罐中。

未气化之脂肪酸沿塔身降膜板流入塔底，继续用道生加热至 260～270℃，并喷入直接蒸汽使其气化，当塔底残液达一定数量时，停止进料，并将塔内脂肪酸尽量蒸出后放出残渣。

蒸馏时各部位仪表控制数据：

进料罐料温	80～90℃
套管加热器	130～140℃
道生加热器	240～250℃
塔顶	220～230℃
塔底	260～270℃
套管冷凝器冷却水温	40℃
列管冷凝器冷却水温	50～60℃
大气冷凝器冷却水温	≤35℃
塔顶真空度	≥750mmHg（1mmHg＝133.322Pa）
喷射泵蒸汽压力	≥10kgf/cm^2（1kgf/cm^2＝98.0665kPa）
直接蒸汽压力	＜2kgf/cm^2
道生进汽温度	310℃
道生回汽温度	280℃

道生蒸汽压力　2.5～3kgf/cm²

(5) 冷冻分离　粗蒸馏的脂肪酸是一种混合物，其碳链长短各不相同，饱和程度也各不相同。在一定温度下，饱和脂肪酸呈固态，不饱和脂肪酸呈液态，在有表面活性剂存在时，由于饱和脂肪酸的极性较不饱和脂肪酸为小，阴离子表面活性剂分子较易在晶体与溶液界面上形成稳定的亲液胶体，而不饱和脂肪酸不易生成这种胶体，因此固体酸与液体酸被分隔开来。在有少量硫酸镁等电解质的存在下，可降低系统的黏度及液体酸的分散度，使液体酸的液滴更容易聚集，有助于与含有固体酸的表面活性溶液分离。这种胶状液由于内部组分的相对密度不同，故可借助离心力分离而得液体酸（油酸）和含有固体酸的表面活性剂溶液。

将粗混合脂肪酸在冷冻罐内边搅拌（20～30r/min）边冷却4～6小时至10～12℃，冷冻罐夹套内通入零下10℃左右的氯化钙溶液（浓度18°Bé）。

经冷冻的混合脂肪酸进入配料罐，在搅拌下（转速60～70r/min），加入6.5%的“601”、3%的硫酸镁水溶液、150%左右的冷水（水温与料温相同）。料配好后压入混合罐在不断搅拌（转速60～70r/min）下进入碟式离心机分离成轻、重两相。轻相是油酸，先加热至80～90℃，用沸水洗去残存的“601”，再加热至95～105。经鼓风脱水，即是成品油酸。

重相为硬脂酸与“601”的水溶液，用间接蒸汽加热至80～90℃，静置分为两层，上层为硬脂酸成品，下层为“601”水溶液，经冷却后可以回收复用。

4. 产品得率与辅助物料的消耗

(1) 产品得率见表24-3。

表24-3　产品得率

品　种	油酸	硬酸	合计	备注
糠油、豆油皂脚	27.57%	17.67%	45.24%	混合皂脚
糠油皂脚	26.46%	19.29%	45.75%	
糠油、菜籽油皂脚	28.91%	12.9%	41.81%	混合皂脚

(2) 辅助物料消耗（每吨皂脚计）见表24-4。

表24-4　辅助物料消耗

浓硫酸	烷基磺酸“601”	硫酸镁	煤	电	水
83.21kg	59kg	9kg	430.62kg	165kW·h	5.29t

5. 影响工艺效果的因素

(1) 酸化分水时，水脚必须放清，否则，在常压水解时影响水解效果。

(2) 黑脂酸水洗，必须洗至放出废水的pH值为6～7，否则，引起后道设备严重腐蚀，影响设备的使用寿命。

(3) 冷冻离心分离，“601”与硫酸镁的用量与原料脂肪酸的组成有关，原料不同，所加的量必须在实践中摸索，过多过少都会使分离发生困难。

(4) 油酸水洗后采用鼓风脱水，虽能除去水分，但使油酸与空气大量接触，容易氧化，使色泽加深，降低了油酸的质量。可以考虑采用水洗后真空脱水，提高油酸的质量。

另外，硬脂酸与“601”水溶液加热分离后，即为成品，硬脂酸中的水分和“601”未除去，也可考虑先水洗而后真空脱水，提高硬脂酸的质量。

(5) 根据上海油脂二厂的实践，离心分离宜采用碟式离心机；管式离心机由于离心力小，进料喷头易阻塞。

6. 主要生产设备　酸化水解冷冻离心分离法的主要生产设备见表24-5。

二、酸化水解冷冻压榨分离法

1. 工艺流程　工艺流程见图24-3、图24-4。

表 24-5　主要生产设备（生产能力 5 吨/日）

设备名称	材料	规格(mm)	数量	备　注
酸化桶	杉木或不锈钢	ϕ1500×2000	1	桶壁涂生漆,底部装有一圈直接蒸汽盘管
水解桶	杉木或不锈钢	ϕ3000×2200	1	桶壁涂生漆,底部装有二圈直接蒸汽盘管
		ϕ1500×2000	1	
水洗罐	不锈钢(1Cr18Ni9Ti)	ϕ1300×3200	1	内有不锈钢蛇管,上部装有一圈喷水管
		锥高 400		
析气器	同上夹套 Q235 管	ϕ400×1500	1	顶部有折流板,内装瓷管
道生加热器	(1Cr18Ni9Ti)壳体	ϕ300×1500	1	加热面积 2.5m^2
蒸馏塔	Q235 不锈钢	塔底 ϕ900×600	1	塔底:有一圈蛇管喷入直接蒸汽,并有夹套加热
	(1Cr18Ni9Ti)	塔身 ϕ500×2000		塔身:外有夹套,内有十二块纵向降膜板
	夹套 Q235	塔顶 ϕ500×700		塔顶:有折流板
列管冷凝器	不锈钢(18Ni9Ti)	ϕ250×1500	2	冷却面积 1.7m^2
冷冻罐	壳体 Q235	ϕ800×2000	2	罐内有板浆式搅拌器,配涡轮变速箱
	不锈钢(18Ni9Ti)	锥高 600		动力 8kW
	夹套 Q235			
配料罐	同上	同上	1	浆式搅拌叶,配涡轮变速箱,动力 3kW
冷冻机		JZS-2F10	2	
皂脚泵		XYS-2	1	制冷量 14000kcal/h
真空泵		W_4	1	流量 10t/h
三级蒸汽喷射		50FB1-25	1	抽气量 370m^3/h、抽空气:12kg/h
耐腐蚀离心泵			3	抽湿空气:36kg/h
碟式离心机			1	流量:14m^2/h;扬程:25m;配动力 8kW
空气压缩机			1	

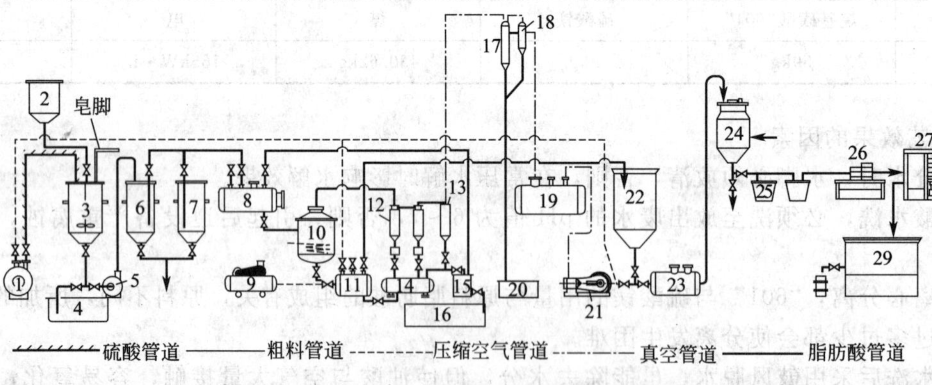

图 24-3　皂化酸解压榨分离法皂脚生产脂肪酸工艺流程图（一）

1—硫酸储罐；2—碱液缸；3—皂化酸解锅；4—酸水中和池；5—离心泵；6—干燥锅；7—储存锅；8—暂存罐；9—空压机，10—蒸馏釜；11—压送罐；12—冷凝器；13—分离器；14—接受器；15—回收罐；16—回收物地下池；17—大气冷凝器；18—分离器；19—真空平衡罐；20—水封池；21—真空泵；22—精脂酸暂存锅；23—压出罐；24—冷冻锅；25—冷冻缸；26—工作台；27—压榨机；28—脂酸熔化锅；29—油酸储池

2. 生产工艺和操作方法

(1) 皂化　将原料（米糠油）皂脚抽入皂化锅，计量后均匀取样，检验皂化值。计算用碱量，并配成 25°Bé 左右浓度。加热皂脚并不断搅拌（60r/min），同时加热碱液，待皂液沸腾时缓缓加入碱液。加碱完毕，继续煮沸搅拌约 3 h，保持 pH 值 11 左右，从锅中取皂液小样酸化后检验酸值，以后每半小时

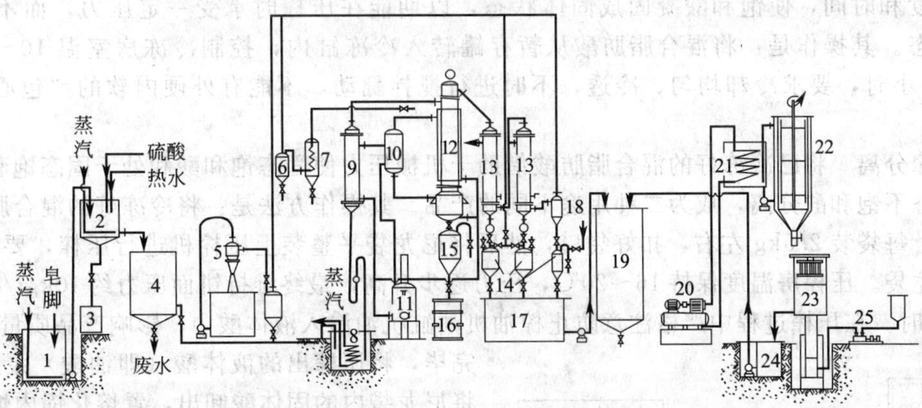

图 24-4　皂化酸解压榨分离法皂脚生产脂肪酸工艺流程图（二）

1—皂化池；2—酸化池；3—翻水池；4—黑酸储存桶；5—喷射泵；6—联苯储存桶；7—冷凝器；8—料池；9—预热器；10—联苯汽包；11—联苯炉；12—蒸馏塔；13—冷凝器；14—接料器；15—黑脚接料器；16—黑脚桶；17—储槽；18—回收器；19—储槽；20—冷冻机；21—盐水箱；22—冷冻搅拌锅；23—压榨机；24—油酸储池；25—油压泵

检验酸价一次，直至皂液酸值达 180 以上，停止皂化（皂液酸值检验简法：取出小样皂液，加硫酸酸化后，置分液漏斗中分离出酸化油，并用热水洗涤，至洗液不呈酸性，干燥后，称取酸化油按测定酸值方法检验）。

(2) 酸解　在停止皂化后的皂液中，缓缓加入稀硫酸，同时用直接蒸汽搅拌。加入的酸量以控制酸液 pH 3～4 为宜。加酸完毕，在 90℃左右搅拌反应 1h 左右（如分层不好需继续酸化），静置 1～2h，放出下层废酸液。

(3) 水洗、干燥　将分离出废酸液后的黑色粗脂肪酸加热至 90～95℃，加入同温等量盐水（浓度约 2%），搅拌数分钟后，静置约半小时，放出洗水，如此进行数次，洗去残余硫酸，直至放出的洗液用 pH 试纸测定接近中性为止。然后升温至 130℃左右，开动搅拌，干燥至液面无蒸汽雾，再转入粗脂肪酸（或称酸化油）暂存罐储存。

(4) 蒸馏　蒸馏的目的是将黑色粗脂肪酸在一定温度和真空度下蒸馏，脂肪酸被蒸馏出来。通过冷凝后得到颜色较浅而且含杂质少的混合脂肪酸，而难以蒸出的不皂化物等成黑脚（沥青残渣）被排出分离。

进料：利用真空，将酸化油从暂存罐吸入蒸馏釜并升温加热，待油温上升到 70～90℃时，开真空进行脱水，至釜内油温上升到 150～180℃时，进行蒸馏（注意此时真空度不能上升太快，以防溢出黑酸，一般可控制在 10min 左右，真空度上升到 720mmHg）同时通过视镜观察出油情况，并严格控制过热蒸汽的大小，不能升得过大，防止釜内液体猛烈沸腾。釜内液相温度 250～290℃，气相温度 230～240℃时出酸正常，当液相温度升高到 290～300℃时的馏分颜色稍深，控制液相温度不超过 300℃。

压油：蒸馏出来的脂肪酸蒸气经冷凝器冷凝后流入接受罐内，当接受罐内液位上升至一定高度时，则通过压送罐把混合脂肪酸压送到精脂酸暂存罐储存。其步骤是先打开压送罐的真空阀拉真空，待压送罐与接受罐真空度相等时，再打开二罐之间的连通阀，脂肪酸则流入压送罐内，当压送罐内脂肪酸液位升至液位视镜中心时，关闭连通阀和压送罐的真空阀，再打开压送罐的压缩空气阀和出酸阀，将脂肪酸压送到储罐。压送完毕，依次关闭各阀。

排放黑脚：蒸馏釜每釜蒸馏黑色粗脂肪酸 4～5 吨后，釜内积存黑脚较多，影响蒸馏质量，黑脚应予排放，其操作是：蒸馏完毕，停止升温，在真空下待釜内液温降至 240℃以下时，停止抽真空，打开直接蒸汽阀和釜底黑脚排放阀，将黑脚排入储池。排放完毕，依次关闭和开启各阀，按“蒸馏”操作进行生产。

冷凝器冷却水温度的控制：在正常蒸馏过程中，为了防止直接蒸汽在冷凝器中被冷凝成水而混入脂肪酸液体中，必须严格控制冷凝器出口冷却水温度不低于 75℃（±5℃）。

(5) 冷冻　混合脂肪酸中含有 50% ～55%不饱和脂肪酸，其余是凝固点稍高的饱和脂肪酸。控制一定的温度和时间，使饱和酸凝固成固体状态，以期能在压榨时承受一定压力。而不饱和脂肪仍处于液体状态。其操作是：将混合脂肪酸从暂存罐转入冷冻缸内，控制冷冻房室温 10～14℃，冷冻时间 20～30 小时，要求冷却均匀、冷透，不时进行搅拌翻动，不能有外硬内软的“包心”现象而影响质量。

(6) 压榨分离　将已冷冻好的混合脂肪酸借助于机械压力使固态饱和酸和处于固态饱和酸晶体颗粒组织中的液态不饱和酸分离，成为二种用途不同的产品。其操作方法是：将冷冻好的混合脂肪酸装入圆形尼龙袋内，每袋装 2.5kg 左右，扣好袋口，然后将尼龙袋平整装上压榨机进行压榨，要求轻压勤压，不得挤破尼龙袋。压榨房温度保持 16～20℃，压力逐步升高，最终维持饼面压力约 10kgf/cm^2。压榨时间 16～24 小时。在压榨过程中严格注意防止榨油机油缸机油渗入液体酸中，影响产品质量。压榨分离完毕，将压榨出的液体酸（即油酸）泵入油酸储罐。将尼龙袋内的固体酸卸出，置熔化锅内熔化，灌桶入库（二种脂肪酸均不能直接接触铁器）。

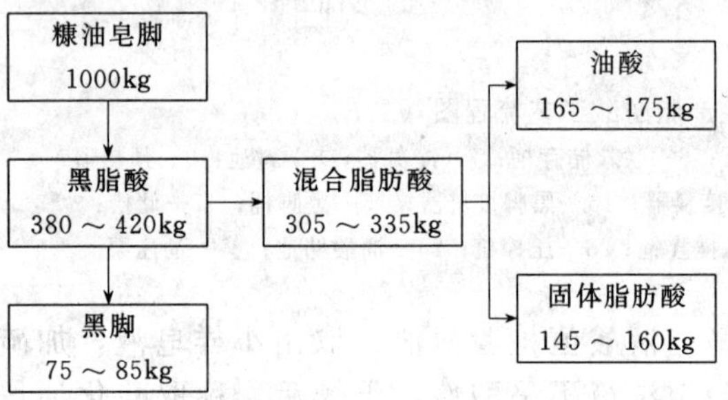

图 24-5　产品得率

皂化酸解冷冻压榨分离法，操作较易掌握、上马容易。但酸碱耗用量大，在各生产环节中存在着一定的浪费和污染，劳动条件也较差，在蒸馏和分离方面和近代技术有不少差距，有待进一步研究改进。

3. 产品得率和辅助物料消耗

(1) 产品得率见图 24-5。

(2) 辅助物料消耗　一吨混合脂肪酸耗用烧碱 (38°Bé) 0.25～0.34 吨，硫酸（工业用酸）0.25～0.3 吨。

4. 皂化酸解冷冻压榨分离法的主要生产设备见表 24-6（生产能力：3 吨/日）

表 24-6　主要生产设备

编号	设备名称	规格型号	数量	备　注
1	皂化锅	容量 10m^3	1	
2	酸化锅	容量 10m^3	1	内衬瓷板
3	干燥锅	容量 6m^3	1	内衬瓷板
4	碱槽	2m^3	1	
5	酸槽	20m^3	2	
6	压酸罐	1.2m^3	1	
7	黑脂酸储罐	10m^3 以上	1	
8	蒸馏釜	ϕ1200×2000	1	包括直接火灶
9	冷凝器	7m^2	2	
10	大气冷凝器		1 套	
11	真空泵	W_4	2 台	1 台备用
12	空压机	0.6～2m^2/min	1	
13	精脂肪酸储罐	10m^3	1	
14	制冷设备	10×10^{4}kcal/h	1 套	
15	压榨机	90 型改制	5～10 台	
16	接受罐	0.6m^3	2	一只作压送罐用

第四节　脂肪酸质量指标和检验方法

一、产品质量指标

根据现行工艺，现在通用的企业质量标准见表 24-7。

表 24-7　脂肪酸质量指标

企业	品种	理化指标					
		酸值	皂化值	碘值	凝固点	水分	色泽
Ⅰ	菜油固酸	175～185	175～185	90～100	25～35℃	<0.5%	
	糠油固酸	190～200	190～200	80～90	40℃左右	<0.5%	
	菜油酸	180～190	180～190	100～110	<8℃	<0.5%	
	糠油酸	185～190	185～190	110～125	<8℃	<0.5%	
Ⅱ	棉油固酸	202～212	202～214	45～54	48～50℃	<0.5%	
	棉油酸	194～198	196～200	130～140	<8℃	<0.5%	
	菜油固酸	190～200	192～202	60左右	39～43℃	<0.5%	
	菜油酸	185～190	187～192	124～127	<4℃	<0.5%	
Ⅲ	糠油固酸	190～202	190～205	55～65	38～42℃	<0.5%	
	糠油酸	190～202	190～205	98～118	8～10℃	<0.5%	
Ⅳ	亚麻油酸	>190	>190	>160	180℃左右	<0.3%	

注：Ⅰ、Ⅱ、Ⅲ、Ⅳ分别表为国内某企业。

二、检验方法

1. 中和值　中和值系指中和1克脂肪酸所需氢氧化钾的毫克数。

(1) 仪器　250mL锥形瓶、25mL和50mL碱式滴定管、分析天平、水浴锅。

(2) 试剂和溶剂

① 酚酞指示剂（1%酚酞乙醇液）。

② 95%乙醇，以0.1mol/L KOH中和到酚酞指示剂恰好变色为止。

③ 0.1mol/L氢氧化钾标准溶液。称取纯氢氧化钾5.6g溶于1000mL蒸馏水中，混合均匀后，用邻苯二甲酸氢钾溶液标定。

标定方法：精确称取邻苯二甲酸氢钾（预先在125℃烘箱内烘干）0.5～0.8g于干燥洁净的250mL锥形瓶中，加入50mL蒸馏水溶解后，加入三滴酚酞指示剂，以氢氧化钾标准溶液滴定至呈微红色为止。按下式计算氢氧化钾的浓度。

$$浓度=\frac{W}{V\times 0.2042}$$

式中　W——所取邻苯二甲酸氢钾的质量，g；

V——所消耗氢氧化钾的体积，mL；

0.2042——邻苯二甲酸氢钾毫克当量。

(3) 测定步骤　称取试样0.4～0.5g（精确至0.0002g）于250mL锥形瓶中，加入50mL预先已中和的95%乙醇，摇和，使试样溶解（如未溶解可置水浴锅上微热，并不时加以摇动，使试样完全溶解，冷却到15～20℃）。加入2滴酚酞指示剂，以氢氧化钾标准溶液滴定，至溶液微红色为止（以30秒钟不退色为止），同时做平行试验。

计算方法（平行试验的允许误差不超过1）：

$$中和值=\frac{N\times V\times 56.11}{W}$$

式中　N——氢氧化钾标准液的浓度；

V——滴定时所耗0.1mol/L KOH标准液的体积，mL；

W——油样质量，g；

56.11——KOH的摩尔质量。

2. 碘值　碘值系指100g油脂所能吸收碘的克数。测定碘值直接鉴定脂肪酸的不饱和程度。

(1) 仪器　碘值瓶250mL或500mL，50mL滴定管，移液管10mL、20mL、25mL各一支，量筒10mL、50mL，具有磨砂塞的1000～2000mL细口瓶，水浴锅，分析天平。

（2）试剂与溶剂

① 三氯甲烷（分析纯），不得含有游离氯和水分。

② 15%浓度的碘化钾溶液。

③ 1%淀粉指示剂。

④ 韦氏碘液。将 8.7g 纯碘溶于 1000mL 冰醋酸中，放在水浴锅上加热，使碘完全溶解（温度不超过 100℃），冷却后取出约 200mL 存放，再取出 10mL 以 0.1N 硫代硫酸钠标准溶液滴定，其余部分加 7.9g 的三氯化碘摇匀。再取 10mL 碘液，用硫代硫酸钠标准溶液滴定，使所耗硫代硫酸钠的量恰好为加三氯化碘前的 2 倍来判断。如滴定耗用硫代硫酸钠量大于 2 倍，表示含有游离氯，会发生取代反应，使结果偏高，故应加入一部分事先取出的碘液，以除去游离氯。再用硫代硫酸钠滴定，如此反复，直到碘液符合要求。

韦氏碘液受日光照射时易分解，温度高时亦易分解，故配好的韦氏碘液应储于棕色有塞的玻璃瓶中，并放在阴凉处。

⑤ 0.1N 重铬酸钾溶液。称取 4.9035g（±0.0002）溶解于蒸馏水中，稀释至 1000mL，摇匀储藏在玻璃瓶中备用。

⑥ 0.1N 硫代硫酸钠标准溶液。称取纯结晶硫代硫酸钠 25g，溶于煮沸放冷的蒸馏水中，稀释至 1000mL，用 0.1N 重铬酸钾标准溶液标定。

标定方法：用移液管准确吸取 25mL 0.1N 重铬酸钾溶液于碘值瓶中，加入 10mL 15%的碘化钾溶液及 5mL 盐酸（相对密度 1.19），摇匀静置 5min，加入 100mL 蒸馏水，立即以硫代硫酸钠溶液滴定之，直至黄色将退尽时，加入淀粉指示剂 1mL，再滴定至蓝色消失为止。

计算方法：

$$硫代硫酸钠的浓度=\frac{N_1V_1}{V_2}$$

式中　N_1——重铬酸钾浓度；

V_1——重铬酸钾的体积，mL；

V_2——滴定时所耗硫代硫酸钠溶液的体积，mL。

硫代硫酸钠标准溶液配制后，需静置一星期再行标定使用，并放在阴暗处。

（3）测定步骤　用减量法称取试样 0.2～0.5g（精确至 0.0002g）于碘值瓶内，加三氯甲烷 10mL，摇匀，使试样完全溶解。然后用移液管加入 251mL 韦氏碘液，塞紧瓶塞。在瓶与塞的骑缝处以碘化钾溶液封瓶口（此液不能太多，只封住瓶口而不应流入瓶中），摇匀后，置瓶于黑暗处 60min。然后取出加 15%碘化钾溶液 10mL 及蒸馏水 50mL，摇匀，以 0.1N 硫代硫酸钠标准溶液滴定到黄色将退尽时，加 1mL 淀粉指示剂，继续滴定至蓝色消失为止。同时做空白试验。

计算方法：

$$碘值=\frac{(V_2-V_1)\times N\times 0.1269}{W}\times 100$$

式中　V_1——试样所耗硫代硫酸钠标准溶液体积，mL；

V_2——空白试验耗硫代硫酸钠标准溶液体积，mL；

N——硫代硫酸钠的浓度；

0.1269——碘的毫克当量。

平行试验允许误差不超过 1。

（4）注意事项

① 韦氏液在 14℃以下会冰冻，因此冷天应放在保温箱内。

② 韦氏液自滴定管放出的速度，在同一试验中必须一致。

③ 冰醋酸不得含有还原性物质，精制方法如下，每 800mL 冰醋酸内加入高锰酸钾 8～10g，移入圆底烧瓶中，装回流冷凝管进行加热回流，继续静置至氧化完全，再将烧瓶内容物移入蒸馏瓶进行蒸馏，接取 118～119℃的馏出物。

3. 皂化值　皂化值是指完全皂化一克油脂所需的氢氧化钾毫克数。

(1) 仪器 250mL 磨口锥形瓶，回流冷凝器，水浴锅，50mL 滴定管，25mL 移液管，分析天平。

(2) 试剂与溶剂

① 精制乙醇。称取硝酸银 2g 加入 3mL 水，注入 1000mL 95%乙醇中，剧烈振荡。另取氢氧化钠 3g，溶于 15mL 热澄清溶液而蒸馏之。

② 酚酞指示剂。

③ 0.5mol/L 氢氧化钾乙醇溶液。称取 30g 分析纯氢氧化钾于 1000mL 磨口棕色瓶内，加 1000mL 95%精馏乙醇，振荡摇匀。

④ 中性乙醇。在 95%乙醇中加酚酞指示剂数滴，以 0.1mol/L KOH 溶液中和至微红色止。

⑤ 0.5mol/L HCl 标准溶液。取相对密度为 1.19 的分析纯盐酸 45mL，用蒸馏水稀释至 1000mL，以纯无水碳酸钠标定其浓度。

标定方法：称取预先干燥的分析纯无水碳酸钠 0.4～0.5g 于 250mL 锥形瓶中，加 50mL 蒸馏水溶解，加入 2 滴甲基橙指示剂，用盐酸溶液滴定至橙色。滴定至近终点时，最好加热驱除二氧化碳，以使指示剂变色较为明显。按下式计算浓度 N：

$$N=\frac{W}{V\times 0.053}$$

式中 W——所取碳酸钠的质量，g；

V——滴定所耗盐酸标准液的体积，mL；

0.053——碳酸钠的毫克当量。

(3) 测定步骤 称取油样 2g (精确至 0.0002g) 于 250mL 磨口锥形瓶中，用移液管加入 0.5mol/L 氢氧化钾乙醇溶液 25mL，接上回流冷凝器，在水浴锅上加热煮沸 60min，并经常摇动瓶中内容物，直到样品完全皂化，取下回流冷凝器，加 10mL 中性乙醇及 0.5mL 酚酞指示剂，趁热立即以 HCl 标准溶液滴定至终点，记其用量。同时做平行试验。另作空白试验。

计算方法：

$$\text{皂化值}=\frac{(V_2-V_1)\times N\times 56.11}{W}$$

式中 V_2——空白试验所耗盐酸标准液的体积，mL；

V_1——试样所耗盐酸标准液的体积，mL；

N——盐酸标准液浓度；

W——样品克数。

平行试验允许误差不超过 2。

4. 凝固点 凝固点系指融化的油脂或脂肪酸冷却凝固时的温度。

(1) 仪器 包括凝固点测定器 (由烧杯、广口瓶、试管及温度计等组成)，烧杯 1000mL，广口瓶 (容量 200mL、高 110mm、瓶颈 35mm)，试管 (内径 20mm、长 150mm)，温度计刻度 0.1℃。

(2) 测定步骤 将脂肪酸置于烘箱中或电热板上加热，除去脂肪酸的水分，冷却到 60℃左右，注入测定测管中，插入温度计，温度计离试管底 10mm，不断搅拌，至温度不再下降或开始回升时即停止搅拌。在温度回升后再度下降前的最高温度即为脂肪酸的凝固点。以两次平行测定之平均数为最后结果。平行试验允许误差为 0.5℃。

5. 水分及挥发物

(1) 仪器 包括烘箱，结晶瓶，干燥器，分析天平。

(2) 测定步骤 称取油样 15～20g，于已知质量的结晶瓶内，放入 100～105℃烘箱中烘 75min，取出置于干燥器中冷却，称重，再复烘 30min，冷却称重，直至连续两次称重所减少的质量不超过 0.001g 时为止。如连续称重中遇有质量增加时，则以前一次质量为准。

$$\text{水分及挥发物}(\%)=\frac{G_1-G_2}{W}\times 100$$

式中 G_1——试样与结晶瓶质量；

G_2——干燥后试样与结晶瓶质量；

W——油样克数。

平行试验结果允许误差不超过 0.04（%）。

第五节 皂脚生产硬脂酸工艺及操作

硬脂酸是脂肪酸族中的一员，它也是皂脚生产脂肪酸的衍生产品之一。当然棉籽油料皂脚和米糠油料皂脚中都分别含有1%～8%与1%～3%的硬脂酸，但由于提取与分离的得率太低，生产成本相对较高，工业生产未进入“利润区”（此概论后续章节中专门论述），在实际生产中，一般不采用直接提取和分离的方法。工业及小型实验室广泛采用的方法，是以棉籽皂脚、米糠皂脚生产的油酸后的固体脂肪酸为原料，经几次保温压榨而得，其硬脂酸的主要成分为十八烷酸（占 90%以上）。

一、硬脂酸的物理性质和用途

1. 硬脂酸的物理性质　以十八烷酸为主的硬脂酸，呈白色或微黄色结晶，相对密度 0.849（70℃/4℃），熔点 63～64℃，沸点 271.5℃（100mmHg），不溶于水，微溶于石油醚，溶于冷乙醇。加热时易溶解，并易溶于乙醚、氯仿和冰醋酸。

2. 硬脂酸的用途　硬脂酸的用途很广，在橡胶工业中作轮胎、胶鞋、运输带等的增塑软化剂；在化工上制造硬脂酸钡等多种金属皂，用作塑料工业的润滑剂和热稳定剂；在日用化学工业上用于制造雪花膏、护肤膏；在文教用品工业上用于制造复写纸、蜡笔等；在医学工业上用做药丸赋形剂、药膏的乳化剂。此外，硬脂酸在印染工业上作打光剂；皮革工业上作上光剂，制保革油；铸造工业上作脱模剂。

二、生产工艺及操作

本工艺生产原理是利用十六烷酸（熔点 63～64℃）、十八烷酸（熔点 69～70℃）和十八烯酸（一烯酸熔点 13.2℃，二烯酸熔点－5℃）的熔点不同，进行压榨分离而得。

1. 工艺流程如下

固体脂肪酸 → 加热打浆 → 灌袋 → 电热恒温压榨机 → 粗硬脂酸 → 真空蒸馏 → 冷凝 → 产品成形

电热恒温压榨机 → 混合脂肪酸

2. 生产工艺和操作方法　将分离油酸后的固体脂肪酸（凝固点一般不低于 45℃），加热搅拌打成均匀浆状，灌入布袋（布袋规格 200mm×750mm），每袋约装 1kg，用木棍压平，然后装入立式电热恒温压榨机中压榨。榨机外套恒温约 60℃。温度低于 60℃，榨出的低凝固点脂肪酸流动性差，影响压榨效果，反之，温度太高则使袋内固体脂肪酸大量熔化造成流失，影响硬脂酸得率。

压榨时要轻压勤压。升压太快不但影响产品质量，而且也降低了硬脂酸的得率。经过几次压榨，直至粗制品符合质量要求。如在利用棉籽油皂脚所制的固体脂肪酸时，每经过一次压榨即可提高凝固点 4～6℃，经 2～3 次压榨即可使硬脂酸凝固点达到 54℃以上。粗制硬脂酸再进行真空蒸馏（和脂肪酸蒸馏相同），即得硬脂酸成品。未蒸出的即为黑脚。

三、主要生产设备（见表 24-8）

压榨机为立式方形，夹层绕以电热丝，安装在陶瓷绝缘管内，功率 3kW。

表 24-8　主要生产设备

设备名称	材料	规格	数量
打浆机	不锈钢	ϕ500×600	1
恒温压榨机	不锈钢	660	1
布袋	棉布	200～750	若干
真空蒸馏设备	不锈钢		1套

四、硬脂酸的质量指标和检验方法

1. 硬脂酸的质量指标

凝固点　≥54℃

皂化值　190～220

中和值　188～218

碘值　≤16

水分　0.5%

色泽　白色至微黄色

2. 检验方法，参照脂肪酸的检验方法。

第六节　硬脂酸钡的生产工艺与操作

目前工业上使用的硬脂酸钡，由55%的十六烷酸钡和45%的十八烷酸钡组成。植物油厂是利用十六烷酸生产硬脂酸钡。

一、硬脂酸钡的理化性质和用途

1. 硬脂酸钡的理化性质

十八烷酸钡，呈白色粉末，有微毒，不溶于水及醇，遇强酸分解成十八烷酸和相应的钡盐。

2. 硬脂酸钡的用途

硬脂酸钡主要用作聚氯乙烯塑料制品的润滑剂和热稳定剂，橡胶工业制品的脱模剂以及电缆中绝缘材料等。

以十八烷酸为主要成分的硬脂酸，还可以生产其他硬脂酸盐，如硬脂酸锌，硬脂酸铝、硬脂酸钙、硬脂酸铅、硬脂酸镉等。广泛应用于塑料、油漆、医药、纺织、机械等工业上，其制造方法与硬脂酸钡相似。

二、生产工艺及操作

（一）硬脂酸钡的生产原理

硬脂酸与苛性碱可以进行皂化反应，生成硬脂酸钠，然后再与氯化钡发生复分解反应生成硬脂酸钡，其化学反应式如下：

$$C_{15}H_{31}COOH + NaOH \longrightarrow C_{15}H_{31}COONa + H_2O$$

$$2C_{15}H_{31}COONa + BaCl_2 \longrightarrow Ba(C_{15}H_{31}COO)_2 + 2NaCl$$

（二）生产工艺流程

氢氧化钠　氯化钡

硬脂酸→皂化→复分解反应→水洗→离心分水→干燥→粉碎→成品

（氢氧化钠加入皂化工序，氯化钡加入复分解反应工序）

（三）生产工艺和操作方法

1. 皂化　将定量的液碱泵入反应锅中，加10～15倍的水冲成稀碱液，加热到90℃以上，在搅拌下逐渐加入预先熔化的硬脂酸液，待皂化完全后用试纸测定pH值，如pH值不等于10，可以用液碱或硬脂酸调节之。皂化必须完全，但加碱量不宜过多，以免皂液中过量的NaOH在复分解反应中与$BaCl_2$生成$Ba(OH)_2$。

2. 复分解反应　皂化完成后，皂液中掺入过量的冷水，使皂液温度降低至40℃左右，在搅拌下均匀而缓慢地加入浓度为10%～15%的氯化钡溶液，一旦澄清即为反应终点。皂液温度过高和加氯化钡液的速度太快都会使硬脂酸钡的颗粒变粗，降低了产品的视密度。

3. 水洗、分水、干燥、粉碎　将复分解反应生成的沉淀物硬脂酸钡进行漂洗，把产品中的氯离子洗净。终点用1%的$AgNO_3$检验，检验的方法是：把漂洗出来的废水放入试管中，在另一支试管中放入洗涤用水，二支试管各滴入一滴1%的$AgNO_3$，摇动，如产生的白色浑浊相仿，则说明漂洗干净了，否则还须继续漂洗。

洗净的硬脂酸钡用三足离心机甩干，然后送入烘房干燥。烘房的温度不超过110℃为宜。因为温度太高将使硬脂酸钡熔化，冷却后成黄色块状，造成废品。烘干的硬脂酸钡经过粉碎即是成品。

生产一吨硬脂酸钡大约要用硬脂酸800kg，氯化钡（98%）450kg，液碱（30%）450kg。

三、主要生产设备（见表24-9）

表24-9　主要生产设备

设备名称	材料	规格	数量	备注
反应锅	不锈钢	ϕ1100×1500	1	
笼式洗涤锅	钢板、竹	ϕ1100×1500	1	
离心机	不锈钢	ϕ600	1	
烘房	砖	ϕ650×9500×1000	1	可采用气流烘干
粉碎机	不锈钢	ϕ310	1	
硬脂酸熔化桶	不锈钢	ϕ600×1000	1	
氯化钡液储桶	不锈钢	ϕ600×1000	1	
液碱储存桶	钢板	ϕ500×1000	1	用不锈钢作材料更好
旋风分离器	不锈钢	ϕ600×1500	1	

四、质量指标和检验方法

（一）硬脂酸钡的质量指标（见表24-10）

表24-10　硬脂酸钡质量指标

序号	指标名称	指标	序号	指标名称	指标
1	色泽	白至微黄色	4	细度(140目筛通过)/%	100
2	含钡量/%	21±1	5	水分/%≤	1
3	游离脂肪酸/%≤	1			

（二）检验方法

1. 检验仪器　万分之一分析天平，电烘箱（0～300℃），140目细筛及实验室常规仪器。

2. 检验方法

(1) 水分　称取试样约2g，精确至0.0002g，置于恒重玻璃蒸发皿或带盖扁形称量皿中，于105℃±5℃的烘箱内干燥至恒重。水分含量计算：

$$水分(\%)=\frac{干燥失重}{样品重}\times 100$$

(2) 游离脂肪酸　试剂和溶液。中性酒精液：于95%试剂酒精中加酚酞数滴，滴加0.1mol/L NaOH至呈微红色，摇匀。酚酞指示液：称取1.0g酚酞溶于100mL 95%试剂酒精中。0.1mol/L NaOH标准溶液。

测定方法。精确称取试样约4g，置于150mL烧杯内，加入中性酒精80mL，搅拌放置10min，待硬脂酸钡溶解后过滤，收集滤液，残渣再以20mL中性酒精洗涤三次，将洗液并入滤液，加入酚酞指示剂2滴，以0.1mol/L NaOH标准溶液滴定至呈微红色，30秒钟内不退色即为终点。

$$游离脂肪酸(\%)=\frac{N\times V\times 56.11}{210W}\times 100$$

式中　V——滴定消耗氢氧化钠的体积，mL；

N——氢氧化钠标准液的浓度；

W——试样质量，g；

56.11——氢氧化钾的克当量；

210——硬脂酸的平均中和值。

(3) 钡含量　试剂和溶液（见HGE33001—59）：0.05mol/L H_2SO_4标准溶液，0.1mol/L NaOH

标准溶液

混合指示剂：1 体积 0.1%甲酚红乙醇液与 3 体积 0.1%麝香草酚蓝溶液。

测定方法：精确称取试样约 1g，精确至 0.0002g，置于 250mL 锥形瓶中，沿瓶壁用移液管精确滴加 0.05mol/L H_2SO_4 标准溶液 50mL，装上冷凝回流管，稍加热回流至上层油层（硬脂酸液层）透明为止。然后以热蒸馏水冲洗冷凝管，再过滤，用热水洗涤至残渣无酸性为止。洗涤液加混合指示剂 2～3 滴，用 0.1mol/L NaOH 标准液回滴至黄色变为紫蓝色。记下所消耗的 0.1mol/L NaOH 溶液的体积，mL。同时再做一次空白试验。

计算：

$$钡含量(\%)=\frac{(V-V_1)\times N\times 0.06867}{W}\times 100$$

式中 V——空白试验所耗用氢氧化钠标准液的体积，mL；

V_1——试样回滴所耗用氢氧化钠标准液的体积，mL；

N——氢氧化钠标准液浓度；

W——试样质量，g。

（4）细度 称取试样 10g，置于 150mL 锥形瓶中，加入澄清的工业酒精 100mL 摇匀，然后倒入 140 目筛过滤，另取澄清的工业酒精将锥形瓶内及筛上的硬脂酸钡冲洗过筛，筛上应无硬脂酸钡及可见的机械杂质。

第七节 皂化油的生产工艺与操作

一、皂化油的用途

皂化油又称乳化油、皂化溶解油、肥皂油或调水油。使用时与软水掺合成稳定的白色乳化液。作用以冷却为主，润滑为次，用于金属切削等粗加工，此外，可作水泥预制件的脱模剂。

国内市场销售的皂化油大多呈淡褐色至深褐色液状，是以植物油脂——菜籽油为主要原料制造皂基。如上海某工厂生产皂化油的配方中用菜籽油 16.6%。由油脚和皂脚生产油酸进而生产以油酸钠为皂基的液状皂化油和膏状皂化油。

二、生产工艺及操作

生产皂化油即利用油酸、松香与氢氧化钠在矿物油中生成皂基类乳化剂，再酌加乙醇等适量稳定剂制成。

（一）工艺流程

1. 液状皂化油工艺流程

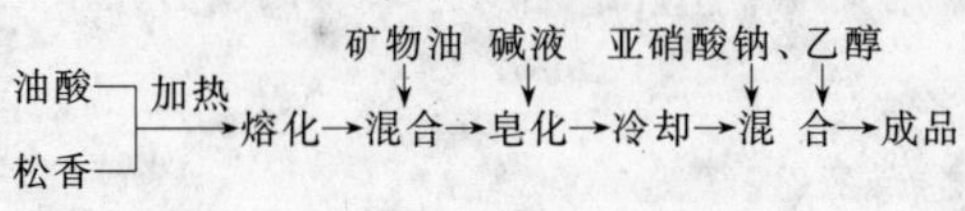

2. 膏状皂化油工艺流程

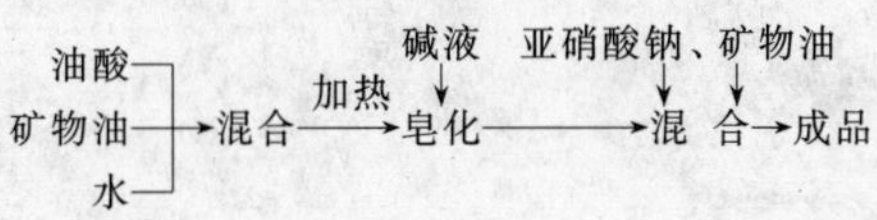

（二）生产工艺和操作方法

1. 液状皂化油 将定量的油酸加入皂化锅内加热，逐步加入与油酸等质量的松香粉，待熔化后，再加入 7 倍于油酸的矿物油（机油或柴油），搅拌混合均匀，此时应保持温度 70～90℃，在不断搅拌下缓缓加入浓度 30%的碱液，碱量为油酸质量的一半，使油酸和松香充分皂化。由于碱液浓度有误差，所以在操作中要用试纸定时测定皂液的 pH 值，要求皂化完成后的 pH 值在 9～10。如果不符合要求，可以用碱液或油酸酌情调节到合格。然后将液状皂化油冷却到50℃以下，在搅拌中加入油酸量一半的酒精和百分之一的亚硝酸钠。搅拌均匀后即是成品。

液状皂化油的配方：

2号油酸	10%	酒精(95%)	5%
松香粉	10%	液碱(30%)	5%
矿物油	69.9%	亚硝酸钠	0.1%

2. 膏状皂化油　将8kg油酸加入皂化锅，然后加入16.9kg矿物油（机油或柴油）及10.5kg水，三者搅拌混合均匀，加热至40～60℃。在不断搅拌下缓缓加入浓度30%的液碱4.5kg，使油酸充分皂化。此时用试纸测定皂液的pH值，要求达到pH值7～8为合格。如不符合可用液碱或油酸调节到合格。然后在不断的搅拌下渐次加入50kg的矿物油和0.1kg的亚硝酸钠。搅拌均匀后即为膏状皂化油。

膏状皂化油的配方比例：

2号油酸	8.0%	软水	10.5%
矿物油	66.9%	液碱(30%)	4.5%
亚硝酸钠	0.1%		

生产皂化油的设备较简单，只需一只加热搅拌锅或桶即可进行生产。

三、皂化油质量指标

指　　标	液状油	膏状油
pH值(试纸法)	9～10	7～8
10%乳液静置24h	无明显分离	无明显分离
腐蚀试验：10%乳液放入少量铸铁屑，室温下放24h	不发生锈蚀	不发生锈蚀

第二十五章　米糠糠蜡的制取与应用

脱蜡是米糠油精炼工艺中的一道关键工序。米糠油之所以要脱蜡有两方面的原因，一方面米糠蜡存在与米糠油中，在人体内不能消化吸收，不仅毫无食用价值，直接影响米糠成品油的质量和得率；另一方面糠蜡是重要的化工原料，也是开发高附加值的功能性产品，医原料。因此，米糠糠蜡的制取与应用具有直接的技术价值和经济价值。

第一节　米糠油中糠蜡的含量及组成

一、米糠油中糠蜡的含量

米糠油中含糠蜡 3%～5%，油温低则结晶析出成浑浊状悬浮于油中，油温高则溶于油中成透明状态。毛糠油经脱酸、脱色、脱臭等工序后再经脱蜡工序获得的粗蜡，称蜡糊（亦称糠蜡油），其成分含量为：蜡 40%～50%，油 50%～60%。

二、糠蜡的组成

糠蜡主要为高碳直链脂肪酸和高碳醇结合的酯。其成分大致如下：

纯蜡中的脂肪醇含量	55%～60%
纯蜡中的脂肪酸含量	40%～45%
纯蜡中的主要组分：	
蜡酸蜂花酯（C_{26}酸 C_{30}醇酯）	43%～44%
蜡酸蜡酯（C_{26}酸 C_{26}醇酯）	21%～22%
异蜡酸异蜡酯（甲基在 C_{24}上）	9.5%～10.5%

第二节　糠蜡的制取和利用

糠蜡是一种混合物，属天然蜡，是由高级脂肪酸与高级一元醇组成的酯类化合物，是精炼食用米糠油时所得的蜡糊再经提制而得的副产品。糠蜡的组成单纯而稳定，品质接近被誉为“蜡中之王”的巴西棕榈蜡。一般国产糠蜡的熔点为 78～80℃，其精制程度越高，熔点越高；在常温下相对密度为 0.97。光泽度很好，为巴西棕榈蜡的 1.2～1.5 倍。

目前，国内制蜡一般以蜡糊或毛蜡为原料，制蜡方法大致分为两种，一种以蜡糊为原料，采用压榨-皂化法；另一种是以蜡糊或毛蜡为原料，采用溶剂萃取法。[8]

商品糠蜡一般为棕褐色固体（如经脱色则为浅黄色），表面光洁，性脆不黏，结晶细密。其熔点 78～82℃，酸值 2～5，碘值 8～12，皂化值 60～70，不皂化物 45%～55%。

米糠蜡的用途十分广泛，在食品工业中是石蜡和巴西棕榈蜡的良好代用品，可用作糕点分离型剂，冷冻食品赋形剂，口香糖可塑剂、巧克力糖果抛光剂，水果、蔬菜、鱼肉制品保鲜被膜剂，以及油脂行业煎炸油、铁板油添加剂，饲料行业颗粒黏结剂等。也可供制蜡纸、复写纸、地板蜡、鞋油、抛光膏及水果喷洒保鲜剂等原料。而且糠蜡可作为开发高附加值功能性产品二十八烷醇和三十烷醇的原料。因此近年来，米糠蜡的制取、开发利用日益受到有关厂商的密切关注。利用糠蜡为原料开发高附加值的功能性产品二十八烷醇和三十烷醇[19]。二十八烷醇是一种天然的抗疲劳物质，具有可增进体能，提高人体耐力，改进新陈代谢比率，减少必要的需氧量及刺激性激素等多种功能。在美国、日本等国家，二十八烷醇已被广泛应用于功能性食品、各种营养补助品、医药、化妆品、高档饲料中；三十烷醇是一种新型天然植物生长调节剂，它与已知的五大类植物激素不同，对动植物的生长发育具有特殊的调节和控制作用，具有用量少、成本低、作用大、无公害等特点，广泛用于玉米、水稻、高粱、小麦、花生、茶叶、蘑菇等作物上。

第三节　压榨皂化法生产糠蜡

从“蜡糊”中制取糠蜡就是把油及其他混杂物从“蜡糊”中分离出去，以获得纯度较高、能适应不同用途的精制糠蜡。其方法有溶剂萃取法和压榨皂化法两种。目前，我们在生产中大多是用压榨皂化法提制糠蜡。

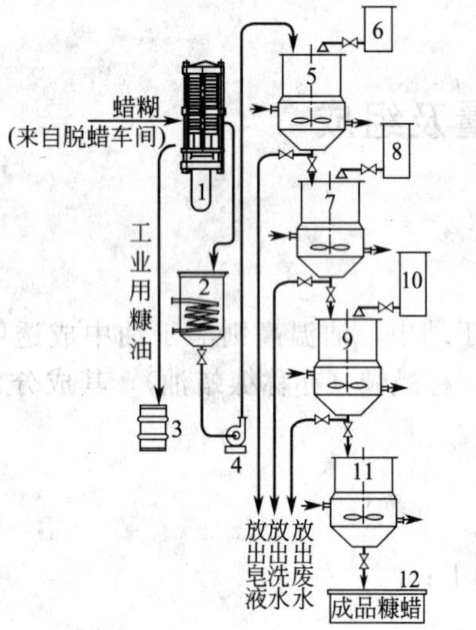

图 25-1　压榨皂化法糠蜡生产工艺流程图

1—90 型榨油机；2—熔蜡锅；3—软蜡及油桶；4—泵；5—皂化锅；6—烧碱液储池；7—水洗锅；8—热水槽；9—漂白锅；10—次氯酸钠液池；11—脱水锅；12—注锭成型

糠蜡在米糠油中属难皂化物质，一般条件下不易皂化。压榨皂化法就是先用机械压力分出蜡糊中的大部分油脂，然后采用淡碱（7～9°Bé 烧碱）皂化其中剩余油分，使成稀皂液，与蜡分离。粗蜡经洗涤、脱色、干燥、成型后即得到精糠蜡。

一、压榨皂化法工艺流程

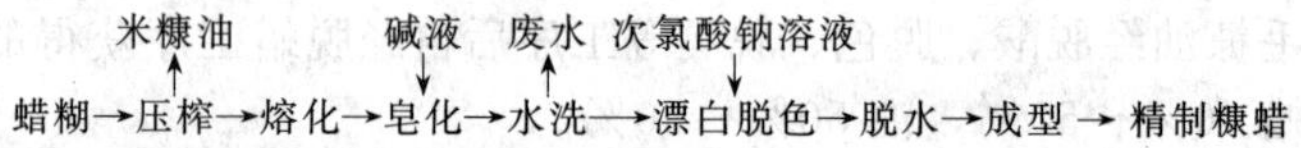

压榨皂化法是根据糠蜡属不皂化物，利用碱液将蜡中的油皂化成皂液而与蜡分离的工艺过程。该法的优点是生产设备简单投资低，缺点是劳动强度大、蜡收率低，同时因蜡中夹带中性油被皂化，产生较多皂洗液，易造成环境污染。其工艺过程见图 25-1。

二、生产工艺和操作技术

从脱蜡滤机上刮下的蜡糊，装入帆布袋，置 90 型液压机上压榨，要求轻压勤压，以流油为度，终端压力为 $120kgf/cm^2$，保持 36℃压榨 24 小时。

压榨完毕，取出袋内块状毛蜡，放入熔蜡储槽中，用间接蒸汽加热熔化后，用泵抽入皂化锅内，计量，按下式计算用碱量，并配制成7～9°Bé 的碱液。

$$液碱量(kg)=\frac{毛蜡量(吨)\times 含油量\%\times 185\times 0.72\times(1.1\sim1.3)}{液碱的质量百分浓度}$$

式中，含油量指丙酮溶解物。简易测定方法：取毛蜡 1～2g（精确至 0.001g），加入 6 倍量丙酮，保持 25～30℃同时搅拌，均匀后，置离心管中于离心机上离心分离 15 分钟，取出，倾出上层清液，再加入 4～5 倍丙酮，搅拌均匀后，离心分离，如此数次，至丙酮洗液无色为止（一般洗 4 次）。烘干称重，失重即为含油量。185 为米糠油皂化值；1.1～1.3 即超碱量为理论碱量的 10%～30%。毛蜡加热到 95℃左右，不断搅拌（60r/min），加入 7～9°Bé 碱液，使充分皂化约 4 小时，停止搅拌，沉淀分离约 60 分钟后，放出下层皂液，再用相当于原料体积1/3～1/2 的沸水，喷淋洗涤数次（约 6 次），直至洗液基本清晰，不呈碱性为止。然后加入次氯酸钠（有效氯不低于 13.5%，加入量为原料的 3%～5%），不断搅拌，至蜡液颜色变浅为止。再用沸水洗涤 2～3 次，放出洗液，（如果成品不需漂白，则此步骤可省掉）。至漂洗完毕，将蜡液升温至 130℃左右，并不断搅拌，干燥脱水，至液面无蒸汽烟雾为止。并立即放出铸模成蜡锭。

三、产品得率及物料消耗范围

产品得率：按毛糠油计为 0.8%～1%，按毛蜡计为 45%～55%。

物料消耗：每吨精糠蜡消耗，36°Bé 液碱 300kg，次氯酸钠 66～110kg。

本法提制糠蜡设备简单，维修费用低，成本低，上马快。但是，产品得率低，蜡损失大，油分损失大，蒸汽耗用多，产品熔点虽较高，但光泽、结晶硬度等均较溶剂萃取法为差。纯度也不够高，仍有少量皂粒不易洗净。

溶剂萃取法制取糠蜡，其熔点可达 80～82℃，产品得率为皂化法的 1.5 倍，蜡中油分可全部回收，节约烧碱，减轻劳动强度，但溶剂消耗量大，设备较复杂，要求密封性好，溶剂的选择及回收等均存在一些问题，目前应用于工业生产还有一定的困难。

四、主要生产设备

设备名称	规格型号	数量	设备名称	规格型号	数量
皂化锅		1	配碱槽	$4.5m^3$	
液压机	90 型	12 台	热水槽	$6m^3$	
熔蜡槽	$3.5m^3$		齿轮泵	$\phi1.25''$	3 台

第四节　溶剂萃取法生产糠蜡

溶剂萃取法是利用糠蜡与油在有机溶剂中的溶解度差异而进行的工艺过程。一般毛糠蜡经溶剂法分离除去中性油及杂质后称为精糠蜡，精糠蜡含油量一般在 10%以下。溶剂法使用的溶剂主要有乙酸乙酯、异丙醇、三氯乙烯、丁酮等，利用精炼米糠油得到的蜡糊为原料时，主要采用溶剂萃取法[8]。该法的优点是可提高米糠蜡得率及其油脂使用价值，改善劳动条件，防止和减轻环境污染；缺点是设备投资大，因使用溶剂作业，对企业劳动管理要求严格。其工艺流程如下：

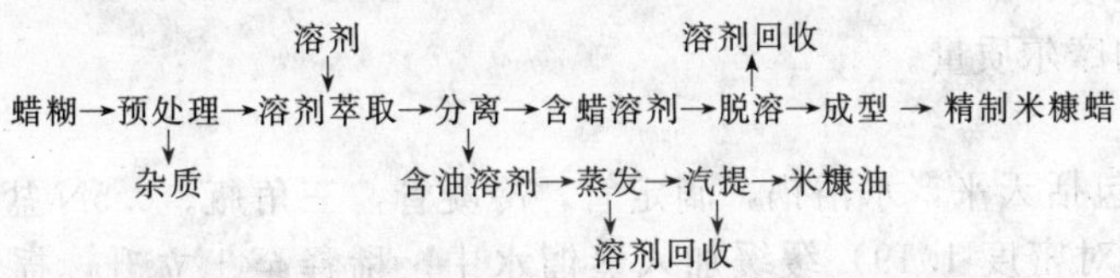

据资料介绍，我国某研究所采用短链醇对毛糠蜡或蜡糊进行脱油析蜡试验，取得了良好效果。工艺流程如下：

毛糠蜡→酸化脱胶→加入短链醇、除去湿热不溶物→保温过滤→回收溶剂→成品蜡

其试验过程为：毛糠蜡（丙酮可溶物 42%）100g，加入 20%磷脂 10mL，90℃搅拌 30min，静止 2h，除去沉淀胶质 5.3g，加入异丙醇 6 倍量，除去热时不溶物 11g，50℃过滤，回收溶剂，得净蜡 53g，蜡中丙酮可溶物 6.2%，蜡的得率为 96%，酸值 2.1mg KOH/g，熔点 79.2℃。近期该所在此试验基础上又对制蜡工艺加以改进，采用碱式脱油、乙醇精制、强化脱色，制蜡色泽呈微黄，制取工艺便捷，且符合食品生产卫生要求。

米糠油及其糠蜡在食品工业、医药与保健品中的广泛应用引起了消费者和生产厂商的高度重视，尤其是米糠油作为营养保健油而备受青睐。近年来由于我国广大油脂工作者的不懈努力，米糠油精炼技术及其糠蜡提取技术与设备已日渐成熟，它们的应用前景将十分广阔，其产生的社会效益和经济效益不可估量。

第五节　糠蜡的质量指标和检验方法

一、糠蜡质量指标

熔点（毛细管法）	＞79℃	皂化值	45～70
酸值	1～2	纯度（丙酮不溶物）	＞92%
碘值	10～30		

二、检验方法

1. 熔点（毛细管法）

（1）仪器 包括毛细管（长 60mm、内径 0.8～1.0mm、壁厚 0.2～0.3mm 玻璃管），温度计（100℃，分度 0.1℃），烧杯，电炉。

（2）操作步骤 将毛细管浸出熔化的蜡样中，使试样注入管中约 10mm，取出置 10℃以下冷处放 16 小时（或用冰水冷却 2 小时）。然后，用橡皮筋将细管紧束于温度计上。使下端试样部分位于水银球旁边，将温度计悬于盛有蒸馏水的烧杯中，使水银球距杯底 20～30mm，开始加热，将温度先调节至低于样品的熔点 8～10℃，并搅动杯内蒸馏水，然后逐渐加热使温度每分钟上升 0.5℃左右。在完全熔化以前，通常先产生软化状态，再继续加热，直至毛细管内的样品完全清晰透明为止。读取这时的温度，取数次测定的平均值，误差应在 0.5℃以上内。

2. 酸值

（1）仪器及试剂 它与皂脚生产脂肪酸的中和值部分相同。

（2）操作步骤 将糠蜡用小刀切成薄片，称取样品 2g，置 250mL 三角瓶中，加入化学纯苯 15mL，摇动，使充分溶解。如溶解甚慢，可微热助溶（注意勿近火源，以免苯蒸汽着火燃烧）。待完全溶解后，加入 95%的中性乙醇 15mL，用酚酞（1%的酒精溶液）作指示剂，立即以 0.1mol/L 氢氧化钾滴定至红色，一分钟内不消失为终点。

计算方法：

$$酸值=\frac{V_{KOH}\times N_{KOH}\times 56.1}{W(样品质量)}$$

式中 V——滴定用氢氧化钾毫升数；

N——氢氧化钾浓度；

56.1——氢氧化钾的摩尔质量。

3. 皂化值

（1）仪器及试剂 包括天平，水浴锅，滴定管，冷凝管，三角瓶。0.5N 盐酸标准液的制备。量取 42mL 分析纯浓盐酸（相对密度 1.19）缓缓加入蒸馏水中。稀释至 1 立升，摇匀备用。另精密称取经 260～270℃干燥半小时的分析纯无水碳酸钠 0.8～1.0g，置 250mL 三角瓶中，用蒸馏水 50mL 溶解后，加入 2 滴甲基橙（0.1%水溶液）指示剂，用配制的盐酸标准滴浦常至橙色。按下式计算浓度；

$$N_{HCl}=\frac{无水碳酸钠质量}{V_{HCl}\times 0.053(碳酸钠毫克当量)}$$

0.5N 氢氧化钾乙醇液。溶解分析纯氢氧化钾 28g 于 1000mL 精制乙醇中，摇匀备用。

精制乙醇（氢氧化钠浸泡法）。称取 80g 氢氧化钠，放入装有 1000mL 乙醇（95%）的瓶内，浸泡 10 天。在浸泡期间，时予摇动，以加速反应的进行。在此期间，溶液颜色不断加深，最后成褐色。10 天后倾出上层溶液蒸馏备用。

（2）操作步骤 称取切成薄片的蜡样 2g，置 25mL 三角瓶中，加入 10mL 甲苯（化学纯），微热溶解。用滴定管加入 25mL 0.5mol/L 氢氧化钾乙醇溶液，连接冷凝管，置水浴锅上加热微沸回流 1 小时，并不时摇动。然后取下以少许中性酒精洗涤冷凝管，加入酚酞指示剂数滴，趁热用 0.5mol/L 盐酸滴定至红色消失。同时作空白试验。

计算方法：

$$皂化值=\frac{(V_0-V)\times N\times 56.1}{样品重(克)}$$

式中 V_0——滴定空白用盐酸毫升数；

V——滴定样品用盐酸毫升数；

N——盐酸浓度。

4. 碘值（卡夫曼法）

（1）仪器及试剂 包括天平，滴定管，吸管，碘值瓶，三氯甲烷。

卡夫曼试液制备。称取预经 130℃干燥过的溴化钠 120g，放入无水甲醇 1000mL 中，不断摇动使溶解。待甲醇饱和作用完毕（经 2 小时后），将甲醇自不溶沉淀中倾出。按每升甲醇加入 5.2mL 溴水，数分钟后，溶液即可备用（储于棕色瓶中）。

0.1N 硫代硫酸钠液制备。称取 25g 硫代硫酸钠及 0.2g 碳酸钠（防止溶液的分解），用刚煮沸即经冷却的蒸馏水溶解后稀释到 1L。保存在洁净的有色瓶中，使不受空气和阳光的作用，放置 8～14 天后，标定其浓度。另准确称取在 130℃干燥过的分析纯重铬酸钾（$K_2Cr_2O_7$）0.15～0.2g，放入 500mL 碘值瓶中，加入 20～30 毫升蒸馏水溶解，再加入 1.8g 固体碘化钾及 2N 盐酸 5mL，充分混合后，置暗处 5min，然后加 200～300mL 蒸馏水稀释，用制备的硫代硫酸钠液滴定至溶液呈浅黄色时，加入 5mL 淀粉指示剂，继续滴定至蓝色消失而呈 Cr^{3+}（三价铬离子）的绿色为止。

计算方法：

$$Na_2S_2O_3=\frac{W\times 1000}{49.035\times V}$$

式中　W——重铬酸钾的质量，g；

V——滴定用硫代硫酸钠的体积，mL；

49.035——重铬酸钾的毫克当量。

（2）操作步骤　准确称取切成薄片的蜡样 0.2～0.4g，于 500mL 碘值瓶中，加入 10mL 分析纯三氯甲烷，摇动待样品完全溶解后，用吸管加入卡夫曼试液 25mL，摇匀置暗处 30min 后加入 10%碘化钾液 20mL 和蒸馏水 100mL，以 0.1N 硫代硫酸钠标准溶液滴定至浅黄色时加入淀粉指示剂 4mL，继续滴定至蓝色消失，同时作空白试验。

计算方法：

$$碘值=\frac{(V_0-V)\times N\times 0.1269}{样品重(克)}$$

式中　N——硫代硫酸钠液浓度；

V_0——滴定空白用硫代硫酸钠毫升数；

V——滴定样品用硫代硫酸钠毫升数；

0.1269——碘的毫克当量。

5. 纯度测定（丙酮不溶物）

（1）仪器及试剂　包括天平，烘箱，离心机，烧杯，离心管，丙酮（化学纯）。

（2）操作步骤　准确称取切成薄片的蜡样 0.5～1.0g 于烧杯中，加入化学纯丙酮 20mL，于 25～30℃浸泡 1 小时，并时时摇动，然后移入已知质量的离心管，离心分离。倾出丙酮层，继续用丙酮洗涤，离心分离数次至丙酮层无色为止。烘去丙酮后置烘箱中于 100℃烘至恒重。

计算方法：

$$纯度(\%)=\frac{[(离心管重+沉淀物重)-离心管重]\times 100}{样品重}$$

第二十六章　米糠油提取谷维素

第一节　米糠中谷维素的含量及其组成

一、米糠中谷维素的含量

在谷类植物种子的胚、种皮、皮层中，谷维素均伴随脂质而或多或少存在，除胚和皮层外，其他部分含量极微。根据大米的加工情况，谷维素在米糠层中含量为0.3%～0.5%，在糙米中为0.03%～0.05%，在白米中为0.006%～0.016%，在精白米中为0.003%～0.006%。

米糠在制取油脂过程中，谷维素随油脂一起流出。谷维素在毛糠油中的含量约在2%～3%，并随稻谷品种、种植条件和制油工艺条件的不同而略有高低。一般寒地稻含量高于热带稻，晚稻略高于早稻，如我国中部、北部的晚稻米糠油的谷维素含量在2.5%～3.0%，南部早稻米糠油的谷维素含量在1.8%～2.3%。在制取油脂过程中，压榨温度高或浸出法制油，谷维素进入油中的量也较压榨温度低的要高些。在目前来说，米糠油中含谷维素量最多，是提取谷维素最合理的原料。

二、谷维素的组成

我们将谷类植物种子中主含环木菠萝醇阿魏酸酯的这类同族物称为谷维素。因此，谷类植物种子中所含的其他阿魏酸酯，例如，玉米胚（油）和大麦糠（油）中阿魏酸酯，其环状醇部分主要为甾醇类中的β-谷甾醇，环木菠萝醇阿魏酸酯的含量很少，不能视为谷维素。

在米糠油所含的阿魏酸酯中，甾醇类阿魏酸酯的含量在15%～20%，其中含量5%上下的有β-谷甾醇酯，菜油甾醇酯在10%～12%，在2%以下或更少的有豆甾醇和二氢-β-谷甾醇、二氢-γ-谷甾醇的阿魏酸酯。环木菠萝醇类的阿魏酸酯占75%～80%，其中环木菠萝烯醇和24-亚甲基环木菠萝醇的阿魏酸酯均在30%以上，环木菠萝醇阿魏酸酯在10%上下，环米糠醇阿魏酸酯在2%上下。此外，含量不到1%或更低的有24-甲基环木菠萝醇、24-甲基环木菠萝烯醇、25-羟基环木菠萝醇、25-乙氧基环木菠萝醇、24-甲基-甲氧基-环木菠萝醇的阿魏酸酯。

在环木菠萝醇类阿魏酸酯中，以24-亚甲基环木菠萝醇和环木菠萝烯醇酯两种占有优势数量，各在40%以上，在谷维素的工艺制品中类同。甾醇类阿魏酸酯保留量略大时，则稍低于此数值，各在40%内外。

工艺措施不同或不当时，要左右环木菠萝醇阿魏酸酯的含量比例，这主要是在溶剂中产生了大量流失和不同溶剂产生的选择分离所致。凡以米糠油为原料制取谷维素，或目前所知的几种不同方法，其中均以24-亚甲基环木菠萝醇和环木菠萝烯醇的阿魏酸酯为主成分。

第二节　谷维素的理化性质和药理作用

谷维素为一同族类天然化合物阿魏酸甾醇酯的混合组分。对这组新物质的个别特点和共同特性的研究还只有十多年历史，对它的认识与分离方法，已经作了不少探索，新用途还在陆续发现。

一、谷维素的物理性质

1. 溶解度　谷维素溶于苯＞氯仿＞二氯乙烯＞丙酮＞乙醚＞石油醚＞庚烷＞己烷＞乙醇＞甲醇。

谷维素溶于各类植物油，溶于植物油和石油醚的混合油。溶于碱性的甲、乙醇，微溶于碱水，不溶于水。

在高沸点的石油烃中溶解度略增，在低沸点的石油烃中溶解度极小。在不饱和烃中溶解度略大，在饱和烃中溶解度略小。

甾醇类阿魏酸酯可溶于热甲醇，不溶于冷甲醇。环木菠萝醇类的阿魏酸酯，不易溶于热甲醇，可溶于乙酸乙酯。

谷维素溶解于各类脂肪酸，特别是不饱和脂肪酸，溶于甲醇或石油醚的脂肪酸混合液。

2. 熔点　谷维素由于制备方式不同和测定仪器与规范不同，报道的熔点不一致。但有一个趋势可以看到，熔点标志着组分的变动，组分中三萜（烯）醇类阿魏酸酯增多，达一定程度，其熔点趋高，熔距缩小。谷维素粗品的熔点在100～160℃，熔距较长，精制后的谷维素产品由于粗制品中少量的米糠蜡、脂肪醇、游离甾醇等得到进一步排除，同时低熔点的甾醇类阿魏酸酯在提取过程中较易流失，因此熔点提高，熔距缩小。目前谷维素产品的熔点见表26-1。

甾醇类阿魏酸酯的熔点为146～150℃，环木菠萝醇类阿魏酸酯的熔点为159～168℃，它们混合时，如甾醇类阿魏酸酯含量在20%以上，往往出现最低共熔点，初熔点一般趋向于130℃以下，所以要以熔点来确定谷维素的纯度是不可能的，但可以观察到两类阿魏酸酯的消长和变动。

谷维素的熔点高于165℃（165～172℃）时，则说明其中24-亚甲基环木菠萝醇酯的含量达到了50%以上，甾醇类阿魏酸酯的含量低于5%。熔点为140～165℃时，表示不纯脂质已被接近除尽，甾醇类阿魏酸酯的含量已在10%以下。

表26-1　目前谷维素产品的熔点（毛细管法）　单位：℃

产地	1	2	3	4	6
上海	154～161.5	154～162.5	156～161.5	156～165.0	150～160.0
	156～162.5	155～163	154～161.5	154.5～164.5	152～160.0
杭州	153～163.5	151～158	152～163.5	160～163.5	156～159
	153～163.8	153.5～160	151～161.8	159.5～162.5	156～159
济宁	155～170				

3. 色状　谷维素色状应为近白色至淡黄色晶状粉末。高纯度的各种阿魏酸酯分离物均应为白色结晶。谷维素的水解产物阿魏酸和各种环状醇亦均为白色结晶。

谷维素的色度，采用罗维朋比色计观察如黄色超过1.0、红色超过0.5就进入微黄色，如出现蓝色在0.5以上时就成类灰黄色。这些色质的产生，主要是设备管道铁壁或铁锈与脂肪酸接触形成铁盐混入所致，因此在工艺过程中应采用不锈钢设备，并尽量少与铜、铁接触。

生产中采用新工艺，由于减少了半制品中伴随的脂质的热氧化和热聚合，能够得到更为色浅的制品，近于纯碳酸钙白色，无红色、蓝色，黄色在0.5以内。

谷维素在甲醇中结晶时为针状，在酸性甲醇中为细粒晶体。在甲醇丙酮混合溶剂中结晶时为针状，在丙酮中为板状结晶。

4. 紫外光谱　谷维素在紫外光谱315nm波长吸收极大，习惯上沿用报道谷维素在正庚烷中的特征吸收峰为231nm、291nm、315nm，实际上谷维素具有四个吸收峰，波长分别在216nm、231nm、291nm、315nm处。

不同的阿魏酸酯由于其分子量的不同，具有不同的消光值。甾醇类阿魏酸酯（正庚烷）$E_{1cm}^{1\%}$值375，环木菠萝醇类阿魏酸酯357，现用消光值360，系属近似平均值。

含量达95%以上的产品，未发现过在紫外光区有其他吸收峰。在粗品和半制品中，有不饱和共轭化的脂肪酸及其脂、角鲨烯、维生素E及其同族物，这些物质的特征吸收峰在半制品中有时可被发现。

5. 红外光谱　国产谷维素和国外产品的红外吸收光谱完全一致。

混合阿魏酸酯的红外吸收光谱，其吸收带所标志的结构和官能团的特征如下：（溴化钾）

波数/cm^{-1}　　结构或官能团

3500～3600	羟基
1700	酯键
1625	共轭双键
1430～1470	三萜烯醇的甲基
1350～1380	三萜烯醇的甲基
819 及 854	苯置换体
1020～1021 及 3039	环丙烷基
1410	双键
891	C-25 位置的双键
1651 及 892	环木菠萝烯醇及 24-亚甲基的末端双键

6. 旋光度 谷维素中的几种阿魏酸酯，环木菠萝醇类其比旋度为右旋性，甾醇类为左旋性。环木菠萝醇类阿魏酸酯在氯仿溶液中 $[d]_D^{18}+20°$，甾醇类阿魏酸酯 $[d]_D^{18}+10°$，24-亚甲基环木菠萝醇阿魏酸酯 $[d]_D^{18}+40°$。

7. 沸点及分子量 谷维素在残压 10^{-3}～10^{-4}mmHg 时，混合的阿魏酸酯沸点在 200～230℃。

各种阿魏酸酯的分子量如下述，谷维素分子量的变动，显然由于组分的变动而来，在产品的生产中用作物料平衡的平均相对分子质量采用 600，作为计算简捷而用的一个近似值。

各种谷维素阿魏酸酯相对分子质量：

24-亚甲基环木菠萝醇阿魏酸酯	616.5
环米糠醇阿魏酸酯	616.89
环木菠萝醇阿魏酸酯	604.4
环木菠萝烯醇阿魏酸酯	602.4
β-谷甾醇阿魏酸酯	590.2
菜油甾醇阿魏酸酯	576.4

8. 分解点 谷维素起始分解点，在真空下（残压 0.1mmHg）为 260℃，在常压下为 180℃。

二、谷维素的化学性质

1. 皂化值 谷维素系阿魏酸和甾醇以及环木菠萝醇结合的酯，遇碱阿魏酸酯水解成阿魏酸和游离环状醇。

粗品的谷维素平均皂化值在 95～100 之间，纯品的谷维素平均皂化值在 91～95 之间，在工艺过程中，对半制品的计值一般采用 100 作为平均皂化值。谷维素属于难皂化物，较之油脂测定皂化值的常规反应时间应予延长，否则结果偏低。

2. 碘值 谷维素的各种不饱和阿魏酸酯平均碘值在 100 内外，含量高低对碘值影响不大（韦氏法）。

谷维素含量/%	81.6	82.6	84.6	85.5	88.8	89.0	99～100
碘值	100.5	100.8	100.2	103.2	101.2	100.8	103.7～105.6

由于谷维素有一定的碘值，因此保存半成品和成品必须避光避热。

谷维素应避免光氧化，同期毛糠油存放四年置于露天铁桶中及存于玻璃瓶露光下，前者谷维素含量基本不变，后者从 2.5%降至 0.63%。

经试验，不论原料、半制品、粗制品在红外线照射下（105℃）谷维素的含量随着时间增长而逐步下降。但是在真空下（残压 0.5～1mmHg）经 105℃加热 16 小时，含量几乎无变动。在常压鼓风烘箱中 105℃加热 16 小时，含量下降不到 2%。

3. 甲氧基值 甲氧基为米糠油中其他类脂质所无，而为谷维素中的阿魏酸所独具的官能团，因此测定甲氧基值，基本可指示谷维素的纯度。

粗制谷维素的甲氧基值在 4.6～4.9 之间，纯品谷维素（95～100 含量，分光法）的平均值在 4.95～5.1 之间。

4. 呈色反应 谷维素在乙醇中与三氯化铁反应呈黄绿色，与氯化亚铁反应呈黄褐色，与偶氮苯磺酸反应呈红紫色。

谷维素对里般门反应（L-B 试验），甾醇类阿魏酸酯呈浅红及蓝绿色，环木菠萝醇类阿魏酸酯呈黄变红，有浅绿色荧光。

谷维素在 10%的 KOH 乙醇液中呈亮黄色并有浅黄绿色荧光。在 0.1%的 KOH 乙醇液内呈浅黄色。

谷维素遇碱呈黄色，普通面粉含有 0.001%以上的谷维素，在大米中含有 0.003%的谷维素，所以在制馒头或米粥中加碱过量时易产生姜黄色。精白米和精白面粉中谷维素含量较低显色淡弱。

5. 生物化学合成 在动植物种子脂质中广泛含有一种不饱和具有甲基支链的烃，称为角鲨烯，又名鱼肝油烯（学名三十碳六烯，$C_{30}H_{50}$），被证实为生物化学合成系列植物甾醇和环木菠萝醇类的前身。谷类脂质中不论大麦，小麦、玉米、稻谷均含有角鲨烯。

6. 水解 在浓碱水溶液中加热回流，谷维素即行水解，其分解产物为阿魏酸，在工艺过程中被水洗除去，在甲醇水溶液中水解速度增快，水解温度增高（加压下）速率增快，甾醇类阿魏酸酯优先于环木菠萝类阿魏酸酯的水解。因此经过浓碱高温长时间处理，成品中甾醇类阿魏酸酯基本可以被排除。同时说明工艺过程及操作不当会招致谷维素的损失。

7. 热裂解 各种阿魏酸酯的耐热的稳定程度，环木菠萝醇类阿魏酸酯要高于甾醇类阿魏酸酯。在米糠油中，混入的阿魏酸酯经过皂化和蒸馏，甾醇类阿魏酸酯的含量几被破坏达 50%以上，而环木菠萝醇类阿魏酸酯仅遭到较少的热裂解，不到 5%。

热裂解首先从阿魏酸部分开始，再及甾醇及环木菠萝烯醇部分，酯键、双键、甲氧基看来是分解引起的主要对象。

采用不经蒸馏的新工艺，谷维素的热裂解和伴随脂质的热裂解和热聚合均可得到防止。

在 270℃下加热 1 小时，不论何种环木菠萝醇类阿魏酸酯均受热裂解，在 120℃下也不是所有阿魏酸酯均能耐受的，加热 4 小时，甾醇类阿魏酸酯已有 5%变质，因此即使常温干燥也只宜在真空和较低温度下进行。

三、谷维素的药理作用

谷维素是一种新药，它的药理和临床疗效目前已知的主要有：①是一种植物神经调节剂，对植物神经功能失调诸症有满意疗效。②也被列为是一种脂溶性维生素，对动物有促进生长作用。③对肠胃神经官能症有调节改善作用。④有阻止自体合成胆固醇和降低血清胆固醇的作用。⑤促进皮肤微血管循环机能，可作为皮肤保护膏。⑥有较弱的类性激素的作用，其作用仅为雌二醇的二千至四千分之一。

在临床应用上，肯定谷维素对于周期性精神病、妇女更年期综合征、经前期紧张症、植物神经功能失调症、血管性头痛、头部外伤后综合征等疾病，有较好的疗效。谷维素能用于抗高脂血症，它能抑制内因性胆固醇的体内合成，能起到这样作用的抗胆固醇药目前不多。

四、谷维素的用途

谷维素的应用已经遍及医药、食品、化妆品等行业。在医药行业主要用来做谷维素片，治疗周期性精神病、经前期紧张症、妇女更年期综合征、血管性头痛以及植物神经失调等症：谷维素还有降低血清胆固醇的作用。在食品中主要用作抗氧化剂。谷维素对皮肤能起到营养滋润、防裂抗冻、吸收紫外线的作用，所以在化妆品行业用于光泽类或者防晒霜、指甲油、口红等。在日本，利用谷维素对动物生长的促进作用，专制畜用针剂。利用谷维素能促进皮肤微血管循环，制成 1%和 2%的谷维素软膏，作为皮肤护膏。在食品生产中，作为生产营养饮料、老年食品添加剂和含脂糕点的抗氧化剂。

第三节 米糠油提取谷维素的方法

谷维素是数种阿魏酸酯所组成的混合物，以环木菠萝醇类阿魏酸酯和甾醇类阿魏酸酯所组成的一种天然混合物。谷维素主要存在于谷类植物的种子中，它是脂质的伴随物，在米糠原油中含量

1.8%～3%[2]。目前，谷维素主要是从米糠油中制得，提取的方法有酸化蒸馏分离法、甲酸直接萃取法和弱酸取代法。

一、酸化蒸馏分离法

酸化蒸馏分离法是早期从米糠原油中提取谷维素的一种方法，其工艺流程见图 26-1。

米糠原油→脱酸(脱胶)碱炼→捕集碱炼→捕集皂脚→补充皂化→酸化→脱水→蒸馏→
↓脱酸皂脚(油脚) ↓碱炼糠油 ↓废酸水 ↓脂肪酸
全皂化→冷却分离→酸析→冷却分离→粗谷维素→精制→谷维素
↓类脂物 ↓类脂物

图 26-1 酸化蒸馏分离法工艺流程

利用谷维素具有酚类物质的性质，易被碱性皂脚吸附，采用碱炼方法将米糠原油中的谷维素捕集在皂脚中，得到富含谷维素的皂脚经过补充皂化、酸化和蒸馏将谷维素富集于脂肪酸的蒸馏残留物中，其含量达 20%～30%，然后利用谷维素易溶于碱性甲醇溶液中，不溶解于酸性甲醇溶液里的性质，将谷维素分离出来，得到的谷维素粗品再经精制即为谷维素成品[2]。

米糠原油酸值高低对谷维素的提取率和生产成本有直接的影响。米糠原油酸值高于 10mg KOH/g 时，如果只进行一次碱炼脱酸，所得皂脚量大，谷维素含量低，制取谷维素时增加了单位产品的水、电、蒸汽、溶剂甲醇用量及其他消耗等方面的生产成本。采用两次碱炼，经过脱酸（脱胶）碱炼脱除油中部分游离脂肪酸，保留酸值在 5～7mg KOH/g，再进行捕集碱炼，所得皂脚中谷维素含量高，可以降低谷维素生产成本，但在头道脱酸碱炼时皂脚的吸附损失增加，降低了谷维素的提取率。米糠原油酸值低于 10mgKOH/g 时，米糠原油在脱胶后只需进行一次碱炼脱酸，将米糠原油中的谷维素捕集在皂脚中，有利于提高谷维素的提取率。

捕集碱炼得到富含谷维素的皂脚在该技术中是先将皂脚中的肥皂和中性油转变成脂肪酸，采用蒸馏的方法将大部分脂肪酸蒸馏出去，然后再将蒸馏残留物中谷维素与其他杂质成分分离，最终得到谷维素。该技术工艺过程复杂，富含谷维素的皂脚在补充皂化、全皂化时易导致谷维素的水解损失，蒸馏易导致谷维素热裂解损失，而且蒸馏过程中高温的作用，也会导致氧化或聚合脂质生成量的增加，氧化或聚合脂质成为石油醚和甲醇的不溶物进入成品谷维素，造成色泽加深。

酸化蒸馏分离法提取谷维素的同时也可得到精制米糠油混合脂肪酸产品，工艺过程复杂，设备投资大，谷维素提取率低，产品质量差，目前工业生产几乎不采用。

二、甲醇直接萃取法

甲醇直接萃取法是从米糠原油中提取谷维素的方法之一。其工艺流程见图 26-2。

米糠原油→脱胶→甲醇碱液萃取→分离→酸析→冷却分离→粗谷维素→精制→谷维素
↓油脚 ↓碱炼糠油 ↓类脂物

图 26-2 甲醇直接萃取法工艺流程

甲醇碱液萃取是本工艺技术的关键。碱性甲醇能溶解谷维素钠盐和脂肪酸皂，而不溶解糠蜡、脂肪醇、甾醇等不皂化物，可使谷维素钠盐与黏稠物质和不皂化物分离。甲醇萃取法革除了弱酸取代法和酸化蒸馏分离法中油脂捕集碱炼、皂脚补充皂化（酸化和蒸馏）等复杂工艺，直接将米糠原油加入碱性甲醇中进行萃取，大大缩短简化了工艺流程，避免了米糠油捕集碱炼和补充皂化过程中谷维素的损失，极大地提高了谷维素收率。谷维素收率可达 68%，比国内目前的生产水平提高一倍[9]。

甲醇碱液萃取法提取谷维素增加了甲醇的用量及加工成本，同时增加了米糠油产品的污染机会，使米糠油精炼车间由原来的乙类防火变为甲类防火，增加工程建设费用。因此，目前工业生产很少采用（或几乎不采用）。

三、弱酸取代法

弱酸取代法是从米糠原油中提取谷维素的又一种方法。其工艺流程见图 26-3。

米糠原油→脱酸(脱胶)碱炼→捕集碱炼→捕集皂脚→预皂化→全皂化→冷却分离→酸析→冷却分离→粗谷维素→精制→谷维素

（脱酸(脱胶)碱炼↓脱酸皂脚(油脚)；捕集碱炼↓碱炼糠油；冷却分离↓类脂物；冷却分离↓类脂物）

图 26-3　弱酸取代法工艺流程

弱酸取代法提取谷维素时，谷维素的捕集与酸化蒸馏分离法相同，都在米糠油精炼车间完成，即采用碱炼方法将米糠原油中的谷维素捕集在皂脚中，得到富含谷维素的皂脚经过预皂化、甲醇碱液全皂化、酸析和精制即为谷维素成品。

捕集米糠原油中的谷维素时，米糠原油酸值高低对谷维素的提取率和生产成本的影响与酸化蒸馏分离法基本相同。所得富含谷维素的皂脚在谷维素与肥皂和中性油等其他成分分离时，弱酸取代法工艺较酸化蒸馏分离法简单，革除了酸化和蒸馏工序，预皂化也不像补充皂化那么彻底，减少了谷维素热裂解损失和水解损失；弱酸取代法工艺较甲醇直接萃取法复杂，捕集时增加了脱酸碱炼的吸附损失和皂脚预皂化的水解损失。由于甲醇碱液萃取谷维素是在得富含谷维素的皂脚中进行，甲醇用量小、消耗少，工厂回收甲醇的任务也大大减少，而且也不会影响米糠油精炼车间的防火等级。因此，目前被工业生产广泛采用。

四、其他谷维素提取方法

米糠原油提取谷维素除了上述方法外，还有非极性溶剂萃取法[10]、真空蒸馏结合溶剂分提法[11]、分子蒸馏技术[12]等。这些虽然都是新型米糠油提取谷维素技术，但由于设备投资昂贵或技术有待于进一步试验等，目前还未能实现工业化生产。

综上所述，目前米糠油提取谷维素技术的工业生产方法主要还是弱酸取代法。如何进一步提高谷维素的提取率，降低甲醇消耗，将是科技工作者今后研究的方向。

第四节　弱酸取代法生产工艺与操作

我国谷维素的生产，开始采用的是老工艺（从真空蒸馏脂肪酸黑脚中提取），由于该法工序多，生产周期长，收得率低，又需要冷冻机、高真空泵等设备，因而，目前逐步被弱酸取代法的新工艺所取代。

一、新工艺生产谷维素的原理

采用新工艺提取谷维素，可分为碱炼捕集和分离两个生产环节，其反应机理大致如下。

1. 谷维素的碱炼捕集　毛糠油中谷维素含量仅为 2%～3%，谷维素具有酚类物质的性能，与 NaOH 混合能生成酚钠盐，谷维素钠盐亲水性大大增加，易被碱性皂吸附一起下沉。毛糠油通过两次碱炼，使油中 80%～90%的谷维素富集于二次皂脚中，以达到捕集的目的。然后将皂脚进行补充皂化，改善其物理性能，以便于谷维素的分离。

2. 谷维素的分离　利用碱性甲醇能溶解谷维素钠盐和脂肪酸皂，而不溶解糠蜡、脂肪醇、甾醇等不皂化物的特点，使谷维素钠盐与黏稠物质和不皂化物分离。再利用弱有机酸分解谷维素钠盐，还原为谷维素，即所谓“碱溶酸析”的特点制得。

毛糠油
↓
过滤
↓
14～18°Bé 碱液→一次碱炼→皂脚制脂肪酸
↓
20°Bé 碱液→二次碱炼→清油制食用糠油
↓
14～18°Bé 碱液→补充皂化
↓
甲醇→甲醇碱溶反应
↓
负压吸滤(或离心分离)→滤液(回收谷维素)
↓
弱酸反应
↓
弱有机酸→负压吸滤(或离心分离)→甲醇皂液→回收甲醇
↓
精制(水洗、酸性甲醇浸洗、石油醚洗涤、水洗)
↓
烘干
↓
成品

图 26-4　谷维素生产新工艺示意

二、谷维素新工艺生产流程图

1. 谷维素生产新工艺流程示意见图 26-4。

2. 谷维素生产新工艺流程见图 26-5。

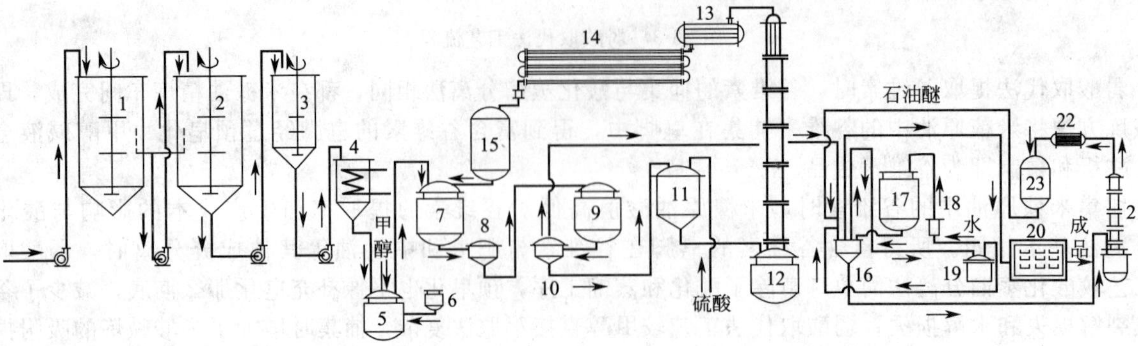

图 26-5 谷维素新工艺生产工艺流程

1—头道炼油锅；2—二道炼油锅；3—补充皂化锅；4—皂基储藏罐；5—投料锅；6—纯碱溶化锅；7—全皂化反应锅；8—全皂化反应吸滤器；9—弱酸反应锅；10—弱酸反应吸滤器；11—甲醇皂液储罐；12—甲醇蒸馏塔；13—甲醇列管冷凝器；14—甲醇冷却器；15—蒸馏回收甲醇储罐；16—粗谷维素醚洗水洗吸滤器；17—沙滤水加热器；18—沙滤缸；19—酸性甲醇浸泡桶；20—谷维素成品烘房；21—石油醚蒸馏塔；22—石油醚冷凝器；23—石油醚储罐

三、提取工艺和操作方法

1. 毛糠油的预处理 毛糠油的酸值一般较高，通常在 20～25，低的 10～15，高的可达到 50 以上。作为生产谷维素的原料糠油，以酸值 30 以下较好，高酸值米糠油不仅油质不好，而且增大碱炼损耗，给谷维素生产带来很大困难，影响得率和成本。另外，毛糠油中含有无机杂质、糠渣等有机杂质 3%～10%，如不及时除去，在碱炼时将影响油、皂分离和增加碱量与炼耗，同时也不利于一次皂脚的进一步利用（如制脂肪酸），因此毛糠油碱炼捕集前要先行除杂。

将毛糠油池内的糠油搅拌加热到 85～90℃，趁热通过板框压滤机过滤，除去糠渣等机械杂质。如果过滤毛糠油内含胶杂较多，油过黏稠，可以在碱炼前先进行一次水化，或加入弱有机酸（草酸、柠檬酸等）其加入量为油重的 0.3%～0.4%，进行脱胶处理。

2. 一次碱炼 一次碱炼的目的是脱去一部分游离脂肪酸，以提高二次碱炼皂脚捕集谷维素的效果。由于毛糠油的酸值较高，一次碱炼宜采用高温淡碱法为好。如果碱炼油温低，油的黏度较大，使碱液和游离脂肪酸接触不良，造成皂粒夹带较多的中性油，降低了糠油精炼率；如碱液浓度大，会造成皂粒粗，成皂快，不但中性油被皂化，而且谷维素有可能被偏碱性的皂粒所吸附，降低二次碱炼皂脚的谷维素含量。

加碱量（以酸值法计算，下同）应根据毛糠油酸值及二次碱炼要求的酸值（5～7）选择适当的用量，计算方法如下：

$$\text{理论加碱量(固体)}=\frac{\text{毛油重}\times(\text{毛油酸值}-\text{保留酸值})\times 0.71}{1000}$$

一次碱炼时常有部分钠皂形成酸性皂（RCOONa・HOO-CR）下沉，因此一次碱炼实际加碱量低于理论加碱量，在生产过程中，可以参考表 26-2 确定一次碱炼的加碱量。

表 26-2 一次碱炼的实际加碱量

毛油的酸值	为理论的/%	毛油的酸值	为理论的/%
15～20	60～65	30～35	75～80
20～25	65～70	35～40	75～80
25～30	70～75		

将除杂毛糠油泵入头道炼油锅 1，以每分钟 60～80 转的速度，边搅拌边加热到 50～55℃时，将计算好的实际加碱量均匀加入油内，15～20 分钟内一次加完（在加碱前，也可先加入为油重 5%的 70℃热水，搅拌 5～10 分钟后加入碱液），碱液浓度为 14～18°Bé。待游离脂肪酸与碱充分接触，皂粒形成，

便可以升温，以平均1℃分的速度升温到70～80℃，停止加热。见油皂分离，降低搅拌转速为30转/分。待皂粒下沉较好时停止搅拌，静置16～18小时，泵出上层清油入二道炼油锅2。一次碱炼后清油的酸值控制在5～7。皂脚的中间产品放出供生产糠油脂肪酸用。

毛糠油酸值若低于10，可以省去一次碱炼直接进行二次碱炼。

3. 二次碱炼　二次碱炼是谷维素工艺生产的关键环节，它直接关系到精糠油的得率和皂基中谷维素的含量，把好这一关，对整个生产关系极大。

二次碱炼采取低温浓碱法。低温能防止被捕集的谷维素复溶于油中，浓碱和一定的超碱量，增加谷维素的捕集，使皂基中酸化油的谷维素含量一般可在10%以上，有时可更高一些。

二次碱炼的超碱量为油重的0.45%～0.6%（固体碱），碱液浓度20～24°Bé。

将一次碱炼的清油用80℃水洗一次（也可不洗）放去废水，在搅拌（60～80转/分）下加入油重的12%～13%的自来水，继续搅拌10～20分钟后，将计算好的碱液，在15～20分钟内均匀加入油内，并继续搅拌10～15分钟，此时油碱接触成糊状，转而油色由深变浅，待见油面出现明显油线时即开始升温，升温速度平均1℃/分，升温到50℃时改换慢速搅拌（25～30转/分），继续升温到60～65℃，视皂粒下沉即停止加热和搅拌，静置18～24小时，泵出上层清油去进一步精制成食用糠油。二次碱炼清油酸值在0.4以下，谷维素含量在0.4%以下。二次皂脚泵入补充皂化锅3。

4. 二次皂脚补充皂化　经过二次碱炼，毛糠油中的谷维素有80%～90%被富集于二次皂脚中，其酸化油的谷维素含量在9%～13%之间，因皂脚是脂肪酸钠、中性油、游离碱和水分的混合物，静止存放易分层，影响下一步工序的均匀性，使工艺不易掌握。为了改善这一物理状态，采用补充皂化，使中性油变成皂，同时使谷维素向谷维素钠盐转化，形成皂基。

根据二次皁脚的皂化值计算理论碱量，实际碱量是理论碱量的50%。

$$实际液碱用量=\frac{皂脚重\times皂化值\times0.71\times0.5}{1000\times碱液浓度\%}$$

将二次皂脚总量的90%泵入补充皂化锅3内，边搅拌边加热，升温到50℃时，加入计算好的液碱量（浓度14～18°Bé），约20分钟一次加完，继续升温到90～95℃，并开始计算时间，到95℃停止加热，维持此温度在良好搅拌下皂化1小时，然后将剩余的10%皂脚泵入皂化锅3，继续在此温度下皂化1小时半，泵入皂基储存罐4内。

皂基的质量要求：

pH值	8.5～9.0之间	酸化油百分率	35%～40%
皂化值	18～25	水分	60%～65%
酸化油谷维素含量	8%～12%		

皂基中酸化油和水分互成反比，它们二者间的关系以4∶6为宜，如皂基水分过大，会降低下道工序中甲醇的浓度，使谷维素不易析出。

5. 甲醇碱溶反应　为使谷维素钠盐与难皂化和不皂化的类酯物分离，使谷维素钠盐溶于碱性甲醇溶液，因此甲醇的倍量和加碱量均需适当，否则会影响成品的质量和收得率。甲醇用量为皂基酸化油总量的12～13倍，使混合液浓度不得低于85度（按酒精比重计）。碱液采用纯碱，实际加碱量为理论碱量的1.5倍。

$$实际加碱量（Na_2CO_3）\frac{皂基量\times皂化值\times1.32}{1000}碳酸钠纯度\times1.5$$

将皂基储存罐4中的皂基按定量投入投料锅5内，将计算好的纯碱用4倍热水在碱液溶化罐6内溶化后，放入投料锅内，同皂基一起搅拌均匀，再加入适量甲醇使皂基变稀，然后真空吸入甲醇碱溶反应锅内，加足甲醇，在60～80转/分搅拌下升温到65～70℃，见甲醇回流器中有回流现象，停止加热，保持此温度在良好搅拌中回流反应30分钟后停止。取样测定pH值应在8.8～9.3之间，混合液温度应在88℃左右。立即通冷水冷却到50～55℃，自然澄清2小时，即行减压吸入封闭过滤器8过滤（或用离心分离法），滤液进入弱酸反应锅9。滤渣（类脂物）内尚含有5%～6%的谷维素，可再作回收处理。

6. 甲醇母液弱酸反应　谷维素钠盐在弱酸性溶液中还原成谷维素，并从甲醇液中游离析出。反应中采用弱有机酸，如柠檬酸、酒石酸、硼酸、醋酸等均可。在弱酸反应锅中的甲醇母液中，在搅拌下加入稀盐酸（1份盐酸加四倍的水），使甲醇液pH值达到6.8～7.0（200kg皂基约用稀盐酸1.5kg），然后加入按计算好的柠檬酸（预先用4倍的热水溶解），这时pH值调整到6.5～6.7，并开始升温到60℃左右，保持此温度回流30min后停止，然后通冷水冷却到45℃±5℃，经真空吸滤器10，滤出物即为粗谷维素。甲醇皂液进储罐11，待回收甲醇。

7. 精制　粗谷维素内含有弱酸盐、皂及可溶于酸的无机物，因此必须用酸性甲醇浸泡和石油醚及砂滤水洗涤，以制得合乎标准的产品。

将粗谷维素先用适量的95℃的砂滤水洗涤，以除去大部分水溶性皂和盐类（水量不要太多，否则难以滤干），然后滤干。将滤干的粗谷维素投入搪瓷桶19中，加入4～5倍量的甲醇，搅拌均匀，并在搅拌中加入盐酸，使pH=3左右，浸泡时间6～8小时（用石油醚浸洗时间不少于16小时），经吸滤器16过滤，滤液收集后回收甲醇。再根据谷维素的色泽，用石油醚洗涤一至数次，经风干后，用85～95℃热砂滤水洗涤数次，直至符合要求。

将谷维素放入不锈钢或搪瓷的器皿内，立即送入烘房20，在70～75℃温度下烘干（有条件的可再在真空情况下即残压30mmHg、温度70℃烘干2小时）。成品取样送化验室检验质量。

8. 甲醇回收　往甲醇皂液储罐11中，加入适量的硫酸（每百斤甲醇皂液加66°Bé硫酸4斤）使皂分解成脂肪酸，然后逐步将此甲醇液分次加入甲醇回收精蒸馏塔12，控制塔顶温度在66℃左右，甲醇蒸气由冷凝器13回收，回收甲醇纯度在97%以上，进入甲醇储罐，再供甲醇碱溶使用。塔底是酸化油（上层）和水（下层），下层水放入下水道弃去，上层酸化油去脂肪酸车间。

四、产品得率和辅助物料消耗

皂脚甲醇碱溶酸析分离法（新工艺）较酸化油蒸馏黑脚甲醇碱溶酸析的分离法（老工艺）简化了工序，设备简单，操作方便，收得率较高，目前高的可达到每吨毛油提取谷维素7～8kg（见表26-3）。

表 26-3　生产 1kg 谷维素原粉主要原料及辅助物料消耗定额

材料名称	规　格	消耗定额	备　注
毛糠油/kg	酸值20以下	120	谷维素得率0.821%
甲醇/kg	含量97%以上	20～22	
盐酸/kg	试剂化学纯	0.3	
柠檬酸/kg	工业品	0.4～0.5	

五、影响本工艺效果的因素

① 原料毛糠油应选用新鲜的低酸值油，高酸值毛糠油经一道碱炼，产生大量皂脚，这不仅减少了一道油数量，还因皂脚量大，增加了肥皂与谷维素的接触机会，使一道清油中谷维素流失增加，降低了一道清油的谷维素含量，影响二次碱炼的捕集。因此高酸值毛糠油不但降低了谷维素的收得率和食用糠油得率，同时生产中碱和硫酸等耗量增加。

高酸值油主要是陈糠制油或是储存不良，油中含水量高或油桶中存水，促使油脂水解，引起酸值增高。因此，新糠入榨和选用良好的毛糠油为原料对谷维素生产有利。

② 糠油杂质，主要是糠渣，还有少量的磷脂、胶质等，在碱炼时与皂脚混合在一起产生乳浊状，半悬浮在油中，生成油不油、皂不皂现象，影响一道油的得率和质量。尤其是低酸值油，因为加碱量少，更容易引起油皂分层不良现象。因此，在碱炼进行除杂处理是十分必要的。

③ 目前谷维素的得率最高为毛糠油的0.7%～0.8%，仅占毛糠油谷维素总量的三分之一弱，潜力还很大。如一次碱炼的皂脚中含有毛糠油谷维素总量的20%，没有提取利用；在碱性甲醇液中滤出的类脂物中和酸性甲醇浸液中均含有占谷维素总量的15%没有回收。以上三部分谷维素流失占谷维素总量的50%左右，应考虑采取相应办法或改革工艺，减少谷维素的流失，提高谷维素的收得率。

④ 二次碱炼捕集谷维素是新工艺生产的关键，其皂基酸化油的谷维素含量越多越好，至少要求在10%以上。在生产中，类脂物中谷维素含量在5%～6%，甲醇废液的谷维素含量在0.2%～0.3%，这

两项的流失基本是稳定少变的。因此皂基中谷维素含量越多，其实际收得率也多。

⑤ 补充皂化要使皂基皂化值在 15～20 为佳。皂化程度过深，使类脂物呈悬浮状，不易下沉，同时使过滤十分困难，这样不但增加甲醇消耗，而且调换滤布次数过多，难免有少量类脂物混入滤液，影响成品色泽和质量。皂化程度不够，类脂物发黏，呈黑色沥青状并黏附在反应锅底壁，不易从锅底放出，增加操作困难，最后滤出的类脂物中谷维素含量比正常高出三倍，达到 18%左右，增加谷维素的流失。

⑥ 为了减少粗谷维素中的有机盐含量，便于水洗，以混合脂肪酸去代替部分盐酸和柠檬酸进行酸析，效果较好。其成品质量好，色泽白，而且水洗容易。还可省去石油醚洗涤一道工序，节约盐酸、柠檬酸、石油醚，减少谷维素的流失等。

⑦ 弱酸反应回流后的冷却过程，用恒温水慢慢冷却比用冷水直接冷却效果为好，前者废皂液中谷维素含量较低，即谷维素流失较少。但冷却时间长，使生产周期延长，当班拿不出产品。

⑧ 酸析中 pH 调整，有的认为 pH=6.8～7.0 为好，因为 pH=6.5～6.7 不易掌握，特别当 pH 低于 6.5 时有少量脂肪酸析出，使水洗困难，影响产品质量。

六、主要生产设备

设备能力为每次处理皂脚 200kg，主要设备表见表 26-4，若需提高产量，并联几组即可提高产量；若需规模化生产，还有强于进行工厂化中试生产。

表 26-4　谷维素车间主要设备

设备名称	规格型号	台数	动力	材料	备　注
碱炼锅	ϕ2000×3000	2	5.5×2	钢板	带搅拌器
补充皂化锅	ϕ1400×2000	1	3.0	钢板	带搅拌器
搪瓷反应锅	1000L	2	3.0×2		带搅拌器(甲醇皂化弱酸反应)
投料锅	ϕ800×800	1	3.0	钢板	带搅拌器
封闭过滤器	0.5m²	2		不锈钢	
皂基储存罐	ϕ800×1000	1		钢板	有加热盘管
醚洗,水洗吸滤器	0.5m²	2		不锈钢	
甲醇皂液储罐	ϕ1200×1200	1		钢板	
甲醇回收塔	ϕ400×5600	1		不锈钢	
齿轮油泵	KCB-55	1			
离心水泵	2BA-6	1	4.0		
真空泵	W3	2	5.5×2		
烘房					
压片设备	拌料机、颗粒机、压片机	1套			
石油醚回收塔				不锈钢	工艺中用石油醚浸泡时使用
化验仪器					

第五节　谷维素的质量指标和检验方法

一、谷维素的质量指标

1. 谷维素原粉

性状：白色或类白色粉末或结晶性粉末。

含量：95%以上（干燥品计）。

干燥失重：1%以下。

灼炽残渣：0.3%以下。

2. 谷维素片剂

含量：每片含谷维素为标示量 10mg 的 95%～105%。

性状：白色或类白色片剂。

崩解度：15min 以下。

硬度：片剂在 1m 高处平坠于木板上无破碎。

片剂差异：每片质量差异限度±10%。

二、检验方法

1. 谷维素原粉检化验方法

(1) 色泽测定　将谷维素成品研细并通过 100 目筛，然后平铺于方盒内放入罗维朋比色计中比色，要求黄<1，红<0.5 为合格。

(2) 含量测定

① 紫外分光光度计测定法。取本品约 10mg，精密称量，置 50mL 容量瓶中，加正庚烷适量，在水浴中不断振摇，使其溶解，冷却至室温，再加正庚烷稀释至刻度，摇匀、过滤，弃去初滤液 10mL，精密吸取续滤液 1mL，置 25mL 容量瓶中，加正庚烷稀释至刻度，摇匀，置 1cm 的石英吸收池中，以正庚烷作空白，在 315nm±1nm 处测定吸收度，按谷维素的吸收系数（$E_{1cm}^{1\%}$）为 360 计算。

$$谷维素含量(\%)=\frac{测得的消光值\times稀释倍数}{样品重量\times360}$$

② 72 型分光光度计测定法。精密称取本品约 35mg，置 25mL 量瓶中，用氯仿溶解，并稀释至刻度，摇匀。准确吸取 5mL 于 25mL 量瓶中，再加入 0.1%氢氧化钾乙醇溶液 1.5mL 摇匀，得亮黄色溶液。然后用 95%乙醇稀释至刻度，在 420nm 进行比色，空白液用不加 0.1%氢氧化钾溶液，其余试剂同上。

标准曲线的绘制：准确称取已知含量的成品约 60mg，于 25mL 量瓶中，用氯仿稀释至刻度，摇匀，再吸取上述液 5mL 于 25mL 量瓶中，用氯仿稀释至刻度，摇匀，备用。（溶液含谷维素约为 500μg/mL）。吸取上述溶液 0.2mL、0.4mL、0.6mL、0.8mL、1.0mL 分别置于 25mL 量瓶中，用氯仿补足至 1mL，然后再加 95%乙醇 20mL 和 0.1%氢氧化钾乙醇溶液 1.5mL，显色后用 95%乙醇稀释至刻度，在 420nm 处进行比色，空白液与样品项下同，以谷维素的含量（μg）为横坐标，其相应的消光值（E）为纵坐标，连接各点得到一条直线。

$$谷维素含量(\%)=\frac{A\times125}{W}\times100$$

式中　A——根据消光值（E）在标准曲线上查得的 μg 数；

　　W——所取样品的 μg 数。

(3) 干燥失重测定　将药品平铺于扁平较宽的已恒重称量皿中，厚度不超过 5mm，放入真空烘箱内（残压 30～50mmHg），在 70℃±5℃烘至恒重。

计算：

$$干燥失重(\%)=\frac{V-V_1}{W}\times100$$

式中　V——烘前质量，g；

　　V_1——烘后质量，g；

　　W——样品质量，g。

(4) 灼炽残渣　称取 2g 试样（精准至 0.0001g），置于恒重的坩埚中，在电炉上缓缓炽灼至完全炭化，再放入 600℃的高温炉内灼烧 1.5h，取出，在干燥器中冷却，并称至恒重。

计算：

$$残渣(\%)=\frac{W_1}{W}\times100$$

式中　W——样品质量，g；

　　W_1——残渣质量，g。

2. 谷维素片剂检化验方法

(1) 片剂含量测定　取本品 10 片，质量为 0.8g 左右，研细称取 0.3g 置于 50mL 容量瓶中加入蒸馏水 20mL，再加入氯仿 25mL 摇匀，弃去上层混浊液后，加无水硫酸钠 1g 吸水，摇匀后准确吸取 5mL 样品于 25mL 容量瓶中，用氯仿稀释至刻度，再准确吸取氯仿液 1mL 于 25mL 容量瓶中，加入三分之二 95%乙醇和 1.5mL 0.1%的氢氧化钾乙醇溶液显色，用 95%乙醇稀释至刻度，在 420nm 处进行比色。

$$片剂含量(\%)=\frac{\frac{A\times 125}{B}}{\frac{0.1}{C}}\times 100$$

式中　A——根据吸光值（E）在标准曲线上查得的 μg 数；

B——所取样品质量，g；

C——10 片谷维素片的质量，g；

0.1——10 片谷维素应含 0.1g。

（2）溶解度检查　用溶解仪测定，取 5 片供试品，置仪器的玻管内，并放入烧杯中，加入 37℃的蒸馏水，开动仪器，在 15 分钟内药片应全部崩解为合格。

（3）硬度　取供试样品 10 片，分次检查，每次取 2 片，分持左右手，在 1m 高度平坠于 2cm 厚度的松木板上，破碎片数不得超过两片。

（4）片重差异　片剂 20 片，精密称定总质量，以 20 相除即得每片的平均质量，将药片进行每片称重，与平均质量相比，应与质量差异限度规定符合。超过质量差异的药片不得多于 2 片，并不得有 1 片与限度相差达 1 倍。

3. 主要检验仪器

包括分析天平（TG-328B）1 台，紫外光光度计或 72 型分光光度计 1 台，真空烘箱 1 台，高温炉 1 台，罗维朋比色计 1 台。

第二十七章　米糠中的皂脚提取谷甾醇生产

第一节　毛糠油中谷甾醇的含量及其组成

一、毛糠油中谷甾醇的含量

谷甾醇是一种植物甾醇，又名谷固醇，其广泛存在于稻谷、小麦、黑麦、玉米、棉籽、大豆等植物中。稻谷中的谷甾醇主要存在于胚和米糠中，并随米糠榨油一起进入油中。谷甾醇在米糠油中呈游离状态，是一种主要的不皂化物。毛糠油中含谷甾醇 2.17%，精制米糠油中含甾醇 1.05%。在米糠油碱炼时，部分甾醇被碱性皂粒吸附一起进入皂脚。皂脚经提取（老工艺）谷维素后的皂渣中，皂渣中谷甾醇的含量（干基）为 15%～20%。

二、谷甾醇的组成

从米糠油皂脚中提取的甾醇，是一种混合性植物甾醇，其中主要是 β-谷甾醇，占 62.1%～72%，其他是豆甾醇占 8%～18%，菜油甾醇占 20%左右。但实际组成情况还要复杂。

下面是三种甾醇的分子式：

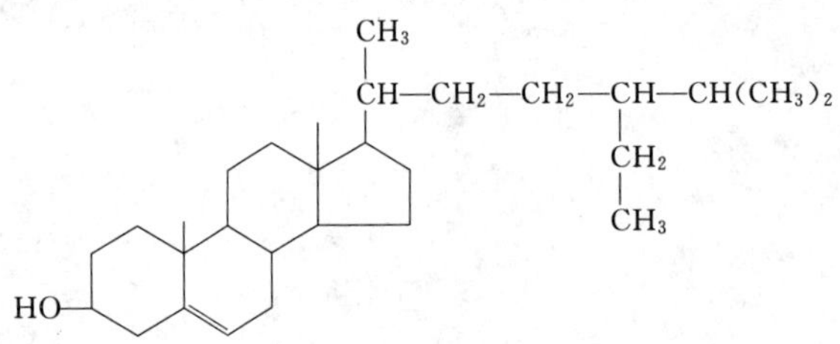

β-谷甾醇（$C_{29}H_{50}O$）

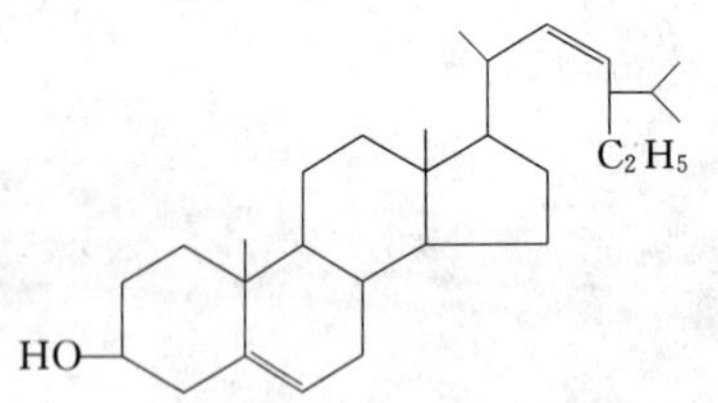

豆甾醇（$C_{29}H_{48}O$）

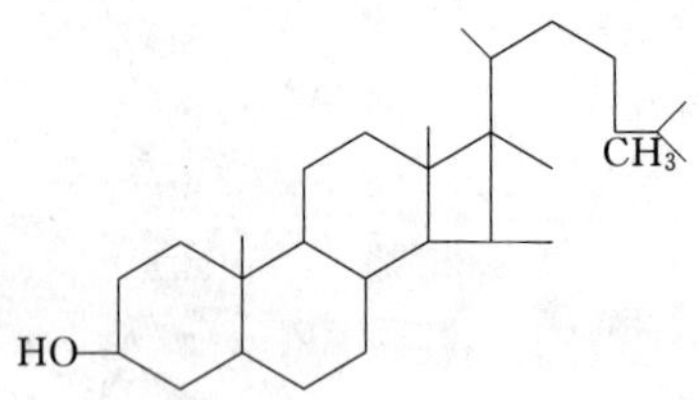

菜油甾醇（$C_{28}H_{48}O$）

第二节　谷甾醇的理化性质和药理作用

一、谷甾醇的理化性质

谷固醇为白色鳞片状、针状结晶或白色结晶性粉末，易溶于氯仿、醚、苯、乙酸乙酯、二硫化碳和热的丙酮、乙醇，微溶于冷乙醇、冷丙酮，不溶于水、碱和酸。

其熔点为 137～138℃；比旋光度为－25°～－38°。

其化学性质为活性的醇基及双键所决定。由于双键的活性，甾醇易氢化生成烃，氢化自 150～170℃开始，达 250℃以上则树脂化。

二、谷甾醇的药理作用

谷甾醇与其他的植物甾醇一样，是一类具有生理价值的物质。它的药理作用可用于合成调节水、蛋白质、糖和盐代谢的甾类激素。据国外研究结果认为，β-谷甾醇能降低实验动物和人体血清固醇是浓度，有预防动脉粥样硬化的作用。

β-谷甾醇经国内临床试用验证，对降低人体血清胆固醇浓度，防止动脉粥样硬化的发展，具有良好确切的疗效，且无不良副反应，并有止咳、祛痰和促进慢性气管炎病变组织的修复作用。在谷甾醇中掺入中药泽泻和山楂的醇提物，制成复方谷甾醇片，经浙江中医院、南京市鼓楼医院等七个医院治疗 137 例高脂血症，证明有良好的降血脂作用，尤其降低血清胆固醇，疗效确切而迅速，总有效率为 81%。对降低三酸甘油酯亦有一定的疗效，总有效率为 68%。经统计学处理，两者 p 值均小于 0.001，差异非常显著。对部分高血脂合并冠心病者在服药后作心电图检查对照，治前有心肌供血不足，室性平搏，于治后心电图检查均转正常。与现有的降脂药物比较，无不良副反应，适宜长期服用。

第三节　谷甾醇的制取方法

谷甾醇又名谷固醇，也可称甾醇以结合脂类或游离态存在于动、植物细胞内，它是植物油中的一种主要不皂化物[12]。甾醇属于天然物质，在自然界中分布很广，本身无毒性，而且具有乳化性和稳定性等特点，因此在医药、食品、化妆品、动物生长剂、植物生长激素以及化工、纺织等各个领域中都已得到广泛应用[13]。

米糠原油中植物甾醇含量在 0.75%左右[14]，在精炼过程中，甾醇在物理、化学或两者共同作用下，转移到碱炼皂脚、脱色白土、脱臭馏出物和物理精炼馏出物等副产品和废液中。在以皂脚或油脂制取脂肪酸时，甾醇又绝大部分进入蒸馏黑脚。因而油脂下脚富集大量甾醇，各种油脂下脚如皂脚、脱臭馏出物、谷维素生产下脚（皂渣）以及脂肪酸蒸馏黑脚均是制取甾醇较好的原料[13]。

植物甾醇根据其原料的不同有不同的制取工艺。目前，主要的生产原料是米糠油的碱炼皂脚和脱臭馏出物，而米糠油的碱炼皂脚为原料制取植物甾醇时伴随于谷维素提取，即是利用谷维素生产下脚（皂渣）为原料。主要制取方法有溶剂结晶法、分子蒸馏法、络合法、干式皂化法、酶法等。

一、溶剂结晶法制取植物甾醇工艺技术

谷维素生产下脚——皂渣为原料制取植物甾醇的工艺流程为：

皂渣→干燥→萃取→冷析→压滤→浓缩→结晶→分离→干燥→粗甾醇制品→酒精溶解→
（压滤→滤清（回收丙酮）；分离→母液（回收丙酮））
精制脱色→热过滤→精制结晶→分离→真空干燥→植物甾醇成品
（热过滤→废活性炭；分离→母液（回收乙醇））

脱臭馏出物为原料制取植物甾醇的工艺流程为：

脱臭馏出物→皂化→乙醚萃取→乙醚抽出物→无水硫酸钠干燥并过滤→丙酮萃取→干燥→甾醇粗制品→乙醇重结晶→甾醇精制品
（乙醚萃取→去除肥皂；无水硫酸钠干燥并过滤→去除乙醚不溶物）

结晶法所用的主要溶剂有：甲醇、乙醇、异丙醇、丙酮和乙酸乙酯等。使用单一溶剂，产品纯度通常不高，需进一步精制，甾醇收率也偏低。

我国采用溶剂结晶法从皂渣中制取植物甾醇虽已实现工业化生产，取得了一些经验，但也存在不少问题，如溶剂消耗高，甾醇的收率和纯度不高等，有待于进一步研究和探索。

脱臭馏出物溶剂结晶法制取植物甾醇工艺缺陷在于所用溶剂比较多、回收困难，而且甾醇的收率也不高，工业化生产比较困难。但其处理方法及其中一些工序在探索新工艺时仍值得参考和借鉴，用于实验室作为甾醇的定性、定量认识也较为适宜[13]。

二、分子蒸馏法制取植物甾醇工艺技术

该法特别适用于实验室分离，也可用于工厂同时提取和分离维生素 E 和甾醇[13]，其工艺流程为：此工艺中，分子蒸馏可以在 0.13～1.33Pa 下反复进行，以便更好地分离出维生素 E 和脂肪酸酯类，便于甾醇的萃取。

脱臭馏出物→酯化→蒸除低碳醇→蒸馏（→脂肪酸甲酯）→残渣→分子蒸馏（→生育酚）→残渣→皂化→丙酮提取→甾醇粗制品→脱色→结晶→精制甾醇

三、络合法制取植物甾醇工艺技术

日本、美国等采用此法工业化生产植物甾醇，我国少量米糠甾醇的工业化生产也采用此法，其工艺流程为：

脱臭馏出物→皂化→酸分解→萃取→络合反应→分离→络合物→分解→甾醇粗制品→脱色→结晶→精制甾醇

络合法所用的络合剂主要包括：有机酸、卤酸、尿素和卤素碱土金属盐。有机酸中有草酸、琥珀酸、苹果酸等。卤酸有盐酸、氢溴酸。卤盐有氯化锌、氯化钙、溴化钙、氯化镁、溴化镁、氯化亚铁等。络合反应溶剂有用石油醚的，有用异辛烷的，反应温度也各不相同[13]。此法可以考虑在不严重影响收率的情况下，用水相皂化代替醇相皂化，以减轻溶剂回收的麻烦，从而降低生产成本。实验证明，络合法产品纯度高，收率也较高。实验室采用卤盐络合法从粗甾醇中制得呈白色结晶状的植物甾醇，总甾醇含量在 95％以上。

四、制取植物甾醇其他工艺技术

从米糠油精炼副产品中制取植物甾醇除了上述方法外，还有干式皂化法、酶法等。

干式皂化法制取植物甾醇工艺是用熟石灰或生石灰在 60～90℃皂化后直接用机器粉碎膏状物，采用乙醇作为抽提剂进行低温浸出，一方面可以节省大量乙醇，另一方面保证生产工艺安全无毒。改善其工艺条件以提高收率的实验正在进行之中。酶法制取植物甾醇是加拿大 Suresh Ramamurthi 采用丹麦哥本哈根 Novo' Industri A/S 生产的一种固定化非特异性脂肪酶对脱臭馏出物的酯化过程进行催化，使脂肪酸甲酯的转化率达到 96.5％，从而提高了维生素 E 和甾醇的收率[16]。该研究的目的就是为了克服溶剂浸出、化学处理及分子蒸馏提取维生素 E 和甾醇收率低的缺点，可以回收得到原料中 90％以上的甾醇和维生素 E。并且酶处理条件温和，原料也无需任何预处理，可以认为是提取甾醇和维生素 E 的一个新的发展方向。近年来植物甾醇（特别是 β-谷甾醇）在医药工业上的进一步应用对其纯度提出了更高的要求。如何将混合植物甾醇分离成为单一的甾醇产品，并提高其纯度和收率，就成为当前甾醇分离精制的关键，是科学工作者努力的方向。

第四节 谷甾醇生产工艺及操作

一、生产工艺流程

1. 工艺流程示意见图 27-1

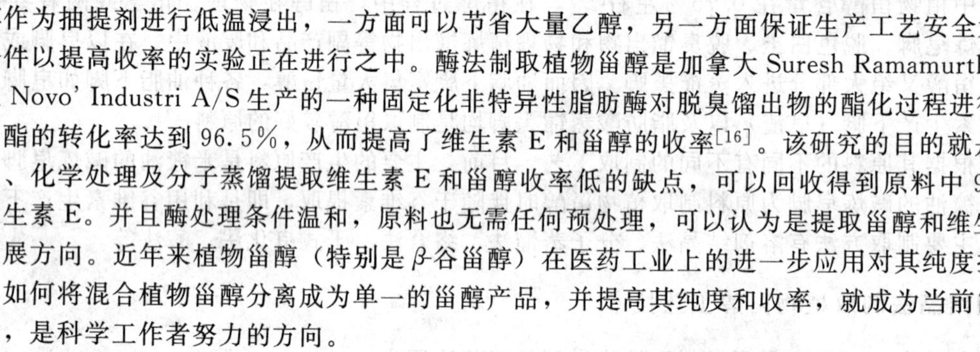

图 27-1 谷甾醇生产工艺示意

2. 工艺流程见图 27-2，图 27-3

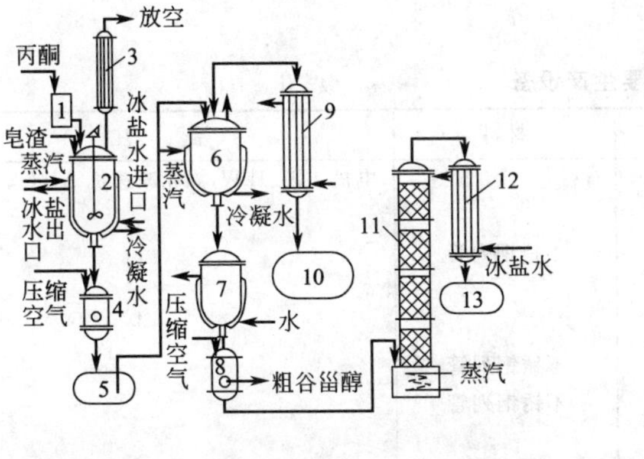

图 27-2　谷甾醇粗制品生产工艺流程

1—丙酮计量槽；2—反应器；3—回流冷凝器；4—压滤器；5—接受槽；6—浓缩锅；7—结晶器；8—压滤器；9、12—冷凝器；10、13—储槽；11—丙酮回收塔

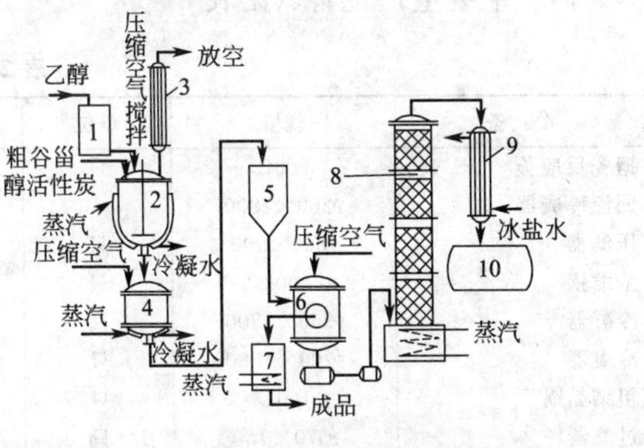

图 27-3　谷甾醇精制工艺流程

1—乙醇计量槽；2—脱色锅；3—回流冷凝器；4—热过滤器；5—结晶器；6—压滤器；7—烘房；8—乙醇回收塔；9—冷凝器；10—储槽

二、生产工艺操作方法

1. 皂渣的干燥　皂渣是从米糠油皂脚（老工艺）提取谷维素后的残渣，将此皂渣置于烘箱（水浴）内至干燥。烘箱温度不高于60℃，若温度过高，皂粒中的低融物易融化，冷后结硬块，使提取效果不好。烘后的干渣粒应疏松，皂粒的水分严格控制在1%以下，若皂粒水分高，要减小谷甾醇在丙酮中的溶解度，降低得率。在生产中，处理一吨毛糠油大约可得到30～35kg干皂渣。

2. 浸提　在500L的搪瓷反应釜内，投入40kg干皂渣，同时压入8倍量的经脱水的工业丙酮（丙酮含水，会降低谷畬醇的溶解度），开动搅拌器，转速为95r/min，夹套蒸汽加热，控制温度50～55℃，在冷凝回流下，微沸浸提3～4h，被皂粒吸附的谷甾醇溶解于热丙酮中。

3. 冷析　随后搪瓷夹套中通入冰盐水冷却，搅拌釜内料液，急冷至10～15℃（干皂渣在八倍的丙酮液中，即使在温度0℃，谷甾醇也不会析出），若冷却温度高于15℃，会使胶黏物（皂、磷脂、树脂、蜡等）分离不净，影响产品质量；若在冷却搅拌中延时太长，会使过滤困难，既增加丙酮损耗又影响产品得率。

4. 压滤　将冷析后的料液放入压滤器内，通入压缩空气压滤（滤布为6号帆布），压力为4～5kgf/cm^2，滤渣（皂渣）中含有50%的丙酮应回收，滤液接入储槽内。

5. 浓缩　将滤液吸入浓缩锅内，回收大部分丙酮，浓缩至原液的五分之一左右。浓缩液的浓度要控制好，若过稀，谷甾醇得率低，若过浓，同时析出胶黏物，使产品不纯。

6. 冷却结晶、压滤、干燥　将浓缩液压入粗制品结晶锅内，在室温下冷却结晶8～10小时，随后放入压滤器中压滤，操作压力为3～4kgf/cm^2，取出粗制品，置60℃的烘箱（水浴）内干燥，母液中的丙酮待回收。

7. 精制脱色、热过滤　将粗制品投入搪瓷反应釜内，压入30倍量的95%乙醇，夹套蒸汽加热，控制温度70～78℃，待溶解后，加入约为粗制品的5%的活性炭，在冷凝回流情况下，搅拌脱色约20分钟后，趁热放入夹套热过滤器内压滤，操作压力为1～2kgf/cm^2，热的滤液压入成品结晶锅内。

8. 冷却结晶、过滤、干燥　待成品结晶锅内的滤液在室温下冷却结晶12小时后，放出压滤，压力为1～2kgf/cm^2。湿结晶物送入烘箱干燥，温度控制在100℃以下，即得白色针状、鳞状物结晶或粉末结晶的米糠油甾醇。

9. 检验质量　控制水分在2%以下，熔点为136～140℃，总甾醇含量为95%以上，灰分在0.3%以下。

三、成品得率与溶剂的消耗

一般成品得率为干皂渣的4%～6%。每千克谷甾醇消耗丙酮35kg，乙醇10kg。丙酮消耗高的原因是滤渣中的丙酮没有回收，这项损耗约占丙酮总消耗的50%，若做好丙酮回收工作，消耗可以大大降低。

四、主要生产设备（见表 27-1）

表 27-1　主要生产设备

设　备	规格	单位	数量	材料	备　注
搪瓷反应釜	500L	只	1		电机 4 极、1kW，涡轮减速机 A100—380
回流冷凝器、	ϕ200×1800				
压滤器	ϕ560×900	只	1	不锈钢列管	
浓缩锅	500L	只	2		
冷凝器	ϕ360×1800	只	1		
冷凝器	ϕ200×1000	只	1	不锈钢列管	
粗结晶锅	100L	只	2	不锈钢列管	
过滤器	ϕ570×750	只	1		
脱色锅	200L	只	1		
回流冷凝器	ϕ200×1000	只	1		
夹套热过滤器	ϕ560×560	只	1	不锈钢列管	
成品结晶锅	ϕ500×700	只	1	不锈钢	
过滤器	ϕ500×750	只	1	不锈钢	
溶剂回收塔	塔底 ϕ800×800	只	1	不锈钢	
	塔身 ϕ250×400	只	1	不锈钢	
储槽	ϕ 700×1300	只	1	不锈钢	
储槽	ϕ 500×850	只	6		
空气压缩机	立 2 水冷式	只	3		
		台	1		电机 7.5kW、4 极
烘箱	700×1400×1600	只	3		

第五节　谷甾醇的质量指标和检验方法

一、质量指标

按照浙江卫药（75)325-2 号文件所附的谷甾醇质量指标进行。谷甾醇为白色针状、鳞片状结晶粉末，无臭、无味，在氯仿和二硫化碳中极易溶解，在乙醇和丙酮中微溶，在水中不溶。

含量	95％以上	失重	不超过 2％
熔点	136～140℃	灰分	不超过 0.3％
比旋光度	−25°～−38°		

二、检验方法

1. 含量　取本品约 0.15g 精密称重，置 100mL 容量瓶中，加适量无水乙醇使溶解并稀释至刻度，摇匀，精密量取 10mL 置 100mL 锥形瓶中，加热至近沸，即加入近沸的洋地黄皂苷乙醇液 9mL，摇匀，慢慢滴加水 2mL，静置过夜，再用称定质量的垂熔玻璃坩埚缓缓抽滤，沉淀用丙酮、水、乙醇混合液（73∶18∶9），以玻棒搅拌洗涤 3 次（用量为 4mL、3mL、3mL），在 100℃干燥 3 小时，精密称定，与 0.253 相乘，即得试量中含总谷甾醇的质量。含总甾醇应为 95％以上。

2. 熔点　取本品约 0.3g 置 100mL 磨口烧瓶中，加吡啶 20mL 和氯化苯甲酸 4mL，缓缓回流 30 分钟，冷却，移入盛有 100mL 水的分液器中，加碳酸钠使溶液成明显的碱性，用乙醚振摇提取，乙醚液用 50mL 水洗涤，醚液蒸干，残渣用乙醇重结晶，在 100℃温度下干燥 2 小时，依法测定（中国药典 1963 年版二部附录 16 页）。

3. 失重　取本品在 100℃温度下干燥 3 小时，减失质量不得超过 2％（中国药典 1963 年版二部附录 41 页）。

4. 比旋度　取本品按干燥品计算，加氯仿制成每 1mL 中含 20mg 的溶液，依法测定（中国药典

1963 年版二部附录 18 页)。

5. 灼烧残渣　不得超过 0.3%(中国药典 1963 年版二部附录 41 页)。

第六节　复方谷甾醇片剂的生产

一、处方(制成 1000 片)

谷甾醇	80g	山楂	800g
泽泻	800g		

功能:有降血脂作用,以预防动脉粥样硬化的发展。

主治:高血脂症、冠状动脉硬化性心脏病、胸闷、心悸等。

用法与用量:口服,每次四至六片,每日三次,饭后温开水吞服。

二、制法

取泽泻切片,加入 90%以上浓度的乙醇,加热回流二次,每次 3 小时,合并回流液,浓缩至浸膏,加泽泻生药粉适量,混匀,真空干燥(真空度 700mmHg、温度 60℃以下),制成细粉。

另取山楂加入上述乙醇,同上回流、浓缩、真空干燥,制成细粉。

取谷甾醇(按干燥品计,并将总甾醇含量折为 100%)与泽泻、山楂浸膏粉、淀粉、吐温-80 稀醇溶液混合,过筛成颗粒,干燥,压制成 1000 片。

三、质量检验

按浙卫药(77)544-2 号文件附发的质量指标和测定方法进行。其质量指标和测定方法如下:

1. 性状　本品为咖啡色浸膏片。

鉴别方法

(1) 取含量测定项下的乙醚提取液适量,挥发尽乙醚,残留物加冰醋酸溶解,加醋酐 1mL,硫酸 1 滴,即显墨绿色为谷甾醇。

(2) 取含量测定项下的水溶液过滤,取滤液适量,加三氯化铁试液数滴,即显墨绿色为山楂。

(3) 取本品 5 片,加 1N 硫酸约 15mL,研成混悬液,过滤,取滤液适量,加碘化铋钾试液数滴,即显橙红色沉淀为泽泻。

检查:应符合中国药典 1975 年版初稿附录片剂项下的有关各项规定。

2. 含量测定　取本品 10 片,精密称定,研细。精密称出适量(约相当于谷甾醇 0.32g),加水 20~25mL(先以少量的水研成混悬液,然后用水分次移入分液器中),用乙醚振摇提取 3 次(50mL、25mL、15mL),提取液通过无水硫酸钠过滤至 100mL 的容量瓶中,用少量氯仿洗涤过滤器,洗液并入量瓶中,用氯仿加至刻度,摇匀,精密量取 5mL 于锥形瓶中,置水浴上蒸干,残留物加无水乙醇 10mL 溶解,加热至近沸,即加入近沸的洋地黄苷无水乙醇液 9mL,摇匀,缓缓滴加水 2mL,静置过夜,用称定质量的(3-4 号)垂熔玻璃坩埚抽滤,沉淀用丙酮、水、乙醇(73∶18∶9)混悬液 10mL 分次洗涤,并在 100℃干燥 3 小时,精密称定,与 0.253 相乘,即得试样中含有总甾醇的质量。

第七节　克喘片剂的生产

一、处方(制成 1000 片)

谷甾醇	60g	芦丁	90g
琥珀酸钠	60g	扑尔敏	0.5g

功能：有较强的平喘、止咳、祛痰和促进慢性气管炎病变组织的修复作用。

主治：急慢性支气管炎及支气管哮喘、过敏性哮喘等。

二、制法

取上述各种药物细粉，适量淀粉，白糊精混匀，用稀乙醇液制成颗粒，烘干、整粒、压片即得。

三、质量检验

按浙卫药（76）354号文件所附质量指标和检验方法进行。其质量指标和检验方法如下：

本品含总甾醇与芦丁（$C_{27}H_{30}O_{16}\cdot 3H_2O$）应为标示量的90.0%～110.0%。

1. 性状　本品为黄绿色片剂。

鉴别方法

① 取本品的细粉适量（约相当于谷甾醇30mg），用氯仿浸提，过滤，滤液加浓硫酸（H_2SO_4）1mL，交界层即出现玫瑰红色，下层显黄色荧光。

② 取本品的细粉适量（约相当于芦丁45mg），加氢氧化钠试液5mL，溶液显橘黄色。

③ 取本品细粉适量（约相当于芦丁45mg），加乙醇15mL，微热振摇后，加盐酸1mL与金属镁或金属锌数小粒，渐显红色。

④ 取本品细粉适量（约相当于扑尔敏5mg），加水20mL充分振摇，过滤，滤液加稀硫酸酸化，加碘化铋钾试液数滴，即显红棕色至赭色沉淀。

⑤ 本品的水溶液显钠盐的鉴别反应（中国药典1963年版二部附录32页）。

检查：本品除崩解时限应在30分钟内崩解外，其他应符合中国药典片剂项下有关的各项规定。

2. 含量测定

(1) 总甾醇　取本品20片，精密称定，研细，精密称取细粉适量（约相当于谷甾醇0.3g），置分液漏斗中，加水50mL振摇，以下步骤与复方谷甾醇中总甾醇含量测定相同。

(2) 芦丁　标准溶液的制备。精密称取相当于无水芦丁对照品20mg，置100mL容量瓶中，加60%乙醇适量，置水浴上加热，使溶解，放冷，用60%乙醇稀释至刻度，摇匀即得。

样品溶液的制备：精密称取上述的细粉（约相当于芦丁20mg），置100mL容量瓶中，加60%乙醇适量，置水浴上加热，振摇，使芦丁溶解，放冷，用60%乙醇稀释至刻度，摇匀，用干燥滤纸过滤，弃去初滤液20mL，精密量取续滤液25mL，置50mL容量瓶中，用60%乙醇稀释至刻度，摇匀即得。

测定方法：精密量取上述标准溶液、样品溶液各5mL，分别置于10mL容量瓶中，各精密加亚硝酸钠（1→20）0.3mL，摇匀，放置6min。再加硝酸铝溶液（1→10）0.3mL，摇匀，再放置6min。再加氢氧化钠的60%乙醇溶液（1→25）4mL，用60%乙醇稀释到刻度，摇匀，放置15min。以试剂为空白，在510nm波长处测定其吸收度，计算出试量中无水芦丁的含量，与1.0885相乘，即得试量中含芦丁的质量。

第二十八章　脱脂米糠饼粕提取植酸钙镁及肌醇

第一节　植酸钙镁的含量与用途

一、植物种子中植酸钙镁的含量

植酸钙也称菲丁，是植酸（肌醇六磷酸酯）与钙镁形成的一种复盐形式，广泛地存在于植物种子糊粉层中。不同的植物种子含量各不相同，现将几种植物种子中植酸钙镁的含量列于表 28-1。从表 28-1 可以看出，脱脂米糠中植酸钙镁的含量最高，因此它是制取植酸钙的理想原料。其他如菜籽饼发酵去毒后的废液中也可提取植酸钙。

表 28-1　几种植物种子植酸钙镁含量　　单位：%（质量分数）

种类名称	植酸钙镁含量	种类名称	植酸钙镁含量
脱脂米糠	10～11	蓖麻子	1.98
糙米	1.03～1.17	玉米	1.31
米胚	0.9～1.0	小麦糠	2～5
小麦	0.6～0.7	花生	3.2
大麦	1.3	亚麻子	5.9～6.4

二、植酸钙镁的理化性质

植酸钙镁的分子式为 $C_6H_6O_{24}P_6Mg_4(Me)_2 \cdot 5H_2O$，分子式中的碱金属离子（Me）取决于提取过程中使用的中和剂种类，如中和剂用的是 $Ca(OH)_2$，则植酸钙镁的分子式为：

$$C_6H_6O_{24}P_6Mg_4Ca_2 \cdot 5H_2O$$

植酸钙镁为无定形粉末，无味无臭。微溶于水，能溶于 0.1mol/L 的稀酸中。工业上就利用这个性质，提取种子糊粉粒中的植酸钙镁。含水的植酸钙镁会受植酸酶的作用而分解，因此需烘干后存放或立即制取肌醇。

植酸钙镁的用途。植酸钙镁可以促进人体的新陈代谢，是一种滋补强壮剂，有补脑，治疗神经炎、神经衰弱、幼儿佝偻等病。在工业上植酸钙镁还可以作为防腐剂。植酸钙镁含有 20% 的肌醇，其主要用途是作为制取肌醇的原料。

第二节　植酸钙镁生产工艺及操作

一、工艺流程

糠饼 →(粉碎)→ 糠饼粉 →(盐酸)→ 浸泡 → 过滤去渣 →(石灰乳)→ 中和沉淀 → 压滤 → 含水膏状植酸钙

二、生产工艺和操作方法

1. 粉碎　如果是水压机制的糠饼，需要经过粉碎，通过 20 目筛，制成糠饼粉。其他如动力螺旋榨机、浸出的饼（粕）可以直接投料。

2. 酸浸　将脱脂后的糠饼粉投入已配好的 8 倍 0.1mol/L 左右的盐酸溶液（即 100kg 水加 30%工

业盐酸 1.20kg）中，再加水浸没糠饼粉。浸泡液 pH 值要保持在 2～3，若发现浸泡液 pH＞3，则应继续加工业盐酸保持 pH 值在 2～3 为止。浸泡温度 30℃左右，时加搅拌，冬季浸泡 6～8h，夏季浸泡 4～6h。

浸泡液放出以后，再加 3 倍清水进行水洗，水洗液和浸泡液合并以待下一步中和用，糠渣作饲料出售。

酸浸池是 $10m^3$ 的水泥池，在池底、池壁上涂一层耐酸水泥，每次可投糠饼粉 1000kg。在离池底 20cm 左右，用竹片夹麻布做一个略带倾斜的假底，作为过滤酸浸液之用。

3. 中和　酸浸后的浸泡液和水洗液放至储液池中，用泵将清液送入中和池，加入新鲜石灰乳，控制 pH 值 5.8～6，边加石灰乳边用压缩空气搅拌，静置沉淀 2h。

新鲜石灰乳的配制：按生石灰：水＝1：10 的比例缓慢地将水加入石灰中进行消化溶解，上层石灰乳用 100 目铜丝布过滤。

4. 压滤　中和池内料液静置分离以后，虹吸弃去上层液体（此液体可作为制农用核苷酸原料），下层白浆用泵打入压滤机压滤去水，所得膏状物体即为植酸钙。如果需将植酸钙出售，还要在干燥室内于 80℃左右下进行烘干。

三、影响工艺效果的因素

① 在实际生产过程中发现，以新鲜米糠入榨后的糠饼为原料，植酸钙得率较高，因为陈糠受植酸酶的影响，使糠饼中的植酸钙镁水解而含量降低。

② 生产过程中，虽使用相同的工艺流程和操作条件，但生产糠油的工艺和设备不同，糠饼残油不同，故产品的得率不同。从表 28-2 可见，植酸钙得率以浸出粕最高，90 型榨油机（或水压机）的糠饼次之，95 型榨油机糠饼最低。

表 28-2　以不同的脱脂糠饼（粕）生产植酸钙的得率

糠饼种类	浸出粕	90 型榨油机	95 型榨油机
残油率	0.5%～1%	10%～11%	12%～13%
植酸钙得率	10%～11%	8%～9%	5%～7%

③ 糠饼浸泡时，浸泡液的 pH 值一定不能大于 3，否则说明加入的盐酸量不够，使植酸钙不能全部溶解在酸溶液内，造成得率降低。

④ 中和时要勤搅拌，检验 pH 值时尤要均匀取样，一定要严格控制 pH 值在 5.8～6，现将中和时的 pH 值对出率的影响列于表 28-3。若 pH＞6，产品的数量是多了，但含磷量会低于 32%。在中和时使用的石灰乳质量要洁白新鲜无块状物，以保证植酸钙的得率和质量。

表 28-3　中和时的 pH 值与植酸钙得率的关系

植酸钙得率控制的 pH 值	糠饼(粕)的种类	
	浸出粕	90 型榨油机
4.5	5%	
5.4	9%	6%
5.8	11%	8%～9%

四、辅助物料的消耗（参见表 28-4）

表 28-4　生产一吨植酸钙需消耗的辅助材料

名　称	用量/t
工业盐酸(30%)	1.2
生石灰	0.5

五、主要生产设备（200 吨/年）（见表 28-5）

表 28-5　主要生产设备

序号	名称	规格型号	单位	数量
1	锤片式粉碎机	FSP·50	台	1
2	浸泡池	$V=10m^3$	台	4
3	储液池	$V=10m^3$	台	2
4	中和池	$V=10m^3$	台	2
5	石灰乳高位罐	$\phi 900\times 2500$	台	1
6	空气压缩机	V-0.1/10	台	1
7	压滤机	650×25	台	1
8	离心水泵	3BA-g	台	1
9	真空泵	1401	台	1
10	齿轮泵	2″	台	1

第三节　植酸钙镁的质量指标和检验方法

一、产品质量指标

含磷（P_2O_5）	34%以上	pH 值	6～6.5
含钙	12%	淀粉	遇碘不呈蓝色反应

二、检验方法

1. 有机磷测定

（1）间接碘量法　植酸钙溶于稀盐酸后，析出植酸能与硫酸铜生成相应的铜盐，多余的硫酸铜可使碘化钾溶液析出游离的碘，再以硫代硫酸钠标准液滴定碘的含量，间接标出植酸钙的含量。反应方程式如下：

$$2CuSO_4+4KI\longrightarrow 2CuI+2K_2SO_4+I_2$$

$$I_2+2Na_2S_2O_3\longrightarrow 2NaI+Na_2S_4O_6$$

使用仪器包括烧杯 50mL，容量瓶 250mL，碘量瓶 250mL，三角瓶 250mL，滴定管二支，吸管 50mL、20mL、5mL 各二支，万分之一分析天平一台。

操作程序。称取 0.5g 植酸钙放入容量为 50mL 的烧杯中，加 5mL 1mol/L 的盐酸使之溶解，移入 250mL 容量瓶中，加水 180mL，加 0.25mol/L 硫酸铜溶液 20mL，加 5mL 20%醋酸钠，然后加水至刻度。振摇 5min，用干滤纸过滤至干燥瓶内，弃去开始的滤液 25mL，然后吸取滤液 50mL 放入碘量瓶内，加碘化钾 4g，摇匀放置 10min，加 3～5 滴淀粉指示剂，用 0.5mol/L 硫代硫酸钠溶液滴定至蓝色消失，溶液呈乳白色为止。同时作一空白滴定，也至溶液呈乳白色。计算公式：

$$有机结合磷(P_2O_5)\%=\frac{(V_1-V_2)\times N\times 0.0782\times 100}{W\times \frac{50}{250}(1-水分\%)}$$

式中　V_1——空白消耗硫代硫酸钠溶液的体积，mL；

V_2——样品消耗硫代硫酸钠溶液的体积，mL；

W——样品克数；

N——硫代硫酸钠的当量浓度；

0.0782——消耗 0.5mol/L 硫代硫酸钠溶液 1mL 相当于五氧化二磷 0.0782g。

（2）钼蓝比色法　在潮湿高温（55℃）条件下储放植酸钙，由于植酸酶的作用，能使植酸钙镁分解生成 $Ca(H_2PO_4)_2$、$Mg(H_2PO_4)_2$ 等无机磷酸盐类，如用间接碘量法测定含磷量，会使结果偏高，采用钼蓝法就比较好。根据无机磷与钼酸铵能形成钼蓝反应，而有机磷必须经浓硫酸消解后才能与钼酸铵形成钼蓝反应的原理，用比色法测定植酸钙的总磷量与无机磷的含量，然后将二个含磷量相减从而得出植酸钙的含量。

使用仪器包括烧杯 50mL 二个，容量瓶 50mL、100mL 各一个，漏斗二个，凯氏烧瓶 50mL 二个，移液管 2mL、2.5mL 各一个。

操作方法。取粉碎后的植酸钙样品 0.5g，于小烧杯中加 1N 的 HCl 13mL，加热至 40℃使充分溶解，移入 100mL 容量瓶中，蒸馏水定溶至刻度，混匀用滤纸过滤，弃去初液 20mL，然后吸取滤液 5mL 注入 50mL 容量瓶中，用蒸馏水定溶至刻度，混匀即为稀释液。

取稀释液 2mL 置于 50mL 凯氏烧瓶中，加入 2.5mL 10N 的硫酸，在通风橱内加热消解待产生白烟溶液变黄色时取下，冷至室温后，加入过氧化氢 2 滴继续加热消解，至溶液呈无色透明为止，取出冷却至室温，用蒸馏水洗入 50mL 容量瓶中（凯氏烧瓶需用蒸馏水反复洗涤），洗液并于容量瓶中，用蒸馏水定溶至刻度，摇匀，称为总磷试液。

另取稀释液 2mL 置于 50mL 容量瓶中，用蒸馏水定容至刻度，摇匀即为无机磷试液。

取洗净烘干及编号的试管 3 支，一支加蒸馏水 3mL 为空白管，一支加无机磷试液 3mL，另一支加总磷试液 3mL，然后各加入定磷试剂* 3mL，摇匀置 45℃水浴上加热 25 分钟，取出冷至室温，以 72 型分光光度计在 660nm 波长比色，以空白管调零点，得出总磷、无机磷的光密度值。计算公式：

$$P_2O_5\% = \frac{(E_{总} - E_{无}) \times 标准线常数 \times 2.3 \times 稀释倍数 \times 100}{1000000 \times 3}$$

式中 $E_{总}$——总磷吸光度值；

$E_{无}$——无机磷吸光度值；

2.3——P_2O_5 是 P 的 2.3 倍；

稀释倍数——1/50000；

1000000——常数（微克）；

3——显色毫升数（试样）。

标准线常数求法为：$\dfrac{P微克数}{所显光密度值}$

例如有甲、乙、丙三管，各管显色总体积 6mL（定磷试剂* 3mL，蒸馏水和标准磷溶液 3mL），各管中含标准磷分别是 2μg、4μg、6μg，显色后各管正常光密度分别为 0.10、0.20、0.30，则标准线常数为 2/0.1=4/0.2=6/0.3=20。

*定磷试剂的配制：

用 4 体积 0.625%钼酸铵液与 1 体积 10%抗坏血酸临用时混合即可。

0.625%钼酸铵——0.625 克铝酸铵用 0.75mol/L H_2SO_4 定溶至 100mL。10%抗坏血酸——10g 抗坏血酸用蒸馏水定溶至 100mL 置冰箱保存。

2. 钙的测定　草酸铵与钙离子反应生成草酸钙沉淀，过滤沉淀溶解于硫酸中，用标定的高锰酸钾溶液测定溶液中的草酸。

操作程序。称取 0.3g 植酸钙置于 250mL 三角瓶中，加 1mol/L 盐酸 10mL 使之溶解，再加蒸馏水 150mL，约 3.5%浓度草酸铵溶液 20mL，甲基红指示剂 2 滴，10%氨水使溶液呈微黄色。加热煮沸 1 小时，静置后过滤沉淀，并用蒸馏水洗涤沉淀物直至用 5%氯化钙溶液检验滤液不发生混浊为止。用 1∶3 稀盐酸 30mL 将滤纸上沉淀物洗入烧瓶中，加热至 80℃，以 0.02mol/L 高锰酸钾溶液滴定，在 15 秒内粉红色不退即可。按下式计算：

$$含钙\% = N \times V \times 2.004 / W(1 - 水分\%)$$

式中 N——高锰酸钾溶液浓度；

V——高锰酸钾溶液消耗数；

W——样品克数；

2.004——每 0.02mol/L 1mL 高锰酸钾溶液相当 2.004mg 钙。

$KMnO_4$ 可事先用 0.2g 纯 $H_2C_2O_4 \cdot 2H_2O$（草酸）及浓度 25%的 H_2SO_4 标定。

3. 酸碱度的测定　取植酸钙 10g，放入新沸的 30mL 蒸馏水中，振摇 3min 后过滤，用精密 pH 试纸检查。

4. 淀粉测定　取 0.5g 植酸钙浸入装有 10mL 碘液试管中，检验是否不变蓝色。

5. 水分测定　称取 0.5g 植酸钙样品，在 105℃烘箱中烘至恒重。

第四节　用植酸钙镁生产肌醇

一、肌醇的理化性质和药理作用

肌醇是白色结晶粉末，味甜，熔点 224～227℃，溶于水，不溶于无水乙醇、乙醚和氯仿。肌醇的水溶液呈中性反应。

肌醇的分子成为 $C_6H_{12}O_6$，即环己六醇，在医上主要用于治疗肝硬化、肝炎、血管硬化、脂肪肝、胆固醇过高等症。肌醇还可以进一步制成其他成药，如菸酸肌醇酯、脉通等。

二、生产工艺流程和操作方法

(一) 工艺流程图

1. 工艺流程示意见图 28-1。

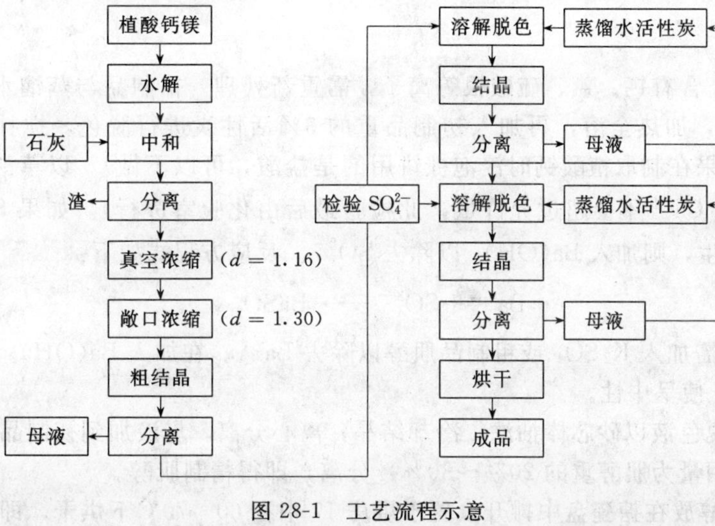

图 28-1　工艺流程示意

2. 工艺流程图见图 28-2。

(二) 生产工艺和操作方法

1. 水解　植酸钙镁水解反应式如下：

$$2Ca_2Mg_4C_6H_6O_{24}P_6 + 12H_2O \xrightarrow[8\sim10\text{小时}]{5\sim6\text{kgf/cm}^2} 2C_6H_{12}O_6 + 3Ca(H_2PO_4)_2 + 2Mg_3(PO_4)_2\downarrow + Mg_2Ca(PO_4)_2\downarrow$$

植酸钙与水按 1∶(3～3.5) 的比例计量投入配料锅 1，搅拌（转速 60r/min）混合均匀，用真空吸入水解锅 2 中，开启搅拌器（转速 60r/min），并开直接蒸汽和夹套蒸汽加热升压，当内压达到 5～6kgf/cm² 时，关闭直接蒸汽，以外压保持内压，在此压力下水解 8～10 小时，当水解液的 pH 值述 3～4 时，说明水解基本完成，可以出料。

2. 中和　为了要使肌醇与能溶于水的 $Ca(H_2PO_4)_2$ 分开，需加入石灰乳进行中和，中和反应式如下：

$$Ca(H_2PO_4)_2 + 2Ca(OH)_2 \longrightarrow Ca_3(PO_4)\downarrow + 4H_2O$$

水解中形成的 H_3PO_4 也和 $Ca(OH)_2$ 反应，反应式如下：

$$2H_3PO_4 + 3Ca(OH)_2 \longrightarrow Ca_3(PO_4)_2\downarrow + 6H_2O$$

利用水解锅的内压，将水解液压入中和锅 4 内，开动搅拌器（转速 65r/min）进行搅拌，并加入澄

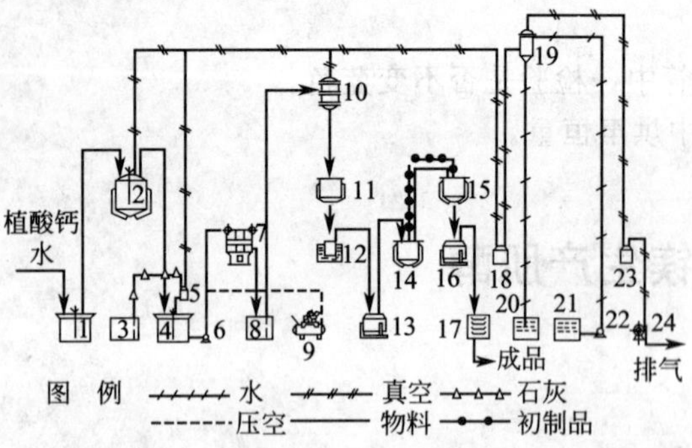

图 28-2　工艺流程

1—配料锅；2—水解锅；3—石灰池；4—中和锅；5—高位锅；6—齿轮泵；7—压滤机；8—储液槽；9—空压机；10—蒸发器；11—浓缩锅；12—冷却池；13—离心机；14—脱色锅；15—结晶锅；16—离心机；17—烘房；18—真空桶；19—冷却器；20、21—水池；22—离心泵；23—真空桶；24—真空泵

清石灰乳进行中和，当 pH 值稳定在 8.5～9 为止，继续加热煮沸 10 分钟，以齿轮泵 6 送至压滤机 7 压滤，滤液进入储槽，滤渣由空压机 9 用压缩空气吹干，此渣可制磷肥。

3. 浓缩、冷却、粗结晶、分离　利用真空将滤液吸入真空蒸发器 10 内进行浓缩，真空度为 600～650mmHg，当浓缩液相对密度达 1.10 时，停止真空浓缩。料液转至搪瓷锅 11 内进行敞口浓缩，浓缩液相对密度达 1.28～1.30 时放入搪瓷桶 12 内冷却，待温度冷至 32℃时开始析出晶体，冷至 30℃时有大量晶体析出，用离心机 13 进行分离，弃去液体（因含杂太多），所得晶体即为粗制肌醇。

4. 精制

（1）初制品　粗肌醇与蒸馏水按 1∶1.2 比例投入不锈钢脱色锅 14 中，加热全溶，加入粗肌醇重的 2%的活性炭，沸腾 15 分钟，以砂芯棒抽滤至不锈钢冷却锅 15 中进行冷却结晶，当冷至 25℃时，进入离心机 16 进行分离，离心液加到粗肌醇中作蒸馏水使用，所得晶体即为初制品。

（2）精制品

初制品色泽微黄，含有钙、氯、硫酸根等离子，需重新处理。初制品与蒸馏水仍按 1∶1.2 比例投入不锈钢脱色锅 14 中，加热全溶，再加入初制品重的 3%活性炭进行脱色，搅拌沸腾 15 分钟后，以 $BaCl_2$ 检验 SO_4^{2-}（如果在制取植酸钙时浸泡糠饼用的是盐酸，可以不做）。以草酸铵检验 Ca^{2+}（如果按本工艺生产法操作，Ca^{2+}不会超过允许量，此检验最后由化验室进行）。如果 SO_4^{2-} 超过了允许量，有白色 $BaSO_4$ 沉淀产生，则加入 $Ba(OH)_2$ 以除去 SO_4^{2-}。反应方程式如下：

$$Ba^{2+} + SO_4^{2-} \longrightarrow BaSO_4 \downarrow$$

如 Ba^{2+} 过量，还需加入 K_2SO_4 或粗制品肌醇以除去 Ba^{2+}。在加入 $Ba(OH)_2$ 后溶液呈碱性时，就用冰醋酸调节溶液 pH 使呈中性。

去除杂质离子的脱色液以砂芯棒抽滤，冷却结晶，离心分离。母液加到初制品中作蒸馏水使用。晶体用药用酒精冲洗（用量为肌醇重的 20%～30%）分离，即得精制肌醇。

5. 烘干　精制肌醇放在搪瓷盘中摊开，置于烘房 17 中在 60～70℃下烘干，即得成品。

三、影响工艺效果的因素

1. 根据实际生产情况发现原料（植酸钙镁）的质量对产品得率的影响很大，其表现在下列几个方面。

（1）霉变发酵的植酸钙镁因有机磷含量降低，即使用同样的工艺条件操作，肌醇得率减少。

（2）植酸钙镁的 pH>6.5 时，不易水解，即使增加水解时间，产品得率仍然很低。其原因之一是植酸钙镁在 pH>6 的情况下沉淀析出时，带有较多的蛋白质和碳水化合物，致使水解带来困难。

（3）用新鲜膏状植酸钙镁为原料制取肌醇的得率要比干燥的植酸钙镁为原料的高。因为含水的植酸钙镁为胶状沉淀，一经干燥就结成固化石膏状，虽经粉碎仍属极坚实的小粒子，显微镜下观察还是块状的。而含水膏状物，分子间本来就吸附大量水分，也就易吸收水分，因而水解效果较好。

2. 水解时压力是很重要的因素，压力高了需要的时间少，水解效果也好。但现在受锅炉等设备条件的限制，肌醇得率较低，最高达到 7.5%（以植酸钙计），仅是植酸钙理论含量的 38%左右。

3. 对中和后的压滤残渣再进行一次水解，可以提高得率 1%左右，但从成本来讲，不太经济。

4. 真空蒸发设备采用的是中央循环管式，当浓缩液相对密度达 1.1 时就需去敞口锅浓缩至相对密度 1.3，否则真空蒸发器的加热管壁易于结垢使传热不好。而敞口浓缩会使产品颜色加深，后处理麻烦。若能用新型真空薄膜蒸发器代替敞口锅，则时间节省，且能提高产品质量。

四、产品得率及辅助材料消耗

用本法生产工艺每百 kg 植酸钙得肌醇 7～7.5kg。

每吨肌醇消耗的辅助物料

名称	用量	名称	用量
活性炭	41kg	电力	2234kW·h
酒精	311kg	原油（锅炉烧油）	26.91t
生石灰	3.67t		

五、主要生产设备（见表 28-6）

表 28-6　主要生产设备（年产肌醇 40 吨）

序号	名　称	规　格　型　号	单位	数量	序号	名　称	规　格　型　号	单位	数量
1	配料锅	ϕ1400×2000	台	1	8	浓缩锅	搪瓷 500L	只	1
2	水介锅	ϕ1400×2200	台	8	9	离心机	SS-800	台	2
3	中和锅	ϕ1800×2000	台	1	10	真空泵	W4	台	2
4	齿轮泵	2″	台	1	11	脱色锅	ϕ1100×900 不锈钢	台	1
5	离心泵	2BA-6	台	1	12	冷却锅	ϕ800×1000 不锈钢	台	1
6	压滤机	BMS50/810×25	台	1	13	离心泵	3BA-9	台	1
7	蒸发器	中央循环管式 $F=15m^2$	台	1					

六、肌醇的质量指标和检验方法

（一）肌醇的质量指标

含量	环已六醇 97%以上	钙盐	0.005%以下
熔点	224～227℃	铁盐	0.005%以下
水分	0.5%以下	重金属	0.0025%以下
氯化物	0.005%以下	灰分	0.1%
硫酸盐	0.006%以下		

（二）检验方法（参照 1975 年中国药典）

1. 含量测定

（1）氯仿法

① 仪器包括分析天平（万分之一克）1 台，分液漏斗（250mL 的 2 只），刻度吸管（容量 0.1mL、5 mL、30mL 各 1 支），玻璃漏斗，电炉，烘箱等。

② 试剂包括浓醋酸（醋酐，一级品），氯仿（试剂级）。稀硫酸（取 H_2SO_4 57mL 加蒸馏水稀释至 1000mL）。

③ 操作方法。精密称取肌醇 0.2g，置于 250mL 烧杯中，加 5mL 浓醋酸，0.1mL 稀硫酸，放在电炉上加热至全部溶解，冷却后加 100mL 蒸馏水，煮沸 20 分钟后置冷，移入分液漏斗中，用氯仿分五次提取（依次为 30mL、25mL、20mL、15mL、10mL），用滤纸过滤，放入已称重的三角瓶中，滤完后取 10mL 氯仿冲洗。回收氯仿，放入 105℃电烘箱中烘至恒重，称得醋酸肌醇的质量（X）。以下式计算：

$$肌醇含量(\%)=\frac{X\times 0.4167}{样品}\times 100$$

式中　X——醋酸肌醇质量，g；

0.4167——肌醇与醋酸肌醇的比例常数。

（2）重铬酸钾法

① 原理。肌醇在强酸性溶液中，用重铬酸钾氧化生成二氧化碳和水。其反应如下：

$$C_6H_{12}O_6+4K_2Cr_2O_7+16H_2SO_4 \longrightarrow 4K_2SO_4+Cr_2(SO_4)_8+6CO_2+22H_2O$$

使用过量重铬酸钾标准溶液、氧化试验中的环己六醇。过量的重铬酸钾、氧化碘化钾，使生成游离碘，然后用硫代硫酸钠标准溶液滴定。其反应如下：

$$6KI+K_2Cr_2O_7+7H_2SO_4 \longrightarrow 4K \longrightarrow 2 \longrightarrow SO_4+Cr_2(SO_4)_3+7H_2O+3I_2$$

$$2Na_2S_2O_3+I_2 \longrightarrow 2NaI+Na_2S_4O_6$$

② 试剂。重铬酸钾标准溶液：称 64.7777g 重铬酸钾置于容量瓶中，用蒸馏水稀释至于 1000mL，则此溶液每毫升可氧化 0.01g 肌醇。

用移液管吸取 25mL 重铬酸钾标准溶液置于 1000mL 容量瓶中，加 100mL 蒸馏水和 25mL 硫酸，用蒸馏水稀释至刻度。用移液管吸取 50mL 放入三角烧瓶中，加 20mL 10%碘化钾溶液和 50mL 蒸馏水。用 0.1N 硫代硫酸钠标准溶液滴定游离的碘。每毫升硫代硫酸钠标准液所需重铬酸钾标准液的毫升数为：

$$C=\frac{\text{重铬酸钾标准溶液毫升数}}{20\times\text{硫代硫酸钠标准溶液毫升数}}$$

10%KI 溶液

1%淀粉溶液

10% $ZnSO_4$ 或 Ag_2SO_4/溶液

0.1N $Na_2S_2O_3$

1∶4 硫酸水溶液

③ 操作步骤。称样不超过 3g，置 600mL 烧杯中，加 200mL 热水使样品溶解。加 1∶4 硫酸，缓缓煮沸20～30 分钟，冷却后加 0.25g Ag_2SO_4 或 $ZnSO_4$ 溶液以沉淀氯化物和水溶性脂肪酸。将溶液滤入 500mL 容量瓶中并稀释至刻度。量取 50mL 置于 400mL 烧杯中，加 75mL 重铬酸钾和 25mL 浓硫酸，在 90～100℃的水溶液中加热 3 小时。冷却后将溶液转移至 1000mL 容量瓶中稀释至刻线。量取 50mL 加入 20mL 10%KI 溶液和 50mL 蒸馏水。用 0.05mol/L $Na_2S_2O_3$ 标准溶液滴定，接近终点时加入 10 滴淀粉指示剂，继续滴至终点。以下式计算：

$$\text{肌醇含量}(\%)=\frac{10(V-20V')\times C}{W}$$

式中　V——重铬酸钾标准溶液毫升数；

V'——滴定试样消耗的硫代硫酸钠标准溶液毫升数；

C——每毫升 $Na_2S_2O_3$ 标准溶液需消耗的 $K_2Cr_2O_7$ 标准溶液毫升数；

W——试样质量。

2. 水分测定　用烘箱法（略）。

3. 灰分测定　精密称取试样肌醇 2g，置于已知恒重的坩埚内，放火焰上缓缓炽热，直至样品炭化。取下坩埚放冷，加硫酸 1mL 左右至试样湿润状，低温加热除去硫酸蒸气，在 500～600℃高温电炉中灼烧，取出放至干燥器中置冷，精确称重，在 500～600℃下灼烧而得恒重，即为灰分质量。以下式计算：

$$\text{灰分}(\%)=\frac{V_1-V_2}{W}\times 100$$

式中　V_1——坩埚与灰渣质量，g；

V_2——坩埚质量，g；

W——试样质量，g。

4. 熔点测定　在玻璃毛细管中灌入少量肌醇，放在液体石蜡中，以酒精灯加热，温度达到 224～227℃内完全溶解为合格。

5. 氯化物测定

标准氯化钠配制：精密称取试剂级氯化钠 0.1650g，置于 1000mL 容量瓶，以蒸馏水稀释至刻度。

0.1N 硝酸银溶液：取硝酸银 17.5g，加蒸馏水溶解成 1000mL。

浓硝酸：原瓶。

方法：取肌醇 0.5g，放入刻度比色管中，加蒸馏水 10mL，硝酸银溶液 1mL，摇匀置暗处 10 分钟后进行比色，此管不得深于标准管。

标准管：取标准氯化钠 2.5mL，加 10mL 蒸馏水，0.1N 硝酸银 1mL，硝酸 1mL，摇匀置暗处 10 分钟备用。

6. 重金属测定

(1) 试剂

① 标准铅配制：精密称取硝酸铅 0.1598g，置于 1000mL 容量瓶中，加入含硝酸 5mL 的蒸馏水 50mL，溶解后以蒸馏水稀释至刻度。摇匀备用。

精密量取储备液 10mL 置 100mL 容量瓶中，加蒸馏水稀释至刻度（本品应新鲜配制）。

② 稀醋酸：取醋酸 60mL，加蒸馏水稀释至 1000mL。

③ 硫氰化铵试液：取硫氰化铵 8g，加蒸馏水溶解成 100mL。

(2) 操作方法　取样品 1g，加蒸馏水 10mL，稀醋酸 2mL，硫氰化铵试液 10mL，摇匀放置 10 分钟进行比色，此管不得深于标准管。

标准管：取标准铅液 2.5mL，加蒸馏水 10mL，稀醋酸 2mL，硫氰化铵 10mL，摇匀放置 10 分钟备用。

7. 硫酸盐测定

(1) 试剂

① 标准硫酸钾试液：精密称取硫酸钾 0.1810g，置 1000mL 容量瓶中，加蒸馏水稀释至刻度（每 1mL 相当 0.1mg 的 SO_4^{2-}）。

② 氯化钡试液：取氯化钡 5g 研细，加蒸馏水溶解至 100mL。

③ 1mol/L 盐酸：取相对密度 1.19 浓盐酸 90mL，移入 1000mL 量瓶中，加蒸馏水至刻度。

(2) 操作方法　取样品 2g 加入 10mL 蒸馏水，加热溶解，再加 1mol/L 盐酸 5mL，氯化钡试液 5mL，摇匀放置 10min，进行比色，此管不得深于标准管。

标准管：取标准硫酸钾溶液 1.2mL，加蒸馏水 10mL，1mol/L 盐酸 5mL，氯化钡试液 5mL，摇匀放置 10min 备用。

8. 铁盐测定

(1) 试剂

① 标准铁溶液：精密称取硫酸铁铵 0.8630g，置 1000mL 容量瓶中，加蒸馏水溶解，加稀盐酸 2mL，再加蒸馏水，稀盐酸 2mL，然后用蒸馏水稀释至刻度。精密量取溶液 10mL，置 100mL 量瓶中，加稀盐酸 0.5mL，用蒸馏水稀释至刻度（每 1mL 相当 0.01mg 的 Fe）。

② 浓盐酸。

③ 过硫酸铵。

④ 硫氰化铵试液：取硫氰化铵 8g，加蒸馏水稀释至 100mL。

(2) 操作方法

用样品管取肌醇 1g，加 10mL 蒸馏水，浓盐酸 2mL，固体过硫酸铵 0.04g，硫氰化铵试液 2mL，立即显红玫瑰色，样品管不得深于标准管。

9. 钙盐测定

(1) 试剂　草酸铵试液：取草酸铵 3.5g，加蒸馏水溶解成 100mL。

(2) 操作方法　取肌醇 1g，加 10mL 蒸馏水，再加 3.5%草酸铵试液，最少在五分钟内保持澄清。

第五节　脱脂米糠饼粕应用展望

米糠粕含有丰富的蛋白质，用于饲料。除此之外，还含有 10%的植酸钙。有较大的经济价值，植酸钙可以用来提取植酸和肌醇。在食品工业中植酸可做抗氧化剂，如添加 0.01%的植酸到植物油中可以提高抗氧化能力：在化学工业方面，植酸可以用作抗氧化剂，水的软化剂，金属防腐蚀剂等；在日化领域，植酸可治粉刺，促进皮肤血液循环，可防止色素沉积，用于制备洗发水以及抑制皮肤变色的皮肤保健乳液。肌醇即环己六醇，对某些动物和植物具有促进生长的活性，有类似维生素 B_1 的作用，在医药上与胆碱、蛋氨酸等制成复合剂，用于治疗肝硬化、脂肪肝、CCl_4 中毒等疾病．肌醇还具有防止脱发，增强肝脏，降低血清中胆固醇的作用；肌醇还可以作为营养药物，促进各种菌种的培养和酵母的生长[6]。

中国拥有丰富的米糠资源，但是对米糠的理论及应用研究尚处于较低水平，联合国工业发展组织把米糠称为一种未被充分利用的原料，因此对米糠的开发利用意义重大。对此国外专业的米糠油脂公司，中国完全有能力充分挖掘米糠的内在价值。

米糠在加工过程的副产品，尤其是谷维素，甾醇和肌醇等，这些功能性成分在医疗、保健方面都有很好的市场前景和应用，也值得大力挖掘。

第二十九章　豆油皂脚生产亚油酸及其衍生产品

第一节　豆油皂脚中脂肪酸的含量及其组成

一、豆油皂脚中脂肪酸的含量

豆油是我国人民喜爱的一种食用油，具有独特的豆香味，而且营养价值高，含有丰富的人体必需脂肪酸——亚油酸成分较高。

豆油在碱炼中产生豆油皂脚，豆油皂脚中肥皂含量为 25%～30%，中性油含量 20%～25%，总脂肪酸含量为 50%～55%，其余是水分、杂质等。

二、豆油皂脚中脂肪酸的组成

豆油皂脚含有豆油的全部脂肪酸，其组成见表 29-1。

从表 29-1 可见，豆油（豆油皂脚）的脂肪酸中亚油酸的含量占 50%以上，所以利用豆油皂脚制成混合脂肪酸后，进一步分离提取亚油酸，可以节约大量的豆油，提高了皂脚的经济价值。

表 29-1　豆油中脂肪酸的组成

常用名	中文学名	分子式	相对分子质量	含量/%	熔点/℃
肉豆蔻酸	十四烷酸	$C_{14}H_{28}O_2$	228.36	T	54.4
棕榈酸	十六烷酸	$C_{16}H_{32}O_2$	256.42	11	62.9
硬脂酸	十八烷酸	$C_{18}H_{36}O_2$	284.47	4	69.6
花生酸	廿烷酸	$C_{20}H_{40}O_2$	312.52	T	75.3
油酸	十八(碳)烯-[9]酸	$C_{18}H_{34}O_2$	282.44	25	16.3
花生油酸	廿(碳)烯-[9]酸	$C_{20}H_{38}O_2$	310.50	T	24～24.5
亚油酸	十八(碳)二烯[9、12]酸	$C_{18}H_{32}O_2$	280.44	51	−5～−6.5
亚麻酸	十八(碳)三烯[9、12、15]酸	$C_{18}H_{30}O_2$	278.42	9	−10～−12.8

注：表中“T”表示微量。

第二节　亚油酸的理化性质和用途

一、理化性质

亚油酸即十八碳二烯［9、12］酸，是无色或微黄色油状液体，不溶于水，溶于醇及醚中。在阳光和空气中易氧化，因此在生产中要避免与空气和阳光接触。

分子式：

$$CH_3(CH_2)_4CH{=}CH{-}CH_2{-}CH{=}CH(CH_2)_7COOH$$

相对分子质量：280.44

其理化常数为：中和值 200～202；碘值 178～180；折射率 n_D^{20} 1.4695～1.4710；相对密度 d_4^{20}：0.9030～0.9050。

二、用途

① 药用　脂肪代谢紊乱是动脉粥样硬化症发病的重要因素，而血胆固醇及血脂过高是产生这种紊乱的部分原因。亚油酸有降低血胆固醇及血脂的作用，它不但能成为胆固醇的载体，使胆固醇排出体外，而且有强固毛细血管管壁的作用，经几年来的临床观察证明，对降低血脂的作用更为显著。因此，亚油酸可用于预防或减轻动脉粥样硬化症的发生与发展。

② 经进一步提纯后作为化学试剂。

③ 未经分馏的豆油混合脂肪酸做油漆的原料，制造洗涤剂、肥皂等。

④ 作为制取亚油酸丸、亚油酸乙酯的原料等。

第三节　生产工艺流程和操作方法

一、工艺流程

1. 工艺流程

豆油皂脚
↓
碱液 → 补充皂化
↓
工业用盐 → 盐析 → 排废水
↓
硫酸 → 酸化 → 二道废酸水 / 头道废酸水排法
↓ 黑脂酸
初蒸馏 → 黑脚
↓ 混合脂肪酸
冷冻
↓
压缩分离 → 固体脂肪酸
↓ 粗亚油酸
精蒸馏 → 黑脚
↓
亚油酸(成品)

2. 生产工艺流程（见图 29-1）

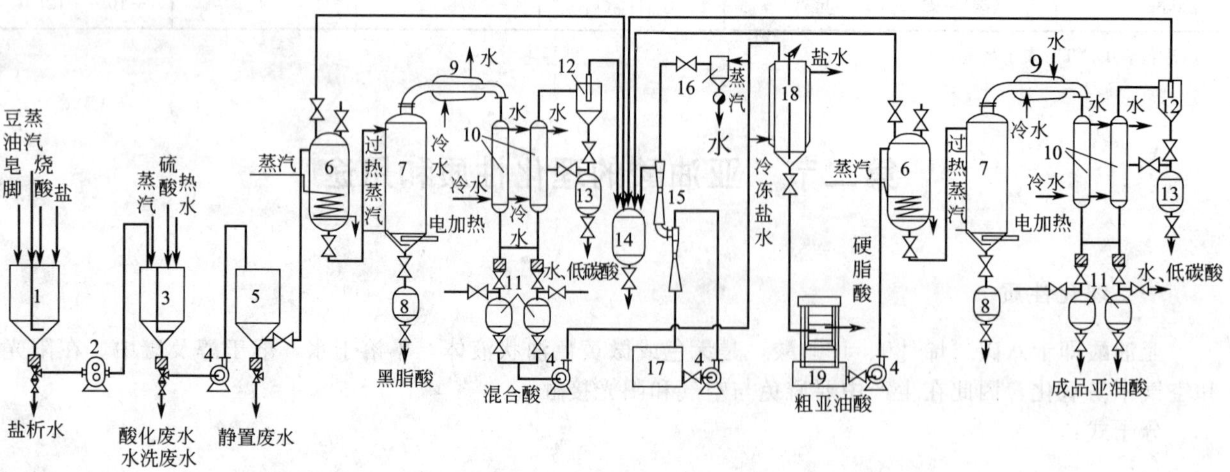

图 29-1　亚油酸生产工艺流程

1—皂化盐析锅；2—齿轮泵；3—酸化水洗锅；4—离心泵；5—静置分水锅；6—脱水预热锅；7—蒸馏釜；8—黑脂酸受器；9—回流冷凝器；10—冷凝器；11—混合酸、亚油酸受器；12—分离器；13—水、低碳酸受器；14—真空缓冲器；15—水、汽二级蒸汽喷射泵；16—蒸汽箱；17—水池；18—冷冻搅拌锅；19—油压机

二、生产工艺和操作方法

亚油酸是脂肪酸的一种，生产工艺采用皂化酸解法，其生产工艺与操作方法中的补充皂化、酸化、水洗、冷冻压榨分离等工序，均与脂肪酸生产皂化酸解压榨法的生产工艺和操作方法相同。所不同的是在补充皂化后要进行一次盐析及蒸馏工序。下面介绍亚油酸生产中的盐析、蒸馏工艺和操作方法。

1. 皂化　与皂脚生产脂肪酸同。

2. 盐析　亚油酸作制药原料，要求成品纯度高，所以在皂化后要进行盐析工序，以除去杂质，提高皂脚的纯度，而且皂化时的过量碱可以从盐析废水中排去，节省酸化时硫酸的用量。

皂脚加碱充分皂化后，撒入固体工业盐（其量约为皂脚的7%），加盐时要求均匀、翻透、干盐溶解，当肥皂表面呈现析开状态时，立即停止加盐，翻煮一段时间，待盐全部溶解后，观看锅内盐析是否适度，除看锅内肥皂表面析开情况外，需从锅内取样，检查析出的废液冷却后是否清晰，如废液清晰，无凝冻状态，则为适度。反之，则需补充加盐，直至废液清晰为止。然后停止蒸汽加热，静置2h，抽出下层黑水。

有些工厂，为了降低成本，亦可省去盐析，采取将皂浆打入酸化锅，用上批二道废酸水洗一下，放去废水，以除去部分杂质。

3. 酸化　同皂脚生产脂肪酸。

4. 水洗　同皂脚生产脂肪酸。

5. 初蒸馏（间歇式）　先将粗脂肪酸用真空吸入脱水预热锅内，用蒸汽盘管加热至105℃左右，在常压下脱水预热。然后粗脂肪酸（黑脂酸）在蒸馏釜内进行减压蒸馏。蒸馏时，真空度应保持在残压5mmHg以下，当釜内料液温度达180℃时，可通入过热蒸汽，以利脂肪酸的汽化蒸发。收集气相温度180～200℃的馏出物，经冷凝器冷凝，冷凝液温度控制在不低于40℃，以防止脂肪酸冻结，堵塞管路。蒸馏时，当馏出液颜色变深，气相温度升高时，出酸慢，即表示釜内脂肪酸已蒸完，停止电加热。当釜内温度冷至120℃左右时放黑脚，黑脚可作铸造工业黏结剂的原料。釜内通蒸汽，最好用过热蒸汽，也可用饱和蒸汽，以降低蒸馏分压。蒸馏时，从视镜观察，如锅内有泡沫溢起，可将蒸汽开大，将泡沫破除。

蒸馏系统各仪表控制数据

进料温度　105℃

蒸汽压力　$<2kgf/cm^3$

真空度　残压5mmHg以下

过热蒸汽　230℃

釜顶气相温度　190～200℃

液相温度　240℃

料液冷凝出口温度　不低于40℃

6. 冷冻压榨　这是利用混合脂肪酸中饱和酸与不饱和酸的熔点不同，保持在一定温度下，以饱和酸为主体的馏分逐步结晶，处于晶体颗粒组织内的液态不饱和酸通过加压使之分离。

混合脂肪酸用泵送入冷冻搅拌锅内，冷冻至－7～－8℃，继续搅拌冷冻5～6h，然后分装在布袋内，在油压机上进行压榨。压榨时根据轻压勤压的原则，保持压出液体酸细流不断，每隔15～30min开动高压油泵，逐步增加压力。每次增压约为$5kgf/cm^2$，压榨10～12h，总压力$135kgf/cm^2$左右，压出的液体酸即为粗亚油酸，留在布袋内的为固体脂肪酸。

7. 间歇精馏　粗亚油酸在预热锅内预热至105℃左右，用真空吸入蒸馏釜内，真空度保持在残压5mmHg以下，收集气相温度180～200℃的馏出液（成品亚油酸），180℃前蒸出的头酸及200℃以上蒸出的尾酸作为工业脂肪酸处理。每蒸完一锅后即放黑脚。

三、产品得率和辅助材料消耗

产品得率和辅助材料消耗见表29-2。

表 29-2 产品得率和辅助材料消耗

产品	原料	得率	每吨单耗								
			煤/kg	电/kW·h	豆油皂脚/kg	黑脂酸/kg	粗蒸酸/kg	压榨酸/kg	液碱/kg	食盐/kg	硫酸/kg
黑脂酸	豆油皂脚(40%～50%水分)	35%～40%	834	30	2880				234	203	392
粗蒸酸	黑脂酸	80%～82%	448	340		1238					
压榨酸	粗蒸酸	67%～70%	352	644			1470				
精蒸酸(亚油酸)	压榨酸	88%～91%	352	252				1118			
亚油酸	豆油皂脚	17%～20%									

注：豆油黑酸、粗蒸酸、压榨酸为中间产品。

四、影响工艺效果的因素

1. 皂化工段

① 皂化要透彻，在整个皂化过程中，要注意保持皂胶充分乳化。由于皂脚中含有肥皂，可以缩短诱导期，操作开始就可开大蒸汽，以增加油碱接触面积。加碱量要严格控制两头小中间大。皂化初期，碱多会破坏乳化，但急速期碱量不足会使皂胶变稠，翻动困难，严重时会造成结瘤现象，影响皂化率。

② 盐析可除去皂胶中的杂质、色素、蛋白质、黏液物等。要分批加盐，使皂胶逐步析开，开始多加，后期要细心控制，以防皂粒过大而包住甘油和盐水。

2. 蒸馏工段

① 蒸馏最好采用半连续和以过热蒸汽高真空相结合的蒸馏方法。

② 蒸馏亚油酸的温度要低，控制液相温度不超过240℃，加热时间宜短，通入过热蒸汽，以降低蒸馏分压和起翻动作用，有利于提高亚油酸的质量。

③ 脂肪酸的盛器应采用不锈钢制品或铝制品。为了防止脂肪酸在生产过程中连续遭受氧化与共轭，系统地加热应尽量在排除空气的容器和管道内进行。

五、主要生产设备

皂化酸化工段、蒸馏工段及压榨工段的主要生产设备分别见表29-3、表29-4和表29-5。

六、亚油酸的质量指标及检验方法

1. 检验方法　同皂脚生产脂肪酸。

表 29-3 皂化酸化工段(处理量4t/d)

设备	规格	材　料	数量	备　注
皂化锅	$5m^3$	Q235	2只	内有直接蒸汽
酸化锅	$5m^3$	Q235	1只	内有不锈钢直接蒸汽管
贮存罐	5^3	内壁涂上耐腐蚀剂	1只	
齿轮泵	ϕ2in	Q235	1只	打皂脚用
离心泵	ϕ2in	耐酸泵	1	酸化水洗循环泵
热水缸	$5m^3$	Q235	1	水洗用

注：1in=25.4mm。

表 29-4 蒸馏工段(处理量2t/d)

设备	规格	材料	数量	备注
脱水预热缸	$0.2m^3$	不锈钢	1只	内有三组电加热棒
蒸馏釜	$\phi1004\times2160$	不锈钢	1只	共24kW
列管冷凝器	冷凝面积$10m^2$	不锈钢冷凝管	2只	
脂肪酸收集器	$\phi400\times500$	不锈钢	2只	
真空平衡罐	$\phi800\times1200$	Q235	1只	残压可达
二级喷射泵	水汽二级		1只	5mmHg以下
水循环泵	3BA-9	Q235	1只	
初蒸酸贮槽	$1000\times1000\times2400$	铝制或不锈钢	2只	
精蒸酸贮槽	$\phi1600\times2000$	铝制或不锈钢	2只	

表 29-5　压榨工段（处理量 600kg/d）

设备	规格	材料	数量	备　注
冷冻搅拌锅	ϕ640×2700	不锈钢	1只	搅拌速度 24r/min
压榨机	有效容积 0.6m^3 压力 150kgf/cm^2		2台	操作温度 0～6℃配高压油泵 制冷量 14000kW/h
冷冻机	2F-10		1台	电动机功率 22kW

2. 成品与半成品质量指标　见表 29-6。

表 29-6　亚油酸成品与半成品质量指标

品名	质量规格						
	酸值	碘值	凝固点	水分	折射率	相对密度	色泽
黑脂肪酸	175 以上						
混合脂肪酸	195 以上						
液体脂肪酸	192 以上	148 以上					
固体脂肪酸	190 以上	80 以下					
亚油酸	195 以上	148 以下	−5℃以下	0.1%以下	1.465～1.470	0.895～0.905	淡黄色

第四节　亚油酸丸的生产

一、亚油酸丸的主要成分和药理作用

本品系由豆油皂脚中提取的亚油酸为原料，加维生素 E（或茴香醚）作为抗氧剂制成的丸剂。

每粒亚油酸丸内含不饱和脂肪酸 150mg（不饱和脂肪酸中含纯亚油酸 65%以上）及维生素 E0.5mg（或茴香醚 0.15mg、柠檬酸 0.015mg）。亚油酸丸有降低血液中三酸甘油酯及胆固醇含量的作用，适用于血脂过高与动脉硬化等症的防治。

二、生产工艺流程和操作方法

（一）工艺流程

亚油酸＋维生素 E(或茴香醚)＋食用明胶＋甘油＋水 → 制丸 → 吹干 → 拣选 → 净洗 → 消毒 → 烘干 → 复拣 → 包装 → 成品亚油酸丸

（二）生产工艺和操作方法

1. 配酸　将亚油酸与维生素 E 按 300∶1（或亚油酸∶茴香醚∶柠檬酸＝1000∶1∶0.1）的比例加入配料锅，搅拌均匀，供制丸用。

2. 配胶

(1) 配比　食用明胶 40%；甘油 12%；水 48%。

甘油的用量占明胶用量的 25%～30%，用水量可根据明胶的投料量、水分（化验结果）和甘油的用量（所含水分不计），结合生产实际滴丸用胶液所适宜的水分，计算出加水量：

$$\frac{W+X}{A+B+X}\times100\%=P\%$$

式中 A——明胶的投料量（包括掺用的回收明胶、剩胶等）；

B——甘油的用量；

W——明胶中所含的水量，如明胶含水率为 $M\%$，则 $W=A\times M\%$；

P——滴丸用胶液所适宜的水分，一般为 5%左右；

X——所求的加水量。

食用明胶可用三级食用明胶，也可用三级和二级食用明胶搭配使用。

(2) 胶料质量要求　水分 51%～53%；

黏度（恩氏黏度）2.7～3.0。

（3）配胶操作　根据配胶锅的有效容积，先计算出所配胶液的重量（要留有余地，避免溢锅现象产生），将称好重量的甘油和水倒入锅内搅拌，用间接蒸汽加热至70℃左右，开始投入原胶，一边加热，一边大力搅拌，注意不使其结成团块，加料完毕继续搅拌，要使胶料上下调和均匀。锅中心温度升至92～105℃后停止加热（各批原胶性质不同，所选用的终温亦不相同，要通过实践摸索而定），保温3～4h，用绢袋过滤，放入盛胶器中脱泡冷却后供制丸用。

3. 制丸　配好的亚油酸和明胶料，通过滴丸机制成无缝胶丸。滴丸操作要求如下。

① 亚油酸不加热，胶料要熔化成液状，保持温度50～70℃（根据胶料水分、黏度及滴丸情况确定，一般黏度高、水分低，则温度高）。

② 滴丸喷嘴温度，一般比胶料温度略高，操作时，根据滴丸情况变化进行调整。

③ 为了保证胶丸不致变形，室温一般保持在10～15℃。

④ 滴丸机喷嘴滴出的胶丸，经过液体石蜡冷却，温度应保持在11～18℃，石蜡温度一般不得低于室温，以免由于空气中水分结露，造成浑浊现象；石蜡温度过高，胶丸易变形或破碎。一般掌握在等于或略高于室温。石蜡液面高低、喷嘴位置及流量需根据滴丸情况随时注意调整。石蜡浑浊或酸值超过30时，要立即更换。

⑤ 酸量、胶量要经常进行检查，如有变化，可调整凸轮组合位置（每粒胶丸的胶皮质量控制在65mg±15mg）。

⑥ 滴出的胶丸胶皮厚薄不匀时，应调整凸轮组合位置；如发现胶皮有明显缺口，一般是喷头不清洁或毛糙损伤造成的，必须立即进行清理或整修。

⑦ 滴出的胶丸放入揩丸机和纱布一起转动30min左右，揩去表面附着的石蜡，然后铺在筛网上进行吹风晾干（采用18目尼龙丝筛网）。

4. 吹干　揩去表面石蜡的胶丸，先在室温下吹风4～6h（如室温超过25℃，要采取降温措施），待胶丸已收缩变形，手捏感到有较好的弹性时，提高温度至30～35℃，继续吹风2～4h（气温和湿度较高时，则温度要高，时间要延长），至胶丸变硬，进行拣选。吹干时要经常翻动，防止黏结。

5. 拣选　胶丸吹干后，要拣出不合格的胶丸。

6. 净洗消毒　经拣选后的胶丸，先用乙醚净洗两次，再用酒精消毒。

7. 烘干复拣包装　消毒后的胶丸，铺在筛网上，保持35～45℃，吹风3～6h，烘干至水分10%～13%，然后进行复拣包装（冬季要注意防止水分过低，造成胶丸爆裂，烘干温度和时间要随气温、湿度情况而定）。

（三）原料及辅助物料的回收方法

1. 胶料　先在锅内加入少量清水，将废丸倒入，用间接蒸汽加热熔化，逐步升温，略加翻动，然后保温静置，待酸胶分层后，将上层液体（主要是亚油酸，其中混有部分石蜡）撇出，使剩留在废胶中的酸越少越好。胶液放出后，冷却检验水分（一般为40%左右）。然后称好质量，重新倒入锅内并加入少量清水，加热熔化（90～95℃），再加入胶量5%～7%的蛋白（即鸡蛋的蛋清，用4～5倍清水稀释），不断搅拌并升温煮沸5～6min，静置1～2h，将下层胶液小心过滤放出备用。回收胶的水分控制在60%～66%为宜。回收胶在配胶时可掺入使用，用量不超过20%。

2. 石蜡

① 滴丸机换出的废石蜡加入酒精（用量为1∶1），在常温下搅拌，浸出其中的亚油酸。废石蜡酸值在30左右时，酒精浸洗两次，可使酸值降低到10左右。

② 经酒精洗过的石蜡，加热到70～80℃，用16～22°Bé的烧碱溶液处理，加碱量由小样试验测定（一般为石蜡容积的5%～10%），加碱搅拌至石蜡与皂明显分层为止，上层石蜡用水洗2～4次。

③ 水洗后，加热至105℃左右，加入5%的活性白土搅拌，升温至110℃再搅拌约15min，静置澄清后，撇出上层石蜡回用。

3. 乙醚酒精　净洗消毒胶丸用的乙醚酒精，经蒸馏后回用。

（四）产品得率和辅助物料的消耗

亚油酸丸的得率约84%，每千克辅助物料的耗用量见表29-7。

表 29-7　每千瓶亚油酸丸辅助物料的耗用量　单位：kg

亚油酸	维生素 E	明胶	石蜡	甘油	乙醚
35.53	0.119	11.61	1.614	2.633	6.036

三、主要生产设备

主要生产设备有双头滴丸机、冷风室、烘丸室、熔胶缸、石蜡回收罐和回收溶剂罐等。

四、亚油酸丸的质量指标和检验方法

（一）质量指标

① 每丸内容物的平均质量应为标示量（150mg）的 90%～110%。

② 装量差异不得超过每丸内容物平均质量的±15%。

③ 亚油酸丸胶壳水分含量不超过 13%。

（二）检验方法

1. 每粒胶丸内容物量及装量差异　任意取本品 20 粒，置于已知质量的小烧杯内，精密称量后剖开，取出内容物，丸壳用乙醚洗涤 3～4 次，待乙醚挥发后，再精密称量，算出每丸内容物的平均质量（即每粒含油量）。另选本品最大丸与最小丸各十粒，分别用同一方法测出大丸与小丸内容物的平均质量，大丸与小丸平均含油量不得超过平均含油量的±15%。

2. 每粒含胶量　取上述胶壳质量除以 20。

3. 胶壳水分　取上述化验含油量剩余的胶壳，加入小量蒸馏水，置于 165℃烘箱内烘 45min，取出冷却至室温称重。

计算公式：

$$水分(\%)=\frac{烘后失去的质量}{样品质量}\times 100\%$$

4. 进厂明胶黏度、透明度及水分的测定

（1）黏度的测定（恩氏黏度计）　称取明胶样品 70g（精确至 0.1g），加蒸馏水 330g，配成 15%浓度的胶液（明胶水分按 14%计算），先涨胶 3～4h，后加热溶解（水浴温度为 65～70℃），用绢袋过滤，待滤出液冷至 42℃时，放入水平面事先校正好的黏度计中，调整至使黏度计中定位木钉恰好在液面下，盖好盖，至胶温与黏度计水浴保温层都达到 41℃时，迅速拔出木针，使胶液流入 200mL 容量瓶中，同时起动秒表。待胶液流至刻度，立即停止秒表，计算流出时间，并用同样方法测定蒸馏水的秒数（一般蒸馏水为 51s）。

黏度计算公式：

$$黏度(°E)=\frac{胶液流入容量瓶秒数}{蒸馏水流入容量瓶秒数}$$

（2）透明度的测定　称取明胶样品 10g（精确至 0.1g），加蒸馏水 190g，配成浓度 15%的胶液。使用高 350mm，直径 35～50mm 的玻璃圆筒，筒壁上刻有刻度，每 5mm 为一格，筒底平整，厚薄均匀，近底处装有可放出胶液的侧管。测定时，在半暗室内进行，圆筒下面放置一张印有正楷（活体）2 号铅字文字，在距离仪器 500mm 处，放一只 100W 电灯，灯光调整到以 45°的角度照到文字上。然后沿筒壁倒入 15%浓度的胶液（缓缓倒入，防止生成泡沫和气泡），加到从筒口看不清圆筒底下的文字为止。再慢慢地从侧管放出胶液，同时观察文字，直至看清液面下文字时，停止放出胶液，按筒壁刻度，筒内留下胶液高度的毫米数即为透明度。

（3）水分的测定　称取明胶样品 0.5g（准确至 0.001g）于 50mL 烧杯中，加蒸馏水少许，把烧杯置于 165℃烘箱中烘 45min，取出冷却称重。水分的计算公式同前。

5. 石蜡酸值的测定　称取回收石蜡 1g 于 250mL 锥形瓶中，加入已中和的混合溶剂（乙醚∶乙醇＝2∶1）50mL 溶解，以 0.1mol/L 氢氧化钾溶液滴定至微红色，记取所耗 0.1mol/L 氢氧化钾的体积。

计算公式：

$$酸值=\frac{NV\times 56.11}{样品质量}$$

式中　N——氢氧化钾溶液的浓度，mol/L；

V——滴定所耗氢氧化钾溶液的体积，mL。

6. 回收明胶水分的测定　与进厂明胶的水分测定方法相同。

7. 胶料黏度的测定（恩氏黏度计）　称取胶料 100g（准确至 0.1g）按规定配成 15%浓度的胶液，计算出补充加水量，15%浓度的胶液黏度的测定与进厂明胶黏度的测定方法相同。

补充加水量的计算公式：

$$\frac{100-X_1}{100-X_2}\times 100=15\%$$

$$X_2=\frac{100-X_1-15}{0.15}$$

式中　100——含水胶料；

X_1——胶料水分；

15%——胶液浓度；

X_2——补充加水量。

第五节　亚油酸乙酯的生产

一、亚油酶乙酯的理化性质和药理作用

（一）亚油酸乙酯的物理化学性质

亚油酸乙酯是利用亚油酸和醇在硫酸催化剂的作用下，能进行酯化反应，生成相应的酯化物和水。此反应是可逆性反应，因此，增加反应物浓度或减少生成物浓度有利于反应向生成物方向进行。

亚油酸酯化反应式：

$$C_6H_{12}═C_3H_4═C_8H_{15}COOH+C_2H_5OH \longrightarrow C_6H_{12}═C_3H_4═C_8H_{15}COOC_2H_5+H_2O$$

亚油酸乙酯呈淡黄色的油状液体，相对密度小于 1，难溶于水，易溶于有机溶剂，其主要理化常数如下：相对分子质量 308；折射率 n_D^{20} 1.4489；相对密度 d^{20} 0.877～0.885；碘值 162.3～162.5；酸值 0.5 以下。

（二）亚油酸乙酯的药理作用

亚油酸乙酯与亚油酸丸一样，是预防和治疗高血压及动脉粥样硬化症的有效药剂。而亚油酸乙酯更具有其优点，即比服用亚油酸丸所引起的恶心、食欲减退等副反应要轻得多。又因酯的沸点低于同分子量酸的沸点，在较低温度下不会凝结，而且在高温和空气中酯较不饱和酸稳定，不容易产生分解和氧化。因此，服用亚油酸乙酯比亚油酸丸对身体健康更好。

二、生产工艺流程和操作方法

（一）工艺流程

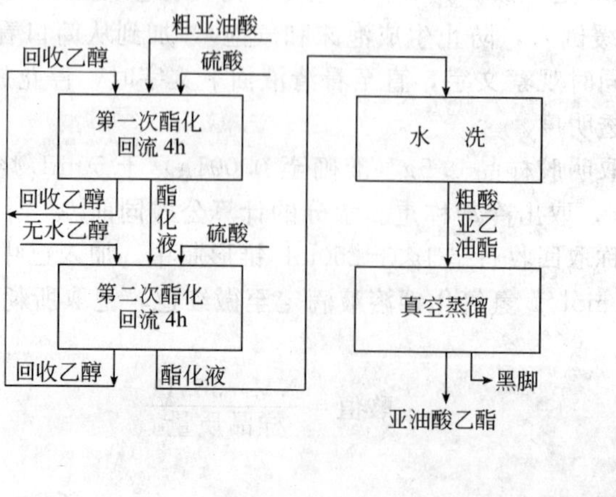

（二）生产工艺和操作方法

1. 第一次酯化　按投料配比，粗亚油酸：回收酒精（95%）：硫酸（试剂）＝100：75：4.6在酯化锅内泵入300kg粗亚油酸，再加入225kg回收酒精（95%）和1.38kg试剂硫酸，在反应温度80～85℃的情况下，进行酯化回流4h。回流结束后，升高温度至95～100℃，把未进行酯化反应的乙醇进行回收，反应锅内酯化液待冷却后供第二次酯化用。

2. 第二次酯化　在酯化锅内，把第一次酯化液，仍按原来比例加无水乙醇与试剂硫酸，照第一次酯化操作法，补充酯化，加热回流4h，在结束回流之前需取样测定其酸值，要求在5以下（试样测酸值时需先水洗至中性，并进行脱水），否则需继续回流。然后回收乙醇，此回收乙醇液供第一次酯化用。

3. 水洗　将酯化好的酯化液，由泵打入水洗锅内进行水洗，水温40℃左右，洗5～6次（若水洗分层不清，可少许加点食盐），每次用水量约是酯化液的1/3，最后一次水洗温度可升高到50～60℃。洗至中性为止。静置沉淀1h左右，分去下层废水，然后加热至105℃进行脱水，以除去大部分水分，脱水后放入铝制储罐备用。

4. 蒸馏　将合格的酯化液进行间歇真空蒸馏（利用亚油酸生产的蒸馏设备），真空残压在10mmHg以下，气相收集温度160～180℃，馏出液即为亚油酸乙酯。操作与亚油酸蒸馏相同。

蒸馏系统各仪表控制数据

进料温度	105℃
釜顶	160～180℃
蒸汽压力	＜2kgf/cm^2
真空度	残压10mmHg以下
饱和水蒸气	160℃
液相温度	220℃

（三）产品得率和辅助物料的消耗

产品得率和辅助物料的消耗见表29-8。

表29-8　产品得率和辅助物料的消耗

产品	原料	得率/%	每吨单耗/kg					
			压榨酸	酯化液	无水酒精	试剂硫酸	煤	电/kW·h
酯化液（半成品）	压榨酸	108.91	918		725.1	9.26	426.8	17.9
精蒸乙酯	酯化液	91.97		1087.3			385.8	251
精蒸乙酯	压榨酸	100.16	998		788.2	10.06	812.6	268.9

（四）影响工艺效果的因素

为了得到比较纯净的亚油酸乙酯，可把粗亚油酸进行精制，即用尿素络合的方法去提纯，可得到碘值在168以上的亚油酸产品，用此亚油酸进行酯化，可得到碘值在152.5以上的亚油酸乙酯。

酯化反应是典型的可逆反应，反应物的浓度变化，能显著地影响着生成物的产量。反应进行到一定限度后，反应物与生成物之间达到平衡状态，为了使反应朝正反应（酯化）方向进行，则必须改变反应物的浓度，通常用过量的醇与酸作用。在生产中，采用二次酯化法，使平衡破坏，以加速完成酯化反应。

三、主要生产设备

主要生产设备见表29-9。

表29-9　主要生产设备

设备	规格	材料	数量	备注
酯化锅	1m^3	钢板内搪玻璃	1	传热面积3m^3
水洗锅	0.5m^3	钢板内搪玻璃	1	
乙酯储罐	ϕ1000×1200	铝制	2	

四、亚油酸乙酯的质量指标和检验方法

1. 质量指标 见表29-10。

表 29-10 亚油酸乙酯的质量指标

名称	指标	名称	指标
酸值	0.5以下	皂化值	175～185
碘值	1361以上	水分	0.05以下
相对密度	0.875～0.885	折射率 n_D^{20}	1.4560～1.4620

2. 检验方法 见脂肪酸的生产部分。

第六节 益寿宁的生产

一、益寿宁的主要成分和药理作用

(一) 益寿宁的主要成分

本品由甲丸和乙片组成。甲丸含有以亚油酸为主的不饱和脂肪酸，并加维生素E或茴香醚作抗氧剂；乙片含有维生素C、维生素B_6、芦丁等。其配方介绍如下。

① 甲丸每粒含亚油酸160mg、醋酸维生素E0.667mg；乙片每片含维生素C 20mg、芦丁10mg、维生素B_6 2mg。

② 甲丸每粒含亚油酸135mg、卵磷脂10mg、茴香醚0.15mg和柠檬酸0.015mg；乙片每片含维生素C 2mg、芦丁16mg、肌醇16mg和维生素B_6 4mg。

(二) 益寿宁的药理作用

益寿宁是血胆固醇的调整药剂，为动脉粥样硬化症的治疗与预防药剂。

二、生产工艺流程和操作方法

(一) 甲丸的生产工艺

与生产亚油酸丸的工艺相同。

(二) 乙片生产工艺

1. 配方 见表29-11。

表 29-11 益寿宁乙片的配方

辅助物料名称	单位	每片用量	1万片用量	辅助物料名称	单位	每片用量	1万片用量
维生素C	克	0.02	200	淀粉	克	0.005	50
芦丁	克	0.01	100	微晶纤维素	克	0.425	4250
维生素B_6	克	0.002	20	二氧化硅	克	0.008	80
滑石粉	克	0.01	100	硬脂酸镁	克	0.0015	15

2. 生产工艺和操作方法

① 先将维生素C、芦丁、维生素B_6分别用瓷球研磨机研磨8～12h，研细后全部通过60目筛网备用。

② 制淀粉糊。

③ 按配方精确称取维生素C、芦丁、维生素B_6、淀粉等，加入事先制好的淀粉糊制成颗粒。

④ 将制成的颗粒，置于干燥箱内，在50～55℃下烘6～8h。

⑤ 将制成的干燥颗粒，用压片机按标示量压制成片。

益寿宁分两瓶包装，甲丸每瓶100粒，乙片每瓶40片。

三、益寿宁的质量指标和检验方法

(一) 质量标准

甲丸呈棕黄色透明无缝胶丸；乙片呈淡黄绿色片。

① 甲丸每丸含油量应为标示量（160mg）的 90%～110%。

② 乙片维生素 C 含量应为标示量（10mg）的 90%～110%。

③ 乙片崩解时限为 15min 内。

（二）检验方法

1. 甲丸的检验方法　与亚油酸丸相同。

2. 乙片的检验

（1）鉴别　取乙片 20 片研细，加蒸馏水 20mL，振动后过滤，取滤液及残渣分别照下述方法进行检验：

① 取滤液 1mL，加蒸馏水 3mL，稀释后加亚硝基铁氰化钠试液数滴，与 0.1mol/L 氢氧化钠 1mL 即显蓝色（维生素 C）。

② 取滤液 3mL，加磷钨酸试液或硝酸银试液均呈白色沉淀（维生素 B_6）。

③ 取残渣加乙醇 5mL，微热使芦丁溶解，再加盐酸 1mL，投入数小粒金属镁或金属锌，渐显红色（芦丁）。

（2）含量测定

① 维生素 C 含量的测定。取乙片 20 片，精密称量（约相当于维生素 0.2g）、研细，加冷蒸馏水 50mL，与 5mL 6%的稀醋酸混合，使维生素 C 溶解，加淀粉指示剂 1mL，立即用 0.1mol/L 碘液滴定，至溶液显持续的蓝色为止。根据 1mL 的 0.1mol/L 碘液相当于 8.806mg 的 $C_6H_8O_6$，计算出维生素 C 的含量。

② 芦丁含量的测定。

a. 重量法。取乙片 40 片，精密称量（约相当于芦丁 0.2g）、研细，置于小烧杯中，加 5℃的冷蒸馏水 5mL，并将烧杯置于冰浴中缓缓搅拌，用倾泻法过滤，沉淀物再按上述方法洗涤约三次，至洗涤液 pH 约 7，将沉淀全部移至滤器上抽干，在 50℃以下干燥后，用温热的无水乙醇抽提五次，用量分别为 50mL、30mL、30mL、30mL、10mL，至提尽为止。合并乙醇液，过滤。滤器用无水乙醇洗净，洗液与滤液合并，置于已称重的烧瓶中蒸除乙醇残渣，在 105℃干燥至恒重。精密称量即为芦丁含量。

b. 比色法。标准溶液的制备：精密称取芦丁对照品 20mg（另取对照品在 120℃真空干燥至恒重，减失的质量在对照品中扣除），置 100mL 的容量瓶中，加适量 6%乙醇，置水浴上微热溶解，冷却后用 6%的乙醇稀释至刻度，摇匀，精密量取 25mL 置 50mL 的容量瓶中，用蒸馏水稀释至刻度，摇匀后即为含无水芦丁 0.1mg/mL 的标准溶液。

标准曲线的制备：精密量取标准溶液 0.0mL、1.0mL、2.0mL、3.0mL、4.0mL、5.0mL，分别置于 10mL 的容量瓶中，并加入 30%的乙醇配成 5mL，加入 0.3mL 亚硝酸钠溶液（1∶20），摇匀后放置 6min，再加硝酸铝溶液（1∶10）0.3mL，摇匀后再放置 6min，加氢氧化钠试液 4mL，用蒸馏水稀释至刻度，摇匀后放置 15min，置比色管中，用第一管作空白，在 510nm 的波长测定吸光度（使用 72 型分光比度计），以吸光度为纵坐标，浓度为横坐标，绘制标准曲线。

测定方法：精密称取本品约 20mg，置 100mL 的容量瓶中，加入适量的 60%的乙醇，置水浴上微热至溶解后冷却，再用 60%的乙醇稀释至刻度，摇匀，精密量取 25mL 置于 50mL 的容量瓶中，用蒸馏水稀释至刻度，摇匀，然后精密量取 3mL 置 10mL 的容量瓶中，参照标准曲线的制备方法自“加入 30%的乙醇配成 25mL”起，依法测定吸光度，从标准曲线中读出供试量中无水芦丁的含量，与 1.0885 相乘即得样品中芦丁的含量。

第七节　血脂平的生产

一、血脂平的主要成分和药理作用

血脂平是以亚油酸乙酯为原料生产的复方胶囊制剂，具有芳香可口，易于吞服的特点，是预防及治疗由于脂质代谢紊乱而引起的各种心血管疾病的有效药物，详见表 29-12。

表 29-12 主要成分和药理作用

成分	含量/(g/千粒)	药理作用	成分	含量/(g/千粒)	药理作用
亚油酸乙酯	160	降低血液中胆固醇及血三酸甘油酯	肌醇	5	促进细胞脂肪代谢，改善细胞营养，增强食欲，恢复体力
大豆卵磷脂	15	参与机体的脂肪代谢与运转			
维生素 C	12	参与机体脂肪代谢，增强毛细血管的抵抗力	右旋泛酸钙	1	促进细胞脂肪代谢
橙皮苷	5	增强毛细血管的抵抗力	维生素 B_6	1	参与氨基酸及脂肪代谢
烟酸	5	增强毛细血管的抵抗力	维生素 E	1	

二、生产工艺流程和操作方法

（一）工艺流程

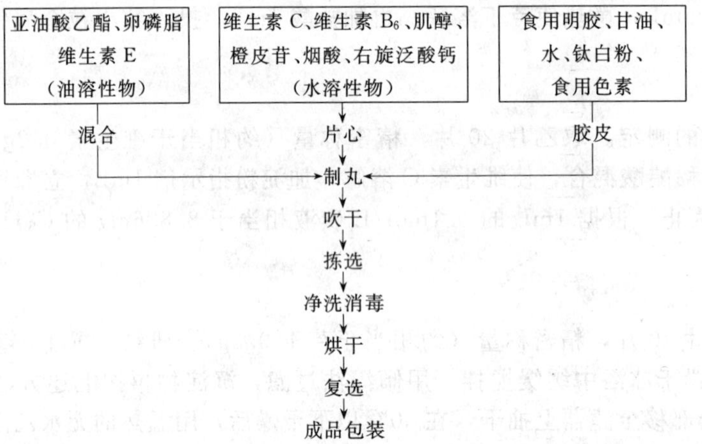

（二）生产工艺和操作方法

取亚油酸乙酯、大豆卵磷脂、维生素 E 按处方比例混合；另取维生素 C、维生素 B_6、橙皮苷、肌醇、右旋泛酸钙、烟酸混合压制成片心，然后将亚油酸乙酯混合物加片心制成 1000 粒。成品为棕色有缝胶丸。

有缝胶丸系采用模压制丸的方法，是较早的一种生产鱼肝油胶丸的方法。即首先将明胶、甘油和水混合溶解成一定浓度的胶液，然后制成一定厚度的胶皮，经过烘片（皮）、冷却，在一定室温下，将定量的亚油酸乙酯混合物加片心置于模具的两块胶皮之间，通过高压油泵，压制成有结合线的胶丸。

说明：1. 维生素 C、维生素 B_6、肌醇、右旋泛酸钙应符合中国药典标准。

2. 片心崩解为 15min 内。

3. 亚油酸乙酯应符合合格质量规格；卵磷脂应符合上海市药物标准。

4. 胶皮着巧克力色，每粒约加 7.1mg 氧化铁。

三、血脂平的质量指标和检验方法

（一）质量指标

丸粒为圆形棕色胶丸，具有光泽，不透明；千粒含亚油酸乙酯应为标示量（160mg）的 90%～110%；维生素 C 含量应为标示量（12mg）的 85%以上。

（二）检验方法

1. 亚油酸乙酯含量的测定　取本品 20 丸，剪开丸壳，取出内容物，加石油醚 40mL，稀盐酸 10mL，与水 30mL，移入分液漏斗中，丸壳再用石油醚洗涤 3～4 次，洗涤液一并移入分液漏斗中，振摇，静置分层，上层为石油醚液，下层为水液，将上层石油醚液用蒸馏水洗 2 次，每次 30mL，然后放入烧杯中，置水浴上将石油醚除尽，加丙酮 60mL，用冰冷却，析出沉淀物过滤，滤液放入已称好质量的蒸发皿中，置水浴上除去丙酮，精密称重，即为亚油酸乙酯的含量。

2. 维生素 C 的测定　取本品 10 粒，仔细切开，加乙醚约 20mL，搅拌，用干燥滤纸过滤，残渣加新沸过的冷蒸馏水搅拌，转移至锥形瓶中，加稀醋酸 5mL，淀粉指示剂 1mL，立即用 0.1mol/L 碘液滴定，至溶液呈持续蓝色即得（每 1mL 的 0.1mol/L 碘液，相当于 8.806mg 的 $C_6H_8O_6$）。

第三十章　豆油提取磷脂的生产

第一节　油料及毛油中磷脂的含量及其组成

一、油料中磷脂的含量

磷脂是生物体的重要组分，在动植物体的重要组织中都含有磷脂。在植物油料种子中，磷脂主要集中在种子的胶体相内，或呈游离状态，或与碳水化合物、蛋白质等组成复合物，呈结合态而存在。几种主要油料种子中磷脂的含量见表 30-1。

表 30-1　几种主要油料种子中磷脂的含量　　单位：%

油料种子	含量	油料种子	含量
大豆	1.20～3.20	亚麻籽	0.44～0.73
棉籽	1.25～1.75	花生仁	0.44～0.63
油菜籽	1.05～1.20	蓖麻籽	0.25～0.30
向日葵籽	0.60～0.85	大麻籽	0.85

二、磷脂在毛油中的含量

在制油过程中磷脂能随油脂一起溶出。毛油中磷脂含量的多少，取决于油料种子中磷脂含量、油脂制取的方法和工艺条件。浸出毛油中由于溶剂破坏了结合键，使磷脂从复合体中游离被浸出来，使磷脂含量高，压榨法中高温高压下，毛油中磷脂含量也较高，冷榨法毛油中磷脂含量较低，水压机冷榨毛油磷脂含量更低。

几种毛油中磷脂的含量（%）：

浸出大豆毛油　　3～4
热榨大豆毛油　　2.5～3.5
冷榨大豆毛油　　1.0 以下
花生毛油　　0.6～1.2
菜籽毛油　　1.5～2.5
棉毛油　　1.5～2.5
毛糠油　　0.1～0.5

油脂中磷脂的存在，将影响其品质。储存时易使油脂酸败变质，烹调时会产生大量泡沫，高温时氧化发黑发苦，用于油脂氢化、油漆等也有不良影响。因此，从毛油中提取磷脂，有利于油品质量，又可为工业提供有用的原料，也可供应出口。

在植物油厂中，具有利用价值的磷脂主要是大豆磷脂，其次是菜籽磷脂。棉籽油中磷脂含量虽然也不少，但毛棉油含有棉酚毒素，在没有解决去除棉酚毒素的情况下，棉油磷脂暂无食用价值。其他如花生磷脂，因其含量较低和有苦味（原因不明）而没有利用，新鲜米糠脂质中的磷脂含量高达 2%～3%，是一种完善优质的磷脂。但米糠中磷脂极易水解，进入油厂时存在量已经很微，如果能做到新糠制油（当天糠当天榨）和得到优质的毛油，生产出食用价值的米糠磷脂将是可能的。

三、磷脂的组成

磷脂是油脂重要的伴随物，它是由甘油、脂肪酸、磷酸、胆碱或胆胺所组成的酯。主要的磷脂有卵磷脂、脑磷脂和神经磷脂三种。在油料种子中，都可以找到卵磷脂和脑磷脂，神经磷脂在油料中不存在或含量很微。在大豆、棉籽、玉米胚油中，还存在环己六醇磷脂。几种油料种子中磷脂的组成见表30-2。

表 30-2 几种油料种子磷脂的组成

油料	卵磷脂/%	脑磷脂/%	其他磷脂/%	油料	卵磷脂/%	脑磷脂/%	其他磷脂/%
大豆	30	30	环己六醇磷脂 40	棉籽	46.2	53	
菜籽	20	60	溶于热酒精的物质 20	向日葵	38.5	61.5	
花生	35.7	64					

磷脂在甘油基上α-或β-位的不同，分成α-型和β-型两种，在自然界中，则以α-型存在。其通式为：

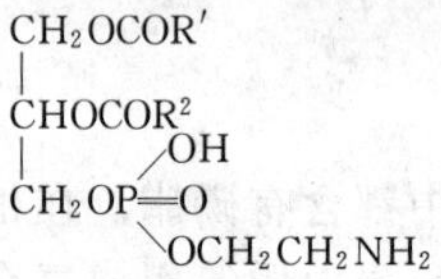

α-脑磷脂

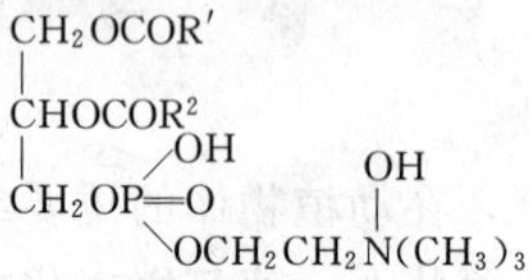

β-卵磷脂

第二节 磷脂的理化性质和用途

一、磷脂的理化性质

1. 磷脂的物理常数

碘值	95	相对密度	1.0305	pH 值	6.6
皂化值	195	等电点 pH 值	3.5		

2. 磷脂的主要物理化学性质 纯净的磷脂在室温下是一种白色固体物质，但由于制取和精制、储存的条件及方法不同，而具有淡黄色或棕色，并呈可塑性或流动性。

(1) 溶解度 磷脂溶于油脂、脂肪酸和有机溶剂（苯乙醚、己烷），部分溶解于酒精，而极难溶于丙酮和乙酸甲酯中，不溶于水。当有油脂存在时，磷脂于丙酮和乙酸甲酯中的溶解度增加。卵磷脂能溶于乙醚、酒精。脑磷脂溶于乙醚，不溶于酒精。利用磷脂的这些溶解特性，按顺序地使用各种溶剂把卵磷脂和脑磷脂分离。

(2) 吸水性 磷脂具有亲水胶体的特性，当遇水时，能吸水膨胀，从而在油脂中的溶解度大大降低，从油中析出。水化法精炼油脂和重量法测定磷脂含量就是利用这一特性。磷脂分子结构上具有疏水和亲水基团这一特性使它能降低水的表面张力，成为很好的乳化剂、分散剂。磷脂的此项性质是它广泛用途的基础。

(3) 氧化与热分解 磷脂在空气或阳光中极不稳定，易氧化酸败而变黑，但其在油脂介质中比较稳定，所以浓缩磷脂中的油脂有利于保存。

磷脂的抗热性较差，在超过150℃温度下即逐渐分解。在生产中，温度超过105℃使磷脂气味不佳。

(4) 水解 磷脂在酸碱存在时易水解，水解产物为脂肪酸、甘油、磷酸酯及氨基醇，在碱存在时，还会皂化。

此外，磷脂还有氢化、卤化、磺化等反应。

二、磷脂的用途

磷脂具有丰富的营养价值，能供给生物以甘油、游离脂肪酸、磷酸、氨基醇等成分，其发热量接近脂肪。磷脂又是优质的乳化剂、稳定剂和分散剂，因而在食品、医学、工业等方面用途广泛。

1. 在食品工业方面 在食品中加入0.1%～0.3%的磷脂，可改进面团吸水作用和加工处理，可以增大产品容积，改进产品均匀度，提高起酥作用，延长食品保存时间，因而提高了食品尤其是烤制品的质量。磷脂对高浓度的脂肪有极好的乳化作用，可以提高生物对脂肪的消化率。在高级糖果中，磷脂可提高产品的均匀度，有助于成品质量稳定，而且还是很好的脱模剂。在速溶食品中加入适量的磷脂，可增进食品的可溶性和分散性。

用于食品工业的磷脂产品有浓缩磷脂、流质磷脂和漂白流质磷脂。

2. 在医学方面　磷脂中含有大量的有机磷，可滋补机体各器官对含磷化合物的需要。对神经衰弱、肝炎、肺结核等有辅助疗效。卵磷脂能促进胆固醇和蛋白质分子结合成复合体而存在于血液中，能减轻血管壁的类脂质浸润，抑制动脉粥样硬化的产生。胆碱（卵磷脂的组成部分）能参与脂肪代谢，缺乏胆碱时影响脂肪代谢。利用高纯度的卵磷脂可以制造静脉脂肪注射剂。磷脂又是细胞基本组成的成分，对皮肤的正常功能也是很重要的。

用于医学方面的磷脂产品有浓缩磷脂、精制磷脂、卵磷脂、脑磷脂等。

3. 在工业方面　高纯度的磷脂，是录音磁带、录相磁带、计算机磁带、电影胶卷的磁浆的一种理想的乳化剂和分散剂，用途涉及电影、广播、地质、军工等部门。

此外在化妆品、纺织、印染、油漆、塑料、橡胶等工业中也有广泛的应用。

第三节　浓缩磷脂、流质磷脂、漂白流质磷脂生产工艺及操作

一、生产工艺流程

1. 工艺流程

（1）浓缩磷脂

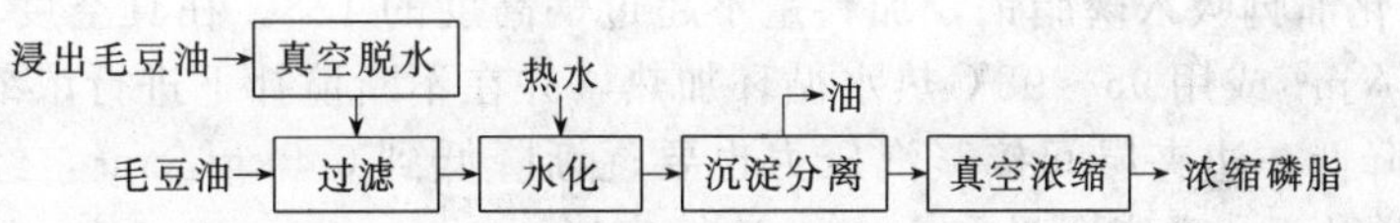

（2）流质磷脂

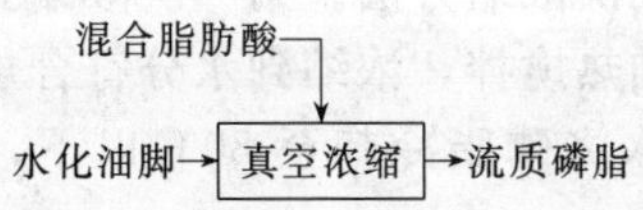

（3）漂白流质磷脂

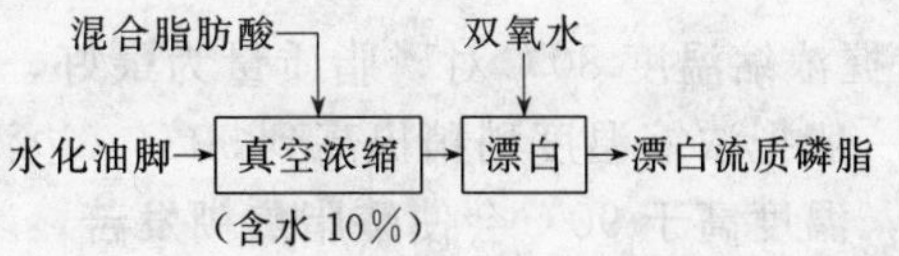

2. 工艺流程图　见图 30-1。

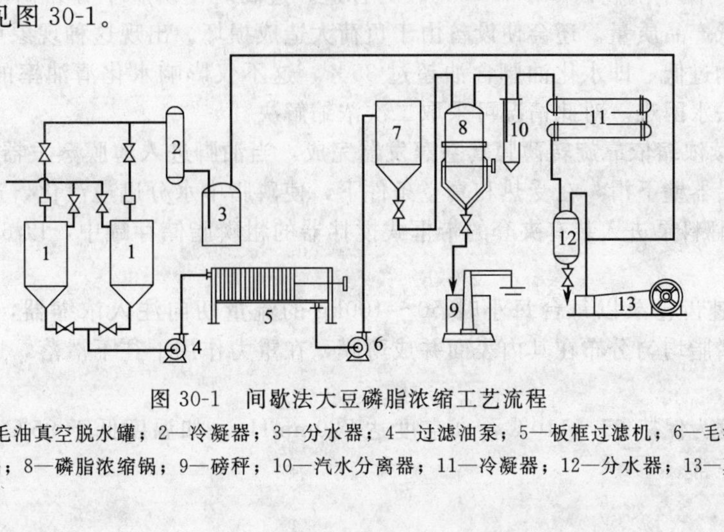

图 30-1　间歇法大豆磷脂浓缩工艺流程

1—浸出毛油真空脱水罐；2—冷凝器；3—分水器；4—过滤油泵；5—板框过滤机；6—毛油泵；7—水化锅；8—磷脂浓缩锅；9—磅秤；10—汽水分离器；11—冷凝器；12—分水器；13—真空泵

二、生产工艺和操作方法

大豆、菜籽、花生等毛油在以热水或蒸汽使其水化时，磷脂吸水膨胀从油脂中析出沉淀，经静置分层或离心分离便可以从油中分离出来。油脚脱水干燥即得浓缩磷脂。

为了保证磷脂产品的质量，对原料毛油的质量要重视，要求毛油过滤，并且毛油中的磷脂具有正常的磷脂气味，不得有异味。

（一）过滤

将毛油预热到60～65℃过滤去杂，使毛油含杂符合磷脂成品质量的要求，如果过滤一次不行，再进行第二次过滤。

浸出毛油由于在生产中经过蒸发、汽提后，有少量磷脂析出，影响毛油过滤，因此在浸出油过滤前，要先进行真空脱水（温度100℃以下，真空度700mmHg），然后再过滤。用浸出毛豆油的油脚生产磷脂，要保证磷脂产品中不含溶剂气味。

（二）水化

将清毛油泵入水化锅内，预热至50～60℃时，均匀加入沸水。加水量一般为毛油丙酮不溶物的3.5～4倍（豆油加水量为油重的8.5%～12%，菜油加水量为油重的6%～10%）。同时以70～80r/min搅拌20～30min，使磷脂充分水化，待大片絮状沉淀产生，继续升温95℃（不得超过100℃）停止加热，再搅拌20～30min，用离心机分离或静置沉淀5～8h放出油脚，水化油脚积有一定数量时即可进行浓缩脱水。

水化油脚含水分高，极易发酵酸败，故必须及时浓缩处理。

水化操作详细工艺可参阅油脂精炼技术资料。

（三）浓缩

1. 间歇法　将水化油脚吸入磷脂锅，加料量不超过锅高度的1/3。在真空度680mmHg，边夹层间接蒸汽压力为3.5kgf/cm^{2}或用95～98℃热水循环加热，并在不断搅拌下进行浓缩。

随着磷脂水分的降低，边夹层间接蒸汽压力也要逐渐降低到0.5kgf/cm^2，经10～14h后，检查成品质量，水分降至5%以下，磷脂含量在60%，浓缩完毕。

如水化油脚含油过多时，可采用二次浓缩方法。第一次浓缩到水分15%～20%时，停止搅拌加热，待静置分层后，将上层油撇出再继续加热搅拌，浓缩到水分符合规定要求。

浓缩完毕后，停止加热并通入冷水将磷脂冷却至80℃以下，放出磷脂过筛以后，装入干净容器，此成品即为浓缩磷脂。

间歇法生产磷脂的两点要求如下。

① 间歇法浓缩磷脂生产以掌握浓缩温度80℃对磷脂质量为最好，但在实际生产中，温度低，延长浓缩时间，增加热能消耗，所以一般把浓缩温度稍稍提高到90℃（边汽表压3.5kgf/cm^2），这对磷脂质量影响不大，又可缩短浓缩时间，温度高于90℃会使磷脂焦糊发苦，颜色加深，降低质量。

② 水化油脚中丙酮不溶物以60%～70%较为合适，过高时使磷脂十分黏稠，在生产中容易产生焦糊和颜色变深，降低产品质量。还会使设备由于负荷大造成损坏。出现这种现象可采取加入适量毛清油来解决。丙酮不溶物过低，即水化油脚含油超过35%，这不仅影响水化清油率的提高，还会在浓缩操作后期造成溢锅，去水困难。对此情况可采取二次浓缩解决。

2. 连续法　连续浓缩依靠旋转薄膜真空蒸发器完成，当油脚进入薄膜蒸发器后，借旋转着的叶片，使水化油脚成膜状沿器壁下滑，在受热和真空条件下，使磷脂中水分迅速汽化，达到快速蒸发的目的。

① 水化油脚由翻料泵进入装有夹套的带框式搅拌器的粗磷脂储存罐中，以60～70℃循环热水预热到50～60℃。

② 粗磷脂由调速齿轮泵以每台每小时50～100kg的流量切向注入浓缩器，旋转着的转子（转速800r/min）叶片使磷脂均匀分布在其内表面并成薄膜，在重力作用下往下滑落，这时油脚中含有的水分迅速蒸发。

蒸发器蒸发温度为保持95～110℃，真空度达720mmHg。如温度低于95℃，要减少或停止进料，待温升高后再恢复正常。

在连续蒸发浓缩中要注意两点：其一，水化油脚预热中也伴随有氧化和水解，增加了磷脂的酸值，所以预热时间不可过长；其二，磷脂经过蒸发脱水流向卸料玻璃喉管，呈流态，切忌有大块磷脂流出，否则会造成出料堵塞和电动机负荷过载，造成事故。

（四）流质化（流质磷脂的生产）

为使用磷脂时方便和增加浓缩磷脂的流动性，防止浓缩磷脂和油脂分离，保证磷脂质量的稳定，在水化油脚吸入磷脂锅后，再吸入适量的流化剂。流化剂有两种，一种是豆油混合脂肪酸，加入量为浓缩磷脂的2.5%～3%，过少就起不了流质化的作用，过多时就会增加磷脂酸值，使磷脂产生哈喇味，影响磷脂质量，增加产品的成本。另一种是豆油脂肪酸乙酯，加入量为浓缩磷脂的3%～5%，豆油脂肪酸乙酯对磷脂酸值和味道无影响，质量也好，但成本较贵，只能用于特殊的需要方面。

加入流化剂后磷脂丙酮不溶物在58%～60%、温度20℃时能自由流动。其生产工艺仍采用间歇法，工艺条件和操作方法与生产浓缩磷脂相同。

（五）脱色（漂白流质磷脂的生产）

浓缩磷脂和流质磷脂颜色较深，呈红褐色或棕褐色的，所以在一些浅色食品或产品中不能加入这种深色磷脂，为了满足这方面的需要，还要脱色。目前一般采用双氧水来漂白。

漂白流质磷脂的生产一般采用间歇法，在真空磷脂浓缩锅内，分浓缩脱水和漂白脱色两步进行。

1. 浓缩　浓缩脱水的工艺条件与流质磷脂生产相同，只是在操作中注意升温不要过快，加温不要过高，以防止颜色加深，并在脱水至10%时停止加热。

2. 漂白脱色　当流质磷脂加热脱水到10%时停止加热和抽真空。在搅拌下，往浓缩锅夹层内通入冷水，把磷脂温度降低至55～65℃。然后在真空度300～500mmHg的条件下吸入占磷脂1%～4%的浓度为30%的双氧水，搅拌40～60min进行漂白脱色。

脱色完毕继续开动真空泵至680mmHg以上和通热水加热至90℃；在搅拌下浓缩脱水至1%以下，停止加热和真空，通入冷水使温度降低至80℃以下，放出经筛网储入干净盛器。

磷脂在出锅前几小时会出现很多气泡，它们慢慢由大变小，最后达到米粒大小，这就表明水分已经达到1%以下（或以观察冷凝器出口水流的大小来判断）即可出锅。在出锅时如果泡沫太大可先不破真空，使其在放料口进空气，这时要发出“崩崩”的声音，“放炮”之后可把泡沫崩破，然后放出成品。

三、产品得率及辅助物料消耗

清毛油水化时，生成油脚的数量，豆油油脚大约为清毛油的14%～16%，菜油油脚为清毛油的8%～12%。油脚中含水分为50～65%（视水化中加水量的多少而定）。各种磷脂产品的物料消耗见表30-3。

表30-3　各种磷脂产品的物料消耗

产品原料	浓缩磷脂/t	流质磷脂/t	漂白流质磷脂/t
豆油脚/kg	1800～2600	1800～2520	1800～2520
菜油脚/kg	1500～2200	1500～2200	
豆油混合脂肪酸/kg		30	30
双氧水/kg			10～40
煤耗/kg	1000	1000	1400
电耗/kW·h	90	90	140

第四节　粉状磷脂的生产工艺及操作

大豆浓缩磷脂中含有30%～40%的大豆油、脂肪酸等，由于某些应用上需要纯度较高的精制磷脂，因而要求磷脂无异味，浅色无油。利用丙酮能溶解油和脂肪酸，而磷脂不溶析出的性质，达到提纯的目的。

一、粉状磷脂的生产工艺流程

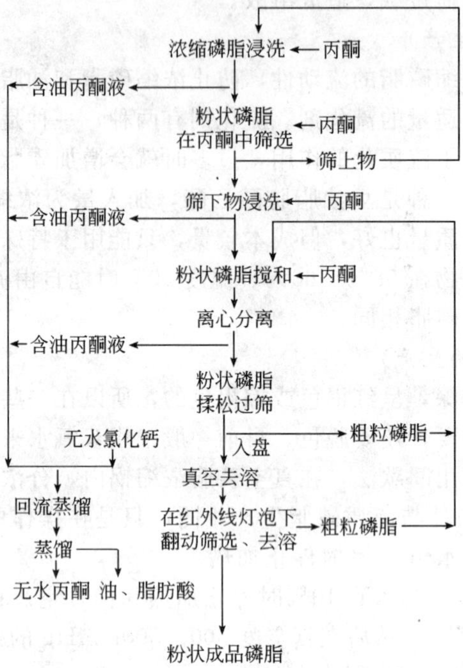

二、生产工艺和操作方法

① 将浓缩豆油磷脂置于铝桶内，加入与磷脂等量（1∶1）的无水丙酮，以 30r/min 的速度不断搅拌，使磷脂中所含的油、脂肪酸溶于丙酮，至丙酮液呈棕黄色时停止搅拌，静置片刻，将上层澄清丙酮液撇出，再加入无水丙酮（1∶1）同样操作 2～3 次，直至磷脂搅拌成粉末状为止。

② 将粉末状磷脂舀入 8 目筛篮，在丙酮液中浸没筛选，筛网上粗粒并入搅拌铝桶内再行处理。筛出物再加丙酮（以浸没为标准）搅拌 2～3 次，至上层澄清丙酮液为浅黄色时为止。

③ 将粉末状磷脂与丙酮搅和成团状，舀入布袋内用篮式离心机离心分离 2～3min，将大部分丙酮分出。

④ 取出离心布袋，将粉状磷脂揉松后用 8 目筛网过筛，筛出物置于搪瓷盘内（筛上粗粒倒入搅拌铝桶内再行丙酮处理），放入真空烘箱脱除丙酮，烘箱真空度为 400mmHg 左右，温度 75～80℃，烘 1.5h 取出。

⑤ 烘箱内取出的磷脂置于红外线灯下，用铲刀掀碎后再以 8 目筛网筛出粗粒（再回入丙酮液浸泡处理），然后经常用铲刀翻动。红外线灯泡与磷脂相距 250～300mm，烘 1～2h，至无丙酮气味时拿出包装。

⑥ 丙酮精制及回收

a. 所用丙酮须先行脱水精制，即把每批丙酮在使用前在蒸馏锅内与少量无水氯化钙一同加热回流 20min，然后蒸出，储入盛器备用。

b. 含油丙酮加入蒸馏锅，与少量无水氯化钙一起加热回流 1h，然后蒸出使用，蒸馏后油和脂肪酸可以作为生产流质磷脂中使用。

三、产品得率及辅助物料的消耗

粉状磷脂每千瓶（每瓶 200g）使用物料消耗：浓缩磷脂 313.6kg；丙酮 201.7kg；电 26.5kW・h；煤 296.3kg。

第五节 卵磷脂生产工艺及操作

卵磷脂具有极好的乳化性能，作为一种表面活性剂，有促进水包油的性质，能广泛应用于医药和工业领域。在亚油酸的复方制剂中利用卵磷脂能促进胆固醇和蛋白分子结合成复合体而存在于血液中，减轻血管壁类脂质浸润，抑制动脉粥样硬化的产生。卵磷脂能溶于乙醇、乙醚、氯仿等有机溶剂中而不溶于丙酮中。利用卵磷脂能溶于乙醇、脑磷脂而不溶于乙醇的性质，以浓缩磷脂为原料来制取卵磷脂。

纯净的卵磷脂是无色的蜡状物，与空气接触而变成棕黄色。稍久转为棕褐色。这是由于分子中的不饱和脂肪酸被氧化而致。

浓缩大豆磷脂一般含卵磷脂 20％～22％。目前一般利用大豆浓缩磷脂生产精制磷脂。

一、生产工艺流程

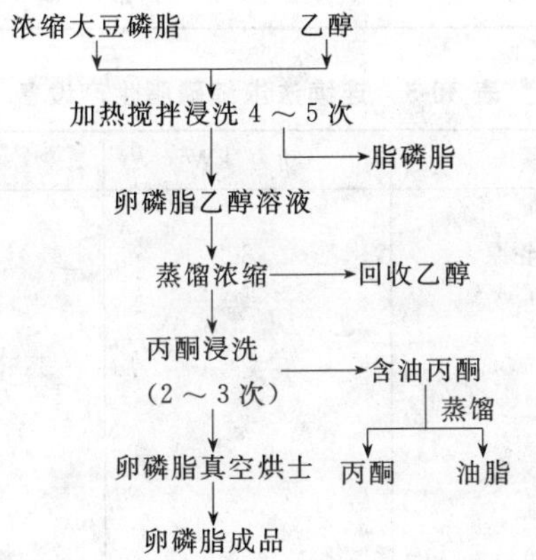

二、生产工艺和操作方法

① 将浓缩大豆磷脂置于铝桶内，加 1∶1 的药用乙醇，加热至 60～70℃并不断搅拌，使卵磷脂溶于乙醇，呈棕黄色停止搅拌，静置片刻，将上层澄清含卵磷脂乙醇液撇出，再加入乙醇同样操作 3～4 次，直至卵磷脂大部分溶出为止（乙醇溶液呈微黄色时基本洗净）。

残留物即为脑磷脂，可以生产健脑磷，临床上治疗儿童智育发育不全有一定疗效。

② 将乙醇卵磷脂浸出液吸入真空锅中，在真空度 650～750mmHg、温度 70～75℃条件下回收乙醇，余下的是卵磷脂和油，脂肪酸的混合物从真空锅中放出，盛入铝桶。

③ 将浓缩的卵磷脂混合物加入 1∶1 的无水丙酮不断搅拌，浸洗出卵磷脂中的油和脂肪酸。静置片刻将上层澄清含油丙酮液撇出。再加入无水丙酮同样操作 2～3 次，直至卵磷脂中的油全部洗净为止。

④ 将脱油卵磷脂弄成小块，放在搪瓷盘内再放入真空烘干箱内，在 60～70℃，真空度为 650～750mmHg 下烘干 2h 至无丙酮味为止，取出放入避光密闭的容器中保存待用。

⑤ 含油丙酮液去蒸馏锅与少量无水氯化钙一起加热回流 1h，蒸出丙酮重新使用，锅底上层是油脂和脂肪酸，下层废水放入下水道。

三、产品得率和辅助物料的消耗

100kg 卵磷脂的物料消耗：浓缩磷脂 500kg；乙醇 150kg；丙酮 100kg；煤 500kg；电 95kW·h。

第六节　生产主要设备

一、浓缩磷脂和精制磷脂的生产设备

间歇法和连续法生产浓缩磷脂的生产设备分别见表 30-4 和表 30-5，精制磷脂的生产设备见表 30-6。

二、卵磷脂的主要生产设备

卵磷脂的主要生产设备见表 30-7。

表 30-4　间歇法浓缩磷脂生产设备

设备名称	规　格	动力/kW	备　注
真空浓缩锅	容量 2.5～3m^3	10	
冷凝器	12m^2		
水分离器	容量 0.6～1.0m，2 只		
真空泵	W2-W3	7	蒸汽喷射泵、水喷射泵，使真空度达 680mmHg 以上即可
热水泵	3BA-9	2.8	
调速齿轮泵	CB-B55	1.0	调速范围 0～100
成品磷脂泵	CB-B25	1	
接收器	ϕ700×700		

表 30-5　连续法浓缩磷脂生产设备

设备名称	规　格	动力/kW	备　注
粗磷脂暂存缸	ϕ1500×1500		
粗磷脂翻料泵	2CY-5/3.3-1 齿轮泵	8	
粗磷脂储存缸	ϕ1000×1500		
调速齿轮泵	CB-B22-5		
薄膜蒸发器	ϕ310×3778	5	调速范围 0～100
接收器	ϕ700×700		转速 460r/min，叶板与壳内壁间隙为 0.5mm
冷凝器	面积 6m^2		
真空泵	W2-W4	7	或蒸汽喷射泵，排气量 350m^3/h
热水泵	3BA-9	2.8	

表 30-6　精制磷脂的生产设备

设备名称	规格	备注	设备名称	规格	备注
铝桶	容量 50		篮式离心机	SS800 型	
真空烘箱	2000×700×1500		丙酮回收塔		
真空泵	2X 旋叶机械泵	W2 型	搪瓷盘筛网		1

表 30-7　卵磷脂的主要生产设备

设备名称	规格	备注	设备名称	规格	备注
真空蒸馏锅	ϕ600×1200	不锈钢	真空干燥箱	2000×700×1500	
真空泵	W2		铝桶	容量 500L	
冷凝器	冷凝面积 8m^2	不锈钢			

第七节　磷脂产品的质量指标和检验方法

一、质量指标

磷脂产品的质量指标见表 30-8。

表 30-8　磷脂产品的质量指标

产品名称	水分%	丙酮不溶物%	乙醚不溶物%	酸值	色泽	含磷量	流动性 20℃
浓缩磷脂	<5	>60	<0.4	<38	棕褐色		无
流质磷脂	<1	60～65	<0.4	<38	棕褐色		流动
漂白流质磷脂	<1	60～65	<0.4	<38	加特钠 8～9		流动
粉状磷脂	<3	>90	<0.1	<30	黄色	2.7	无
卵磷脂	<3	>90	<0.4	<38	棕褐色	2.7	无

二、检验方法

1. 检验仪器及试剂

(1) 仪器　电冰箱、电烘干箱、真空烘干箱、比色管、250mL 凯氏定氮管、万能用电炉 1000W、真空泵（30L）以及其他常用化验室的仪器、器皿等。

(2) 试剂　丙酮（分析纯）、苯（分析纯）、氢氧化钾（分析纯）、乙醚（化学纯）、95%乙醇（化学纯）、硫酸（化学纯）、重铬酸钾（化学纯）。

2. 丙酮不溶物的测定　丙酮不溶物系指在样品中不溶于丙酮的成分，以丙酮不溶物作为磷脂的标准含量。方法如下。

① 称取试样 1.8～2.0g（精确至 0.0002g）置已恒重的 50mL 烧杯中，并带一根细玻璃棒。

② 加入 30mL 丙酮，在 50℃的温水浴中用玻璃棒搅拌与碾压相结合的方法，2min 后试样含油大部分已溶入丙酮，剩下的丙酮不溶物成一黏稠状固体物，将此烧杯置 0℃的冰水中，用玻璃棒将丙酮不溶物压成粉状，并待内溶物冷至 0～3℃，尽量碾压成粉状，静置片刻，将上层清液用恒重的 G_3 坩埚过滤（坩埚事先放在冰箱内冷却，如无电冰箱也可不冷却），时间在 1min 左右。必要时可稍加抽滤。

③ 在上述烧杯中再分次加入丙酮，每次 20mL，第二次操作与第一次完全相同，第 3、4、5 次不再置于 50℃水浴中加热，至第四次时即将粉状的丙酮不溶物全部移入 G_3 坩埚中，第五次的 20mL 丙酮用于洗涤烧杯和坩埚，每次操作都在 0～3℃下进行。经过五次洗涤，可将样品中油全部洗净。

④ 将坩埚取下，用玻璃棒将其中沉淀搅松，并使残留的丙酮挥发，并用干净纱布擦净烧杯和坩埚外部，置 60℃的真空烘箱中（真空度 700mmHg 以下）烘干 40min，取出在干燥器内放冷称重，直至恒重。

计算方法：

$$丙酮不溶物(\%)=\frac{A-B}{m}\times100\%-乙醚不溶物$$

式中　A——烧杯、玻璃棒、坩埚、丙酮不溶物的总质量；

B——烧杯、玻璃棒、坩埚的总质量；

m——样品质量。

平行试验允许误差为 0.5%。

几点说明：

① 温度对测定丙酮不溶物的影响很大，如在 26℃时测定的丙酮不溶物为 60.4%，在 0～3℃时测得的数值为 62.6%，两者相差 2.2%，即温度高测得的值偏低。

② 利用回收丙酮来测定丙酮不溶物，其测得的结果偏低，原因是回收丙酮中含有水分。丙酮和水可以任意混溶，在一般实验室条件下，要完全除去水分是比较困难的。所以回收丙酮只可用于日常指导生产的化验，其差数可用新丙酮的化验结果来校正。

③ 在日常指导生产时，测定方法可以简化，可以在室温下测定，其测定结果可以取 15℃为标准温度，化验时的温度每增减 1℃，其测定结果就增减 0.125%。

校正公式：

$$丙酮不溶物(\%)=测定结果+(测时温度-15)\times0.125$$

式中，测定温度低于 15℃时，括弧内为负数，也就是测定结果减去校正值。

3. 乙醚不溶物测定

① 称取样品 5～5.5g 于 50mL 小烧杯中。

② 加入乙醚 40mL 并用玻璃棒充分搅拌，溶解后放入已知质量的 G_3 坩埚内抽滤。

③ 再加 40mL 乙醚冲洗烧杯和 G_3 坩埚，然后再用同一方法处理两次。

④ 将 G_3 坩埚放在通风良好的烘箱中，在 105℃烘 1h 后，放冷称重。

计算方法：

$$乙醚不溶物(\%)=\frac{A-B}{m}\times100\%$$

式中 A——G_3 坩埚和乙醚不溶物的质量；
B——G_3 坩埚的质量；
m——试样的质量。

平行允许误差为0.05%。

4. 水分测定

① 取直径60mm称量瓶或35mL瓷蒸发皿，在105℃烘箱中烘至恒重。

② 精确称取样品1.5～2g于称量瓶中。

③ 在105℃烘箱中烘2h，取出，放在干燥器中冷却至室温，称重。

计算方法：

$$水分(\%)=\frac{烘前样品和器皿质量-烘干样品和器皿质量}{样品质量}\times 100\%$$

平行允许误差为0.1%。

5. 酸值测定法

① 用减差法精确称取样品1g，放入250mL锥形瓶中。

② 将配好的乙醇苯（1∶1）溶剂100mL加0.5mL酚酞指示剂，然后用0.1mol/L氢氧化钾溶液中和至呈微红色。

③ 将中和过的苯乙醇溶剂放入试样锥形瓶，摇动至样品全部溶解（如不溶时可在水浴或电炉上加温溶解）。

④ 在不断摇动下，用0.1mol/L氢氧化钾标准溶液滴定至呈浅粉红色，摇动10s不褪色即为终点。

计算方法：

$$酸值=\frac{滴定耗用氢氧化钾体积(mL)\times N\times 56.1}{样品的质量}$$

平行允许误差为1%。

6. 色泽

① 精确称取2.5g样品于50mL容量瓶中，用苯稀释至刻度。

② 取出25mL同标准比色管8号与9号（加特纳色）等容量溶液，以磨砂玻璃为背衬，透光比色。

7. 含磷量

（1）试液配制

磷酸二氢钾的配制。称取磷酸二氢钾0.2200g，置于500mL容量瓶中以水溶解后，加水至刻度。精确吸取50mL置500mL容量瓶中，加水稀释至刻度。此标准水液含磷量（P）为0.01mg/mL。

米妥试液配制。取偏亚硫酸钠40g，亚硫酸钠1g，米妥0.2g，加水溶解成200mL即得。

① 精确称取样品1g，置于预先加入0.2g $CaCl_2$ 的坩埚中。

② 加适量乙醚搅匀，在水浴上蒸干。

③ 再用小火灼烧至内容物呈灰白色，放冷后加稀盐酸10mL溶解，移至250mL容量瓶中，坩埚用水洗净，洗液并入容量瓶中，加水至刻度。

④ 精确吸取5mL磷酸二氢钾标准液10mL，分别置于25mL容量瓶中，加水至15mL，加钼酸铵试液2mL和米妥试液2mL，再加水至刻度。摇匀放置30min，在波长650nm处测定吸光度。

⑤ 以蒸馏水作空白试验。

（2）计算方法

$$P(\%)=\frac{0.0001\times 样品吸光度}{标准吸光度\times\left(\frac{样品质量}{250}\times 5\right)}\times 100\%$$

第三十一章　油料副产品其他产品的生产

第一节　花生红衣提取血宁片

一、血宁片的原料及药理作用

血宁片是以豆科植物落花生或其变种植物成熟种皮（以下简称花生红衣）为原料制成的浸膏片。

血宁片是固体片剂药品，呈深红棕色，无特殊气味，裸体片口服时有苦涩味。经临床试用，对治疗血友病、血小板减少性紫癜效果最好，有效率达 80%以上；对障碍性贫血、出血疾病的止血和血小板的回升等有较好的治疗效果；对肾炎、放化疗发症等也有不同程度的疗效。此药服用时不需忌口，对人体无副作用。保存时，需封置阴凉干燥处，防光防潮，以免药品变质。

二、生产工艺流程和操作方法

（一）工艺流程

血宁片工艺流程如下：

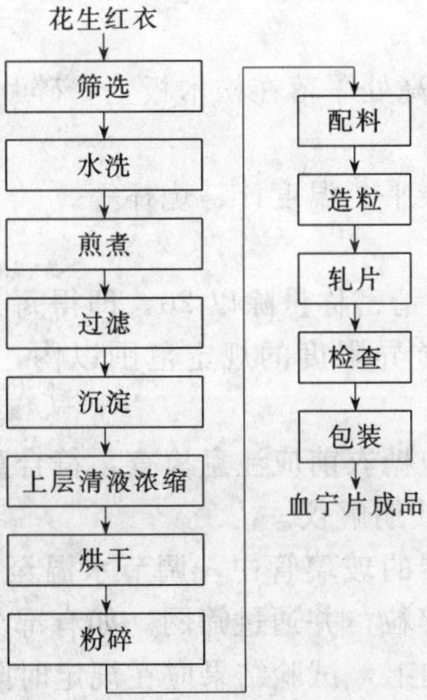

（二）生产工艺和操作方法

血宁片生产中首先要选用没有霉坏变质的和没有经过高温处理（不超过 85℃，以免破坏有效成分）的花生红衣作为原料。花生仁经低温（80℃）烘干脱皮即得红衣，将花生红衣用 30 目筛网筛选去杂，再用清水洗涤，除去尘土等杂质，然后放入煎煮锅内，加八倍的水煎煮 2h，将溶液放出，用 50 目筛布过滤，滤液沉淀2～3h，取其上层清液放入浓缩罐内进行浓缩（有条件的可考虑用真空浓缩），温度保持在 100℃，浓缩至黏稠状液体，然后取出放入烘干室低温烘干，烘干温度不超过 85℃，以免破坏药物的有效成分。烘干的块状浸膏（得率为 4%～5%）经粉碎成粉，药粉细度应全部通过 64GG 筛网，然后进行配料。配料的比例是：药粉 1000g，白糖 160g（食用白糖细度和药粉相同），药用淀粉 240g。把各种料混合搅拌均匀，然后造粒。造粒时，50kg 药粉要加入浓度 70%～75%的酒精 7.5～8.0kg，以增强黏度，保证药品质量。要边加酒精边搅拌，应随时观察掌握粒度适中，通过 30 目筛，使颗粒均匀适当，装入密闭容器里，放在阴凉干燥处，随用随取，以免酒精挥发，药品过干会影响轧片质量。造粒完毕，进行轧片。轧片前应先检查轧片机，保证运转正常，轧片速度均匀，冲模安装正确，轧片适宜，使轧出来的药片结实、光滑、质量好。最后检验合格即可包装，每瓶 100 片。每片含花生红衣浸膏 0.25g。

三、生产设备

血宁片生产工艺的主要设备有蒸煮锅、浓缩罐、粉碎机、轧片机、烘干室（或烘干塔）、锅炉等。日产血宁片 40 万片的车间所需主要生产设备及规格型号、材料要求见表 31-1。

表 31-1 血宁片的主要生产设备

设备名称	型号规格	数量	需用材料规格	数量/t
蒸煮罐	ϕ950×3000	2	内层不锈钢板	0.5
浓缩罐	ϕ950×3400	1	外层一般钢板	
沉淀罐	1800×1300×1200	1	4mm 不锈钢板	0.5
粉碎机	红旗 270 型	1	瓷砖砌成	
轧片机	T-A 型	2		
烘干室	4 m×4 m	1		
锅炉	0.5t/h	1	ϕ1in 钢管	1.5

四、血宁片的质量指标和检验方法

（一）质量指标

血宁片质量标准和检验方法除崩解时限 60min 外，其他均按照 1963 年颁发的《中华人民共和国药典》中关于片剂药品的有关规定执行。

1. 重量差异限度 血宁片每片重 0.35g，含花生红衣浸膏 0.25g，重量差异限度不得超出±5%。

2. 崩解时限 60min。

3. 硬度检查 取 10 片药品在 1m 高处平落在松木板上，碎片不得超出 2 片。

（二）检验仪器

升降式崩解仪、电炉、千分之一天平、温度计、烧杯等。

（三）检验方法

1. 重量差异限度 取药片 20 片，精密称量除以 20，即得每片的平均重量。再将各药片分别称量，每片重量与平均重量比较，应在重量差异限度的规定范围以内，超出重量差异限度的药片不得多于 2 片，并不得有一片与限度相差达一倍。

糖衣片不检查重量差异，但在未包糖衣前应注意检查，符合重量差异规定后方可包衣。

2. 崩解时限 检查装置采用升降式崩解仪。

检查方法：取药片 5 片，置于仪器的玻璃管中，调节水温至 37℃（±2℃），按规定的速度上下移动，各片均应在 60min 内全部崩解成碎粒，并通过筛网。如有部分颗粒不能通过筛网，应另取药片 5 片重新试验，试验时加入挡板，塑胶片向上，试验结果应在规定时限内全部崩解通过筛网。

糖衣片崩解时限为 1h。

3. 硬度检查 取试样 10 片，分次检查，每次以试品 2 片，分持左右手，在 1m 的高度平坠于厚 2cm 的松木板上，碎片总数不得超过 3 片。如碎片超过 3 片时，应再另取试样 10 片，按上述方法重新检查，如碎片不超过 3 片时仍属合格。

按上述方法检查的片剂有对裂或平裂时作为碎片，缺角不超过原体积 1/4 时，不作碎片计算。

糖衣片不作硬度检查。

第二节 天然维生素 E 提取技术的介绍

维生素 E 又称生育酚，是油溶性维生素，它主要存在于植物油中，尤其是在谷物种子的胚芽油及大豆油等油脂中含量比较丰富，在米糠油中含量为 41～250mg/100g 油。

精炼过程中，米糠原油中维生素E在物理的、化学的或两者共同作用下，部分分流到碱炼皂脚、脱臭馏出物等副产品和废液中，而且主要分流到脱臭馏出物中。所以，油脂脱臭馏出物是提取天然维生素E的主要原料。主要制取方法有化学处理法、蒸馏法、超临界二氧化碳流体萃取、生物化学法等。

1. 化学处理法提取天然维生素E工艺技术　化学处理提取植物甾醇工艺流程为：

脱臭馏出物→酯化→脱甾醇→维生素E制品

2. 蒸馏法提取天然维生素E工艺技术　采用的蒸馏方式有直接蒸馏、短程蒸馏、填料塔真空蒸馏和分子蒸馏等。其中分子蒸馏工序可反复进行，以提高纯度。以分子蒸馏为例，提取工艺为：

脱臭馏出物→酯化→蒸除低碳醇→蒸馏→残渣→分子蒸馏→维生素E制品
（蒸馏↓脂肪酸甲酯；分子蒸馏↓富含甾醇残渣）

3. 超临界二氧化碳流体萃取法提取天然维生素E工艺技术　超临界二氧化碳流体萃取法提取天然维生素E工艺流程为：

脱臭馏出物→结晶法脱甾醇→酯化→超临界 CO_2 流体萃取→维生素E制品

4. 提取天然维生素E其他工艺技术　从米糠油精炼副产品中提取天然维生素E除了上述方法外，还有采用吸附剂和离子交换树脂的方法、生物化学法等。

上述几种方法各有优缺点，在实际应用中也有几种方法结合进行的。如采用常规方法进行浓缩后，再进行超临界二氧化碳流体萃取；或者是分子蒸馏与超临界二氧化碳流体萃取等结合。工艺路线要根据所要求的产品纯度，结合具体原料、生产条件等进行选择或组合，以取得最佳的工艺效果。

第三十二章 人造奶油的生产

人造奶油起源于19世纪后期。法国化学家梅吉·穆里斯将去掉硬质部分的牛油作为原料，添加牛奶进行乳化冷却，于1869年成功制造出奶油的第一代代用品，从此，人造奶油开始发展起来。人造奶油的问世和发展，在不断采用新的油脂原料的同时，加工工艺与设备也在不断进步。20世纪初，出现了用椰子油和棕榈仁油配制的全植物型人造奶油；20世纪30年代，美国采用油脂氢化技术，使普通液态油转变为塑性脂作为人造奶油的原料，以及人造奶油专用设备急冷机、捏合机的发明应用等，都为大批量生产高质量的人造奶油提供了条件，促进了现代人造奶油的进一步发展。

人造奶油的发明和发展，原本是为了弥补天然奶油的短缺，随后却因不含胆固醇、脂肪酸含量高及相对价格较低等原因，消费量不断上升，甚至超过了天然奶油，处于遥遥领先的地位。根据市场的需求，在注重营养价值和风味特性的基础上，众多品种的人造奶油不断出现。

第一节 人造奶油的基本概念

一、人造奶油的含义

人造奶油是指那些包括油脂与油溶性添加剂的油相，与水和水溶性添加剂的水相经混合、加工而成的乳化状油脂产品。

在人造奶油的定义和标准中，各国对人造奶油的最高含水量的规定以及奶油与其他脂肪混合的程度上存在差别，因此影响了国际间的交易，为此，联合国粮农组织FAO与世界卫生组织WHO联合食品标准委员会制定了统一的国际标准。我国也颁布了人造奶油的国家标准。

根据FAO与WHO的国际标准定义，人造奶油具有如下特征：①为塑性或流体乳化状食品；②主要是油包水型（W/O）；③乳脂不是主要成分。

根据中国专业标准定义，人造奶油是指精制食用油添加水及其他辅料，经乳化、急冷、捏合成具有天然奶油特色的可塑性制品。

根据各种标准，人造奶油中油脂含量一般在80%左右，作为人造奶油的主要成分，也是传统的配方。近几年国际上人造奶油新产品不断出现，其规格在很多方面已超越了传统规定，在营养价值及使用性能等方面超过了天然奶油。一大批含有较多水相和较少油相，被称为涂抹脂的产品，深受消费者的欢迎。例如1993年，美国农业部提出一部新的包括人造奶油、奶油和低脂涂抹脂制品的法规，对有关人造奶油产品的含油量、原料油及添加剂方面的规定，进行了修改和补充。

二、人造奶油的种类

20世纪50年代初期，几乎所有的人造奶油产品都是硬质制品，随后出现了与传统产品有很大区别的新产品，例如，从冰箱中取出就可以涂抹的软质（或桶装）人造奶油，以及多不饱和型人造奶油和低脂涂抹制品等多种产品，满足了消费者对使用便利、富含营养和低热能等方面的需求。1950～1993年相继开发的各种餐用人造奶油制品见表32-1。

总的来说，人造奶油可分成两大类：家庭用人造奶油和食品工业用人造奶油。

（一）家庭用人造奶油

家庭用人造奶油主要是在就餐时直接涂抹在面包上食用，少量用于烹调，市场上多以小包装销售。

表 32-1　1950～1993 年开发的餐用人造奶油制品

产　品	上市年份	产　品	上市年份
可涂抹的硬质人造奶油	1952	涂抹脂(60%脂)	1975
掼打型人造奶油	1957	掼打型涂抹脂	1978
玉米人造奶油(高不饱和)	1958	黄油掺和脂(宽涂抹性)	1981
轻质人造奶油	1962	改善型 40%脂涂抹品①	1986
流态人造奶油	1963	低脂涂抹品(20%脂)	1989
节食型人造奶油(40%脂)	1964	无脂涂抹品	1993

① 含凝胶剂。

家庭用人造奶油必须具备一些如下特性。

① 口感好。这类产品的口熔性非常重要，且风味好，具有各种使人愉快的滋味和香味。

② 保形性和涂抹性优良。室温下不熔化、不变形，而在外力作用下则易变形，即使放入冰箱后取出也可直接涂抹面包，不发硬。

③ 营养价值方面。一要考虑为人体提供热量，更重要的是要考虑为人体提供多不饱和脂肪酸，这是目前日益注重的问题。

目前国内外家庭用人造奶油主要有以下几种类型。

1. 硬型餐用人造奶油　即传统的餐用人造奶油，主要特征是模仿天然奶油，作为其替代品，熔点与人的体温接近，塑性范围宽，亚油酸含量10%左右。

2. 软型人造奶油　这类人造奶油的特点是配方时使用较多的液体植物油，亚油酸含量在 30%左右，营养性较好，且改善了低温下的延展性。软型人造奶油通常要求在 10℃以下保存，以避免过软，同时提高氧化稳定性。软型人造奶油自 20 世纪 60 年代供应市场以来，由于营养方面的优越性，发展很快，目前日本的软型人造奶油占家庭用人造奶油的 90%以上。

3. 高亚油酸型人造奶油　这类人造奶油强调亚油酸的含量，含亚油酸 50%～63%，与一些植物油中的亚油酸含量相当。对于其中出现的反式异构酸是否有害健康，学者们尚存争议，一般认为要尽量减少家庭用人造奶油中的异构酸，因此研究者致力于研究不含反式酸的人造奶油。

由于亚油酸含量高，氧化稳定性低，所以营养学要求，亚油酸的摄取需与维生素 E 平衡，故这类人造奶油必须添加维生素 E、TBHQ 等抗氧化剂。

4. 低热量型人造奶油　发达国家中人们由于油脂摄取量过多而影响健康，希望减少食物中油脂的含量。美国在 20 世纪 60 年代中期，先后生产出含油脂 40%及 60%的低热量型人造奶油，这种在外观、风味和口感方面与传统人造奶油相似，属油包水型，但含脂量少于 80%，被称作低脂涂抹脂的产品，随即受到消费者的青睐，并发展迅速，已从奶油和人造奶油的替代品，发展到现在无论是从品种还是销售数量上都占主导地位的产品。从 1980 年以来，市场上已陆续出现了含脂量从 75%至不足 5%的各种涂抹脂制品，而传统的含脂 80%的人造奶油已受到了明显冷落。

现在已有新的水包油型低脂涂抹型产品面市。这类产品的一个缺陷是易发生变质，为达到可接受的货架期限，对超高温加工和无菌包装有严格的要求。表 32-2 列举了现有的脂肪含量在 5%～60%的低脂涂抹型人造奶油产品。脂肪含量低于 20%，具有连续水相的 W/O 型乳化液特性的产品较为普遍。

表 32-2　几种常见的低脂涂抹型人造奶油

类别	脂肪含量/%	类别	脂肪含量/%
植物脂涂抹人造奶油Ⅰ	60	极低脂涂抹人造奶油	20～30
植物脂涂抹人造奶油Ⅱ	40	水相连续涂抹人造奶油Ⅰ	15
乳脂涂抹人造奶油	40	水相连续涂抹人造奶油Ⅱ	9
植物油/乳脂混合涂抹人造奶油	40	水相连续涂抹人造奶油Ⅲ	5

5. 流动型人造奶油　这类产品是以色拉油为基础油脂，添加 0.75%～5%的硬脂肪制成，其制品在 4～33℃的温度范围内，固态脂指数（SFI）几乎没有变化。

6. 烹调用人造奶油 这类产品主要用于煎、炸及烹调。其特点是加热时风味好、不溅油、烟点高。

（二）食品工业用人造奶油

食品工业用人造奶油是含有水分，以乳化型出现的起酥油，它除具备起酥油所具有的加工性能外，还能够利用水溶性的食盐、乳制品和其他水溶性增香剂改善食品的风味和色泽。

1. 通用型人造奶油 这类人造奶油在很宽的温度范围内都具有可塑性和酪化性，熔点一般都较低，属于万能型，可用于各类所需场合糕点食品的加工。通用型人造奶油常有加盐和不加盐两种。

2. 专用人造奶油

(1) 面包用人造奶油 这种制品稠度比家庭用人造奶油硬，要求塑性范围较宽，吸水性和乳化性要好，用于加工面包、糕点和作为食品装饰。要使面包具有奶油风味且防止老化，可在制品中添加香料及2.5%～3%的单甘酯。

(2) 起层用人造奶油 这种制品比面包用人造奶油硬，可塑性范围广，具有黏性，用于食品烘烤后要求出现薄层的食品。

(3) 酥点心用人造奶油 这种制品比普通起层用人造奶油更硬，配方中使用较多的极度氢化油。

3. O/W型人造奶油 一般人造奶油是油包水型（W/O）乳状物，水包油型人造奶油由于水相在外侧，水的黏度较油小，加工时不粘辊，延伸性好，这些优点有利于糕点加工。另外，其硬度也较普通人造奶油低，不受气温变化的影响，可塑范围很宽。

4. 双重乳化型人造奶油 这种人造奶油是一种O/W/O型乳化物，问世于1970年。其特点为既具有O/W型，与鲜奶油一样，水相为外相，风味清淡，受到消费者的欢迎。同时又具有W/O型人造奶油，油为外相，不易滋生微生物且起泡性、保形性好的特点。

该制品是先以高熔点油脂和水制成O/W型乳状液，再将此乳状液和低熔点的油制成O/W/O型乳状液，高熔点油脂为最内层，低熔点油脂为最外层，水层介于两者之间。

5. 调和型人造奶油 这种人造奶油是把人造奶油同天然奶油调和在一起，使其具有人造奶油的加工性能并更具有天然奶油的风味。奶油的配合比率为25%～50%，主要用于糕点和奶酪加工。

三、人造奶油的品质质量

人造奶油一般用于涂抹面包或供家庭烹调和焙烤之用，对于其品质，消费者的直接感受是它们的延展性、口感和熔化特性。餐用人造奶油必须能在口腔中完全熔化，否则会产生不舒适的“黏糊”感觉。理想的人造奶油应是可塑的，容易涂抹于新鲜的面包上，且应足够坚固，可以在要求的包装容器中成形，这些性质主要取决于产品中固态脂的含量、脂肪的种类以及乳化稳定性等。就风味而论，作为奶油的仿制品，一般应具有天然奶油的滋味和香气。

(一) 人造奶油的延展性

除了产品的风味，延展性是人造奶油属性中最重要的品质之一，表现为涂抹性和在各种加工中容易糅合展开等。延展性可以通过稠度测定值和SFI值来表示。经验表明，在实际使用的温度下，固态脂指数（SFI）为10～20时，一定稠度的产品具有最佳的延展性。

稠度是表示塑性脂肪硬度的指标，其测定的标准方法是采用锥形针入度法。针入度值是用标准锥体垂直下落，5s内下落压入产品表面内的距离来表示，一个距离单位为0.1mm。可以把针入度值换算成屈服值（它与锥体质量无关）。在对奶油、人造奶油制品的延展性能测评中，作为温度函数的延展性与针入度有关，当屈服值达30～60kPa时，产品具有最佳的延展性。

对某些产品而言，有时稠度测定值与SFI值之间的相关性并不很好，因为除了固态脂含量外，加工过程造成产品脂肪晶体网络结构的不同，同样也会大大影响产品的流变性。在同一生产条件下，加工出的具有相似结晶性质的产品，在固态脂含量和产品稠度之间存在直接的相关性。

(二) 油的离析

当人造奶油脂晶体不能长久保持足够的粒度，或不能包纳所有液态油时，就会发生油的离析现象，而使产品外部的包装物被油浸渍，严重时，油会渗流出来。可以通过把一定形状和质量的人造奶油样品放在一只金属丝网或一张滤纸上，然后置于26.7℃温度下24～48h，通过测定油渗过金属丝网或渗到滤纸上的质量的方法来测评油的离析程度。离析现象的发生与人造奶油中固态脂含量和存放时晶型发生转换有关。

(三) 口感

高质量的餐用人造奶油放入口中应能迅速熔化，口熔性好，并且可以马上就觉察到风味物和盐从水相中释放出来，这样口中就无油腻和蜡质感，具有清爽的口感和良好的风味。

人造奶油的口感与脂肪的熔化曲线、乳化物的紧密度和最终产品储存的条件有关。

为了使人造奶油在口中能完全熔化，在33.3℃的SFI值应小于3.5（SFC值应小于5%）。奶油能产生清爽口感，归因于在口腔中能急剧熔化吸收热量所致。因此要求人造奶油制品在10～26.7℃之间有一条陡峭的熔化曲线，脂晶颗粒微细。

对于家庭用人造奶油和通用型人造奶油，熔点一般为32～33℃。夏季熔点可略高些，为34～36℃。

人造奶油乳状物的紧密度是产品加工方法、乳化剂含量和水相配方三方面的综合效果。如果水相液滴十分均一细微，或乳状物十分稳定，那么风味物和盐的释放就较为迟缓。当人造奶油的水滴直径约95%为1～5μm，4%为4～10μm，1%为10～20μm时，这种人造奶油的口感就会很清淡。水滴的大小还影响产品可能被微生物污染的程度，并且在某种程度上会影响产品的稠度。

（四）结晶性

人造奶油品的稠度和乳化稳定性均与脂肪结晶密切相关。β'-晶型是人造奶油所需的晶体类型，这种结构中可以形成很精细的网络，由于该网络具有很大的表面积，所以有能力去束缚住大量的液油和水相液滴，而颗粒大的β晶体则不能形成三维网状结构。人造奶油的基料油脂选择能形成β'-晶型者。

（五）外观

制品的外观与脂晶、乳状液滴的粒度及乳化剂、着色剂的选用有关。固态脂晶粒度大的制品，不仅有砂粒状的外观和渗油倾向，而且在口熔时有黏糊状或蜡状感觉。油相和水相组分必须通过合适的乳化剂充分混合，构成粒度组成合理的细微乳化液滴。乳化液滴大的制品不仅影响制品的结构稳定性，而且会使制品色泽不均或形成渗水的外观。

（六）营养性

人造奶油的营养性体现在维生素和多不饱和脂肪酸的含量及多不饱和脂肪酸与饱和酸的比例等几个方面。维生素A、维生素E的强化，一般是通过进行色泽调整和作为抗氧化剂分别添加胡萝卜素和维生素E而实现的。

第二节 人造奶油基料与辅料的选择及配方

一、基料与辅料的选择要点

人造奶油的各种品质与基料油脂的组成、辅料的选用以及加工工艺密切相关。

（一）基料油脂的组成

除了考虑营养性，基料固态脂的结晶性是影响人造奶油结构稳定性、口感等品质的主要因素之一。所选用油脂的类型对人造奶油加工中的结晶特性有相当大的影响。

对于家庭用人造奶油的基料油脂要求富含亚油酸，然而某些富含亚油酸的植物油脂往往不具有稳定的β'-晶型。如果基料油脂有强烈的β化倾向，则加工中已形成的β'-型晶体，在某些储存条件下仍可转变为最为稳定、熔点最高的β-晶型，形成由大晶体组成的粗粒状结构，从而使人造奶油组织砂粒化或出现渗油现象，严重时导致液相油滴渗漏，水相凝聚（见图32-1）。因此当主体基料为β-晶型类油脂时，须通过添加β'-型硬脂或抑晶剂（甘二酯等）以阻止或延缓向β-型结晶转化。

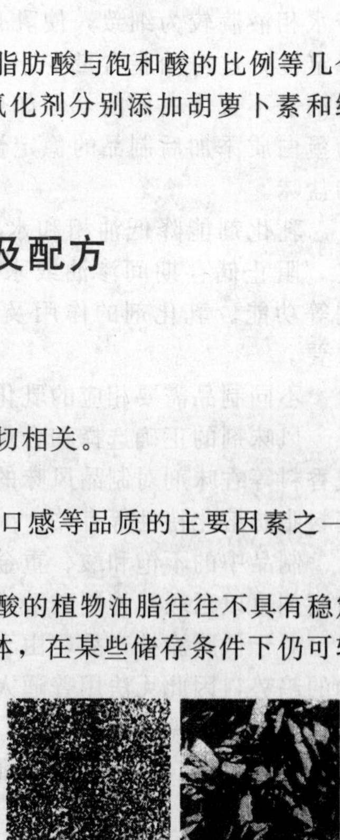

(a) 正常的β′晶型 (b) 砂粒状的β晶型

图32-1 用葵花籽油加工的人造奶油结晶

基料油中的固、液相比例是构成人造奶油可塑性的基础条件，必须充分合理配比，以使产品的SFI曲线满足性能上的要求。人造奶油制品中，由于液相部分包含水相，因此制品性能所要求的稠度有别于基料油脂的塑性稠度。

家庭用人造奶油是直接食用的油脂制品，稠度范围需考虑能适应常温下的保形性、体温下的口熔性以及低温下的涂抹性。因此10℃、21.1℃和33.3℃下的SFI是人造奶油品质设计的依据，这些SFI值分别代表了最终产品在冷藏温度时的涂抹性，室温下的稳定性、可塑性和口熔性方面的品质。SFI在28以下的人造奶油，延展性好；SFI在30以上时，制品变硬，失去延展性。33.3℃时，SFI低于3.5的制品，口熔性好，大于3.5的制品口熔性差。软质人造奶油10℃时的SFI一般为21～32。一些典型人造奶油制品的SFI值见表32-3。

表32-3 几类典型人造奶油的固态脂指数（SFI）

制品品种	10℃	21℃	26.7℃	33.3℃	37.8℃
硬质人造奶油	28	16	10	2	0
中稠度人造奶油	20	13	9	2.5	0
软质人造奶油	11	7	5	2	0.5
流体人造奶油	3	2.5	2.5	2	1.5
餐用人造奶油	29	17	—	3	0
面包用人造奶油	29	18	—	13	5
起层用人造奶油	25	20	—	17	14
膨化食品用	26	24	—	21	17

（二）辅料的选用

人造奶油是油水乳化态可塑状制品，其外观、口感、风味除了与基料油脂有关外，还受蛋白质（乳成分）、乳化剂、风味剂等辅料的直接影响。

蛋白质是重要的因素，乳成分除了模仿天然奶油，增加风味外，奶的固体物还能螯合金属离子，提高制品的氧化稳定性。蛋白质能使油包水型乳状物稳定性降低，在人造奶油配方中，如果没有添加蛋白质，则乳化系统和加工方式通常也要适当调整，以不影响制成品中风味和盐的释放，否则由于水相液滴较为细致，使乳化液具有较好的抗破乳能力而影响风味。乳状液因含有蛋白质而易失去稳定性，这对油脂含量少于50%的产品配制尤为重要。在美国，以往含40%油脂的所有节食型人造奶油是不含蛋白质的，但如今，许多含油量低于40%的涂抹制品中，由于存在凝胶剂或其他水合剂，为蛋白质添加后制品的稳定性提供了保证。添加0.01%～0.1%的酪蛋白酸钠会提高无乳型人造奶油的盐味。

乳化剂能降低油相和水相的表面张力，形成稳定的乳状液，从而确保人造奶油制品的结构稳定，阻止储存期间渗油或水相凝聚。乳化剂还具有抗食品中淀粉老化、在煎炸过程中起到防溅作用等功能。乳化剂的作用及其相互作用十分复杂，尤其在油脂含量较低的情况下，这些作用更为重要。

不同制品需要相应的乳化剂，如在用于煎炸的制品中应能起到防溅的作用等。

风味剂的正确选择和合理使用，能使制品产生天然奶油的芳香风味。发酵乳、脱脂乳的馏分以及合成香料等香味剂对制品风味的影响，除与自身品质和添加量有关外，还与人造奶油制品的组织紧密度、基料脂肪熔化特性等有关。pH值和盐的浓度也会影响香味的感观度和浓郁度。

制品中的不饱和酸、重金属、水相以及蛋白质容易导致制品酸败变质，添加抗氧剂、金属络合剂和防腐剂可以延缓或抑制酸败或腐败的产生。

对于低脂涂抹产品，由于水分多于油分，这种油包水型乳化液在本质上是不稳定的，有转变成水包油的趋势，因此无法用普通人造奶油加工所使用的简单乳化方法，而是需进行特种加工，且往往还需添加稳定剂、增稠剂。

色素、盐、谷氨酸钠、维生素等的合理选用与配方，都会影响制品的外观及风味。

（三）加工工艺

人造奶油中固态脂晶适当的粒度与分散度，是构成塑性的基础条件。除了与基料油脂选择有关外，还与加工条件密不可分。相同SFI值的基料油脂通过不同的加工工艺条件，可获得不同的脂晶粒度与数量，从而影响制品的塑性和结构稳定性。

二、人造奶油的基料与辅料的选择

（一）基料油脂

最早制备人造奶油所用的基料油脂是牛油经分提得到的软质部分，后来使用猪油，随着油脂精炼、加工技术的进步，尤其是油脂氢化技术的广泛应用，目前人造奶油的基料油脂多种多样，特别是植物油比例的增大已成为人造奶油发展的一大特点。

1. 基料油脂种类与品质　人造奶油基料油脂的来源比较广泛，包括动物油、植物油以及它们的氢化或酯交换改性油。

常用的基料油脂包括：①动物油脂，如牛油、猪油；②动物氢化油，如鱼油、鲸油等氢化产品；③植物油，如大豆油、棉籽油、棕榈油、菜籽油等多种普通植物油；④植物氢化油，如各种植物油脂的选择性氢化产品；⑤酯交换改性动植物油，如改质猪油、改质羊油或改质牛油等。

作为人造奶油的基料油脂，须经过严格的精炼，其品质除符合高级烹调油或色拉油标准外，茴香胺值（AnV）、总氧化值（TV）、重金属和微生物应低于极限允许值。所有基料油脂应是新鲜加工产品。随着人们健康意识的加强，以植物油为主体的基料已成为当今人造奶油的发展趋势。

2. 基料油脂的选择　一般传统的人造奶油中，油相所占比例较大，为80%左右。为保证成品的可塑性要求，通常基料油脂由一定数量的固态脂和一定数量的液态油搭配调和而成。油脂的选择和配合往往不是单一的，常采用两种或两种以上的油脂混合配比，以使制品有适当的晶型、熔点和塑性范围等。例如35℃、38℃、42℃等的氢化油适当地配比，能使制品稠度适中。具体的比例和种类根据产品要求和资源而异，一般从人造奶油的主要品质特性着手进行选择，其原则是：①按产品的用途和使用环境温度，选择一定量的固态脂和液态油搭配，使之有适当的SFI值和熔点，例如用碘值60～65的氢化大豆油和75%～80%的液态油相配合，使产品10℃时的SFI值为21～24，稠度适中，具有较好的延展性；②注意基料油脂的结晶性，一般选择几种油脂搭配，以使能形成稳定的β'-晶型；③考虑营养性，餐用人造奶油要求亚油酸与饱和脂肪酸的比例为1.0以上，为此常用富含亚油酸的液态油脂，如棉籽油、米糠油、玉米胚芽油、葵花籽油等，大豆油由于亚麻酸含量高，氧化稳定性相对较差，常限制其用量。

（1）固相基料　很多情况下，人造奶油的基料油脂以固相基料为主体。固相基料常包括结构硬脂和主体氢化基料脂。结构硬脂指的是用于增加制品塑性和形成β'-晶型结构的氢化硬脂。一般选用结构上有利于形成稳定β'-晶型的原料油脂，经深度氢化而成。氢化基料脂指的是动植物油经过选择性氢化，加工而成的具有不同稠度范围的氢化产品。通过不同的氢化手段，可获得不同稠度、熔点的氢化基料脂，见表32-4。

（2）液相基料　液相基料包括基料配方中的液态油脂和氢化基料中的液相部分，选用黏度较大的油品有益于制品结构稳定。一些大宗植物油脂可选作液相基料，家用特别是健康型家用人造奶油液相基料，一般多选用富含亚油酸的精炼植物油。

表32-4　人造奶油典型大豆油氢化条件及氢化基料脂的特性

项 目		1	2	3	4
氢化条件	初始温度/℃	148.9	148.9	148.9	148.9
	氢化温度/℃	165.6	176.7	218.3	218.3
	压力/MPa	0.11	0.11	0.11	0.04
	镍用量/%	0.02	0.02	0.02	0.02
特性	碘值/(gI/100g)	80～82	106～108	73～76	64～68
	凝固点/℃	—	—	23.9～25	33～33.5
	SFI值				
	10℃	19～21	最高4	36～38	58～61
	21.1℃	11～13	最高2	19～21	42～46
	33.3℃	0	0	最高2	最高2

流体人造奶油制品，一般以液态植物油为主体基料，添加0.75%～5%硬脂组成。基料油脂在4～32℃范围内SFI基本无变化。几类人造奶油基料油脂的组成见表32-5。

（二）辅料

人造奶油是油脂和水乳化后进行结晶的产物。为了改善制品的风味、外观、组织特性和储存性等，需要使用各种添加剂。

表 32-5　几类人造奶油基料油脂的组成

制品类别	基料油脂组成	熔点/℃	比例/%	制品类别	基料油脂组成	熔点/℃	比例/%
家用人造奶油	氢化棉籽油	28	85	糕点用人造奶油	氢化大豆油	35	30
	氢化棉籽油	42～44	15		氢化鱼油	34	50
					大豆油		20
				面包用人造奶油	氢化大豆油	34	30
	氢化葵花籽油	44	20		氢化鱼油	34	30
	氢化葵花籽油	32	60		氢化棕榈油	50	5
	液态油		20		猪油		20
					大豆油		15
家用软型人造奶油	氢化大豆油	34	40	通用型人造奶油	棕榈油＋氢化棕榈油		45
	氢化棉籽油	34	20		椰子油		25
	红花籽油		20		葵花籽油		20
	大豆油		20		大豆油		10

1. 水　人造奶油是可以直接食用的含水油脂制品，制品配方中的水必须是纯净水或经过杀菌消毒、精细过滤、脱除金属离子等严格处理，符合卫生标准的直接饮用水。

2. 乳成分　一般多使用牛奶、脱脂乳以及喷雾干燥乳清。新鲜牛奶必须经过严格的巴氏消毒处理，也可使用奶粉，只是乳味稍差。发酵乳由于乳脂经乳酸菌发酵，产生二乙酰丁二酮，使用时可强化制品风味，但对生产场所和时间要求较高，因此已被脱脂奶所取代。近年来，人造奶油生产多使用喷雾干燥乳清蛋白，并以酪蛋白酸钾增补。添加 0.01%～0.1%的酪蛋白酸钠会提高无乳型人造奶油的盐味。

乳成分的存在易使微生物繁殖而引起人造奶油变质。解决的办法是使用防腐剂和冷藏。我国目前在配料中一般不使用发酵乳和鲜牛奶，以利保存，一般加入脱脂奶粉或植物蛋白。脱脂奶粉的添加量为 0.5%～20%（或水相的 2%～10%）。

3. 乳化剂　人造奶油生产中，为了形成乳化、防止油水分离，必须使用一定量的乳化剂。为了获得理想的乳化效果，一般可通过功能实验选择乳化剂的种类、用量及几种乳化剂的搭配，单独使用一种乳化剂的情况不多。

常用的乳化剂有卵磷脂、硬脂酸单甘酯及蔗糖单脂肪酸酯等。硬脂酸单甘酯是 W/O 型乳化剂，蔗糖单脂肪酸酯能构成 O/W 型乳状液，而卵磷脂则具有双重乳化功能。

由于磷脂还具有防溅作用，可用于所有的人造奶油中，用量常为 0.1%～0.5%。不过在含脂量很低的涂抹制品中，磷脂的存在可能会造成乳化稳定性下降，增加油的离析现象。

在硬质人造奶油中，由于含有较多的能使结晶乳状物稳定的固体脂肪，所以只需添加磷脂即可。大多数人造奶油还加入一定量的中低碘值的单、双甘酯来防止水的离析。

高碘值的单甘酯，例如用葵花籽油或红花籽油加工得到的单甘酯，应用在低脂产品中效果很好。单甘酯和聚甘油酯的混合物，对含有较多乳蛋白、且含脂量很低的涂抹制品，尤其在同时含有凝胶剂的情况下十分有效。

4. 稳定剂　消费者对油包水型的产品情有独钟，因为这类产品中由于油为连续相，口感润滑，可释放出油溶性奶油风味，微生物稳定性好和水分损失小等特点。由于脂含量低，W/O 型的低脂人造奶油在本质上是不稳定的，存在着转变为 O/W 的趋势，很容易出现制品质构分散、粗糙，口感不好的情况。过去为了达到所需要的稳定性，常采用高度乳化使产品具有非常紧密的结构，以致使制品的感官性能太差，有油腻的口感，且风味与盐的释放较少。为此，除添加乳化剂之外，在低脂涂抹品中，还常含有水溶性凝胶剂和/或增稠剂，例如明胶、果胶、卡拉胶、琼脂、黄原胶、动物胶、淀粉或淀粉衍生物、海藻酸盐或甲基纤维素衍生物等，以帮助形成稳定度高、乳化紧密度适合、口感好的产品。

明胶是最为适宜的胶质，它在口腔中熔化，促使水包油型乳液的形成，而使原来的油包水型乳液破坏。因此这种涂抹制品熔化很完全，并能很好地释放出风味物和盐分。

5. 调味剂　调味剂主要有食盐，它既是调味剂又具有防腐功能。餐用人造奶油几乎都添加食盐，添加量一般为 1%～3%，有时还适量添加谷氨酸钠（0.01%～0.1%），以使盐味圆润柔和。硬质制品用盐量偏上限，软质制品偏低，冬季用盐量为 1%～2%，夏季为 2%～3%。

糖可降低水分活度，有助于防腐，还可满足甜食者的需求，有时也常用于小包装制品。

6. 保鲜剂　保鲜剂是指防止制品氧化、霉变、腐败变质、保持新鲜的一类添加剂。

(1) 抗氧化剂　抗氧化剂的作用是防止油相的氧化酸败。常用的抗氧剂有维生素E、BHA、BHT、TBHQ和PG等，柠檬酸常用作增效剂。一般维生素E浓缩物用量为0.005%～0.05%，BHT等合成抗氧剂用量不超过0.02%，增效剂用量为0.01%左右。

(2) 金属络合剂　金属络合剂的作用是使制品中的铜、铁等金属钝化，从而有效地防止由于它们诱发氧化降解而引起的异味，常用的金属络合剂有柠檬酸、柠檬酸盐和EDTA等。

(3) 抗微生物剂　人造奶油中由于水相的存在，为微生物污染繁殖创造了条件。从微生物污染的角度考虑，油包水型乳状物要比水相自身稳定。水相液滴的平均直径和最大直径、pH值、有效营养物和沾染细菌的程度都对产品是否会受到微生物的污染具有极为重要的作用。水滴过大（直径30～40μm），易受微生物的污染。由于液滴的大小在很大程度上取决于加工过程中的工艺参数，尤其在生产低脂涂抹制品时更是如此，所以生产过程的控制至关重要。就含脂80%的人造奶油而言，水相中盐的浓度为2%时，对防腐有较好的作用，但通常仅有食盐和柠檬酸等的辅助防腐作用尚不能完全阻止微生物对制品的污染，一般还需添加抗微生物剂。

非离解型酸的防腐作用非常好，并且pH值愈低，它的效果愈好，不过这种酸在油相中的溶解度通常要大于在水相中的溶解度，而后者正是需要加以保护的对象，山梨酸在水相具有较优的分配系数。虽然盐对水相中的防腐剂有增效作用，但它对乳液中的山梨酸的分配系数产生负面影响，它会使较多的酸进入油相。

常用的抗微生物剂有山梨酸、安息香酸、乳酸、脱氢乙酸、苯甲酸及其钠盐等。山梨酸、安息香酸及其盐类，尤其适用于低脂和低盐的产品的生产。添加量一般为山梨酸、安息香酸或脱氢乙酸0.05%，乳酸0.25%以上，苯甲酸或其钠盐0.1%。

pH值的大小影响防腐剂的防腐功能，一般无盐制品pH值宜保持4～5，加盐制品pH值为5～6。

7. 风味香料剂　为使人造奶油制品具有天然奶油的风味，通常加入少量具有奶油味和香草味一类的合成香料，代替或增强乳成分所具有的香味。许多人工合成的奶油风味物质都可以应用到人造奶油中，已被鉴别出对奶油风味有贡献的化合物很多，例如内酯、短链脂肪酸乙酯、酮和醛类的混合物等，其中丁二酮是主要的可挥发性成分，它对奶油香味的贡献最大（天然奶油中丁二酮的浓度为1～4mg/kg）。可用来仿效奶油风味的香料有多种，它们的主要成分是丁二酮、丁酸、丁酸乙酯等，在制品中的浓度一般为1～4mg/kg。

另外，乳化液的紧密程度和脂肪的熔融特性，对香味的感觉速度和浓郁度也会产生影响，盐分的浓度和pH值通过影响各种风味成分在油和水中的分配系数，也影响风味的平衡。

8. 着色剂　人造奶油一般无需着色，但为仿效天然奶油的淡黄色，则需加入少量着色剂。主要的着色剂有β-胡萝卜素和柠檬黄，其次为含有类胡萝卜素的天然提取物，如胭脂树橙油、胡萝卜籽油、红色的棕榈油等。使用胭脂树橙和姜黄抽提物的混合色素，比单独使用胭脂树橙的效果更佳。

9. 维生素　天然奶油含有丰富的维生素A和少量的维生素D，为提高人造奶油的营养价值，需加入维生素A（可用加入β-胡萝卜素或维生素A酯代替）。强化人造奶油制品维生素A的量要求不低于4500IU/100g油，而对维生素D一般不作规定，可自行选择。维生素E通常作为抗氧化剂加入。

三、人造奶油配方

人造奶油的配方均是根据产品的要求、原辅料的供应等多方面的因素确定的，各企业不尽相同，甚至差别很大。一些典型的人造奶油配方见表32-6～表32-8。

表32-6　人造奶油的典型配方

用料	用量/%	用料	用量/%
基料油脂	80～85	奶油香精	$(0.1\sim0.2)\times10^{-4}$
水分	15～7	脱氢乙酸	0～0.5
食盐	0～3	固形乳成分	0～2
硬脂酸甘一酯	0.2～0.3	胡萝卜素	微量
卵磷脂	0.1		

表 32-7 典型的人造奶油和低脂涂抹脂的配方

成 分	在成品中的含量/%		
	80%脂型	60%脂型	40%脂型
油相	79.884	59.584	39.384
液态大豆油和部分氢化大豆油配合	0.100	0.100	0.100
大豆磷脂	0.200	0.300	—
大豆油型单、双甘酯(最大 IV5)	—	—	0.500
大豆油型单甘酯(最大 IV6)	0.100	0.100	0.100
维生素 A 棕榈酯、β-胡萝卜素混合物	0.015	0.015	0.015
油溶性香精			
水相	16.200	37.360	54.860
水	—	—	2.500
明胶(250 目)	1.600	1.000	1.000
喷雾干燥乳清粉	2.000	1.500	1.500
食盐	0.090	—	—
苯甲酸钠	—	0.130	0.130
山梨酸钾	—	调至 pH5	调至 pH4.8
乳酸	0.010	0.010	0.010
水溶性香精			

表 32-8 含 40%油脂的低脂涂抹脂的典型配方

组成部分	配 料	含量/%	组成部分	配料	含量/%
油混合物	氢化植物油	37～40	防腐剂	山梨酸钾	0.1～0.3
	植物油			山梨酸	
乳化剂	单甘酯和甘二酯	0.25～1.0	含蛋白源的水	酪乳	50～60
	卵磷脂			脱脂乳	
	聚丙三醇酯			乳清	
色素	β-胡萝卜素，包括维生素 A 和维生素 D	0.001～0.005		酪蛋白酸盐	
风味物质	胭脂树橙	100～200mg/kg		大豆	
	黄油萃取物			盐	1～2
	有机酸		盐	S. Cremoris	
	酮		酵母培养物	S. Dlacelylactis	痕量
	酯			S. LeLiconostoc	
稳定剂	麦芽糊精	1～3	氢氧化钠	酸度调节剂	0.1
	明胶		柠檬酸三钠	缓冲液	0.1～0.4
	改性淀粉				
	藻朊酸钠				

从表 32-7 和表 32-8 可以看出，对于低脂涂抹品，还需加入明胶等稳定剂。

低脂人造奶油生产的关键，是加工中关键过程的控制和配方中水结合剂的恰当添加。

就配方而论，低脂涂抹人造奶油可有如下分类：①不加入蛋白质和稳定剂者；②不加入蛋白质，但加入稳定剂者；③低蛋白质含量并加入稳定剂者；④高蛋白质含量并加入稳定剂者；⑤低蛋白质含量并加入稳定剂和增稠剂（脂肪代用品）者。

第三节 人造奶油的加工工艺

一、基本加工工艺

人造奶油发展至今，尽管产品已经多种多样，各具特色，但就其生产的基本过程不外乎包括原辅料的调和、乳化、急冷、捏合、包装和熟成 5 个阶段（见图 32-2）。人造奶油的生产如今多采用连续生产过程，其工艺流程见图 32-3。

1. 调和乳化 调和乳化的主要目的是将油和油溶性的添加剂、水和水溶性的添加剂分别溶解形成

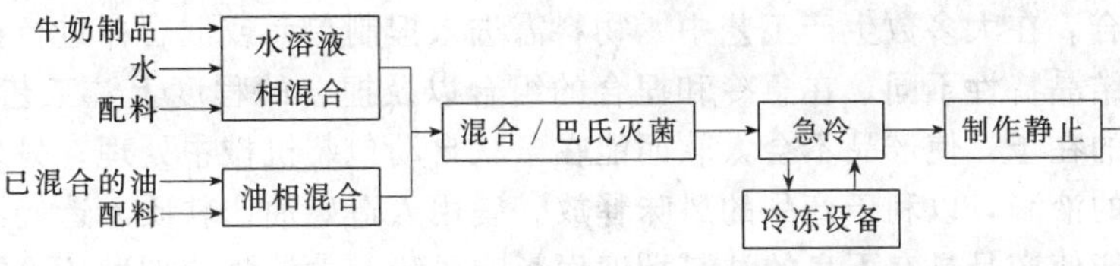

图 32-2　人造奶油生产的基本过程

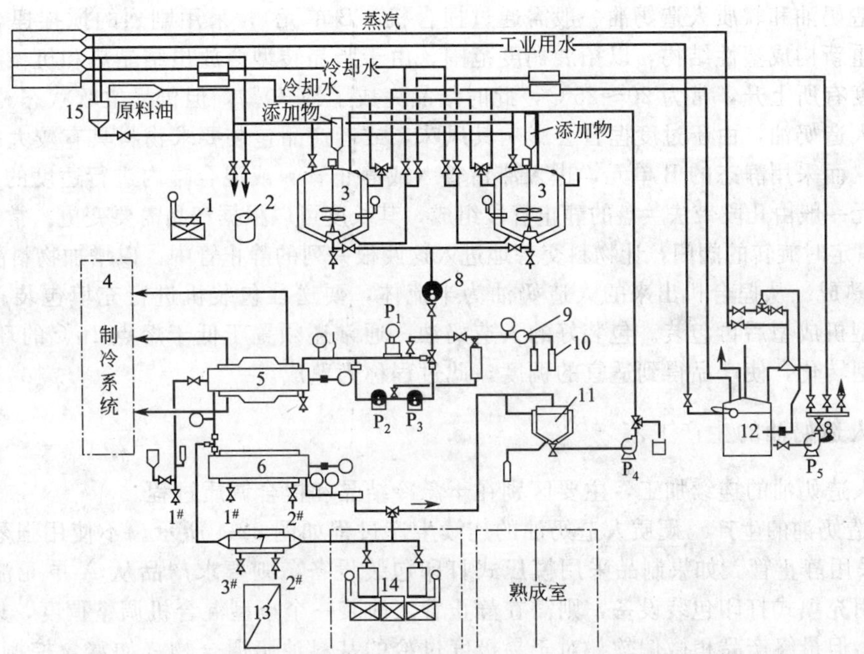

图 32-3　人造奶油连续生产工艺

1—台秤；2—添加物溶解罐；3—乳化锅；4—制冷系统；5—A 单元；6—B 单元；7—滞留管；8—过滤器；9—压力调整器；10—氮气瓶；11—回收油罐；12—温水罐；13—操作台；14—包装设备；15—热水罐；P_1—柱塞泵；P_2，P_3—齿轮泵；P_4，P_5—离心泵

均匀的溶液后，充分混合形成乳化液，两步操作可以按间歇程序操作，都在乳化锅中完成；也可以通过严格定量、连续混合、连续乳化的装置完成。生产传统 W/O 型人造奶油形成的乳化液中，水在油中的分散程度十分重要。要控制水滴大小适当，以获得风味好、不易繁殖微生物的产品。水滴太小，分散程度太大，则产品油感重，风味差；水滴过大，风味好，但易腐败变质。

在间歇式调和乳化装置中，生产普通的 W/O 型人造奶油，原料油按比例计量后进入乳化罐，油溶性添加物用油溶解后加入，充分搅拌形成均匀的油相溶液后，升温到 60℃，加入计量好的含水溶性添加剂的均匀水相，迅速搅拌形成乳化液。水相的分散度可通过显微镜观察。一般罐式搅拌乳化时间长、水分散度差且不易均匀。为此，连续混合、乳化装置正在逐渐取代间歇式乳化装置，分别采用高压混合泵和静态混合器，完成混合与乳化工序。

2. 急冷　生产人造奶油时，乳状液在刮板式换热器上处理，快速过冷以形成尽可能多的晶核。

前工序形成的乳状液由高压泵以 2.1～2.8MPa 的压力输入急冷机（也称 A 单元）进行急速冷却。急冷机为一管道式刮板换热器，人造奶油乳化液通过轴与冷却筒壁间的空隙时，在冷却内壁上料液冷冻析出结晶。由于轴上刮刀的刮削作用和轴的高速旋转，不断快速地从筒壁上刮下已结晶的产品薄片，并与温度更高的产品重新混合，这使得料液在准确的温度控制下快速成核并进一步乳化，产生较高的总传热系数并均匀冷却人造奶油乳状液。

物料通过 A 单元，温度降至 10℃，此时料液已降到油脂熔点以下，析出晶核，由于 A 单元较高的转速和刮刷套筒内壁的次数，强烈的搅拌作用使物料不致大量结晶，而成为含有微细晶核的过冷液。

3. 捏合　从 A 单元出来的过冷液只是部分结晶，还需要一段时间使晶核成长，如果让过冷液在静止的状态下完成结晶，会形成硬度很大的整体，没有可塑性。要得到有塑性的产品，避免形成整体结构，则必须进行机械捏合。在大多数生产工艺中，物料需进入捏制单元或混合器进行捏合。不同的人造奶油产品及基料油相的结晶特性不同，在急冷和捏合的组合以及捏合的程度上，工艺参数各有所不同。限制产品捏合程度的目的在于：使产品不会太软而能在条状自动包装机械中处理；另外也可防止人造奶油的水相分散成极细小的液滴，以利于产品的风味释放。餐用人造奶油比软质人造奶油有更高的脂肪含量，过强的捏合作用可能使产品具有不良的油腻稠度而影响风味。太油腻的稠度还可能使包装材料与产品互相黏结。

工业用人造奶油和软质人造奶油一般需通过捏合机（B单元），采用剧烈的搅拌捏合，使微细脂晶成长、转型，重新构成塑性结构，以拓展稠度范围。由于脂晶转型会放出结晶热和机械剪切热，故捏合过程中物料温度有所上升，常为20～25℃，此时结晶完成了约70%，但仍呈柔软状态。

对于餐用人造奶油，由于过度捏合会影响其风味，或者产品包装要求物料具有较大的稠度，则一般不经过捏合机，而采用静态的B单元，进入滞留管（或静止管）或混合罐内进行适度的捏合。

静态B单元一般由几段带法兰盘的静止管段组成，其长度可以根据产品需要变更。常用两个并列的静止管，利用一只定时旋转的阀门，让物料交替地进入这两根并列的静止管中，以增加物料静置的时间。

4. 包装、熟成　从捏合机出来的人造奶油为半流体，要送往包装机进行充填包装。有些需成型的制品则先经成型机成型后再包装。包装好的人造奶油，通常还须置于低于熔点10℃的环境中保存2～5天，以完成晶型转化，使产品得到适宜的稠度，此过程称为熟成。

二、典型人造奶油的生产工艺

不同品种人造奶油的连续加工，主要区别在于急冷结晶和捏合调质过程。

1. 硬质人造奶油的生产　硬质人造奶油的连续生产过程如图32-4所示。不使用强烈捏合的混合机B单元，而是采用静止管。如果制品采用模压式打印包装设备，则要求产品从A单元流出后直接进入静止管；如果用充填式打印包装设备，则需在静止管之前装一个小型混合机调整稠度，以得到较软的制品，便于包装，但最终产品稍微偏软。对于易极度过冷的基料油脂混合物（如富含棕榈油的油相），由于它在急冷过程中无法获得充足的时间形成晶体网络，可能会在静止管中或者包装之后变得十分坚硬，为了避免制品硬化的发生，可于A单元之间串接一个低速捏制机，以延缓结晶过程。

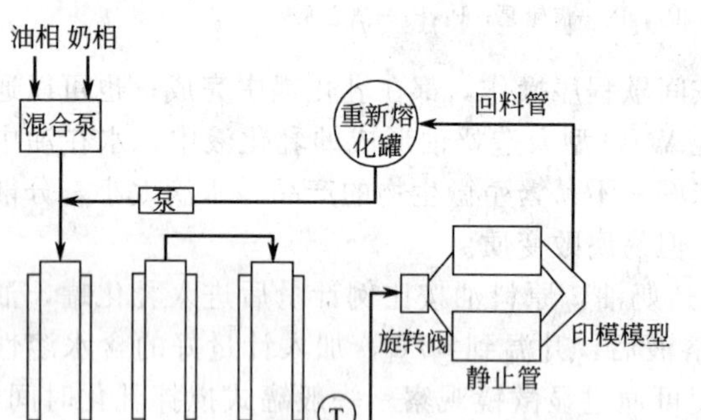

图32-4　硬质人造奶油连续生产工艺

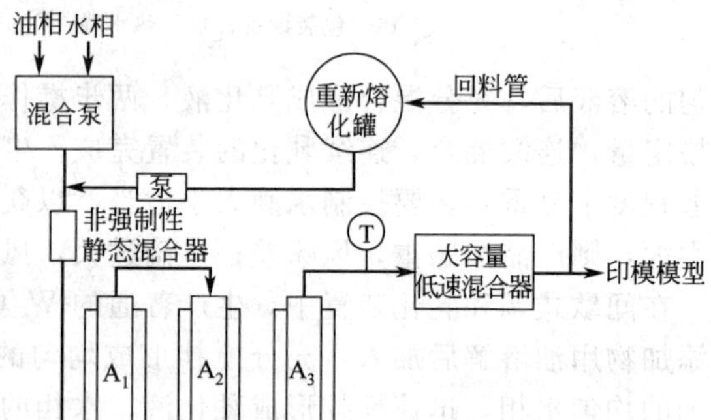

图32-5　软质人造奶油连续生产工艺

2. 软质人造奶油的生产　软质人造奶油的连续生产工艺如图32-5所示。为了适量充填包装容器，软质人造奶油在包装前要求易于流动，一般不设置静置管，而采用一个大容量捏合机A单元调质软化，使制品不致在包装容器内过分结晶而脆化。对于固态脂含量低的基料油脂，混合机可衔接于A_2、A_3单元之间，以避免过度结晶而影响制品的涂抹性能。

三、低脂人造奶油工艺

由于水相多于油相，W/O型低脂人造奶油生产的乳化工艺有别于普通制品；而且为了获得稳定的乳化态，在配方中常要使用明胶等稳定剂。实践表明，乳化过程的控制和添加高含量的水结合剂是低脂人造奶油生产的关键。由于能更充分地分散加入的水相液滴，较高的液态油含量可改善乳浊液的稳定性，故采用富含液态油和低 SFI 值的基料油脂作为原料，更容易制备低脂的产品。通过对基料油脂进行适当的选择，并采用恰当的加工方式，可以确保生产出类似于奶油质构的低脂产品。

低脂人造奶油加工工艺与传统人造奶油加工工艺十分相似，但由于这种水相多于油相的 W/O 型乳化液本身更不稳定，在制备乳状液时要求油相和水相的温度必须相近，而且要缓慢地混合。由于内相比例较大，乳状液的黏度高，需要强烈搅拌以确保均质，但要避免空气混入。低脂乳状液对管道压力和冷却速率均较敏感。由于黏度较大，低脂人造奶油包装温度应高于普通制品。

另外，也可借助明胶等凝胶剂，将油相分散在热水相中，先形成水包油型乳化液，乳化液被冷却到低于凝胶温度后才进行搅拌，发生相转变成为一种油包水型乳状物，从而使加工自由度更大，产品稳定性更好。选用单甘酯和聚甘油酯的复配乳化剂较适用于这种方式。实际操作中，可以用标准的刮板式换热器，甚至可以用静态换热器进行冷却，在高剪切力的捏制单元中完成相的转变。最关键的参数是离开捏制单元之前的冷却时间和发生凝胶时的温度。

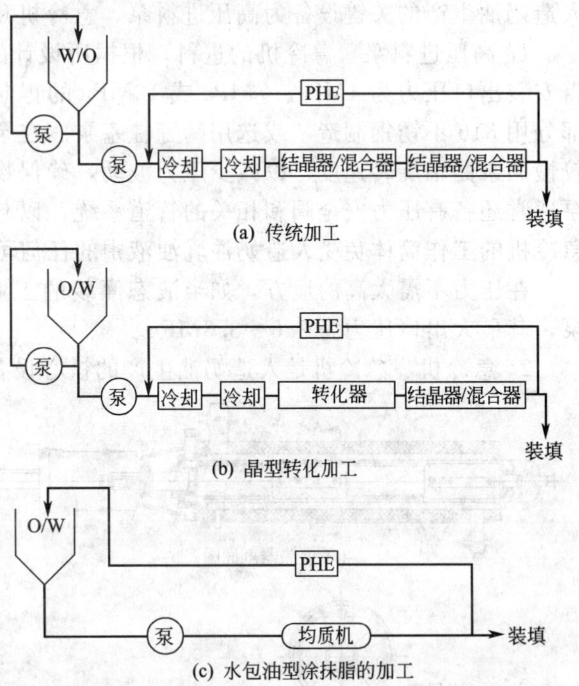

图 32-6　低脂涂抹人造奶油生产的基本流程

现已出现采用均质和速冷含有大量凝胶剂和增稠剂的水包油型乳液的方法，来制备含脂量很低的涂抹脂制品。图 32-6 说明和概括了用于不同的低脂涂抹人造奶油生产的基本流程。

图 32-7 是生产低脂涂抹人造奶油的连续工艺流程，包括了对所制得的油包水型乳化液进行巴氏灭菌、乳化液的结晶和结晶乳化液捏合等加工的过程。

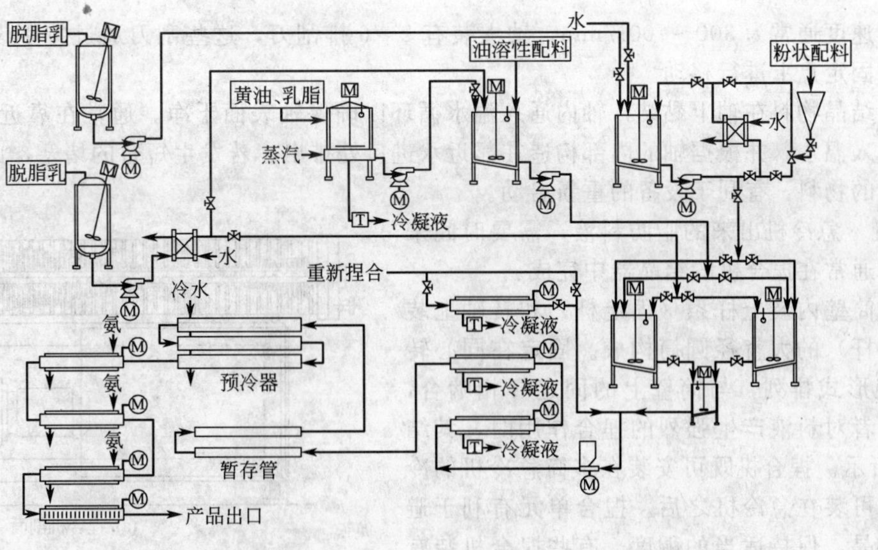

图 32-7　低脂涂抹人造奶油连续工艺流程

第四节　人造奶油加工的主要设备

人造奶油的生产线中，除了必需的乳化液制备设备如处理罐、板式换热器和离心泵、混合设备外，人造奶油生产的关键设备为高压进料泵、急冷机和捏合机等。

1. 高压进料泵　急冷机的进料，根据所设计的最大产品压力和所生产的各种人造奶油产品的要求，需安装出口压力为4MPa、7MPa或12MPa的正向位移泵来完成。一般多选用高压柱塞泵，与物料接触部分用316不锈钢制造，或选用陶瓷柱塞泵。在泵的出口处安装有气压式或弹簧式脉动阻尼器，或采用较慢的泵曲轴旋转速度，以减少压力波动，确保物料流动更平稳。为防止生产线上发生堵塞现象，高压泵通常还备有压力安全阀和相关的管道系统，以起保护作用。泵的吸入管上需安装过滤器，以保护泵和急冷机的工作筒体免受人造奶油乳浊液中的任何可能异物的损坏。

在压力不需太高的地方，如半液态灌装的工业化人造奶油或起酥油的生产线中，通常可采用齿轮泵，其最大出口压力为2.6～3.3MPa。

2. 急冷机　急冷机是人造奶油生产的核心设备，在其中可完成初始冷却、过冷、诱导成核和结晶。其实质上是一个高压刮板式换热器，与捏合机共同作用，完成人造奶油生产的关键步骤。在设计上，此设备必须有足够的灵活性，以适应不同的产品类型和生产条件的变化。

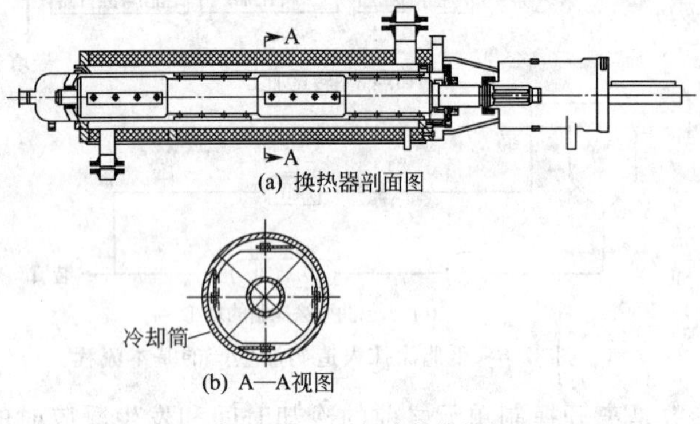

(a) 换热器剖面图

(b) A—A视图

图 32-8　刮板式换热器

世界上生产人造奶油急冷机比较有名的企业有：美国的 Cherry-Burrell Votator Division of Louisville；英国的 Ct-IEMTECH International Limited；丹麦的 Gersten herg & Agger A/S 和德国的 Schroeder & Co.，各自产品的商标分别为 Votator、Chemetatar、Perfecter 和 Kombinator。

刮板式换热器急冷机通常由一个或多个水平放置的冷却组件构成。其结构可参考图32-8所示。

冷却组件主要由冷却筒和位于其中的空心轴构成。冷却筒通常用工业纯镍或钢制造，确保有较高的传热效率。冷却筒外壁走冷却剂，内壁和轴之间的通道走乳化液。轴上装有可自由移动的刮刀，操作中由轴高速旋转产生的离心力把刮刀推向筒壁，不断地把冷却筒内表面刮干净，始终露出新的冷却面，保持高效传热。

轴的旋转速度通常为300～700r/min，轴上装有2～6排刮刀，这些刮刀通过特别设计的销固定在轴上，并可在固定点上进行移动。

为了防止结晶物料在轴上黏结，轴内通入温水循环以确保轴表面干净。通常在靠近推力/轴支撑部件的某一点泵入温水，并根据轴的内部构造在靠近水进口处排出。若发生短暂的堵塞，此水循环系统有助于熔化凝固的物料，有利于设备的重新启动。

3. 捏合机　急冷机出来的脂肪料液，需要时间来完成结晶，这通常在捏合机的结晶器中完成。

捏合机由筒壁内装上杆条（固定杆）和转轴上装有杆条（旋转杆）的大直径圆筒构成。固定在同心转轴的杆以螺旋形式排列，与筒壁上的固定杆相啮合，当轴旋转使两者对料液产生强烈的捏合作用时，其结构如图32-9所示。捏合机既可安装在多筒急冷机的冷却筒之间，也可装在急冷机之后。捏合单元有利于避免料液大块结晶，保持适当的稠度。有些捏合机装有用于调节工作筒温度的水夹套，并装有用于调节水温的水加热器和循环泵，这有利于防止筒壁上产品的凝结，并更好地控制物料的温度。

通常捏合机筒内加工体积为每筒35～105L。市场上有同一支撑架上装有三个捏合筒的B单元，每个捏合筒常装有各自的驱动装置，使人造奶油加工中具有

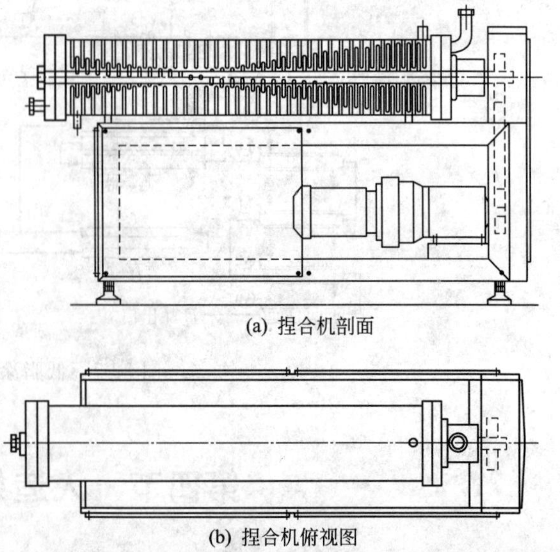

(a) 捏合机剖面

(b) 捏合机俯视图

图 32-9　含一个圆筒的捏合机（B单元）

更大的灵活性。

4. 休止管　休止管的主要结构是一个细长形的圆筒（见图 32-10），内部安装有挡板或多孔板，其结构通常还包括入口接头、带凸轮的部件和出口连接法兰。出口连接法兰用于与包装机械直接相连，也可装配出口挤出喷嘴，物料通过开口进料斗系统进入包装机械。休止管常装有夹套，用于温水循环，以减少人造奶油与每个零件不锈钢表面的摩擦，这有利于防止物料的沟流，且能降低高压进料泵所需的总出口压力。

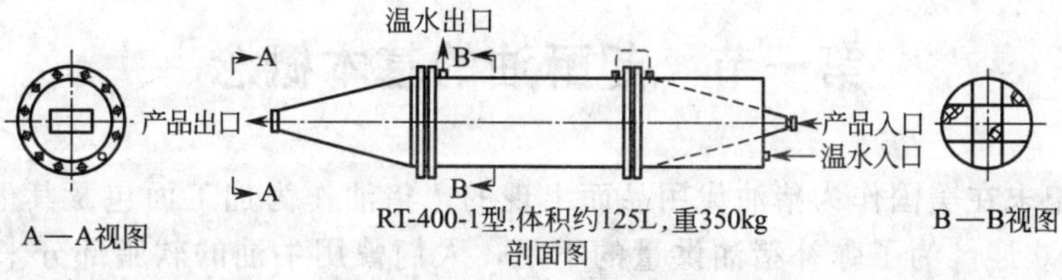

图 32-10　休止管

人造奶油借高压进料泵的压力强制通过休止管，其内部的多孔板能给予物料一定程度的捏合作用，从而保证产品具有适当的塑性。

用于餐用人造奶油或类似产品加工时，休止管由长度为 450～900mm 的带凸轮的部件组成，直径通常为 150～180mm；酥皮糕点人造奶油生产中的休止管，直径通常为 300～400mm，带凸轮部件的长度约 1000mm，其体积通常比其他产品生产中所使用的要大，这就有足够的时间形成酥皮糕点人造奶油所需的特定的稠度。

人造奶油产品的要求不同，静止管所需体积的大小要相应变化，在生产线中所处的位置也会不同。

第三十三章　起酥油的生产

第一节　起酥油的基本概念

起酥油是19世纪末在美国作为猪油代用品而出现的。猪油作为加工面包及其他点心的用油，因具有良好的性能而很受欢迎。为了弥补猪油供量的不足，人们曾用牛油的软脂部分来代替猪油。19世纪60年代，美国的棉花种植很兴旺，于是人们将棉籽油和牛油的硬脂部分混合起来，作为猪油的代用品，这便是历史上最早出现的起酥油。1910年，美国从欧洲引进了油脂氢化技术，通过氢化把植物油和海产动物油转化成硬脂肪而制得的起酥油，加工面点时的性能比猪油更好，使起酥油生产进入一个新的时代。此后，随着人们对天然油脂性质的进一步认识，1933年前后出现了高比率起酥油，给焙烤和起酥油生产带来了巨大的变革。1945年以后，随着食品乳化剂的应用和发展，又进一步研制出了各种专用的新型起酥油制品。到目前为止，各种功能的起酥油品种繁多，形式多样，对它的研究也不再仅停留在其功能性质，对其原料油脂营养性方面的研究也在不断进行。我国的起酥油生产较晚，始于20世纪80年代初。

一、起酥油的含义

起酥油是一种工业制备的食用油脂。它之所以有此名称，是因为不溶于水的脂肪加入面团，可以防止面团混合时谷蛋白的相互粘连，而使焙烤食品变得松酥，这种作用称为油脂的起酥作用。起酥油是用动植物油脂配制而成的，为具有某些功能特性而进行了各种加工，它脱除了不合乎要求的气味和风味，为典型的百分之百含油脂的制品，可用在烹调、煎炸、焙烤等方面，并可以作为馅料、糖霜和糖果的配料，以改善食品的质构和适口性。

在人们的传统概念中，起酥油是具有可塑性的固体脂肪，它与人造奶油的区别主要在于起酥油中没有水相，气味温和。由于新开发的起酥油有流动状、粉末状产品，均具有与可塑性产品相同的用途和性能，因此起酥油的范围很广，下一个确切的定义比较困难，不同国家、不同地区起酥油的定义不尽相同。

以日本农林标准（JAS）为例：起酥油是指精炼的动、植物油脂，氢化油或上述油脂的混合物，经急冷捏合制造的固态油脂或不经急冷捏合加工而得的固态或流动态的油脂产品。起酥油具有可塑性、乳化性等加工性能。

起酥油一般不宜直接食用，而是用于加工糕点、面包或煎炸食品，必须具有良好的加工性能。

二、起酥油种类的划分

过去提到起酥油，主要是指那些在室温下为固态、用于食品的焙烤加工使其酥松的天然脂肪。现在用来制备起酥油的原料，已经从天然脂肪转变为油和硬脂的混合物，并进一步发展为氢化液态油和硬脂掺和，然后又发展到掺入各种添加剂，诸如乳化剂、抗氧化剂、抗泡剂、金属螯合剂和抗溅剂等。尽管发生了这些改变，起酥油的功能仍然是以使焙烤食品变得松软或酥脆为主，同时还具有许多有益于焙烤和其他加工食品的功能，它能对加工食品的结构、口感、外观质量、稳定性和风味等产生很大的影响。

由于现代油脂加工水平的不断提高，起酥油产品已适应食品工业的多种要求，并形成了较为完善的品种体系。

（一）按原料来源分类

按原料来源，可分为植物性起酥油、动物性起酥油和动植物混合型起酥油。

（二）按制造方法分类

1. 全氢化型起酥油　原料油全部由经不同程度氢化的油脂组成，其氧化稳定性特别好。

2. 混合型起酥油　氢化油（或饱和程度高的动物油）中添加一定比例的液态油作为原料油。这类起酥油的可塑性范围较宽，可根据要求任意调节。

3. 酯交换型起酥油　用经酯交换的油脂作为原料制成。

（三）按使用添加剂的不同分类

1. 非乳化型起酥油　不添加乳化剂，可用于煎炸与喷涂。

2. 乳化型起酥油　添加乳化剂，用于面包、糕点、饼干的焙烤等。

（四）按产品性能分类

1. 通用型起酥油　用于各种场合的加工，应用范围广。

2. 乳化型起酥油　含乳化剂较多，通常含10%～20%的单甘油酸酯。其加工性能较好，常用于加工西式糕点和配糖量多的重糖糕点。

3. 高稳定型起酥油　可长期保存，不易氧化变质。全氢化起酥油多属于这种类型。其AOM值在100h或150h以上，适于加工饼干、椒盐饼干及煎炸食品。

（五）按产品性状分类

1. 可塑性起酥油　这是开发最早，也是目前应用最广、室温下呈固态的塑性产品。

2. 液体起酥油　同其他产业一样，糕点、面包产业也朝着自动化、大型化方向迅速发展。由于具有可塑性的油脂在连续供料上存在困难，由此开发出现了液体起酥油制品。

(1) 液体起酥油的分类　液体起酥油是指在常温下具有流动性，能用泵输送，性质稳定，具有各种加工特性的油脂产品。它可分成以下3类。

① 流动型起酥油。油脂呈乳白色，不透明状，内有固态脂的悬浮物。

② 液体起酥油。油脂为透明液体。

③ O/W乳化型起酥油。含有水的乳化型产品。

(2) 液体起酥油的性质

① 流动性。油脂的流动性是糕点、面包连续化生产过程中，计量、输送所不可缺少的特性。一般应将黏度控制在6Pa·s（6000cP）以下。

② 稳定性。液体起酥油是以液态油为基础，添加固态脂和乳化剂加工而成，这些成分应不会分离析出。

③ 可加工性。可加工性与可塑性对于糕点加工来说同样重要，可通过对其中固体成分与乳化剂的添加控制来满足产品的需求。

3. 粉末起酥油　粉末起酥油又称粉末油脂，是在方便食品发展过程中出现的。粉末油脂一般含油脂50%～80%，也有的高达92%左右。

在油脂中加入蛋白质、胶质或淀粉等包裹壁材使之成为乳化物，然后进行喷雾干燥形成粉末状态。其特点是油脂呈细小的颗粒被胶体物质所包裹，散落性优良，与外界气体隔离，稳定性好，因而方便使用、保存和运输等。粉末油脂可以很方便地添加到糕点、即时汤料等方便食品中使用。

粉末油脂有粉末状、粒状及薄片状等多种形态的产品。

三、起酥油的功能特性

起酥油能使制品分层、膨松、酥脆、保湿等，其功能特性包括可塑性、起酥性、酪化性、乳化性、吸水性、氧化稳定性和油炸性。不同的品种，对其功能特性的具体要求各异，其中可塑性是最基本的特性。

（一）可塑性

可塑性是传统起酥油的基本性质，是指固态脂在一定温度下，具备塑性物质的特征，在一定外力作用下能保持形状，当外力超过范围时则发生变形，可作塑性流动的性质。起酥油可塑性好，便于涂布加工，形成的面团延展性好，加工的制品酥脆。

脂肪的可塑性可粗略地用稠度来衡量，稠度合适的塑性脂肪才具有良好的可塑性。能使脂肪保持可塑性的温度范围称塑性范围，如果温度变化不大，脂肪稠度却有较大的变化，则说明其塑性范围窄；反之，温度变化大，稠度变化却不大，则塑性范围宽。

影响起酥油可塑性的因素有以下几点。

1. 基料油脂中固、液相的比例　基料油脂中固态脂与液态油的比例是构成脂肪制品塑性的首要条件。固相低于5%的脂肪接近液态，不呈塑性；而高于40%～50%则形成坚实结构，失去可塑性。起酥油固、液相比例一般控制在10%～30%，可塑性好的起酥油，固、液相比例为15%～25%。

油脂中固态脂含量的表示方法，目前有固态脂指数（SFI）和固态脂的绝对含量（SFC）两种。虽然随着核磁共振（NMR）技术的逐步推广应用，对SFC的使用增多，但因SFI是传统的表示方法，故目前仍多以SFI衡量基料油脂的固态脂含量。

起酥油基料配料时应注意，对在使用温度下需要有适当稠度的起酥油，必须选择在此温度下有适当SFI值的基料油脂。表33-1给出了猪油和某种可塑性起酥油在不同温度下稠度与固体脂肪含量间的关系。

表 33-1　可塑性脂稠度和固体脂肪含量的关系

温度/℃	猪油		全氢化起酥油	
	微针入度/10^{-1}mm	固体脂肪/%	微针入度/10^{-1}mm	固体脂肪/%
50	—	0	—	0
45	—	0.5	—	2.6
40	—	2.0	—	5.7
35	—	4.5	336	9.4
30	378	10.5	212	12.6
25	137	21.0	101	14.0
20	105	26.0	45	19.7
15	73	29.0	24	21.7
10	41	32.0	16	27.8
5	—		—	31.4

2. 基料油脂的种类　起酥油中固态脂的晶体结构影响着起酥油的稠度。一定温度下，在同样的固态脂含量下，固态脂的晶型不同，起酥油的稠度也可能不同。不同品种的油脂在冷却时有不同的稳定晶型。

起酥油与人造奶油一样期望获得β'-型结晶。β'-型脂晶较β-型细小，在相同SFI下，由于基料油中固相颗粒多，总表面积大，因而能扩展起酥油的塑性，并使其外表光滑均匀。

脂肪酸碳链长短不整齐的甘三酯，其稳定的晶型是β'-型，当基料固体脂肪中含有稳定的β'-晶型甘三酯时，整个脂肪都会有形成稳定的β'-晶体的倾向；反之，则易形成稳定的β型晶体。基料油脂中液态油脂的黏度与起酥油的稠度也呈正相关，也直接影响其可塑性。

温度变化对不同的塑性脂肪的稠度影响各不相同，为了便于加工和使用，一般多希望起酥油的稠度不要因温度变化而影响较大，即期望其可塑性范围较宽为好。因此，一般基料油脂多由不同熔点的油脂调和而成。本身稠度受温度影响大的油脂不宜选作这类基料，如椰子油等。

3. 冷却加工的条件　基料油脂中固相脂晶的粒度与分散度对塑性的构成，也是一个重要的条件。塑性脂肪中固相脂晶的颗粒细度要求小至其重力与分子内聚力相比，可忽略不计；脂晶间的空隙要求小至液相液滴不致流动或渗出，使基料油脂中的组分通过分子内聚力而结合在一起。脂晶粒度小，总表面积和分子内聚力均大，能使起酥油具有较好的稠度。

除了晶型的影响，脂晶的粒度和分散度还与起酥油加工条件有关。缓慢冷却比快速冷却的油脂结晶数量少、晶粒大。即使固态脂含量相同，在不改变熔点的情况下，通过改变冷却速率，也可改变油脂的稠度。过冷、急速冷却和激烈搅打捏合的加工条件，可产生众多的脂晶核，阻止晶核之间的内聚、长大，促使脂晶核在基料油脂中的均布而形成整个组分的内聚结构，从而获得稳定的良好塑性。

4. 添加剂与熟化处理　起酥油加工过程中，快速冷却析出的α-晶型向β'-晶型转化需要一定的时间和温度，当其离开充填包装生产线后，结晶化（晶型转化）仍在继续。产品要在稍低于熔点的温度下放置2～3天，使α-晶型能顺利转化为β'-晶型，并在缓慢转化过程中，脂晶的粒度得到调整，从而使产品获得稳定的塑性范围。

起酥油加工中一些添加剂，如乳化剂、阻晶剂，能延缓或阻止基料油脂中固态脂β-晶化，从而使产品稠度得到保证。

（二）起酥性

起酥性是指能使烘焙糕点具有酥松的性质，它是保证各类饼干、薄脆饼和酥皮等产品具有良好食用特性的主要性质。起酥油以薄膜状层分布在烘焙食品组织中，阻断面筋质间的相互黏结，起润滑作用，使制品组织松脆可口。一般稠度合适、可塑性好的起酥油，起酥性也好。过硬的起酥油在面团中呈块状，展布不均，使制品酥脆性差；而过软的起酥油在面团中呈微球状分布，起不到阻隔作用，使制品多孔粗糙。

对于特定的烘焙制品，能覆盖面粉粒最大表面积的油脂具有最好的起酥性。影响起酥性的因素如下。

① 脂肪的饱和度越高，起酥性越好；

② 脂肪的用量越大，起酥性越好；

③ 固态脂指数适合者，起酥性好；

④ 其他辅料及其浓度合适者，起酥性好；

⑤ 混合程度剧烈者，起酥性好。

油脂的起酥性用起酥值表示，起酥性与起酥值呈负相关性，即起酥值越小，起酥性越好。表 33-2 列出了几种油脂的起酥值。

表 33-2　几种油脂的起酥值

油　脂	熔点/℃	起酥值	油　脂	熔点/℃	起酥值
猪油	32.0	＜60	椰子油	24.0	127.5
菜籽起酥油	39.4	120.0	椰子氢化油	27.3	127.9
棉籽起酥油	44.0	123.0	人造奶油（棉籽油）	35.3	140.2
氢化猪油	49.2	126.2			

从表 33-2 中可以看出，椰子油及椰子氢化油等可塑性差的油脂，起酥值大，起酥性也差；猪油等可塑性好的油脂，起酥值小，起酥性好。但猪油经氢化后起酥值升高，起酥性降低。

（三）酪化性

对起酥油进行高速搅打，可使空气以细小的气泡裹吸于油脂中，而使起酥油的体积增大，油脂的这种含气性质就叫酪化性。把起酥油加到混合面浆中进行高速搅打，会使面浆体积增大。酪化性可用酪化值（CV）表示，即 100g 油脂中所含空气的体积（以 mL 计）。

起酥油的酪化性要比奶油和人造奶油好得多。

起酥油的酪化性取决于它的可塑性，并与基料油脂组分、甘三酯晶体结构及其工艺条件都相关。β′-型结晶微小，酪化性良好；β-型结晶粗大，酪化性较差；在起酥油加工中，经熟成处理的产品酪化性明显高于非熟成品；饱和程度较高的油脂酪化性好，在β-型结晶的油脂中添加β′-结晶的油脂和在天然油脂中添加氢化油均能提高其酪化性。此外，乳化剂的种类和用量也可影响起酥油的酪化性。

（四）乳化性

油和水互不相溶，但在食品加工中，经常要将油相和含有奶、蛋、糖的水相均匀地混合在一起。蛋糕面团是 O/W 型乳化液，起酥油在乳浊体中的均匀分布直接影响面团组织的润滑效果和制品的稳定程度。因此糕点起酥油一般都需添加乳化剂，以提高油滴的分散程度。乳化性能影响蛋、糖的起泡能力，适量添加起泡剂可以减少乳化剂的负面影响。

（五）吸水性

起酥油即使不使用乳化剂，也能吸收和保持一定量的水分。起酥油的吸水性取决于其自身的可塑性和乳化剂添加量。油脂经氢化可增加吸水性。例如 22.5℃左右，几种不同类型的起酥油的吸水率为：猪油、混合型起酥油为 25%～50%；氢化猪油为 75%～100%；全氢化起酥油为 150%～200%；含单、双甘酯的起酥油≥400%。

吸水性对加工奶油糖霜和烘焙糕点有着重要的功能意义，它可以争夺形成面筋所必需的水分，从而使制品酥脆。

(六) 氧化稳定性

一般油脂在烘焙、煎炸过程中，由于本身不含天然抗氧剂或天然抗氧剂的热分解，致使烘焙、煎炸制品的稳定性差，货架寿命短。起酥油基料油脂通过氢化、酯交换改性，不饱和程度降低或添加抗氧化剂，从而提高了氧化稳定性。起酥油的氧化稳定性不一定代表烘焙制品的储存稳定性，因此在设计起酥油氧化稳定性时，需根据起酥油的用途而有所区别。例如椒盐饼干等制品由于没有含糖糕点烘焙时氨基酸和糖进行麦拉德反应产物的保护，需使用AOM值大于100h的高稳定性起酥油。

(七) 煎炸性

起酥油的煎炸性包括风味特性和高温下的稳定性，应能在持续高温下不易氧化、聚合、水解和热分解，并能使制品具有良好的风味。起酥油的煎炸性一般与基料油脂的饱和程度、甘三酯脂肪酸碳链长短、消泡剂以及煎炸条件（如温度、煎炸物水分、油渣清理和油脂置换率）等多种因素有关。

第二节 起酥油的基料与辅料的选择

一、基料油脂

生产起酥油的原料油有两大类：植物性和动物性油脂。一些大宗的植物油脂和陆地、海洋动物油脂以及它们的氢化或酯交换产品，都可用作起酥油的基料。这些油脂都必须经过严格的精炼，使其达到高级烹调油的质量要求。

(一) 基料油脂的组成

一般起酥油的塑性范围要求比人造奶油宽，熔点较高，在接近体温时的SFI值较高。通常按照不同的产品要求，用氢化油作为基料，配合一定数量的硬脂，有时还掺入一定数量的液体油组成基料油脂。

硬脂是指碘值为5～10的固态脂，其添加量最多不能超过10%～15%。

1. 固相油脂　基料油脂中的固相油脂是起酥油功能特性的基础，一般多选用能形成β'-晶型的油脂。甘三酯脂肪酸碳链长短不齐和甘三酯组成较复杂的动、植物油脂，都可通过选择性氢化加工成基料固态脂或直接作为基料固态脂。

棕榈油、猪油和牛油是天然起酥油基料固态脂，它们也可以与棉籽油、菜籽油和鱼油等配合，通过极度氢化加工成凝固点为58～60℃的固态脂，作为硬料而用于起酥油基料配方。有些植物油，如大豆油、葵花籽油等，若氢化后的碘值太低，由于含有大量的三硬脂酸甘油酯，会导致起酥油的凝固和操作性能不佳；而棉籽油、棕榈油、鱼油含有较多的棕榈酸，可保证只形成少量的三硬脂酸甘油酯而得到合适的多晶形结晶。

液体植物油和海产动物油可根据起酥油稠度设计要求，通过选择性氢化加工成一定凝固点的氢化固脂，用作基料油脂（见表33-3）。

表33-3 大豆起酥油的氢化基料油脂

项目		1	2	3	4
氢化条件	开始温度/℃	148.9	148.9	148.9	140.6
	氢化温度/℃	165.6	165.6	165.6	140.6
	压力/MPa	0.11	0.11	0.11	0.28
	催化剂 Ni/%	0.02	0.02	0.02	0.02
分析数据	终点碘值	83～86	80～82	70～72	104～106
	固态脂指数				
	10℃	16～18	19～21	40～43	<4
	21.1℃	7～9	11～13	27～29	<2
	33.3℃	0	0	9～11	0

其中，1、2基料用于通用型起酥油，3基料用于高稳定型起酥油，4基料用于生产流动型起酥油。

2. 液相油脂　起酥油基料油脂中，液相油脂应选择一些氧化稳定性较好，以油酸和亚油酸组成为主的油脂。为了调整一定的稠度范围，应选择黏度稍大的油脂品种。液相油脂包含基料固态脂中的液相部分。

（二）基料油脂的配比

为使起酥油具有较宽的塑性范围，需采用不同熔点的油脂配合，其具体配比依据产品的要求确定。应用最广的是控制其固体脂肪指数，也有采用控制熔点、冻点、浊点、折射率和碘值者。此外，还必须考虑原料油脂的晶型。

基料油脂的稠度主要取决于基料油固、液相组分的合理配比。不同起酥油制品的功能特性不同，其稠度要求不同。可塑性起酥油稠度设计的原则是固、液相油脂比例必须满足塑性条件。液态起酥油的稠度设计以形成固相脂晶在液相油脂中的稳定悬浮体为基准。

塑性起酥油基料油脂稠度设计时，固相部分应选用能形成β'-脂晶、甘三酯组成较复杂的油脂，当选用猪油或β型氢化大豆油、葵花籽油和椰子油时，需加入一定比例β'-晶型硬脂，以便通过β'-脂晶的诱导，促使全部固态脂晶体β'-型化。

除某些专用起酥油需要陡峭的熔化曲线外，一般用途以及糕点和糖霜塑性起酥油的基料油脂，常温下应呈塑性固体，在21～27℃下有合适的稠度，在较高和较低的温度下稠度变化不大。塑性起酥油SFI值一般在15～25之间，SFI值超过25属硬起酥油，SFI值低于15的起酥油太软，而SFI值介于15～22的起酥油具有较宽的塑性范围。

流体起酥油基料油脂稠度设计时，固相部分应选用能形成β-结晶的油脂，使其脂晶粒度符合悬浮颗粒特征。基料油脂中固体脂肪含量一般为5%～10%，其熔点范围应能确保在温度18～35℃下，悬浮基料稳定（SFI值为6～8）。

基料油脂的稠度可通过氢化基料油、氢化硬脂、动物脂肪以及液体植物油的合理配方进行调整。几种典型的起酥油制品的稠度和基料油脂组成见表33-4。

表33-4　典型起酥油制品的稠度和基料油脂组成

类型		熔点	固态脂指数(SFI)					基料油脂		
		/℃	10℃	21.1℃	26.7℃	33.3℃	40℃	基料油脂组成/%	碘值	熔点/℃
通用型	1		22～24	18～20		13～15	10～12	豆油基料Ⅰ:88～89 硬脂:11～12	83～88 1～8	
	2	51.1	24～27	18～20		12～14	6～8	豆油基料Ⅱ:92～93 硬脂:7～8	80～82 1～8	
	3		28	23	22	18	15	大豆氢化油:85～90 棉油硬脂:10～15	80	58
稳定型		42.7	44	28	22	11	5	大豆氢化油:95 棉油硬脂:5	70	
煎炸型		39～42	41～44	28～30		12～14	2～5	豆油基料Ⅲ:97 硬脂:3	70～72	
面包用	1		27	16	12	3.5	0	大豆氢化油Ⅰ:20 大豆氢化油Ⅱ:80	55 86	44.0 30.0
	2	37.8						大豆氢化油:20 大豆色拉油:20 氢化鱼油:60		34.0 35.0
	3							氢化大豆油:40 猪脂:10 棕榈油:30 大豆色拉油:20		34.0
冰淇淋用								氢化椰子油:20 精制椰子油:80		35.0
流体型起酥油	1	34	6	6	6	6		精制花生油:50 氢化花生油:50	90 8	
	2	41	8	8		7	8	液体植物油:90～95 硬脂:2～10	>100 <10	

续表

类　型	熔点	固态脂指数(SFI)					基料油脂		
	/℃	10℃	21.1℃	26.7℃	33.3℃	40℃	基料油脂组成/%	碘值	熔点/℃
液体起酥油							液体植物油:82～98 乳化剂(亲油亲水型):8～18	>100	
猪脂		27	19	12	3	2	−37.8℃下		35～49
改质猪脂		25	11	9	8	3	−37.8℃下		
氢化猪脂		38	30		15	10	−37.8℃下		
液牛脂		28	14		2	0			

二、辅料的选择

生产起酥油使用的辅料有乳化剂、抗氧化剂、消泡剂、氮气等，根据产品要求有时还加一些香料和着色剂。

1. 乳化剂　乳化剂是具有表面活性的物质，能降低界面张力，增强起酥油的乳化性和吸水性，使之能在面团中均匀分布，强化面团，保持水分，防止老化，还有利于稳定气泡，提高起酥油的酪化性，增大面团的体积。表 33-5 列出了常用于起酥油的乳化剂。

表 33-5　常用于起酥油的乳化剂

乳　化　剂	应用的制品	乳　化　剂	应用的制品
单甘酯	R. M. C. B. S. I	环氧单甘酯	B
双甘酯	R. M. C. B. S. I	硬脂酰乳酸酯	M. C. B
磷脂	B	聚山梨醇酯 60	R. M. C. B. S. I
乳酸单甘酯	M. C	聚甘油酯	C. I
硬脂酰乳酸钙	B. S	琥珀酸单甘酯	B
硬脂酰乳酸钠	B. S	硬脂酰富马酸钠	B. S
亚丙基二醇酯	B. S. I	蔗糖酯	C. B. S
二乙酰酒石酸单甘酯	B	无水山梨醇单硬脂酸酯	M. C

注：R 为零售起酥油；M 为糕点混合粉；C 为糕点；B 为面包与面包卷；S 为甜食品；I 为糖霜及夹心。

常用的比较安全的乳化剂有：①单甘酯，添加量为 0.2%～1.0%；②蔗糖脂肪酸酯，添加量为 0.2%～1.5%；③大豆磷脂，一般不单独使用，多与单甘酯或其他乳化剂配合使用，在通用型起酥油中，与单甘酯合用时其用量为 0.1%～0.3%；④丙二醇硬脂酸酯，通常是由丙二醇与一个硬脂酸酯化而成。它与单甘酯混用时具有增效作用，多在流动型起酥油中使用，用量为 5%～10%，在液体（透明）起酥油中，最佳使用浓度为 10%～12%；⑤山梨醇脂肪酸酯，它具有较强的乳化能力，在高乳化型起酥油中用量为 5%～10%。

2. 抗氧化剂　常用的抗氧化剂除维生素 E 之外，还有合成的酚类抗氧化剂 BHA、BHT、PG 和 TBHQ，它们可按 0.01%单独使用，也可按 0.02%混合使用，应根据起酥油的用途和抗氧剂的特点选择合适的抗氧剂。PG 虽有较强的抗氧化能力，但其热稳定性差，在烘烤和煎炸温度下很快失效，在水分存在时与铁结合生成蓝黑色的结合物，故不适用于烘烤和煎炸的起酥油。BHA 和 BET 对植物油，尤其是高亚油酸起酥油的抗氧化能力弱，但其热稳定性好，适于烘烤和煎炸用起酥油；高温下 BHA 会放出酚的气味，因此它常常是少量地与其他抗氧剂混合用于烘焙油和煎炸油。TBHQ 是近年来推崇的一种安全、高效的抗氧化剂。

起酥油常用的抗氧化剂的增效剂有柠檬酸、磷酸、抗坏血酸、酒石酸及硫代二丙酸等多元酸。

3. 消泡剂　在食品煎炸过程中，为安全起见，煎炸用起酥油中常添加 0.5～3.0mg/kg 聚硅氧烷树脂作为消泡剂。加工面包和糕点使用的起酥油不用添加消泡剂。

4. 氮气　由于氮气呈微小的气泡分散在起酥油中，使之呈乳白色不透明状。一般标准起酥油的氮气含量为每 100g 起酥油含 20mL 以下的氮气。氮气还有利于提高起酥油的氧化稳定性。

第三节　起酥油的生产工艺

一、可塑性起酥油的工艺过程

起酥油的性状不同，生产工艺也有所不同。可塑性起酥油的加工过程与人造奶油相近，而且主要设备也通用，具体包括基料配比混合、急冷捏合、充填包装和熟成调质等，其工艺过程见图 33-1。

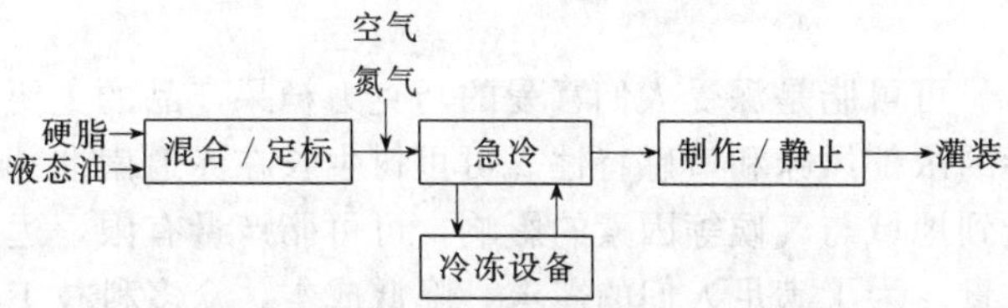

图 33-1　起酥油的加工过程

原料油和按一定比例事先用油溶解的添加物，经计量后进入调和罐，充分混合，然后冷却到 49℃，进行预冷。用齿轮泵将混合物与导入的氮气一起送到 A 单元进行急冷，迅速冷却到过冷状态 25℃，部分油脂开始结晶。然后通过 B 单元连续捏合进行结晶，出口温度在 30℃左右。A 单元和 B 单元都是在 2.1～2.8MPa 压力下操作，压力由齿轮泵作用于特殊设计的挤压阀而产生。当起酥油通过最后的背压阀时压力突然降到大气压，充入的氮气膨胀，使起酥油获得光滑的奶油状组织和白色的外观。刚生产出来的起酥油是流态的，当充填到容器后不久就呈半固体状。若刚开始生产时，B 单元出来的起酥油质量不合格或包装设备有故障时，可通过回收油槽回去重新调和。具体流程如图 33-2 所示。生产起酥油时，在 B 单元所需搅拌捏合的时间，一般比生产人造奶油要长（2～3min），转速可以稍低。

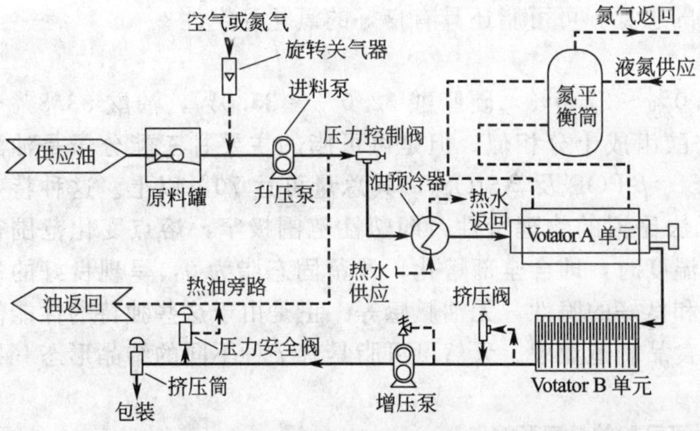

图 33-2　连续式可塑性起酥油生产工艺流程

二、液体起酥油的生产

液体起酥油的品种很多，制法不完全一样，主要有三种。

① 最普通的方法是把原料油脂及辅料调和后用 Votator 的 A 单元进行急冷，然后在储存罐中存放 16h 以上，搅拌使之流动化，然后装入容器。

② 将硬脂或乳化剂磨碎成细微粉末，添加到作为基料的油脂中，用搅拌机搅拌均匀。

③ 将配好的原料加热到 65℃使之熔化，缓慢搅拌，徐徐冷却使形成 β-型结晶，直到温度下降至装罐温度（26℃左右）。

三、粉末起酥油的生产

生产粉末起酥油的方法有多种，目前大多用喷雾干燥法生产。将油脂、包裹壁材、乳化剂和水一起乳化，然后喷雾干燥，使之成为粉末状态。使用的油脂通常是熔点为 30～35℃的植物氢化油，也有的使用部分猪油等动物油脂和液态油脂。使用的包裹壁材包括蛋白质和碳水化合物。蛋白质有酪蛋白、明胶、乳清蛋白、大豆分离蛋白等植物蛋白等。碳水化合物可采用玉米、马铃薯等鲜淀粉，也可使用植物胶、淀粉衍生物、环糊精及乳糖等，有的专利介绍使用纤维素或微结晶纤维素。乳化剂使用卵磷脂、甘油一酸酯、丙二醇酯和蔗糖酯等。

其工艺过程为：将按比例配制好的壁材溶液在一定温度下（50～70℃）加入定量的油脂进行充分搅拌混合，形成 O/W 型乳化液，需要时加入一定量的乳化剂。经高温瞬时灭菌与高压均质机进一步乳化后，由高压均质泵（20～40MPa）送入喷雾干燥塔内，采用热风顺流式干燥，得到成品粉末油脂。

典型粉末起酥油的成分为：脂肪 79.5%～80.8%，蛋白质 7.6%～8.1%，碳水化合物 4.1%～4.8%，无机物 3.5%～3.8%（K_2HPO_4、CaO 等），水分 1.5%～1.7%。

第三十四章　可可脂及代用品的生产

第一节　可可脂及代用品的特性

可可脂是深受人们喜爱的巧克力糖果产品的主要原料，是由可可豆经预处理、压榨获得的，具有独特的浓郁风味和口感特性。可可树生长在赤道南北纬20°以内，大多集中在拉丁美洲和非洲国家。由于受到地域与气候等因素的影响，可可脂产量有限，远远不能满足巧克力制品生产发展的需要，市场价格昂贵。为了满足人们的需求，降低成本，众多科技工作者为此付出了艰辛的努力，利用较普遍、便宜的油脂原料，采用各种改性技术，如氢化、酯交换、分提等制作出了具有与天然可可脂物理性质相似的替代品。

（一）可可脂的特性

可可脂是一种植物硬脂，液态呈琥珀色，固态时呈淡黄色或乳黄色，具有可可特有的香味。天然可可脂在最稳定的结晶状态下，熔点为32～35℃，它在30℃时的固体脂肪含量高达40%以上，但在35℃时即能迅速降至5%以下，因此使得巧克力糖果产品在室温时很硬，但入口即化，是一种既有硬度，溶解得又极快的油脂，具有口熔性佳及口感清凉的感觉。可可脂还具有良好的氧化稳定性。

（二）可可脂的组成

可可脂的主要脂肪酸组成为：棕榈酸24.0%～27.0%，硬脂酸32.0%～35.0%，油酸33.8%～36.9%，亚油酸27.0%～40.0%，与羊油脂肪酸组成十分相似。但是可可脂的主要甘三酯分子是油酸在*sn*-2位，棕榈酸和硬脂酸在*sn*-3位的β-POSt、β-POP及β-StOSt，其总量可达70%以上。这种特殊的甘三酯分子结构，使可可脂具有其他油脂无法比拟的物理特性，即塑性范围极窄，熔点变化范围很小，且接近人体温度，在稍微低于人体的口腔温度时，即会全部熔化，残留固态脂为0，呈现良好的口熔性；凝固收缩易脱模，有典型的表面光滑感和良好的脆性，无油腻感等。正是由于这些独特的性能使可可脂广泛应用于巧克力、糖果外衣和点心等食品制造业中。天然可可脂具有7种不同的结晶形态（见表34-1）。

表34-1　可可脂的晶型及熔点

晶型	熔点(最终)/℃	平均熔化范围/℃	晶型	熔点(最终)/℃	平均熔化范围/℃
γ-	16～18	4～7	β'-	30～33.8	24～32
α-	21～24	14～23	β-	34～36.3	25～35
$\alpha+\gamma$-	25.5～27.1	17～27	无定形	38～41	—
β'-	27～29	12～28			

将可可脂加热熔化后，采用不同的结晶速度会产生不同的结晶形态，从而得到可可脂的多种熔点和硬度。在巧克力糖果制作过程中，如果调温工作做得好，则结晶将会形成稳定的β-型，而使巧克力产品具有非常良好的光泽、硬度及光泽稳定性，否则将会造成产品硬度不足与光泽不良的情形。

表34-2给出了经调温与未经调温处理的可可脂熔点与固体脂肪含量的变化。巧克力制品在存放过程中，易出现晶型转换，使产品的光泽受到破坏，产生起霜现象。

表34-2　不同温度下可可脂熔点与固体脂肪含量的变化

可可脂	熔点	固体脂肪含量(SFC)/%		
		20℃	30℃	35℃
未经调温	25.6	51.1	7.1	1.3
经调温	33.2	69.8	42.5	1.3

第二节　可可脂替代品的生产

自20世纪50年代以来，生产者已利用氢化、酯交换、分提等各种加工技术将一些普通而廉价的食用油脂，加工成具有与天然可可脂在物理特性方面相类似的替代品，用它们取代天然可可脂。目前，世界上可可脂替代品种类繁多，概括起来可分为两类：类可可脂和代可可脂。

- 可可脂替代品
  - 类可可脂(Cocoa Butter Equivalent,CBE)
  - 代可可脂(Cocoa Butter Substitute,CBS)
    - 非月桂酸型代可可脂(Non-Lauric CBS)
    - 月桂酸型代可可脂(Lauric CBS)

一、类可可脂

天然可可脂具有熔点窄、SFI曲线陡峭以及100%的β-型稳定结晶等特性，这与其甘三酯组成中，一油酸二饱和酸的对称型甘三酯分子为主要成分（含量在70以上）直接相关。因此可以通过制备与天然可可脂的甘三酯分子结构一致的脂类，作为可可脂的代用品——类可可脂（cocoa butter equivalent，CBE)。

类可可脂是指甘三酯组成和同质多晶现象与天然可可脂十分相似的代用脂，具有与可可脂相似的对称型甘三酯分子结构。因此其塑性、熔化特性、脱模性等都十分相似，可以与天然可可脂完全相溶。制取类可可脂（CBE）的原料油应当含有尽可能多的对称性甘三酯分子。类可可脂的生产可以采用直接提取、分提以及生物技术改性等方法实现。

1. 常用加工技术制备类可可脂　某些油脂如棕榈油、牛油树脂（shea nut oil)、以立泼脂（illipe)、沙罗脂（sal）等，其甘三酯分子组成中含有相当多类似于天然可可脂中对称结构的组分，可以通过分提加工来提高对称型甘三酯的含量，然后再按比例调制成与天然可可脂相似或相同的产品，当然也可以根据情况直接配制，此类产品即为类可可脂产品。表34-3给出了棕榈油等油脂及其分提物的对称型甘三酯的组成与含量。

表34-3　几种油脂的对称甘三酯分子的含量

油　脂	β-POP	β-POSt	β-stOSt	其他	对称型总量
可可脂	12	34.8	25.2	2.2	74.2
棕榈油	25.9	3.1	微量	1.3	30.3
棕榈油的中间分提物	56	10	1	—	67
牛油树脂	0.3	6.4	29.6	—	36.3
以立泼脂	6.6	34.3	44.5	微量	85.4
沙罗脂	2	11	36	—	49
沙罗硬脂	2	13	43	—	58
乌桕脂	82.6	微量	微量	—	83.6

注：P=16∶0；O=18∶1w9；St=18∶0。

2. 利用生物技术制备类可可脂　由于甘三酯结构与天然可可脂相似的油脂资源有限，另外其甘三酯结构及相关的物理性质与天然可可脂还有一定的差异，为了得到脂肪酸组成、甘三酯结构以及同质多晶现象等都与天然可可脂进一步类似的类可可脂产品，生物技术改性制备类可可脂技术也应运而生。日本Fuji和英国Unilever等10多家公司已经利用微生物酶的酯交换技术实现半工业化生产类可可脂。无论从理论还是从实践方面而言，利用1,3-位专-效果好的脂肪酶催化适宜的原料油脂（主要成分是*sn*-位富含油酸的甘三酯）生产类可可脂是可行的。其反应机理可以简单表示为：

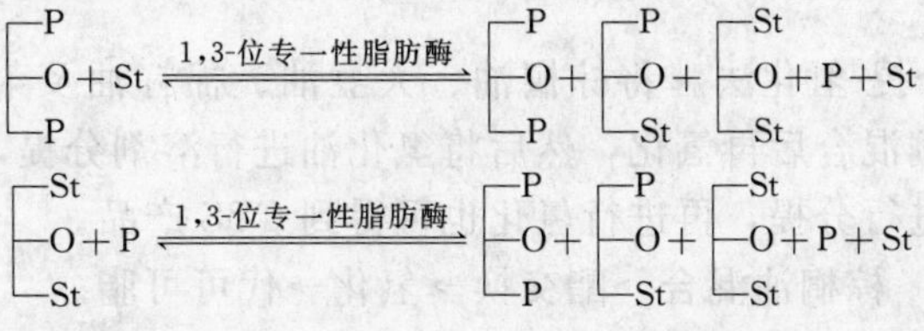

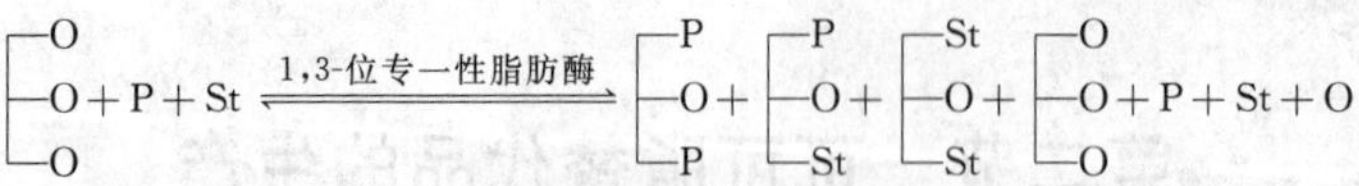

利用生物技术制备类可可脂扩大了原料的选择范围，从而也使规模化生产类可可脂成为可能。但是酶法酯交换制备类可可脂的反应过程中，伴随着水解及酰基转移反应，使副产物增多，从而增加了分离的难度。另外，1,3-位专一性脂肪酶的价格很高，这也是酶法制备类可可脂的生产成本较高的原因之一。因此生物技术制备类可可脂技术有待于进一步研究。

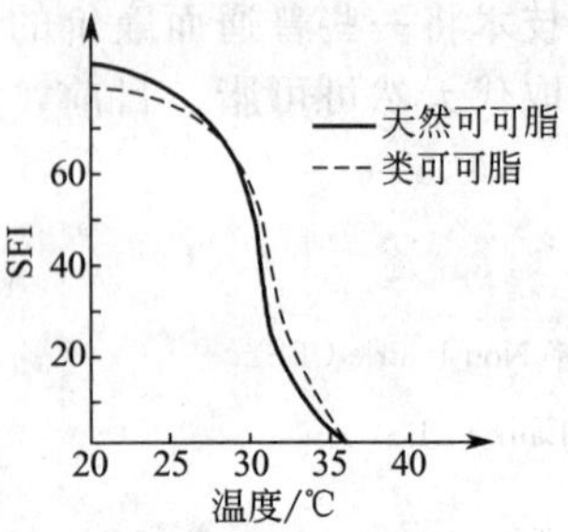

图 34-1　不同温度下固体脂肪指数的比较

由于类可可脂的甘三酯组成与天然可可脂相似或完全相同，因此类可可脂所表现的物理特性也与天然可可脂相同，且能以任意的比例与天然可可脂相溶，在生产巧克力制品中，两者的工艺技术一致。由类可可脂所制的巧克力，在黏度、硬度、脆性、膨胀收缩性、流动性和涂布性等方面，可以达到乱真的地步，尤其在30～35℃之间，两者SFI值几乎完全一致，口味类似天然可可脂巧克力，无糊状感。因此类可可脂在食品工业中的应用日益增加。图34-1为类可可脂与天然可可脂在不同温度下固体脂肪指数的比较。

二、代可可脂

代可可脂（cocoa butter substitute，CBS）是一类口熔性好的人造硬脂。其脂肪酸及甘三酯组成与天然可可脂完全不同，但在物理特性上，接近天然可可脂，具有与天然可可脂相似的熔化曲线。在20℃时硬度很大，而在25～35℃之间能迅速熔化。

由于甘三酯结构不同于天然可可脂，代可可脂与天然可可脂的相溶性差。代可可脂可用不同类型的原料油脂进行加工制造。目前常见的有两种类型，即月桂酸型和非月桂酸型代可可脂。

1. 月桂酸型代可可脂　月桂酸型代可可脂是利用月桂酸系列的油脂，如椰子油、棕榈仁油等，采用氢化、酯交换、分提等工艺过程制备而成。月桂酸型代可可脂具有与天然可可脂相似的熔点、SFI曲线等物理特性，在品质上以采用分提加工所得的产品为佳。由于甘三酯组成与天然可可脂完全不同，且由于含有相当量的短碳链脂肪酸，如月桂酸，这类代可可脂与天然可可脂的相溶性差，最多不超过6%。

代可可脂产品在20℃以下具有很好的硬度、脆性和收缩性，而且在适当的温度下具有良好的涂布性和口感；在制作巧克力时无需调温，结晶快，在冷却装置中停留时间短，大大简化了生产工艺。但是，由于此类产品含有相当量的短链脂肪酸，在加工生产时必须防止水分等的污染，以免产品发生水解而产生皂味等刺激性气味。另外，若在天然可可脂中加入代可可脂的量过多，会造成巧克力硬度降低、味道清淡、熔点范围变宽、制成的巧克力有蜡状感、产品存放过程中易产生冒霜、发花等不良现象。

2. 非月桂酸型代可可脂　主要利用非月桂酸类的液态油，如大豆油、棉籽油、玉米油、菜籽油等采用氢化以及分提等工艺加工而成。它们也具有与天然可可脂近似的熔点、SFI曲线等物理特性，在品质上也以经过分提加工的产品较佳。由于此类产品的甘三酯组成与天然可可脂完全不同，因此与天然可可脂的相溶性也不佳，一般最多不超过25%，但是耐热性好。

非月桂酸型代可可脂中对称型甘三酯分子并不多，因此在巧克力产品制造中可不经调温处理，生产中也没有产生刺激性气味（如皂味）的可能。由于非月桂酸型代可可脂熔点范围宽，口腔内熔化较慢，制成的巧克力有蜡状感，结晶时收缩性小，脆性较差。

无论是月桂酸型或非月桂酸型代可可脂，虽然都与天然可可脂在很多物理特性方面相似，但由于化学结构相差很大，使代可可脂与天然可可脂相溶性差。另一方面，由于代可可脂不存在同质多晶现象，使之制备巧克力制品时，勿需调温处理，从而简化了工艺过程。

3. 代可可脂的制取

（1）油脂氢化-分提法/分提-氢化法　将棕榈油、大豆油、棉籽油及菜籽油等分别进行氢化，然后混合。或先将它们按一定比例混合后再氢化，然后将氢化油进行溶剂分提，即可得到CBS产品。

先对棕榈仁油或椰子油进行分提，再进行氢化也可得到CBS产品。

（2）油脂酯交换-氢化法　棕榈油混合→酯交换→氢化→代可可脂。

其他植物油：例如 30 份棕榈油与 70 份葵花籽油进行酯交换反应，水洗去除催化剂，脱色、脱臭后得到酯交换油脂。将该油脂氢化后可得到 CBS 产品。

三、其他脂类产品生产技术

（一）磷脂及其产品

磷脂是含有磷酸基质的总称。磷脂是主要的天然表面活性剂，存在于几乎所有动植物的细胞内。商品磷脂一般仅指食用油加工过程中得到的副产物。磷脂已成为世人公认的高价值产品，具有很高的营养价值和广泛的商业用途。它最早用于食品行业是作为巧克力、糖果产品的增稠剂和人造奶油的乳化/稳定剂，如今已扩大到许多行业，如焙烤食品、化妆品、医药、浆料、纺织、杀虫剂、橡胶及涂料等。

1. 浓缩磷脂的制取　从油脂精炼、水化脱胶工艺所得的油脚，即成为生产浓缩磷脂的原料。工艺不同，油脚中的磷脂含量、组成不尽相同。因此，必须首先考虑原料的组成，确定生产的工艺条件。然而，浓缩磷脂的生产往往与脱胶过程紧密联系在一起。尤其是大规模连续化生产工艺，更有利于确保产品质量。连续水化脱胶与浓缩磷脂生产相结合的典型工艺如图 34-2 所示。

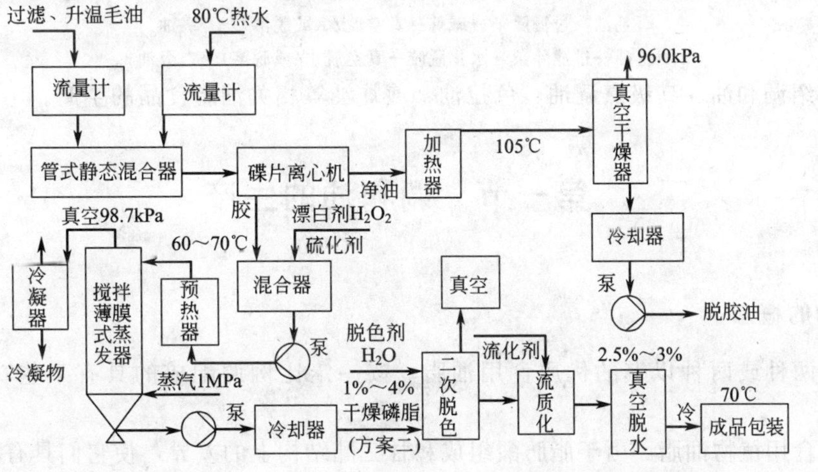

图 34-2　连续水化脱胶与浓缩磷脂生产相结合的典型工艺流程

上述综合工艺流程，如按需要作必要调整，可以生产出不同的浓缩磷脂产品：塑性的和流质的；脱色的与不脱色的；一次脱色的或二次脱色的。

(1) 一次脱色与流质化　经离心机脱出的胶质或间歇式脱胶所得到的油脚，打到混合罐内，添加漂白剂、流化剂进行搅拌混合 10～30min，并升温 60～70℃进行脱色。脱色剂一般采用双氧水（浓度30%），用量1%～4%（视原料色泽而定）。流化剂（脂肪酸或大豆油、豆油脂肪酸乙酯、氯化钙等）的添加视原料流动性要求而定，添加量为 2%～5%。

(2) 干燥　为了防止微生物作用，脱色后的胶体应尽快干燥，然后经冷却，即为一次脱色浓缩磷脂产品。

(3) 二次脱色与流质化　若需要生产二次脱色产品，则经干燥后再经过一次脱色和流质化处理。第二次的脱色剂仍可以用双氧水（含量 30%，用量 1%～3%），但有人建议采用两种脱色剂（过氧化氢和过氧化苯甲酰）效果更好。最后流质化处理，当生产含 66%～70%丙酮不溶物的流质磷脂时，不需再加脂肪酸，而加一定量的氯化钙，仅要求在 20℃条件下具有流动性。

国内的一次脱色浓缩磷脂产品生产工艺：采用先干燥后脱色、流质化工艺。即直接将油脚经过预热到60～70℃后，泵入薄膜干燥器内，然后进行脱色与流质化，最后再进行干燥和冷却，得到合格产品。

2. 大豆粉末磷脂的生产　丙酮萃取法生产粉末磷脂，是利用大豆磷脂在低温下几乎不溶于丙酮的特性，可用纯净的冷丙酮反复处理浓缩磷脂，脱除所含大量的油脂、FFA 以及微量杂质，从而达到精制的目的，而除去丙酮后的脱油磷脂呈粉末状或颗粒状。

（二）糖脂产品简介

糖脂是一种含糖的脂溶性化合物，广泛分布于动物，高等植物的花、果、叶，藻类和微生物等生物体中（有关知识在这里省略）。

第三十五章　相关油脂食品的生产

在人们的餐饮过程中，油脂食品比比皆是，除了特殊的要求外，油脂与食品是伴随物。人们常把含有油脂的食品称为食用油脂产品。食用油脂产品通常分为普通食用油（烹调油、色拉油、调和油）、食品专用油脂（煎炸油、起酥油、人造奶油、蛋黄酱、代可可脂）与其他脂类产品（磷脂、糖脂）等。

我国的主要食用油产品有二级油、一级油、高级烹调油、色拉油以及调和油等。它们都是按照各自的质量标准，经过一定的精炼工艺制得的。

二级油和一级油实际上是一种初级加工的食用油。大多数油脂仅以酸值高低作为主要指标，色泽与风味则无严格要求，而只是随着加工结果所作的相应规定。油脂的基本生产工艺过程如下：

毛油→过滤除杂→碱炼→真空脱水（或脱溶）→一级油

毛油→过滤除杂→水化脱胶→真空脱水（或脱溶）→二级油

本章主要介绍调和油、高级烹调油、色拉油、煎炸油等相关油脂食品的生产。

第一节　调和油的生产

一、调和油的概念

调和油是将两种或两种以上的优质食用油脂，按一定比例调配成的具有某些功能特性的高级食用油。

不同品种的食用植物油脂，由于脂肪酸组成和甘三酯结构上的差异，使它们具有不同的物理化学性质和生理代谢功能。饱和酸含量高的油脂，容易引起血清中低密度脂蛋白胆固醇的积累，从而导致动脉粥样硬化，诱发心血管疾病；不饱和酸含量高的油脂，氧化稳定性差，过量摄取易引起过氧化物积累而导致肝脾病变甚至致癌；亚油酸则是人体必需的脂肪酸，摄取不足会造成生理代谢紊乱而发生疾病。按照最新科学研究，符合生理代谢营养要求的膳食油脂，其脂肪酸组成比例最好是饱和酸：单不饱和酸：多不饱和酸=1：1：1，且 $(n-6):(n-3)=4:1$。因此将两种或两种以上食用油脂进行科学调配，可以弥补单一品种食用油脂营养功能结构不合理的缺陷。食品工业用油脂在考虑营养功能的同时，往往更注重油品的稳定性和使用性能，将稳定性和营养性好的油进行调配，可得到既有营养又具有行业功能的专用油脂。实际应用中，一些高级食用油脂产品，往往是综合油源组织、加工成本、风味和稳定性能等各种因素，经过科学调配、精心加工而成的。既满足人们的口味嗜好，又顺应人们的生理营养需求。

二、调和油的分类

调和油的品种很多，根据其使用功能，主要可分为三类。

1. 风味调和油　根据人们喜爱花生油、芝麻油香味的倾向，把菜籽油、米糠油、棉籽油等进行全精炼，然后与香味浓郁的花生油或芝麻油按一定比例调和，制成轻味花生油或轻味芝麻油供应市场。

2. 营养调和油　由玉米胚芽油、葵花籽油、红花籽油、米糠油、大豆油配制而成，其亚油酸和维生素 E 含量都高，可制成脂肪酸比例均衡的营养健康油，供高血压、冠心病患者以及患必需脂肪酸缺乏症患者食用。

3. 煎炸调和油　利用氢化油和全精炼的棉籽油、菜籽油、猪油或其他油脂调配成起酥性能好、烟点高、稳定性强的煎炸用油。

三、调和油的生产加工

制备调和油时，原料油脂可采用先调配再精制，也可将各原料油脂先精制后再进行调配。

具有食用油脂精炼生产能力的企业，一般是将各种原料毛油脱胶、脱酸后分类储存，然后综合油品资源、品质设计、加工成本以及市场需求等因素，科学调配后再进行脱色、脱臭（或进一步脱脂）精制而成。对于没有精炼能力或生产规模小的企业，则是将各种精炼后的油脂进行调和。

调和油的加工简单，在一般精炼车间即可进行，不需添加特殊设备。调制风味调和油时，将各原料油按设计比例输入调和罐中，在35～40℃温度下搅拌混合30min即可。如要调制高亚油酸营养油，则需在常温下进行调和，并加入一定量的维生素E。如要调制饱和程度较高的煎炸调和油，则调和时温度要高些，一般为50～60℃，最好再加入一定量的抗氧化剂。所有调和油在包装前均经过安全过滤机，以除去调和过程中偶然混入的不溶性杂质。

第二节　高级烹调油、色拉油与煎炸油的生产

一、高级烹调油和色拉油的生产

高级烹调油是一种适合于我国家庭或餐馆炒菜用的高级食用油，但不作煎炸用油。色拉油则是可用于生吃、凉拌、制调和油、配人造奶油和蛋黄酱以及家庭手工调制色拉的上乘油脂。它也可以用于油炸即食食品。

高级烹调油和色拉油主要不同点在于“耐寒性”。因此，这两种油的精炼工艺的不同点，就在于是否需要脱脂（和脱蜡）的问题，需根据不同的油品采用不同的加工步骤。现举例如下。

对于固态脂（或蜡）含量低的一些油脂，如大豆油、卡诺拉油或菜籽油，加工高级烹调油和色拉油的工艺过程基本相同。

毛油→过滤杂质→碱炼脱酸→真空干燥→吸附脱色→冬化脱脂→汽提脱臭→高级烹调油或色拉油

毛油→过滤杂质→脱胶→真空干燥→吸附脱色→汽提脱酸→高级烹调油或色拉油

上述工艺对于多数固态脂含量较高的如棉籽油、花生油等仅适合于加工高级烹调油。

对于含蜡脂量高的油脂，如米糠油、红花籽油、葵花籽油、玉米胚芽油，如果生产色拉油，则必须增加冬化脱脂或脱蜡工序。基本过程如下：

毛油→过滤杂质→碱炼脱酸→吸附脱色→冬化脱脂→汽提脱臭→色拉油

毛油→过滤杂质→脱胶→吸附脱色→冷却结晶脱蜡→汽提脱酸→高级烹调油或色拉油

二、煎炸油的生产

食品工业生产的煎炸食品，应具有良好的外观、色泽和较长的保存期。因此，并非所有的油脂都可以用于油炸。它必须是具有自身品质特点的专用油脂。

1. 煎炸油的特性要求

① 稳定性高。大多数食品的油炸温度是在150～200℃，个别也有达到250～270℃的。因此，要求煎炸油在持续高温下不易氧化、水解、分解或热聚合。同时要求油炸食品在储藏过程中不易变质。

② 烟点高。过低的烟点会导致煎炸操作无法进行。

③ 具有良好的风味。

2. 煎炸油的加工　高稳定性的煎炸油一般可用下述工艺过程制取。

毛油→预处理精制→氢化→过滤→后精炼→煎炸油

用于煎炸食品的煎炸油，大多数用轻度氢化配制而成的起酥油。一般它们的周转率在3.1%～6.3%/h时仍可使用。这类产品有氢化猪油，脱臭稳定猪油，混合型植物性起酥油，动物、植物混合型起酥油，氢化动物、植物起酥油，氢化多用途起酥油，氢化“长期保存型”植物性起酥油等。

此外，也有的煎炸油不用氢化油作原料，而是用饱和度较高的天然油脂，如猪油、棕榈油等。如上

所述，再添加抗氧化剂，有的还加一些柠檬酸、聚硅氧烷油等用于增加稳定性。其煎炸性能介于轻度氢化油与一般烹饪油之间。

第三节 蛋黄酱的生产

蛋黄酱是以食用植物油、蛋黄或整个蛋为原料制成的半固体食品。含有用水稀释的不低于2.5%的醋酸、柠檬汁或酸橙汁以及一种或几种添加剂，其中食用植物油不低于65%。

色拉调味汁也称低热值色拉调料，为半固体状调味酱，使用蛋黄或整个蛋以及淀粉糊加工而成。只许添加规定的原材料，如蛋黄、蛋白、淀粉糊、食盐、糖类、辛香料、乳化剂、合成糊料以及化学调味剂与酸味剂等。不含着色剂，风味及乳化程度良好，且有适宜黏度。规定水分在65%以下，粗脂肪含量30%以上。

1. 蛋黄酱的加工方法　工业化生产蛋黄酱一般分为两个步骤，即配制混合乳状液和均质成型。

(1) 在间歇式混合器中生产蛋黄酱　先将蛋黄酱、糖、盐、香料、约2/3的醋投入罐内，进行搅拌形成均匀的水相。然后边搅拌边加油，使油滴尽量分散。最后将剩余的醋加入罐内，使之稀释。这样能得到比一次性加醋的方法稠度更佳的产品。配料的温度也能影响产品的质量，原料的温度过高使成品稀薄，因此推荐操作温度为15.5～21.1℃。

(2) 预混合-真空混合器组合生产蛋黄酱（AMF系统）在预混合器内保持缓慢搅拌，先将剩下一部分醋以外的所有配料进行混合形成粗乳化物。然后进入第二混合器，加入剩余部分的醋。在转速475r/min和特殊的搅拌条件下，可生产出与胶体磨均质相同的细小而均匀的油滴。一般经真空混合器的油滴粒径为20～30μm。

(3) 混合器、真空胶体磨组合系统生产蛋黄酱　经配料、预混合的粗乳化液进入高速转动的胶体磨，在真空条件下，物料通过磨盘间隙（0.64～1.02mm），反复被磨成奶油状的质构，达到所要求的油脂粒度（2～4μm）。

2. 色拉调味汁的制备　在主混合罐内首先加入水，然后加入胶浆，混合2～3min，使胶质溶解、水化。再加入其他干组分和水溶性液体成分。待大多数成分加入后再加酸，最后才将剩余的油脂加入。混合后一般需要进行均质化，可以生产均一、稳定的乳液。均质设备有活塞型、剪切型、胶体磨以及新型的超声均质器等。此外，有些不可均质的成分如红辣椒等调料，要求在均质后再加到混合罐内混合，得到最后产品。

第五篇

过 程 控 制

第三十六章　工艺管理与质量管理

第一节　工 艺 管 理

工艺管理是过程管理中最重要的管理，是指制油工厂的生产工艺管理，就是指利用机器设备对油料进行加工的过程和方法，其内容包括：

1. 工艺规程的制定和执行；
2. 技术操作规程的制定和执行；
3. 技术测定。

一、工艺规程

工艺规程是按照产品的质量标准和企业的生产技术条件制定的。它规定了油料制油加工路线和加工方法，是一项指导加工过程的工艺技术文件。

制油工厂的工艺规程一般包括以下内容。

1. 工艺过程　是油料入机后，经过各种作业机而最后生产出成品油、饼粕的加工流程。

2. 各种作业机的生产技术数据　是指各种不同性能的作业机，在加工不同油料品质的情况下，为达到企业规定的产品质量标准而规定的生产技术数据。

制油工厂在制定工艺规程时，必须根据油料的品质、成品的质量标准、机器设备的情况和企业的生产任务，在着重科学技术原理和贯彻国家技术政策的基础上，结合本厂的实际情况和其他单位的先进经验，以及市场的需求来进行，要保证工艺过程中各主要作业机之间保持良好的连续性和协调性（负荷平衡），并使各部作业机达到最佳的工艺效果和经济效果。

二、技术操作规程

技术操作规程是指导生产工人对生产设备进行操作的一些技术规定和有关注意事项。它是把科学的、先进的操作方法和各种作业机的操作指标要求等用文字规定下来，是工人在生产中必须贯彻执行的法规。

技术操作规程一般包括以下几项内容。

1. 各种作业机的操作指标　是指原料或在制品通过各种不同性能的作业机后，应达到的指标和要求。它是衡量生产操作好坏的重要标志，起着监督生产的作用。

2. 各种作业机的操作方法　是指工人操作各种作业机的具体方法。各种作业机的性能不同，操作方法也不一样，要分别列出操作要点。

3. 开车与停车秩序　是指各种作业机开动和停车的顺序。

4. 开车前的准备工作与开车后的注意事项。

5. 停车前的准备工作与停车后的注意事项。

三、作业机的操作管理

（一）作业机的操作原则

所有作业机都必须根据“勤检查、勤清理；流量均匀、厚薄适当、指标明确、专人操作；前后工序、密切配合”的操作原则进行操作。

作业机在生产过程中的具体操作管理，详见各工艺设备的有关内容，下面主要叙述开车前、开车后、停车前及停车后的一些共性的事项。

（二）开车前的准备工作

1. 全面了解原料的质量情况。

2. 检查各个机器部件、吸风除尘系统以及电气控制设备的完好情况。如发现有残缺或破损时，应即进行整修或掉换。

3. 检查各机器设备的进口、出口及中间管道有无阻塞现象。

4. 对机器设备所有的转动部分，应先予以盘动。检查各轴承的润滑情况。

5. 对传动带的松紧度和接头的牢固程度，应作缜密检查。如发现有不符合运转要求，应即纠正。

6. 对各筛选设备筛孔的通顺情况、筛面松紧度和筛面的磨损程度进行检查，如有不妥之处，应即采取措施。

7. 对新检修完毕的机器设备，应注意检视有无工具或机械零件遗留在内。

8. 预先领好运转中需用的备品及物料。

9. 如遇清仓换批，应将所有机器设备及管道中积存的物料全部清出并称重。

10. 各工序的操作工人，在开车前，除均应做好上述准备工作外，并应根据工艺过程的不同，分别做好以下准备工作（详见各工艺设备有关内容）。

11. 各项工作准备就绪后，应用信号或口头与有关工序联系，待全部准备妥当后，才准按工艺顺序开车（但须先开通风机）。

（三）开车后的注意事项

1. 机器全部开动后，应作短时间的空车运转，以察看各转动部分是否正常，要求机体运转平稳，不得有不正常的振动和异声、异味。如发现有故障或不符合运转要求者，应即采取措施。

2. 各种设备的进料阀门必须在空车运转正常后才准开启。

3. 经常检查各道机器设备流层的均匀程度，对发现有过厚、过薄或走单边的情况。应即进行调整；对进口、出口处的杂物要随时清除。

4. 随时注意各机器设备的效能，如有效率降低或不正常情况发生，应即检查原因，采取措施。

5. 所有转动部分的轴承应随时注意检查，如发现有高温、漏油及松动等情况，应即采取措施。

6. 运转的传动带，应张紧适宜。如发现有跳动、摇晃、走偏等情况，应即采取有效措施，使其运转正常。

7. 随时注意各机器设备的负荷情况，不得超负荷运转。

（四）停车前的准备工作

1. 停车前应用信号（或口头）通知有关工序作好准备工作。

2. 清扫作业机附近散落的油料并将作业机及其周围打扫干净。

3. 根据工艺过程的先后，顺序检查各道作业机中的货料是否走完。

4. 各工序应在做好停车准备工作以后，才可停车（但须后关通风机）。

5. 凡停车在三天以上时，各作业机中的货料都要走空，并清扫干净。

（五）停车后的注意事项

1. 停车后，对所有机器设备应进行检查，如发现有问题时，应按规定手续进行检修。

2. 下脚料未经整理不得返回工艺流程。

3. 将应用工具和材物料收拾好，放到固定存放地点。

4. 将本班生产情况及下一班应注意的事项填写在记事本（牌）上，交给下一班。

四、技术测定

技术测定的目的是为了正确了解制油厂各个生产工序和设备在生产过程中的实际工艺效果，并据以分析研究，找出在操作与设备效能上存在的问题，从而加以改进，以利不断提高各工艺过程中的生产效率。

技术测定可根据工厂的需要，定期或不定期地进行，也可根据需要对整个或局部的工艺过程，或某一台设备进行测定。

（一）技术测定的内容

1. 流量测定 测定各工序内各个设备在单位时间内所通过的物料数量，叫流量测定。通过流量测定，可以了解各设备的负荷是否平衡，处理量是否恰当，安排是否合适。流量计算单位为“千克/小时”。

2. 质量测定 测定物料进机前和出机后的质量变化情况，叫质量测定。通过质量测定，可以了解各设备的工作效率。其测定的项目、方法与要求均按照生产检验进行。

（二）技术测定时的注意事项

1. 在进行全面测定之前，必须先进行全面的生产检查，校对工艺流程图与生产实际是否相符，然后作出测定计划，组织测定小组并进行人员分工的安排，准备好必要的仪器、仪表、工具、装具。对无测定经验的人员，在测定前应进行一定训练。

2. 测定前与当班工人讲清测定的目的、内容、注意事项，以取得密切配合。

3. 测定必须在生产稳定时进行。任何人未经测定负责人的允许，在测定过程中都不得随意乱动设备、更改操作方法或擅离职守。

4. 全面测定时，流量测定应从成品打包开始，逐步顺次往前进行。测定主流流量，取样时间不少于1min，下脚、副产品及副流取样时间不少于5min（视流量大小决定）。质量测定可从流量测定中分出部分样品进行检验，若不进行流量测定，则可从下物井开始，逐步顺次往后进行。

5. 检验人员必须按照规定的项目和时间进行检验，不能随便更改或拖延。对样品应按规定保留和处理，不得随便丢失或混淆。对于废弃的测定物料，不得在测定时进行回机。

6. 在测定过程中发现问题时，应及时报告测定负责人，决定是否重测。

7. 每个项目测定完毕后，测定人员和检验人员应分别将结果作出记录。如有因主要环节测定不够正确而影响全面分析时，应重新测定。

8. 全部测定工作结束后，必须召集有关人员将测定结果与历史资料以及其他制油厂资料进行对比，并据以分析研究，写出测定报告，针对存在的问题提出相应的改进措施。

五、工人岗位责任制

建立和健全岗位责任制，能使各工作岗位上的职工明确自己的具体任务、责任和权力，做到事事有人管，人人有专责，办事有标准，工作有检查，以利于调动大家刻苦钻研业务的积极性。岗位责任制的内容一般应包括本岗位所管理的各设备或工序的操作管理要求和应达到的技术经济指标。

为了考核工作情况和保证产品质量，各岗位应该加强必要的检测和记录工作。检测工作应以自检为主，互检为辅。自检是指工人对自己所负责的工序或设备所生产的产品进行检验，通过自检，可以使工人及时了解自己生产的产品质量情况，以便及时发现问题，改进工作；互检是指后道工序对前道工序进行抽检，以便督促前道工序的工人保证产品质量，当发现质量太低将导致成品质量达不到标准时，后道工序应停止加工，并迅速报告班组长和车间主任。

工人岗位责任制的具体内容，对于不同工作岗位的工人来说，是不相同的，但是其基本要求是共同的，这些要求是：

1. 严格遵守工艺及操作规程；
2. 爱护设备和工具，保持设备和工具经常处于良好状态；
3. 生产使用工具、材料摆放整齐，保持工作地的整洁；
4. 保证安全生产；
5. 做好交接工作。

第二节 质量管理

众所周知，质量是影响企业竞争力的主要因素之一。没有好的产品质量，就等于失去了在市场上竞争的资格，因此，世界各国的企业管理者们历来都十分重视质量管理，掌握质量管理的内涵和质量管理的主要方法，也就成了管理人员必备的素质。本章将讨论质量管理的概念和重要意义、质量保证、质量控制、质量体系、PDCA 循环等主要内容，也将介绍统计质量控制的常用方法，如主次因素图、因果分析图等主要统计质量控制工具等。最后还将介绍 ISO 9000 质量认证体系、ISO 9000 系列标准的组成及质量认证的目的和意义。

一、质量的概念

质量、成本、交货期、服务及响应速度，是决定市场竞争成败的几个关键要素，而质量更是居首位的要素，是企业参与市场竞争的必备条件。质量低劣的产品，成本再低也无人问津。企业要想跻身国际市场，后来居上，首先要有优质的产品和完美的服务。

提高生产率是社会生产的永恒主题。而只有有了高质量，才可能有真正的高生产率。如果企业的产品和服务的质量不能满足顾客要求，就不能在市场上实现其价值，就是一种无效或低效率的劳动，就不可能有真正的高效率和高效益。

（一）质量的概念

质量（quality）是质量管理的对象，正确、全面地理解质量的概念，对开展质量管理工作是十分重要的。在生产发展的不同历史时期，人们对质量的理解随着科学技术的发展和社会经济的变化而有所变化。

自从美国贝尔电话研究所的统计学家休哈特（W. A. Shewhart）博士于 1924 年首次提出将统计学应用于质量控制以来，质量管理的思想和方法不断得到丰富和发展。一种新的质量管理思想和质量管理方式的提出，通常伴随的是对质量概念的重新理解和定义，那么到底什么是质量？国际标准 ISO 8402—1986 对质量作了如下定义：质量（品质）是反映产品或服务满足明确或隐含需要能力的特征和特性的总和。现代质量管理认为，必须从用户的观点对质量下定义。这方面最著名的、也是最流行的，是美国著名的质量管理权威朱兰（J. M. Juran）给质量下的定义：“质量就是适用性”。

所谓适用性，就是产品和服务满足顾客要求的程度。企业的产品是否使顾客十分满意？是否达到了顾客的期望？如果没有，就说明存在质量问题。不管是产品本身的缺陷还是没有了解清楚顾客到底需要的是什么，都是企业的责任。

但是适用性和满足顾客要求是比较抽象的概念，为了使之对质量管理工作起到指导作用，还需将其具体化。在这方面，美国质量管理专家戴维教授将适用性的概念具体为 8 个方面的含义。

1. 性能　产品主要功能达到的技术水平和等级，如植物油中的酸值、过氧化值等。
2. 附加功能　为使顾客更加方便、舒适等所增加的产品功能，如桶装食用油。
3. 可靠性　产品和服务完成规定功能的准确性和概率。
4. 一致性　产品和服务符合产品说明书和服务规定的程度。
5. 耐久性　产品和服务达到规定的使用寿命的概率。
6. 维护性　产品是否容易修理和维护。
7. 美学性　产品外观是否具有吸引力和艺术性。
8. 感觉性　产品和服务是否使人产生美好联想甚至妙不可言，如广告用语给人的感觉和使人产生的联想等。

以上这 8 个方面是适用性概念的具体化，从而也就更容易从这 8 个方面明确顾客对产品和服务的要求，并将这种要求化为产品和服务的各种标准。

美国著名作业管理专家理查德·施恩伯格认为，上述 8 个方面的质量含义，偏重于制造企业和其产品，而对于服务企业来说，还应进一步补充下列质量内容。

9. 价值　服务是不是最大限度地满足了顾客的希望，使其觉得钱花得值。
10. 响应速度　尤其对于服务业来说，时间是一个主要的质量性能和要求。有资料显示，超级市场出口处的顾客等待时间超过 5min，就显得很不耐烦，服务质量就会大打折扣。
11. 人性　这是服务质量中一个最难把握但却非常重要的质量要素。人性不仅仅是针对顾客的笑脸相迎，还包括对顾客的谦逊、尊重、信任、理解、体谅和与顾客有效的沟通。
12. 安全性　无任何风险、危险和疑虑。

13. 资格　具有必备的能力和知识，提供一流的服务。如导游的服务质量，就在很大程度上取决于导游人员的外语能力和知识素养。

从以上关于质量概念的表述可以看出，随着社会的进步、人们的收入水平和受教育水平的提高，消费者对产品和服务质量的要求越来越高，越来越具有丰富的文化和个性内涵。因而，如何正确地认识顾客的需求，如何将其转化为系统性的产品和服务的标准是现代质量管理首先要解决的重要问题。质量管理水平的提高，首先要求质量管理思想和观念革新。

（二）质量过程

产品和服务质量从形成过程来说，有设计过程质量、制造过程质量、使用过程质量及服务过程质量之分。

1. 设计过程质量　指设计阶段所体现的质量，也就是产品设计符合质量特性要求的程度，它最终是经过图样和技术文件质量来体现。

2. 制造过程质量　指按设计要求，通过生产工序制造而实际达到的实物质量，是设计质量的实现，是制造过程中，操作工人、技术装备、原料、工艺方法以及环境条件等因素的综合产物，也称符合性质量。

3. 使用过程质量　这是在实际使用过程中所表现的质量，它是产品质量与质量管理水平的最终体现。

4. 服务过程质量　指产品进入使用过程后，生产企业（供方）对用户的服务要求的满足程度。

（三）工作质量

工作质量一般指与质量有关的各项工作，对产品质量、服务质量的保证程度。工作质量涉及各个部门、各个岗位工作的有效性，同时，决定着产品质量、服务质量。然而，它又取决于人的素质，包括工作人员的质量意识、责任心、业务水平。其中，最高管理者（决策层）的工作质量起主导作用，一般管理层和执行层的工作质量起保证和落实的作用。

工作质量能反映企业的组织工作、管理工作与技术工作的水平。工作质量的特点是它不像产品质量那样直观地表现在人们面前，而是体现在一切生产、技术、经营活动之中，并且通过企业的工作效率及工作成果，最终通过产品质量和经济效果表现出来。

产品质量指标可以用产品质量特性值来表示，而工作质量指标，一般是通过产品合格率、废品率和返修率等指标表示。如合格率的提高，废品率、返修率的下降，就意味着工作质量水平的提高。然而，工作质量在许多场合是不能用上述指标来直接定量的，而通常是采取综合评分的方法来定量评价。例如，工作质量的衡量可以通过工作标准，把“需要”予以规定，然后通过质量责任制等进行评价、考核与综合评分。具体的工作标准因不同部门、岗位而异。

对于生产现场来说，工作质量通常表现为工序质量。所谓工序质量是指操作者（man）、机器设备（machine）、原材料（material）、操作及检测方法（method）和环境（environment）等 5 大因素（即 4M1E）综合起作用的加工过程的质量。在生产现场抓工作质量，就是要控制这 5 大因素，保证工序质量，最终保证产品质量。

二、质量管理的基本概念

（一）质量管理

根据 ISO 8402—1994 给出的定义，质量管理（quality management）是指“确定质量方针、目标和职责，并通过质量体系中的质量策划、质量控制、质量保证和质量改进来使其实现的所有管理职能的全部活动”。这个定义指出了质量管理是一个组织管理职能的重要组成部分，必须由一个组织的最高管理者来推动，质量管理是各级管理者的职责，并且和组织内的全体成员都有关系，他们的工作都直接或间接地影响着产品或服务的质量。因此，质量管理的涉及面很广：从横向来说，包括战略计划、资源分配和其他系统活动，如质量计划、质量保证、质量控制等活动；从纵向来说，质量管理包括质量方针、质量目标以及质量体系。

（二）质量保证

所谓质量保证（quality assurance），是指“为使人们确信某实体能满足质量要求，在质量体系内所开展的并按需要进行证实的有计划和有系统的全部活动”（国际标准 ISO 8402—1994）。

质量保证的基本思想是强调对用户负责，其核心问题在于使人们确信某一组织有能力满足规定的质量要求，给用户、第三方（政府主管部门、质量监督部门、消费者协会等）和本企业最高管理者提供信任感。为了确有把握地使用户、第三方、本企业最高管理者相信具有质量保证能力，使他们树立足够信心，必须提供充分必要的证据和记录，证明有足够能力满足他们对质量的要求。为了使质量保证系统行之有效，还必须时常接受评价，例如，用户、第三方和企业最高管理者组织实施的质量审核、质量监督、质量认证、质量评价（评审）等。

质量保证是一种有计划、有系统的活动，是实现质量保证所必需的工作保证。通过有计划地开展质量保证活动，应当形成一个有效的质量保证体系（质量保证模式）。

质量保证还分为内部质量保证和外部质量保证。内部质量保证是质量管理职能的一个组成部分，是为了使企业各层管理者确信本企业的活动具备满足质量要求的能力。外部质量保证是为了使用户和第三者确信供方的活动具备满足质量要求的能力。

（三）质量控制

所谓质量控制（quality control），是指“为满足质量要求所采取的作业技术和活动”（国际标准 ISO 8402—1994）。

定义中所表述的“作业技术和活动”是贯穿于质量形成全过程的各个环节，目的是为了保持质量形成全过程或其某一环节受控。因此，“作业技术和活动”的主要内容是确定控制计划与标准、实施控制计划与标准，并在实施过程中进行连续监视和验证、纠正不符合计划与程序现象、排除质量形成过程中的不良因素与偏离规范现象，恢复其正常状态。

在实际运用质量控制概念时，应该明确控制对象。对具体的质量控制活动，应冠以限定词，如工序质量控制、外协件质量控制、公司范围质量控制等。

（四）质量体系

为了实现质量方针、目标，提高质量管理的有效性，应建立与健全质量体系（quality system）。质量体系是指“为实施质量管理的组织机构、职责、程序、过程和资源”（国际标准 ISO 8402—1994）。质量体系是质量管理的组织保证。因此，质量体系定义中所表述的“组织机构、职责”，是指影响产品质量的组织体制，是组织机构、职责、程序等的管理能力和资源能力（包括人力资源与物质资源，即体系的硬件如人才资源与技能、设计研究设备、生产工艺设备、检验与试验设备以及计量器具等）的综合体。一般包括：领导职责与质量管理职能，质量机构的设置，各机构的质量职能、职责以及它们之间的纵向与横向关系，质量工作网络与质量信息传递与反馈等。

质量体系是由若干要素构成的。根据 ISO 9000 系列标准，质量体系一般可以包括下列要素：市场调研，设计和规范，采购，工艺准备生产过程控制，产品验证，测量和试验设备的控制，不合格控制，纠正措施，搬运和生产后的职能，质量文件和记录，人员，产品安全与责任，质量管理方法的应用等。

质量体系有两种形式：一种是用于内部管理的质量体系，一般以管理标准、工作标准、规章制度、规程等予以体现；一种是用于外部证明的质量保证体系。

质量体系作为一个有机体，还应拥有必要的体系文件包括质量手册、程序性文件（包括管理性程序文件、技术性程序文件）、质量计划及质量记录等。

（五）质量职能

质量管理在很大程度上是对质量职能（quality function）的管理。

所谓质量职能是指质量形成全过程所必须发挥的质量管理功能及其相应的质量活动。从产品质量形成的规律来看，直接影响产品质量的主要质量职能有市场研究、开发设计、生产技术准备、采购供应、生产制造、质量检验、产品销售、用户服务等。

一般来说，质量职能不同于质量职责。质量职能是针对质量形成全过程的需要提出来的质量活动属性与功能，具有科学性；而质量职责是为了实现质量职能，对部门、岗位与个人提出的具体的质量工作任务并赋予责、权、利，具有规定性与法定性。因而可以说，质量职能是制定质量职责的依据，质量职责是落实质量职能的方式或手段。

质量职能不能等同于职能部门。一项质量职能可能由几个部门去担当实现，一个职能质量管理在很大程度上是对质量职能的管理。

总之，质量管理是一门学问，从根本上说，这是一门如何发现质量问题、定义质量问题、寻找问题原因和制定整改方案的方法论。质量管理还是一种思想，它实际对企业的宗旨，即企业是干什么的、应该干什么这一基本使命的一种深刻的理解和不断升华的认识。质量管理更是一种实践，一种从企业最高领导到每位员工主动参与的、永无止境的改进活动。

三、提高产品质量的意义

产品（服务）质量是任何一个企业赖以生存的基础，提高产品质量对于提高企业竞争力、促进企业的发展有着直接而重要的意义。

1. 质量是企业的生命线，是实现企业兴旺发达的杠杆。一个企业有没有生命力，在经营上有没有活力，首先是看它能否生产和及时向市场提供所需要的质量优良的产品。生产质量低劣的产品，必然要被淘汰，企业也就不能兴旺发达。

2. 质量是提高企业竞争能力的重要支柱。无论在国际和国内市场中，竞争都是一条普遍的规律。市场的竞争首先是质量的竞争，质量低劣的产品是无法进入市场的。可以说，质量是产品进入市场的通行证。企业也只能以质量开拓市场，以质量巩固市场。提高产品质量是企业管理中的一项重要战略。

3. 质量是提高企业经济效益的重要条件。提高产品质量大多可以在不增加消耗的条件下，向用户提供使用价值更高的产品，以优质获得优价，走质量效益型道路，使企业经济效益提高。如果粗制滥造，质量低劣，就必然导致产品滞销，无人购买，这就从根本上失去了提高经济效益的条件。经验也表明，只有高的质量，才可能有高的效益。

产品的质量问题始终是个重大的战略问题。优质能给人们生活带来方便与安乐，能给企业带来效益和发展，最终能使社会繁荣，国家富强；劣质则会给人们生活带来无数的烦恼以致灾难，造成企业的亏损以致倒闭，并由此给社会带来各种不良影响，直接阻碍社会的进步，乃至造成国家的衰败。因此，我们可以把优质的产品和服务看成是人们现代生活与工作的保障。美国著名质量管理专家朱兰博士曾形象地把“质量”比拟为人们在现代社会上赖以生存的大堤，保护着人们的生活。要保证质量大堤的安全，就必须对质量问题常抓不懈。

第三十七章 节能管理

第一节 节能意义

一、生产节能的经济效果

植物油料生产工厂主要采用电能作为动力。单位产品耗电量就是把油料加工成最终产品，与毛油或精炼油有直接关系的生产车间的耗电量，以千瓦·小时/吨油料表示。它是工厂能源考核中通用的能源利用评价指标，是工厂生产主要考核的技术经济指标之一。

电费是工厂生产成本的主要组成部分之一。近年来，电费的附加费增加幅度较大，在成本中所占的比值相应增大。经测算某厂加工一级油和二级油，电费分别占生产成本的35％和40％。由此可见，在保证产品质量的前提下，提高经济效益的一个途径是节能。

二、节能的经济概念

我国关于能源的基本方针是“开发与节约并重”，近期把节能放在“优先地位”。对制油工厂来讲、节能就是要充分发挥能源的利用效果，力求以最少数量的能源消耗，获得最大的经济效益。也就是说，生产同样数量的品种等级的产品，要可能多地减少能源消耗，这就是节能的经济概念。

节能的数量是一个相对量，总是相对于某一个比较基准而言。节能的比较基准一般有以下两种。

本单位前期产品耗电量：前期，一般常指上年同期。

产品耗电量标准定额：标准能源消耗定额是一种能源科学管理定额。通常由行业主管部门在综合分析了机器设备、生产工艺、操作水平、原材料、技术和管理程度等制定符合当前实际的先进产品耗电量标准定额。

由比较基准可知，节能有两类，一类是与自身比较的节能量。如与上年同期相比的节能量。它反映了企业在能量利用上的提高和进步，是一种实际节能量，一类是与他方比较的节能量，如与产品耗电量标准定额相比。它反映了企业的实际用能水平，是一种名义节能量。显然，真正的有效节能量应是在实际能源低于标准能源消耗定额时的自身节能量。

三、节能的潜力

植物油加工单位产品消耗量厂际之间相差比较大；同类规模同类设备的生产条件，国内外厂际之间相差也比较大。节能降耗大有潜力可挖。

四、节能的因素与理念

影响制油工厂耗电量的因素有很多，它取决于原料品质、厂型规模、工艺流程的设置、设备的选用、技术操作水平以及管理水平等。节能的机会遍布在植物油料加工经济活动的整个过程中。因此对制油工厂的整个经济活动进行过程能量优化，是本书的一个重要理念，通过过程能量优化，达到节能，从而提高经济效益。

五、节能降耗能量优化

- 节能降耗能量优化
  - 压缩装机容量
    - 工艺设计
      - 流程简化、简短
      - 灵活、适应性强
      - 设备布局合理
      - 减少回流和提升次数
      - 流量平衡匹配
    - 设备选择
      - 定型设备
      - 组合设备
      - 高效设备
      - 高效低耗风机
      - 匹配电机
  - 实现流量平衡
    - 工艺操作
      - 主机处于最佳状态
      - 流量平衡匹配
    - 工艺设计
      - 工艺流量平衡
      - 工艺设备生产能力匹配
  - 提高产量时（工艺操作）
    - 优选工艺参数
    - 主机转速稳定
    - 风机转速稳定、不掉料
  - 节能管理
    - 目标管理
      - 定电耗定额指标
      - 动态考核
    - 生产管理
      - 合理调度原料
      - 正确安排生产
      - 定时检修设备
    - 工艺管理
      - 掌握加工流量和产量
      - 确保产品合格
      - 制定最佳工艺方案
    - 质量管理
      - 正确使用设备
      - 确保产品等级
    - 技术管理
      - 技术测定
      - 分析、决策、调整
    - 设备管理
      - 电动机节能措施
      - 变压器、节能措施

第二节　节能理论

现在世界各国都遇到能源危机，经济发展将可能受到严重的威胁；纵观世界经济的发展，能源危机都会引起经济危机，20 世纪 70 年代西方发达国家的能源危机造成严重的经济危机，主要表现在石油的价格从每桶 2 美元上升到近每桶 40 美元，因此西方发达国家采取一系列技术措施。降低能源消耗，掀起一场节能技术的革命。后来随着经济的发展，石油价格回落到每桶 20 美元左右，世界经济开始趋向稳定，节能技术开始发挥巨大的作用。

当今世界同样遇到了能源危机，石油价格从 2005 年的每桶 30 美元上升到 2008 年的最高时的每桶 147 美元，几乎上升了 5 倍：这样世界经济受到了前所未有的考验，特别是能源消费大的工业企业面临着严峻的挑战。我国早在 2005 年就提出了节能减排的战略目标，中国“十一五”规划纲要提出了“十一五”期间单位 CDP 能耗降低 20%左右，主要污染物的排放总量减少 10%。节能问题不仅是国家的战略目标，更主要的是企业生产经营的重要组成部分，企业如何应对能源价格上涨问题，是降低生产成本，提高经济效益的首先要解决的问题。

植物油脂生产企业是个能源消耗较大的行业，其生产所需要的能源又是一个多元化的成分，因此节能技术具有复杂性和综合性。植物油脂生产企业的节能主要表现在蒸汽的节能技术、电力的节能技术、综合节能技术方面。有许多研究者在此方面有着深入的研究，有蒸汽的节能技术，有节电的技术，这些节能技术是实用性的，本书主要从理论角度来分析油脂生产工艺中节能的理论依据和可行性，以及配备的其他技术措施，供油脂生产企业节能战略考虑。

一、油脂生产的技术特点

植物油料加工企业目前广泛用于生产油脂的工艺主要有油料压榨工艺、油料浸出工艺、油脂精炼工艺，无论是哪种工艺都是由多个单元的化工操作所组成，这些操作主要归结为干燥，分离（多组成固、液、气），输送（固体、液体、气体），加热，蒸发，蒸馏，粉碎与混合等，在具体生产中，这些操作表现的特征也不尽相同，掌握其特点可以归类于不同的操作单元、不同的生产规模、不同的产品质量要求和不同的生产稳定性要求。综合油料加工工艺，从节能角度来看，其特点主要有以下几条。

1. 冷热物料的互补性　油料加工工艺中有许多加热单元过程，有固体物料（油料的软化、蒸炒），液体物料（油脂升温脱臭），气体物质（空气加热干燥成品粕）；同时也有许多冷却单元过程，固体物料冷却（成品粕的冷却），液体的冷却（高温脱臭油冷却），气体的冷凝冷却（蒸发的溶剂蒸气的冷凝冷却）；这类物质的热量有互补性。

2. 余热气体多样性　油脂生产工艺过程有更多的液体蒸发单元过程，蒸汽余热现象，会产生大量的、热焓很高的非压力的蒸气，脱水过程的水蒸气，溶剂浸出中脱溶的溶剂蒸气，蒸汽的乏汽，动力过程的废气，这些气体在工艺中需要冷凝冷却，因此这类废气利用加热其他物料是节能的有利条件。

3. 物料流动动力广泛性　固体物料、液体物料和气体物料在油脂生产过程中需要大量的动力设备进行传输，动力设备往往需要更多的电力或二次动力流体，因此表现为能源的消耗方面，合理的设计和节能新技术往往带来巨大的动力节约。

4. 产品质量和得率与能源消耗具有关联性　现代油脂工业企业为了适应市场变化，往往对产品质量进行深层次的处理，成品油和粕的内部质量的控制，熟化程度，保质脱除某些成分，需要增加新的加工过程和过程强化处理，需要更多的热量和动力，如等级粕生产工艺（粉碎和脱皮），低温脱溶工艺（间接加热和真空换热）等：在加工过程中为了更多地提取油脂，充分对油料进行预处理过程，也要改变油料的外观和质的结构，对固体物料进行粉碎、对粉状物料进行凝聚和造粒也广泛用于油料加工过程，这些过程增加了能量消耗。

5. 能源消耗与产量增加的递减性　油料加工过程的能量消耗是随产量的增加而降低的，主要是热量利用在增加，机械效率在提高，热量损失在减少；但产量是受到多种因素影响的，与企业的规模和实力有着密切的关系。

二、蒸汽的节能技术

油料加工的蒸汽消耗与生产工艺是密不可分的，其所占比例可达30%～60%，但产品得率愈高的工艺，其蒸汽消耗的比例也就愈高，因此能量消耗与产品得率的评价体系也会随能源价格的上升而变得更为关注：能量消耗随产量的增加，单位产量的消耗是在减少的，因此蒸汽的节能显得更为重要，蒸汽的节能首先应该与产品质量、得率要求相一致。蒸汽的节能主要应从以下几个方面考虑。

1. 高、低温物料的热交换技术　在油脂生产中充分利用高、低温物料进行热交换，主要用于液体和气体方面，因为高、低温固体的利用效率比较低，且影响产品流动，固体物料的流动所需要的能源不足以弥补热量利用，而气体方面热量利用，由于显热的部分不够理想，显热的利用比较小，而液体高、低温的热量利用较为合理。

在油料加工生产实践中，主要有脱臭的高温成品油脂、加热低温待加工的油脂（待脱胶、脱色和脱臭），显热从260℃可利用到70℃，再向下利用，工艺效果会降低，或造成投资的过大现象，如果是直接热交换，可以利用到40℃的情况，这种直接利用的机会在生产过程中不多；在生产中还有热水利用的可能，油脂生产过程中的热水主要是乏水，这类热水，在物料水分达不到工艺要求时，可用于直接加热固体物料；这部分热水也可间接加热空气，也可以用于精炼工艺水的直接加热过程，但要考虑换热器的效率和投资回收率。

2. 二次蒸汽的利用　在油脂生产过程中这类热量利用的研究最多，成功用于生产的实践现象也比较常见，二次蒸汽主要有几个来源，高压力蒸汽的乏汽，动力蒸汽的余汽，工艺中脱除挥发性物质的二次蒸汽，它们利用的成功性在于和利用被加热物质所需热量的平衡，或过剩热量的微处理方式。

在油脂生产工艺中，蒸脱机的二次蒸汽（加热第一蒸发器）、混合油蒸发器的二次蒸汽（加热蒸脱机干燥用的空气）、混合油蒸馏的二次蒸汽（加热富油石蜡）、真空喷射泵的背压蒸汽（加热第一蒸发器）等都可用于生产，但利用这些热量需要注意热量显热特征，要采取一定的技术手段，措施主要有降低被加热物质蒸发（或加热）温度（真空蒸发），过剩多余热量要有补充手段来保证这类二次蒸汽的冷凝和回收，方法不能用一般的方法，往往要用特殊的方法，如冷热物液直接混合或强制混合（如节能器等），来保证它们的充分利用，也才能使生产正常。

3. 合理的工艺参数选择和设备结构的设计利用蒸汽热量　从热量的特性进行分析，工艺参数的选取和设备结构的设计同样可以达到节约蒸汽的目的。热和功是互相可以转换的，仅用其总热量守恒方式的热力学第一定律来评价热的有效利用是不充分的，如果考虑热力学第二定律，则温度愈高，其热的价值就愈大。因而只用数量是不能评价的，有时充分利用效率和功的转换也能达到节能的目的。

要达到效率节能，就要有工艺参数选择的合理性，充分利用分级和分馏来实现最大的节能。在油脂生产过程中，将蒸发的物质气体的热焓降到最低（如蒸脱机的气相温度，汽提的混合气的气相温度，脱臭过程的气体的气相温度），就需要选择合理的工艺参数和合理的设备结构达到气液的多次交换，形成多级分馏目的。

热功的转换有时也能产生节能的效果，气相的气体进行压缩，可以增加气相的温度，提高热交换的基本条件（如液化气浸出过程的解压压缩的气体对减压液体进行加热），来实现能量充分的交换过程，这一技术措施与溶剂和蒸发物质的性质有很大关系，在此热量利用方面，目前的研究还不是很多，实践中应用的范围也不太广泛。

三、电力消耗方面的节能技术

油料加工企业中要用到动力（主要是电力），对物流进行输送、粉碎和分离，这类能源的消耗在油脂生产企业中占有相当的比例，且与生产规模、产品质量标准有着比较紧密的关系，因此此项的节能不能和蒸汽节能一样遵循热量自然规律进行节能，它还要考虑管理和市场等因素。

1. 物料输送的节能　在油脂生产工艺中需要大量的固体输送机械、液体输送的泵类和气体输送的风机类，这类动力的节能首先要考虑生产规模，大规模节能明显，更要进行经济效益分析，因为投资与节能的效益与能源价格、设备价格有着重要的关联，这类节能不能表现在某个技术的应用性，而在于设计过程的合理性，也表现为生产过程控制的合理性。

固体机械的动力节能主要表现在速度方面，速度低，动力消耗小，但速度过低势必带来设备体积的增加和设备投资的过大，因此合理选择输送速度是节能的重要措施之一，同时还要考虑固体物料的流动均匀性、稳定性，因此过分强调生产量的可缩性对节能是不利的。

流体（液体和气体）的输送是靠各种泵类和风机，它们的节能主要表现在流动阻力和转速方面，也有少量的表现在温度方面；泵类或风机类流量与转速成正比，转速与功率成正比，因此用转速控制流量具有明显的节能效果，从转速控制设备的投资费用与节能平衡关系来看，100kW 以上的大设备，投资回收期一般在两年以内，小容量的设备投资回收期也可控制在四年以内，因为此类设备较多，控制转速与节能的关系要与设备结构形式有关。

设备转速控制装置，目前主要采用的有：机械式变速器，液压式变速器，V 带变速装置，电气式变速装置，如何选用要考虑产量、设备结构、产品成熟性能、投资费用等因素。

2. 粉碎和分离的节能　在植物油料加工企业中往往对这类操作单元的节能考虑较少，主要原因是节能效果表现方式不同，常被忽视，还有技术上比较复杂，要节能要有大的投入和实践：这类节能技术应该充分考虑热量与动力的转换过程，也应该考虑热能与动力的比价。

粉碎的节能理论上应该考虑三个方面，一是粉碎效率，二是粉碎时放出的热量，三是粉碎与干燥；粉碎效率可以通过分级粉碎来减少每级的粉碎量，使能量达到最低状态，粉碎时放出的热量主要考虑粉碎的热量利用，也可以利用粉碎热量加热空气：而粉碎与干燥可以利用粉碎升温干燥脱除部分挥发性物质（如轧坯时使水分挥发）。

分离技术的节能同样是动力节能的一个方面，其节能措施主要有，分级分离，延长分离时间。分级分离主要节能原理是让每级分离的流量达到最少、每级分离效率最高；延长分离时间的原理是降速以达到节约动力的目的，但实施要考虑体积和投资的问题。

四、工艺节能技术

植物油料加工企业中油脂生产工艺的节能方式比较多，主要有设备布置的节能（塔楼式设备布置），工艺简化或强化的节能（膨化技术），循环工艺的节能（物质的循环如蒸汽循环技术，导热油循环技术等）；高性能的其他节能主要有控制节能，管理节能，产量稳定节能，采用新型节能设备的节能，由于这些技术涉及面较广泛，本书不再详细论述。

五、节能发展的展望

节能技术将是一个永恒的技术问题，节能与时代有关，与产品性能要求有关，在目前的情况下，植物油料加工节能还有许多潜力可挖，预计在目前的消耗基础上节能20%是完全可能的。

第三节 节能实践

一、压缩装机容量的途径

压缩装机容量应以以下三个方面着手。

1. 精心进行工艺设计

(1) 应在保证质量、提高纯度、提高出油率的前提下，简化工艺流程，减少物料回流，设备布置合理，减少物料提升次数。

(2) 流程要灵活，能适应原料品种、成品等级变换的生产条件。

(3) 整个工艺流程的各种设备必须配套，各工序之间的设备能力必须互相适应，辅助设备与主机的生产能力要基本平衡，使每台设备能发挥应有的生产效率，防止设备和动力的浪费。流量平衡，生产稳定是充分发挥设备效能、提高生产效率的重要条件。

(4) 务必注意提高风机效率，降低电力消耗。

降低风运电耗的途径除了工艺设备的配套、操作和生产管理方面外，在风运装置本身应注意以下问题。

① 选用合理的参数 通过测定掌握切实可靠的流量数。

合理选用浓度比，一般可采用4或4以上。选用适宜的风速，一般可取18～20m/s。要考虑一风多用。

② 选用和制作合理高效的风运设备 选用高效低耗、制作质量好的高压风机，并在使用上尽可能在最佳工作点运行，提高风机效率。接料口、物料管、卸料器、除尘器等设备的选用、设计和安装要千方百计减少阻力。风网要严密，把漏风量减少到最低限度。

2. 优先选用先进设备 整个工艺流程应优先采用工艺性能和机械性能方面都具有一定先进性的定型设备。定型设备中的一些组合设备，具有合并工序、缩短流程、减少设备、减少物料提升次数、节约用风量和电耗等优点。例如SQ-100筛选去石组合机，将筛选、风选、比重分选组合在一起的清理设备可以发挥多种除杂效能。

3. 正确选配动力 感应电动机的旋转是源于电磁理论基础之上的。因而它既消耗有功功率，把电能转化为机械能；又消耗无功功率，用以产生必要的旋转磁性。所以，电动机的节能，一方面要提高它的运行效率，另一方面要提高其运行的功率因素。两者取决于电动机负载率。电动机负载率是指平均负荷与电动机额定容量之比。考虑到效率和功率因素两方面对电能损耗的影响，一般认为负载率在0.78～0.88之间是电动机运行的最佳工况，当负载率低于0.45时，电动机运行状态大大恶化，就是轻载或“大马拉小车”了。目前，少数制油厂不同程度存在着“大马拉小车”的现象，究其原因有以下几个。

(1) 经济观点不强，动力配大配小不在乎。

(2) 选用电动机时不太了解负荷工况，不注意容量匹配，又不会进行理论计算需用的功率和选用合适的电动机的功率。特别是通风机的动力配用不合理。

(3) 所需功率的电动机没有，买匹配的要花钱，片面强调节省费用，只得使用厂里现有的电动机。过样表面看是节省了费用，实际上要省反而浪费。

要消除“大马拉小车”的现象，应根据负荷特性和运行状况合理选配电动机的容量，使电动机在高效率范围内。为了克服“大马拉小车”现象，除要实行均衡生产，提高操作水平，尽量避免轻载，还可采用下述两种改善办法。

(1) 更换容量较小的电动机。一般地说，负载率小于 0.45 时，必须将电动机更换为较小的电动机，使电能在最优负载率下运转，从而获得降低电动机和电网有功损耗的效果。因此，这种更换是经济的。如果负载率大于 0.7，则不必更换，否则是不经济的。应该注意的是，更换的电动机技术特性（如启动能力、工作稳定性）要满足生产过程的要求。

(2) 将三角形接线改为 Y 形接线降压运行；如果没有容量合适的电动机或更换后难于安装，可以考虑改变电动机定子的接线方式，由三角形改为 Y 形降压运行。这个方法能降低感应电动机的有功损耗。尤其对降低无功损耗有很显著的效果。应该注意，电动机由△-Y 的极限允许负荷，从技术和经济两个方面来确定，等于电动机额定容量的 33%～45%，也就是说在这种情况下，负载率小于 0.33～0.45 是合理的。

二、加强节能管理

加强节能管理是降低产品耗电量的可靠保证，节能管理涉及的范围较广，下面择其要点作简要介绍。

1. 行政管理　这是抓好能源管理的基础工作。在“节能月”活动中，生产、节能一起抓，动员和组织全员上下、前后工序、各个环节进行全面经济核算，并把耗电量指标核定到车间、班组和主要工序进行承包，并把节能和奖励挂起钩来。

2. 目标管理　运用控制图法，每班每工序制定耗电量目标，班后进行对照目标考核。

参照本厂历史资料及其本地区同行业的耗电量水平，并根据原料品种和生产条件，制定出耗电量定额，定额制定时既要考虑先进性，又要注意可行性，并配齐电能计量仪表（功率表和功率因素表）加强能源的管理和核算，每个生产班，对耗电量进行核算，并与定额指标对照，以便总结经验，找出差距，制定改进措施。

3. 技术管理　进行技术测定，为节电报出决策依据。

当原料品种、成品等级以及工艺过程或生产设备有所改变时，应及时进行技术测定。通过测定查明各主要工序和设备的电耗数据，并据以分析，为降低电耗找出主要措施提供科学的依据，然后，根据生产需要合理调整。

4. 生产管理　科学安排，合理调度，确保均衡生产。

5. 动力设备管理　对动力设备采取综合节电措施。

(1) 对电动机传动装置被拖动设备及风网定期进行检查、维修，减少机械损失和防止跑偏。

(2) 推广使用“Y”系列产品的电动机。目前一般油厂使用的电动有的是 JO2 系列，有不少还是 20 世纪四五十年代的产品，今后应选用“Y”系列，效率可提高 4%，起动距可提高 1.4 倍。

(3) 推广采用电动机节能器，节能器在电动机空载或轻载时，节能 30%～40%，重载节电 10%，对功率比较大的电动机安装节能器可提高有功功率。

(4) 使用好变压器，首先择优用新型变压器：采用冷轧硅钢片，全斜接缝，无冲孔新结构的新型产品变压器，以期提高转换效果，降低线圈升温，降低空载电流。其次使变压器在合适的容量下工作。当变压器投入电网运行时，应使其在最高效率区工作，这时的电力损耗最小功率因数也较高。从我国的情况看，变压器负载不低于 0.3、不超过 0.8 为宜。

(5) 在原有变压器上加装电力电容器，用电力电容器进行补偿可提高功率因素，减少无功功率。GB 3485—83“评价企业合理用电技术导则”规定，企业应在提高自然功率因素的基础上，合理装置无功补偿设备，企业的功率因素应达到 0.9 以上。

(6) 传动皮带可推广采用节能尼龙复合平皮带。这种传动带可比三角带提高传动效率6%～25%。

(7) 单相用电设备均匀地接在三相网络上，降低三相负荷，供电电流不平衡度应小于20%。

6. 工艺管理　因生产制宜，采用最佳方案。应根据原料品质和加工成品的等级要求，采用合适的工艺流程，合理地选用各设备的工艺参数，在保证质量的前提下，提高出品率和台时产量，降低单位产品耗电量。

7. 工艺设备管理　精心保养设备，提高设备完好率，正确地使用设备，并加以精心保养和维修使之在良好的润滑和平稳情况下运转，尽量减少其他摩擦阻力和机械磨损。通风机效率低于70%的必须改造更换。

8. 操作管理　均衡生产提高自然功率因素。操作时应严格执行技术操作规程和三勤一匀操作方法勤观察、勤调勤、勤清理，保持流量均匀，掌握相适应的负荷量，使各种主要设备在性能上和生产效率上相互协调配合，充分发挥效能，做到工艺稳定，均衡生产。同时应注意主机的动力设备不超负，也不要轻拖，按定额负荷运行，以提高自然功率因素（也叫做工厂原有的功率因素），中途减少故障，减少启动次数。一般启动电流为额定电流的2～5倍。这是在“节能”管理中一个不可忽视的细节。

参 考 文 献

[1]　张效忠. 降低植物油厂能源消耗的几项具体措施. 中国油脂，2002，27 (2)：45-46.

[2]　左青. 混合油负压蒸发实践. 中国油脂，2001，26 (3)：21-22.

[3]　姜爱民. 浅谈浸出油厂节能降耗. 中国油脂，1999，24 (3)：22-23.

第三十八章　消防安全管理

关于植物油料工厂的消防安全管理，国家和行业颁发的有关标准主要有《浸出制油工厂防火安全规范》(SBJ 04—91)、《关于油脂生产企业防火安全规定》、《油脂浸出工厂（车间）生产技术操作规程》等。在以上标准和规范中，对油脂生产的厂房、生产设备、消防设施、电气设施、防雷、生产安全管理、安全操作、溶剂的安全管理、火源管理、电源管理、岗位防火管理、重点要害部门防范、大检修防火安全规定、仓库防火安全管理、组织领导及职能部门职责等都作出了详细的规定，掌握和熟悉以上规范的内容，对保证油脂生产安全进行有重要意义。

第一节　防火和防爆基本知识

油脂浸出生产中的最大事故是火灾和爆炸，因此学习防火和防爆的基础知识是必要的。

一、燃烧的条件和类型

(一) 燃烧的条件

人们通常所说的"起火"、"着火"就是燃烧一语的习惯而又通俗的叫法。燃烧现象是可燃物质与氧发生的激烈氧化反应，反应伴随着发光效应和放热效应。虽然一般的氧化反应大多是放热的，但燃烧反应与一般氧化反应不同，其特点是反应激烈、放出热量多、放出的热量足以把燃烧产物加热到发光的程度。可以根据燃烧反应的这三个特点，把燃烧与其他现象区别开来。例如，电灯泡内的钨丝在照明时既发光，又放出热量，但这不是燃烧现象，而是物理现象。乙醇与氧作用生成乙酸是放热的化学反应，但其反应不激烈，放出的热量尚不足以使产物发光，故这也不是燃烧现象。而煤、木柴等点燃后既发生氧化反应，同时又放出热和产生发光的火焰，故为燃烧。

发生燃烧现象必须具备三个条件：要有可燃物质；要有助燃物质；要有点火源。没有可燃物质，燃烧就失去了基础；没有助燃物质，就构不成燃烧反应；但即使有了可燃物质和助燃物质，若没有点火源把物质加热到燃点以上，燃烧反应就不能开始。所以这三个条件是燃烧现象必须具备的三要素。燃烧三要素必须同时具备，缺一不可，只有它们互相作用，燃烧才能发生和继续进行。

1. 可燃物质　不论固体、液体还是气体，凡能与空气中氧或其他氧化剂起剧烈反应的物质，一般都称为可燃物质。如谷物、油料、木材、溶剂、饼粕等。

2. 助燃物质　凡能帮助和支持燃烧的物质，都叫助燃物质，这里主要指氧或氧化剂。氧存在于空气中，一般可燃物质在空气中便能燃烧，隔绝空气燃烧就熄灭。1kg 木柴完全燃烧需要 4～5m^3 空气，1kg 石油完全燃烧需要 10～12m^3 空气。空气供应不足时，燃烧就会不完全。据测定，一般可燃烧物质在空气含氧量低于14%～18%时，就不会燃烧。氧化剂的种类很多，如氯酸钾、硝酸钾、高锰酸钾等，可燃物质与氧化剂接触即使在没有空气的条件下也能燃烧。

3. 点火源　点火源是指具有一定温度和热量的能源，是用来引起可燃物质起火的点燃能源，点火源种类很多，按生产方式不同分为以下几种：

(1) 明火，如焊接用的乙炔火焰和锅炉房里燃烧的煤等生产火，吸烟和炉灶火等非生产火；

(2) 高温表面，如取暖散热器表面、加热设备表面、蒸汽管道表面等；

(3) 电火花，如电器设备运行中产生的火花、断路火花、静电放电火花等；

(4) 冲击与摩擦火花，如铁器撞击发出的火花，砂轮摩擦产生的火花等；

(5) 自行发热，这种火源没有明显的外部特征，而是可燃物自行与氧反应，温度升高，热量不能及时疏散而导致燃烧；

(6) 聚集的日光等。

总之，要使可燃物燃烧，需要有足够的温度和热量。不同的可燃物，被点燃所需要的温度和热量不同。已经燃烧的物质，就成为它附近可燃物的点火源，这是燃烧得以继续下去的一个条件。

(二) 燃烧的类型

燃烧现象按其发生瞬间的特点，分为自燃、闪燃、着火、燃爆四种。每一种类型的燃烧都有其各自的特点。我们研究防火技术，就必须具体地分析每一类型燃烧发生的特殊原因，才能有针对性地采取有效的防火与灭火措施。

1. 自燃 可燃物质受热升温而不需明火作用就能自行着火的现象称为自燃。引起自燃的最低温度称为自燃点。物质的自燃点越低，发生火灾的可能性和危害性越大。某些物质的自燃点见表 38-1。

表 38-1 几种可燃物质的自燃点

物质名称	自燃点/℃	物质名称	自燃点/℃
黄磷	34～35	柴油	350～380
松香	240	亚麻仁油	343
丙酮	570	棉籽油	370
乙醚	170	桐油	410
溶剂油	235	芝麻油	410
煤油	240～290	花生油	445
汽油	280	菜籽油	446
石油沥青	270～300	豆油	460

可燃物质与空气接触，并在热源作用下温度升高，为什么会自行着火呢？可燃物质在空气中被加热时，先是缓慢氧化并放出热量，该热量可提高可燃物质的温度，促使氧化反应速度加快，与此同时，也存在着向周围的散热损失，亦即同时存在着产热量和散热量两种速度，当可燃物质氧化产生的热量小于散去的热量时，譬如物质受热而达到的温度不高，氧化反应速度小，产生的热量不多，而且周围的散热条件又较好的情况下，可燃物质的温度不能自行上升达到自燃点，便不能自行进行燃烧。如果可燃物质被加热到较高温度，氧化反应速度较快，或由于散热条件不良使氧化产生的热量不断聚积，温度升高又加快氧化速度，在此情况下产热量超过散热量，反应速度不断加快且促使温度不断升高，直至达到可燃物的自燃点而发生自燃现象。根据促使可燃物质升温的热量来源不同，自燃又可分为受热自燃和本身自燃两种形式。

(1) 受热自燃 可燃物质受外界加热，温度升高至自燃点而发生自行燃烧的现象，称为受热自燃。例如，火焰隔着锅壁加热引起锅里油的自燃。受热自燃是引起火灾事故的重要原因之一，在火灾案例中，有不少是因受热自燃引起的，发生受热自燃的主要原因有以下几点。

① 靠近或接触灼热物质。可燃物质靠近或接触热量大、温度高的物体时，通过热传导、对流和辐射作用，有可能将可燃物质加热升温到自燃点而引起自燃。例如，可燃物质靠近或接触加热炉、暖气片、电热器或烟囱等灼热物体。为防止可燃物质接触灼热物体受热自燃，应采取安全间距或隔离等措施。

② 明火加热。在熬炼（如熬油）或热处理过程中，温度过高达到可燃物质的自燃点而引起着火。因此在用明火加热可燃物质的过程中，应注意控制温度，使加热温度不要超过可燃物的自燃点。

③ 摩擦热。机器的轴承或加工可燃物质的机器的运动部件由于缺乏润滑或缠绕纤维物质，因摩擦力增大而产生大量热量，造成局部过热，引起可燃物质受热自燃。在棉花加工厂、粮油加工厂的清理车间，由此原因引起的火灾较多。为防止这类火灾，必须按计划检修维护机器设备，平时应保持轴承和相互摩擦部件的正常润滑，经常清除缠绕的纤维及积落在摩擦表面上的可燃物。

④ 化学反应热。放热的化学反应会释放出大量的热量，有可能引起周围的可燃物质受热自燃。例如，乙炔发生器的电石过热会引起乙炔的自燃。因此，应针对化学反应热的危险性，对可燃物质采取隔离存放等措施。

⑤ 绝热压缩。气体在很高的压力下突然压缩时，释放出的热量来不及导出，温度会骤然增高，使可燃物质受热自燃。可燃气体和空气的混合气受绝热压缩时，高温会引起混合气的自燃和爆炸。因此在

打开高压容器系统的阀门时，为避免发生绝热压缩，应慢慢拧开阀门。例如，氧气瓶是高压容器，为避免氧气表（减压器）受绝热压缩而烧损，要求拧开瓶阀的动作必须缓慢。

了解了可燃物质受热自燃的原因及它们的自燃点，在防火工作中就可以采取相应的措施加以防范。如将可燃物与烟囱、取暖设备、电热器等热源隔离或留出间距；控制受热自燃烘烤、熬炼可燃物质的温度，使加热温度不超过自燃点；经常润滑机器的轴承和摩擦部分，清除缠绕和散落在上面的可燃物，以防止摩擦生热使可燃物质受热自燃；阳光的辐射热，尤其是透过玻璃出现聚焦，射在可燃物上也会引起受热自燃，因此仓库的玻璃窗上要刷上白漆等涂料或配装磨砂玻璃等；在火灾扑救中，用水冷却火区周围的可燃建筑，搬离可燃物品，防止受辐射热和热气流作用而引起受热自燃等。

(2) 本身自燃 可燃物质由于本身的化学反应、物理或生物作用等所产生的热量，使温度升高至自燃点而发生自行燃烧的现象，称为本身自燃。本身自燃与受热自燃的区别在于热的来源不同，受热自燃的热来自外部加热，而本身自燃的热来自可燃物质本身化学或物理的热效应，所以亦称自热自燃。

由于可燃物质的本身自燃不需要外来热源，所以在常温下或甚至在低温下也能发生自燃。因此能够发生本身自燃的自燃物质比其他可燃物质的火灾危险性更大。

在一般情况下，本身自燃的起火特点是从可燃物质的内部向外炭化、延烧，而受热自燃往往是从外向内延烧。

油脂是能够发生本身自燃的重要物质之一。油脂自燃所需要的热量是来自它本身的氧化和聚合作用，因此油脂中含有能够在常温或低温下氧化的物质越多，其自燃能力就越大，反之自燃能力就越小。油脂可分为动物油、植物油和矿物油三种，其中自燃能力最大的是植物油，其次是动物油，而矿物油几乎是不会自燃的，如果掺入植物油，矿物油自燃的可能性增大，有些浸出车间内矿物润滑油的纱布或油棉丝堆积起来亦能自燃，这是因为在矿物油中混杂有植物油的缘故。

油脂的自燃还与下列因素有关：油和浸油物质的比例，蓄热条件及空气中的氧含量等。浸油物质的棉纱、滤布、碎皮等纤维材料发生自燃，既需要有一定数量的油脂，又需要形成较大的氧化表面积。如果浸油量过多，会阻塞纤维材料的大部分小孔，减少其氧化表面，因而产生热量少，温度也就不容易达到自燃点。如果浸油量过少，氧化反应发生的热量小于向外散失的热量，也不会发生自燃。因此，油和浸油物质需要有适当的比例，一般为（1：2）～(1：3)，含油量小于3%的浸油物质，没有自燃能力。

油脂在空气中的自燃，需要在氧化表面积大而散热面积小的情况下才能发生，亦即在蓄热条件好的情况下才能自燃。如果把浸渍有油脂的棉纱、棉布、棉絮、锯屑等物质散开摊成薄薄一层，虽然氧化产生的热量多，但散热面积大，热量损失也多，不会发生自燃。但如果把上述浸油物质堆积在一起，虽然氧化的表面积不变，但导热的表面积却大大减小，使得氧化时产生的热量超过散失的热量，造成热量积聚和升温，促使加速氧化反应的过程，就会发生自燃。

根据有关试验，把破布和旧棉纱用一定数量的植物油浸透，将油布、油棉裹成一团，再用破布包好，把温度计插入其中，使室内保持一定温度，经过一定时间，就逐渐出现自燃性。

有关实验条件和所得数据见表38-2。

表38-2 可燃物渗透油脂后发生自燃的时间试验数据

序号	纤维/kg	油脂/kg	纤维与油脂比例	环境温度/℃	发生自燃时间/h	自燃点/℃
1	破布1.25 旧布0.25	亚麻油0.5	3：1	30	39	278
2	破布1.25 旧布0.25	葵花籽油0.5	3：1	20～30	52	210
3	破布1.75 旧布0.25	桐油0.5	4：1	26～33	22.5	264
4	破布2.5 旧布0.5	亚麻油0.35，豆油0.15，油漆0.75，清油0.25	6：3	30	14	264
5	破布2.5 旧布0.5	蓖麻油0.35，豆油0.15，油漆0.75，清油0.25	6：3	73～0	36	322

此外，空气中含氧量对本身自燃有重要的影响，含氧量越多，越易发生自燃。有关试验表明，将油脂

在瓷盘上涂上薄薄一层，于空气中放置时不会自燃，如果（用于气焊与气割）用氧气瓶中的压缩纯氧与之接触，先是瓷盘发热，逐渐变为烫手，继而冒烟，然后出现火苗。这是油脂氧化发热引起本身自燃所致。

防止油脂自燃的主要方法是将油布、滤布、油棉纱等带油物品散开存放，尽量扩大散热面积，室内应有良好的通风，而不应堆放或折叠起来。凡是装盛氧气的容器、设备、气瓶和管道等，均不得沾附油脂。

2. 闪燃 可燃性液体的温度越高，蒸发出的蒸气也越多。当温度不高时，液面上少量的可燃蒸气与空气混合后，遇到火源而发生一闪即灭（延续时间少于5s）的燃烧现象，称闪燃。除了可燃性液体以外，某些能蒸发出蒸气的固体如石蜡、樟脑、萘等，其表面上所产生的蒸气可以达到一定的浓度，与空气混合而成为可燃的气体混合物，若与明火接触，也能出现闪燃现象。

在规定的条件下，使易燃品和可燃液体蒸发出足够的蒸气，以致在液面上能发生闪燃的最低温度，叫做该物质的闪点。闪点与物质的饱和蒸气压有关，饱和蒸气压越大，闪点越低，同一液体的饱和蒸气压随其温度的增高而变大，所以温度较高时容易发生闪燃。如果可燃液体的温度高于它的燃点，一旦接触点火源，随时都会有被点燃的危险。一般闪燃往往是火警的先兆。闪点可以作为评定液体火灾危险性的主要依据，不同的可燃液体有不同的闪点，闪点越低火焰越大。几种常见液体的闪点见表38-3。

表38-3 几种常见液体的闪点

液体名称	闪点/℃	液体名称	闪点/℃
汽油	−58～10	二氧乙烷	8
乙醚	−45.5	乙醇	11
丙酮	−17	煤油	23～45
苯	−15	桐油	239
己烷	−28		

既然闪点是鉴别火灾危险性很重要的特征，因此其就成为液体火灾危险分类的基础。目前，按照各种液体的闪点不同，大致可以分成四级两类。

第一级：闪点在28℃以下，如汽油、苯、酒精等；

第二级：闪点在28～45℃，如煤油、松节油等；

第三级：闪点在46～120℃，如重油、柴油等；

第四级：闪点在120℃以上，如植物油、矿物油、甘油等；

第一级和第二级的液体叫易燃液体类，第三级和第四级的液体叫可燃液体类。

根据闪点可以确定易燃和可燃液体对生产、加工、储存的火灾危险性，进而针对其火险的大小采取相应的防火、防爆安全措施。如在以油代煤作为燃料时，当用闪点较高的油料时，可以采用较高的预热温度而无火险；反之，如果燃油的闪点较低（如原油），则预热温度就不能过高，否则加热于接近闪点，就会产生火灾危险。

3. 着火 可燃物质一旦被火源引燃后，若该物质燃烧所放出的热量足以把邻近的可燃物质温度提高到燃烧所需要的温度时，火焰就蔓延开去。因此所谓着火则是可燃物质与火源接触而燃烧，并且在火源移动后仍能保持继续燃烧的现象。这是日常生产中最常见的燃烧现象。例如，用火柴点燃柴草，就会引起它着火。

可燃物质开始持续燃烧所需的最低温度称做该物质的燃点或着火点。物质的燃点越低，越容易着火。某些可燃物质的燃点见表38-4。

表38-4 某些物质的燃点

物质名称	燃点/℃	物质名称	燃点/℃
橡胶	130	麦草	200
纸	130	豆油	220
棉花	150	烟叶	222
麻绒	150	松木	250
布匹	200	无烟煤	280～500
蜡烛	190	涤纶纤维	390

火柴盒的黑色涂层内含有磷，火柴头和它摩擦后，产生热量就能够着火。用点着的火柴作热源去点

燃燃点为13℃的纸，用纸燃烧的热量去引燃燃点为250℃的木片，再用木片燃烧的热量去引燃燃点为280～500℃的煤，这就是煤球炉生火为什么要引火物的简单道理。

可燃液体的闪点与燃点的区别是：在燃点时燃烧的不仅是蒸气，而且是液体（即液体已达到燃烧温度，可提供保持稳定燃烧的蒸气）。此外，在闪点时若移去火源闪燃即熄灭，而在燃点时则能连续燃烧。

控制可燃物质的温度在燃点以下，是预防发生火灾的措施之一。在火场上，如果有两种燃点不同的物质处在相同的条件下，受到火源作用时，燃点低的物质首先着火，所以存放燃点低的物质通常是火势蔓延的主要方面。由此可知，易燃、易爆物品一般不能和可燃物品存放在一起。用冷却法灭火，其原理就是将燃烧物质的温度降低到燃点以下，使燃烧停止。

4. 燃爆　易燃液体的蒸气、可燃物质的粉尘、纤维与空气或氧的混合物在一定比例的浓度范围内时，若遇明火、电火花等点火源，就会发生燃烧爆炸。这种燃爆是瞬间的燃烧，燃烧产物和空气受热作用而急剧膨胀，产生很高的压力，形成气流高速流动，产生响声，形成爆炸现象。

(1) 燃爆极限　燃爆性混合物发生燃爆的基本条件是达到燃爆极限的浓度。发生燃爆的最低浓度称为燃爆下限，最高浓度称为燃爆上限。

燃爆极限是衡量可燃气体、易燃液体的蒸气及可燃性粉尘、纤维的作用场所是否有火爆危险的重要指标。燃爆下限越低，燃爆极限范围越宽。某些物质的燃爆极限列于表38-5中。

表 38-5　某些物质的防爆防火安全参数

序号	名　称	爆炸危险度	最大爆炸压力/(kgf/cm²)	爆炸下限/%	爆炸上限/%	蒸气相对密度(空气为1)	闪点/℃	自燃点/℃
1	氢	17.9	7.4	4	75.6	0.07	气态	560
2	一氧化碳	4.9	7.3	12.57	4	0.97	气态	605
3	二硫化碳	59	7.8	1	6.6	2.64	<−20	102
4	城市煤气	6.5	7	4	30	0.50	气态	560
5	标准汽油	5.4	8.5	1.1	7	3.2	<−20	260
6	照明煤油	12.3	8	0.6	8	—	≥40	220
7	柴油	9.8	7.5	0.6	0.5	7	—	—
8	甲烷	2	7.2	5	15	0.55	气态	595
9	乙烷	3.21	—	3	12.5	1.04	气态	515
10	丙烷	3.5	8.6	2.1	9.5	1.56	气态	470
11	丁烷	4.7	8.6	1.5	8.5	2.05	气态	365
12	戊烷	4.6	8.7	1.4	7.8	2.49	<−20	285
13	己烷	4.8	8.7	1.2	6.9	2.79	<−20	240
14	庚烷	2.1	8.6	1.1	6.7	3.46	−4	215
15	二氯乙烷	1.6	—	6.2	16	3.42	13	440
16	环己烷	5.9	10.6	1.2	8.3	2.9	−18	260
17	乙炔	53.7	9	1.5	82	0.9	气态	325
18	苯	57	7.4	1.2	8	2.7	−11	555
19	甲醇	7	7.5	5.5	44.0	1.1	11	455
20	乙醇	3.3	—	3.5	15	1.59	12	425
21	糠醛	8.2	—	2.1	19.3	3.31	60	215
22	甲酸乙酯	4	6.8	2.7	13.5	2.55	20	440
23	甲苯	4.8	9.2	1.2	7	3.18	6	535
24	乙醚	28	5.5	1.7	36	2.55	<−20	170
25	丙酮	4.2	6	2.5	13	2	<−20	540
26	氨	0.9	—	15	28	0.59	气态	630

注：1. 上述资料来自《安全技术手册》，北京劳动科学研究所，电力工业出版社，1982。
2. 1kgf=9.80665N，下同。

其次，根据某些可燃气体、蒸气或粉尘的燃爆极限，可以看出在哪些情况下容易使它们进入爆炸范围。爆炸下限较低的可燃气体或蒸气，如果泄漏到空气中，即使量不很大，也容易讲入爆炸范围，具有很大的爆炸危险。因此在使用这类物品时，就要特别注意防止“跑、冒、滴、漏”。爆炸上限较高的可燃气体或蒸气，如果空气进入容器或管道设备中，不需要很大的数量，就能进入爆炸范围，危险性也很大。因此对这类易燃气体或蒸气的生产、使用，要注意设备的密闭并保持正压，严防空气进入。

另外，混合物的爆炸极限不是固定的，而是随混合物的温度、压力、空气中的氧含量变化的，也与实验条件有关，因而不同的研究者测得的燃爆极限数值不尽相同。

① 混合物的初始温度高，则燃爆下限降低。例如，有人测得石油醚的燃爆下限在0℃时为2.26%，100℃时降为1.96%，200℃时降为1.63%。

② 混合物的初始压力高，则燃爆下限降低，火爆危险性增大。反之，混合物的初始压力减低，燃爆下限上升，燃爆下限和上限之间差距缩小；压力降至某一点时，上、下限合为一点，这时的压力称为燃爆临界压力。压力低于临界压力值时，混合物就失去了燃爆性。

③ 空气中的氧含量增加时，燃爆下限降低，混合物的火爆危险性增大。反之，混合物中氧含量减少时，其火爆危险性相应减小。

④ 对于可燃性粉尘与空气的混合物，粉尘细度越细，分散度越大，其燃爆下限就越低。发生燃烧爆炸的危险性便越多。一般可燃性粉尘的颗粒直径小于0.01mm时，才可悬浮于空气中形成燃爆混合物。

(2) 爆炸　所谓爆炸是大量能量在短时间内迅速释放或急剧转化成机械功的现象。爆炸通常借助于气体的膨胀来实现。

世界是物质的，一切物质都在永不停息地运动着，物质运动的表现形式多种多样。爆炸就是物质剧烈运动的一种表现。物质运动急剧增速，由一种状态迅速地转变成另一种状态，并在极短时间内释放出大量能量的现象就构成了爆炸现象。

一般来说，爆炸现象具有以下特征：爆炸过程进行得很快；爆炸点附近压力急剧升高；发生或大或小的响声；周围介质发生振动或邻近物质遭到破坏。

爆炸可分为物理性爆炸和化学性爆炸两种。

① 物理性爆炸。这是一种纯物理过程，只发生物态变化，不发生化学反应。也就是物理性爆炸前后物质的性质及成分均不改变。如锅炉爆炸、高压气瓶爆炸等。这类爆炸是容器内的气体压力升高超过容器所能承受的压力，容器破裂形成的爆炸。

② 化学性爆炸。物质发生高效放热化学反应，产生大量气体，亦急剧膨胀做功而形成的爆炸性混合物的爆炸，均属化学性爆炸。

防止化学性爆炸事故的发生，具有更广泛、更实际的意思。对各种化学性爆炸现象分析研究的结果表明，化学性爆炸必须同时具备以下三个因素。

① 变化过程是放热的，因为热是做功的能源，如果没有足够的热量放出，化学变化本身不能供给继续变化所需的能量，化学变化就不可能自行传播，也就不会产生爆炸。

② 变化过程必须是高速的。高速才能保证爆炸产物的体积、能量、密度大。高温、高压、高能量密度的气体迅速膨胀，就形成了爆炸现象。

③ 变化过程必须有大量的气体生成。这是因为气体的可压缩性很大，膨胀系数也很大，是膨胀做功的理想工质。

(3) 爆炸事故的破坏作用　爆炸事故的危险很大，从破坏作用上讲有以下四个方面。

① 由于爆炸的本质是压力的急剧上升和气体的骤然膨胀，因而产生很强的空气冲击波，随着爆炸的出现，冲击波最初出现正压力，而后又出现负压力。负压力是气压下降后空气振动产生局部真空而形成所谓吸收作用。由于冲击波产生正负交替的波状气压向四周扩散，从而造成附近建筑物的破坏。建筑物的破坏程度与冲击波的能量大小、本身的坚固性和建筑物与冲击波中心的距离有关。如果爆炸在容器或管道内发生，则会把它炸开，发生爆音，喷出高温高压气体；如果在建筑物内发生，则可使屋顶飞出，建筑物倒塌，人员受到冲击波作用会使内脏受到挫伤，甚至死亡。

② 一般的爆炸事故常常是化学爆炸，因而伴随着燃烧反应，反应产生的高温、高压、高能量密度气体迅速膨胀时，对附近物体有灼烧和猛烈冲击作用，不仅会使设备、建筑物等起火、烧焦，而且还会把从破坏的设备内部不断流出的可燃气体或易燃可燃液体的蒸气点燃，使厂房可燃物着火，加重爆炸的破坏力。

③ 由于爆炸而抛散的石块、砖头、玻璃瓦片、设备碎片等飞散物，可以击伤人员和砸坏建筑物。

④ 由于爆炸而形成的地震波也会使邻近建筑物遭到一定程度的破坏。

（4）粮油工厂中常见爆炸事故的类型

① 可燃蒸气与空气混合形成的爆炸事故。可燃蒸气是由易燃或可燃液体蒸发而形成的。闪点低的易燃液体，如油脂浸出用的6号抽提溶剂油的闪点很低，不仅能够在室温下迅速蒸发出可燃蒸气，即使在冬天气温很低时，也可缓慢蒸发出可燃蒸气。当可燃蒸气与空气混合在一起，形成浓度达到爆炸极限的混合物时，接触到火源就会立即燃烧爆炸。粮油工厂中油脂浸出车间所发生的大多数爆炸事故，都属于这种可燃蒸气与空气形成的燃烧爆炸。

② 可燃粉尘与空气混合形成的爆炸事故。可燃粉尘是一种粒径很小的能够悬浮于空气中的可燃物质，一般粒径小于10^{-2}cm，它与空气混合形成粉尘云雾，浓度达到燃爆极限时，接触到火星就会燃烧爆炸。可燃粉尘的种类很多，属于粮油工业的主要有面粉、谷物淀粉、米糠粉等。

③ 锅炉和压力容器的爆炸事故。由于蒸汽锅炉的运行是在高温、高压的作用下，又受到煤、水、空气中含的各种有害物质的附着和腐蚀，十分容易使锅炉发生损耗、腐蚀和疲劳，以致强度降低，此时若不及时检修，冒险运行或司炉工人不懂得安全操作的基本知识，工作责任心差，那么就有可能导致锅炉爆炸事故。有些锅炉爆炸事故是由于设计制造不符合安全要求或焊接质量差等原因造成的。压力容器的爆炸事故也有类似的原因。不过锅炉和压力容器的爆炸事故与可燃性物质的爆炸事故不同，它是物理性爆炸而不是化学性爆炸。

（三）火灾与爆炸事故的特点

1. 燃烧和爆炸事故的突然性　工厂火爆事故一般来势迅猛，若不及时扑救，可能造成事故蔓延扩大或形成次生灾害。对某些工厂来说，火灾和爆炸虽然是两类事故，但往往连续发生。一般说来，大爆炸事故之后常伴随有大的火灾，而存在爆炸物质的场所，大的火灾往往创造了爆炸的条件，由火灾导致爆炸。

2. 燃烧和爆炸事故的严重性　火爆事故一般破坏性大，损失惨重，往往造成人身伤亡和设备建筑物破坏，迫使生产停顿，要恢复生产也须花费较大的投资和较长的时间。因此，工厂的各级领导和生产技术人员务必要引起高度重视，防止火爆事故发生。

3. 燃烧和爆炸事故的复杂性　燃烧和爆炸的发生有其一定的规律，但有时会因譬如管理和技术的交叉、自然条件和工作条件的融合、机械性能和操作者的技术水平等因素，在实际生产中表现得比较复杂，因此安全生产管理是一门综合技术。

二、防火与防爆措施

（一）生产过程中的火灾爆炸性分析

采取预防措施是战胜火灾和爆炸的基本办法。为此，应当了解有关火灾和爆炸发展过程的特点，从而采取相应的预防措施。

1. 火灾和爆炸过程的特点

（1）火灾过程的特点　火灾的发展过程可分为酝酿期、发展期、全盛期、衰灭期几个阶段。在酝酿期，可燃物在热的作用下蒸发析出气体，冒烟和阴燃；在发展期，火苗窜起，火势迅速扩大；在全盛期，火焰包围整个可燃物料，可燃物全面着火，燃烧面积达到最大限度，放出强大的辐射热，温度升高，气体对流加剧；最后是衰灭期，可燃物质减少，火势逐渐衰落，终至熄灭。

（2）爆炸过程的特点　可燃混合物的爆炸虽然发生于顷刻之间，而它还是有个发展过程。首先是可燃物与氧化剂的相互扩散，均匀混合而形成爆炸性混合物，并且由于混合物遇着火源，使燃烧开始；其次是由于连锁反应过程的发展，爆炸范围的扩大和爆炸威力的升级；最后是完成化学反应，则爆炸力造成灾害性破坏。

2. 火灾和爆炸的预防原则

（1）防火原则　防火基本要点是根据火灾发展过程的特点，采取以下基本措施：严格控制火源；监视酝酿期特征；采用耐火建筑结构；阻止火焰的蔓延；限制火灾可能发展的规模；组织训练消防队伍；配备相应的消防器材。

（2）防爆原则　防爆是根据爆炸过程的特点阻止第一过程的出现，限制第二过程的发展，预防第三过程的危害。其基本原则为：防止爆炸性混合物的形成；严格控制着火源；燃烧开始就及时泄出压力；切断燃爆传播途径；减弱爆炸压力和冲击波对人员、设备及建筑的损坏。

（二）防火和防爆的基本措施

防止危险物质发生火灾与爆炸事故的措施分为两个方面：基本技术措施和基本组织措施。

1. 基本技术措施 防止危险物质发生火灾爆炸事故，通常采取以下三方面的基本措施：一是排除发生火灾爆炸事故的物质条件；二是当火爆物质不可避免地出现时，要尽可能地消除一切点火源；三是当某些点火源也不可避免时，则要采取设防措施，尽量减弱火灾爆炸事故造成灾害的损失。

(1) 排除发生火灾爆炸事故的物质条件

① 工艺设备尽量做到密闭。油脂浸出生产中要把易挥发可燃物质（溶剂）密闭在设备或管道内进行反应，防止生产设备、储存容器、管道接头、阀门管件等部位发生溶剂的“跑、冒、滴、漏”现象，以免易燃气体、蒸气、粉尘等物料逸出与空气形成爆炸性混合物。

② 搞好通风除尘。某些无法密闭的，有可燃气体、蒸气或粉尘的场所，要设置良好的通风除尘装置，降低空气中可燃物的浓度，使其含量在燃爆极限浓度以下。

③ 具备足够的危险物质管理知识，了解危险物质的性质及其发火条件，并管好、用好它们。

(2) 消除一切点火源

① 消除明火。明火指敞开的火焰，如火炉、电炉、电焊、煤气炉等。设备动火检修时必须停止生产，用水蒸气或惰性气体进行吹扫，并经安全技术部门检验合格，发给动火证才能动火。

② 易燃易爆场所严禁使用非防爆型灯具。普通电气照明灯具和开关使用中会产生电火花，是禁止使用的，而应采用防爆型电气照明灯具或室外投光灯照明。

③ 消除电气火花。电气动力设备要选用防爆型的，起动和配电设备应安装在另一房间。引入易燃易爆场所的电线应绝缘良好，并敷设在铁管内，建立安全用电制度，定期检查执行情况，以防产生电火花。

④ 消除静电放电火花。物料之间摩擦会产生静电，聚积起来可以达到很高的电压。静电放电时产生的火花能点燃可燃气体、蒸气或粉尘与空气的混合物。因此消除静电放电火花也是防火防爆的重要措施之一。

⑤ 消除雷电火花。雷电产生的火花温度之高可以熔化金属，是引起燃烧爆炸的祸源之一。雷电对建筑的危险也很大，必须采取排除措施，即在建筑物上或易燃易爆场所周围安装足够数量的避雷针，并经常检查，保持有效。

⑥ 有些物质与水作用能够分解出可燃气体，如电石与水作用分解出可燃的乙炔气，对这类物质要特别注意防潮。

⑦ 防止撞击摩擦产生火花。钢铁、玻璃、瓷砖、花岗石、混凝土等类材料，在互相摩擦撞击时能够产生温度很高的火花，在易燃易爆场所应避免这种现象发生。如工人禁止穿带钉子的鞋，不用铁制而是用有色金属制品的生产工具，浸出车间采用不发火地面等。

⑧ 避免太阳能形成点火源。直射的太阳光通过凸透镜、圆形玻璃瓶、有气泡的平板玻璃等会聚焦形成高温焦点，能够点燃易燃易爆物质。为此，有爆炸危险的厂房和库房必须采取遮阳措施，窗户采用磨砂玻璃。

(3) 减轻火灾爆炸事故造成的危害

① 合理选择厂址和合理进行工厂总平面布置。在厂址选择方面，易燃易爆工厂应选择在远离市区和人口稠密城镇的地方。这样可以防止一旦工厂内某一生产车间发生爆炸事故后破坏范围的扩大。在工厂总平面布置方面，要从防火防爆安全角度出发加以缜密研究，尽量做到“以防为主”。有火灾危险的建筑物要留有足够的防火间距，有爆炸危险的建筑物要留有足够的安全距离等。

② 选用耐爆的高强度的结构形式。对于盛装易燃易爆液体的设备容器，要选安全系数足够大的材料和结构形式，某些设备还应设有安全放料阀门。对于易燃易爆车间的建筑构造，选用现浇钢筋混凝土框架结构，并配以轻型屋面等，既耐爆炸能力，又有泄爆通道，可减轻事故的损失。

③ 在设备或建筑结构上设置薄弱环节。与上述方法相反，在设备上或建筑结构上人为地设置薄弱环节，造成控制范围内的定向、定位的局部破坏，避免意外事故造成的严重破坏。例如，受压设备上设

置泄爆孔或安全阀，电路上采用保险丝，防爆建筑结构上采用轻型屋盖、轻质外墙、泄压窗等。

④ 设置安全疏散口。设置足够的安全疏散口不仅可以使操作人员在一旦发生事故时迅速撤离现场，而且还为闻讯赶到现场的消防人员、排除事故人员进入抢救创造条件。

⑤ 在有危险的地点设置自动报警装置。如油厂浸出车间的物料进口处安装自动检测报警装置，当操作不当溶剂蒸气逸出超出一定数值时，自动报警并自行启动排风装置。

当然，除了上述防火防爆措施以外，实现生产工艺的机械化、自动化和远距离控制，是从根本上为安全生产、改善劳动条件、变笨重为轻便、变危险为安全开辟有效途径。

2. 基本组织措施 防止危险物质发生火灾爆炸事故，除了采取必要的技术措施外，还应加强管理，采取必要的组织措施。

(1) 建立防火防爆群众组织和安全专职机构 组织群众搞好安全生产是安全工作的一条基本路线。过去提出“人人管生产、人人管安全”，消防工作指出“以防为主，防消结合”的方针，都是群众路线在安全工作上的体现。事故都是发生在具体的地点、具体的人身上，所有的火源、电源、危险物质都是由人来直接控制使用的，如果所有的生产操作者和生产管理者都组织起来，意识到安全工作的重要性，并且熟悉危险因素和发生事故的规律，就可以杜绝事故，确保生产安全。

在强调职工参加管理的同时，应本着精简、统一、效能、节约的原则建立专职的安技组织，统管企业的安全技术和工业卫生工作，动员、组织和协调各方面力量，为职工创造一个安全、良好的劳动环境。

(2) 建立健全各项安全生产规章制度 做好安技工作除要靠全体职工的积极性和自觉性外，还必须建立健全一些合理的规章制度，这样才能使大家做到步伐一致，行动协调，保证生产建设有秩序地进行，否则管理混乱，无章可循，防火防爆形成漏洞。因此，安全生产规章制度是组织措施的一个重要组成部分。主要的安全生产规章制度有安全生产责任制、安全操作规程、事故处理规程、劳动保护管理组织等。

(3) 做好安全生产的宣传教育和督促检查工作 安全技术教育和督促检查是贯彻“预防为主”方针的重要手段，对新工人进厂要进行入厂安全教育，对全厂职工要进行定期教育，对于有特殊危险的工种还要进行专门的训练。安全技术部门要利用多种形式（如各种会议、走访、座谈、上技安课、现场会、安全活动日、展览、文艺节目等）进行经常的安全宣传教育。除此之外，还要进行专业性和群众性的督促检查活动，做到“月查周办”或“周查日办”制度，确实把事故隐患消灭在萌芽状态。

(4) 合理组织生产 这是从劳动组织方面减少事故的发生概率。如有火爆危险的操作应尽量避免安排在夜班生产；有害工种应合理集中以免其危害扩大；合理组织工人、运输车辆和生产废料的流动；合理组织工作场地；根据工人生理、心理特点分配工作，不安排超出安全条件许可的生产任务等。

三、灭火基本方法

火灾、爆炸事故是油脂工厂的重大事故，在生产实践中除上述的应以预防为主外，同时还要做好灭火防爆的措施。其内容主要是两个方面，一是选择正确的灭火方法，二是选择合理的灭火器材。

(一) 灭火方法

由上述所知，燃烧必须同时具备三个条件，即可燃物质、助燃物质和点火源。而一切灭火措施实质上都是为了破坏已经产生的燃烧条件。不管采用哪一种灭火方法，只要能去掉一个燃烧条件，火就熄灭了，为此常采用以下三种基本的灭火方法。

1. 隔离法 将着火的地方或物体及其周围的可燃物隔离或移开，燃烧就会因缺少可燃物质而停止。实际运用时，如将靠近火源的可燃、易燃和助燃的物品搬走，或把着火的物体移到安全的地方，关闭可燃气体、液体管道的阀门，中止可燃物质进入燃烧区域，拆除与燃烧着火物毗连的易燃建筑物等。

2. 窒息法 阻止空气流入燃烧区域或用不燃烧物质冲淡空气，使燃烧物得不到足够的氧气而熄灭。实际运用时，如用石棉毯、湿麻袋、湿棉被、黄沙、泡沫等不燃或难燃物质覆盖在燃烧物上，用水蒸气或二氧化碳等惰性气体灌注容器设备，封闭起火建筑的门窗和设备的孔洞等。

3. 冷却法 将灭火剂直接喷射到燃烧物上，以降低燃烧物质的温度。当燃烧物的温度降低到该物质的燃点以下时，燃烧就停止了。或者将灭火剂喷洒在火源附近的可燃物上，使其温度降低，防止因辐射热的影响而起火。冷却法是灭火的重要方法，主要用水和二氧化碳来冷却降温。

4. 化学中断法 又叫抑制法。这种方法是用高度分散的固体颗粒（干粉灭火剂）或含氟、溴的化学灭火剂（如1211等）喷向火焰，让灭火剂参与到燃烧反应，使自由基的连锁反应中断，达到灭火的目的。

对于各种不同环境中的不同物质的火灾，可以同时使用几种方法。

(二) 灭火器材

不同物质着火采用不同的灭火方法，但对同一种灭火方法也可采用不同的灭火器材，下面介绍几种常用的灭火剂和灭火器材。

1. 水 水是一种极为重要的灭火材料，它作为灭火剂，一般是以四种状态出现的，即水柱、水、雾状水、蒸汽水。水能够灭火的主要原因有以下几个方面。

(1) 能够吸收大量的热量 水是一种吸热性很强的物质，有着很大的热容量。实验证明，为了使1kg水温度升高1℃，就需要1kcal（1kcal＝4.1840kJ）之多的热量，这样水就可以从燃烧物上吸收大量的热量，致使燃烧物的表面温度迅速下降到燃点以下，燃烧就停止了。

(2) 能起到隔绝空气的作用 当水喷入燃烧区以后，便立即受热成为水蒸气。实验证明，1kg水全部蒸发时能够变成17m^3的水蒸气，当大量的水蒸气笼罩于燃烧物周围时，既可阻止空气进入燃烧区，又能够大大地减少空气中氧的百分含量，使燃烧熄灭。

(3) 利用水的机械冲击作用 具有一定压力的水能够起到一种机械性的冲击作用，冲击火焰使之熄灭。

根据燃烧的性质和燃烧时的情况，采用不同状态的消防用水扑灭火灾是十分必要的。如压力水是通过水泵压力，接上水带和水枪，从而形成密集的水柱，这种具有压力的水流比没有压力的水灭火效果好、射程远、机械冲击压力大，因此常用来扑救大型火灾；雾状水也具有许多优点，如散布广、体积大，经常用来扑救重油等可燃液体的火灾；水雾喷射到燃烧区后形成水蒸气，当空气中水蒸气浓度达到30％～35％时，便可使火熄灭，适用于密闭库房或车厢内灭火。

水是最方便的灭火剂。不过水也有一定的灭火范围，并不是所有的火灾都能用水去有效地扑灭。例如，溶剂的相对密度小于水，又不溶于水，如果这类物质发生火灾，一般情况下用水扑救是无效的，因为溶剂会浮到水面上继续燃烧。水具有一定的导电性能，用直流水枪不能扑救高压电器火灾。水对电石等火灾也不能扑救，因为水能与电石起化学反应，分解出可燃气体或产生大量的热量，反而加剧燃烧。此外，水的表面张力大，对压紧的棉花包不易渗透进去，因此，在扑救这类火灾时需要在水中加入渗透剂。对精度仪器设备、贵重文物档案，也不宜用水扑救。在一些特定条件下，采用适量的水和不同形状的水流或水蒸气，也可以扑救一些原来不能用水扑救的火灾，这要根据火场的具体情况来定的。

因为救火主要靠水，通常多采用水泵、水带、水枪和各种运水的工具供水，所以建筑各种水池和保护水源对消防安全来说非常重要。

2. 砂土 砂土能够灭火是因为砂土覆盖于燃烧物的上层可以使燃烧物与空气隔离开来，并且从燃烧物中吸取大量热量，使燃烧物温度迅速下降，这样燃烧就会渐渐熄灭。

砂土的颗粒大小与它的灭火性能有很大的关系。砂土的颗粒越小，其灭火性能就越好，所以应该选用细砂土作为灭火材料。

3. 泡沫灭火 泡沫是由液体的薄膜包裹气体而成的小气泡群。灭火用的泡沫分为化学泡沫和空气机械泡沫两种。这是两种完全不同的泡沫，化学泡沫用化学反应方法制得，泡沫中的主要成分为二氧化碳；空气机械泡沫是用水流的机械作用制得，泡沫中的主要成分是空气。

灭火用的泡沫必须具备以下特征：泡沫的相对密度小于油，微泡要具有凝聚性和附着性；泡沫膜的强度对热应具有一定的稳定性和流动性；泡沫对机械或风应具有一定的稳定性和持久性。

无论是化学泡沫和空气机械泡沫，其灭火原理是相同的：泡沫的密度很小，一般为0.001～0.5kg/L，喷在着火的液体上后，会漂浮在液面上起到覆盖作用；泡沫是热的不良导体，有隔热作用，又具有吸热性能，可以夺取液体的热量，使液体温度降低，蒸发速度减慢；此外，泡沫与泡沫之间有一定的黏力，会阻止液体蒸气穿过，使液面与燃烧区域隔绝。当液面完全被泡沫封盖住之后，燃烧区得不到可燃蒸气的补充，火焰就会熄灭。

化学泡沫灭火器是用来扑灭油类火灾的灭火器。泡沫灭火器（标准型）筒内盛装着碳酸氢钠（即小苏打）与发沫剂的混合溶液。两种溶液互不接触，在使用时，要将筒身颠倒，两种溶液就能很快混合，发生化学反应。

$$6NaHCO_3 + Al_2(SO_4)_3 \cdot 18H_2O \longrightarrow 6CO_2\uparrow + 3Na_2SO_4 + 2Al(OH)_3 + 18H_2O$$

这时就会产生一种含有二氧化碳气体的泡沫，并以一定的压力使泡沫从喷嘴喷出，一般标准泡沫灭火器全重约 8.3kg，容积为 10L，约能产生 45L 泡沫，射程为 8～10m，全部喷射时间约 1min。

酸碱灭火器的构造与化学泡沫灭火器的构造基本相同。它的筒身也是用薄钢板卷焊而成，筒内盛有碳酸氢钠（小苏打）和另一小瓶硫酸，使用时将筒身颠倒，使硫酸与碳酸氢钠溶液混合发生化学反应。

$$2NaHCO_3 + H_2SO_4 \longrightarrow Na_2SO_4 + 2H_2O + 2CO_2\uparrow$$

反应生成的大量二氧化碳气体产生强大压力，使二氧化碳和溶液从喷嘴喷出，笼罩在燃烧物表面上，将燃烧物与空气隔开，并稀释空气中的氧，使火焰熄灭。

二氧化碳是无色无臭气体，相对密度 1.529，不助燃，不导电，易液化［20℃时加压至 60atm（1atm=101325Pa）即液化］，可大量制造，能以液态装入钢瓶内储存和运输，是一种较好的灭火剂。

用二氧化碳灭火器灭火的最大优点是，二氧化碳灭火后不留下任何痕迹，不损伤被施救的物品，又不导电，无腐蚀性，所以特别适用于扑救电气设备、精密仪器、图书资料、小范围的油类、某些忌水物质等发生的火灾。

但是二氧化碳灭火器不能用来扑救钠、钾、铝粉等碱金属和轻金属的火灾。因为在高温下，二氧化碳能与这些物质发生反应，游离出碳离子和产生氧气，有爆炸危险。

需要注意的是，吸入一定量的二氧化碳能够使人窒息。当空气中的二氧化碳含量达 5%时，人的呼吸就会发生困难，超过 10%时，就能使人死亡。

4. 干粉灭火剂　干粉灭火剂又称粉末灭火剂，是一种干燥的、易于流动的微细固体粉末。干粉的主要成分是硫酸氢钠等盐类物质，并加入适量的防潮剂、流动促进剂、结块防止剂等添加剂。基料的含量一般在 90%以上，添加剂的总量则在 10%以下。

干粉灭火剂平时储存于干粉灭火器或干粉灭火设备中。灭火时靠加压气体（二氧化碳或氮气）的压力将干粉从喷嘴射出，形成一股夹着加压气体的雾状粉流，射向燃烧物。当干粉与火焰接触时，便发生一系列的物理化学作用，而把火焰迅速扑灭。其灭火原理为燃烧反应是一种连锁反应，燃料在火焰高温下吸收活化能而被活化，产生大量的活性基团，但在氧的作用下又被氧化成为不活性物（水及二氧化碳等）。

5. “1211”灭火剂　“1211”灭火剂是二氟一氯一溴甲烷，化学式为 CF_2ClBr，是由氟里昂（三氯甲烷）加溴通过热反应制得的。常温常压下为无色无刺激性气味的气体，经过适当加压后可变为液体储存，是一种新型的液化气体灭火剂。

“1211”灭火剂特别适用于扑灭油类、有机溶剂、精密仪器、文物档案等火灾。灭火效率比二氧化碳高四倍多，且灭火后不留痕迹。在具有爆炸性气体存在的车间或容器里，只要充灌“1211”到占该爆炸性气体容积的 6.75%，就能够起到抑制爆炸的作用。所以它是一种高效、低毒、能够扑救多种类型火灾的优良灭火剂。

这种灭火剂的灭火原理主要通过抑制燃烧的化学反应过程使燃烧中断，同时亦有一定的冷却和窒息作用，从而达到灭火目的。抑制作用是通过夺去燃烧连锁反应中的活泼性物质来完成的，这一过程称为断链过程或抑制过程（与干粉灭火剂的作用相似）。当“1211”与火焰接触时，受热分解产生溴离子，由于溴离子能与燃烧反应产生的氢自由基相结合，使氢自由基与氧的连锁反应中断，从而使燃烧反应停止，火焰熄灭达到灭火的目的。由于完成这一化学过程所需过程往往比较短，所以灭火也就比较迅速。而其他一些灭火剂大都是通过冷却和稀释等物理过程进行灭火的。

试验表明，所有的卤元素对燃烧都有抑制作用，而溴比氯和氟更为有效，所以含溴的卤代烷灭火效率都比较高。

目前，国内制造的手提式“1211”灭火器使用轻便，保养简单，平时只要安放在干燥、阴凉、无其他腐蚀性气体存在的场所，就能长期有效。也可制成半自动的“1211”消防车，装备专业消防队伍，还可在大型的建（构）筑物上做到自动报警、自动灭火。

第二节 生产防火安全规范

《浸出制油工厂防火安全规范》(SBJ 04—91)是中华人民共和国行业标准，是浸出制油专业的行业性规范。此规范是在遵照《建筑设计防火规范》等现行国家有关规范并参考美国《溶剂浸出工厂防火规范》以及我国浸出制油生产中积累的有益经验和火灾爆炸事故教训的基础上制定的，其政策性和技术性较强，对油脂浸出工厂的安全生产起到了重要的指导作用。此规范共分八章和两个附录，其内容包括：总则、厂房、生产设备和消防设施、电气设施、防雷、生产安全管理、安全操作、溶剂安全管理等。本节就规范中的主要内容作出概要介绍。

一、总则

1. 浸出油厂的防火安全，必须遵循国家的有关方针和技术法规，全面贯彻“预防为主，防消结合”的方针，积极采用先进的防火技术，做到安全生产、方便使用、经济合理。

2. 本规范的适用范围 新建、扩建、改建的浸出车间及其禁区内的所有建筑物、构筑物、生产装备和电气设施；溶剂储藏与装卸区；浸出车间物料输入和输出的设备；浸出油厂生产安全管理和安全操作。

3. 现有浸出油厂的厂房、生产装备、电气设施、防雷设施等有不符合本规范的，应结合改造努力达到本规范的要求。

4. 浸出油厂防火安全，除执行本规范的规定外，还应符合国家现行的有关标准、规范的要求。

二、厂房

1. 浸出油厂生产建筑火灾危险性的类别和耐火等级应符合表 38-6 的规定。

表 38-6 生产建筑火灾危险性类别和耐火等级

生产建筑名称		使用或生产的物质	火灾危险类别	最低耐火等级
浸出车间独立溶剂库		溶剂(闪点<28℃,爆炸下限<10%)	甲	二级
预处理车间、压榨车间、精炼车间		植物油料和植物油(可燃固体物,闪点>60℃的液体)	丙	三级
原料库、粕库		植物油料、饼粕(可燃固体物)	丙	三级
锅炉房	蒸发量>4t/h	利用固体或液体作燃料	丁	二级
	蒸发量≤4t/h	利用固体或液体作燃料	丁	三级

2. 浸出车间与相邻厂房之间的防火间距不应小于表 38-7 的规定。

表 38-7 浸出车间与相邻厂房间的防火间距

耐火等级	一、二级	三级	四级
防火间距/m	12	14	16

注：防火间距应按相邻建筑物外墙的最近距离计算。
如外墙有凸出的燃烧构件，则应从其凸出部分的外缘算起。

3. 浸出车间应独立设置，并应在距离车间外墙 12m 以外处设置高度不小于 1.5m 的非燃烧实体围墙，并应列为防火禁区。两个以上浸出车间，可以设置在同一防火禁区内。但浸出车间的厂房总占地面积不应超过 $1500m^2$。

浸出车间与相邻车间（一、二级耐火等级）之一的外墙为防火墙，且较低一座厂房屋盖的耐火极限不低于 1h 时，其防火间距可减少，但不应小于 6m。其相邻一面禁区围墙（只限一个方位）距离可相应减少，但不应小于 6m。

4. 浸出车间与下述地点的防火间距不应小于下列规定。

重要的公共建筑与文物保护区 50m

民用建筑　25m

明火或散发火花地点　30m

厂外铁路（中心线）　30m

厂内铁路（中心线）　20m

厂外公路（路边）　15m

变配电站（室）　25m

注：(1) 本厂内铁路如有机车进入厂区，关闭灰箱或设车隔离等安全措施；(2) 采用高架变配电站（室）（离地高 1.25m），其防火间距可适当减少，但不应小于 15m。

5. 禁区内附属于浸出车间的溶剂罐及其罐房应符合下列规定。

车间外地下溶剂罐或罐房距离浸出车间外墙不应小于 6m，半地下溶剂罐房距离浸出车间不应小于 8m；地下溶剂罐房应采取防水和通风排气措施；溶剂罐的总容量不应大于 $60m^3$，直埋式地下溶剂罐的总容量可以放宽到 $80m^3$。

6. 溶剂装卸场地的防火间距不应小于下列规定。

至明火点或散发火花地点 30m；至浸出车间 30m，如采取防火安全措施，可以减少到 12m；至溶剂罐 15m，如采取防火安全措施，可减少到 5m；至邻近厂内生产建筑物 12m，如采取防火安全措施，可减少到 5m。

7. 设在禁区外的溶剂罐，应有独立的高度不低于 1.5m 的非燃烧实体围墙，围墙与储罐的间距不宜小于 1.5m，围墙至邻近建筑物的距离不应小于 8m。

8. 浸出车间宜采用钢筋混凝土柱，如采用钢柱承重的框架或排架结构时，钢柱应涂防火保护层，其耐火极限不应小于 1.5h。

9. 浸出车间应设置泄压设施，泄压设施宜采用轻质屋盖作泄压面积，易于泄压的门、窗、轻质墙体也可以作泄压面积。作泄压面积的轻质屋盖和轻质墙体的每平方米质量不宜超过 120kg。

10. 泄压面积与车间体积比值（m^2/m^3）宜采用 0.10～0.22。当体积超过 $1000m^3$ 时，如采用上述比值有困难时，可适当降低，但不宜小于 0.05。

11. 泄压面积的设置应避开人员集中的场所和主要交通道路，并宜靠近容易发生爆炸的部位。

12. 浸出车间地面应有一定的坡度，但不得设地沟、地坑，施工时开设的地沟、地坑应在施工完成后用细砂填实，并以薄层水泥敷面。

13. 浸出车间内不得设办公室、休息室、更衣室、化验室、零部件储藏室。

14. 浸出车间配电室若毗邻车间外墙设置，应采用耐火极限不低于 2h 的无门窗洞口的非燃烧体墙隔开，其地面应高于车间地面 1.25m。

15. 浸出车间安全出口不应少于两个，并设有疏散指示标志。车间内最远工作地点到外部出口或楼梯的距离不应超过 30m，出口门的最小宽度不宜小于 0.9m。

16. 大型操作平台的长度超过 25m 时，楼梯的设置不应少于两个，且其中一个楼梯的倾斜度不应大于 45°，楼梯的最小宽度不宜小于 1.1m。浸出车间二楼及以上平台宜设一个疏散门和一个室外疏散梯。

17. 浸出车间应设置水封池，并应符合下列规定。

宜靠近浸出车间；应为三室及以上水泥结构，其保护高度不应小于 0.4m，封闭水柱高度应大于保护高度的 2.4 倍；容量不应小于车间分水箱容积的 1.5 倍；水流的人口和出口的管道均应是水封闭式。

18. 浸出车间和独立溶剂库周围应设有消防车道，其宽度不应小于 3.5m。道路上空有障碍物时，其净空高度应不小于 4m。消防车道穿过建筑物的门洞时，其净高和净宽不应小于 4m；门垛之间的净宽不应小于 3.5m。

19. 浸出厂房建筑应有良好的自然通风，所有的门、窗等应向外开启。

20. 浸出车间的其他建筑防火设计应按《建筑设计防火规范》(GBJ 16—87) 有关规定执行。

三、生产设备和消防设施

1. 浸出工艺与生产设备的设计应有利于安全生产，生产系统封闭性能应可靠。溶剂输入和输出的泵及管道，应分开单独设置。

2. 工艺和设备上应设有便于取样的装置。有溶剂的设备、容器、管道的最低点处应设有放空阀和通入蒸汽的清洗入口。

3. 电器仪表、计量器具的质量应符合国家的有关现行法规。其安装位置和手动操作阀的位置，均应便于操作、观察、检修和维护保养。压力表和温度计的表盘直径应大于 100mm。

4. 生产设备的质量、安装与使用应符合国家或行业标准规范的有关规定。

5. 设备的布置应有利于车间内部的通风。

6. 入浸物料的输入设备和粕输出设备，其进、出口宜采用高位布置，并应在输送设备的室外段设排气口。

7. 浸出车间内应配置固定或移动式溶剂蒸气检测报警器。

8. 车间应有防爆排风机。固定式排风管出口宜高出屋面至少 1.5m。

9. 车间内应装有蒸汽冲洗装置。

10. 溶剂罐的呼吸顶端和浸出系统废气排出管道出口处应装阻火器，废气排放口应高于屋面 1.5m。

11. 通向设备的直接蒸汽管道应装有止回阀。

12. 所有管道及管件的表面，必须涂刷防腐涂层，埋地钢管应采用防腐绝缘或其他防护措施。

13. 车间的裸露管道及管件应涂刷不同颜色的油漆，管道的油漆颜色应符合下列规定：蒸汽-白色；水-绿色；溶剂-红色；油和混合油-黄色；溶剂蒸气-蓝色；自由气体-淡蓝色。

14. 工作温度高于 85℃的设备和管道以及冷冻系统的设备和管道（冷却冷凝系统除外），必须用非燃烧材料保温。热力管线和设备保温后，其表面温度不宜高于环境温度 15℃。

15. 严禁将溶剂管道与蒸汽管道、配电线路敷设在同一或交叉相通的管沟（槽）内。

16. 溶剂和混合油管道应采用焊接或法兰连接，并应尽量减少接头。平敷管道的倾斜度应符合规定。

17. 生产装置中的玻璃液位计、玻璃视管应装有保护套，并应在其两端装阀门。

18. 生产装置中不得使用普通皮带传动，应采用链条或齿轮和能防止静电的皮带传动。

19. 生产装置中的设备、容器、操作平台、管道、建筑物金属构件和栅栏等非电裸露金属部分均应接地，其电阻不宜大于 100Ω。管道法兰应跨接，跨接导线电阻不应大于 0.03Ω。

20. 应设置一个高位水塔或其他水源。水塔或其他水源的供水能力应可满足突然停电时安全回收溶剂的用水需要。

21. 在危险环境操作和维修时不得使用非防爆工具。

22. 浸出车间的灭火设施应符合下列要求。

车间外消防给水应按 GBJ 16—87 有关规定执行；灭火器的配置应按 GBJ 140《建筑灭火器配置设计规范》有关规定执行；在主要设备或事故易发生部位应设置蒸汽灭火装置。

四、电气设施

1. 按国家标准 GBJ 50058—92《爆炸和火灾危险环境电力装置设计规范》的规定，浸出用 6 号溶剂属Ⅱ类 A 级 T3 组爆炸性物质。

浸出油厂的生产工艺装置是封闭式的，其爆炸危险的区域等级划分如下。

浸出车间及禁区内　2 级区（简称 2 区）

溶剂库区　2 级区

溶剂卸料区　2 级区

危险环境使用的防爆电气设备，在运行过程中，必须具备不引燃周围爆炸性混合物的性能。

2. 危险环境电气设备的选型，根据危险环境区域危险物的特性，可选用隔爆型（d）、增安型（e）、本质安全型（ia 和 ib）。其他电气器件亦应采用相应的防爆型，活动灯具还需加保护罩。

3. 浸出物料输入设备和粕库的卸料、包装设备宜采用防爆电器设施。

4. 危险环境使用的低压电缆和绝缘导线，其额定电压不应低于线路的额定电压，且不得低于 500V（通信电缆除外）。零线绝缘的额定电压应与相线相同，并应在同一保护套或钢管内。

5. 危险环境应采用铜芯的低压电缆或绝缘导线。其线芯最小截面积：电力线 $2.5mm^2$、控制线

15mm²、通信线 0.28mm²、照明线 1.5mm²。

6. 电气线路应敷设在爆炸危险性小的区域或距离释放源较远的位置。应避开易受机械损伤、振动、腐蚀以及有危险温度的场所。如有困难时，应采取有效的保护措施。

7. 电气线路应设有当发生过载、短路、漏电、接地线、断线等情况下能自动报警或切断电源的保护装置。

8. 危险环境内的电气线路不宜有中间接头。在特殊情况下，线路需设中间接头时，必须在相应的防爆型接线盒（分线盒）内连接和分路。

9. 危险环境的电气线路的接线盒、分线盒、接头、隔离密封盒、挠性连接管等，可选用隔爆型、增安型。

10. 危险环境必须采用钢管配线工程，严禁明敷绝缘导线。

11. 配线工程应使用镀锌钢管，或采用经过清除管道内壁毛刺和管道外壁进行防腐处理（埋于混凝土中的除外）的水煤气钢管，钢管内径应不小于电缆外径的 1.5 倍。配线钢管应敷设在工艺管线的上方。

12. 钢管之间、钢管与钢管附件、钢管与电气设备引入装置的连接，应采用螺纹连接，其有效啮合扣数不少于 6 扣，并用防松螺母拧紧。钢管螺纹部分应涂以防腐蚀的铅油或磷化膏。

13. 配管通过与其他场所相邻的隔墙时，应在隔墙任一侧装设横向式隔离密封盒；通过地坪引入相邻场所时，在地坪上方装设纵向式密封盒。密封盒内应填充非燃烧性混合填料，穿管孔洞要堵塞严密。

14. 当配管管径大于 50mm、管路长度超过 15m 时，应在每隔 15m 左右的适当地点装设一个隔离密封盒。

15. 电缆的选型、敷设、连接方法等应符合该型电缆工程的技术要求。

16. 电力电缆与通信、信号电缆，高压电缆与低压控制电缆应分开敷设。

17. 电缆沟配管敷设留下孔洞，应采取充砂，填阻火堵料分隔；配管管口用非燃烧体填料密封。

18. 电气线路接地保护应符合下列要求。

在低压中性点不接地电路中，必须装设一相接的或漏电时能迅速动作的接地自动切断装置或接地自动报警装置；在低压中性点接地电路中，必须装设单相接地时能迅速动作的接地自动切断装置。

19. 非带电裸露金属部分的保护接地应符合下列要求。

电气设备的金属外壳、机架、电线管及其配件、电缆保护管及护套等非带电裸露部分应采用专门的接地线。该接地线若相线敷设在同一保护管内时，应具有与相线相等的绝缘；应接地的部件与接地干线相连接的接地线宜使用多股软绞线，其最小截面铜线不应小于 4mm²，钢线不应小于 6mm²，易受机械损伤的部位应装保护管；接地干线（网）应在不同方向与接地体相连，连接处不得少于两处；输送危险物质的金属管道和电气线路的工作零线不得作为保护接地线用；电气设备及灯具的专用接地或接零保护线应单独与接地干线（网）相连接。

20. 接地电阻：中性点不接地系统，其接地电阻值不大于 10Ω；中性点接地系统，其接地电阻值不大于 4Ω；防静电保护接地电阻值不大于 100Ω。

21. 架空线路（包括电力线路和通信线路）严禁跨危险环境，当架空线与危险环境邻近时，其边界距离不应小于杆塔高度的 1.5 倍。

22. 禁止在危险环境安装临时电缆、插座和照明灯类等。

五、防雷

1. 按 G8J 50057—94《建筑防雷设计规范》，浸出车间的建筑物和构筑物的防雷要求属第一类工业建筑物和构筑物。

2. 浸出车间的建筑物和构筑物应采取防止直接雷击、雷电感应和雷电波侵入而产生电火花的防雷措施，并应做到因地制宜、安全可靠、技术先进、经济合理。

3. 浸出车间宜设置独立避雷针，使被保护的建筑物和构筑物及突出屋面的物体（风帽、放散管等）均应处于避雷装置的保护范围内。对排放溶剂蒸气的管道，其保护范围应高出管顶 2m 以上。

4. 禁止在避雷装置支架上悬挂电话线、广播线及低压架空电线等。

5. 避雷针的支架和接地装置至被保护的建筑物、构筑物及与其有联系的金属物（管道、电缆等）之间的距离（见图38-1）应符合下列公式要求，并不得小于3m。对于独立避雷针

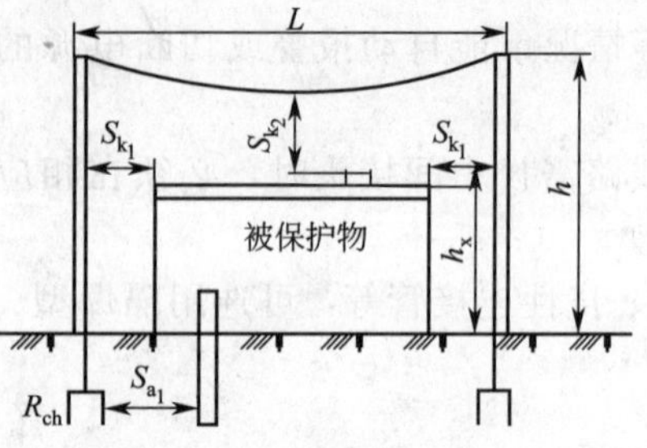

图38-1　建筑物与金属物的防护距离

地上部分　$S_{k_1} \geqslant 0.3R_{ch}+0.1h_x$

地下部分　$S_{a_1} \geqslant 0.3R_{ch}$

式中，S_{k_1}为空气中距离，m；S_{a_1}为地下距离，m；R_{ch}为避雷接地装置的冲击接地电阻，Ω；h_x为被保护建筑物和构筑物的计划点高度，m。

两避雷针保护范围边缘最低点的高度S_{k_2}至被保护物高度h_x的距离不应小于3m。

6. 避雷针应有独立的接地装置，其冲击接地电阻R_{ch}不宜大于10Ω。

7. 防止雷电感应和电磁感应的措施应符合下列要求。

浸出车间内的金属物（设备、管道、构架、电缆外皮、钢屋架、钢窗等）和突出屋面的金属物（风管、放散管等），均应接到防雷电感应接地装置上；防雷电感应接地电阻不应大于10Ω，并应和电气设备接地装置共用，此接地装置的距离（S_{a_1}）应符合上述第5条的要求；屋内接地干线与防雷电感应接地装置的连接，不应少于两处；平行敷设的长金属物如管道、构架、电缆外皮，其净距小于100mm时，应每隔20～30m用金属跨接，交叉净距小于100mm时，其交叉处应跨接。

8. 防止雷电波侵入措施应符合下列要求。

低压线路宜全线采用电缆直接埋地敷设，入户端应将金属外皮接到防雷电感应的接地装置上；架空金属管道、埋地或地沟内的金属管道，在进入建筑物处，应与防雷电感应的接地装置相连。距离建筑物100m内的架空管道，还应每隔25m左右接地一次，其冲击电阻值不大于20Ω。金属或钢筋混凝土支架的基础可作接地装置。

9. 避雷针接闪器一般采用圆钢或焊接钢管制成，其直径如下。

针长/m	圆钢/mm	钢管/mm
<1	≥12	≥20
1～2	≥16	≥25

10. 避雷针引下线宜采用直径≥8mm的圆钢或截面积≥48mm²、厚度≥4mm的扁钢制成。

11. 避雷针和引下线应镀锌或涂漆，在腐蚀性较强的环境，还应适当加大其截面积或采取其他防腐措施。

12. 采用多根引下线时，为了便于测量接地电阻以及检查引下线、接地线的连接状况，宜在各引下线距地面1.8m以下设置断接卡。

13. 垂直埋设或水平埋设的接地体可采用扁钢、圆钢、角钢等，其最小规格应符合下列要求。

扁钢截面积100mm²，厚度4mm；圆钢直径10mm；角钢宽度50mm，厚度4mm；钢管公称口径25mm，壁厚3.5mm。

在腐蚀性较大的土壤中，应采取镀锌或加大截面积。

接地线应与水平埋设接地体的截面相同。

14. 接地体的长度为2.5m，埋地深度不应小于0.5m，接地体之间的距离宜为5m，当受地方限制时，可适当减少，但不应小于垂直接地体的长度。

15. 防止直击雷的接地装置距离建筑物和构筑物的出入口及人行道不应小于3m。当小于3m时，水平接地体局部埋深不应小于1m，或按GBJ 50057—94规定执行。

16. 避雷针的保护范围　单支避雷针的保护范围，应按下列方法确定（见图38-2）。

(1) 避雷针在地面上的保护半径$r=1.5$m。

(2) 避雷针在h_x高度的xx'平面上的保护半径，应按下式计算。

当$h_x \geqslant h/2$时，$r_x=h_d=h-h_x$

当$h_x \leqslant h/2$时，$r_x=1.5h-2h_x$

当 30m<h≤120m 时，应将以上计算式求得的结果乘系数 p。

式中，r 为避雷针在地上的保护半径，m；h 为避雷针的高度，m；r_x 为避雷针在 h_x 高度的 xx'平面上的保护半径，m；h_d 为避雷针的有效高度，m；h_x 为被保护物的高度，m；p 为高度影响系数。

17. 浸出车间、溶剂库不宜利用山势架设避雷针。

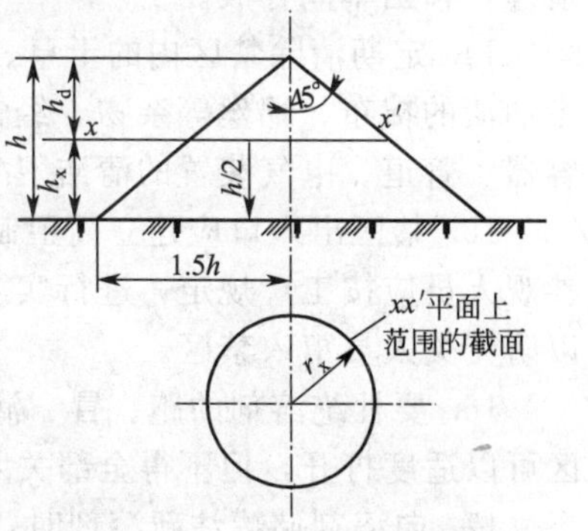

图 38-2　避雷针防护范围

六、生产安全管理

1. 凡新建、扩建、改建的浸出工程项目，由行业主管部门对有关的厂房建筑、生产工艺装备、电气、防雷、消防等安全技术设施，按本规范和国家现行有关法规组织初步设计审查时，应有当地的公安消防、劳动保护等部门参加，审查同意后方可进行正式设计。新建、扩建、改建的建筑防火设计应经当地公安消防部门审核批准，才能正式施工。

2. 工程项目施工过程中，对有关的安全技术设施和工程质量，除施工单位加强自检外，工程的有关管理部门要负责检查督促。

3. 工程竣工交接验收时，由行业主管部门会同当地公安消防、劳动保护等有关部门按本规范和国家现行的有关法规进行竣工安全验收。验收合格后方能正式投产。

竣工安全验收必备的文件有：厂区平面布置图；车间设备布置图；工艺流程图；管道布置图；隐蔽工程验收证；购置的生产设备、仪表、电气产品的合格证书；电气安装规程规定的有关安装试验记录、文件；拆卸检修的隔爆型电气设备的隔爆面检测记录，隔爆密封盒安装记录（包括密封材料的型号、配比和浇灌时间）；防爆电气设备运行时的温度测量记录；保护接地与接零、防雷和防静电保护接地的电阻值测量记录等；其他与安全验收有关的技术文件，如单车试验、联动和投料试车的记录、职工安全培训考核情况等。

4. 企业的安全管理组织负责实施对本企业职工的安全知识教育，进行消防培训，使全体职工掌握灭火器材的性能和用法。

5. 对浸出车间的工人实行操作合格证制度。每个工人必须进行生产安全操作技能的培训和考核。考核合格者才能上岗独立操作。工人操作合格证由地、市级以上（含地市级）粮食局核发。

6. 防爆电气设备的维护、检修，必须由经过专业培训并获得资格证书的电气专业人员承担。防爆电气专业人员在维护、检修防爆电气设备时，除按一般电气设备的维修要求外，还应按《防爆电气安全规程》中有关“防爆电气设备的运行和维护”和“防爆电气设备的检修”的规定进行工作。

7. 在禁区周围设醒目的禁火、防火标志和告示。

8. 任何人员进入禁区严禁带入和使用下列物品：火柴、打火机、非防爆型电筒、闪光灯和其他能产生爆炸或火花的物品；能产生静电的针纺织面料做的工作服装、帽子；能摩擦起火的带铁钉的鞋，可移动铁制工作台、座椅，非防爆工具；在浸出车间内和有溶剂蒸气的环境下，严禁脱、换能产生静电火花的衣服。

9. 浸出车间内、溶剂库、粕库、溶剂运输车船等带溶剂的设备、容器、管道等需检修并动用明火时，必须先采取彻底排除物料和溶剂的措施，并确认车间空气和设备内部空气中溶剂蒸气浓度低于爆炸下限时，经责任厂长在准许动火通知单上签字后并采取严格的防火措施，才能将火源器材带入禁区进行检修。检修工作完毕，及时将火源器材撤离禁区。可移动的含溶剂设备、容器在禁区内清洗合格后，宜移出禁区。

10. 进入溶剂罐房或大型浸出容器检修，应由两人合作进行，一人入内检修，另一人在外进行监护，以防不测事故发生。溶剂罐房内溶剂蒸气浓度大时，要先采取通风等安全措施后，才能开始工作。如发生溶剂严重溢流时，抢修人员必须戴可靠的防护面具才能进入。

11. 浸出工艺装置的控制仪表，必须按计量部门的要求定期进行检验校正。

12. 防雷、防静电、电气设备和车间内的所有接地装置及电缆之间的绝缘，每年至少检查、测量一次，测量结果应符合规定要求。检测结果均应详细记录归档。不合格的要及时检修或更新。

13. 严禁在禁区内和车间内晾晒衣物、烘烤食品。检修后非操作所需的工具、机械零部件等应及时清理，移出车间存放。

14. 定期清除禁区内的干草、杂草，不得在禁区内和车间内堆放油渣、粕渣、铁锈渣，以及废弃的带油渍的棉布、棉丝等杂物。经常保持生产环境（车间内外场地、道路、门窗、窗台、平台）和设备、容器、管道、电气装置的清洁卫生，防止可燃物沉积。

15. 禁区出入口应建立门卫制度，非浸出车间当班人员，未经厂部批准禁止进入禁区。外来实习、参观人员应按工厂规定，进行实习或参观，并遵守工厂的有关规定。禁区的非正常人口，应严格管理，以防无关人员窜入禁区。

16. 要杜绝溶剂的跑、冒、滴、漏现象，并保持浸出车间的良好通风。门窗一般宜常敞开，寒冷地区可以适度打开，但不得全部关闭。当车间内空气中的溶剂蒸气浓度较高时，要及时通风排除。

17. 向溶剂储罐注新溶剂时，要设立临时防火警戒线和做好消防戒备。

七、安全操作

1. 浸出车间禁止带电检修、更换电气设备和线路，禁止检修时停送电，并在断电处挂上“有人工作、禁止合闸”的警告牌。

2. 在溶剂蒸气浓度大于0.5%（体积分数）的环境中，禁止拆开防爆电气设备。

3. 应经常巡检溶剂蒸气释放源（泵、管件、阀门、法兰的密封，进料口、废水排放口、粕出口、成品油出口、尾气等）是否正常，如有异常，应及时查明原因，及时处理恢复正常。

4. 车间含溶剂物料取样化验应按规定进行，不得随意开启含溶剂物料设备的密封口取样。

5. 设备运行中，操作工应经常检查下列情况：车间生产设备运行是否正常；工艺控制、指示仪表是否正常；电气设备、仪表是否正常；车间物料与成品是否合格。检查中若发现异常，工作人员应分别情况，及时处理，并予以登记。

6. 遇有下列情况之一时，必须立即采取紧急措施并停车，组织专业维修人员进行检查处理：突然停电时，应立即切断蒸气，接通高塔备用水源；冷却水源或供热系统中断或严重不足时；溶剂、混合油严重泄漏或车间溶剂蒸气浓度过高或溶剂损耗出现异常时；负载电流突然超过规定值或确定断相运行状态时；设备局部发生火花或高温、燃烧或溶剂蒸气局部爆炸时；机械设备部件松动发生摩擦，产生异常响声或冒火星时；机械设备出现严重故障或危及电气安全时；主要控制测量仪表、电气仪表失灵又无法及时更换时。

7. 在发生溶剂泄漏事故时，应及时用蒸汽冲洗设备、地面和低凹或死角处。溶剂及其蒸气溢入非防爆区域时，要采取紧急安全措施，严禁在溶剂蒸气溢入区域内出现明火，严禁关闭或启动防爆电器。

8. 动明火检修设备时，含溶剂设备、容器、管件等清洗步骤如下。

彻底排除设备、容器、管道内的物料和残渣，排除的物料和残渣应置于安全场所；切断、堵塞或封闭与储存设施相连通的管道、输送线或其他连接物；向设备内通入蒸汽来清除残留溶剂蒸气，供给的蒸汽压力不应小于0.25MPa，通蒸汽的时间要充足，以便把各部位的残余溶剂蒸发掉，排出的溶剂蒸气应回收或排到安全的场所；待设备冷却后，再用蒸汽清洗一遍；为了保证安全，在开始调换或维修设备之前，或在任何一次点火焊接、磨削或热处理工作之前，必须用溶剂蒸气浓度检测器（仪）进行测试，测试合格后，再用不小于4m的距离进行点火试验，在确认安全后，才可进行明火作业；明火作业过程中要经常测试溶剂蒸气浓度，现场出现溶剂蒸气含量上升警示时，要立即停止明火作业，查明原因，并立即按上述步骤重新清洗，测试符合规定后，再恢复明火作业；在明火作业现场，应有监护和灭火措施；设备更换或检修完毕，重新运行之前，经检查合格后由负责人签字准予开工运行。

八、溶剂的安全管理

1. 油脂浸出加工厂的溶剂储运和使用应严格安全管理。

2. 设立在禁区外的溶剂罐和溶剂装卸设施，执行本规范二中第6、7、18条和三中第10、17、19条及四中第1条及其他有关的规定。

3. 灌装溶剂时宜采用防静电的软管，如采用普通的非金属软管，应用铜线缠在软管外，并接地，导线截面不应小于 2.5mm^2。

4. 装卸溶剂的场地上，应设有为油罐车或油桶跨接的防静电接地装置。

5. 溶剂罐车的进出管口应在罐底部，向溶剂罐车灌装溶剂时，应将管子插到油罐底部，禁止从高处向容器中冲击喷溅。

6. 溶剂灌装的时间和流速应符合以下规定。

灌装 200L 油桶时，宜为 1min；灌装 4000L 汽车油罐车时，不应大于 8min；灌装流速不应大于 4.5m/s，初始流速不应大于 1.5m/s。

7. 运输溶剂的火车，进入浸出工厂或溶剂库区时，其烟囱要加盖防火罩，严禁钩火扒灰，并将排灰穴、排气管关闭。

8. 运送溶剂的汽车要有醒目的防火标志，有防静电的触地装置。停车进入溶剂库区或临近浸出禁区时，排烟管要加盖防火罩。停车后立刻关闭发动机。灌装或卸货完毕，待周围溶剂蒸气散尽后才能再启动发动机。

9. 防止夏日阳光直射溶剂储藏、储桶和罐车。溶剂车在运输中暂时停车，要注意风向并远离明火、散火点 10m 以上。

10. 不准用溶剂洗涤任何物品，不准将溶剂带出车间或库房。

11. 外溢的溶剂或混合油，应及时收集处理或妥善存放在密闭的容器内。

第三节　粉尘对操作者的危害

一、粉尘的基本知识

许多日用材料（如煤、木材、淀粉、谷物和面粉等）的粉尘，能够形成可爆炸的尘雾，若遇明火，能产生狂烈的爆炸，造成巨大的破坏和伤亡。制粉工艺的目标是将小麦磨制成尽可能细的面粉，也由于这种工艺，造成了粉尘爆炸的首要条件——可燃性细粉。

要知道，一堆固态的可燃物质是极难烧起来的，即使点燃，也烧得很慢。当过童子军或参加过野营的人都知道，要使营火烧得又快又好，关键在于木柴须劈得细。这是因为细木材可有更多的表面积接触到空气中的氧，帮助燃烧。

对一堆固态的可燃物大木棍加热，它将慢慢燃烧。由热所产生的能量是逐渐释放的，一般不造成危害，因为它边释放，边散发。但若将这种可燃烧物事先研成细粉末，与空气混合，然后点燃的话，结果则完全不同，这时，暴露于空气的表面积（细粉）很大，加热后所产生的能量突然释放出来，并产生很大的力。

可燃粉尘与空气的混合物在燃烧时可能产生猛烈爆炸，但并非所有的这种混合物都如此。有些情况表明，如果混合物比例不正确，也不易燃烧。若混合物中粉尘过多，空气过少，或反之，空气过多，粉尘过少，都会发生不易燃烧的情况。造成这种情况的条件称作“爆炸极限”，在这种极限之内，存在着发生爆炸的条件。

为实用起见，可设想每立方米含尘 0.02kg 是绝大部分可燃粉尘的爆炸下限。这个含尘浓度似乎很低，但这种浓度的尘雾看起来就像很浓的雾一样。对爆炸上限尚未作明确规定，有人建议为每立方米最多含尘 2kg。

此处还有一个因素必须记住，即粉尘颗粒越小，越容易散布成尘雾，在空气中漂浮的时间越长。颗粒大的尘埃沉降得更快，使浓度大于爆炸上限，这可说明为什么灰尘堆即使点燃也不至于爆炸。

我们曾说到粉尘在空气中浓度大时看起来像浓雾。应理解，在制粉厂房内不易达到这种浓度，但在制粉过程中，这种浓度在机器设备里却能够达到。

虽然一定浓度比的粉尘和空气的混合物有爆炸的能力，它却不会自行爆炸。尘雾的一部分必须加热到能点燃所需的最低温度，一旦点燃，才会蔓延开来而产生爆炸。

这个温度就叫做燃点。燃点因材料不同而异，但大部分谷物和面粉的粉尘可在400～500℃之间点燃，可在200℃左右闷烧。闷烧的粉尘也可引起火焰，而且如果闷烧的粉尘扩散到空气中的话，也会引起爆炸。

归纳起来，要是具备下列条件，可燃性尘雾就可能产生爆炸。

第一，空气中的粉尘浓度在爆炸极限范围之内。

第二，有一个温度在燃点范围内的热源，如火花。

二、粉尘爆炸的后果

可燃性粉尘与空气的混合物如果遇到达到燃点的火种，将会产生爆炸。这种爆炸将伴随着压力的急骤升高。压力的升高，部分由化学反应造成巨大的气体体积所致，部分则由释放的巨大热量造成空气的压力升高所致。除非机器或厂房十分牢固，足以经受这种惊人的压力，否则就要被炸毁。飞散到周围空间的热空气、正在燃烧的粉尘和碎片等将造成机器厂房的毁损和人员的伤亡。

这种压力波或“冲击”波当然会因它所产生的骚乱和它所造成的破坏而进一步形成尘雾，这尘雾若被初次爆炸的正在燃烧的碎片点燃，也会爆炸。这种由初次爆炸所造成的爆炸叫做“继发性爆炸”，而这种继发性爆炸将会连续不断地发生，直到没有积聚的粉尘为止。

三、预防措施

从以上可以看出，发生爆炸必须同时具备三个条件：

第一，经碾磨的可燃细粉；

第二，这种粉尘与空气混合并悬浮于空气中；

第三，火种。

如果将这三个条件设想为一个三角形，具有三条边如图38-3。可以看出，最有效预防措施应是尽可能多地除去三角形的各条边。

图38-3　爆炸的三个条件

1. 第一条边——空气　要除去这个重要的条件当然是不可能的，然而可以做到的是尽可能使空气不带粉尘。厂房通风效果好的话，对做到这点会大有帮助。

2. 第二条边——粉尘　制油过程中的工序中都产生粉尘，因此，我们的目的不是清除粉尘，而是避免形成尘雾。在突缘、梁、窗台、机器顶部等处除去粉尘或防止其积聚，避免形成尘雾的可能性。如采用防止打包时面粉溅落，防止观察孔及插板阀门漏粉等方法来加以保证。

3. 第三条边——火种　避免形成尘雾的一切可能措施都采取以后，我们的主要预防措施便是防止火种产生。最根本的是除去三角形的底边/火种；作出一切努力来预见车间的潜在火种，采取一切预防措施来防止其发生。

从这些数字可以看出，没有说到静电放电引起的爆炸的可能性。目前，正在详细研究这种可能性。作为一项预防措施，每一步都是为了最大限度地减少静电放电在本工业所用的一切机器、设备、运输工具上形成。为此，所有导体均应利用金属条有效地接地，并应定期进行电阻情况的常规检查和测试。有一点常常可能被忽略的是，每一建筑物的最高处都应装置避雷针，并保证经常受到检查。

四、限制爆炸蔓延及后果

在任何一个生产可燃性粉末的过程中，尽管有一切预防措施，也难免有粉末外逸、火种出现。确实，如前所述，粉尘爆炸的条件存在于正在使用的机器中，如粉碎机是一个特殊的例子。物料在这里研磨，石头、金属片等杂物有可能成为起火的媒介。很明显，尽管有预防措施，爆炸的可能性仍存在。因此，有必要采取适当措施，以减轻或限制这种爆炸的后果。可采取三种有效的办法：

第一，限制可能爆炸物的数量；

第二，防止爆炸在厂区内蔓延；

第三，使爆炸局限在厂房、设备内或把爆炸所造成的压力引向空旷的安全地带。

1. 限制物料量和防止爆炸蔓延　为达此目的而广泛使用的装置是电动旋转阀或两用闸板（图 38-4）。它们能防止冲击波通过。当然，燃烧着的粉末可从一个部分扩展到另一部分，但这种危险只需切断电动机电源就可避免。

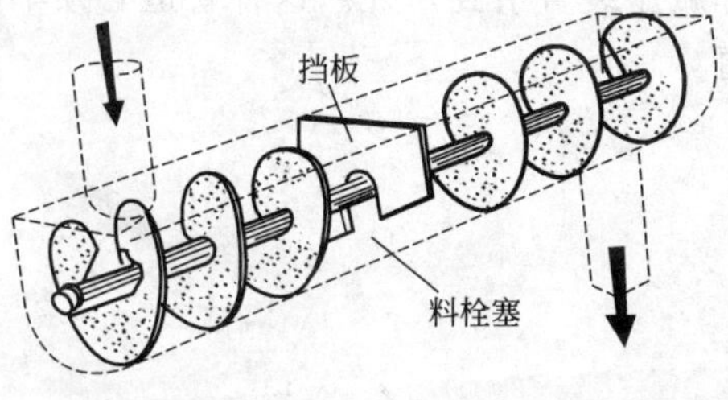

图 38-4　两用闸板

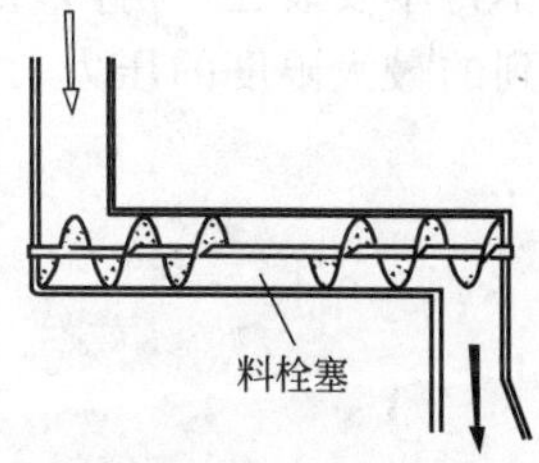

图 38-5　粉末栓

另一种方法是利用粉末本身，使之成为一个栓塞（图 38-5）。

2. 爆炸遏制　如果倾斜的螺旋输送机有一节被取下，它就无法将物料卸到被取掉的一节以上的位置。水平放置的螺旋输送机也可用同样方法处理。但这时机壳在轴以上的一半就必须用一块挡板封住。

如果工厂的每一单独部分都设计成足以经受爆炸所形成的最大限度的压力和压力增长率，那将是最有效的保护措施。但实际困难使这个原理不能用于几何形状非常简单的设备。

3. 爆炸减压装置　爆炸减压装置可防止或在很大程度上减轻爆炸对经不起爆炸压力的设备所可能造成的毁坏。这种装置应能即时起作用，因为设备的运转压力和爆炸压力之间的安全系数很小。设立爆炸保险减压装置的区域应尽可能地大，以防止在设备中产生超高压。

供带有易燃粉尘的设备使用的爆炸减压装置本身必须是防尘的，而其机械强度又必须经受得住磨损。

减压装置的形式通常是防爆屏或防爆门。破裂屏可有良好的防尘密封，但有可能使机器在爆炸过后把正在燃烧的粉尘从炸开的孔洞里吹出去，或者，空气进入设备可能在其中引起继发性爆炸。防爆门不易做到防尘，而且如果门是自动关闭，当燃烧物冷却下来造成高的负压时，机器设备会受到损坏。但是，防爆门可在比防爆屏较低的压力下打开，操作起来也更可靠。

用作防爆屏的材料很多，重要的是选材要精细，安装方法要合乎特定的用途。防水纸、包装用牛皮纸、漆布、胶化石棉、聚乙烯板、玻璃纸、金属箱、糊墙纸板以及橡胶膜等都已被用来作此用途。使防爆屏能破裂的压力取决于其厚度、通风面积、安装方法以及压力形成的速度。在屏的中央或边缘放置上刀剪之类可使减压加快。

为避免在机器日常的操作中损伤防爆屏，薄的胶膜可能需加支撑。可加上粗铁丝网罩，只能把它装在胶膜的里面，绝不可将它安在胶膜的外面。

4. 爆炸减压装置的大小　爆炸减压装置的面积增加，即减少机内的最大压力。减压装置的大小取决于可燃物的快速燃烧所造成的最大压力及压力增长率、机器的设计、构造、容量及爆炸减压装置本身的构造。由于资料不充分，难以准确预言一个爆炸减压装置的安全尺寸，但对于生产碳质产品的典型工厂来说，爆炸减压装置与机器容量之比为 $1ft^2$ 与 $20ft^3$（1ft＝0.3048m），是值得推荐的。

5. 爆炸减压装置的位置　爆炸减压装置应装在工厂里所有离心集尘器、布筒过滤器、筒仓、料斗及其他大而相对弱的部位。减压装置应靠近容易着火的地点或者爆炸冲击波容易进入某一容器的地方。在密闭大型的空间里，如果这种地点看法确定，爆炸减压装置就应均匀分布。在离心集尘器上，爆炸减压装置应安在其平顶上。如果离心集尘器的涡流导向器作此用途的话，必须使它交叉固定牢，以免爆炸时倒塌。

在长型的设备如斗式提升机机壳上，有必要开排气道。输送设备上的排气管应尽可能短、牢和直。直角弯头应尽量避免。厂房内的管段，应用法兰或螺栓连接，厂房外的管段则应采用套接。长的管道最好让其从厂房外通过。

6. 安全通风 爆炸减压装置能从机器里喷射出火焰、热气及正在燃烧的粉尘，因此，应为它开一个出口，通到厂房外的安全地点。最有效的办法，则是直接把机器安装在户外或置于轻型防水构筑物之下。

如果机器不得不安装在厂房内，也应装一根管道把爆炸减压装置引到户外。这种管道必须牢固，足以经受可能遇到的最大限度的压力，并且应尽可能地短而直。

第三十九章　环境噪声防治

在植物油料加工企业以人为本的前提下，环境管理也是制油厂重要的过程管理之一。环境管理分为工作环境管理和对工厂周围的环境管理。环境管理的基本原则是以环境保护、环境预防为指导思想，确保环境不受侵害为低线进行环境管理工作。环境保护的尺度是以环保评价为基准的。在现代企业运行体系中，环境设计、环境管理、环境评价将成为植物油料加工企业的必修课程。重视环境管理，无论对社会和企业都具有非常重要的意义。

制油厂的环境主要是“眼环境”和“耳环境”。眼环境主要指制油厂所能看到的和未看到的各个部位及场所，必须保持清洁卫生的环境。长期卫生环境不好，会影响工人的健康水平，也会影响产品质量，更会引起一系列事故的发生，诸如灰尘积攒厚遇明火引起爆炸。耳环境主要是指机器设备运转产生的噪声影响。下面主要论述关于“耳环境”方面的内容。

第一节　噪 声 概 述

一、噪声的危害

噪声（noise）问题已越来越引起工业界的重视。噪声除了使人烦躁外，还因妨碍工人之间的有效联系而降低工作效率。它还有可能因机器失灵、警报中断而引起事故。机器失灵可由运转着的机器产生的噪声变化而听出。更重要的是，噪声会使处于其破坏范围的人的听觉受损害。

尚有不少人相信所谓在噪声中工作的人将“习惯于噪声”，事实并非如此。因为正是由于他们听力减退，他们才感觉不出强噪声音。

长期处于噪声中会导致人的内耳细微结构的破坏，因而引起永久性耳聋。这是无法治愈的。短时间处于噪声中，可引起仅仅几秒钟到数日的听觉失灵。

耳朵恢复听觉的时间长短，取决于噪声的强度及处于噪声中的时间的长短。如果每天处于高强度噪声中，耳朵的听力无法在第二天恢复，听觉将逐渐永久失灵。考虑到每天都接触到的噪声量的增加，从天上的飞机，到地上的车辆收音机、迪斯科等娱乐活动，则耳朵听力在一天的间隔里无法恢复的可能性就更大了。

二、噪声的本质

声音产生是由于物体表面振动；或由于在一个空气流里形成湍流，使周围空气的压力很快起变化。这些压力变化的频率（每秒周数）用赫兹（Hz）表示。人耳能听到的声音频率介于 20Hz 和 20000Hz 之间，而对在于 1000Hz 和 4000Hz（中频）之间的声音特别敏感，但对低于或高于这个范围的声音则敏感性渐弱。因此，现代测声装置带有一个称做“A 称重”（A weighting）的机内网络，其作用是把一种声音的低频或高频抑制掉，而留下代表人耳反应灵敏的频率值。用这种网络测出的数值叫做调整分贝[dB(A)]，是今天最常用的测声单位。

分贝刻度的一个特征是声级变化一倍其分贝数约相应变化 10dB(A)，例如，分贝数从 60dB(A) 变化到 70dB(A)，响度增大一倍。类似地，当分贝数从 60dB(A) 变化到 50dB(A) 时，响度减小到一半。

分贝是一个对数单位，分贝数不能运用算术法则运算。例如，某人同时接受两个独立的噪声源作用，它们的噪声级均为 60dB(A)，那么，它们的总噪声级为 63dB(A)，而不是 120dB(A)。类似地，如果有 3 个 60dB(A) 的声源同时作用，那么，它们的总噪声级为 65dB(A)，而不是 180dB(A)。

可见，如果不给予恰当的增加或减小之数值，就不能取得相应的总噪声级示值。关于这一点，可应用经验法则来确定，其增加或减小的数值列于表39-1。

表39-1 增加或减小的数值

增加数	
较大噪声源的噪声级差值	总噪声级等于较大噪声源的噪声级加下列数值
0dB或1dB(A)	3dB(A)
2dB或3dB(A)	2dB(A)
4～9dB(A)	1dB(A)
10dB(A)以上	0dB(A)
减小数	
较小噪声源的噪声级差值	总噪声级等于较大噪声源的噪声级减去下列数值
10dB(A)以上	0dB(A)
6～9dB(A)	1dB(A)
5dB或4dB(A)	2dB(A)
3dB(A)	3dB(A)
2dB(A)	5dB(A)
1dB(A)	7dB(A)

可见，两个噪声源组合对总噪声级的影响将随差值增大而减小，如果其差值大于10dB（A）以上，则合成影响将减小到零。事实上，如果较小噪声源的噪声级低于较大噪声源的噪声级4dB（A）以上的话，这时将难以检测出常见的起伏噪声（散粒效应引起的噪声）之影响。

1. 噪声频谱　正常听觉的年轻人可感受的频谱区间大致在20Hz左右至15000～20000Hz，但在这种频谱区间内生活会缩短其寿命。制油厂噪声控制工程上通常所遇见的噪声频谱范围为50～8000Hz左右。

2. 室内噪声及室外噪声　就室外噪声而言，某一位置上的噪声级，随其远离噪声源的距离之增加而减小，即减小值按反比规律计算，距离每增加一倍减小6dB（A）。例如，距离某个噪声源50m处的噪声级为50dB（A），在100m处将减小到44dB（A），在200m处将减小到38dB（A）。距离大的噪声源30m之范围内，诸如在大型制油厂轻型骨架外墙的一侧，噪声级与距离的关系稍有差别。

就围包构造的室内噪声而言，噪声级通常不会像室外那样的规律减小。它取决于回响（或称“活跃”）区域有多大，在该区域的全部范围内，噪声源造成的噪声将在相当大的程度上维持其相同的噪声级。饲料厂的厂房建筑，通常具有强烈反射的壁面，例如混凝土壁面或石棉水泥壁面，所以有相当大的回响作用，嘈杂作业造成的噪声将会“活跃”地充满在整个作业区域的范围之内。

3. 隔音及吸音　在上述情况下，噪声在强烈反射表面上每次反射作用的损失较小，造成了回响的种种条件。这类强烈反射表面具有低的吸音系数。玻璃纤维板和石棉纤维板之类的材料，以及露天构架泡沫塑料等材料，具有高的吸音系数，其回响作用不大。在回响区域内应用这些吸音材料，将会大幅度地降低噪声造成的回响作用，并能降低作业区附近的噪声级。

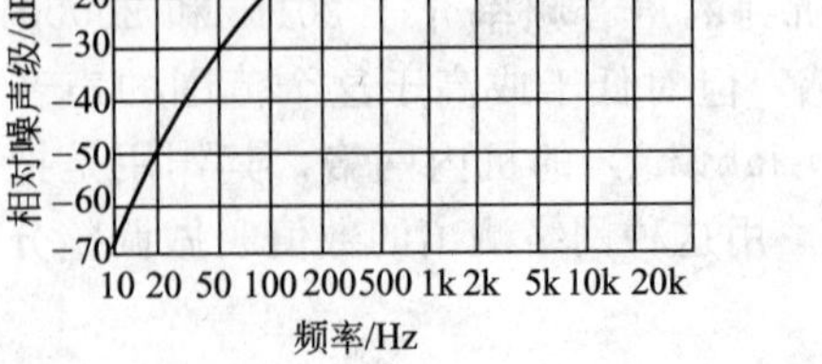

图39-1 声级计的调整分贝特性曲线

在人们感受到声音的强烈作用之前，不会有“噪声”污染问题。所以，研究噪声的实际危害是件重要事情。人们听觉系统可感受的声能级及其频谱范围甚广，而某种特定频率声能级的作用影响在极大程度上取决于环境条件。声频、声波特性以及与本底噪声相比的噪声级，是三项具有最重要作用的因素。人们的听觉感受中频及高频的噪声比感受低频的噪声更为敏感。为了使得测试仪表的示值与试验特性曲线尽可能相符，一般采用声级计，而这时所用的声级计之频率响应，只限于平坦频率相对应的低频及超高频频谱，如图39-1所示。

同一个声级计测定中频噪声，需要提供比测定低频噪声更高的噪声级才能有效，即在某种程度上要凭听觉的感受特性。这时所求得的特性曲线称为调整分贝特性曲线，用该特性曲线量测的噪声均以分贝为计量单位［dB(A)］。

噪声级的计量通常都用“分贝”这个数值来表示，若测定的噪声源在噪声特性上有明显的差别，还要对试验特性曲线作较大的校正。当噪声具有明显的可辨特性时，例如为正弦波的“嗡嗡”交流声，或者说噪声具有脉冲成分的话，那么，人们对这种噪声的厌恶反映会比声级计显示的读数来得大。在大多数的工业噪声问题上，尤其是在制油厂的噪声问题上，这种噪声是危害极为严重的一类噪声。

环境的噪声级是以本底噪声级作为计量基准，这是一项重要的特征。昼夜运转的饲料厂，这一点甚为重要，因为，饲料厂的噪声级有可能低于白天环境的噪声级而不会形成公害。不过，在夜间，环境本底噪声往往会降低，同样这家饲料厂的噪声级，可能会超过新的环境本底噪声级而被定成为是一项公害。

另外一个重要的方面是，高噪声级对于人们听觉的伤害作用，一般说来，当噪声级低于 90dB(A) 时，不会引起人们听觉器官的实质性伤害。然而，当人们长时间地连续承受超过 90dB(A) 的噪声刺激作用时，将会产生不能恢复正常听觉的伤害后果。“减少噪声对职工危害的实施规范”中建议：就每周 5 天的工作制而言，职工在 90dB(A) 最高极限噪声级环境中的作业时间每天不得超过 8h。运用等能量法则的原理，允许在较短的总周期内承受较高的噪声级，也就是允许等效噪声级维持在 90dB(A)。每天等效噪声级按 90dB(A) 计算，不同噪声级允许的作用时间如下：

88dB(A)　12h；　　90dB(A)　8h；
93dB(A)　4h；　　96dB(A)　2h；
99dB(A)　1h；　　102dB(A)　30min；
105dB(A)　15min；　　108 分贝(A)　7.5min。

制油工业及饲料工业上的主要噪声源是：轴流式通风机、空气压缩机、离心式通风机、粉碎机、混料机、制粒机、刮板运输机和振动筛。

现有的制油厂，在降低噪声方面还有大量工作要做。在规划新建工厂的设计阶段，也应当考虑噪声问题。

工业噪声咨询机构可为用户解答这两个方面的有关问题。

第二节 噪声防治

一、建议的噪声限度

噪声问题将按劳保和安全法处理。这个法令没有规定什么是噪声的限度，但是劳工部公布了一个“减轻劳工噪声受害实践法”。这个法令推荐了合乎要求的噪声限度及保护工人免受噪声危险的措施，并规定在工人没有听觉保护的地方，连续在噪声下工作一个 8h 的工作日，其噪声强度不能超过 90dB(A)。

为确定工人所经受的噪声强度，可使用携带式测试仪，以 dB（A）为单位来测量。这样的测声仪有多种，使用时，应严格按厂方的操作说明去做，也可以从劳保安全检查员（工厂检查员）那里得到协助，他们拥有更先进的仪器，并乐于帮助。

二、减少噪声

建造和装备新工厂（已经建成的工厂或改建改装原有工厂）时，噪声问题应从一开始便加以考虑。工厂所选基地与外界噪声源有密切的关系。在原有的厂房需安静的工段，不妨离噪声区远一些。

是否有噪声问题在很大程度上也取决于所采用的工艺本身。在选择机械、仪器和其他设备时，应将噪声问题同其他质量指标一起进行比较。举例说，不妨选择电动卡车以代替内燃卡车。

如果不得已采用噪声大的工艺和设备，应在建筑设计时考虑隔音。噪声最严重的工段应充分地远离其他工段，并采用消声材料，安排建筑物位置使起隔音屏障作用。这种噪声区可用煤渣砌块或两层粉饰使之有效隔音。天花板可采用隔音瓦，地板可用软木或热塑料砖铺设。

三、减少声源噪声

减少声源噪声的最有效办法是追根求源。举例说，办公室的打字机如果搁在橡胶、毛毡或软木上，发出的声音就将远比直接搁在桌面上时为小。在制粉厂，类似的例子还可举出一些。

1. 电动机在满载中有时冷却过度，如果适当减少冷空气量，将会减少“叶轮啸叫”噪声。

2. 设备维护保养良好可大大减少噪声量。拧紧松了的螺钉可消除拍击声。齿轮若磨损，噪声就增加。校检一下高速度运转处的齿轮，可改善这种情况。其他方面的噪声，若润滑得当，可以减少。

3. 空气和蒸汽排放管道发出的噪声可以减少。要减少通风系统等的风机的噪声，可采用消声器或弹性安装，或安装挠性联轴节。

4. 振动筛等装置的支承架发出的噪声可以减少，如果支承架是框架结构，而不是板块围成的。机器可安装在弹性底座上，以减轻噪声的传递。

5. 噪声源可隔离，即机器可用围板隔起来，如果这样难以办到，则可考虑用隔音材料，只将操作工人隔离起来。

6. 工作区和噪声源之间可用隔板隔开。隔板越重，越能减少噪声传递。砖墙比轻质材料隔音效果好。这种墙若粉刷适当，可降低噪声 60dB（A）。

7. 使用吸音材料如玻璃绒、矿物绒和隔音瓦，可阻止声音传递。有可能反射声音的表面、墙面等，应用消声材料裱糊一层。

四、使用噪声防护用具

如果噪声无法从外界环境方面得到控制，使之达到安全程度，则操作工人应在听觉方面受到保护，保护用具一般有两种。

（1）耳塞　耳塞的设计将可以装进耳道的，作为永久性耳塞，用橡胶或塑料制作；要是作为可卸式耳塞，用特别细的玻璃绒或者浸蜡的棉绒来制作。

永久性耳塞应与耳道配合严密，这点极其重要，因为只稍有一点漏气，便会降低耳塞隔音效果。出售的耳塞通常有多种规格，应由专门训练过的人员对佩戴者予以逐个试戴。不要自己选择耳塞的大小，虽然这种对厂主是更方便的些，它只需备好各种规格供工厂选用，但此法不可取。

有种耳塞只一个尺寸，被宣称为通用型，其实它的隔音效果不及多种尺寸的耳塞可靠，因此，只用于噪声不严重的地方。

永久性耳塞应保持干净，定期检查，如果因用久而软化，应予以更换。

玻璃绒外表像棉绒，以小包装出售或由药剂师配制，用于制作可卸式耳塞。使用时，按制造厂说明书所说的把耳塞折叠起来放进耳道，隔音效果很好，而不必像永久性耳塞那样须人人试戴。用浸蜡棉绒制作的耳塞也有出售。两种形式的耳塞用过后都应废弃。

普遍的干燥棉绒是效果最差的耳塞，不予推荐。

（2）耳套　耳套有一硬质外罩，可将外耳完全罩住，并用软垫套密封到头上，比耳塞大而重，但保护作用强得多，并且不必试戴。

最舒适、最有效的耳套是“液封”式的。这是用软塑料管环绕耳套外围，软管里部分地注入液体，一般是甘油。但这种液封不结实，同时若不小心就可能漏油。用塑料泡末做密封的耳套更结实些，但不像“液封”那样具有可靠的声学上的密封作用。这两种密封都容易老化，因此，应定期检查，该换则换。要是密封或其零部件设计成可以调换的话，则更可取。

工人们常不愿意佩戴任何防噪声器具，特别是在那些不了解噪声危害性的地方。人们顾虑佩戴耳朵保护器会影响语言交流和听不到警告信号。但是在噪声超过 85dB(A) 的地方，佩戴耳塞、耳套恰恰可以改善语言交流的清晰性及更易发现警板信号。

还应指出，一方面，工厂主应按照劳保和安全条件向工人（雇员）提供耳朵听力保护装置，另一方面，工人（雇员）也应密切合作，以策安全。

最后应指出，噪声严重，需佩戴耳朵保护装置的区域应明确指示出来，并在所有进出口处设置警告牌。

第四十章　废渣及废水的处理

第一节　废水的处理

植物油料加工厂的废水主要来自油脂精炼车间，它具有比工厂内其他车间废水污染程度大的特点。因此处理好油脂精炼车间的废水，并使其达标排放，其他问题就迎刃而解了。

一、废水的来源及排放

1. 废水的来源　精炼车间的废水大部分来源于碱炼工段。在这个过程中碱液使毛油中的游离脂肪酸钠转化为钠皂，通过离心机从油脂中分离，接着加水洗涤油相，使残留油中的脂肪酸钠皂、水溶性物质及超重的碱溶于水中，再经过离心机分离出水相，这就是碱炼车间的炼油废水。

2. 废水的水质　炼油废水中溶有脂肪酸钠皂和超重的碱、还含有部分乳化油脂、水溶性色素、蛋白质、悬浮物等，如直接排入河流，不仅会影响水的感官状态，降低水中的溶解氧，造成水质恶化，影响水中生物的生存，而且还影响农业灌溉和居民用水，造成环境污染。因此，炼油废水必须经过处理后才能排放。

3. 废水排放标准（参照 GB 8978—1996）见表 40-1

表 40-1　废水排放标准　　单位：mg/L

序号	污　染　物	一级标准	二级标准	三级标准
1	五日生化需氧量(BOD_5)	30	60	300
2	化学需氧量(COD_{Cr})	100	150	500
3	动植物油	20	20	100
4	悬浮物(SS)	70	200	400

二、废水的处理技术

1. 工艺流程示意　见图 40-1。

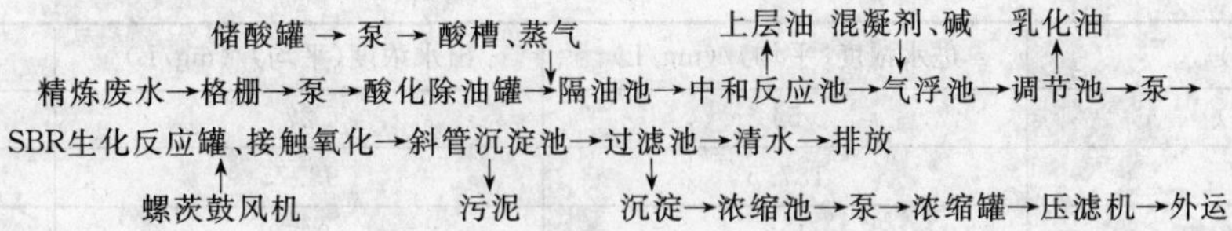

图 40-1　废水处理工艺流程示意

2. 工艺流程说明

（1）除杂　炼油废水经过格栅去掉污水中较大颗粒及杂物，以免堵塞污水泵，格栅规格为 0.5m×0.8m，间距 10mm。

（2）除油　从格栅流出的废水被泵入酸化除油罐，在直接蒸汽的搅动下，加入无机酸，中和废水中的碱，并使废水中的钠皂转变为脂肪酸进入油相，经过隔油池去除表层的油（油脂和脂肪酸），出油率可以达 90%，这样既可减轻后续处理工艺的有机负荷，又可以回收有价值的油脂和脂肪酸。

（3）气浮除乳化剂　隔油池的出水进入中和反应池，调至中性后，加入混凝剂进入气浮池，在气浮池中，溶于水的微气泡上浮，带动污水中的微小油粒，使乳化油脂被除去。经气浮后，水中的含油量在 20～30mg/L 以下，已接近一、二级排放标准中动植物油含量的指标。

(4) 生化处理降解有机物　气浮池出水经中间水池调节后进入 SBR 生化反应罐，罐内装有兼氧填料，废水在厌氧和兼厌氧微生物的作用下得到初步降解。SBR 生化反应罐的出水进入接触氧气池，池中装有组合填料作为好氧气微生物的载体，曝气系统为好氧微生物提供充足的氧气，通过微生物的代谢活动，废水中的有机物被生物降解。

(5) 沉淀、出水　生化处理后的水中加入混凝剂，经斜管沉淀池固液分离，去除水中的悬浮颗粒及脱落的生物膜，出水进入过滤池后最终排放。

(6) 污泥处理　来自气浮池的浮渣、生化处理的污泥和沉淀池的沉淀均集中在污泥浓缩罐中，经过浓缩、机械脱水后成块状，可外运至垃圾填埋场处置。

三、废水处理技术指标

见表 40-2～表 40-5。

表 40-2　经除油、气浮系统处理后的效果

项　目	进水浓度(平均)/(mg/L)	出水浓度(平均)/(mg/L)	去除率/%
五日生化需氧量(BOD_5)	2250	1125	50
化学需氧量(COD_{Cr})	5000	2500	50
植物油	1175	23.5	98
悬浮物(SS)	650	195	70

表 40-3　经生化处理系统处理后的效果

项　目	进水浓度(平均)/(mg/L)	出水浓度(平均)/(mg/L)	去除率/%
五日生化需氧量(BOD_5)	1125	90	92
化学需氧量(COD_{Cr})	2500	375	85
植物油	23.5	7.05	70
悬浮物(SS)	195	136.35	30

表 40-4　经混凝沉淀处理后的效果

项　目	进水浓度(平均)/(mg/L)	出水浓度(平均)/(mg/L)	去除率/%
五日生化需氧量(BOD_5)	90	54	40
化学需氧量(COD_{Cr})	375	187.5	50
植物油	7.05	4.23	40
悬浮物(SS)	136.5	27.3	80

表 40-5　经过滤系统处理后的效果

项　目	进水浓度(平均)/(mg/L)	出水浓度(平均)/(mg/L)	去除率/%
五日生化需氧量(BOD_5)	54	27	50
化学需氧量(COD_{Cr})	187.5	93.75	50
植物油	4.2	2.52	40
悬浮物(SS)	27.3	2.73	90

经实践证明，经过处理后的炼油废水的相应指标均达到国家一级排放标准，该工艺先进可靠，设计合理，运行稳定，占地面积小，便于操作管理。

第二节　废渣的综合治理与利用

植物油料加工厂生产的废渣主要是生产工艺过程中产生的废白土，由于废白土来源于精炼过程中的脱色工段，有的也称脱色废白土。

一、废渣的综合治理

脱色废白土是植物油脂精炼过程产生的下脚料，一般占油脂精炼量的2%。废白土含有主要成分为：中性油脂、非水化磷脂、脂肪酸、一些金属离子氧化物及天然色素等。活性白土一般呈白色、淡灰色等，脱色后由于吸附植物油中色素而呈青色及褐色。废白土形状按过滤方式不同而异，用阿玛过滤机过滤后多为粉状，有少量块状；用板框过滤机过滤后，呈块状和泥状。脱色废白土中油脂含量一般为20%～30%，根据油脂原料、脱色工艺不同有所变化。原料油色泽深，白土加入量多，白土中吸附油脂多，反之则少。废白土对氧化很敏感，在较高温度下可自燃，若不经处理而直接排放将污染环境。目前，大部分油厂采用水喷洒或地坑掩埋，一般作为废弃物处理，导致资源白白浪费。在提倡资源高效循环利用科学发展的今天，若对废白土回收及综合利用，既可保护环境又能创造效益。

1. 废白土回收油脂　废白土含有20%～30%的油脂，所以从废白土中回收油脂，不仅保护环境，又充分利用资源，同时也可降低油脂精炼成本，是循环经济在植物油脂行业的具体体现。目前，废白土提油方法主要有水煮法、压榨法、溶剂萃取法三种。

(1) 水煮法。即在废白土中加水、盐等熬煮，回收浮在水面上的浮油，其缺点会产生大量废水，水煮后废白土仍含油10%～15%。大量废水将造成环境污染严重，且回收油脂得率低，质量较差。

(2) 压榨法。即废白土用水蒸气加热，采用小型液压榨油机进行压榨，废白土呈酸性，在水蒸气作用下，废白土中油脂氧化速率加快，榨出油酸值高，含白土量大，含水高，毛油品质差。通过压榨后废白土中仍含油8%～12%，其资源仍不能得到有效回收。

(3) 溶剂萃取法。采用制油行业现有萃取工艺与设备，浸出油脂。由于溶剂和油脂形成混合油与废白土混合成浆状，导致分离困难，因此，工业化生产存在一定难度。有人采用黏土加水和废白土混合，用螺旋挤压成片状，通过烘干后再用溶剂浸出工艺。该法缺点是：①黏土成本高；②需烘干去水；③产量低、能耗高。

目前通用溶剂浸出工艺为：

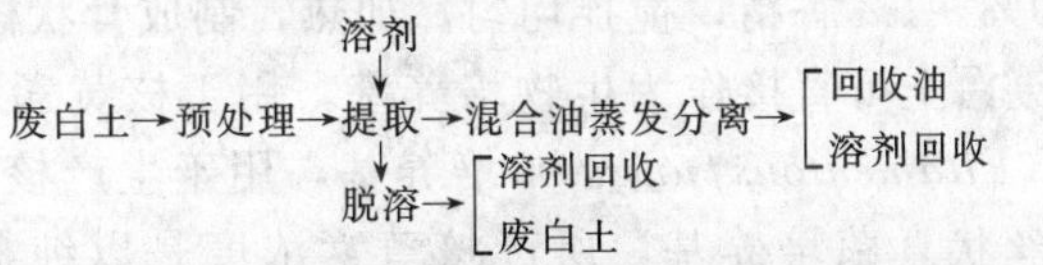

废白土经预处理，主要为调节pH值、预热、制粒等，然后加入溶剂（6号溶剂油）浸提，浸提方法分为浸泡和喷淋两种，温度50～55℃，分离后得到溶剂混合油，溶剂经蒸发得回收油。经浸出后废白土含油5%以下。含溶剂废白土脱溶后，经再生处理仍可再次使用。

2. 废白土治理工艺特点

(1) 三段式浸出工艺　三段式浸出器特点是浸出分为喷淋、浸泡、分离三个流程，能更好分离白土中油脂。通过此法回收的油脂品质好，通过蒸发、汽提、精炼能达到食用标准，且回收后废白土残油量小于5%，在此基础上可利用白土再生器将二次废白土再生。

在三段式工艺中，存在喷淋和浸泡过程中白土颗粒过细易透过和堵塞假底，导致回收油中含白土颗粒，影响后期加工处理。

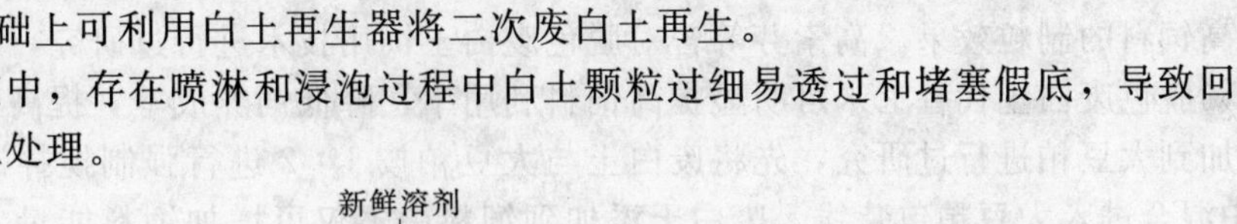

(2) 上撇油浸出工艺　该工艺特点是将传统下层渗透取油改为上层撇油，防止白土堵塞假底、漏过假底。在罐体上增加加热夹套，以保证浸出温度和蒸粕效果。增设变频搅拌器，以促使废白土与溶剂充分接触，保证萃取效果。在烘干设备加装粕末捕集器，防止废白土烘干时粉尘飞扬造成冷凝器堵塞。如浸出后蓖麻油通过蒸发、汽提、精炼后可得到国标1#蓖麻油。脱油后废白土残油5%以下，烘干后可利用再生器再生后重新利用或作为肥料。此工艺主要问题是油土分离采用静置法，分离时间较长。

该工艺流程为：

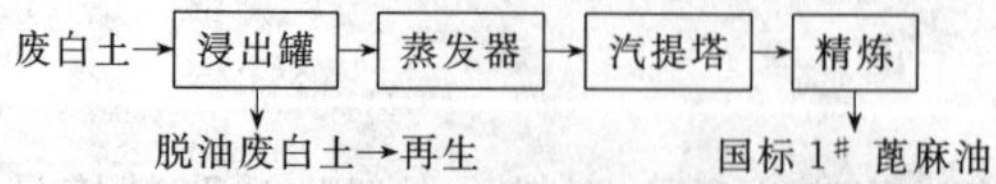

(3) 新式萃取器工艺　此工艺采用自然沉降分离技术与萃取新装置，由沉降网滤萃取机和网斗沥干输送机等部件组成萃取装置；分为澄清清油区、半悬浮浑浊区、固体物沉积区和沥干区四个区域。物料定量自控后，操作简便，固液分离完整，所得油脂杂质含量基本控制在标准范围内。通过沉降分离抽出沉积物以上的混合油，再通过网板将白土中溶剂进行沥干，使白土含溶剂降为约40%以下，便于脱溶：脱溶后溶剂含量小于700×10^{-6}。原料废白土经预热处理后降低水分，粉状白土油脂更利于分子扩散，在很短时间内白土中油脂将被萃取而出，经两次浸泡白土含油达2%左右，经三次浸泡废白土含残油为1%。但此法也存在通过自然沉降时间较长的问题。

二、废白土的综合利用

废白土回收和利用除从废白土中提油外，也可在农业、日化、化工、生物等方面进行综合利用，从而应对不同环境及生产需求。

1. 制备4A分子筛　将抽去油分和杂质的废白土按一定液固比投入到硫酸溶液中充分混匀，搅拌升温至90℃，酸化一定时间后过滤，滤饼用蒸馏水洗至pH值4～5。将酸化产物加水打成均匀泥浆后，加入30%氢氧化钠溶液，升温至60～70℃反应2h，进行碱处理。将碱处理后混合液降至25～30℃，在不断搅拌下逐渐加入偏铝酸钠溶液，达到规定反应混合物组成比例。搅拌升温至80～100℃进行晶化反应，5h后过滤，将滤饼用水洗至pH值9～10，烘干粉碎即得4A分子筛。

2. 制备洗涤用品　废白土加NaOH在60～120℃皂化，然后加1%～15%漂白粉漂白，经干燥设备将含水量降至10%以下。最后添加1%～15%滑石粉、1%～15% Na_2SO_4、1%～6%烷基苯磺酸钠和0%～1%香精复配、混匀制成工业或民用去污粉。王广隆等对脱色废白土制备洗涤膏进行了研究，研究表明，脱色废白土与适量苛性碱，在60～120℃皂化，反应至pH值8～10，然后与已软化好的纤维质吸附材料进行复配，并加入0%～1%香精，搅拌均匀，加热，制成膏状样品，即得洗涤膏产品。

3. 制备核黄素　脱色后废白土可直接作为生物培养基，用于核黄素制备。Enoch等将含40%棕榈油脱色废白土用作丝状真菌（*Filamentousfungus*）培养基，用于生产核黄素。其研究结果表明，不经脱油的脱色废白土直接作为丝状真菌培养基，所产核黄素浓度是以纯棕榈油为培养基的1.5倍；且80%油都被真菌所利用，脱色废白土色泽也由最初黑色逐渐变为黄色。

4. 作肥料　废白土含有机质约50%，经复配后是一种非常好的生物有机肥。脱色后废白土应用于鸡粪堆肥。研究表明，其可改进堆肥制作过程臭味的产生及臭味所造成的空气污染。当鸡粪添加20%以上废白土，即可有助于微生物生长，且当制成肥料施洒于土壤后，由于其有助于土壤中空气流通使植物生长亦较佳。若添加30%脱色废白土于鸡粪中，可制得鸡粪堆肥。

5. 作饲料　废白土不仅含有一定油脂，还含有磷脂等营养物质，可作为饲料添加剂；同时，废白土的加入还可提高饲料的制粒效果。高索芬等曾对脱色废白土饲用技术进行过研究，对肉鸡饲喂研究表明，添加3%～5%脱色废白土代替玉米可明显提高饲料利用率，降低饲养成本，提高养殖效益。孙孝风等也对废白土添加到大豆粕进行过研究，先将废白土与大豆粕按1：2进行强制搅拌制成预混料，再按1%比例与大豆粕混合进入大豆粕包装线。废白土添加到饲料中不仅可增加饲料能量，减少饲料油脂添加，且有利于环境保护。

6. 废白土活化后作吸附剂　Low等以对棕榈油脱色后废白土为原料，研究其对水溶液中铬的脱除作用。脱色后废白土首先用10%硫酸在350℃下进行活化处理，然后用于对水溶液中铬的吸附。研究表明，其对铬最大吸附能力为21.2mg/g。Iran等以酸活化脱色后废白土为原料，研究其对水溶液中农药2-甲-4-氯苯氧基乙酸的脱除作用。研究结果表明，酸活化脱色废白土可有效脱除污水中2-甲-4-氯苯氧基乙酸。Low等研究脱色后废白土活化条件，并对活化处理后废白土用于毛棕榈油脱色进行研究。研究表明，脱色后废白土可用10%硫酸在350℃下活化处理，加入10%活化处理后白土，可有效脱除毛棕榈油中色素，得到高质量脱色棕榈油。也有将脱色后废白土进行活化处理后，用于染料废水刚果红吸附，同样也能得到良好效果。我国每年油脂精炼过程中所产生废白土数量巨大。

第六篇

产业环境

第四十一章　产业基础环境

第一节　植物油料油脂产能环境

一、我国植物油加工产能发展概况

随着人民生活水平的不断提高，近年来我国对肉、蛋、奶和食用植物油的需求量不断增加，进而带动国内植物油生产业的飞速发展。以大豆加工业发展为例，2000 年我国日处理大豆 300t 以上的油厂在 100 家左右，日压榨大豆能力为 6.4 万吨，单厂平均压榨规模为 600t。列 2001 年底，我国日压榨大豆能力增加至 10.7 万吨，2004 年底达到 20.2 万吨，2005 年底达到了 25.4 万吨，到 2006 年底，我国日压榨大豆 300t 以上的企业已超过 170 家，日压榨大豆能力达到 27 万吨，单厂平均压榨规模超过 1500t。按每年开工率 300d 计算，年加工大豆能力可达到 8100 万吨。在 2000～2006 年，我国日压榨大豆能力增长了 3.2 倍。目前全世界有 11 家日处理油料为 6000t 的大型油厂，其中 5 家在中国，即江苏张家港东海粮油（12500t/d）、广西防城港大海油脂（7500t/d）、河北秦皇岛金海油脂（7000t/d）、连云港益海油脂（6000t/d）和河北三河汇福粮油(6000t/d)。全国油料加工能力最大的集团有益海油脂、中粮集团、九三油脂、大连华农和大连华良，这几家企业集团大豆加工能力已达到日处理 10 万吨以上。目前国内大豆压榨工业无论在企业规模上，还是在技术上都已达到发达国家的水平，并初步形成了东北、环渤海、江浙、华南和内陆 5 个大豆压榨圈。其中在东北内陆地区形成了以黑龙江九三油脂公司、吉林德大油脂公司和沈阳金石豆业公司等为代表的东北大豆压榨圈，以压榨国产大豆为主。在环渤海地区形成了以大连华农豆业公司、大连日清公司、秦皇岛金海油脂公司、河北汇福粮油公司、九三油脂公司、山东渤海油脂公司、烟台益海油脂公司、日照邦基三维和黄海油脂公司等为代表的环渤海大豆压榨圈，这些地区主要以压榨进口大豆为主，在每年 11 月到次年 3 月期间加工部分为国产大豆。在江苏和浙江地区形成了以张家港东海粮油公司、连云港益海油脂公司、南通嘉吉公司、宁波金光油脂公司等为代表的江浙大豆压榨圈，常年以进口大豆为加工原料。在华南地区形成了以泉州福海油脂公司、东莞嘉吉公司、东莞中谷公司、湛江华农豆业公司、广西大海油脂公司等为代表的华南大豆压榨圈，该地区大豆压榨企业大多是在 2001 年以后快速发展起来的，原料来源均为进口大豆。在内陆地区形成了以四川金石油粕公司、重庆新涪油脂公司、陕西邦淇油脂公司、周口益海油脂公司、郑州阳光油脂公司等为代表的内陆大豆压榨圈，这些油厂既加工进口大豆，也加工部分国产大豆。

据中国粮食行业协会统计的数据资料显示，2007 年，全国入统食用植物油加工企业 1095 个，年处理油料能力 7003.5 万吨，精炼能力 2346.3 万吨。另据统计，截至 2006 年底，我国植物油供给的总量从 1996 年的 1000 多万吨增加到 2400 万吨，植物油人均消费量增加至 17kg。

二、我国各地区植物油料产能

2007 年我国油料（含油脂类大豆）总产量为 5164 万吨。其中大豆主要在黑龙江、安徽、内蒙古、吉林四省，而其他油料主要分布在河北、江苏、山东、河南、湖北、湖南、四川等省区，详见表 41-1。我国农垦系统生产的植物油料主要分布在黑龙江和新疆农垦区，详见表 41-2、表 41-3。

表 41-1　2007 年我国各地区植物油料产量状况　　单位：万吨

地　区	豆　类			油　料				
	总产	大豆	杂豆	花生	油菜籽	芝麻	胡麻籽	向日葵
总计	2105	1597	508.0	1467	1265	66.5	36.9	180.3
北京	2.7	2.5	0.2	2.1		0.01		0.02

续表

地区	豆类			油料				
	总产	大豆	杂豆	花生	油菜籽	芝麻	胡麻籽	向日葵
天津	2.7	2.6	0.1	0.7		0.03		0.42
河北	52.9	44.6	8.3	137	4.1	1.39	4.00	3.74
山西	40.3	27.7	12.6	2.5	0.7	0.43	4.94	8.01
内蒙古	143.2	104.5	38.7	2.9	25.7	0.91	6.16	79.7
辽宁	36.1	32.9	3.2	35.7	0.1	0.28		1.71
吉林	150	121.4	28.6	32.9		2.55		18.66
黑龙江	652	596	56	5.6	0.1	0.7		32.14
上海	3.1	1.8	1.3	0.4	4.9	0.02		
江苏	87.3	53.7	33.6	66.8	149.4	1.82		0.03
浙江	48.5	30.2	18.3	4.9	41.8	0.59		
安徽	132.2	125	7.2	84.9	165.8	10.69		0.02
福建	24.4	18.4	6	25	1.8	0.12		
江西	26.8	18	8.8	32.2	42.8	2.71		
山东	65.6	62.1	3.5	355	2.7	0.21		0.02
河南	76.4	64.9	11.5	367.5	84.7	25.8		1.97
湖北	62.5	38.5	24	58.4	207.1	13.5		0.66
湖南	60	42.6	17.4	33.1	114.9	1.34		0.04
广东	25	19.8	5.2	76.5	0.9	0.14		
广西	39.5	30.4	9.1	57.2	6.2	0.5		
海南	2.2	1.1	1.1	8.8		0.2		
重庆	35.4	11.7	23.7	7.1	32.3	0.5		0.41
四川	98.3	39.3	59.0	47.1	168.9	0.46		0.28
贵州	38.4	15.9	22.5	7.5	81	0.02	0.01	0.62
云南	68.4	13.5	54.9	5.8	31.6	0.02		0.87
西藏	3.2	0.2	3	0	5.4			
陕西	48	42.3	5.7	8.2	29.2	1.53	0.49	3.84
甘肃	39.5	13.1	26.4	0.2	26.7		14.75	5.24
青海	10.2		10.2		26.3		0.20	
宁夏	5.2	1.6	3.6				38.1	5.68
新疆	24.8	20.4	4.4	0.5	9.7	0.05	2.52	16.17

表 41-2 我国农垦系统油料分类产量

项目	产量/万吨			项目	产量/万吨		
	2005 年	2006 年	同比增减/%		2005 年	2006 年	同比增减/%
大豆	194.4	163.1	−16.1	油菜籽	29.74	28.1	−5.51
花生	9.06	9.72	7.28	向日葵	18.21	16.11	−11.53

表 41-3 2006 年各地区农垦系统油料产量 单位：万吨

地区	大豆	其他油料	总计	地区	大豆	其他油料	总计
全国总计	163.06	64.59	227.67	天津	0.02	0.00	0.02
北京	0.01		0.01	河北	0.33	0.19	0.52

续表

地　区	大豆	其他油料	总计	地　区	大豆	其他油料	总计
山西	0.00	0.03	0.03	海南	0.11	0.58	0.69
内蒙古	15.10	19.14	34.24	重庆	0.00	0.00	0.00
辽宁	1.47	0.31	1.78	四川	0.00	0.06	0.06
吉林	1.40	1.53	2.93	贵州	0.00	0 07	0.07
黑龙江	130.08	11.98	142.06	云南	0 02	0.04	0.06
上海	0.00		0.00	西藏			0.00
江苏	0.28	0.37	0.65	陕西	0.08	0.27	0.35
浙江	0.08	0.01	0.09	甘肃	0.01	0.82	0.83
安徽	2.52	0.63	3.15	青海		0.77	0.77
福建	0.22	0.41	0.63	宁夏	0.17	0.61	0.78
江西	0.30	1.72	2.02	新疆(兵团)	3.43	8.37	11.80
山东	0.31	0.04	0.35	新疆(农业)	0.30	0.94	1.24
河南	1.58	1.62	3.20	新疆(畜牧)	2.89	2.69	5.58
湖北	1.52	7.75	9.27	热作两院		0.00	0.00
湖南	0.70	2.53	3.23	广州			0.00
广东	0.05	0.88	0.93	南京	0.00		
广西	0.08	0.23	0.31				

第二节　我国人均占有主要工农业产品产量状况

植物油主要供人群食用，植物油人均占有量可反映出植物油产量与人群之间内在供求需求关系，它与其他消费品的关系见表 41-4。

表 41-4　我国人均占有主要工农业产品产量（2002～2006 年）

产品名称	单位	2002 年	2003 年	2004 年	2005 年	2006 年
粮食	kg	356.97	334.29	362.22	371.26	379.46
棉花	kg	3.84	3.77	4.88	4.38	5.15
油料	kg	22.63	21.82	23.66	23.6	23.34
糖料	kg	80.39	74.83	73.84	72.5	84.15
茶叶	kg	0.58	0.6	0.64	0.72	0.78
水果	kg	54.3	112.68	118.36	123.65	131.5
猪、牛、羊肉	kg	40.83	42.74	44.57	47.2	48.95
水产品	kg	35.64	36.51	37.82	39.2	40.35
布	m	25.18	27.44	37.2	37.15	45.66
机制纸及纸板	kg	36.45	37.64	41.77	47.6	52.35
纱	kg	6.64	7.63	9.96	11.13	13.29

第三节　国家政策导向及加工业产能增长状况

一、国家政策导向

我国油脂油料品种开始大规模进口始于 20 世纪 90 年代中期，1996 年我国大豆进口关税调减至 3% 后，正式放开大豆进口。随后 2001 年我国加入 WTO，并于当年 5 月份公布转基因条例，对进口植物油实行 TRQ 管理。在对内方面，为提高国内油料生产，国家开始在东北实行“大豆振兴计划”，出台了大豆良种补贴政策（现在农业体系中的良种补贴，包括对油菜生产，就是从大豆开始的）。另外还出现了其他的一些问题，包括 2004 年的巴西红豆事件，出台了检验制度以及大连商品交易所推出了 2 号大豆。

2006 年，随着我国植物油压榨业的飞速发展以及国际油料进入我国数量的剧增，以农业部为主的行业协会成立，同时根据 WTO 协议，取消植物油 TRQ 管理，这一年我国植物油压榨业产能格局也发生重大变化，大型油脂集团开始重组，包括中粮集团重组和丰益嘉里合并。进入 2007 年后，随着国内外油脂油料价格波动幅度的加大，我国开始进一步加大国内油料生产补贴力度，并对外资进入植物油压榨业采取限制措施。另外，我国《大宗农产品进口报告和信息发布管理办法（试行）》也正在加快制定中，目前已知的内容主要包括以下几点：①从事大宗农产品进口的企业，其相关情况均须备案；②相关企业在签订大宗农产品进口合同、货物在装运港出运、抵达目的港等相关情况，需在 72 h 内向相关部门汇报，汇报内容包括进口总量、出港时间、到港时间、进口价格等。另外，商务部已公布的《实行进口报告管理的大宗农产品目录》中包括大豆和豆粕两类，并首选大豆产品进行跟踪。国内油厂将需要做好进口大豆的提前申报与到货情况报告。综合来看，目前国家在油脂油料进口方面的态度正由满足国内需求转向扶持民族油脂油料产业的方向上来。

国务院办公厅于 2007 年 9 月 22 日发布了《关于促进油料生产发展的意见》，意见指出，食用植物油是城乡居民重要的生活必需品，抓好油料生产，对于稳定食用植物油市场、满足消费需求、增加农民收入、促进经济发展具有重大意义。近年来，油料生产效益偏低，农民种植积极性下降，全国油料种植面积持续下滑，产量徘徊不前，国内食用植物油产需缺口不断扩大。当前，加快恢复发展油料生产、保障市场供给任务十分紧迫。各地区、各有关部门务必高度重视，充分认识抓好油料生产的重要性，切实增强责任感和使命感，采取综合有效的政策措施，充分调动农民的生产积极性，促进油料生产迅速恢复发展。

此外，2007 年国家发改委再次修改外商投资目录，限制目录中农副食品加工业规定如下：①玉米深加工，大豆、油菜籽加工（中方控股）；②生物液体燃料（燃料乙醇、生物柴油）生产（中方控股）。

除上述规定外，国家将继续完善大豆和食用油储备制度。

二、加工业产能增长状况

据不完全统计，2007 年我国竣工投产的大型大豆压榨项目至少有 5 家，合计日压榨大豆能力达到 1.6 万吨；这些项目分别是：青岛渤海油脂大豆压榨项目，设计日压榨大豆能力为 6000t；九三油脂防城港大豆压榨项目，设计日压榨大豆能力为 5000t；黑龙江阳霖油脂集团三厂，设计日压榨大豆能力为 2000t；江苏民康油脂公司和重庆油脂公司盐城分公司设计日压榨大豆和油菜籽 1000t 的综合油料加工项目。

目前国内在建和计划建设的大豆压榨项目仍有十多家，分别是辽宁丹东港集团与美农谷物公司、美国帕斯特公司共同投资 1.2 亿美元规划建设的 200 万吨谷物油脂加工项目，一期工程将建设 3000t/d 大豆压榨厂；中储粮下属公司与邦基合资建设的东莞大豆压榨项目；中储粮下属公司与路易达孚合资建设的日照大豆压榨项目；华港集团公司的钦州大豆压榨项目；黑龙江鸿源植物油公司的 1000t/d 大豆压榨项目；黑龙江阳霖集团的 1500t/d 大豆压榨项目；佳木斯吉庆豆业的 1000t/d 大豆压榨项目；山东嘉冠集团的 2000t/d 大豆压榨项目；邦基公司天津大豆压榨扩建项目；上海良友集团的江都大豆压榨项目；益海嘉里集团的佳木斯大豆压榨项目。不过，考虑到目前国内压榨产能严重过剩，因此未来国内压榨产能继续扩张的可能性较小，同时，国家在政策上的规定，也将对外资在华新建产能有所限制。综合来看，我国食用油行业正处在一个重要转型期：从粗放成长转变为集约成长，从同质竞争转变为创新竞争。

对于国外大豆的层层压近和外资对国内加工业的攻城略地，国务院发展研究中心市场经济研究所副所长程国强认为，首先要加大对国产大豆生产的支持力度，启动战略贸易机制。如对国内大豆生产采取扶持政策，调动农民种植大豆的积极性，探索建立大豆产业基金等市场机制；把大豆等资源性农产品进口纳入战略贸易安排，建立进口战略机制，对大豆的收购、储运、加工、终端产品进行产业链管理等。

其次，国内企业应该多向跨国粮商学习。其中，这些跨国粮商的资本动员和运作能力只是基本条件。国内油脂企业更应该学习的是他们用100多年时间积累的全球资源配置、市场营销和风险管理经验，探索建立从原料收购、产地运输、国际运输到消费地的加工、饲料、养殖业的产业管理、系统风险控制和行业资源整合的新经营模式。此外，部分专家还建议要尽快建立我国的“大豆安全”保障体系。通过联合、收购、兼并等手段，形成以某些大油脂集团为首，包括中小型大豆压榨企业、大豆贸易商、代理商、进口商，以及金融、资本市场上的投资公司等在内的产业集群，通过产业分配、金融市场的套期保值和投机，与国外基金及产业投资者进行对抗。

由于我国国内油料资源的严重不足，未来进口市场依然呈扩大趋势，我国油料油脂生产必须坚持在国家政策支持下走差异化发展，重点发展非转基因产品，特别是高蛋白食用大豆。

我国大豆产业的优势主要表现在：我国是大豆的原产地，品种资源十分丰富，而且又有食用大豆及其制品的传统习惯；目前，我国尚未发展转基因大豆，而且高蛋白大豆品种的选育水平一直处于世界领先地位，绿色、高蛋白一直是中国大豆的品牌优势。因此，必须扬长避短，除在东北和黄淮海大豆集中产区推广高油大豆品种以满足我国众多油脂加工厂的需求外，今后还要在南方地区推广高蛋白和其他专用大豆品种。同时，提升传统大豆食品加工产业的档次，促进传统大豆食品产业的现代化。

从1996年开始，我国在全国城市和农村范围内广泛实施“大豆行动计划”，以改善中小学生营养状况为突破口，利用传统的大豆加工技术，提高城乡居民的蛋白质营养水平，改善城乡居民的营养状况，增进全民身体健康。2003年直接用于食用和食品加工的大豆共850万吨，占我国大豆总产量的55%，比1995年提高了11%左右，人均食用大豆消费达到6.6kg，比1995年4.9kg的人均食用量增加了35%。但与一些发达国家和地区相比，我国大豆人均食用量仍然偏低。在经济发达的日本和中国的台湾、江苏、上海等发达省份，人均食用大豆一直保持在每年10kg的水平上，中国台湾省每人每年的大豆直接消费量大于20kg。以我国现有13亿人口计算，如果人均大豆食用消费达到10kg/a，则食用总需求为1300万吨/a；如果人均食用消费是20kg/a，则总食用需求为2600万吨/a。假如我国到2015年实现人均20kg/a的消费目标，按照每年1000万人口增长速度，2015年我国人口将达到14亿左右，则大豆食用总需求为2800万吨/a。按照已经实施的国家“大豆行动计划”的消费目标，到2010年人均大豆食用需求量将达到16kg/a，如现行计划生育政策不变，到2010年我国人口将增至13.4亿，这样大豆食用总需求量将达到2144万吨/a，2030年人均大豆食用量达到25kg/a，以15.19亿人口计算，大豆食用总消费量将达3798万吨/a。未来我国大豆食品业发展前景广阔。

第四十二章　大豆产业化发展概况

大豆因富含蛋白质、脂肪、矿物质、维生素、生物活性物质和碳水化合物等，一直被视为营养保健食品。长期食用大豆及其加工制品，具有减少心血管病、防止骨质疏松症、降低贫血患病率、促进美容和健脑益智等保健功能和药用价值，具有越来越巨大的开发价值和潜力。因此，世界各国对大豆产业争相开展研究开发和生产销售，为提高人类的生活质量和身体健康作出了重要贡献 。

第一节　世界大豆生产及加工业发展概况

一、世界大豆生产状况

1. 2004 年大豆生产状况　全世界大豆种植遍及 50 多个国家和地区，2004 年世界大豆收获面积为 91443khm^2，同比增长 9.5%；平均单产 2233kg/hm^2，同比增长－1.3%；总产量 20427 万吨，同比增长 8.1%，世界大豆主产国前四位有美国、巴西、阿根廷和中国，其总产量见表 42-1。从表 42-1 可以看出，2004 年世界四大主产国家的大豆总产量为 19109 万吨，占世界总产量的 93.5%。其中美国占 41.8%，巴西占 24.1%，阿根廷占 19.1%，中国占 8.5%。因此，这四个国家构成世界大豆总产量的绝对市场份额。

表 42-1　2000～2004 年世界大豆主产国总产量　　单位：万吨

国　别	2000 年	2001 年	2002 年	2003 年	2004 年
总产量	16141	17676	18091	18893	20427
美国	7506	7867	7482	6678	8548
巴西	3273	3788	4212	5148	4921
阿根廷	2650	2700	3020	3000	3900
中国	1541	1541	1651	1539	1740

注：表中数据来自于联合国粮农组织（FAO）；来自中国农业统计资料。

2. 2006 年大豆生产状况　2006 年世界大豆总产量为 22677 万吨，同比增长 8.3%。世界大豆主产国有美国、巴西、阿根廷、中国和印度等（表 42-2）。表 42-2 中 5 个国家的大豆总产量约占世界总产量的 89.3%，基本构成了世界大豆产量的主要市场份额。

表 42-2　2006 年世界大豆主产国生产情况

国　别	收获面积/khm^2	单产/(kg/hm^2)	总产量/万吨	同比增长/%	占世界比例/%
美国	28984	2872	8337	1	36.8
巴西	22007	2379	5236	4.3	23.1
阿根廷	15700	2710	4250	11	18.7
中国	9280	1721	1597	－2.3	7
印度	7710	1037	827	37.8	3.6

注：表中数据来自于《2007 年中国农村统计年鉴》。

二、世界大豆加工业概况

1. 2004 年大豆加工业概况　为了满足人们对畜、禽、蛋和植物油需求的不断增长，世界大豆加工业迅速发展，大豆消费除少部分用于食用外，大多数都用于榨油及豆粕加工。2004 年，世界大豆用于榨油的数量约占 85%，用于食品的数量约占 10%，用于饲料的数量约占 5%。世界大豆加工业主要集中在美国、巴西、阿根廷和中国，其加工能力约占世界加工能力的 80%左右。

表 42-3　2000～2004 年世界各主要大豆加工国压榨量　单位：万吨

主要加工国	2000 年	2001 年	2002 年	2003 年	2004 年
美国	4462	4626	4382	4163	4599
巴西	2262	2465	2840	2933	2939
阿根廷	1730	2086	2450	2504	2553
中国	2020	1900	2500	2544	2978

表 42-4　2000～2004 年世界各主要大豆加工国豆油产量　单位：万吨

主要加工国	2000 年	2001 年	2002 年	2003 年	2004 年
美国	836	858	861	756	839
巴西	432	471	530	597	668
阿根廷	319	382	417	460	484
中国	324	351	380	508	518

表 42-5　2000～2004 年世界各主要大豆加工国豆粕产量　单位：万吨

主要加工国	2000 年	2001 年	2002 年	2003 年	2004 年
美国	3573	3678	3626	3223	3552
巴西	1790	2017	2064	2468	2764
阿根廷	1550	1620	1677	1982	2069
中国	1505	1625	1867	2162	2342

从表 42-3～表 42-5 可以看出，在世界诸多的大豆生产和加工大国中，美国不仅是世界第一生产大国，而且是世界第一加工大国，其大豆压榨量、豆油产量和豆粕产量均为世界第一位。2004 年美国所产大豆产量中，用于国内加工消费占 58%，出口占 33%，5%用于留种和饲料等，其余用于储备。美国大豆压榨能力的 15%基于出口，加工厂主要建于港口；而有 85%的榨油能力是基于国内消费，加工厂主要建于内陆大豆主产区，主要集中在美国中西部地区。

2. 2006 年大豆加工业概况　根据美国农业部 2006 年公布的世界大豆供需平衡和豆油、豆粕主产国产量报告显示，2006/2007 年度世界大豆压榨量 19620 万吨，同比增长 7.1%；世界豆油总产量 3560 万吨，同比增长 3.8%；世界豆粕总产量为 15300 万吨，同比增长 5.7%。其中，世界各主要大豆加工国 2006/2007 年度大豆压榨量、豆油和豆粕产量见表 42-6。

表 42-6　2006/2007 年度世界豆油、豆粕主要生产国加工情况

主要加工国	压榨量		豆　油		豆　粕	
	产量/万吨	同比增长/%	产量/万吨	同比增长/%	产量/万吨	同比增长/%
美国	4844	3.5	927	0.2	3880	3.7
巴西	2790	1.5	568	5.4	2305	6.4
阿根廷	3380	11.2	623	3.8	2574	2.9
中国	3775	9.1	638	3.7	2825	3.5

第二节　大豆产业市场状况

在大豆产业供需市场中，当年总供给量为年初库存量、当年生产量和当年进口量之和，而当年总需求量则为国内消费总量（含留种量、加工量、损耗量）与出口量之和，其期末结余量为年总供给量与总需求量之差。

一、世界大豆产业市场状况

1. 2004 年世界大豆产业市场状况

(1) 世界大豆供需平衡。根据美国农业部统计资料显示，2004 年世界大豆总供给量为 23048 万吨。比 2000 年增长 23.6%；总需求量为 19075 万吨，比 2000 年增长 18.8%；期末结余量为 3937 万吨，比 2000 年增长 53.0%（见表 42-7）。由表 42-7 可以看出，2000～2004 年，世界大豆总供给量、总需求量和期末结余量均呈明显上升趋势，其期末结余量的上升幅度较大。全球大豆消费国和地区主要集中在美国、巴西、阿根廷、中国和欧盟，占世界消费总量的 80%；其次是印度、墨西哥和日本，占世界消费总量的 8%；再次为中国台湾、泰国、加拿大、韩国和印度尼西亚，占世界消费总量的 5%。

表 42-7　2000～2004 年世界大豆供需平衡表　　单位：万吨

年度	总供应量	总需求量	期末结余量	消费生产比/%
2000	18649	16053	2596	100.43
2001	20312	17206	3106	98.26
2002	21558	18402	3156	99.54
2003	23030	19059	3971	96.71
2004	23048	19075	3973	100.50

(2) 世界豆油供需平衡。根据美国农业部统计资料显示，2004 年世界豆油总供给量为 4490 万吨，比 2000 年增长 21.6%；总需求量为 4319 万吨，比 2000 年增长 26.1%；期末结余量为 171 万吨，比 2000 年增长－36.0%（见表 42-8）。由表 42-8 可以看出，2000～2004 年，世界豆油总供给量和总需求量总体上呈上升趋势，而期末结余量呈下降趋势；全球豆油消费国、贸易国和地区主要在美国、巴西、阿根廷、中国和欧盟。

表 42-8　2000～2004 年世界豆油供需平衡表　　单位：万吨

年度	期初结余量	总供应量	总需求量	期末结余量
2000	259	3693	3426	267
2001	266	4027	3777	250
2002	250	4306	4096	200
2003	178	4223	4078	145
2004	146	4490	4319	171

(3) 世界豆粕供需平衡。根据美国农业部统计资料显示，2004 年世界豆粕总供给量为 19605 万吨，比 2000 年增长 21.0%；总需求量为 19179 万吨，比 2000 年增长 21.2%；期末结余量为 426 万吨，比 2000 年增长 9.8%（见表 42-9）。由表 42-9 可以看出，2000～2004 年，世界豆粕总供给量、总需求量和期末结余量均呈上升趋势；世界豆粕主产国和地区有美国、巴西、阿根廷、中国和欧盟，约占世界豆粕产量的 82%。

表 42-9　2000～2004 年世界豆粕供需平衡表　　单位：万吨

年度	期初结余量	总供应量	总需求量	期末结余量
2000	410	16206	15818	388
2001	379	17580	17194	386
2002	386	18379	17964	415
2003	377	18424	18069	355
2004	355	19605	19179	426

2. 2006/2007 年度世界大豆产业市场状况

(1) 世界大豆供需平衡分析　据美国农业部公布的供需报告显示，2006/2007 年度世界大豆总供应量（包括产量和进口量）为 29680 万吨，同比增长 8.3%；总需求量为 29331 万吨，同比增长 5.5%（表 42-10）。主要出口国有美国、阿根廷、巴西等；主要进口国有中国、欧盟 25 国、日本、墨西哥等。

表 42-10　2006/2007 年度世界大豆供需平衡情况　单位：万吨

名称	2005/2006 年度	2006/2007 年度	同比增长/%	名称	2005/2006 年度	2006/2007 年度	同比增长/%
产量	20949	22677	8.3	国内消费量	21266	22258	4.7
进口量	6465	7003	8.3	出口量	6547	7073	8.0
总供给量	27414	29680	8.3	总需求量	27813	29331	5.5
压榨量	18265	19310	5.7				

(2) 世界豆油供需平衡分析　据美国农业部公布的供需报告显示，2006/2007 年度世界豆油总供应量（包括产量和进口量）为 4569 万吨，同比增长 5.9%；共需求量（包括国内需求量和出口量）为 4598 万吨，同比增长 7.7%（表 42-11）。主要出口国有美国、阿根廷、欧盟 25 国等；进口国有中国、印度、巴基斯坦等。

表 42-11　2006～2007 年度世界豆油供需平衡情况　单位：万吨

名称	2005/2006 年度	2006/2007 年度	同比增长/%	名称	2005/2006 年度	2006/2007 年度	同比增长/%
产量	3431	3576	4.2	国内消费量	3342	3584	7.2
进口量	885	993	12.2	出口量	929	1014	9.1
总供给量	4316	4569	5.9	总需求量	4271	4598	7.7

(3) 世界豆粕供需平衡分析　据美国农业部公布的供需报告显示，2006/2007 年度世界豆粕总供应量（包括产量和进口量）为 20399 万吨，同比增长 4.3%；总需求量（包括国内需求量和出口量）为 20396 万吨，同比增长 3.5%（表 42-12）。主要出口国有美国、阿根廷、巴西、印度等；主要进口国有中国、欧盟 25 国等。

表 42-12　2006/2007 年度世界豆粕供需平衡情况　单位：万吨

名称	2005/2006 年度	2006/2007 年度	同比增长/%	名称	2005/2006 年度	2006/2007 年度	同比增长/%
产量	14470	15201	5.1	国内消费量	14559	15097	3.7
进口量	5097	5198	2.0	出口量	5146	5299	3.0
总供给量	19567	20399	4.3	总需求量	19705	20396	3.5

二、我国大豆产业市场状况

1. 2004 年我国大豆产业市场分析

(1) 我国大豆供需平衡。根据国家粮油信息中心统计资料显示，2004 年我国大豆总供给量为 3233 万吨，比 2000 年增长 32.8%；总需求量为 3418 万吨，比 2000 年增长 41.8%；年度国内消费量为 3392 万吨，比 2000 年增长 42.0%（见表 42-13）。由表 42-13 可以看出，2000～2004 年，我国大豆总供给量、总需求量和年度国内消费量均呈明显上升的趋势，上升幅度较大。

表 42-13　2000～2004 年我国大豆供需平衡表　单位：万吨

年　度		2000 年	2001 年	2002 年	2003 年	2004 年
总供应量		2435	2866	2579	3792	3233
总需求量		2410	2837	2745	3604	3418
年度国内消费量		2388	2817	2722	3579	3392
其中	种用量	36	36	37	44	50
	食用及工业用量	680	740	760	860	810
	榨油消费量	1637	2020	1900	2650	2500
	损耗量	35	21	25	25	32
期末结余量		25	29	−166	188	−185

（2）我国豆油供需平衡。根据国家粮油信息中心统计资料显示，2004 年我国豆油总供给量为 630 万吨，比 2000 年增长 92.7%；总需求量为 630 万吨，比 2000 年增长 107.2%；年度国内消费量为 625 万吨，比 2000 年增长 109.0%（见表 42-14）。由表 42-14 可以看出，2000～2004 年，我国豆油总供给量、总需求量和年度国内消费量均呈明显上升的趋势，上升幅度很大。

表 42-14 2000～2004 年我国豆油供需平衡表 单位：万吨

年度		2000 年	2001 年	2002 年	2003 年	2004 年
总供应量		327	361	365	620	630
总需求量		304	331	363	565	630
年度国内消费量		299	327	355	560	625
其中	食用消费量	250	275	279	500	560
	工业消费量	49	52	76	60	65
期末结余量		23	30	2	55	0

（3）我国豆粕供需平衡。根据国家粮油信息中心统计资料显示，2004 年我国豆粕总供应量为 2021 万吨，比 2000 年增长 46.1%；总需求量为 2021 万吨，比 2000 年增长 55.1%；年度国内消费量为 1956 万吨，比 2000 年增长 50.5%（见表 42-15）。由表 42-15 可以看出，2000～2004 年，我国豆粕总供给量、总需求量和年度国内消费量均呈明显上升的趋势，上升幅度较大。

表 42-15 2000～2004 年我国豆粕供需平衡表 单位：万吨

年度		2000 年	2001 年	2002 年	2003 年	2004 年
总供应量		1383	1515	1632	2100	2021
总需求量		1303	1515	1632	2100	2021
年度国内消费量		1300	1504	1527	2021	1956
其中	食用消费量	1250	1504	1470	1961	—
	工业消费量	50	0	57	60	—
期末结余量		80	0	0	0	0

2. 2006 年度我国大豆产业市场分析

（1）大豆供需平衡分析　据国家粮油信息中心资料显示，2006/2007 年度，我国大豆总供给量为 4650 万吨，同比增长 4.8%；总需求量为 4567 万吨，同比增长 6.5%（表 42-16）。由于 2006/2007 年度我国大豆供需有 83 万吨的结转库存，所以该年度供给环境仍相对宽松。

表 42-16 2006/2007 年度我国大豆市场供需平衡情况 单位：万吨

名称	2005/2006 年度	2006/2007 年度	同比增长/%	名称	2005/2006 年度	2006/2007 年度	同比增长/%
产量	1635	1550	−5.2	食品与其他用量	920	847	−7.8
进口量	2800	3100	10.7	出口量	40	40	0
总供给量	4435	4650	4.8	总需求量	4290	4567	6.5
压榨量	3330	3680	10.5				

（2）豆油供需平衡分析　根据国家粮油信息中心统计数据分析，2006/2007 年度，我国豆油总供给量为 894 万吨，同比增长 18.7%；总需求量为 942 万吨，同比增长 14.5%；总需求量大于总供给量 48 万吨，则该年度供给环境仍相对偏紧（表 42-17）。

（3）豆粕供需平衡分析　根据国家粮油信息中心统计数据分析，2006/2007 年度，我国豆粕总供给量为 2974 万吨，同比增长 10.3%；总需求量为 2950 万吨，同比增长 13.0%；总需求量小于总供给量 24 万吨，则该年度供给环境仍相对宽松（表 42-18）。

表 42-17　2006/2007 年度我国豆油市场供需平衡情况　单位：万吨

名　称	2005/2006 年度	2006/2007 年度	同比增长/%	名　称	2005/2006 年度	2006/2007 年度	同比增长/%
产量	593	674	13.7	年度国内消费	820	930	13.4
进口量	160	220	37.5	出口量	3	12	300
年度供给量	753	894	18.7	年度需求量	823	942	14.5
食用消费量	740	850	14.9				

表 42-18　2006/2007 年度我国豆粕市场供需平衡情况　单位：万吨

名　称	2005/2006 年度	2006/2007 年度	同比增长/%	名　称	2005/2006 年度	2006/2007 年度	同比增长/%
生产量	2616	2944	12.5	年度国内消费量	2560	2900	13.3
进口量	80	30	－62.5	出口量	50	50	0
年度供给量	2696	2974	10.3	年度需求量	2610	2950	13.0
饲用消费量	2460	2790	13.4				

3. 我国大豆产业进出口分析　根据中国海关统计资料显示，2004 年我国进口大豆 2023 万吨，同比下降 2.5%，全年进出口额 69.8 亿美元，同比增长 29.9%。其中，从美国进口 1019.8 万吨，同比增长 23.0%；从巴西进口 561.6 万吨，同比下降 13.2%；从阿根廷进口 440.3 万吨，同比下降 26.2%。2004 年我国进口豆油 252 万吨，同比增长 34.0%，进口额增长 52.6%，达到 15.5 亿美元。其中，从阿根廷进口豆油 165.2 万吨，占 65.7%；从巴西进口豆油 86.4 万吨，占 33.9%。2004 年我国进口豆油 252 万吨，同比增长 34%；出口豆粕 66 万吨，同比减少 14.3%（见表 42-19）。

表 42-19　2000～2004 年中国大豆产业进出口情况表　单位：万吨

年　度	大豆		豆油		豆粕	
	进口量	出口量	进口量	出口量	进口量	出口量
2000 年	1042	21	31	0	5	0
2001 年	1394	25	7	0	5	0
2002 年	1132	28	87	5	0	0
2003 年	2074	27	188	1	0	77
2004 年	2023	33	252	2	6	66

4. 进口大豆在我国大豆产业中占据了重要地位　20 世纪 90 年代以来，由于我国大豆压榨生产能力的持续扩张，所以对大豆原料的需求量剧增。受我国有限耕地资源的限制，国产大豆的产量增幅不会很大，造成进口大豆的数量大幅增加。作为大豆压榨集中的沿海地区，油厂对进口大豆的依赖更加严重。尤其是进口转基因大豆榨油率达到 17%～20%，而国产非转基因大豆榨油率仅为 15%～17%，这导致大量的外国转基因大豆进口到我国。根据国家粮油信息中心资料显示，我国进口大豆消费比重变化情况见表 42-20。

表 42-20　我国进口大豆消费比重变化情况表　单位：%

年　度	1998 年	2000 年	2002 年	2004 年
大豆进口量占新增大豆供给比重	17	41	48	49
进口大豆榨油消费量占生产量比重	20	71	85	95
国产大豆榨油量占榨油消费总量比重	70	36	34	32
进口大豆榨油量占榨油消费总量比重	18	40	46	49
大豆榨油消费量占国内消费总量比重	60	70	72	74
食用及工业消费占国内消费总量比重	38	28	26	24

第三节 豆粕食品的发展趋势

一、国外豆粕食品的现状和发展趋势

自从美国 FDA 在 1999 年批准的大豆蛋白健康通报以后，越来越多的食品加工和经销企业开始把健康营养的大豆蛋白添加于各种形式的食品中。随后，不断的科学研究也证明，大豆蛋白对于提高骨髓健康，预防或减少更年期综合征、癌症，提高认知力，降低血糖指数和体重控制方面都可以发挥重要的作用。这些研究对于大豆食品市场的发展也起到了很大的促进作用。

以美国为例，美国人以前从来不食用大豆，但近十年来，豆粕食品如雨后春笋般地涌入市场，种类越来越丰富，像植物蛋白肉、大豆饮料、豆腐、营养棒、主食替代产品、大豆酸奶和早餐谷物片等已经形成很大的产品类别。另外，据不完全统计，大豆蛋白已经被添加于上千种大大小小的终端产品中。大豆食品的零售额在最近 10 年每年都以 14%的速度增长，2004 年已突破了 47 亿美元，2007 年已达到 359 亿美元。大豆食品在美国已经彻底由一个细分市场变成了主流市场。在诸多的大豆产品种类中，大豆饮料和营养棒因为其市场规模和增长速度显得格外的突出，2003 年市场零售额分别达到了 9 亿和 22 亿美元。

近几年，大豆蛋白饮料在全球的年增长率都在 10%～20%。在美国和加拿大，2003 年的市场零售额为 9 亿美元，2004 年超过 10 亿美元。现在，70%的大豆即饮型饮料是冷藏的，而且包装的尺码更大。在欧洲，2003 年蛋白饮料增长了 21%。最大的市场是英国，销售了 5 万吨。主要新兴市场德国和瑞典增长也很快，分别增长了 46%和 35%。其他现有的市场也以两位数的速度不断增长，主要的增长也是在冷藏产品。在澳洲，目前的市场已超过 1 亿美元，主要被定位成牛奶替代品，含有 3.5%蛋白质并和牛奶一样含钙。在南美洲，消费大国如巴西、阿根廷和墨西哥，主要是针对儿童果汁大豆蛋白即饮型饮料，在亚洲，作为传统的“豆奶”，人们已经消费了很长时间。但由于收入、生活方式、教育、媒体、广告和购物体验的影响，过去的 10 年中亚洲的消费者发生了很大变化。这些变化使大豆蛋白饮料——一种有别于传统豆奶的产品在亚洲地区也迅速崛起。

大豆蛋白饮料从口味和总体定位来讲，可分为北美、西欧和大洋洲的低豆味、高蛋白、强化钙的非乳品饮料；南美洲的低蛋白的果汁蛋白饮料；东欧的低豆味的大豆牛奶或牛奶替代品；东北亚的低豆味、高蛋白、甜的传统饮料；以及东南亚的高豆味、低蛋白、甜的传统饮料。企业可根据年龄、性别、生活方式（比如是否经常运动、素食等）、健康状况（乳糖不耐症、肥胖、糖尿病、心血管病等）以及收入来细分市场和确定目标消费群体。

2003 年美国营养棒市场为 22 亿美元。1997 年以来，每年都以 20%以上的速度增长。低碳水化合物营养棒是发展最快的产品。替餐、能量和蛋白补充营养棒也是快速增长的产品种类。65%以上的营养棒添加了大豆蛋白。挤压成型、颗粒挤压成型、片状切块和夹心涂层是常见的几种生产方式。Atkins 是美国营养棒市场最大的生产商，2003 年产值达到 1.2 亿美元。另外，像雀巢、Clif、卡夫、EAS 和 SHITIfast 公司都是营养棒生产排名前几位的企业。

二、中国豆粕食品的现状和发展趋势

中国人为首先认识大豆营养价值并将其作为膳食成分的民族。5000 年前，神农氏已开始在他的王国内推广大豆农业。中国人发明了许多传统大豆食品，豆腐、豆浆、腐竹和豆豉等就是典型的代表。但是，随着物质生活水平不断提高，生活节奏不断加快，西方文化的不断影响，人们需要更便捷、更健康、口味更好和更时尚的新型大豆食品。

中国大豆生产近几年一直徘徊在 1600 万到 1700 万吨之间，而进口大豆的数量剧增，现在已超过国内的生产总和。在消费方面，中国 3/4 以上的大豆用于加工大豆油，其副产品豆粕用于饲料。其中不到 1/3 的大豆用于食品。在用于食品的大豆中，只有不到 100 万吨用于大豆的深加工产品，比如大豆粉、浓缩蛋白和分离蛋白。对于这一部分深加工产品，绝大部分是应用于肉制品行业。也就是说，除了肉制品应用外，新型的大豆食品市场还是非常有限的。

“推”的策略就是需要我们企业为消费者提供多种多样的有营养、健康、方便、口味好和新潮的大豆食品形式。一方面，我们可以通过进一步挖掘和整理中国传统的大豆食品宝库，开发出新型的传统大豆食品；另一方面，“他山之石，可以攻玉”，国外市场上现在流行的很多新型的大豆食品也值得我们学习。这些产品形式包括大豆蛋白饮料、营养棒、大豆蛋白粉、豆基婴儿配方、大豆酸奶和素食产品等。

对于中国企业来讲，开发针对普通消费者的早餐健康蛋白饮料，针对果汁爱好者的果汁蛋白饮料，针对减肥者、生活节奏紧张的经理人们以及潮流追随者的替餐营养饮料，针对儿童的美味营养饮料，针对老年人的保健蛋白饮料，针对病人的营养补充剂等，都将会有很广阔的市场潜力。

对于中国市场来讲，针对一般消费者或经常健身人群的能量和蛋白补充营养棒，针对减肥者、生活节奏紧张的经理人们以及潮流追随者的替餐营养棒，针对特殊人群的健康保健营养棒等，都将有很好的市场前景。

大豆蛋白饮料粉由于其保质期长、运输方便和良好的性价比，在国外也有一定的市场。由于冷链不健全，中国市场更容易接受这类产品。

中国有25%到30%的人群有乳糖不耐症。乳糖不耐症是指人体不能消化大量的牛奶中的主要糖分——乳糖，其原因是由于先天乳糖酶不足造成的。症状是在食用或饮用乳制品半小时到两小时内发生恶心、抽筋、胀气、放屁和拉肚子。症状轻重程度取决于不同人对于乳糖量的耐受程度。豆基婴儿配方奶粉是专门为患有乳糖不耐症的婴儿设计的。

大豆酸奶是一种集大豆的营养健康价值和酸奶好口感的产品，市场开发前景很大。

随着人们生活水平的不断提高，动物蛋白如肉食和乳制品的消费量不断增加，其附带的负面作用也逐渐显现，比如越来越多的年轻人，特别是都市年轻人患上“三高”（高血压、高血脂、高血糖）及糖尿病等。因而人们开始回归传统的素食。大豆蛋白是一种非常好的加工各种素食的原料。

第四节　大豆功能食品发展状况

一、大豆功能食品的市场

当今世界，随着经济的发展和物质生活的不断改善，食品的营养健康和安全已成为消费者日益关注的热点。因而世界各国高度重视对有机食品、绿色食品、健康食品、膳食补充剂等，特别是一些以普通食品和饮料为载体，添加具有防病抗病功能因子的功能食品的研发，在政策上加以辅助推动，所以功能食品成为近年来世界食品工业新的增长点。为功能食品配套的功能性食品添加剂和配料，也成为国内外竞相开发的热点。

世界上最大的功能食品市场是日本，2003年销售额达117亿美元。美国居第二位，为105亿美元。其他国家的功能食品销售额分列如下：英国，28亿美元；德国，28亿美元；意大利，15亿美元；法国，15亿美元；巴西，10亿美元。日本是世界上较早开发和推广功能食品的国家之一。其主要功能特点及所含有的功能性添加剂见表42-21。

表42-21　日本功能食品调节功能与功能性添加剂

调节的目标	主要功能性添加剂
肠道功能	低聚糖(低聚异麦芽糖、低聚果糖、低聚半乳糖等)
膳食纤维	乳酸菌
胆固醇	大豆蛋白、植物甾醇 phytosterol 及其酯类、植物甾烷酯 phytostand 及其酯类
三甘酯	中链脂肪酸、绿茶儿茶素、EPA、DHA、二甘油酯、植物甾醇
血压	肽、氨基酸
血糖	膳食纤维、多酚、小麦清蛋白、L-阿拉伯糖
骨健康	钙、镁、大豆异黄酮、乳基肽、维生素 K2
齿健康	糖醇(木糖醇、麦芽糖醇、山梨醇等)

2003年日本特定专用保健食品FOSHU市场达到54亿美元，比2001年的39.2亿美元增长了37.8%。其中：用于改善肠道功能的为34.56亿美元，占64.0%；控制体重的占11.2%；调节血糖占4.9%；防龋齿占14.2%；骨健康占2.1%；调节血压占1.6%；调节胆固醇占2%。其终端产品为饮料占34.7%、乳酸菌饮料占18.6%、小食品占13.1%、肉鱼蛋白食品占4.5%、汤类占4.8%、谷物食物占5.8%、糖片占5%等。总的来说，特定专用保健食品在日本，其终端产品以各类食品为主，花色品种繁多，易为消费者接受。

西方国家近年来也感受到饮食结构对健康的重要性。从过去推出脂肪替代品和食糖替代品，到后来推出了具有健康功能的食品添加剂作食物补充剂。21世纪以来大量推出的是大豆异黄酮，主要突出了其优异的生理活性和明确的防病抗病功能。

目前，欧洲各国的功能食品按其组成和功效分，比重最大的是运动员食品和提供能量的功能食品，占42%；其次是添加维生素、矿物质和膳食补充剂的功能食品，占19%；改善肠道和消化功能的占18%；补钙的占10%；降血脂的占2%；其他占9%。

美国消费者由于饮食结构中脂肪和糖类摄入过多，肥胖症和高血脂病较普遍，国家营养指导每人每天摄入热量规定为2000～2200kcal。但消费者的饮食习惯较难改变，所以除传统市场大量的低脂肪代脂肪食品、低热量无热量食品、无糖食品以外，目前美国市场非常流行一种低碳水化合物产品（low carbohydrate product），意思是食品中的可消化性糖类（包括淀粉、蔗糖、麦芽糖、葡萄糖、果葡糖等）很少，而不消化性的纤维（包括水溶性和水不溶性的纤维素）比较多。这种食品能满足消费者的口感和饱腹感，但又不会增加体重。

功能食品或功能性添加剂要想具有好的发展前景，不仅要求具有较好的特定功效、安全可靠，而且必须具备原料来源广泛，在产业化、规模化过程中不会受原料的制约，同时产品成本经努力有下降的空间。如调整肠道功能的低聚糖，功能明显，价格低廉，不到十年已形成几万吨的规模。因此，只有具有了功效、安全、原料、价格等几方面的优势，才有在国内外获得不断发展的可能。

二、大豆异黄酮的发展状况

大豆中所含异黄酮，因品种、地区、温度、成熟度等因素的影响，有很大差异。南方大豆异黄酮平均含量189.9mg/100g，东北及北方春大豆异黄酮含量平均为332.91mg/100g。

经国内外大量研究表明，大豆异黄酮的主要生理功能为：预防骨质疏松、抗癌、预防心血管病、缓解更年期综合征。最近的动物试验表明，大豆异黄酮由于其抗氧化活性，能抑制皮肤成皮细胞的老化和抑制皮肤癌发生的危险。大豆异黄酮不是激素，但能和雌激素受体结合发挥微弱的雌激素作用，所以叫植物雌激素。

2000年在德国法兰克福的欧洲健康食品配料展上，大豆异黄酮是最热门的课题。参展企业中有德、美、英、法、荷、比、日、以色列、西班牙等国家的38家企业，展出了大豆异黄酮的样品和资料，美国ADM公司大字标题指出：异黄酮有四大功能，即妇女的保健、心脏病的保健、降低血脂、改善骨质疏松。

我国近年大豆异黄酮研发速度甚快，全国有山东三维、石家庄华北制药、哈高科豆企食品公司，清华大学等几十家企业生产大豆异黄酮。估计产能达200t，并有部分出口。产品纯度10%～40%，最高可达95%。其中大豆苷50%，染料木苷40%。低纯度品市场价1500元/kg。

第五节 我国大豆加工新技术发展状况

一、大豆加工技术水平状况

大豆加工技术被科技部授予“优秀火炬计划项目”与“国家科技成果重点推广计划项目”。其中“酶解大豆分离蛋白”于2003年获美国发明专利授权。“以高低温豆粕为原料，连续提取异黄酮、短肽、皂苷、核酸、低聚糖、浓缩蛋白生产方法”于2003年4月获中国发明专利授权。“以高低温豆粕为原料，提取大豆复合功能因子的方法”于2004年10月获中国发明专利授权。“面制食品专用功能性大豆浓缩蛋白”于2002年获中国发明专利授权。2003年，“以高低温豆粕为原料，连续提取大豆功能因子”项目被科技部评为“优秀火炬计划项目”。

我们研制完成的项目，已被科技部列为2003～2009年的“国家科技成果重点推广计划”的项目有三项。

(1)“以高低温豆粕为原料，连续提取大豆功能因子”被批准为“2003～2008年国家科技成果重点推广计划”。

(2)“大豆加工蛋白增溶、无废弃物、综合加工利用技术”被批准为“2001～2006年国家科技成果重点推广计划”。

(3)“高蛋白面粉”被批准为“2004～2009年国家科技成果重点推广计划”。

以上发明专利已在辽宁、河北、河南等省推广转化为生产。

二、自有知识产权的发展状况

大豆加工是拉动大豆产业的龙头，我国大豆加工业最大的行业是浸油业。大豆浸油业是关系到国计民生的重要行业，当前必须有高附加值的创新专利技术用于深加工，才能振兴我国的油脂加工业。

油脂加工的最主要产品是“高温脱溶豆粕”。我国年产总量约2000万吨，过去在理论界与生产领域均认为大豆蛋白经高温脱溶处理后，蛋白发生热变性，已失去加工功能，只能用作饲料。

我们研制发明的上述专利，最主要的特色之一，就是以“高温脱溶豆粕”为原料，并取得显著的加工效益。具体实例如下。

(1) 以高温豆粕为原料，加工浓缩蛋白与复合保健功能因子。“高温脱溶豆粕”以2005年1～6月不变价格计算，每吨售价为2600元，目前已降至2300元。采用本项发明专利，每吨高温豆粕可生产600kg“浓缩蛋白”(得率60%)、150kg“大豆复合保健功能因子”(得率15%)。每吨“浓缩蛋白”售价按0.7万元计，产值0.42万元；“大豆复合保健功能因子”按每千克100元计，产值1.5万元。即每吨“高温脱溶豆粕”经本发明加工后，浓缩蛋白与复合保健功能因子总产值为1.92万元，而原料“高温豆粕”每吨售价仅为2600元。采用本项发明，投入产出比值达到1∶7.4。每加工1t“高温豆粕”综合成本约0.9万元，即“高温豆粕”吨加工利税在1万元以上。

(2) 生产NSI值＝100%、大豆肽/总大豆蛋白＝100%、溶解度＝100%的大豆蛋白(肽)。采用本项发明专利已获得蛋白含量≥90%、大豆肽/总大豆蛋白＝100%、溶解度＝100%、NSI值＝100%、无任何腥臭异味、灰分≤3%的新型大豆蛋白(肽)粉，得率占豆粕的8%，副产物为大豆复合保健功能因子(得率为15%)与高蛋白饲料。

每吨豆粕可提取新型大豆蛋白(肽)粉80kg，参照目前普通大豆肽粉市售价格，每千克按500元计，产值为4万元。每千克大豆蛋白(肽)综合成本为200元，80kg成本为1.6万元。每吨豆粕可产副产品大豆复合保健功能因子150kg，每千克售价为100元，产值为1.5万元，每千克综合成本为30元，150kg总成本为0.45万元。剩余豆渣约700kg，每吨原料豆粕的蛋白质含量为1000kg×50%＝500kg。由于提取大豆蛋白(肽)，每吨豆粕去除蛋白80kg，提取大豆复合保健功能因子，从原料豆粕中除去复合保健功能因子150kg，剩余豆渣为770kg。如将豆渣加工成干饲料，干饲料中蛋白质含量＝(500kg－80kg)÷(1000kg－80kg－150kg)×100%＝54%。豆渣干饲料蛋白含量比豆粕蛋白含量提高4%，售价如按豆粕2600元/t价格销售，产值为0.26万元/t×0.77t＝0.2万元，总成本＝0.2万元，每吨豆粕采用本项发明，总产值为4万元(大豆蛋白肽)＋1.5万元(大豆复合保健功能因子)＋0.2万元(高蛋白豆渣干饲料)＝5.7万元。每吨豆粕采用本发明，综合成本＝1.6万元大豆蛋白(肽)＋0.45万元(大豆复合保健功能因子)＋0.2万元(高蛋白豆渣干饲料)＝2.25万元，即每吨豆粕采用本发明，利税＝5.7万元－2.25万元＝3.45万元。即使利税按预测效益的50%计，每吨豆粕采用本发明所获利税至少在1.5万元以上。

上述发明专利应用于我国大豆加工的最大行业——浸油工业，可使每吨豆粕加工利税超过1万元，对于全面拉动大豆加工业，实现“扭亏为盈”，提供具有自主知识产权的共性创新技术具有重要意义。

三、大豆复合保健功能因子及高蛋白面粉的应用

1. 大豆复合保健功能因子　大豆复合保健功能因子在《中国大众营养改善规划》中，究竟能起到什么作用呢？这是一项可以实现保健营养大众化的一种新产品。

传统保健品的概念是价格昂贵、只供少数高层人士食用，而本项发明专利由于采取结合加工技术，所以生产的“大豆复合保健功能因子”成本低廉，具有人体必需的多种营养成分。

第二次世界大战后至20世纪末，据美国统计，妇女癌症发病率增加1倍，每年因癌症造成的经济损失高达1100多亿美元。美国国家癌症研究所肯定大豆异黄酮是最佳的天然抗癌营养素，并提出预防癌症不是依靠先进的治疗技术，更重要的是改善摄入营养的成分结构。美国FDA建议，成年妇女每日摄入大豆异黄酮为20～90mg，叶酸适宜补充量为400μg。

本项发明已在河北源州鑫玉农业科技集团正式投产，以豆粕为原料生产大豆复合功能因子，得率达到20%以上。即每吨豆粕可产复合保健功能因子200kg；每千克综合成本为30元，售价为100元，利税≥70元；每吨原料豆粕利税≥1.4万元。

复合保健功能因子每克含异黄酮7.2mg、叶酸57μg，如果每天摄入大豆复合保健功能因子3g，相当于摄入异黄酮21.6mg、叶酸171μg，满足了美国FDA的推荐摄入量标准。而3g大豆复合保健功能因子成本仅0.09元，即使进入市场售价增加10倍为0.9元，每人每日支付0.9元，按当前我国人均生活水平是可以承受的。所以，大豆复合保健功能因子对于实现保健营养大众化，能提供一种廉价的物质保证。

2. 高蛋白面粉。本项目已获中国发明专利，已被科技部批准为“国家科技成果重点推广计划项目”。本项发明是以普通面粉为载体，添加本项目生产的“面制品专用功能性大豆浓缩蛋白”生产的一种“高蛋白面粉”。“高蛋白面粉”具有以下三大特点。

(1)“高蛋白面粉”与普通面粉相比，蛋白含量由10%～12%提高至13%～16%，增加的蛋白成分为大豆蛋白，属于优质蛋白（表42-22）。在我国实现《中国公众营养改善规划》工作中，更适于主食工业化，便于推广。

表42-22　大豆成分含量表

序号	检验项目	计量单位	检验结果	序号	检验项目	计量单位	检验结果
1	异黄酮	mg/g	7.2	9	硫胺素	μg/g	17
2	皂苷	mg/g	10.6	10	核黄素	μg/g	1870
3	低聚糖(木苏糖、棉籽糖)	%	24	11	胡萝卜素	μg/g	0.458
4	蛋白质	%	5.2	12	钙(Ca)	mg/g	0.63
5	α-氨基氮	%	0.53	13	锌(Zn)	mg/g	0.15
6	核酸	%	7.2	14	铁(Fe)	mg/g	0.074
7	叶酸	μg/g	57	15	硒(Se)	μg/g	0.0133
8	烟酸	μg/g	340				

(2)“高蛋白面粉”与普通面粉相比不增售价，不增加国家与居民的负担。我国现有的大豆蛋白种类繁多，但普遍售价昂贵，例如：分离蛋白每吨售价在2万元左右，浓缩蛋白每吨售价在1万元左右，蛋白含量只有50%的大豆蛋白粉每吨售价也在0.5万元左右，以上述大豆蛋白为添加料，无论添加至何种主食之中，都会大幅度增加主食的成本。本项发明由于是综合加工利用，所产“面制品专用功能性大豆浓缩蛋白”，每吨综合成本仅为0.22万元，与市售面粉成本大体持平。所以，“高蛋白面粉”进入市场，可基本不增加售价，不增加国家与用户的经济负担。

(3)“高蛋白面粉”与同类面粉相比，可全面提高面制品加工功能。

经农业部谷物检测中心（哈尔滨）实测结果如表42-23所示。

为检验以“高温脱溶豆粕”为原料提取的浓缩蛋白与普通熟化豆粉的消化吸收率有无变化，试验结果如表42-24所示。

表 42-23　高蛋白面粉加工功能对比

项　目	功能总评分		提高值
	对照	高蛋白面粉	
蛋糕	82	92	10
面包	48.5	50.5	2
面条	64.5	67.5	3

表 42-24　浓缩蛋白消化吸收率试验结果

项目	采食量/g	干物质消化量/g	干物质消化率/%	蛋白质食入量/g	粪蛋白质排出量/g	蛋白质消化量/g	蛋白质消化率/%
试验 1 组	20.00	18.65	93.27±14.35	5.00	0.63±0.07	4.36±0.53	87.25±6.5
试验 2 组	20.00	18.65	94.13±15.62	5.00	0.58±0.06	4.42±0.49	88.46±7.43

P 值<0.05，表示差异不显著，即以高温脱溶豆粕为原料生产的浓缩蛋白用于加工“高蛋白面粉”，与普通熟化豆粉的消化吸收率是相同的。

本项发明在不增加国家与居民支出的前提下，是实现《中国公众营养改善规划》目标的一项廉价的、可向任何贫困地区推广的不可取代的物质保证。

第六节　大豆产业总的发展趋势

1. 大豆品种向专用化方向发展　根据大豆的市场需要、加工要求和用途，大豆品种的发展观念发生了根本的变化。将大豆分为不同类型的专用品种，主要包括高油优质大豆品种、高蛋白优质大豆品种以及其他特用品种等。例如，高蛋白优质专用大豆品种的干基蛋白质含量要达到45%；高油专用大豆品种的含油量在21%以上，干基蛋白质含量为38%以上。

2. 以提高产量为主向提高质量方向发展　为了解决大豆生产结构性过剩问题，无论是大豆种植业还是加工业，其产业结构发生了根本性变化，其主体结构的发展由提高产量为主转变为提高品质和专用性为主，以提高品质质量、降低生产成本、增强产品的技术竞争力为核心，主攻高产专用的加工用品种，提高专用大豆的商品品质、加工品质和营养品质，重点发展工业加工专用大豆新品种，延长产业链，提高深加工和综合利用能力，增加附加值。

3. 产业链走向产、加、销一体化和市场化　近年来，越来越多的大豆加工企业将与“订单生产”相结合，实现“产、加、销”各产业链相连接的产业化经营，成为越来越广泛被采用的组织经营形式或发展模式。统一性和开放性是市场体系的本质要求，大豆现货与期货市场在内的市场体系将进一步健全和完善。现货市场的现代化水平将不断提高，期货市场品种将增多并朝系列化方向发展；期货市场引导生产、规避风险的作用将更充分发挥。

4. 市场竞争日益激烈　大豆的市场竞争越来越激烈，将由国内局部竞争转向国内、国际全方位竞争；将由单纯生产能力的竞争转向“生产能力＋流通能力＋创新能力”的全面竞争；将由直接争夺市场份额的竞争转向同时创造新市场的竞争。品牌和质量、服务和创新等因素都作为无形资产，成为扩大市场份额、征服竞争对手的有效手段。

5. 市场流通日益走向产业物流专业化　实现大豆产业物流的专业化、科学化是一项系统工程，其基本理念是把大豆产业的物流组织当做一种资源，通过科学配置和组合使这种资源发挥最大效能，即用最短的时间、最好的方式、最优的服务实现大豆及其加工制品的合理移动，取得产业效益的最大化。当今，大豆产业物流已成为世界和中国经济发展中的战略性产业，成为把仓储业、交通运输业、配送业、批发和零售业等整合统一为相互连接的、完整的系统工程，成为提高效益、增加利润的重要来源。

第四十三章　中国大豆市场供求环境分析

大豆在中国食物体系中占据非常重要的作用，它不仅能提供优质的直接食用和饲料蛋白质，而且是目前最主要的油料来源。同时，大豆产业连接生产、加工、流通、贸易等多个环节，每一个环节都提供了大量的劳动力就业。因此，中国大豆产业在解决中国粮食和食物安全、劳动力就业和收入增长等方面都具有非常重要的地位和作用。

由于大豆进口的急剧增加，使其成为中国粮食市场上备受关注的品种。随着大豆进口的增加，中国大豆市场发生了很大变化，对中国大豆产业发展产生了很大的冲击。在此背景下，深入系统地研究影响中国大豆市场变化的各方面因素，具有重要的现实意义和理论意义。

第一节　中国大豆市场供求结构形成的框架

一、中国大豆市场供给结构

(一) 中国大豆市场供给构成

大豆的供给是一个包含数量、时间和区域范围的概念。它是指在一定的价格水平上、一定时间和区域范围内所提供的可供消费的大豆数量。从大豆供给的构成看，它主要由三部分组成：国内生产量、进口量、年际间库存的变动（如图 43-1）。大豆的国内生产量是构成中国大豆市场供给的基础，它反映了中国大豆生产满足市场需求的能力，对稳定国内大豆市场具有非常重要的作用。

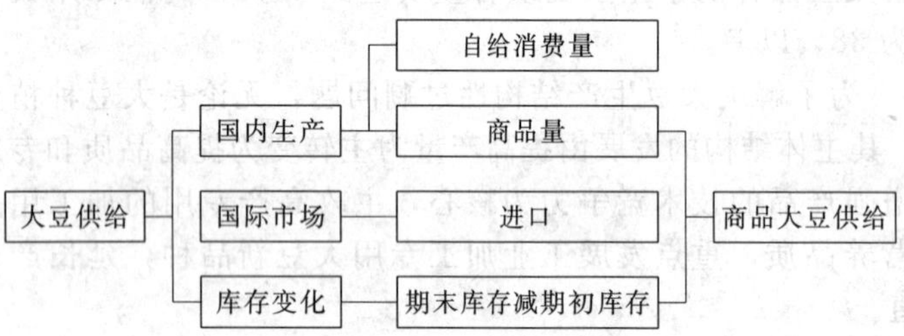

图 43-1　中国大豆市场供给结构示意图

随着世界经济一体化和中国加入世贸组织，农产品国际贸易壁垒逐渐降低，贸易量也会不断增加，进口将成为中国农产品市场供给的重要组成部分。大豆进口直接影响到中国大豆市场的运行，要分析进口大豆对国内市场的影响以及影响程度，需要了解进口大豆在中国大豆市场总供给中的比重。库存是解决市场供给和需求在时间上非同步性矛盾的重要手段。大豆库存的变化用期初库存与期末库存的差表示，当期末的库存小于起初库存，则大豆供给增加；当期末库存大于期初库存，则大豆供给减少。

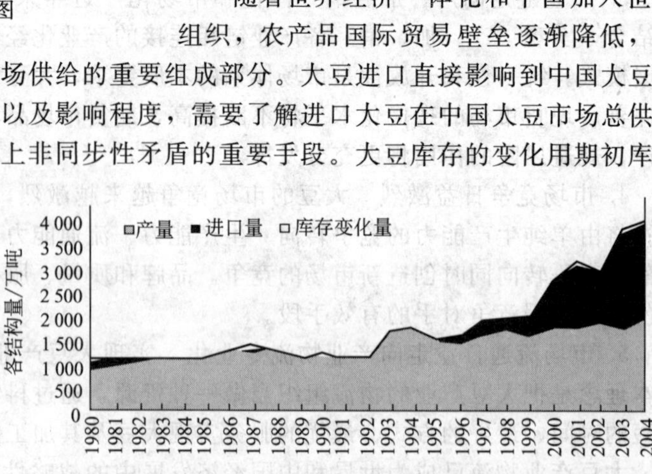

图 43-2　1980～2004 年中国大豆市场供给结构变动

资料来源：根据国家粮油信息中心和《中国海关年鉴》有关数据计算

图 43-2 反映了中国大豆市场供给总量和供给结构的变化。从中国大豆市场总供给量来看，大豆市场总供给量增长速度总体上可分为三个阶段。①相对稳定阶段（1980～1992 年）：这一时期中国大豆产量增长缓慢，进口量较少，库存变化很小，大豆总供给量从 1980 年的 903.7 万吨上升到 1992 年的 1039.3 万吨，年增长率为 1.25%。②波动增长阶段（1993～1999 年）：这一时期虽然库存变化仍然很小，但大豆产量和进口量比前一时期有明显增加，1993 年大豆总供给量上升到 1528.9 万吨，比 1992

年增加 489.6 万吨，中国大豆总供给量进入了一个较高的水平，但呈波动上升趋势。1995 年大豆总供给量下降到 1366.9 万吨，比 1993 年下降 162 万吨。此后大豆总供给量逐年增加，1999 年上升到 1848.4 万吨，比 1993 年增加 319.5 万吨，年增长率为 3.48%。③快速增长阶段（2000～2004 年）：这一时期库存变化仍然很小，产量相对稳定，但进口量增长迅速，2000 年大豆总供给量达到 2557.7 万吨，比 1999 年增加 709.3 万吨。2004 年大豆总供给量上升到 3734 万吨，比 2000 年增加 1176.3 万吨，年增长率为 11.5%。

从中国大豆市场供给结构来看，由于产量、进口量和库存变化量的变动趋势差异较大，中国大豆市场供给结构发生了很大变化（如图 43-2）。中国大豆库存变化较小，其占大豆总供给量的比重较小，最高年份为 1987 年，仅为－6.8%（库存比重负值说明期末库存大于期初库存，库存变化对当前供给的作用为负），大多数年份小于 1%（绝对值）。1980～1995 年间，中国大豆进口量很小，产量占大豆总供给量的比重较大。除 1980 年外，大豆产量占总供给量的比重都在 90%以上。从 1996 年开始，大豆进口量迅速增加。随着中国大豆进口的迅速增加以及大豆生产量增长缓慢，中国大豆市场供给结构发生了巨大变化。产量占总供给量的比重呈逐年下降的趋势，从 1995 年的 98.8%下降到 2004 年的 47.1%，产量变动对总供给量的作用逐渐弱化；进口量占总供给量的比重呈逐年上升趋势，从 1995 年的 2.2%上升到 2004 年的 54.2%。

产量对总供给量增长的贡献呈下降趋势，进口对总供给量增长的贡献呈上升趋势，库存对总供给量增长的贡献很小（如表 43-1）。从整个样本期 1980～2004 年看，进口对总供给量增长的贡献最大，其贡献率为 69.4%；产量对总供给量增长的贡献次之，其贡献率为 34.1%；库存对总供给量的贡献为负，其贡献率为－3.5%。中国大豆市场总供给量增长相对稳定阶段（1980～1992 年），产量对总供给量增长贡献最大，其贡献率为 174.0%；进口和库存对总供给量增长贡献为负，其贡献率分别为－33.6%和－40.4%。中国大豆市场总供给量波动增长阶段（1993～1999 年），进口对总供给量增长的贡献最大，其贡献率为 132.1%；库存对总供给量增长的贡献次之，其贡献率为 1.1%；产量对总供给量增长的贡献值为负，其贡献率为－33.2%。中国大豆市场总供给量快速增长阶段（2000～2004 年），进口对总供给量增长的贡献最大，其贡献率为 83.4%；产量对总供给量增长的贡献次之，其贡献率为 18.6%；库存对总供给量增长的贡献为负，其贡献率为－2.0%。

表 43-1　产量、进口和库存对中国大豆市场总供给增长的贡献率　单位：%

时期	1980～2004 年	1980～1992 年	1993～1999 年	2000～2004 年
产量	34.1	174.0	－33.2	18.6
进口	69.4	－33.6	132.1	83.4
库存	－3.5	－40.4	1.1	－2.0
累计	100	100	100	100

注：产量贡献率＝(当期产量－基期产量)/(当期总供给量－基期总供给量)×100%；
进口贡献率＝(当期进口量－基期进口量)/(当期总供给量－基期总供给量)×100%；
库存贡献率＝(当期库存供给量－基期库存供给量)/(当期总供给量－基期总供给量)×100%。
本表根据国家粮油信息中心数据计算。

另外，大豆进口和大豆加工品进口之间存在一定的博弈关系，在国内大豆加工品市场需求一定时，大豆加工品进口增加（减少）将导致大豆进口的减少（增加）。中国进口大豆的主要加工为豆粕和豆油。在进口大豆还是进口豆油或豆粕方面，有两种选择，一种选择是直接进口豆油或豆粕，另一种选择是进口大豆通过压榨获取豆油或豆粕。所以，进口豆粕和豆油实际上是中国进口大豆的替代形式。

（二）国内生产区域结构

中国大豆主要种植在东北地区的一年一熟春大豆区和黄淮海流域夏大豆区（如表 43-2）。1980～2004 年间两地区大豆产量累计占全国总产量的比重变化虽略有下降，但基本维持在 80%左右。东北地区主要包括黑龙江、内蒙古、吉林和辽宁，该区大豆产量占全国大豆总产量的比重较大，从 1980 年的 43.7%增加到 2004 年的 54.3%，累计增长 10.6 个百分点，其中 2003 年增加最快，达到 3.5 个百分点。从东北地区大豆生产的内部结构来看，大豆生产主要集中在黑龙江，1980～2004 年间，黑龙江大豆产量占全国大豆产量的比重从 27.8%上升到 36.7%，增加 8.9 个百分点，黑龙江产量的变化对中国大豆市场总供给量影响较大。内蒙古和吉林的产量占全国大豆总产量的比重有所增加，分别从1980年的1.6%和7.6%上升到2004年的5.9%和8.7%，增加4.3和1.1个百分点。

表43-2 1980～2004年中国大豆生产区域结构变化

年份		1980	1981～1985	1986～1990	1991～1995	1996～2000	2001	2002	2003	2004
全国产量/万吨		794	966.2	1133.4	1296.5	1455.3	1540.7	1650.7	1539.4	1740.4
比重/%	黑龙江	27.8	27	31.2	32.3	32	32.2	33.7	36.4	36.7
	内蒙古	1.6	2.5	3.7	5	6.1	5.4	5.8	3.5	5.9
	吉林	7.6	8.5	7.8	6.8	5.3	7.2	7.7	9.8	8.7
	辽宁	6.7	6.4	3.9	3.2	2.9	3.5	3.2	4.2	3
	东北合计	43.7	44.4	46.6	47.3	46.3	48.3	50.4	53.9	54.3
	河北	3.7	3.1	4.1	5.7	4.5	3.7	3	3	2.5
	山东	10.6	7.5	7.9	8.6	7.3	5.9	4.5	4.5	4.1
	河南	11.6	11.5	7.4	6.9	7.3	7	5.9	3.7	5.9
	安徽	6.2	7.9	6.5	4.8	5.8	5.8	8.4	6.5	6.5
	江苏	4.4	5.1	5.4	3.2	3.9	4.4	4.3	3.7	3.3
	山西	1.6	1.7	2.2	1.9	2	1.4	1.8	1.9	1.8
	陕西	2.3	1.6	2.3	2.2	2.1	1.3	1.3	1	1.9
黄淮海合计		40.4	38.4	35.8	33.3	32.9	29.5	29.2	24.3	26.0
其他地区合计		15.9	17.2	17.6	19.4	20.8	22.2	20.4	21.8	19.7

黄淮海流域主要包括河北、山东、河南、安徽、江苏、山西和陕西等省，该区大豆产量占全国大豆总产量的比重下降很大，从1980年的40.4%下降到2004年的26.0%，下降了14.4个百分点。其中安徽大豆产量占全国大豆总产量的比重较大，而且相对稳定，从1980年的6.2%上升到6.5%，仅上升了0.3个百分点。其他地区大豆产量占全国大豆总产量的比重都有所下降。其中，大豆产量占全国大豆总产量比重较大的有河南、山东、江苏和河北，2004年分别为5.9%、4.1%、3.3%和2.5%。除东北和黄淮海地区外，其他地区大豆产量累计占全国总产量的比重略有上升，从1980年的15.9%上升到2004年的19.7%。

（三）进口来源结构

中国大豆进口来源比较集中，主要来自世界大豆主要生产国和出口国美国、巴西和阿根廷。美国、巴西和阿根廷大豆产量排在世界前三位，2004年美国、巴西和阿根廷大豆产量分别为8574.1万吨、4920.5万吨和3200万吨，分别占世界大豆总产量的41.5%、23.8%和15.5%，累计达80.8%。美国、巴西和阿根廷也是世界最大的出口国，2003年三国累计出口大豆5962.0万吨，占世界总出口量的91.6%。

中国从以上三国进口大豆累计比重较大，而且对这些国家的进口依存逐步加强，2000年后，中国99%以上的大豆进口来自以上三国（如表43-3）。其中美国是中国最大的进口来源国。1992～2000年中国来自美国的大豆均超过50%，2000年后，有所下降，从2000年的52%逐年下降到2003年的40.0%，2004年上升到50.4%，2005年下降到41.5%。随着巴西和阿根廷大豆产量和出口量不断增长，来自巴西和阿根廷的大豆占中国进口量的份额呈上升趋势，分别从1992年的8.3%和23.7%上升到2005年的29.9%和27.8%。美国、巴西、阿根廷大豆市场的变化对中国大豆市场供给量的影响很大。

表43-3 1992～2005年中国大豆进口主要来源

年份		1992～1995	1996	1997	1998	1999	2000	2001	2002	2003	2004	2005
合计/万吨		14.1	110.8	287.6	319.2	431.9	1041.9	1393.9	1131.4	2074.1	2023	2659.1
比重/%	美国	66.9	77.6	82.3	54.8	56.6	52.0	41.1	40.8	40.0	50.4	41.5
	巴西	2.7	4.8	15.3	29.5	19.9	20.3	22.7	34.6	31.2	27.8	29.9
	阿根廷	13.9	10.7		12.3	22.3	26.7	36	24.5	28.7	21.7	27.8
	加拿大	6.4	0.9	0.5	0.5	1	0.5	0.1	0.1	0.1	0.1	0.7
	俄罗斯	8.8	6.0	1.9	2	0.2	0.5	0.1				
小计		98.7	100	100	99.1	100	100	2284.3	100	100	100	99.9

注：空白表示数据未作统计或数值太小。

本表根据1992～2005年《中国海关年鉴》数据整理计算。

另外，中国还从加拿大、俄罗斯等国进口大豆，但从这些国家进口的大豆占总进口量的比重很小而且呈下降趋势。随着中国大豆进口量的增加和进口来源集中度的进一步提高，大豆进口量在月度间分布产生了较大的变化。由于美国和南美大豆收获季节的差异和中国大豆进口量的不断增加，大豆进口量在各月度间逐渐均衡（如表 43-4）。1995～1998 年间，各年度大豆进口量月度间差异较大，各月份进口量占当年进口量比重的变异系数均超过 60％，其中 1995 年差异最大，变异系数达到达到 138.1％；进口量最小的月份进口量占当年总进口量的比重不到 1％，进口量最大的月份进口量占当年总进口量的比重超过 20％。1996～2003 年间，各年度大豆进口量月度间差异逐渐下降，各月份进口量占当年进口量比重的变异系数小于 60％，其中 2000 年差异最大，变异系数为 57.3％；进口量最小的月份进口量占当年总进口量的比重不到 20％。2004 年和 2005 年，各年度大豆进口量月度间差异进一步减小，各月份进口量占当年总进口量比重的变异系数下降到 30％以下，2005 年仅为 20.4％；进口量最小的月份进口量占当年总进口量的比重超过 4％，进口量最大的月份进口量占当年总进口量的比重不到 13％。进口量在月度间分布的逐渐均衡表明进口大豆对中国大豆市场的影响不仅仅表现在余缺的调剂，而是对中国大豆市场的全面冲击，特别是在中国大豆收获季节对农户销售大豆的影响。

表 43-4　1995～2005 年中国大豆进口月度分布　　单位：％

月份	1995	1996	1997	1998	1999	2000	2001	2002	2003	2004	2005
1	0.5	0.4	13.9	7.6	4.6	3	2.7	5.2	6.2	9.8	7
2	2.2	13.8	12	6.4	2.7	2.9	5	4.2	3.5	9.1	5.6
3	16.6	1	8.8	5.4	4.7	3.7	6.2	10.9	9	7.9	7.7
4	2.7	3.9	4.2	7.9	3	7.8	9	4.4	10.7	6.1	7.2
5	10.7	5.2	0.3	0.1	9.5	8.5	10	2.7	7.5	4.1	7.6
6	1.1	3	3.9	7.8	4.4	8.1	10	3.6	12	7.2	10
7	3.2	3.3	8.6	11	10.2	14.6	13.1	15.1	10.2	9.1	10.8
8	13.1	10.5	3.9	6.6	7.9	18.1	12.6	11.5	11.8	8.3	10.4
9	0.6	17.7	7.5	6.3	12.1	13.5	11.5	11.9	14.4	7.2	7
10	8.2	3.5	0	7.3	11.6	5.5	6.5	9.7	3.3	7.7	7.1
11	0.7	15.1	2.5	10	11.9	1.5	5.3	13.7	3.8	12.4	9.6
12	40.5	22.7	29.3	23.6	17.5	7	8.2	9.3	7.5	11	9.8

注：根据 1995～2005 年《中国海关年鉴》月报数据整理计算。

二、中国大豆市场需求结构

（一）中国大豆市场需求构成

根据中国大豆市场供求平衡，总需求量变动与总供给量变动相同，总需求量的变动特点可参见前面对总供给量增长过程的分析，在此不再赘述。

从中国大豆市场需求构成看，总需求量由国内消费量和出口量两部分构成。国内消费量在中国大豆市场总需求量中所占的比重很大，是构成中国大豆市场总需求的最主要组成部分，1980～2004 年间，国内消费量占总需求的比重均保持在 85％以上。国内消费量占中国大豆市场总需求量的比重呈先下降后上升的变化趋势（如图 43-3）。

1980～1987 年间国内消费量占总需求量的比重从 98.5％下降到 85.3％。此后呈逐年上升趋势，2004 年上升到 99.1％。

出口量在中国大豆市场总需求中所占的比重较小，特别是随着近年来国内大豆消费需求量的不断增加，出口需求在市场总需求中的地位不断下降。出口量占市场总需求量比重呈先上升后下降的变化趋势（如图43-3）。1980～1987 年间，出口量占市场总需求量的比重从 1.5％上升到 14.7％，此后逐年下降，2004 年仅占 0.9％。

（二）国内消费结构

中国大豆国内消费由直接食用、加工、种子、损耗等四个部分构成。图 43-4 显示了国内大豆消费

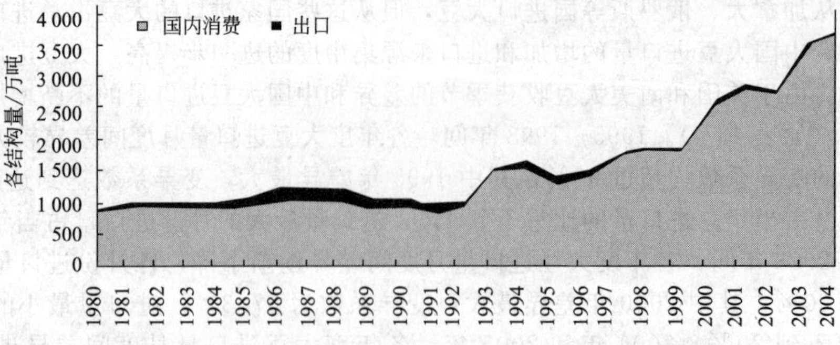

图 43-3 1980～2004 年中国大豆市场需求结构变化

资料来源：根据国家粮油信息中心和《中国海关年鉴》有关数据整理计算

结构及其变化。直接食用和加工消费是国内大豆消费的重要途径，近年来两者总消费量占国内总消费量的 90%以上。中国有直接食用大豆的习惯，这与欧美有很大的差异。中国大豆食用消费量曾经在大豆消费中占有很大比重，1987 年以前大豆食用消费量超过 40%，是大豆消费的最大途径。但是，由于直接食用大豆不易消化，消费者转而消费豆制品，大豆直接食用的消费量没有明显的增加，大豆直接食用消费量占总消费量的比重迅速下降，2004 年下降到 12.1%。大豆加工消费是国内大豆消费增长最为迅速的消费途径，1980～2004 年间，加工消费量的比重从 33.0%上升到 83.1%。大豆加工包括大豆压榨和豆制品的加工。近年来中国大豆压榨能力增长迅速，拉动了大豆压榨消费的迅速增加。2005 年初，国家发展与改革委员会委托中国植物油协会对中国大豆加工业市场进行了调查。调查结果显示，截止 2004 年 12 月 31 日，全国共有日处理大豆 23.37 万吨，按 300 个工作日计算，折合年加工能力 7011 万吨。其中，日处理大豆 1000 吨以上的加工企业 90 个，平均日加工能力达 2192 吨，等于年加工能力 5920 万吨，占全部大豆压榨能力的 84.4%。近年来大豆压榨消费量的迅速增加是拉动国内大豆消费的主要力量。

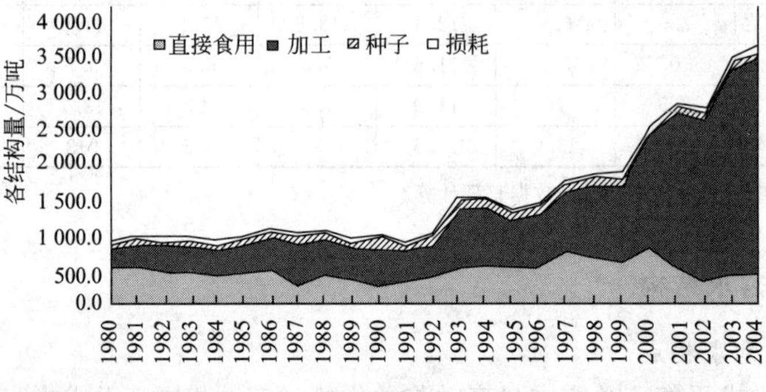

图 43-4 1980～2004 年国内大豆消费结构及变化

资料来源：国家粮油信息中心

种子、损耗在国内大豆消费中的比重较小，2003 年以来两者消费总量不到国内大豆消费总量的 10%。由于受中国大豆种植规模增长缓慢和单位面积豆种使用量的减少，大豆种子的需求量增长不大。种子需求量占国内大豆消费量的比重从 1980 年的 8.9%下降到 2004 年的 3.4%。另外，随着中国大豆收割、运输和储存消费结构变化技术的提高，大豆损耗逐渐减少。1980～2004 年间，中国大豆损耗占国内消费总量的比重从 4.5%下降到 1.4%。

（三）出口去向结构

中国大豆出口主要集中在亚洲国家，其中日本、韩国和朝鲜占据中国大豆出口量前三位，2005 年出口到以上三国的大豆数量累计超过中国大豆总出口量的 80%。日本一直是中国大豆的第一大出口地，出口到日本的大豆占总出口量的比重除个别年份外都在 50%以上，1996 年甚至高达 87%；中国大豆对韩国的出口呈增长趋势，出口到韩国大豆占总出口量的比重从 1992～1995 年间的 0.7%上升到 2005 年的 25.8%；中国大豆对朝鲜的出口相对较为稳定，出口到朝鲜的大豆占总出口量的比重从 1992～1995

年间的 8.8%上升到 2004 年的 10.5%，2005 年下降到 9.4%；另外，中国还出口大豆到越南、中国香港、中国台湾、马来西亚、菲律宾等亚洲国家或地区。

中国大豆除出口到亚洲地区外，还出口到比利时、荷兰、德国、丹麦、法国等欧洲国家，但出口量相对较少，累计不到出口总量的 3%。值得注意的是，美洲国家，特别是美国开始进口中国大豆，2004 年和 2005 年中国出口到美国的大豆占出口量的比重分别达到 8.2%和 9.3%，美国将成为中国大豆出口需求的新增长点。美国主要进口中国的有机大豆用于家禽饲料，他们有专门的公司在中国组织生产和进口以保证大豆的品质。见表 43-5。

表 43-5　1992～2005 年中国大豆出口主要去向

年度		1992～1995	1996	1997	1998	1999	2000	2001	2002	2003	2004	2005
总出口量/万吨		56	19.2	18.6	17.2	20.4	21.1	24.8	27.6	26.7	33.5	41.3
比重/%	日本	41.6	87	83.2	73.6	65.7	58.8	53	48.8	52.8	55.5	44.2
	韩国	0.7	0.1		3.4	7.9	14.8	17.3	17.4	20.3	19.1	25.8
	朝鲜	8.8	12.8	14.7	18	22.1	21.8	18.3	17.5	13.3	10.5	9.4
	越南						0.3	4.4	7.3	8.4	1.2	1.1
	中国香港	2.7	0.1	0.3	0.2	0.4	0.5	0.4	0.8	0.4	0.8	2.2
	中国台湾				0.4	0.4	0.9	0.6	1	1.4	1.2	1.3
	马来西亚	8.9		1.8	0.6	0.3	0.7	0.7	1.2	0.7	1.0	
	菲律宾	2.1				0.2	0.7	0.3	0.6	0.5	0.4	
	比利时				0.3	0.4	0.7	0.9	0.3	0.2	0.6	2.1
	荷兰					0.3	0.2	0.5	0.3	0.3	0.5	
	德国					0.1		0.9	0.8	0.1	0.1	
	丹麦							0.6	1.4			
	法国					0.2	0.2	0.6	1			
	美国					0.1		0.1	0.3	0.1	8.2	9.3
	委内瑞拉							0.1		0.6	0.1	
小计		64.8	100	100	96.5	98.1	99.6	98.7	98.7	99.1	99.2	95.4

第二节　中国大豆生产影响因素分析

一、中国大豆生产影响因素分析框架

中国大豆产量对总供给量的作用在不断弱化，2004 年国产大豆在国内市场的占有率已经降到 50%以下，国内市场需求的增长没有带动国内大豆生产的增长，却带来大豆进口量的不断冲高。中国大豆产量增长缓慢到底受到哪些因素的影响，这个问题对于国家是否要振兴中国大豆生产以及如何制定相应政策振兴中国大豆生产都具有非常重要的意义。图 43-5 构建了中国大豆生产影响因素的分析框架。影响大豆生产量的因素有两个：一是大豆种植面积；另一个是单位面积的大豆产量。大豆的种植面积受到耕地资源数量的制约。耕地数量是一个状态变量，导致耕地面积增加的因素有后备耕地资源量、当年新开垦耕地、耕地复垦等；导致耕地数量减少的因素有生态退耕、基本建设占用、农业结构调整、灾害损毁、土地退化等。耕地数量增减在客观上将直接影响大豆种植面积。另外，在耕地上能够种植农作物种类很多，这些农作物之间存在竞争关系。所谓有竞争关系的农作物是指关键生长季节在时间上相互重叠、土地等要素投入基本相同的农作物。在耕地面积一定的条件下，耕地资源在大豆及与其有竞争关系的不同农作物间的分配比例直接决定大豆的种植面积。总之，大豆种植面积和大豆单产共同决定了大豆

的产量。

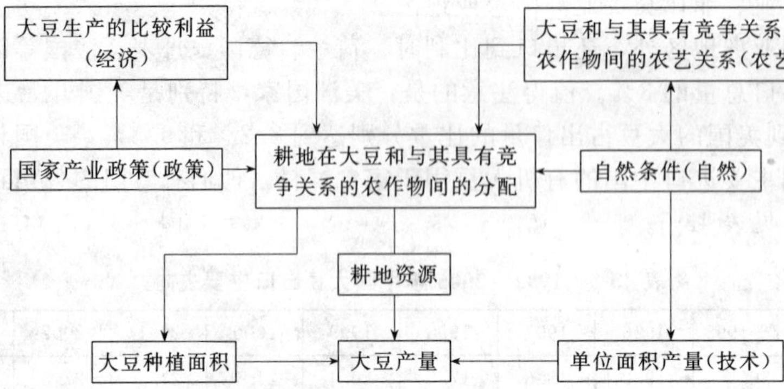

图 43-5 中国大豆生产影响因素分析框架图

假设大豆的产量用 Q 表示；种植面积用 A 表示；大豆的单产用 $Y(a)$ 表示，a 表示影响大豆单产的因素，主要包括自然因素和技术水平；总耕地面积用 G 表示；$F(b)$ 表示耕地资源在大豆及与其有竞争关系的农作物之间的分配比例，b 表示影响分配比例的因素，则大豆产量等于耕地面积、大豆种植面积占耕地的比例和大豆单产三者的乘积，用公式表示如下：

$$Q=A\cdot Y(a)=G\cdot F(b)\cdot Y(a)$$

耕地资源在大豆及与其有竞争关系的农作物之间的分配比例主要受以下因素的影响。

第一是基本的自然条件。农业是经济再生产和自然再生产的紧密结合。一方面，农业同工业、运输业等生产部门一样，都有一个经济再生产的过程，也就是人类的劳动生产过程受社会经济规律的支配；另一方面，农业生产又与其他物质生产部门不同，它的对象是生物，还有一个自然再生产过程，受自然规律的支配。自然再生产过程也就是生物生长、发育和繁衍的生命活动过程，这个过程与周围的自然环境有不可分割的联系，受着光、热、水、土等条件的制约和影响。农作物的生产过程是一个生物与自然界进行物质和能量的交换过程，自然条件决定了当地适宜种植的农作物品种。如果一个地区自然条件适宜种植的农作物种类越多，农户种植行为的选择性越大，耕地在不同农作物之间的分配关系就越复杂；反之，如果一个地区自然条件适宜种植的农作物种类越少，农户种植行为的选择性越小，耕地在不同农作物之间的分配关系就越简单。

第二是基本的农艺技术要求。它是决定并影响耕地资源在不同农作物之间分配的生产技术约束。农作物之间存在轮作、间作、套作等关系。轮作是指在同一块土地上，依照一定的顺序，先后轮流种植几种作物。合理轮作不仅能调节土壤养分和培肥地力，而且还能减少杂草危害和防止病虫害的蔓延。农作物之间的轮作关系决定了农作物之间必须保持一定比例关系以利于相互轮作。间作是指在同一地块，同期种植不同的农作物。间作是以某一种农作物为主，其他农作物为辅。套作是指在前季作物生长后期的株、行或畦间播种或栽植后季作物的种植方式。套作的两种或两种以上作物的共生期只占生育期的一小部分时间，是一种解决前后季作物间季节矛盾的复种方式。套作的主要作用是争取时间以提高光能和土地的利用率；提高单位面积产量；有利后季作物适时播种；缓和用工矛盾和避免旱涝或低温灾害。

第三是作物的比较利益。种植大豆比较利益是影响耕地资源在大豆及与其竞争关系农作物之间分配的经济因素。农户在进行农作物种植选择时，将对各种农作物的投入成本和预期收益进行比较，从中选择能够带来最大经济效益的农作物进行种植。

第四是国家产业政策。为了保护和支持某一产业的发展或者根据农产品对人们生产和生活的重要性，国家可能通过价格、补贴、税收、规划等方面的政策重点扶持某些产业发展，从而调整耕地资源在不同农作物之间的分配比例。

二、影响中国大豆生产的经济因素

（一）中国农作物之间比较效益的比较

农户种植行为决定了大豆种植面积占耕地面积的比重，在市场经济条件下农户的行为满足利润最大化原则。经济效益的高低是影响大豆的直接原因，其他影响因素最终通过影响经济效益发挥作用。因此，研究中国大豆生产的影响因素，首先要分析经济效益变动对大豆生产的影响。20 世纪 90 年代后，随着我国农村温饱问题的解决、市场经济体制的逐步建立，经济因素对农户生产行为的影响逐渐增强，追求收益最大化成为农户生产经营的目标。农户在追求利润最大化的过程中，通过比较不同农作物的经济效益，从中选择收益最大的农作物进行种植。

表 43-6 显示了中国大豆生产的比较利益状况。在生产上，与大豆具有竞争关系的主要农作物包括玉米、小麦、稻谷、花生、棉花和甜菜等。大豆与玉米相比，从产值看，大豆生产不具有比较优势，大豆生产亩产值一直低于玉米，1990～2004 年两者平均产值差 96.6 元；2001 年以来产值差波动较大，2001 年大豆亩产值低于玉米 148.0 元，2003 年下降到 44.0 元，2004 年又上升到 130.5 元。从利润看，大豆生产具有微弱的比较优势，大豆亩平均利润高于玉米 5.1 元，但年度间波动很大，两者利润差的变异系数达 716.0%。

表 43-6　1990～2004 年中国大豆生产比较利益变化　　单位：元/亩

年　度		1990～1995	1996～2000	2001	2002	2003	2004	平均值	变异系数/%
大豆－玉米	产值	－90.1	－93.9	－148.0	－73.3	－44.0	－130.5	－96.6	－39.1
	利润	－29.3	15.2	－37.7	41.0	49.0	－7.9	5.1	716.0
大豆－小麦	产值	－38.5	－68.1	－52.1	19.0	57.0	－145.4	－38.0	－185.8
	利润	23.9	48.2	54.0	124.5	142.0	－42.5	58.4	67.6
大豆－稻谷	产值	－216.5	－264.6	－237.8	－144.3	－147.6	－359.6	－228.4	－35.2
	利润	－91.9	－67.8	－54.9	34.3	36.9	－158.0	－50.2	－150.1
大豆－花生	产值	－198.6	－234.3	－210.5	－210.0	－194.8	－386.9	－240.7	－30.3
	利润	－88.2	－72.7	－31.0	－72.2	－45.5	－191.1	－83.5	－67.9
大豆－棉花	产值	－440.7	－567.5	－445.5	－580.2	－772.3	－586.0	－565.4	－21.4
	利润	－164.7	－116.1	－25.1	－139.5	－349.6	－96.0	－148.5	－73.7
大豆－甜菜	产值	－203.8	－276.0	－266.7	－223.6	－168.7	－256.9	－232.6	－17.9
	利润	－78.1	－57.1	－46.1	16.9	48.4	－74.7	－31.8	－164.3

注：1. 产值指标是指大豆产值与各种农产品产值的差：利润指标是指大豆生产利润与各种农产品生产利润的差；指标值大于 0 表明大豆生产的经济效益高于相比较的农产品：指标值小于 0 表明大豆生产的经济效益低于相比较的农产品。

2. 资料来源于《2005 全国农产品成本收益资料汇编》。

3. 1 亩＝666.67m^2。

大豆与小麦相比，从产值看，大豆生产不具有比较优势，1990～2004 年间大豆亩产值平均低于小麦 38.0 元，仅个别年份高于小麦，而且两者产值差波动较大，其变异系数达－185.8%。从利润看，大豆生产具有较为明显的比较优势，1990～2004 年间大豆亩平均利润高于小麦 58.4 元，而且两者产值差相对比较稳定，其变异系数为 67.6%。

大豆与稻谷相比，从产值看，大豆生产的劣势比较明显，1990～2004 年大豆亩平均产值低于稻谷 228.4 元，而且年度间波动较小，两者产值差的变异系数为－35.2%。从利润看，1990～2004 年大豆亩平均利润仍然低于稻谷，两者差 50.2 元，但年度间波动不大，个别年份大豆生产利润超过稻谷，两者利润差的变异系数达到－150.1%。

大豆和花生相比，从产值看，大豆生产具有明细的劣势，1990～2004 年大豆亩产值平均低于花生 240.7 元，而且年度间波动不大，产值差的变异系数为－30.3%。从利润看，大豆生产仍然具有明显的劣势，1990～2004 年大豆亩平均利润低于花生 83.5 元，两者利润差年度间波动不大，其变异系数为－67.9%。

大豆与棉花相比，从产值看，大豆生产具有明显的劣势，1990～2004 年间大豆亩产值一直低于棉花，平均低于 565.4 元，而且产值差年度间波动不大，其变异系数为－21.4%；与产值相比，利润的劣势相对不如产值明显，1990～2004 年间大豆亩平均利润低于棉花 148.5 元，而其利润差年度间波动不大，其变异系数为－73.7%。

大豆与甜菜相比，从产值看，大豆生产具有明显的劣势，1990～2004 年间大豆亩产值平均低于甜菜 232.6 元，而且产值差年度间波动较小，其变异系数为－17.9%。与产值相比，利润的劣势不如产值明显，1990～2004 年大豆亩平均利润低于甜菜 31.8 元，但两者利润差年度间波动较大，其变异系数达－164.3%。

总体来看，1990～2004 年中国主要农产品亩平均产值大小排序为甘蔗、棉花、稻谷、花生、玉米、小麦、大豆；亩平均利润大小排序为甘蔗、棉花、花生、稻谷、玉米、大豆、小麦。由此可看出，不管是产值还是利润大豆生产的效益都很低。

（二）中美两国生产大豆的比较利益的比较

表 43-7 显示了美国大豆生产比较利益。大豆与玉米相比，从产值看，大豆生产不具有比较优势，1990～2004 年间大豆生产每英亩（1 英亩＝0.004047km^2）产值低于玉米 87.1 美元，而且两者产值差年度间波动较小，变异系数为－17.8%；从利润看，大豆生产具有比较优势，1990～2004 年间大豆生产每英亩利润高于玉米 17.4 美元，但两者利润差年度间波动较大，其变异系数达 116.3%。

大豆与小麦相比，无论从产值还是利润看，大豆生产具有比较优势，1990～2004 年间大豆生产每英亩产值和利润分别高于小麦 102.8 美元和 42.1 美元，而且两者的产值差和利润差年度间波动不大，变异系数分别为 12.3%和 51.8%。

大豆与稻谷相比，从产值看，大豆生产具有明显的劣势，1990～2004 年间大豆生产每英亩产值低于稻谷 206.2 美元，而且两者的产值差年度波动不大，变异系数为－42.5%；从利润看，大豆生产具有明显的比较优势，1990～2004 年间大豆生产每英亩产值高于稻谷 165.4 美元，而且两者的利润差年度间波动较小，变异系数为 40.8%。

表 43-7　美国大豆生产比较利益

年度		1990～1995	1996～2000	2001	2002	2003	2004	平均值	变异系数/%
大豆－玉米	产值	－72.8	－64.1	－88.3	－102.2	－86.1	－109.0	－87.1	－17.8
	利润	26.7	51.2	－8.5	－4.6	25.1	14.4	17.4	116.3
大豆－小麦	产值	94.5	105.9	80.2	115.5	103.4	117.1	102.8	12.3
	利润	41.1	33.0	－0.5	59.1	56.1	63.7	42.1	51.8
大豆－稻谷	产值	－186.0	－266.2	－150	－69.9	－216.0	－349.0	－206.2	－42.5
	利润	170.3	144.3	180	284.4	159.7	53.9	165.4	40.8
大豆－花生	产值	－483.5	－395.2	－429.0	－241.0	－343.0	－365.0	－376.0	－20.1
	利润	17.1	74.1	47.1	180.8	107.9	105.5	88.8	58.6
大豆－棉花	产值	－192.8	－184.8	－92.8	－97.2	－328.0	－230.0	－187.7	－42.8
	利润	63.9	65.9	173.7	199.8	－70.0	22.5	76.0	119.3
大豆－甜菜	产值	－603.8	－589.6	－631.0	－581.6	－686.0	－556.0	－608.0	－6.8
	利润	－20.5	1.7	－48.4	32.7	－51.1	92.4	1.1	4384.6

注：1. 产值指标是指大豆产值与各种产品产值差；利润指标是指大豆生产利润与各种农产品生产利润的差；指标值大于 0 表明大豆生产的经济效益高于相比较的农产品；指标值小于 0 表明大豆生产的经济效益低于相比较的农产品。

2. 资料来源于美国农业部经济研究局数据库。

大豆与花生相比，从产值看，大豆生产具有明显的劣势，1990～2004 年间大豆生产每英亩产值低于花生 376.0 元，而且两者的产值差年度间波动很小，变异系数为－20.1%；从利润看，大豆生产具有明显的比较优势，1990～2004 年间大豆生产每英亩利润高于花生 88.8 美元，而且两者的利润差年度间波动不大，变异系数为 58.6%。

大豆与棉花相比，从产值看，大豆生产不具有比较优势，1990～2004 年间大豆生产每英亩产值低于棉花 187.7 美元，而且两者的产值差年度间波动较小，变异系数为－42.8%；从利润看，大豆生产具有比较优势，1990～2004 年间大豆生产每英亩利润高于棉花 76.0 美元，但两者利润差年度间波动较大，变异系数达 119.3%。

大豆和甜菜相比，大豆生产具有明显的劣势，1990～2004 年间大豆生产每英亩产值低于甜菜 608.0

美元，而且两者产值差年度间波动很小，变异系数仅为−6.8%；从利润看，大豆生产具有微弱的比较优势，1990～2004年间大豆生产每英亩平均产值高出甜菜1.1美元，但两者利润差年度间波动很大，变异系数达到4384.6%。

总体上看，1990～2004年美国大豆生产平均每英亩产值大小排序为甜菜、花生、稻谷、棉花、玉米、大豆和小麦；平均每英亩利润大小排序为大豆、甜菜、玉米、小麦、花生、棉花、稻谷。由此可以看出，从产值看，美国大豆生产不具有比较优势，大豆产值仅高于小麦；但从利润看，大豆生产具有明显的比较优势，大豆生产利润在主要农产品中最高。

通过比较中美两国大豆生产在本国的比较利益可以看出，无论从产值还是利润，中国大豆生产均不具有比较优势，而且大豆生产的比较利益年度间波动较大，种植大豆的效益低而且风险较大，阻碍了生产者对大豆种植的选择。尽管美国大豆生产产值较低，但从利润看，美国大豆生产具有明显的比较优势，而且这种比较优势年度间波动较小，这对美国大豆种植面积的稳定和扩大具有非常重要的促进作用。

第三节　大豆市场供需的趋势分析

一、产量、进口和国内消费是影响供求结构变化的主要力量

国内生产量在中国大豆市场总供给中的比重逐年下降，对总供给量增长的贡献率呈下降趋势，但仍然是影响总供给的主要力量。大豆进口量在中国大豆市场总供给中的比重逐年上升，对总供给量增长的贡献率呈上升趋势。中国大豆生产主要集中在东北地区和黄淮海地区，并逐渐向东北转移。东北地区大豆产量占全国大豆总产量的比重呈上升趋势，其中黑龙江省上升最快，而且是中国最大的大豆主产省。东北地区大豆产量的变动成为影响国内大豆产量变化的主要因素。黄淮海地区大豆产量占全国大豆产量的比重下降较大，除安徽大豆产量占全国大豆产量的比重有小幅上升外，其他地区都有不同程度的下降。中国大豆进口主要来源于美国、巴西、阿根廷等大豆主产国，而且对以上三国的进口依赖性还在增强。美国是中国大豆进口的最大来源国，其次是巴西和阿根廷。美国、巴西和阿根廷大豆市场变化对中国大豆进口影响较大。

中国大豆出口量不大，对总需求量增长的贡献率很小；国内消费是构成中国大豆市场总需求的主要成分，对总需求增长的贡献率很大。从国内大豆消费看，大豆加工消费量占国内消费总量的比重呈上升趋势，成为最主要的消费途径，大豆加工消费需求是拉动国内大豆消费需求的主要动力。直接食用消费占国内消费总量的比重呈下降趋势，但仍然是中国国内大豆消费第二大消费途径。种子和损耗的消费占国内大豆消费总量的比重很小。从出口来看，中国大豆主要出口日本、韩国、朝鲜等亚洲国家或地区，但近年来对欧洲的出口有一定增长。

二、自然、政策、经济和技术因素是对中国大豆的影响因素

耕地资源是约束大豆种植面积扩大的重要自然因素。中国大豆单产低，相对于其他高产粮食品种，单位产出所需耕地多，受耕地资源影响更加明显。中国人均、户均耕地很少，而且还有下降的趋势，农户实际种植大豆面积远远小于其意愿种植面积。自然条件对大豆生产具有一定的影响，但可以通过品种改良克服。中国有适应不同土壤、温度、光照、水分的大豆品种，大豆生产分布较广，除青海省外其他地区都有大豆种植。中国形成了三大不同生态类型的大豆产区，即东北春作大豆产区、黄淮海夏作大豆产区和南方多作大豆产区。大豆单产对重迎茬反应比较敏感，重迎茬直接影响大豆单产的稳定和提高。大豆生产需要与其他农作物进行轮作。大豆和与其具有竞争关系的农作物之间的轮作关系在一定程度上限制了大豆种植面积的扩大。但是，种植大豆可以改善土壤环境，提高与大豆具有竞争关系的农作物的产量，这也是农民种植大豆的原因之一。

比较利益对农户种植行为影响显著，大豆比较利益较低而且波动较大，阻碍了生产者对大豆种植的选择。通过中国大豆生产供给反应函数估计结果发现，无论从产值还是利润看，大豆生产比较利益对生产种植行为影响显著。中国大豆生产产值和利润仅高于油菜籽和小麦，低于其他主要农产品，阻碍了生

产者对大豆种植的选择。与美国相比，美国大豆生产里利润在主要农产品中是最高的，这也是美国大豆生产迅速发展的重要原因之一。从中国大豆生产省区看，黑龙江大豆生产效益低于中稻，高于玉米和小麦，大豆种植面积呈上升趋势。内蒙古大豆与玉米相比具有明显的劣势，与小麦生产效益相当。吉林大豆生产效益高于玉米，低于中稻，但大豆种植面积增长缓慢，吉林大豆生产除受比较利益影响外，其他因素的影响很大；安徽大豆生产效益低于中稻，但差距在缩小。与棉花和花生相比，大豆的比较劣势相当明显。

技术进步慢、技术效率低直接影响中国大豆单产的提高。通过建立和估计随机前沿生产函数发现，中国大豆生产技术进步慢，而且存在显著的效率损失。品种的改良与推广、病虫害和杂草的防治、栽培技术的改进是影响大豆生产技术进步的主要因素。尽管中国在这几方面得到了一定的提高，但与水稻、玉米和小麦等高产粮食品种相比，科研投入少、品种更新慢。同时，与美国、巴西、阿根廷等世界大豆主产国相比，还有很大差距。自然灾害和种植规模是影响大豆生产技术效率的主要因素。自然灾害，主要是水灾和旱灾对技术效率具有显著负面影响，其中旱灾的影响大于水灾。大豆种植面积占农作物种植面积的比重对大豆技术效率提高具有显著的正向影响。

三、竞争力弱、供需矛盾日益突出是导致中国大豆进口急剧增长的主要原因

本书从国内外大豆成本、价格、品质，中国大豆及其相关产品的贸易政策和中国面临的国际大豆市场结构等方面论述了国产大豆的国际竞争力。从成本和价格看，国产大豆成本和价格高于进口大豆，但是国际市场价格受国外高额的补贴影响存在严重扭曲。从品质看，进口大豆的含油率高但其他品质表现并不比国产大豆强，进口大豆在压榨方面的效益明显高于国产大豆。随着中国大豆压榨行业的迅速扩张，进口大豆这种品质优势成为中国大豆进口量急剧增长的重要原因。

中国大豆贸易政策的调整降低了大豆进口壁垒、增强了进口大豆在中国市场的竞争力。同时，大豆与大豆制成品、粮食品种、大豆替代品的贸易政策相比，大豆关税水平最低而且没有配额，提高了进口大豆相对于国产大豆的竞争优势。中国以转基因政策为代表的技术性壁垒从供给和需求的角度对中国大豆进口产生影响。技术性壁垒虽然提高了进口大豆的成本，但相对于国内对大豆的需求的巨大拉动，成本的小幅增加不足对进口产生很大的影响。

美国在中国大豆进口市场上具有卖方垄断力，卖方垄断力增强了美国大豆在中国大豆市场的竞争力，美国可以通过卖方垄断将其内较高的生产成本转嫁给中国消费者。巴西和阿根廷对中国不具有卖方垄断力，它们的竞争优势主要来自于较低的生产成本。

中国居民消费结构的变化对大豆消费需求产生重要影响，引致大豆消费需求的食用油、肉、蛋、奶和水产品等食物的消费水平及其在食物消费中的比重不断提高。豆类及豆制品人均消费量低而且呈下降趋势，对大豆消费需求增长影响较小，豆油消费量较大而且增长迅速，对大豆需求增长拉动较大。肉、蛋、奶和水产品消费的增长拉动了养殖业的发展，养殖业发展促进了饲料业的发展，豆粕是饲料中植物蛋白的主要来源，豆粕在饲料中的使用量和使用比例均呈增长趋势，这共同促进了豆粕需求的增长。1990 年中国恢复征收豆粕进口增值税以来，进口豆粕很少，豆粕需求直接拉动了国内大豆需求的增长。

四、价格是调节供求的核心因素

大豆及与大豆具有竞争关系的农产品价格对国内大豆产量具有显著影响，但国内大豆产量对价格缺乏弹性；大豆及大豆替代品价格对国内大豆消费需求量变动具有显著影响，但消费量对价格也缺乏弹性；国内外大豆价格对中国大豆进口量变动具有显著影响，进口量对国内外大豆市场价格变动富有弹性；国内外大豆价格变动对中国大豆出口没有显著影响，这与中国大豆出口量小、价格明显高于国内外市场价格有一定的关系。

中国大豆现货市场之间、期货和现货市场之间相关性较大，并且存在协整关系和误差校正机制；主产区和主销区大豆市场相互引导，但主销区市场起主导作用。中国和美国大豆现货和期货市场均相互引导，但中国大豆市场中期货市场起主导作用，而美国大豆市场中现货市场起主导作用。美国大豆现货市场之间、期货和现货市场之间的相关性和调整速度高于中国。国内外市场相关性较大，双方存在协整关系和误差校正机制；国际市场引导国内市场，国际市场起主导作用。

第四十四章 中国植物油供求环境分析

第一节 植物油供求模型的设立

一、局部均衡模型及数据来源

经济学中运用数学方法从商品供求均衡角度解释商品价格现象的理论被称之为均衡理论。该理论主要研究如何确定各经济变量间的相互依存关系问题。根据各经济变量间的依存关系，可分为局部均衡理论和一般均衡理论。其中，局部均衡理论认为一种商品的价格是由它的供求关系来决定的。本书所用的理论基础是局部均衡理论。如果 $F(p)$ 作为某商品的价格函数，DD 作为需求函数，SS 作为供给函数，根据局部均衡理论，则均衡价格可以通过下式求出。即

$$F(p)=\mathrm{DD}-\mathrm{SS}=0$$

本研究的研究步骤如下。

第一，建立中国 30 个省、自治区、直辖市食用油的供求平衡表。

第二，运用微观经济学、计量经济学、市场整合和空间均衡模型等方法分别对商品需求、供给和价格等进行理论和证实分析并建立供求模型。

第三，在第二步的基础上进行各个食用油品种的供求预测。

在具体研究中，在上述国内外研究现状的基础上，从影响食用油各个品种的供求变动状况及结构的因素分析入手，根据 30 个省、自治区、直辖市的基础数据，以面板估计的方式建立 Nerlove 调整供给反应模型、双边对数型恩格尔函数消费模型、进出口贸易的回归模型、库存模型等进行实证分析。并假定各省、自治区、直辖市所产油料的加工均在本省、自治区、直辖市进行，在这个假定中，由于对中国食用油总产量不受影响，因此，对于食用油总体安全的评价方面的影响不大。该部分的关键问题是建立有效的供求模型。具体的模型如下。

（一）油料作物与食用动物油脂的 Nerlove 调整供给反应模型

$$\ln Q_{ijt}^{*}=a_{ij}+b_{1j}\ln P_{ijt-1}+\mathrm{DM}\cdot b_{2j}\ln \mathrm{DR}_{it}+\mu_{it} \tag{44-1}$$

DM 为虚拟变量，当品种为油料作物时，DM＝1；当品种为动物油脂时，DM＝0。

$$\ln Q_{ijt}-\ln Q_{ijt-1}=\lambda(\ln Q_{ijt}^{*}-\ln Q_{ijt-1}) \tag{44-2}$$

把上述方程式(44-1) 代入方程式(44-2) 并整理后得到：

油料作物：

$$\ln Q_{ijt}=\alpha_{ij}+\beta_{0j}\ln Q_{ijt-1}+\beta_{1j}\ln P_{ijt-1}+\beta_{2j}\ln \mathrm{DR}_{it}+\nu_{it}$$

食用动物油：

$$\ln Q_{ijt}=\alpha_{ij}+\beta_{0j}\ln Q_{ijt-1}+\beta_{1j}\ln P_{ijt-1}+\nu_{it}$$

其中，$\alpha=\lambda a$，$\beta_0=1-\lambda$，$\beta_1=\lambda b_1$，$\beta_2=\lambda b_2$，$\beta_3=\lambda b_3$，$\beta_4=\lambda b_4$，$\beta_5=\lambda b_5$

各省、自治区、直辖市食用油总产量：

$$\mathrm{PVQ}_{it}=\sum_{i=1}^{5}(Q_{ijt}\cdot cr_{jt})+Q_{ijt}$$

全国食用油总产量：

$$\mathrm{TPQ}_{t}=\sum_{i=1}^{30}\mathrm{PVQ}_{it}$$

TPQ 为全国食用油总产量；PVQ 为各省、自治区、直辖市食用油总产量；Q^{*} 为期待的食用油产

量；Q 为实际的食用油产量；P 为油料价格；DR 为成灾面积占总种植面积的比率；μ、ν 为随机变量；i 为 30 个省、自治区、直辖市（$i=1, 2, \cdots, 30$）；j 为食用油品种（1 为豆油、2 为菜籽油、3 为花生油、4 为其他植物油、5 为食用动物油脂）；t 为年度；a、α 为省、自治区、直辖市的固定变数；b_1、b_2、b_3、b_4、b_5 为长期供给弹性；λ、β_0 为调整变数；β_1、β_2、β_3、β_4、β_5 为短期供给弹性。

（二）双边对数型恩格尔函数消费模型

$$\ln UDQ_{ijt}=\delta_{ijt}+\gamma_{ik}\ln OP_{ikt}+\gamma_{11}\ln UY_{it}+\varepsilon_{it}$$

$$\ln IDQ_{ijt}=\theta_{ijt}+\rho_{ik}\ln OP_{ikt}+\rho_{11}\ln RY_{it}+\xi_{it}$$

$$\ln IDQ_{ijt}=\psi_{ijt}+\omega_{0j}\ln IDQ_{ijt-1}+\omega_{1j}\ln OP_{ijt}+\tau_{it}$$

$$PVDQ_{it}=(UDQ_{ijt}\cdot UPOP_{it}+RDQ_{ijt}\cdot RDOP_{it}+IDQ_{ijt})$$

$$TDQ=\sum PVDQ_{it}$$

式中，TDQ 为全国食用油消费量；PVDQ 为各 γ_{10} 食用油消费量；UDQ 为城市居民人均食用油消费量；RDQ 为农村居民年人均食用油消费量；IDQ 为各省、自治区、直辖市食品加工等其他食用油消费量；OP 为食用油价格；UY 为城市居民人均可支配收入；RY 为农村居民人均纯收入；i 为 30 个省、自治区、直辖市（$i=1, 2, \cdots, 30$）；k、j 为食用油品种；t 为年度；ε、ξ 为省、自治区、直辖市的固定变数；γ_1、γ_2、…、γ_{10} 为城市居民人均食用油消费的价格弹性；γ_{11} 为城市居民人均食用油消费的收入弹性；ρ 为农村居民人居食用油消费的价格弹性。

（三）贸易类型

$$XQ_{ijt}=XQ_{ijt-1}+m1_{ijt}(ER_t/XP_{ijt})$$

$$MQ_{ijt}=MQ_{ijt-1}+m2_{ijt}\times(ER_t/MP_{ijt})$$

$$PVXQ_{it}=\sum XQ_{ijt}$$

$$TXQ_t=\sum PVXQ_{it}$$

$$PVMQ_{it}=\sum MQ_{ijt}$$

$$TMQ_t=\sum PVMQ_{it}$$

XQ 为省、自治区、直辖市各个食用油品种的出口量；MQ 为省、自治区、直辖市各个食用油品种的进口量；PVXQ 为省、自治区、直辖市食用油出口量；PVMQ 为省、自治区、直辖市食用油进口量；TXQ 为全国食用油出口量；TMQ 为全国食用油进口量；MP 为国际食用油价格；i 为 30 个省、自治区、直辖市（$i=1, 2, \cdots, 30$）；j 为食用油品种（1 为豆油、2 为菜籽油、3 为花生油、4 为其他植物油、5 为食用动物油脂）；t 为年度。

（四）库存模型

$$SK_{ijt}=SK_{ijt-1}\times(PVDQ_{ijt}/PVDQ_{ijt-1})^{m3_{ijt}}\times(OP_{ijt}/OP_{ijt-1})^{m4_{ijt}}$$

$$PVDK_{it}=\sum SK_{ijt}$$

$$TSK_t=\sum PVSK_{it}$$

SK 为省、自治区、直辖市豆油的库存量；PVSK 为省、自治区、直辖市豆油库存量；TSK 为全国豆油库存量；i 为 30 个省、自治区、直辖市（$i=1, 2, \cdots, 30$）；j 为豆油；t 为年度。

（五）市场均衡

全国：

$$TPQ_t+TMQ_t+TSK_{t-1}=TDQ_t+TXQ_t+TSK_t$$

（六）各省、自治区、直辖市食用油品种净调入量或净调出量

净调入：

$$MIQ_{ijt}=(PVDQ_{ijt}+PVXQ_{ijt}+PVSK_{ijt})-(PVQ_{ijt}+PVMQ_{ijt}+PVSK_{ijt-1})$$

净调出：

$$MOQ_{kjt}=(PVQ_{kjt}+PVMQ_{kjt}+PVSK_{kjt-1})-(PVDQ_{kjt}+PVXQ_{kjt}+PVSK_{kjt})$$

$$PVMIQ_{it}=\sum MIQ_{ijt}$$

$$PVMOQ_{kt}=\sum MOQ_{kjt}$$

MIQ 为各省、自治区、直辖市各食用油品种净调入量；MOQ 为各省、自治区、直辖市各食用油品种净调出量；PVMIQ 为各省、自治区、直辖市食用油总净调入量；PVMOQ 为各省、自治区、直辖市

食用油总净调出量；i，k 为 30 个省、自治区、直辖市净调入省和净调出省（$i \neq k$）；j 为食用油品种（1 为豆油、2 为菜籽油、3 为花生油、4 为其他植物油、5 为食用动物油脂）；t 为年度。

上述模型中所用数据主要采用《中国农业统计资料》，《中国农村统计年鉴》，《新中国五十年农业统计资料》，《中国统计年鉴》，国家统计局城调队与农调队的城乡居民家庭消费调查的资料以及食品工业生产方面的资料，中国价格信息中心的价格资料，国家发改委价格司与原国家计委主编的《全国农产品成本收益资料汇编》，《海关统计年鉴》，中国海关统计咨询资料，美国农业部与联合国粮农组织以及FAPRI 的数据库，分省、自治区、直辖市的农户与城乡居民家庭问卷调查数据等。

上述模型中的系数估计主要采用最小二乘法、一般化最小二乘法以及面板估计等方法。

然后再以 2005 年为基准年度，运用模型对 2006～2020 年度间的中国食用油供求进行政策模拟，为评价中国食用油供给安全的程度提供理论依据。评价指标主要运用全国食用油自给率等指标。并对中长期的中国食用油供给安全进行预测。

二、空间均衡模型及数据来源

以局部均衡模型的各省、自治区、直辖市（贸易作为一个部分）之间的食用油流向动态模型，并设计政策方案模拟最佳的食用油流向路径以及食用油产业的区域间的最佳配置方案，为提高中国食用油产业的国际竞争力和促进中国食用油产业发展以及资料的有效配置提供理论依据，这也是该部分的研究目标，该部分的研究关键在于寻求食用油产业的区域间的最佳配置方案。也就是说第二部分是对第一部分的延伸和发展。空间均衡模型的实质就是寻找在区域间运输成本最小化的区域间商品市场的均衡，也就是寻找剔除区域间的运输成本后，区域间生产者剩余与消费者剩余之和的最大化，即空间均衡模型的求解过程就是如何获得净社会收入（net social revenue，简称 NSR）或净社会效益（net pay-off）的最大化的过程。如果把各个省、自治区、直辖市食用油品种的净调入量 MIQ_{ijt} 看作该省、自治区、直辖市对外省、自治区、直辖市的需求，把各个省、自治区、直辖市食用油品种的净调出量 MOQ_{kjt} 看作该省、自治区、直辖市对外省、自治区、直辖市的供给，那么具体的空间均衡模型形式就如下所示。

$$\text{MAX NSR}_t = \sum_{i=1}^{N1}\sum_{j=1}^{M}\text{MIQ}_{ijt}\cdot\text{OP}_{ijt} - \sum_{k=1}^{N2}\sum_{j=1}^{M}\text{MOQ}_{kjt}\cdot\text{OP}_{kjt} - \sum_{i=1}^{N1}\sum_{k=1}^{N2}\sum_{j=1}^{M}x_{ikjt}\cdot\text{utc}_{ikjt}$$

约束条件：

(1) $\text{MIQ}_{ijt}=(\text{PVDQ}_{ijt}+\text{PVXQ}_{ijt}+\text{PVSK}_{ijt})-(\text{PVQ}_{ijt}+\text{PVMQ}_{ijt}+\text{PVSK}_{ijt-1})$

(2) $\text{MOQ}_{kjt}=(\text{PVQ}_{kjt}+\text{PVMQ}_{kjt}+\text{PVSK}_{kjt-1})-(\text{PVDQ}_{kjt}+\text{PVXQ}_{kjt}+\text{PVSK}_{kjt})$

(3) $\text{PVMIQ}_{it} = \sum_{j=1}^{5}\text{MIQ}_{ijt}$

(4) $\text{PVMOQ}_{kt} = \sum_{k=1}^{5}\text{MOQ}_{kjt}$

(5) $\text{TXQ}_t = \sum_{k=1}^{N2}\text{PVMOQ}_{kt}$

(6) $\text{TMQ}_t = \sum_{i=1}^{N1}\text{PVMIQ}_{it}$

(7) $P_{ijt} - P_{kjt} \leqslant \text{utc}_{ikjt}$

(8) $-\sum_{i=1}^{N1}x_{ikjt} + \text{MIQ}_{ijt} \leqslant 0$

(9) $-\sum_{k=1}^{N2}x_{ikjt} + \text{MOQ}k_{kjt} \geqslant 0$

(10) $(\text{MIQ}_{ijt},\ \text{MOQ}k_{kjt},\ P_{ijt},\ P_{kjt},\ x_{ikjt},\ \text{utc}_{ikjt}) \geqslant 0$

MIQ 为各省、自治区、直辖市各食用油品种净调入量；MOQ 为各省、自治区、直辖市各食用油品种净调出量；PVMIQ 为各省、自治区、直辖市食用油总净调入量；PVMOQ 为各省、自治区、直辖市食用油总净调出量；TXQ 为全国食用油出口量；TMQ 为全国食用油进口量；OP 为食用油价格；i，k

为 30 个省、自治区、直辖市净调入省和净调出省（$i \neq k$）；$N1$，$N2$ 为净调入省总数和净调出省总数；j 为食用油品种（1 为豆油、2 为菜籽油、3 为花生油、4 为其他植物油、5 为食用动物油脂）；t 为年度；x 为运输量；utc 为区域间单位食用油的单位运输成本。

约束条件（1）、（2）、（3）、（4）、（5）、（6）分别表示各省、自治区、直辖市各食用油品种净调入量，调出量，各省、自治区、直辖市食用油总净调入量，总净调出量，调出量的限制，调入量的限制。

约束条件（7）表示各种食用油产品在区域间运输时遵循空间套利原则。

约束条件（8）表示从外省运到该省的食用油产品量小于或等于该省净调入量的流入限制。

约束条件（9）表示该省净调出量大于或等于从该省运到外省的食用油产品量的流出限制。

约束条件（10）表示对各个变量的符号限制。

该模型中所采用的数据主要来源第一部分的模型的基础数据和政策模拟结果以及国家统计局、农业部、国家发改委价格司（原国家计委价格司）、中国价格信息中心的出版物或资料。本模型中所考虑的运输成本为铁路和高速公路运输成本。运输费用的数据来自铁道部和其他大型运输与物流公司的咨询和调研资料。

三、实地问卷调查

本研究主要对山东省 A 县的花生油、江苏省 B 市的菜籽油和黑龙江 C 市的豆油进行了问卷调查。该问卷调查结果主要是用于建立各植物油需求模型的辅助资料，仅限于在模型编制时使用，在后面的内容中不再体现。

四、模型建立与预测的局限性

在本研究的数据收集中，尚未发现中国有一套完整的关于中国分省、自治区、直辖市食用油分品种的供求平衡表，这一点也表明不进行一定数据的估计很难完成本项研究。这也是本研究中建模的最大局限性所在。即本研究中估计的数据有根据 2002 年和 2005 年的数据估计的 2003～2004 年城镇居民人均食用油分品种消费量，根据 1992～1999 年的数据估计的 2000～2006 年农村居民人均食用油分品种消费量；根据各省、自治区、直辖市的油籽产量估计的食用植物油各品种的产量；根据畜产品数据估计各省、自治区、直辖市动物油脂的产量。本研究中还根据周边省份的数据替代了未找到的农户植物油籽销售价格的各省、自治区、直辖市的数据。

在建模过程中，除数据之外，鉴于各种植物油价格之间存在严重的多重共线性问题，遵循模型形式简化原则，使得很多交叉价格弹性没有计算，这也是很大的局限性。

在各种植物油籽的出油率的假定中，虽然是引用的相关研究成果的数据，并根据实地情况进行了调整，但仍可能存在一定的缺陷。

除了上面认为的较大的局限性之外，还可能存在很多的局限性，将在今后的研究中逐步完善。

第二节　植物油料及食用油供求变动分析

一、植物油供求变动分析

20 世纪 90 年代以后，中国植物油料的生产基本呈上升态势，从 1993 年的 3911.2 万吨增加到 2006 年的 5842 万吨，增幅为 49.4%；各个植物油料生产的变动态势存在较大的差异，其中只有胡麻籽的产量出现了下降态势，从 1993 年的 49.6 万吨减少到 36.9 万吨，减幅为 26%，棉籽产量的增幅最大，从 1993 年的 610.0 万吨增加到 2006 年的 1230.1 万吨，增幅高达 101.7%，其次依次为油菜籽、花生、向日葵籽和芝麻，各品种的增幅分别为 82.3%、74.2%、40.6%和 18.4%，大豆的增幅最小，仅从 1993 年的 1531.5 万吨增加到 2006 年的 1596.7 万吨，增幅仅为 4.3%（表 44-1）。

表 44-1　中国油料供求变动情况　　单位：万吨

年度	油料品种								
	大豆	油菜籽	花生	芝麻	向日葵	棉籽	胡麻籽	棉花	植物油籽
产量									
1993	1531.5	693.7	841.9	56.2	128.2	610.0	49.6	373.9	3911.2
1994	1599.9	749.4	968.0	54.8	136.7	708.4	51.1	434.2	4268.4
1995	1350.4	977.4	1023.7	58.1	127.0	778.3	36.4	477.0	4351.2
1996	1322.2	920.2	1013.8	57.5	132.4	685.8	55.3	420.3	4187.2
1997	1473.1	957.7	964.8	56.5	117.6	751.2	39.3	460.4	4360.2
1998	1515.2	830.1	1188.6	65.5	146.5	734.4	52.3	450.1	4532.6
1999	1425.1	1013.6	1263.9	74.3	176.5	624.7	40.4	382.9	4618.4
2000	1541.1	1138.1	1443.7	81.1	195.4	720.7	34.4	441.7	5154.5
2001	1540.7	1133.1	1441.6	80.4	147.8	868.6	25.3	532.4	5327.4
2002	1650.7	1055.2	1481.8	89.5	194.6	802.1	40.9	491.6	5314.8
2003	1539.4	1142.0	1342.0	59.3	174.4	792.9	45.1	486.0	5095.0
2004	1740.4	1318.2	1434.2	70.4	155.2	1031.8	42.6	632.4	5792.8
2005	1635.0	1305.2	1434.2	62.5	192.8	932.3	36.2	571.4	5598.2
净进口量									
1993	27.1	8.3	31.5	13.7	6.5	2.2	0.3		89.6
1994	78.0	−13.2	47.6	8.3	3.5	2.7	0.2		127.2
1995	8.6	−9.1	38.8	12.6	1.0	0.3	−1.9		50.3
1996	−91.6	0.6	35.1	11.5	1.8	0.3	0.0		−42.3
1997	−260.5	−5.5	16.7	2.6	1.2	0.1	−0.5		−245.8
1998	−302.5	−138.6	21.1	3.5	−0.2	0.1	0.0		−416.5
1999	−412.0	−259.5	34.0	9.5	1.1	1.0	−1.1		−627.1
2000	−1020.9	−296.8	40.0	10.1	2.5	0.3	0.0		−1264.8
2001	−1369.1	−178.0	49.3	6.2	3.5	0.3	0.0		−1487.9
2002	−1104.1	−61.6	51.9	9.4	2.5	0.6	0.2		−1101.1
2003	−2047.6	−16.4	49.0	3.9	6.8	0.6	0.6		−2003.2
2004	−1984.3	−42.4	40.2	−5.7	7.4	0.8	0.0		−1984.0
2005	−2619.4	−29.6	45.4	−10.2	11.4	0.6	0.6		−2601.3
榨油用量									
1993	1077.0	657.6	390.6	21.3	80.1	503.4	44.4		2774.3
1994	1050.2	732.6	410.4	23.2	86.5	582.2	45.8		2931.0
1995	878.3	947.4	513.3	22.8	73.4	622.2	34.5		3091.7
1996	948.5	882.8	494.3	23.0	78.6	548.1	49.8		3025.2
1997	1145.1	924.9	506.3	26.9	71.8	611.6	35.8		3322.4
1998	1108.5	935.5	530.2	31.0	82.4	609.2	47.1		3343.8
1999	1432.8	1232.6	582.8	32.4	88.9	531.4	37.3		3938.1
2000	1883.5	1389.3	642.9	35.5	93.5	558.4	30.9		4634.0
2001	2153.7	1265.9	645.6	37.1	63.3	694.8	22.8		4883.1
2002	2453.6	1074.6	669.2	40.0	84.8	629.4	36.6		4988.4
2003	2707.2	1112.7	673.4	27.7	75.8	628.0	40.0		5264.8
2004	3300.2	1307.9	678.2	38.0	65.9	790.3	38.3		6218.8
2005	3367.6	1282.6	710.7	36.4	91.6	789.3	32.1		6310.2

注：1. 产量数据来自中国农业部种植业网（http：//zzys. agri. gov. cn/nongqing. asp）。

2. 贸易数据来自 World Trade Atlas。

3. 榨油用量为笔者估计结果。

从各植物油料的产量来看，虽然大豆产量仍居植物油料总量的首位，但花生和油菜籽产量都已经接近大豆产量，从1993年的二者合计产量基本与大豆产量一致发展到了2006年的大豆产量的1.7倍。如果再考虑到中国每年约有40%的国产花生用于直接食用，国内植物油料的自给重心早已偏向于油菜籽的生产，在这样的背景下，2004年以后中国油菜籽产量的不断下滑，必然导致中国对确保自给植物油料的担忧，2007年中国出台促进油料生产的政策也是势在必行。可见，中国促进国内植物油料生产发展的重点放在油菜籽等油料作物上是一个长期的趋势。

从植物油料的净出口量来看，一方面，2005年依然保持净出口的植物油料是花生、向日葵籽、棉籽和胡麻籽，但棉花的净进口量已经达到265万吨；另一方面，中国大豆从1996年开始转变为净进口，2006年净进口量达到2786万吨，油菜籽则从1994年开始，除1996年外，均保持净进口，2000年的净进口量高达296.8万吨，2006年净进口量为74万吨，芝麻从2004年开始转变为净进口，净进口量不断增加，2005年芝麻净进口量为10.2万吨，2006年则达到22万吨。可见，中国植物油料的净进口量已经高达2600万吨以上的水平，这也标志着中国约占世界植物油料进口总量的36%，而且这一趋势正呈上升趋势，中国植物油料的进口主要来源于美国、巴西、阿根廷和加拿大等国。

从植物油料榨油用量来看，各植物油料的榨油用量大部分出现不同程度的增加，只有胡麻压榨用量出现减少；其中，中国大豆压榨用量的增量最大，从1993年的1077.0万吨扩大到2005年的3367.6万吨，其次是花生，从390.6万吨扩大到710.7万吨，接下来依次是棉籽、芝麻和向日葵籽的压榨用量的增量。截止2005年，植物油料榨油用量为6310万吨，与1993年的2774万吨相比，增加了1.27倍，并从约占世界植物油料榨油用量的1/10增加到约占世界植物油料榨油用量的1/5，用2007年12月份美国农业部的世界油料市场与贸易的报告中的话说，就是中国“植物油的爆炸性增长需求”和中国大豆进口出现的“空前性增长”，在该报告中，中国大豆和植物油的快速进口的原因在于收入增长导致的需求增加、抑制过快增长的国内植物油价以及城市化、干旱等因素导致的国内产量下降。除上速因素之外，最根本的因素还在于中国人口规模的不断扩大。

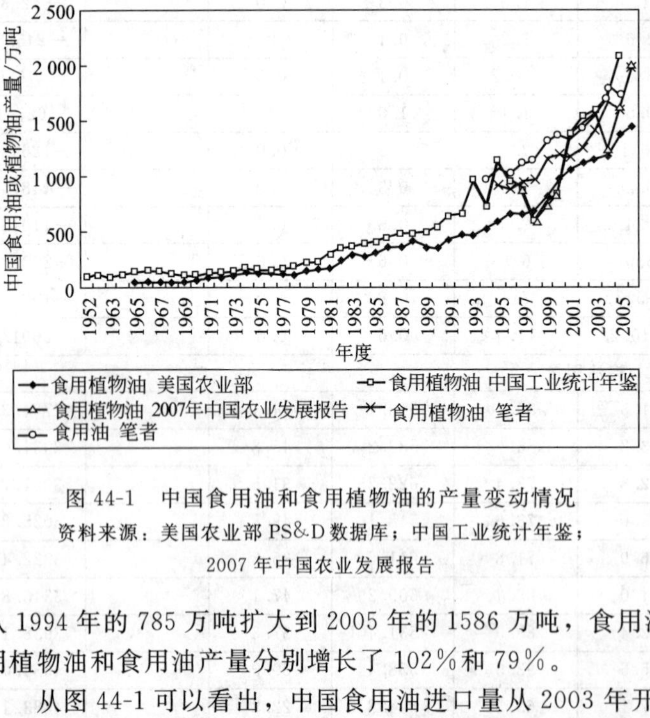

图44-1 中国食用油和食用植物油的产量变动情况

资料来源：美国农业部PS&D数据库；中国工业统计年鉴；2007年中国农业发展报告

二、食用油供求变动分析❶

根据美国农业部和中国工业年鉴等数据，新中国成立以来，中国食用植物油产业发展迅速，从1952年的98万吨发展到1978年的177万吨，到1990年中国食用油产量已经达到341万～544万吨；20世纪90年代以后中国食用油植物油产量的发展进入快速发展阶段，从1994年的512万～742万吨发展到2005年的1356万～2071万吨，产量增长了1.65～1.79倍以上。

根据笔者的估计结果，中国食用植物油从1994年的785万吨扩大到2005年的1586万吨，食用油从957万吨扩大到1716万吨，在此期间，食用植物油和食用油产量分别增长了102%和79%。

从图44-1可以看出，中国食用油进口量从2003年开始出现跳跃式增加，从2002年的344万吨急剧增加到2003年的574.9万吨，到2005年已经增加到662.5万吨。中国食用油进口急剧增加是中国豆

❶ 美国农业部的食用植物油数据来自PS&D，其中包括棉籽油、花生油、菜籽油、豆油和棕榈油。笔者的植物油包括花生油、菜籽油、豆油、芝麻油、胡麻油、葵花籽油和动物油脂。现有有关中国食用油生产数据有三套，其一是中国工业年鉴中食用植物油产量，其二是2007年中国农业发展报告的数据，其三是美国农业部PS&D数据。在这三套数据中，截止到2003年，前两套数据是基本一致的，但从2004年开始出现了400万吨左右的差别；而美国农业部的数据又小于前两套数据，这可能归因于美国农业部估计的中国食用植物油数据中仅包括棉籽油、花生油、菜籽油、豆油和棕榈油，而没有包括芝麻油等在内。笔者的食用油产量数据是假定除豆油库存发生变化外，其他植物油的库存假定保持不变，根据国内消费量数据和贸易数据估计所得结果。

油和棕榈油进口的急剧增加所致，前者从2002年的87万吨增加到2005年的169.4万吨，后者从2002年的232万吨增加到2005年的455万吨。

中国食用油出口量与进口量相比规模较小，而且从长期来看，是减少态势，2005年中国食用油出口量仅为24.9万吨，远远小于1994年的69万吨；但从各食用油品种来看，与2004年相比，豆油、菜籽油、花生油、其他植物油均出现出口增加的局面。

中国食用油消费量受收入增加、人口规模扩大、在外饮食消费习惯的形成等因素的影响，从1994年的1084万吨增加到2005年的2209万吨，增幅度超过1倍以上。在食用油消费量不断扩大的同时，虽然食用植物油各个品种的消费量均呈不断扩大的态势，但食用油消费的构成发生了重大转变，首先，从菜籽油消费位居首位的局面转变为豆油位居首位的局面，菜籽油消费量则下降到第三位，其他植物油消费量依然位居第二位；其次，食用动物油消费量呈不断减少的态势，从1994年的167万吨下降到2005年的129万吨。从豆油消费量来看，其消费量从1994年的232万吨增加到2005年的758万吨，增幅度超过两倍以上；从其他植物油消费量来看，其消费量从1994年的269万吨扩大到2005年的647万吨，其中棕榈油消费量的增加是主导因素；同时，菜籽油消费量和花生油消费量分别从1994年的295万吨和269万吨扩大到2005的464万吨和211万吨。

表44-2　人均食用油消费量的变动情况　单位：kg/人

年度	总量	直接食用	豆油	菜籽油	花生油	其他植物油	动物油脂
1994	9.04	7.33	1.62	2.18	1.01	1.08	1.44
1995	10.01	7.44	1.64	2.13	1.27	1.01	1.38
1996	9.23	7.87	1.74	2.34	1.21	1.2	1.38
1997	9.6	8.1	1.88	2.42	1.23	1.28	1.28
1998	9.84	8.36	1.99	2.34	1.27	1.39	1.37
1999	10.79	8.51	2.00	2.36	1.39	1.39	1.37
2000	12.25	9.86	2.57	2.61	1.52	1.78	1.38
2001	12.33	10.08	2.87	12.25	9.86	2.57	1.29
2002	13.16	10.63	2.98	12.33	10.08	2.87	1.38
2003	15.38	11.05	3.88	2.57	1.55	2.14	0.91
2004	17.19	10.71	3.99	2.12	1.55	2.15	0.89
2005	16.92	11.20	4.07	2.21	1.62	2.31	0.99

注：笔者估计结果。

从表44-2中人均食用油消费量的情况来看，从1994年的9.04kg增加到2005年的16.92kg，增幅为0.87倍，人均直接食用油消费量从7.33kg增加到11.20kg，增幅为0.53倍；在人均直接食用油消费量中，人均豆油、菜籽油、花生油、其他植物油均出现了不同程度的增加，但菜籽油的增幅最小，仅为1.4%，而人均豆油的直接食用消费量的增幅较大，为1.51倍，人均花生油直接消费量的增幅为0.60倍。人均动物油消费量呈长期下降趋势，从1994～2005年出现了31%的下降。可见，人均其他植物油消费量和豆油消费量增加是非常显著的，这也表明中国人均植物油消费结构正在不断变化。

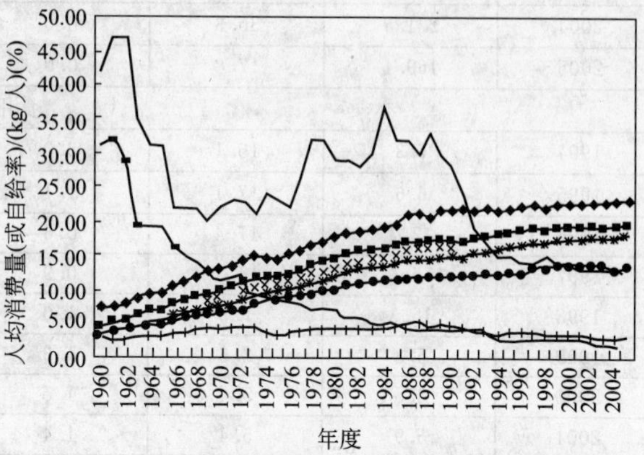

图44-2　日本人均食用油消费变动情况

资料来源：日本《食物供求表》(日本农林水产省编)，图中曲线分别为食用油人均消费量、植物油人均消费量、植物油自给率等的变化趋势

从图44-2中所示日本人均食用油变动情况来看，进入20世纪80年代后期以后（即消费量达到每人每年20kg），人均食用油消费量的增长速度趋缓，截止到2005年日本年人均食用油消费量为

23.45kg，中国目前的年人均 17kg 的水平相当于日本高速经济增长后期的人均消费量的水平，即 1979～1980 年左右的水平。从日本的消费经验来看，今后中国人均食用油消费量还有可能继续快速增加，这可能会导致中国植物油料或油品进口的不断增加。

在食用油消费中，不可忽视的因素是食品加工用油的不断增加，据笔者估计，中国食用加工用油已经从 1994 年的 173.2 万吨增加到 2005 年的 520.2 万吨（表 44-3、表 44-4），这也与中国方便食品消费的增加、黄油等加工用油的增加等因素有关，这些因素将是直接导致中国食用油进口增加的“引擎”之一。

表 44-3 中国食用油供求平衡表Ⅰ（1994～2005 年） 单位：万吨

年度	豆油	菜籽油	花生油	其他植物油	棕榈油	动物油脂	食用油合计
食用油产量							
1994	256.6	256.4	123.1	149.0		172.1	957.2
1995	273.3	331.6	154.0	146.8		166.1	1071.8
1996	261.9	309.0	148.3	142.0		151.2	1012.4
1997	323.3	323.7	151.9	146.9		157.3	1103.1
1998	319.9	327.4	159.1	155.8		170.0	1132.2
1999	392.5	431.4	174.8	143.0		171.8	1313.5
2000	349.0	486.3	192.9	148.2		174.7	1351.1
2001	369.0	443.1	193.7	157.5		164.0	1327.3
2002	501.5	376.1	200.8	160.5		177.4	1416.3
2003	649.9	389.4	202.0	152.7		116.8	1510.8
2004	813.4	457.8	203.5	179.3		116.0	1770.0
2005	738.5	448.9	213.2	185.3		129.8	1715.7
食用油进口量							
1994	106.4	54.5	1.4	13.1	148.7	0.4	324.5
1995	148.2	63.1	1.4	20.0	140.9	1.2	374.8
1996	129.5	31.6	0.5	13.3	101.1	17.9	293.9
1997	199.3	35.1	1.1	6.5	116.3	0.5	358.8
1998	162.9	28.5	0.9	12.0	93.9	1.1	299.3
1999	160.4	6.9	1.0	13.5	121.3	1.2	304.3
2000	30.8	7.5	1.0	21.9	141.0	0.4	202.6
2001	7.0	4.9	0.9	24.7	163.4	0.1	201.0
2002	87.0	7.8	0.4	17.3	231.6	0.4	344.5
2003	188.4	15.2	0.7	22.1	348.2	0.4	575.0
2004	251.5	36.3	0.0	19.1	402.5	0.2	709.6
2005	169.4	17.8	0.0	20.0	455.1	0.1	662.4
食用油出口量							
1994	7.3	16.1	3.0	4.5	37.6	0.1	68.6
1995	6.6	17.1	1.1	3.9	26.4	0.0	55.1
1996	12.7	17.4	0.6	4.7	14.9	0.3	50.6
1997	55.6	14.1	0.9	5.5	10.0	0.1	86.2
1998	18.3	7.3	1.0	3.5	3.5	0.1	33.7
1999	5.3	2.6	1.3	3.2	0.1	0.0	12.5
2000	3.5	5.4	1.5	3.4	0.0	0.1	13.9
2001	5.9	5.4	1.4	3.2	0.0	0.0	15.9
2002	4.7	1.8	1.1	3.7	1.0	0.1	12.4
2003	1.1	0.5	2.5	4.0	0.0	0.1	8.2
2004	1.9	0.5	1.4	4.8	0.0	0.3	8.9
2005	6.3	3.1	2.0	13.3	0.1	0.1	24.9

续表

年度	豆油	菜籽油	花生油	其他植物油	棕榈油	动物油脂	食用油合计
食用油消费量							
1994	231.6	294.8	121.5	268.8		172.4	1089.1
1995	236.1	377.6	154.3	277.5		167.3	1212.8
1996	253.2	323.2	148.2	236.8		168.8	1130.2
1997	276.9	344.7	152.1	254.3		157.7	1185.7
1998	294.9	348.5	158.9	254.7		171.1	1228.1
1999	300.4	435.7	174.5	274.5		172.9	1358.0
2000	387.7	488.3	192.4	307.7		175.0	1551.1
2001	430.6	442.6	193.2	342.5		164.1	1573.0
2002	527.3	382.1	200.1	404.7		177.7	1691.9
2003	747.1	404.1	200.1	519.0		117.0	1987.3
2004	827.7	492.5	202.1	595.9		115.8	2234.0
2005	758.4	463.6	211.2	647.0		129.9	2210.1

注：资料来源于国家统计局城调和农调资料；美国农业部 PS&D 数据库；World Trade Atlas 数据库；中国海关统计年鉴（1994～2005）；中国农业部种植业网；2007 年中国农业发展报告。

表 44-4　中国食用油供求平衡表Ⅱ（1994～2005 年）　　单位：万吨

年度	豆油	菜籽油	花生油	其他植物油	棕榈油	动物油脂	合计
食用油消费量(包括损耗)							
1994	194.6	260.9	121.5	129.6		172.4	879.0
1995	198.4	258.6	154.3	122.7		167.3	901.3
1996	212.8	286.7	148.2	146.7		168.8	963.2
1997	232.7	299.4	152.1	158.2		157.7	1000.1
1998	247.8	292.0	158.9	173.2		171.1	1043.0
1999	252.4	237.1	174.5	174.8		172.9	1011.7
2000	325.8	330.2	192.4	224.8		175.0	1248.2
2001	366.6	320.1	193.2	243.0		164.1	1287.0
2002	383.2	342.4	200.1	263.2		177.7	1366.6
2003	501.7	332.5	200.1	276.9		117.0	1428.2
2004	519.1	275.9	202.1	279.2		115.8	1392.1
2005	531.9	289.2	211.2	301.3		129.9	1463.5
食用加工油							
1994		34.0		139.2			173.2
1995		119.0		154.8			273.8
1996		36.5		90.1			126.6
1997		45.2		96.0			141.2
1998		56.5		81.4			137.9
1999		138.6		99.7			238.3
2000		158.1		83.0			241.1
2001		122.5		99.6			222.1
2002		39.7		141.5			181.2
2003		71.5		242.1			313.6
2004		216.6		316.7			533.3
2005		174.5		345.7			520.2

续表

年度	豆油	菜籽油	花生油	其他植物油	棕榈油	动物油脂	合计
净进口油换算为植物油的数量							
1994	−14.0	4.6	−14.3	−5.5			−29.2
1995	−1.5	3.2	−11.6	−5.4			−15.3
1996	16.5	−0.2	−10.5	−5.9			−0.1
1997	46.9	1.9	−5.0	−1.5			42.3
1998	54.4	48.5	−6.3	−1.5			95.1
1999	74.2	90.8	−10.2	−4.5			150.3
2000	183.8	103.9	−12.0	−5.5			270.2
2001	246.4	62.3	−14.8	−4.0			289.9
2002	198.7	21.6	−15.6	−5.3			199.4
2003	368.6	5.7	−14.7	−4.4			355.2
2004	357.2	14.8	−12.1	−0.2			359.7
2005	471.5	10.4	0.8	0.3			483.0
食用油进口依赖率=(净进口食用油+净进口植物油换算得到的植物油)/食用油消费量							
1994	36.7	14.6	−13.1	42.5		0.2	20.8
1995	59.3	13.0	−7.3	45.1		0.7	25.1
1996	52.6	4.3	−7.1	37.5		10.5	21.5
1997	68.8	6.6	−3.2	41.6		0.2	26.6
1998	67.5	20.0	−4.1	38.2		0.6	29.4
1999	76.3	21.8	−6	46.3		0.7	32.5
2000	54.4	21.7	−6.5	50.0		0.2	29.6
2001	57.5	14	−7.9	52.8		0.0	30.2
2002	53.3	7.2	−8.1	59.0		0.2	31.4
2003	74.4	5.0	−8.3	69.7		0.2	46.4
2004	73.3	10.1	−6.6	69.9		−0.1	47.4
2005	83.7	5.4	−0.5	71.4		0.1	50.7

注：资料来源于国家统计局城调和农调资料；美国农业部 PS&D 数据库；World Trade Atlas 数据库；中国海关统计年鉴（1994～2005）；中国农业部种植业网；2007 年中国农业发展报告。

从中国食用油进口依赖情况来看，中国食用油进口依赖率呈不断上升态势，已经从 1994 年的 20.8%上升到 2005 年的 50.7%，增幅约达 30 个百分点。从日本食用油自给率来看，该国食用油自给率的不断下降一方面与食用油进口增加直接相关联，另一方面是植物油料，尤其是大豆进口量的不断增加间接相关。日本大豆进口从 1960 年的 108.1 万吨增加到 1983 年的 499.5 万吨之后，基本保持在年均进口 450 万～520 万吨的水平。可见，中国植物油料和食用油进口与日本油脂进口有着相似的一面，二者最大的差别在于中国棕榈油进口的比重较大。

从中国各个食用油品种的进口依赖情况来看，中国豆油依赖率最高，2005 年中国豆油进口依赖率已经从 1994 年的 36.7%上升到 83.7%，其次是 2005 年其他植物油进口依赖率为 71.4%，接下来依次是菜籽油的 5.4%，动物油脂的 0.1%；只有花生油是处于净出口的局面，净出口率达 0.5%。

从中国食用油消费已经有约一半左右的食用油需要依赖进口的情况可以看出，目前中国食用油供给安全变得越来越重要。伴随中国人均食用油消费量增加和人口规模的扩大，今后中国将会有可能更加依赖国外植物油料或植物油的进口，就更需要采取有效措施确保中国食用油供给安全。

第三节　植物油料与食用油供求预测分析

笔者利用上述研究方法中所阐述的局部均衡模型的构建方法，分别构建了花生油、菜籽油、豆油、其他植物油和动物油的五个分省、自治区、直辖市供求模型。在假定人均国内生产总值年均增长率为7.5%条件下，利用五个供求模型分别模拟了上述五种食用油的供求平衡结果，下面分别从食用油价格指数、植物油料供求和食用油供求三个方面对模拟结果加以阐述。

一、食用油价格指数

从表44-5中食用油价格指数的变动来看，与2005年相比，2020年食用油价格指数上涨了1.5倍；从各食用油的价格指数来看，与2005年相比，2020年花生油价格的上涨幅度最大，其次依次是其他植物油、菜籽油和豆油，而食用动物油价格呈下降态势，这与食用动物油消费量不断下降有直接关联性。其中，花生油价格的上涨，主要归因于北京、山东、广东等地区对花生油消费的嗜好以及收入增长所带来的需求增加，而目前世界花生总出口量也就200万吨左右，世界花生油出口量也在20万吨左右，中国花生以及花生油的供给必然以国内供给为主，而中国花生大量进口的同时也可能会使世界花生价格上涨，又会推动国内价格上涨；其他植物油价格指数的上涨很大程度上源于国内城镇居民总体食用油消费中。其他植物油的消费比例最大，而且其他植物油所包括的芝麻油所用原料芝麻的进口量和棕榈油的进口量不断增加且芝麻和棕榈油的进口来源地比较集中，这不仅会推动世界其他植物油价格上涨，也会带来价格的上涨；菜籽油的价格上涨主要与世界菜籽油出口国相对集中、菜籽油进口来源地比较集中有关；国内豆油价格上涨幅度小于花生油和其他植物油主要是与豆油的主要出口国阿根廷、巴西等国不断扩大的产能有关。可见，在未来中国收入不断增长的前提下，中国食用油价格指数将出现不断上涨。

表44-5　食用油价格指数的模拟结果（2005年=100）

年度	价格指数					食用油综合价格指数
	豆油	花生油	菜籽油	其他植物油	食用动物油	
1995	120	73	121	111	107	104
1996	109	94	125	114	114	109
1997	108	70	106	107	118	101
1998	116	77	111	109	93	100
1999	108	74	107	106	94	94
2000	88	72	92	87	84	80
2001	75	67	78	78	80	73
2002	81	64	77	72	82	75
2003	92	80	92	92	88	90
2004	104	99	106	104	114	103
2005	100	100	100	100	100	100
2006	108	96	144	95	103	106
2007	102	164	148	128	103	124
2008	105	148	148	138	100	127
2009	111	148	158	147	98	134
2010	117	154	166	157	96	142
2011	122	164	175	167	95	150
2012	127	175	183	178	93	159

续表

年度	价格指数					食用油综合价格指数
	豆油	花生油	菜籽油	其他植物油	食用动物油	
2013	132	188	191	189	92	168
2014	137	202	200	202	90	178
2015	142	218	209	215	89	189
2016	148	235	219	228	88	200
2017	153	253	228	243	87	212
2018	158	272	238	259	86	224
2019	163	292	249	276	85	237
2020	169	313	260	293	85	251

二、植物油料供求预测

从模拟结果（表 44-6）可以看出，与 2005 年相比，2020 年中国大豆产量、花生产量、棉籽产量和胡麻籽产量将出现一定幅度的增长，这也与食用油价格上涨的不断拉动有关。

表 44-6 植物油料供求平衡表 单位：万吨

年度	豆油	油菜籽	花生	芝麻	向日葵	棉籽	胡麻籽
			产量				
2005	1635.0	1305.2	1434.2	62.5	192.8	932.3	36.2
2006	1774.9	1332.2	1466.6	65.9	179.9	1100.8	36.9
2007	1995.4	1282.9	1360.8	61.5	177.3	1128.3	36.8
2008	2059.4	1255.2	1454.6	62.1	177.9	1180.6	37.5
2009	2087.4	1236.1	1519.6	63.2	178.2	1231.4	37.7
2010	2124.0	1232.2	1572.8	64.7	178.4	1279.4	37.8
2011	2152.2	1233.4	1620.4	66.5	178.6	1324.5	37.9
2012	2164.9	1237.3	1665.5	68.5	178.7	1366.9	38.0
2013	2173.4	1242.6	1709.8	70.9	178.9	1406.8	38.1
2014	2183.4	1248.6	1754.4	73.6	179.0	1444.7	38.2
2015	2192.8	155.0	1800.0	76.6	179.2	1480.9	38.3
2016	2200.4	1261.6	1847.1	80.0	179.4	1515.5	38.4
2017	2207.2	1268.3	1895.8	83.8	179.6	1548.8	38.5
2018	2213.8	1274.9	1946.2	88.0	179.8	1581.2	38.6
2019	2220.1	1281.5	1998.2	92.8	179.9	1612.9	38.7
2020	2226.2	1288.0	2051.8	98.0	180.1	1644.1	38.8
			净出口量				
2005	−2619.4	−29.6	45.4	−10.2	11.4	0.6	0.6
2006	−2826.9	−74.0	14.2	−10	3.8	0.5	−0.2
2007	−2716.6	−90.0	2.9	−16.6	6.4	0.3	−0.1
2008	−2643.4	−29.6	0.9	−19.1	7.0	0.2	−0.1
2009	−2741.4	−13.0	0.3	−21.5	7.4	0.2	−0.1
2010	−2881.9	−7.1	0.0	−23.7	8.0	0.1	−0.1
2011	−2984.3	−4.5	−0.1	−26.0	8.6	0.1	−0.1
2012	−3079.5	−3.2	−0.2	−28.2	9.2	0.1	−0.1
2013	−3195.1	−2.5	−0.3	−30.4	10.0	0.1	−0.1

续表

年度	豆油	油菜籽	花生	芝麻	向日葵	棉籽	胡麻籽
净出口量							
2014	−3319.5	−2.1	−0.4	−32.6	11.0	0.1	−0.1
2015	−3441.3	−1.9	−0.4	−34.8	12.1	0.1	−0.1
2016	−3563.1	−1.7	−0.5	−37.0	13.3	0.0	−0.1
2017	−3687.9	−1.6	−0.5	−39.2	14.7	0.0	−0.1
2018	−3815.1	−1.5	−0.6	−41.3	16.4	0.0	−0.1
2019	−3943.5	−1.5	−0.6	−43.4	18.3	0.0	−0.1
2020	−4073.3	−1.4	−0.7	−45.6	20.5	0.0	−0.1
榨油用量							
2005	3367.6	1282.6	710.7	36.4	91.6	789.3	32.1
2006	3523.9	1329.0	794.3	37.9	89.0	932.1	33.4
2007	3680.1	1297.5	839.4	39.0	86.4	955.6	33.2
2008	3785.8	1204.3	871.7	40.6	86.4	1000.0	33.9
2009	3869.3	1177.1	905.4	42.3	86.3	1043.0	34.1
2010	3974.5	1172.7	940.4	44.2	86.1	1083.7	34.2
2011	4094.5	1175.7	976.9	46.2	85.9	1121.9	34.2
2012	4210.0	1182.1	1014.1	48.4	85.6	1157.8	34.3
2013	4322.9	1190.3	1052.8	50.7	85.3	1191.7	34.4
2014	4438.5	1199.2	1092.8	53.1	84.9	1223.8	34.5
2015	4557.2	1208.7	1134.2	55.7	84.4	1254.4	34.6
2016	4677.0	1218.4	1176.7	58.5	83.9	1283.8	34.7
2017	4797.7	1228.2	1220.2	61.5	83.3	1312.0	34.8
2018	4920.0	1238.0	1264.6	64.7	82.5	13339.5	34.9
2019	5044.2	1247.7	1309.8	68.1	81.7	1366.3	35.0
2020	5170.2	1257.5	1355.8	71.8	80.7	1392.7	35.1

从植物油料的贸易情况来看，到2020年，只有向日葵籽和棉籽保持净出口，其余油料均呈现净进口，其中，大豆净进口量将高达4073.3万吨，与2005年相比将增长55.5%，油菜籽的净进口量则呈下降态势，花生净进口量将不断扩大，到2020年将达到45.6万吨，胡麻籽的净进口量变动幅度不大。

从植物油料的压榨用量来看，到2020年大豆压榨量将达到5170.2万吨，比2005年增加1802.6万吨；油菜籽的压榨用量在出现一定幅度下降之后，到2020年将下降到1257.5万吨；2020年的芝麻压榨用量将达到71.8万吨，与2005年相比，压榨用量增加接近1倍；2020年的花生压榨用量将达到1355.8万吨，与2005年相比，将增加0.91倍。

可见，在中国植物油贸易中，大豆净进口量尤其显著，这也与中国大豆压榨能力的提高与国内需求的增加有着直接的关联性，在关注中国食用油安全的同时，也必须关注如何确保中国大豆进口的可持续性。同时，花生从净出口转变为净进口，这也与中国国内植物油消费需求不断增长有关。

三、食用油供求预测

从表44-7食用油产量的模拟结果来看，与2005年相比，2020年食用油产量将增加46%，达到2513.2万吨，其中，豆油产量的增量最大，其次是花生油的产量增量、其他植物油的产量增量，而菜籽油和动物油脂的产量将出现减少。可见，国内食用油产量的增加主要是来源于进口大豆所生产的豆油和国内花生油及其他植物油的产量增加。

表 44-7　食用油模型的模拟结果 I　　单位：万吨

年度	豆油	菜籽油	花生油	其他植物油	棕榈油	动物油脂	合计
产　量							
2005	738.5	448.9	213.2	185.3	0.0	129.8	1715.7
2006	701.8	465.2	238.3	208.4	0.0	127.8	1741.5
2007	705.5	454.1	251.8	211.6	0.0	126.8	1749.8
2008	722.7	421.5	261.5	219.4	0.0	124.7	1749.8
2009	748.2	412.0	271.6	227.4	0.0	122.2	1781.4
2010	783.1	410.5	282.1	234.7	0.0	119.7	1830.1
2011	821.8	411.5	293.1	241.7	0.0	117.3	1885.4
2012	861.8	413.7	304.2	248.3	0.0	114.9	1942.9
2013	903.6	416.6	315.9	254.7	0.0	112.7	2003.5
2014	947.9	419.7	327.8	260.8	0.0	110.6	2066.8
2015	994.8	423.0	340.3	266.7	0.0	108.7	2133.5
2016	1044.2	426.4	353.0	272.5	0.0	106.9	2203.0
2017	1096.2	429.9	366.1	278.2	0.0	105.2	2275.6
2018	1151.2	433.3	379.4	283.8	0.0	103.7	2351.4
2019	1209.3	436.7	392.9	289.4	0.0	102.2	2430.5
2020	1270.6	440.1	406.7	294.9	0.0	100.9	2513.2
进口量							
2005	169.4	17.8	0.0	20.0	455.1	0.1	662.4
2006	129.5	4.0	0.0	20.0	497.2	0.0	650.7
2007	105.2	34.0	0.0	16.0	488.4	0.1	643.7
2008	105.0	90.3	0.0	15.3	512.3	0.1	723.0
2009	117.3	103.6	0.0	14.8	537.8	0.1	773.6
2010	135.3	112.7	0.0	14.3	563.7	0.1	826.1
2011	154.5	120.4	0.0	13.8	589.7	0.1	878.5
2012	175.7	127.6	0.0	13.3	615.7	0.1	932.4
2013	199.2	134.5	0.0	12.9	641.6	0.1	988.3
2014	224.8	141.5	0.0	12.4	667.5	0.1	1046.3
2015	252.3	148.5	0.0	11.9	693.4	0.1	1106.2
2016	282.2	155.8	0.0	11.4	719.5	0.1	1169.0
2017	314.6	163.1	0.0	11.0	745.4	0.1	1234.2
2018	349.6	170.5	0.0	10.5	771.4	0.1	1302.1
2019	387.4	178.1	0.0	10.0	797.3	0.1	1372.9
2020	428.1	185.8	0.0	9.5	823.2	0.1	1446.7

从食用油进口量来看，2020 年食用油进口量将达到 1446.7 万吨，与 2005 年相比，食用油进口量增量为 784.3 万吨，增幅为 1.18 倍。其中，棕榈油进口量的增量最大，将达到 823.2 万吨，其次是豆油和菜籽油的进口增加量，两者的进口量将分别达到 428.1 万吨和 185.8 万吨；而剔出棕榈油后的其他植物油将出现小幅下降。

从表 44-8 食用油出口量来看，与 2005 年相比，食用油出口量将会出现小幅增加，这也主要归因于豆油和花生油出口量的微幅增加。

表 44-8　食用油模型的模拟结果Ⅱ　单位：万吨

年度	豆油	菜籽油	花生油	其他植物油	棕榈油	动物油脂	合计
出口量							
2005	6.3	3.1	2.0	13.3	0.1	0.1	24.9
2006	30.2	5.7	1.7	7.7	0.1	1.3	46.7
2007	29.0	7.0	2.0	5.7	0.1	0.5	44.3
2008	29.6	7.2	2.2	4.8	0.0	0.4	44.2
2009	30.7	7.4	2.4	4.3	0.0	0.4	45.2
2010	31.9	7.5	2.5	4.1	0.0	0.4	46.4
2011	32.9	7.5	2.6	3.9	0.0	0.4	47.3
2012	33.8	7.5	2.8	3.8	0.0	0.4	48.3
2013	34.8	7.5	3.0	3.8	0.0	0.4	49.5
2014	35.8	7.5	3.1	3.7	0.0	0.4	50.5
2015	36.8	7.4	3.3	3.7	0.0	0.4	51.6
2016	37.8	7.4	3.5	3.6	0.0	0.4	52.7
2017	38.7	7.3	3.7	3.6	0.0	0.4	53.7
2018	39.7	7.3	3.9	3.5	0.0	0.4	54.8
2019	40.6	7.3	4.1	3.5	0.0	0.4	55.9
2020	41.6	7.2	4.3	3.4	0.0	0.4	56.9
消费量							
2005	758.4	463.6	211.2	647.0	0.0	129.9	2210.1
2006	751.6	463.5	236.6	717.0	0.0	129.0	2297.7
2007	791.2	481.2	249.8	710.2	0.0	126.8	2359.2
2008	822.4	504.6	259.3	742.4	0.0	124.6	2453.3
2009	851.2	508.2	269.3	775.6	0.0	122.1	2526.4
2010	881.2	515.7	279.6	808.6	0.0	119.6	2604.7
2011	913.6	524.4	290.4	841.2	0.0	117.2	2686.8
2012	947.3	533.8	301.4	873.5	0.0	114.8	2770.8
2013	982.5	543.7	312.9	905.3	0.0	112.6	2857.0
2014	1019.2	553.8	324.7	937.0	0.0	110.5	2945.2
2015	1057.4	564.3	337.0	968.4	0.0	108.6	3035.7
2016	1097.2	574.9	349.5	999.8	0.0	106.8	3128.2
2017	1138.4	585.6	362.4	1031.0	0.0	105.1	3222.5
2018	1181.1	596.5	375.5	1062.1	0.0	103.6	3318.8
2019	1225.5	607.5	388.8	1093.2	0.0	102.2	3417.2
2020	1271.4	618.7	402.4	1124.2	0.0	100.8	3517.5

从表 44-8 食用油消费量来看，与 2005 年相比，到 2020 年食用油消费量将增加 1307.4 万吨，增幅为 59%，达到 3517.5 万吨；其中，其他植物油的增加量最大，从 2005 年的 647.0 万吨增加到 1124.2 万吨，增幅为 74%，其次依次是豆油、花生油和菜籽油的增加量，分别从 2005 年的 758.4 万吨、211.2 万吨和 463.6 万吨增加到 1271.4 万吨、402.4 万吨和 618.7 万吨，增幅分别为 67.6%、90.5% 和 33.5%，而动物油脂消费量将出现下降。

从食用油消费量的构成来看，2005～2020 年，其他植物油消费量在食用油消费量中的比重将上升 2.7 个百分点，花生油的比重将上升 1.9 个百分点，豆油的比重将上升 1.8 个百分点，而菜籽油和动物油脂的消费比重将分别下降 3.4 个百分点和 3 个百分点。可见，其他植物油、花生油和豆油在食用油消费中越来越占据重要的地位。

从表 44-9 食用油用途来看，食用油加工用量的比例呈上升态势。

表 44-9 食用油模型的模拟结果Ⅲ 单位：万吨

年度	豆油	菜籽油	花生油	其他植物油	棕榈油	动物油脂	合计
食用量							
2005	531.9	289.2	211.2	301.3	0.0	129.9	1463.5
2006	517.1	290.6	236.6	311.8	0.0	129.0	1485.1
2007	548.3	299.7	249.8	279.5	0.0	126.8	1504.1
2008	570.9	304.6	259.3	290.2	0.0	124.6	1549.6
2009	590.7	309.9	269.3	303.7	0.0	122.4	1596.0
2010	611.4	315.3	279.6	318.4	0.0	119.6	1644.3
2011	634.2	320.4	290.4	334.1	0.0	117.2	1696.3
2012	658.0	325.5	301.4	350.7	0.0	114.8	1750.4
2013	682.8	330.7	312.9	368.3	0.0	112.6	1807.3
2014	708.8	335.7	324.7	386.9	0.0	110.5	1866.6
2015	736.0	340.9	337.0	406.5	0.0	108.6	1929.0
2016	764.3	345.9	349.5	427.2	0.0	106.8	1993.7
2017	793.6	350.8	362.4	448.8	0.0	105.1	2060.7
2018	824.1	355.6	375.5	471.5	0.0	103.6	2130.3
2019	855.7	360.3	388.8	495.3	0.0	102.2	2202.3
2020	888.4	364.8	402.4	520.2	0.0	100.8	2276.6
加工用量							
2005	0.0	174.5	0.0	345.7	0.0	0.0	520.2
2006	0.0	172.8	0.0	405.9	0.0	0.0	578.7
2007	0.0	181.5	0.0	430.8	0.0	0.0	612.3
2008	0.0	200.0	0.0	452.3	0.0	0.0	652.3
2009	0.0	198.3	0.0	471.9	0.0	0.0	670.2
2010	0.0	200.4	0.0	490.2	0.0	0.0	690.6
2011	0.0	204.0	0.0	507.1	0.0	0.0	711.1
2012	0.0	208.3	0.0	522.7	0.0	0.0	731.0
2013	0.0	213.0	0.0	537.0	0.0	0.0	750.0
2014	0.0	218.1	0.0	550.1	0.0	0.0	768.2
2015	0.0	223.3	0.0	561.9	0.0	0.0	785.2
2016	0.0	228.9	0.0	572.7	0.0	0.0	801.6
2017	0.0	234.8	0.0	582.2	0.0	0.0	817.0
2018	0.0	240.9	0.0	590.6	0.0	0.0	831.5
2019	0.0	247.3	0.0	597.9	0.0	0.0	845.2
2020	0.0	253.9	0.0	604.1	0.0	0.0	858.0

从表 44-10 人均食用油消费的结果来看，到 2020 年中国人均食用油年消费量将达到 24.9kg，与 2005 年相比增幅为 47%，其中，人均豆油年消费量为 9.0kg，人均其他植物油年消费量为 8.0kg，人均菜籽油、花生油和动物油脂年消费量分别为 4.4kg、2.8kg 和 0.7kg，在各食用油品种中，与 2005 年相比，人均其他植物油消费量和人均花生油消费量的增幅较大，分别为 60.0%和 75.0%。此外，2020 年人均食用油消费水平虽然高于日本 2005 年的人均食用油消费水平，但 2020 年人均直接食用油的消费量为 16.1kg，而日本 2005 年的人均食用油消费量为 19.7kg。这也表明从日本的经验来看，未来中国人均直接食用油消费水平依然具有一定的潜力。

表 44-10　人均食用油和人均直接食用油量的模拟结果　单位：kg/人

年度	豆油	菜籽油	花生油	其他植物油	动物油脂	合计
人均直接消费量						
2005	5.8	3.5	1.6	5.0	1.0	16.9
2006	5.7	3.5	1.8	5.5	1.0	17.5
2007	6.0	3.6	1.9	5.4	1.0	17.9
2008	6.2	3.8	2.0	5.6	0.9	18.5
2009	6.4	3.8	2.0	5.8	0.9	18.9
2010	6.6	3.8	2.1	6.0	0.9	19.4
2011	6.8	3.9	2.1	6.2	0.9	19.9
2012	7.0	3.9	2.2	6.4	0.8	20.3
2013	7.2	4.0	2.3	6.6	0.8	20.9
2014	7.4	4.0	2.4	6.8	0.8	21.4
2015	7.6	4.1	2.4	7.0	0.8	21.9
2016	7.9	4.1	2.5	7.2	0.8	22.5
2017	8.2	4.2	2.6	7.4	0.8	23.2
2018	8.4	4.3	2.7	7.6	0.7	23.7
2019	8.7	4.3	2.8	7.8	0.7	24.3
2020	9.0	4.4	2.8	8.0	0.7	24.9
人均直接食用油量						
2005	4.1	2.2	1.6	2.3	1.0	11.2
2006	3.9	2.2	1.8	2.4	1.0	11.3
2007	4.1	2.3	1.9	2.1	1.0	11.4
2008	4.3	2.3	2.0	2.2	0.9	11.7
2009	4.4	2.3	2.0	2.3	0.9	11.9
2010	4.5	2.3	2.1	2.4	0.9	12.2
2011	4.7	2.4	2.1	2.5	0.9	12.6
2012	4.8	2.4	2.2	2.6	0.8	12.8
2013	5.0	2.4	2.3	2.7	0.8	13.2
2014	5.2	2.4	2.4	2.8	0.8	13.6
2015	5.3	2.5	2.4	2.9	0.8	13.9
2016	5.5	2.5	2.5	3.1	0.8	14.4
2017	5.7	2.5	2.6	3.2	0.8	14.8
2018	5.9	2.5	2.7	3.4	0.7	15.2
2019	6.1	2.6	2.8	3.5	0.7	15.7
2020	6.3	2.6	2.8	3.7	0.7	16.1

从表 44-11 进口依赖率指标来看，2020 年中国食用油进口依赖率将达到 60.4%，豆油进口依赖率更是高达 88.1%，其他植物油进口依赖率高达 73.8%，菜籽油进口依赖率将为 28.9%，只有花生油和动物油脂能够保持自给。可见，未来中国食用油自给率将下降到 40%以下，中国食用油的供给越来越依赖于来自海外的植物油料和植物油。因此，如何确保中国食用油供给安全将是未来确保中国食物供给安全的重要课题。

表 44-11　食用油模型的模拟结果Ⅳ　　单位：万吨

年度	豆油	菜籽油	花生油	其他植物油	棕榈油	动物油脂	合计
植物油料净进口量换算为植物油数量							
2005	471.5	10.4	0.8	0.0			482.7
2006	508.8	25.9	0.0	0.0			534.7
2007	489.0	31.5	0.0	0.0			520.5
2008	475.8	10.4	0.0	0.0			486.2
2009	493.5	4.6	0.0	0.0			498.1
2010	518.7	2.5	0.0	0.0			521.2
2011	537.2	1.6	0.0	0.0			538.8
2012	554.3	1.1	0.0	0.0			555.4
2013	575.1	0.9	0.0	0.0			576.0
2014	597.5	0.7	0.0	0.0			598.2
2015	619.4	0.7	0.0	0.0			620.1
2016	641.4	0.6	0.0	0.0			642.0
2017	663.8	0.6	0.0	0.0			664.4
2018	686.7	0.5	0.0	0.0			687.2
2019	709.8	0.5	0.0	0.0			710.3
2020	733.2	0.5	0.0	0.0			733.7
进口依赖率							
2005	83.7	5.4	−0.5	71.4		0.1	50.7
2006	80.9	5.2	−0.7	71.0		−1.0	49.5
2007	71.4	12.2	−0.8	70.2		−0.3	47.5
2008	67.0	18.5	−0.9	70.4		−0.3	47.5
2009	68.1	19.8	−0.9	70.7		−0.3	48.5
2010	70.6	20.9	−0.9	71.0		−0.3	49.9
2011	72.1	21.8	−0.9	71.3		−0.3	51.0
2012	73.5	22.7	−0.9	71.6		−0.3	51.9
2013	75.3	23.5	−0.9	71.9		−0.3	53.0
2014	77.2	24.3	−1.0	72.2		−0.3	54.1
2015	79.0	25.1	−1.0	72.5		−0.3	55.2
2016	80.7	25.9	−1.0	72.7		−0.3	56.2
2017	82.5	26.7	−1.0	73.0		−0.3	57.2
2018	84.4	27.5	−1.0	73.3		−0.3	58.3
2019	86.2	28.2	−1.1	73.5		−0.3	59.3
2020	88.1	28.9	−1.1	73.8		−0.3	60.4

第四节　确保中国食用油供给安全的对策

本研究首先从确保中国食用油供给安全的重要性出发，在对以往进行文献述评的基础上，提出了本研究的局部均衡和空间均衡模型的研究方法，通过建立豆油、花生油、菜籽油、其他植物油和食用动物油五个供求模型和食用油贸易流向的空间均衡模型，在假定人均国内生产总值年增长率为7.5%的前提下，所得到的研究结果表明，与2005年相比，到2020年中国食用油消费需求量将增加1308万吨，食用油价格指数将上涨两倍以上，食用油进口量将增加到1447万吨，植物油料净进口量将达到4101万吨，增幅达58%，而且到2020年中国食用油自给率将下降到40%左右，这也表明了中国食用油供求正面临着需求旺盛、价格上涨、进口增加和自给率下降的局面，这也必将对中国确保食用油供给安全提出了巨大的挑战。

其次，通过建立空间均衡模型并进行模拟结果发现，除华北、东北和西北以及华中等相应省份对进口依赖较小之外，沿海地区的大部分省份都依靠进口来源为主，这也与中国植物油加工产业的布局相吻合，即中国植物油加工厂主要分布在京沪高速的沿线和沿海地区，这必然使得京沪沿线省份和沿海省份成为中国植物油的主要调出地，从2020年的模拟结果可以看出，今后这种布局有可能出现更进一步的集中，即可能形成沿海进口、高速沿线加工、内陆转运的局面。

再次，从中国食用油进口影响因素的实证分析结果可以看出，植物油及油料进口对国内外价格的变动、在外就餐的支出比重的变动是非常敏感，同时植物油及油料进口对中国经济的增长的变动也是敏感的；此外，棕榈油进口量对棕榈油的贸易开放度是比较敏感的，大豆和豆油的进口量对贸易开放度也是敏感的。

从确保中国食用油供给安全出发，笔者提出如下确保中国食用油供给安全的建议。

第一，在自给率已经低于50%的背景下，就有必要确保食用油进口的多样化和多元化，鼓励农业企业走出去，从植物油料的源头确保植物油加工原料的安全和安定供给。这在未来中国大豆进口量将超过4000万吨，豆油进口量可能达到400万吨以上，棕榈油进口量将接近1000万吨水平的大趋势下，鼓励本国农业企业到南美、非洲和东南亚等地进行植物油料生产和投资，并通过收购或控股等手段对海外食用油加工及其关联企业的投资变得越来越重要。

第二，在部分国内油料生产下降和未来榨油用植物油料量接近1亿吨水平的背景下，促进国内油料生产，尤其是大豆、花生、芝麻、油菜籽的生产，实施直接补贴，建立油料生产基地，鼓励农户或农业企业进行大规模经营是从根本上确保中国食用油供给安全的基石。

第三，在国内食用油年消费量已经超过2000万吨，未来将达到3500万吨以上水平的背景下，有必要建立和强化油料和食用油储备制度，在中国粮食储备之外，增加和强化主要进口植物油的战略储备，并逐步形成沿海—高速沿线—内陆的三级阶梯形储备网络。

第四，在未来省际间食用油流通量将达到1678万吨和食用油供给以进口为主的背景下，应该逐步形成港湾—铁路和河海运输—内陆运输网络，加大变桶装油和小包装油为专用油罐和管道运送为主的主干食用油运输网络的基础设施建设，以有效地调剂省际间和地区间的供求平衡。

第五，通过培育和完善植物油油料和植物油期货市场，争取国际上油料和食用植物油的定价权，稳定国内食用油价格。虽然中国是食用油进口大国，但食用油价格的定价权一直被国际上大型植物油加工企业所垄断，如何利用期货市场稳定国内食用油价格是确保国内食用油供给安全的重要经济杠杆。

第六，在国际油价高涨、利用植物油生产生物柴油等生物能源对石油制品进行替代已经是不可避免且中国食用植物油主要依赖进口的背景下，如果直接通过进口植物油在国内进行生物能源的加工，在进口植物油用途很难确定的条件下，容易导致国际植物油价的高涨，不利于中国植物油的稳定进口，因此，有效提高中国食用油利用率，建立有效的食用油回收制度和运用回收的食用油进行生物能源的生产的产业链的同时，要有效利用国内荒地和盐碱地，种植可用于生物能源生产的植物的同时，鼓励生物能源加工企业走出去，开拓海外生物能源基地，确保未来中国生物能源的持续稳定供给。

第四十五章　植物油能源化的发展状况

第一节　生物能源的发展意义

化石资源是现代工业和现代文明的物质基础，其日渐枯竭的现实与现代工业经济的快速发展已形成剧烈冲突。2006 年我国进口原油 1.45 亿吨，对外依存度达到 41.9%；其中车用燃油消耗占我国石油消费总量的 35%，并以每年 15%～16%的速度增长。预计到 2015 年，车用燃油消耗将达到全国石油消费量的 65%。对化石资源、特别是石油资源的高依赖程度正制约着我国经济的可持续发展，影响着国家的战略安全。生物能源是以可再生资源为原料生产的有利于环境保护的能源物质。发展生物能源产业有利于解决能源危机，有利于环境保护，有利于促进农村经济的发展。国家《可再生能源中长期发展规划》（简称为《规划》）明确规定今后 15 年内要提高可再生能源在能源消费中的比重，推进可再生能源技术的产业化发展。《规划》还提出了 3 个具体目标，其中最重要的一个是逐步提高优质清洁可再生能源在能源结构中的比例。力争到 2010 年使可再生能源消费量占到能源消费总量的 10%，2020 年提高到 15%。

我国的生物柴油原料十分广泛，亚麻、大豆、菜子、橡胶籽、蓖麻、小油桐及餐饮等行业回收的废油、植物油油泥等都可用来提取生物柴油。无论是从能源战略还是从经济成本上，生物柴油都有必要走向“前台”。生物柴油产业由于技术成熟度高，对现有石油运输分销设施兼容性好，所以市场更易于接受，日前开发生物柴油的最大障碍在于成本。欧美技术生产的生物柴油主要以大豆、菜子毛油为原料，成本高昂。目前美国年生产生物柴油 100 万吨以上，并规划到 2010 年生物柴油产量达 115 万吨，2016 年达到 330 万吨。欧盟国家则主要以油菜为原料，计划于 2010 年生物柴油产量达到 800 万～1000 万吨；日本生物柴油生产能力也达到 40 万吨/年。而我国食用油短缺，实际情况不允许使用大豆、菜子油当工业原料，只能通过种植小油桐等能源作物解决原料来源；同时也可利用酸化油、地沟油等廉价原料生产生物柴油，这样成本不仅可大幅降低，质量仍可达到国际上最为苛刻的生物柴油标准。目前需要扩大生物柴油的生产规模，使其在我国能源结构转变中发挥更大的作用，同时要向基地化和规模化方向发展，实行集约经营，形成产业化，降低生产成本。这样才能走出符合中国国情的生物柴油发展道路。另一方面，如何克服植物油开发、生产生物柴油的最大障碍的成本问题，是植物油能源产业化的关键。对我国而言，当前发展生物柴油的最大障碍是油料资源不足，需要大量进口才能满足市场需要。根据食用为先的原则，国家已明文规定“禁止用食用植物油生产生物柴油”。

第二节　植物油生产生物柴油的切入点

生物柴油是一种环境友好的绿色能源，可再生、可生物降解、安全、污染少，是普通柴油的优质替代品。但是生物柴油居高不下的价格阻碍了其产业化的进程。为此在生产生物柴油的同时，生产一些高附加值的化工产品如联产副产物甘油，用部分脂肪酸甲酯生产表面活性剂、二聚酸等精细纯工业品，可大大提高生物柴油的竞争力。因此，大力发展生物柴油相关产业，是植物油生产生物柴油的切入点，将具有深远的经济效益和社会效益。

生物柴油是以大豆、油菜子等油料作物，油棕、黄连木等油料林木果实，工程微藻等水生植物以及动物油脂、废餐饮油等为原料制成的高级脂肪酸甲酯混合物，是优质的石油柴油代用品。

生物柴油是环境友好型绿色燃料，与普通柴油相比，具有以下优点：

① 它是一种可再生能源，可缓解目前对石油的依赖；

② 使用生物柴油所产生的尾气中有毒有机物、CO_2 及 CO 的排放量仅为普通柴油的 1/10，同时它含硫量低，能大大减少 SO_2 和硫化物的污染问题；

③ 生物柴油的燃点是普通柴油的两倍，因此使用、处理、运输和储藏都极其安全；

④ 生物柴油可生物降解，对土壤和水的污染较小，有利于环境保护。

但生物柴油成本较高，单独生产生物柴油在经济上难以立足。因此，在生产生物柴油的同时，联产其副产物甘油，并开发其下游产品，如表面活性剂、二聚酸等，形成生物柴油产业链，可满足民用及工业领域的需求。美国利用大豆油生产的脂肪酸甲酯，成功开发了工业溶剂、表面活性剂、润滑剂、增塑剂、黏合剂等可生物降解的化工产品。生物柴油产业对保障石油安全，保护生态环境，调整农业结构，促进制造业发展等方面均将产生相当重要的积极作用。

一、生物柴油的制备方法

生物柴油的制备方法主要有 4 种：直接混合法（或稀释法）、微乳液法、高温热裂解法和酯交换法。酯交换法又分为碱催化酯交换法、酸催化酯交换法、生物酶催化酯交换法和超临界酯交换法。酯交换法是目前研究最多并已工业化应用的方法。各种生物柴油生产方法的原料及优缺点的比较具体见表 45-1。

表 45-1　生物柴油的生产方法比较

原　料	生 产 方 法	方法优缺点
植物油	直接使用或与普通柴油混合微乳液法	液态、轻便，可再生，热值较高；但黏度高、易变质、燃烧不完全。有助于充分燃烧，可和其他方法结合使用
植物油和动物脂肪	高温热裂解	高温下进行，需要常规的化学催化剂，反应产物难以控制，设备昂贵
植物油或动物脂肪和醇类	碱催化的酯交换反应	有高附加值副产物甘油，反应速率比酸催化要快；但有游离脂肪酸时，会与碱反应生成皂，堵塞管道，需进行后处理。
	酸催化的酯交换反应	优质种的游离脂肪酸和水的含量高时，催化效果比碱好
动物油脂和低碳醇	生物酶催化的酯交换反应	游离脂肪酸和水含量对反应无影响，相对清洁；但酶价格偏高，且易失活，反应时间较长
菜子油和甲醇	超临界酯交换法	反应时间短，过程简单、安全、高效，无需催化剂及后续分离纯化过程

二、生物柴油的深加工技术

相对于石化柴油，生物柴油居高不下的成本阻碍了其产业化的进程，提高产物的综合利用率是增加生物柴油经济效益的有效方式。生物柴油是高级脂肪酸甲酯的混合物，从动植物油脂本身或油脂加工的副产品中最大程度地开发脂肪酸甲酯在能源、化工中间体、表面活性剂等方面的用途，可大大减少对石油化工产品的依赖。研究生物柴油及其副产物甘油的联产和脂肪酸甲酯的深加工技术，可增加生物柴油生产利润，减少由于原料价格太高而引起的损失，具有可观的社会效益和可持续发展的战略意义。

1. 甘油　甘油学名丙三醇［$C_3H_5(OH)_3$］，无色、无臭、有甜味，透明的黏稠液体，因黏度高、吸湿性强、沸点高、水溶性、无毒、冰点低、持水性好、微生物易分解，有 3 个羟基可制成一些衍生物等特点，而被广泛应用于医药、食品、烟草、化妆品、油墨、皮革、印染、涂料、合成树脂、农药、牙膏和微生物发酵等行业的 1700 多个产品，是重要的轻化工原料。

传统的甘油制备方法主要有化学合成法、皂化法、丙烯氧化法（即丙烯醚法）、丙烯氯化法（即环氧氯丙烷法）、丙烯过氧乙酸法、醋酸丙烯酯法和生物工程法（发酵法）。

我国甘油一直处于供不应求的状况，尤其是高纯度（99.5%）的甘油。因此，发展新兴的生物柴油工业，可以缓解甘油供不应求的矛盾，并增加附加值。生物柴油副产物甘油还具有以下优点：

① 得到的粗甘油浓度高（约 80%）；

② 得到的甘油色泽好；

③ 反应温和、工艺简单。

来自于生物柴油副产物的甘油，是一种重要的化工原料。据报道，法国 Solvay 公司采用 Epic-erol 新工艺，以甘油为关键原料生产环氧氯丙烷。环氧氯丙烷还可进一步生产环氧树脂、纸张增强剂和其他产品。美国 Aroher Daniels Midland 公司计划采用先进的催化剂从甘油直接生产丙二醇。戴维技术公司开发了一种新的加工方法，可由生物柴油副产物甘油制备乙二醇。

2. 脂肪酸甲酯的深加工技术 脂肪酸甲酯与脂肪酸相比有很多优点，如储藏稳定性好、沸点低、分馏容易、能耗低、腐蚀性小等。随着人们对脂肪酸甲酯的深入研究，其用途也在不断扩大，除直接用作柴油机燃料还被广泛地应用于脂肪酸甲酯乙氧基化物（FMEE）、脂肪酸甲酯磺酸盐（MES）、脂肪醇、酰胺、脂肪胺等表面活性剂和二聚酸及其衍生物等的制备。

（1）表面活性剂 脂肪酸甲酯是用途广泛的表面活性剂的原料和中间体，从脂肪酸甲酯出发可生产两大类的表面活性剂，一类是透过磺化中和生产脂肪酸甲酯磺酸盐，另一类是通过加氢生产脂肪醇。全世界大部分的脂肪醇是由脂肪酸甲酯生产的，脂肪醇经乙氧基化生产醇醚，并经磺化中和生产伯烷基硫酸盐。脂肪酸甲酯对脂肪酸衍生物的工业化生产也十分重要，因为脂肪酸甲酯除一小部分直接使用外，大部分则作为生产如烷醇、酰胺和蔗糖酯等表面活性剂的主要中间原料。

（2）二聚酸及其衍生物 二聚酸是不饱和脂肪酸在一定条件下生成的二元酸，不溶于水，能溶于乙醇、乙醚和丙酮等机溶剂。二聚酸的分子结构不是单一的，它是单环异构体、双环异构体、无环异构体的混合物。纯二聚酸为淡褐色的透明黏稠状液体，有较好的热稳定性，在－20℃下不结晶，不失透明度和流动性，250℃不蒸发、不凝胶化。但在空气中加热时色泽明显变深，接触金属离子，特别是铜、铁离子，会促使色泽变劣。

二聚酸有多种合成工艺，其中脂肪酸甲酯法是把脂肪酸甲酯在加压或常压下催化聚合而成。国内多采用在一定温度下以精制米糠油脂肪酸甲酯或棉籽油脂肪酸甲酯为原料，微晶高岭土为催化剂的间歇式、常压排氧聚合工艺。该工艺的优点是设备简单，操作方便、安全，产品收率及质量理想，适宜中小型企业生产；缺点是催化剂用量大，甲醇纯度要求高。

二聚酸分子中含有 2 个羧基和 1～2 个双键，具有与一般脂肪酸相似的反应性，可以生成金属盐、酰氯、酰胺、酯、二胺、二异氰酸等产物，在工业上有特殊的用途。

二聚酸的用途十分广泛，其中合成聚酰胺树脂是二聚酸最大的用途。聚酰胺树脂可由二聚酸及其低碳酯与乙二胺或多胺发生缩合反应而得。其中反应型聚酰胺树脂是液体，分子中有活性基团存在，常用作环氧树脂的固化剂，固化物具有柔韧性好、黏合力高，并有防腐、防锈等特性，可制成涂料、粘接剂、注型物和层压板等产品。非反应型聚酰胺树脂是固体，具有优良的可塑性和黏性，熔点适中，能与其他树脂互溶，可用作密封剂、配制热熔性胶黏剂和油墨。

二聚酸在金属加工中常用作延压油、切削油、润滑油和防锈油等添加剂，能提高、改善油的性能。另外，二聚酸衍生物作为表面活性剂，可用作涂料的流平剂、金属粉末染料的匀染剂、分散剂和抗静电剂等。二聚酸钾皂或钠皂与合成洗涤剂配合，可有效改善洗涤剂的粗糙感。

第三节 废植物油工业化生产生物柴油

目前国内外生产生物柴油的厂家大多以植物毛油为原料，生产成本高，只能靠国家优惠政策和政府补贴维持生存，很难进一步发展。据统计原料成本占了生物柴油制备成本的 75%，以廉价废动植物油脂为原料，通过技术创新和生产工艺改进，获取低成本、高质量的生物柴油是我国生物柴油生产技术的发展趋势。

一、生产原理及方法

1. 生产原理 废植物油脂是含有较多杂质的高酸值油脂，游离脂肪酸和水的含量比较高，用它来制备生物柴油，若使用碱作催化剂，其中的游离脂肪酸会与碱发生皂化反应；若使用浓硫酸、甲苯磺酸等酸类催化剂，则游离脂肪酸极易与甲醇发生酯化反应，而脂肪酸甘油酯与甲醇几乎不发生酯交换反应。因此，笔者在生产过程中使用自制的 DYD 催化剂，它是以多组元 SO_4/M_xO_y 型超强固体酸为主要成分，其代表性组分为 SO_4^{2-}/ZrO_2-TiO_2-SnO_2。在 DYD 催化剂作用下，脂肪酸甘油酯与甲醇进行酯交换反应，游离脂肪酸与甲醇发生酯化反应，这两种反应同时进行。

从反应的复杂程度来看，甘油酯与甲醇进行的酯交换反应过程较为简单，没有水的生成。而脂肪酸与甲醇反应生成了水，稀释了反应体系中反应物甲醇的浓度。这两种反应是可逆反应，要保持反应速度，甲醇浓度就显得非常重要，过量的甲醇可使平衡向生成产物的方向移动。

根据 Kevin J 的研究，人们一般将理想的柴油替代品的分子式表示为 $C_{19}H_{36}O_2$。利用废动植物油脂为原料与甲醇反应生成的是混合脂肪酸甲酯，其化学组成为月桂酸甲酯、肉豆蔻酸甲酯、棕榈酸甲酯、硬脂酸甲酯、油酸甲酯、亚油酸甲酯、甘油酯、植物沥青等。因此，还必须通过减压蒸馏系统将沸点较低的脂肪酸甲酯与沸点高的甘油酯等分离开来。在蒸馏过程中，残留在脂肪酸甲酯中的游离脂肪酸也会被随之带出，使蒸出的脂肪酸甲酯酸值偏高。通过无数次的试验，发现游离脂肪酸会与自制的金属盐发生反应，生成金属皂析出，其化学反应方程式为：$MSO_4+2RCOOH \rightarrow M(RCOO)_2 \downarrow + SO_4^{2-} + 2H^+$，金属皂再经酸化又可以回收金属盐及脂肪酸。$M(RCOO)_2 + H_2SO_4 \rightarrow MSO_4 + 2RCOOH$，这样既达到了在常温下将脂肪酸甲酯的酸值降到 0.5mg KOH/g 以下的目的，又使金属盐得以回收，重复使用。

2. 主要工艺过程　利用废动植物油脂生产生物柴油的工艺流程见图 45-1。

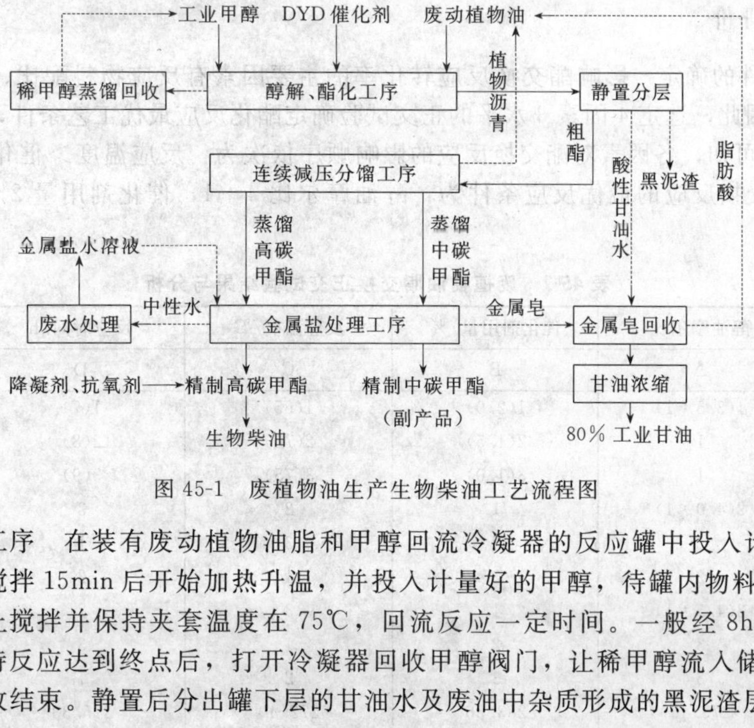

图 45-1　废植物油生产生物柴油工艺流程图

(1) 醇解酯化工序　在装有废动植物油脂和甲醇回流冷凝器的反应罐中投入计量好的 DYD 催化剂，开启搅拌器，搅拌 15min 后开始加热升温，并投入计量好的甲醇，待罐内物料温度达到 75℃，甲醇出现沸腾时，停止搅拌并保持夹套温度在 75℃，回流反应一定时间。一般经 8h 左右，罐温上升到 85℃时取样测定。待反应达到终点后，打开冷凝器回收甲醇阀门，让稀甲醇流入储罐，当罐温上升到 90℃时过剩甲醇回收结束。静置后分出罐下层的甘油水及废油中杂质形成的黑泥渣层，上层用纯碱液中和至中性得粗酯。

(2) 减压分馏工序　在装有闪蒸器、双蒸馏塔的连续减压（真空度约 89.3kPa）蒸馏装置中，用计量泵泵入粗酯，在闪蒸器（温度 80～85℃）中蒸出粗酯中的残留甲醇。闪蒸后的粗酯经位差连通管，送入中碳塔再沸器后进入中碳塔（塔顶温度 160～165℃），蒸出中碳甲酯（C_{12}～C_{16} 甲酯）。塔底连通管将蒸出中碳甲酯后的粗酯靠液位差自动流到高碳塔的热油循环泵，经高碳塔再沸器继续加热升温后进入高碳塔（塔顶温度 180～185℃），蒸出高碳甲酯（C_{18}～C_{20} 甲酯占 90%以上），粗酯中残留未甲酯化的甘油酯，由于其沸点高而不能被汽化，随同其他的残留杂质从高碳塔底部作为植物沥青排出。

(3) 金属盐处理工序　将蒸馏出的高碳甲酯及中碳甲酯分别泵入金属盐处理罐，再滴加金属盐处理液，经搅拌（50～55r/min）即有“金属皂”沉淀析出，经压滤机压滤后，滤液即为精制高碳甲酯和中碳甲酯，酸值均在 0.5mgKOH/g 以下。滤饼送到酸化罐，用前面酯化、醇解分出的浅棕色稀酸水酸化处理后，上层是游离脂肪酸，回反应罐使用，下层是中性废水。

为了提高副产品甘油水的利用价值，可将外观呈浅棕色、透明的、甘油含量极低的稀酸水收集起来，在“金属皂”酸化处理时用；将外观呈棕黑色、不透明、黏稠的甘油水作为工业甘油的生产原料。副产品植物沥青可返回反应罐作生产原料，也可外售代替重油。

精制中碳甲酯的产品质量达到作为生产天然脂肪醇原料的质量标准，是国内用进口椰子油、棕榈油生产天然脂肪醇中间体的低成本代用品。

3. 分析方法 用 SYD-265D-1 型运动黏度测定器、SYD-261 型闭口闪点试验器、SYD-510F 多功能低温试验器、硫含量测定仪、水分测定仪、残炭测定仪等对生物柴油样品的理化指标进行分析。

对废油脂中的游离脂肪酸与甲醇反应生成脂肪酸甲酯的转化率，可按 GB 5530—2005 中酸值的测定方法，根据反应前后酸值的变化来计算体系的转化率，即

脂肪酸转化率(%)=(反应前的酸值－反应后的酸值)/反应前的酸值×100

废油脂中的脂肪酸甘油酯与甲醇反应生成脂肪酸甲酯的转化率，可采用测定结合态甘油的方法进行判断，其计算公式为

脂肪酸甘油酯转化率(%)=(废油中理论甘油含量－结合态甘油含量)/废油中理论甘油含量×100

结合态甘油的测定方法是将酯化反应后的粗甲酯（含脂肪酸甲酯、脂肪酸、脂肪酸甘油酯），先用氢氧化钾乙醇溶液皂化，然后用 1∶1 硫酸酸化，再用分液漏斗分出上层的浮油，下层的液相即为结合态甘油。利用高碘酸氧化法测定甘油的含量。

二、生产工艺评价

1. 生产工艺条件的确定 影响酯交换反应转化率的主要因素有反应物料配比、反应温度、反应时间和催化剂用量。因此，选定 4 因素 3 水平的正交试验确定酯化反应最优工艺条件，试验结果与分析见表 45-2。由表 45-2 可知，各因素对酯交换反应的影响顺序依次为：反应温度＞催化剂用量＞反应时间＞醇油摩尔比。酯交换反应的最优反应条件为：醇油摩尔比 4∶1，催化剂用量 2%，反应温度 75℃，反应时间 8h。

表 45-2 废植物油脂交换正交试验结果与分析

试验号	醇油摩尔比	催化剂用量/%	反应温度/℃	反应时间/h	脂肪酸甲酯得率/%
	A	B	C	D	
1	1(3.5∶1)	1(2.0)	1(65)	1(7)	90.21
2	1	2(1.5)	2(70)	2(8)	92.07
3	1	3(1.0)	3(75)	3(9)	93.18
4	2(4.0∶1)	1	2	3	95.07
5	2	2	3	1	93.32
6	2	3	1	2	92.03
7	3(4.5∶1)	1	3	2	97.45
8	3	2	1	3	90.16
9	3	3	2	1	91.80
K_1	275.46	283.36	272.40	275.33	
K_2	281.05	275.55	279.57	281.55	
K_3	279.41	277.01	283.95	279.04	
R	5.59	7.81	11.55	6.22	

2. 产品性能 用本文所述方法生产出来的生物柴油与美国生物柴油的质量标准（D6751-03a）进行比较，结果见表 45-3。由表 45-3 可知，所生产的生物柴油完全达到美国生物柴油的质量标准。

表 45-3 生物柴油标准

项 目	D6751-03a 标准	产品测值	项 目	D6751-03a 标准	产品测值
运动黏度(40℃)/(mm^2/s)	1.9～6.0	4.7	酸值/(mgKOH/g)	≤0.8	0.4
闪点/℃	≥130	169	水分和沉淀物/%	≤0.05	0.03
浊点/℃	报告	—	铜片腐蚀(3h/50℃)/级	≤3	2
硫含量/%	≤0.05/0.0015	0.02	十六烷值	≥47	51
馏程/℃	≤360	3.56	游离甘油/%	≤0.0020	0.015
康氏残炭 100%/%	≤0.05	0.03	总甘油/%	≤0.240	0.22
硫酸盐灰分/%	≤0.020	0.018	硫含量/(mg/kg)	≤10	6

3. 燃料特性　为了检验生产出来的生物柴油对发动机功率、燃油消耗率、烟度和排放等的变化情况，上海内燃机研究所进行了台架性能对比试验。使用矿柴油和生物柴油的发动机台架试验结果见表45-4，柴油发动机比排放量台架试验结果见表45-5。由表45-4、表45-5可以看出，在常温下生物柴油与矿柴油性能相同，启动容易，使用生物柴油的柴油机不需做任何调整就能正常工作，而且燃烧生物柴油的排放烟度明显低于矿柴油的排放烟度，同时尾气中的HC和NO_x。的含量明显降低，但油耗量略有增加。

表45-4　柴油发动机台架实验结果

序号	转速/(r/min)	功率/kW	燃油消耗/(kg/h)		比油耗/[g/(kW·h)]		排气温度/℃		排气烟度(Bosh)		机油温度/℃	
			0# 柴油	生物柴油	0# 柴油	生物柴油	0# 柴油	生物柴油	0# 柴油	生物柴油	0# 柴油	生物柴油
1	2000	2.20	0.88	0.98	399.1	445.9	173	175	0.4	0.20	94.4	94.8
2	2000	4.42	1.23	1.39	277.8	215.2	227	228	0.4	0.20	96.6	96.5
3	2000	6.62	1.64	1.85	248.5	279.5	288	289	0.5	0.20	97.5	97.3
4	2000	7.50	1.80	2.04	239.6	272.7	320	324	0.8	0.40	98.9	98.7
5	2000	7.94	1.88	2.13	236.4	268.0	337	338	0.8	0.40	100.7	100.5
6	2000	8.82	2.04	2.35	231.1	266.6	369	374	0.9	0.40	102.8	101.9

表45-5　柴油发动机比排放量台架试验结果

项　目	比排放量/[g/(kW·h)]		
	CO	NO_x	HC
0# 柴油	5.54	6.94	1.43
生物柴油	5.90	5.78	1.30

三、工艺效果

① 利用废动植物油脂作为生产生物柴油的原料，具有来源丰富、环保效果好、节约矿物油资源、应用前景广阔等优点，既消除了废动植物油脂的排放对环境的污染，又增加了清洁能源，实现了废料的综合利用，对缓解我国石油资源短缺、优化能源结构、保障能源安全及国民经济可持续发展，具有重大的战略意义和现实意义。

② 废动植物油脂生产生物柴油的生产工艺，开拓了低成本生物柴油技术路线，在自制DYD催化剂作用下，实现了废动植物油脂醇解与酯化同时进行的技术，研制出的“金属盐”处理剂，解决了利用废动植物油脂生产生物柴油残留酸值高的关键问题，整个生产过程清洁安全，工艺流程短，产品质量稳定。

③ 生产的生物柴油，其燃料特性、动力性能与矿柴油相近，尾气排放和烟度排放都优于矿柴油，启动性能好，运转平稳，柴油机不需做任何调整。

第四十六章 世界植物油消费供求预测

第一节 世界植物油消费状况

世界上最大植物油生产国是马来西亚，其生产量是1320万吨（2001年），其次是中国、美国，中国又是世界上最大的植物油消费国。

一、世界上最大的植物油消费国——中国

据“Oil World”杂志对世界植物油的统计，世界主要11种植物油的消费量的排序依次是：第一位中国，第二位印度，第三位美国（表46-1）。这一顺序与人口的排位相一致，人口是取决于消费量的首要原因。但是，第四位巴西，第五位印度尼西亚，消费量与人口的排位并不一致。再如人口居第七位的日本，消费排名第八。这也表明，植物油的消费并不仅仅取决于人口的多少，它同时也因各个国家的经济实力和食物消费形态的影响而有所不同。

表46-1 世界主要国家的植物油消费量顺序

消费顺序	国名	植物油消费量/kt	人口/百万人
1	中国	15197	1272(1)
2	印度	10690	1041(2)
3	美国	10621	289(3)
4	巴西	3595	175(5)
5	印度尼西亚	3305	218(4)

注：根据“Oil World”杂志统计世界主要11种植物油消费量的总计数值。消费中包含工业用油，并依据其各国所有形式消费利用的总和的计算值。在人口栏的括号内的数字为人口排位顺序。

另外，表46-1中的数据，包括用于工业原料的部分也包含有向其他国家出口的油脂加工品等产品。因而，这些数据并不完全是各国实际食用油消费的人均消费量。

二、国民人均消费量最大国家——马来西亚

各个国家，总体的植物油消费量不同，国民人均消费量也有所差异。表46-2为国民人均植物油消费量排序，雄居榜首的马来西亚，年均每人消费植物油113.4kg，其次是比利时（含卢森堡）73.5kg，丹麦52.9kg。马来西亚人的植物油消费量比美国要高出3倍之多。

表46-2 国民人均植物油消费量排序

消费顺序	国名	人均消费量/kg	消费顺序	国名	人均消费量/kg
1	马来西亚	113.4	4	西班牙	43.2
2	比利时	73.5	5	美国	36.8
3	丹麦	52.9			

注：本表数值为植物油消费量除以人口数量。

马来西亚是世界第一的棕榈油生产国，每年生产植物油1160万吨，其中1050万吨出口到世界各国。国内的消费量仅占生产总量的一成，但这对于2200万人口来说也是相当大的数量了。实际上，马来西亚除了食用极小一部分之外，几乎大部分棕榈油是用于二次加工作为脂肪酸、脂肪醇等产品，广泛用于国内的化学工业了。

另外，作为棕榈油主要输入国的欧盟和日本等国，以往一般是棕榈油进口后再在自己国内加工成脂

肪酸和脂肪醇等产品，但是，现今也变为先在马来西亚本土加工后再输出的方式了。这也使得马来西亚的国内总消费量增多，人均消费量也随之变大。

排名第二的比利时人均消费量超过 70kg，这也有与马来西亚类似的情况。位于欧盟中心位置的比利时，也是将植物油做二次加工，再转换为人造奶油和肥皂、洗涤剂的形式供应给欧盟区域内和其他地区的国家，因而其人均植物油消费量也很大。

其余国家人均消费较低，即使按同样的方式计算，以水平较高的日本为例，人均消费量也不过是 18.5kg，包括油脂二次加工品在内的消费量也仅为美国的一半以下。

三、多样化的消费形态

即使是同样消费植物油，但是消费情况也因国家不同而有较大的差异。总的来说，消费方式不妨分为单一派、均衡派和中间派几种。这主要是根据各种消费形态来分类，即按各国在其植物油消费总量所占油脂类别的比率来区分的。所谓单一派，是指一种植物油的消费量占其总消费量的 50% 以上。均衡派是指任何一种油脂的消费量不超过总消费量的 40%，例如各种油脂广泛消费的国家。中间派是指不是以上任何一种消费形式的国家。让我们从表 46-3 中的数据分析来对各类消费方式的主要国家做一下比较。

表 46-3　主要油脂品种的消费　　单位：%

国　家	大豆油	菜子油	葵花籽油	花生油	橄榄油	热带油脂
单一派						
巴西	86.4	0.7	1.7	0.7	0.7	4.6
美国	71.6	6.7	1.5	1.4	1.9	7.4
阿根廷	15.3	0.3	74.8	0.7	2.1	2.1
马来西亚	2	0	0.5	0.0	0	97.1
印尼	1.1	0	0	0.3	0	98.4
俄罗斯	27.5	3.4	55.5	0.1	0.1	12.8
均衡派						
中国	26.2	28.8	1.6	16.6	0	16.4
日本	30.9	38	1	0	1.3	21.9
意大利	15.1	11.3	11.4	2.4	37.6	17.2
西班牙	16.7	1.1	27.7	0	36.7	14.8
法国	6.7	34.2	30.2	2.4	5.9	18.7
印度	23.1	15.4	3.6	14.5	0	37.4
中间派						
比利时	14.2	28.5	8.7	0	1.7	44.0
德国	12.5	40.2	9	0.6	1.2	35.8

注：资料来源 "Oil World" 杂志，2001 年数据。热带油脂为棕榈油、椰子油、棕榈仁油的合计。

1. 生产大国的单一派　对某一种特定的植物油消费量高的国家称之为单一派国家。这些国家通常都是消费量显著高的植物油及其原料的生产大国。美国和巴西，马来西亚和印度尼西亚，俄罗斯分别是大豆、棕榈油、葵花籽油世界名列前茅的生产大国，它们既是该植物油品种的主要生产国，同时也是主要消费大国。

但这中间阿根廷却有所不同。从油料的生产来看，它是世界第三位的大豆生产国，也是世界大豆油和大豆粕的主要输出国，但是在阿根廷国内油脂的消费却是以葵花籽油为主。阿根廷的大豆生产量虽然在近十年间急速增加，但该国的大豆制油业并不面向国内消费，而是主要作为输出产业来发展的。因而，尽管大豆的产量增长极快，但并未转为国内消费，国内油脂消费仍然是以葵花籽油为主体。

美国、巴西、马来西亚与印度尼西亚分别是大豆、大豆油与棕榈油对世界具有很高供给能力的国家，但是排名在前的葵花籽生产大国俄罗斯，由于总油脂供需矛盾却只是以葵花籽油作为维持国内主要油品的消费。

2. 多样性的均衡派　不偏于某种特定的植物油而以多种植物油消费的国家称之为均衡派国家，但同是属于均衡派的国家也有不同的特色。

中国是世界油料生产大国，油菜子、花生、棉籽、芝麻的产量居世界第一，大豆、葵花籽的生产也是名列前茅。但是，面对巨大的人口压力和不断增加的植物油消费量，不仅中国国内生产远远不能满足需求，同时，现今还不得不进口大量的大豆、大豆油、棕榈油、双低油菜子等。其中仅大豆一项，进口数量达1500万吨之多，而这正相当于中国大豆的生产总量。中国人均年油脂消费量仅为8kg，远低于世界人均年油脂消费的18.6kg。尽管我国植物油消费量现今每年以5.7%的年增长率递增，但由于人口基数巨大，13亿人年均每增加1 kg，总体就是130万吨（而这相当于日本全部消费量的一半）。因而油脂的消费只能以产出与输入来决定。

印度的油料种植面积仅次于美国，尽管数量不小，但单位面积的产量却不足世界平均产量的1/2，因而也无法满足国内10亿人口对植物油的需求。印度现今每年生产大约700万吨的植物油，但另一方面必须进口近600万吨的油脂。如果印度油料的单产能提高到世界平均水平的话，将有望使国内的消费趋于平衡。

日本是油料资源极缺的国家。但是，它却又是在世界上少有的各类油脂品种消费极为平衡的国家。除了表46-3上的各种油脂之外，它还包含有芝麻油、玉米胚芽油、米糠油等多种多样油品的消费。虽然在国内它不具备油料生产的基础，但却可更自由地按照消费需要来做出选择。

意大利、西班牙是橄榄油的生产国，除国内消费外约一半以上输出到国外，但是这中间两国的情况却有很大的差异。

意大利除橄榄油外，国内几乎不生产其他油脂而完全依赖于国外进口，尽管如此，意大利除本国生产橄榄油外，还进口相当于国内生产量的80%橄榄油。这其中主要是从希腊、西班牙、突尼斯等地中海国家输入，反过来再以“意大利产橄榄油”的商标出口世界各地。

而西班牙是农业国，不仅生产橄榄油而且也生产葵花籽油。它还将输入的热带油加工形成多种植物油来消费。立足于国内的农业生产为基础，不足的部分以输入弥补，从而实现了均衡消费，也许从真正意义而言，西班牙是标准的油脂均衡派消费国。

法国是欧盟主要的农业生产大国。油料生产最多的是油菜子，其次是葵花籽，国内的消费以这两种油为主。与西班牙同样，法国也是均衡派的主要代表性的国家之一。

3. 独具个性的中间派　植物油消费的中间派是指位于单一派与均衡派之间位置的国家。比利时、德国是中间派的代表性国家。

比利时与日本同样本身并不生产油料，因而它也是以输入油料和植物油来满足国内的消费。但如前所述，比利时位于欧盟的中心位置，食品产业、化学工业发达，各种植物油的加工制品输往世界各地因而地处欧盟但同时也具有热带油消费最多的特点。

德国是油菜子生产量超过100万吨的国家，但每年还输入450万～460万吨的油料，因而也是植物油的生产大国。德国具有输入植物油也输出植物油的特点。虽说处于中间派国家的地位，但菜子油和热带油却占消费的75%以上，属于比较偏的消费结构。

4. 变化中的消费形式　世界各国油脂的消费形式多种多样，但是，伴随着世界植物油供需情况的变化，植物油的消费形式也相对有所变动。特别是植物油输入量较多的国家变动更大一些，例如，2000年按统计分类的话，印度大量输入热带油，其消费形态则又可变为中间派的国家，还有当年俄罗斯的葵花籽油的消费比例也超过了70%。因而在这样世界植物油供需不断变动中，如何进行稳定的供给与油脂贸易也成为我们需要随时研究的问题。

第二节　2007年的中国油脂工业及油脂市场

2007年我国油脂工业及油脂市场出现了一系列之“最”。

1. 国内油料产量连续三年减少，成为2004年以来的“最低点”　据国家粮油信息中心和美国农业部提供的资料，2007年，我国八大油料的总产量和折油量与2006年相比，都有不同程度的减少，虽然减幅不大，但均创自2004年以来的“最低点”（见表46-4）。其中2007年大豆产量为1400万吨、花生产量为1400万吨、油菜子产量为1200万吨、棉籽产量为1260万吨、葵花籽产量为180万吨、芝麻产量为59万吨、油茶籽产量为83.5万吨（此产量为估计数，与2004年产量相当）、亚麻籽产量为35万吨，油料合计总产量为5617.5万吨，较2006年的5720.1万吨减少了102.6万吨。2007年国产油料扣去直接食用和留种等用途外，总折油量1034.7万吨，较2006年减少了9万吨。

表46-4　2004年、2005年、2006年和2007年主要油料生产情况及折油一览表　单位：万吨

油料	2004年		2005年		2006年		2007年		2007年与2006年比较	
	产量	折油	产量	折油	产量	折油	产量	折油	产量	折油
大豆	1720	127.7	1880	139.6	1550	115.1	1400	104	−150	−11.1
花生	1431	241.8	1470	248.4	1380	233.2	1400	236.6	20	3.4
油菜子	1304	469.4	1120	403.2	1220	439.2	1200	432	−20	−7.2
棉籽	1074	154.7	960	138.2	1211	174.3	1260	181.4	49	7.1
葵花籽	1970	41.4	170	35.7	168	35.3	180	37.8	12	2.5
芝麻	89.5	23.8	76	20.2	72	19.2	59	15.7	−13	−3.5
油茶籽	83.5	16.7	83.5①	16.7	83.5①	16.7	83.5①	16.7	0	0
亚麻籽	38	11.4	40	12	35.6	10.7	35	10.5	−0.6	−0.2
合计	7710	1086.9	5799.5	1014	5720.1	1043.7	5617.5	1034.7	−102.6	−9

① 油茶籽产量暂缺，假设与2004年产量相同。

注：1. 2007年国产油料数字来自国家粮油信息中心，其中葵花籽产量来自美国农业部。

2. 油料的折油计算方法：国产大豆按16.5%折油；花生按26%折油；油菜籽按36%折油，棉籽按16%折油，利用率按90%计算；葵花籽按35%折油；芝麻按38%折油，亚麻籽按30%折油；油茶籽按20%折油。

2. 进口油脂油料再创历史新高　2007年，由于国产油料减产和油脂的消费量继续增长，我国进口油脂油料的数量再创历史新高。根据海关总署提供的资料（表46-5），2007年我国进口大豆油282.3万吨。

表46-5　2004年、2005年、2006年和2007年油脂、油料进口一览表　单位：万吨

年　度	2004	2005	2006	2007	2007与2006比较
进口折油	1054	1109.5	1202.4	1509	306.6
大豆油	252	169.4	154.3	282.3	128
菜子油	35.3	17.8	4.4	37.5	33.1
棕榈油	385.6	433	508.2	509.5	1.3
大豆	2023	2659	2827	3082.1	255.1
油菜子	47	29.6	73.8	83.3	9.5
芝麻				19.4	19.4
其他油料				0.9	0.9
其他油脂				87.2	87.2

注：1. 进口数字来自海关总署。

2. 进口的其他油脂，包括椰子油、亚麻籽油、芝麻油、橄榄油、葵花籽油等。

3. 进口油料折油：大豆按18%、油菜子按36%、芝麻按38%，其他油料按30%计算。

另据海关总署提供的资料和数据，2007年我国出口油脂油料合计折油35.6万吨。由此可见，2007年，我国净进口油脂油料的折油为1473.4万吨（即为进口油脂油料折油1509万吨减去出口油脂油料折油35.6万吨之差）。

3. 我国食用植物油总供给量和人均占有量均创历史最高水平　2007年，我国食用植物油总供给量达2508.1万吨（即为国产油料总折油量1034.7万吨加上净进口油脂油料的折油1473.4万吨之和），较2006年的2198.2万吨，增加了309.9万吨，增长14.1%。

2007年，我国食用植物油的人均占有量为19.29kg，较2006年的16.91kg增加了2.38kg，增长14.1%。这样高的增长率是我国食用植物油供应史上从未有过的。现在，我国食用植物油的人均占有量已达到全球植物油人均占有量19.48kg的水平。

4. 我国食用植物油的自给率降到历史最低水平　2007年，在我国2508.1万吨食用植物油的总供给

量中，国产食用植物油为1034.7万吨，自给率只有41.25%，较2006年的47.5%，又下降了6.25个百分点，成为我国历史上食用植物油自给率最低的年份。

5. 食用植物油的价格频创历史最高 2007年，我国食用植物油的市场价格受国际石油价格和食用植物油价格不断攀升的拉动，各种食用植物油价格频创历史记录，到2008年年底，各种食用植物油及其饼粕等相关产品的市场价格与两年前相比，高了近一倍。

6. 油脂工业的各项经济技术指标均创历史之“最” 2007年，由于我国食用植物油总供给的快速增长，加上油脂市场产销两旺，我国油脂工业的产量、产值、销售量、销售额和利润总额等经济技术指标都创历史最高记录。其中利润总额在2006年46.82亿元的基础上进一步大幅度增加，超过了60亿元。

第三节 世界植物油和油料供需中期预测

OECD/FAO（经合组织/联合国粮食与农业组织），近期发表了有关世界粮食供需中期预测(OECD-FAO Agricultural Outlook 2008～2017)。2007年发表的《农业展望2008～2017》是OECD第十四个农业年度展望，也是和FAO共同编写的第四个农业展望报告。

该期展望是在对主要温带地区农产品生产、消费、贸易、库存及价格预测的基础上，评估了到2017年的农业市场前景。这些预测是以全球宏观经济条件、人口增长、国家农业及贸易政策、生产技术和气候条件方面的特定假设为基础。展望阐述市场如何受经济发展和政府政策影响，强调了可能影响市场结果的某些风险和不确定性。该报告涵盖39个国家19个地区，包括所有经合组织成员国及一些非经合组织农业生产大国，如中国、印度、俄罗斯、巴西经济迅速腾飞中的‘金砖四国’，以及世界第三大的大豆和大豆油生产国阿根廷。

价格—OECD/FAO世界粮油供需预测，2007年的展望的基调是：最近的农产品价格高涨是短期的、在数年后价格将会趋于稳定。但是，国际派的学者和媒体却认为，农产品价格的高涨不久将会终结，这只是某些国际机关的看法。这一冷静的论点，现今在已被OECD/FAO所接受，成为2008年度预测的背景。

在2007年年度《农业展望2008～2017》明确表示：“现在高涨的农产品价格在预测期间，粮食和油料价格仍将会在现今的高位运行”。

这些论点主要基于：①发展中国家及人口大国植物油，及饼粕饲料的需要增加；②生物燃料的需要扩大。此外，还有一个重要原因是国际投机资金的影响。

1. 生物燃料需要扩大 在《农业展望2008～2017》的油籽油料和植物油说明中，着重指明：“在预测的所有农产品种类中，植物油的需要位于最急速增加的项目之列”。报告指出，食用及饲料用需要增加，生物柴油的需要量增加是非常显著的，“生物燃料，由于作为原材料植物油的直接利用，以及与生物乙醇的玉米原料作物竞争的间接影响，已成为油料及其加工品市场长期的牵引车（long term driver)”。

用于生物柴油的植物油，在未来预测的10年期间中，预计将增加1430万吨，而这相当于同期所有植物油消费增加量的1/3。

特别是在欧盟历来主张将菜油用于生物柴油，在2017年中，预计它将为世界植物油消费量的80%、EU境内植物油消费量的41%将用于生物柴油。在欧盟以外，加拿大和澳大利亚生物柴油的需要量也在增加。

在生物乙醇生产不断扩大的美国，生物燃料对农产品价格上升的影响是1%～2%，虽然这一主张受到国际间的猛烈地批判，但是报告预测明确指出，由于有各种各样的原因，生物燃料的影响仍将扩大。相对于这样显著增加的需要，消费与供应的均衡，必然会导致粮油高价格的持续上升。

报告指出，在植物油料和植物油的生产中，在预测期间，世界的油料将增加38%，植物油将增加58%。植物油的增加率来源于油籽油料（大豆、菜子及葵花籽等）的提高，同时也包含果实类油脂原料（棕榈油、棕榈核油、橄榄油等）的增加。油籽油料一半以上是由OECD非加盟国（发展中国家）生产的，其中包括有巴西、阿根廷、中国等主要生产地，而在植物油中，加上马来西亚、印度尼西亚、菲律宾的热带油脂（棕榈油、棕榈核油、椰子油），OECD非加盟国的生产比例会变得更高。特别是棕榈油的生产，到2017年将增加80%，占世界的植物油生产量的比例将从基准年（2002/2003年～2006/2007年平均）的36%提高到42%。油籽油料是一年一生，在主要生产国中，由于农田的扩大已接近于一定的限界，此外还有油料与其他农作物竞争等因素的影响，油籽油料生产的增加将受到一定的制约。棕榈油将来虽然也有农田扩大的制约，但因为棕榈可常年收获，油脂的高收率仍是可以期待的。因此，预计未来油料的生产将更多地依存于棕榈油的增长上。

中国植物油生产的动向倍受世界注目，预计今后其增加率将稍有降低。在过去的10年间，中国植物油生产量以年均8.1%的惊人的速度在增长，而在新的预测期间，将会降低到3.5%。但是，即使这样，它仍然是一个高增长率，其结果是在2017年，预计中国将变为世界第2位油料输入国（第一位是EU）。需求的预测与生产的预测同时进行，即使有强势的需求，但它也不能超过生产量。另外，在2007年，有期末库存每年大体稳定在同一水准作为前提。但是，在现实中，在需求较强的时期中，消费量超过生产量，则可考虑以削减库存来确保供给。植物油料和植物油的预测及对比见表46-6～表46-8。

表46-6　植物油料和植物油生产预测　单位：百万吨

种类	类别	基准年	Sep-2008	Dec-2011	2014/2015	2017/2018
植物油料	OECD加盟国	115.5	123.9	128.9	133.7	138.6
	OECD非加盟国	162	191.9	212.4	228.2	244.6
	世界合计	277.5	315.8	341.3	361.9	383.2
植物油	OECD加盟国	24.8	27.6	29.6	31	32.8
	OECD非加盟国	65.8	82.9	92.3	101.6	110.7
	世界合计	906	110.5	121.8	132.6	143.5
	其中，棕榈油	33.5	44	49.6	55.1	60.5

注：基准年：2002/2003年～2006/2007年平均值。

表46-7　植物油料和植物油供需（消费）预测　单位：百万吨

种类	类别	基准年	Sep-2008	Dec-2011	2014/2015	2017/2018
植物油料	OECD加盟国	111.5	120.4	127.8	132.9	139.1
	OECD非加盟国	164.9	196.5	212.7	228.8	243.9
	世界合计	276.4	316.9	340.6	361.8	383
植物油	OECD加盟国	31.4	39.4	44.2	47.2	50.2
	OECD非加盟国	57.7	70.7	77.6	85.3	93.2
	世界合计	89.1	110.1	121.8	132.5	143.4

注：与表46-6同。

表46-8　与2007年预测的对比（2016/2017年）　单位：百万吨

种　类	类　别	2007年预测	2008年预测
植物油料的消费	OECD加盟国	136.4	136.7
	OECD非加盟国	233.4	238.8
	世界合计	369.8	375.5
植物油的消费	OECD加盟国	46.6	49.2
	OECD非加盟国	85.7	90.5
	世界合计	132.3	1397

注：2007年预测的目标年次与2008年预测的同年次中的预测值的比较表。

为了验证油籽油料和植物油急增的情况，不妨与2007年的预测做一比较。2007年预测的目标年是2016/2017年，以那个时点做出比较。另外，这一预测是以生产状况总体没有变化为前提的。

2. 发展中国家油料饼粕需要量急速增加　在油籽油料饼粕中（表 46-9），预计伴随着在发展中国家畜产品消费增加，其需要量将急速增加。其中，在预测期间，油料饼粕消费量的增加率，先进国家是 19%，而在发展中国家，则接近于 90%。

表 46-9　油料饼粕的预测　　单位：百万吨

项目	类别	基准年	Sep-2008	Dec-2011	2014/2015	2017/2018
生产量	OECD 加盟国	73	78.9	84.2	87.6	91.6
	OECD 非加盟国	101	120.5	131.8	142.5	152.9
	世界合计	174	199.4	216	230.2	244.5
消费量	OECD 加盟国	96.2	105.8	108.7	111.4	114.2
	OECD 非加盟国	73.3	94	107.2	118.7	130.2
	世界合计	169.5	199.8	215.9	230.2	244.4

另一方面，作为世界大豆供应国与坚持差别税收政策的阿根廷，将会进一步提高它作为世界植物饼粕出口基地的地位。

3. 发展中国家油料的贸易量占世界半数以上　在有关贸易预测中显示，在油籽油料中，先进国家（OECD 加盟国）的油料输入量稍有减少，而在发展中国家（OECD 非加盟国）输入量将大幅增加。相对于基准年中，发展中国家油籽油料的输入比例是 53%，而到预测目标年中，预计将高达 68%。这是由于发展中国家的经济发展是及众多人口为背景的。油料的输入量预测见图 46-1。

植物油的输入也是发展中国家占主要部分，这一总的贸易结构不会有大的变化。但是，先进国家植物油的输入也会有所增多。因为，在先进国家也存在着对棕榈油的一定的依存度，另外，还有生物燃料需要增加等背景的影响。再者，预计发展中国家的植物油输入量也会有所增加。这主要是因为，在这些国家若要进行制油生产，需要相当数额的投资，而在资金匮乏的场合中，有时不得不依赖于进口。植物油的输入量预测见图 46-2。

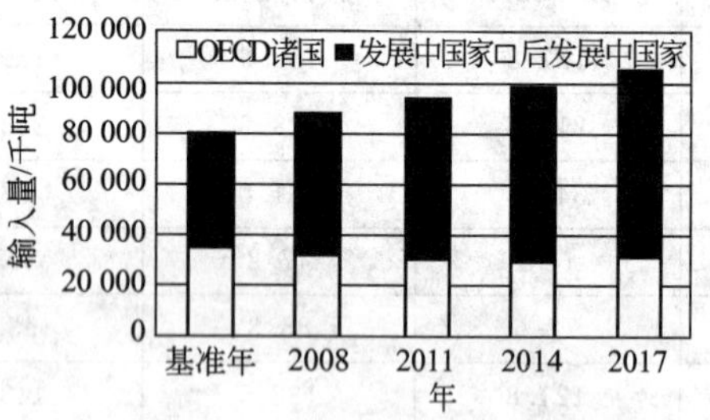

图 46-1　油料的输入量预测

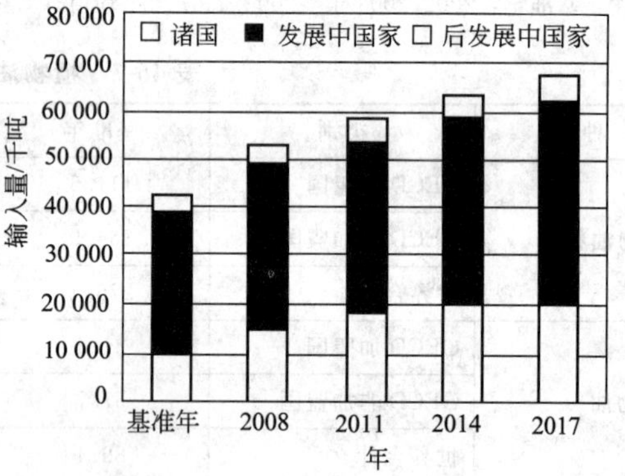

图 46-2　植物油的输入量预测

4. 持续走高的油籽油料和植物油的国际价格　以上述供需预测为前提进行价格预测，是 2007 年度报告进行分析的一大特征，事实上，现在高价格已经对世界人们生活带来很大的影响。

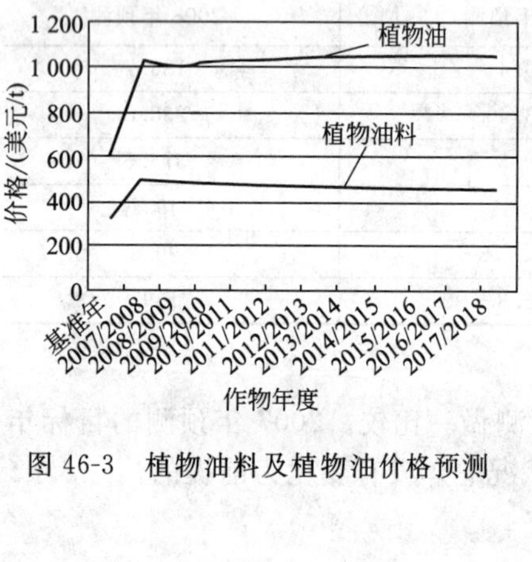

图 46-3　植物油料及植物油价格预测

如前所述，在 2007 年的预测中，认为农产品的国际价格高涨是一时的，预计短期间将会稳定，但是在 2008 年的预测中，则认为现在的高价格在预测期间内将会继续在高位运行（图 46-3）。

在 2008 年度报告中，仅预测了今后 10 年期间的情况，对 2018 年以后未做预测。这里是限于生物燃料政策不做大的转换为前提的，但根据现今的走向，在 2018 年以后，这一趋势仍将会继续下去。

所有植物油料，植物油价格由 OECD/FAO 作为机构综合评价计算值。

在油籽油料、植物油及饼粕的价格 2008 年预测中，与 2007 年预测对比，情况如表 46-10 所示，各种油料和植物油价格均有所增加。其中，油籽油料的价格将提高 53%，植物油的价格增长 71%。

表 46-10　价格预测比较（2016 年/2017 年时点）　单位：美元/t

项　目	2007 年预测	2008 年预测
植物油料的价格	299.6	457.6
植物油的价格	617.9	1055.1
饼粕的价格	200.8	305.8

5. 预测的条件

上述世界植物油料和植物油的中期预测，是以“现在的条件继续不变”，有关食品和生物燃料的相关政策仍然以现行的政策继续为前提，OECD/FAO 相关机构对世界经济发展动向、人口的增减等基本指标经过综合分析做出的。

参　考　文　献

[1]　相海，李子明，周海军．世界植物油消费状况．中国油脂，2003，(2)：68-71.

[2]　王瑞元．2007 年的中国油脂工业及油脂市场．中国油脂，2008，(5)：1-4.

[3]　赵国志，刘喜亮，刘智峰．世界植物油需中期预测．中国粮油学会第五届学术会论文集，2008：20-24.

第七篇

产业政策与标准

第四十七章　产业安全的操作管理

植物油料加工从原料到副产品的整个系统过程都是食品系统过程的组成部分，而食品是人类赖以生存与发展的物质基础。随着经济的发展、文化的进步、生活水平的提高，人们越来越注重自身的饮食健康，食品安全问题也日渐凸显出来。目前，不论是发达国家还是发展中国家，不论食品安全监管制度完善与否，都会面临食品安全问题。而且在WTO规则下，各国之间关税壁垒已逐渐淡化，以食品安全问题为主线的非关税技术壁垒已成为各国贸易保护和市场垄断的“合法武器”，因此，食品安全问题已成为当今世界各国着重关注的焦点。

第一节　食 品 安 全

食品安全（food safety）是指食品及食品相关产品不存在对人体健康造成现实的或潜在的侵害的一种状态，也指为确保此种状态所采取的各种管理方法和措施。食品安全的概念常常与食品卫生、食品质量的概念交织在一起，因此，阐述食品安全的含义离不开对食品卫生、食品质量概念的理解。

一、食品在法律上的含义

食品作为人类生命活动的物质基础之一，必须具备以下条件：一是具有一定的营养成分与营养价值；二是在正常摄食条件下，不应对人体发生有害影响；三是具有良好的感官性状，即色、香、味、外形及硬度等，符合人们长期形成的概念。

二、食品安全在法律上的含义

就食品安全而言，至少有三层含义：第一层含义是食物数量的足够，指食物数量满足人民的基本需求；第二层含义是食品质量安全，是指食品中有害物质含量对人体不会造成危害；第三层含义是食物满足人类营养与健康的需要，指从食物中摄取足够的热量、蛋白质、脂肪以及其他营养物质（纤维素、维生素、矿物质等）。这三个层次反映了随着生产力的发展和人们生活水平的提高，人类对食品安全的需求从量到质的深化。因此食品安全不仅是个法律上的概念，更是一个经济、技术上的概念。

三、食品安全风险监测和评估

为了保证食品安全，对食源性疾病、食品污染以及食品中的有害因素进行监测，国家建立了食品安全风险监测制度。

国务院卫生行政部门会同国务院有关部门制定、实施国家食品安全风险监测计划。省、自治区、直辖市人民政府卫生行政部门根据国家食品安全风险监测计划，结合本行政区域的具体情况，组织制定、实施本行政区域的食品安全风险监测方案。

国务院农业行政、质量监督、工商行政管理和国家食品药品监督管理等有关部门获知有关食品安全风险信息后，应当立即向国务院卫生行政部门通报。国务院卫生行政部门会同有关部门对信息核实后，应当及时调整食品安全风险监测计划。并建立食品安全风险评估制度，对食品、食品添加剂中生物性、化学性和物理性危害进行风险评估。

国务院卫生行政部门负责组织食品安全风险评估工作，成立由医学、农业、食品、营养等方面的专家组成的食品安全风险评估专家委员会进行食品安全风险评估。通过食品安全风险监测或者接到举报发现食品可能存在安全隐患的，应当立即组织进行检验和食品安全风险评估。

国务院农业行政、质量监督、工商行政管理和国家食品药品监督管理等有关部门应当向国务院卫生行政部门提出食品安全风险评估的建议，并提供有关信息和资料。国务院卫生行政部门应当及时向国务院有关部门通报食品安全风险评估的结果。

国家强化了食品的风险监测、安全性评估，就能够预防和控制食品安全事故的发生。

四、食品安全管理部门职能

我国是一个食品生产和消费大国，随着市场经济的快速发展和生活水平的提高，特别是加入 WTO 后，消费者对食品安全更加关注，食品安全与食品贸易的关系更为密切，提高我国食品安全水平的要求越来越迫切。为深入贯彻《食品安全法》，充分保障食品安全，近年来我国政府和各相关行政部门先后组织实施了"无公害食品行动计划"、"三绿工程"（提倡绿色消费、培育绿色市场、开辟绿色通道）、"食品药品放心工程"、"食品安全行动计划"等，将保证食品安全列为整顿和规范市场经济秩序的重要工作内容。

为保障食品安全，必须健全法制管理体系，完善相关的法律法规体系，加强政府有关职能部门对食品安全的监督管理工作；强化企业的自身管理，实施先进的食品质量安全管理体系；不断提高消费者的自我保护意识，发挥媒体的社会舆论监督机制，注重社会道德约束作用。

食品质量安全涉及种植、养殖、加工制作、储运销售、食堂餐饮、营养卫生等众多环节，它们均有各自明显不同的专业特点。保证产品质量安全是一项系统工程，需要各个部门密切配合，进行全过程监督管理工作。各有关行政部门需要明确责任，分工负责。

国家食品药品监督管理局行使食品、药品、化妆品安全监督管理职能，负责食品、保健品安全管理的综合监督和组织协调，并依法组织开展对重大事故的查处。

农业行政管理部门主管全国农产品质量安全的监督管理工作，组织建设农产品标准化生产基地，实施农产品质量安全例行监测制度。

商务（经贸）部门要加强食品流通的行业指导和管理，推进流通体制改革，建立健全食品安全检测体系。

卫生部门要积极推行食品卫生监督量化分级管理制度，加强食品卫生日常监管和卫生许可证发放的监督管理，强化对学校食堂和餐饮业的卫生监督，进一步完善食物污染物监测网络。

工商行政管理部门负责食品生产企业及个体工商户的登记注册工作，取缔无照生产经营行为，加强上市食品质量监督检查，严肃查处虚假食品广告、商标侵权的违法行为。

质检部门负责食品生产加工企业的监督管理，组织专项监督抽查，推行食品认证，全面实施加工食品质量安全市场准入制度，查处假冒伪劣食品生产和无证生产的违法行为，负责实施对进出口食品的检验检疫和质量安全监督管理。

第二节 食品质量安全市场准入

为了从生产加工源头保证食品质量安全，保障人身健康和安全，维护广大人民群众的根本利益，提高食品质量安全水平，加强对食品质量安全的监督管理，我国实施了食品质量安全市场准入制度。在国内从事食品生产加工的企业必须具备保证食品质量安全的基本生产条件，按规定程序获取食品生产许可证，所生产加工的食品必须经检验合格，并加印（贴）食品质量安全市场准入（QS）标志后，方可出厂销售。

实行食品质量安全市场准入制度应坚持事先保证与事后监督相结合的原则，实行分类管理、分步实施的原则，实行统一领导、分级实施的组织管理原则。

一、食品生产加工企业必备条件

1. 应当符合法律、行政法规及国家有关政策规定的企业设立条件　食品生产加工企业按现行法律、行政法规及国家有关政策的规定设立企业，必须取得卫生部门发放的食品卫生许可证，向工商行政部门申请登记企业法人营业执照或者个体营业执照，最后在质量技术监督部门申领食品生产许可证。

2. 环境条件 食品生产加工企业保证产品质量安全的环境条件主要包括厂区环境和车间环境。

企业厂区应当整洁，应建在无有害气体、烟尘、灰尘、粉尘、放射性物质及其他扩散性污染源的地区。

企业的生产场所应能满足生产的需要；车间、库房清洁明亮；有防尘、防蝇、防鼠等设施；生产车间应有洗手、消毒、更衣设施；厕所应设置在生产车间外侧，各种废弃物应存放在车间外较远处。

3. 生产设备、设施条件 食品生产加工企业必须具备保证产品质量安全的生产设备、工艺装备和相关辅助设备。生产设备一般指食品企业生产、加工、制造产品的各种机器。生产的产品不同，所需的生产设备也不同。工艺装备是指产品制造过程中所使用的各种工具的总称，相关辅助设备是根据产品特点和生产要求，必须配备的辅助设备。

企业生产设备的性能和精度应满足有关规定及安全生产的要求。并应加强设备的维护保养。直接接触食品及原料的设备和容器，必须无毒、无害、无异味，并易消毒。

企业应当具有与保证产品质量相适应的原料处理厂房或场所。加工车间设计要合理，能满足从原料到成品出厂整个生产工艺流程的要求。原材料储存库和成品储存库应当清洁卫生，保证储存的原材料和成品不变质、不失效。

以辐射加工技术等特殊工艺设备生产食品的，还应当符合计量等有关法规、规章规定的条件。

4. 加工工艺及过程要求 食品加工工艺流程应当科学、合理，生产加工过程应当严格、规范，防止生物性、化学性、物理性污染以及防止生食品与熟食品，原料与半成品、成品，陈旧食品与新鲜食品等的交叉污染。

食品污染往往会因工艺流程不科学及加工过程失控引起，因此科学地设计工艺流程和严格控制加工过程至关重要。工艺流程设计要科学、合理，应当按照从生到熟，从原料到成品顺序将各工序隔开，成品包（罐）装工艺要有严格的卫生保障措施，空气流向应当从清洁区流向污染区并与成品流向相反等。在食品的加工过程中每一道工艺都有原料的投入和产品的产出，整个生产过程形成了食品加工链，在每一个关键环节上必须控制食品的污染，必须对人员、设备、原辅材料、工艺过程、环境条件5个方面提出严格的管理要求和技术规范，并通过严格、规范的程序操作，防止食品的交叉污染。

在食品生产加工和搬运、储存过程中，应加强产品防护，防止原料、半成品、成品出现污染或损坏。

在食品生产加工过程中防止食品污染，主要是防止物料与食品的交叉污染，如要注意生食与熟食分开，原料与半成品、成品分开；防止人员对食品的污染，如防止生产加工人员未消毒的手、不洁净的工作服或汗滴、毛发等对食品的污染；防止设备、工具、容器对食品的污染，如防止设备里的机油，工具，容器上残留的清洁剂、消毒剂等对食品的污染；防止车间环境对食品的污染，如生产车间的灰尘、脏水、屋顶脱落物、水珠以及蚊蝇、虫鼠等对食品的污染。

食品生产加工企业应制定科学、合理的各种工艺文件，工艺文件是规定生产加工技术方法的文件，也包括生产加工管理的文件。企业工艺文件主要有：工艺路线表、工艺流程图，工艺过程卡、工序工艺卡、加工工艺卡、装配工艺卡，工艺守则、生产程序、作业指导书、工艺操作规范，消耗定额、工时定额，其他工艺文件等。

5. 原材料要求 食品生产加工企业生产食品所用的原材料均应当是无毒、无害，符合相应的强制性国家标准、行业标准及有关规定。企业不得使用非食用性原辅材料加工食品，不得使用食品生产的废液、废料进行食品生产，不使用有毒、有害、有疫病的原辅料生产食品，应优先使用获得生产许可证企业的产品进行生产。对采购的原辅材料、包装材料以及外协加工品要求进行检验或验证。

食品生产加工企业应当使用符合国家法律、法规和强制性标准的添加剂进行生产，严格执行《食品添加剂卫生管理办法》，执行GB 2760—2007《食品添加剂使用卫生标准》等国家强制性标准。对于部分具有一定毒副作用的食品添加剂，应当尽可能不用或少用，必须使用时应严格控制其使用范围和使用量。

6. 产品标准要求 食品生产加工企业必须按照有效的产品标准组织生产。食品质量安全必须符合法律法规和相应的强制性标准要求，无强制性标准规定的，应当符合企业明示采用的标准要求。“明示采用的标准”是指企业在组织生产中所采用的检验产品质量的标准，并且已将该标准的编号标注在产品的标识上。产品如有强制性标准，企业明示执行企业标准时，该标准不得低于国家、行业或者地方的强制性标准。产品没有强制性标准的，以企业明示执行的标准作为判定依据。

食品企业应具备的标准主要有：原辅材料标准、产品标准（含产品卫生标准）、检验标准、包装标准等；相关标准有GB 5749—2006《生活饮用水卫生标准》、GB 7718—2004《预包装食品标签通则》、《定量包装商品计量监督规定》等。

7. 人员要求

（1）人员资格　食品生产加工企业负责人和主要管理人员应当了解与食品质量安全相关的法律法规知识；食品企业必须具有与食品生产相适应的专业技术人员、熟练技术工人和质量工作人员。企业领导应了解生产者的产品质量责任义务，质量管理人员应具有一定的质量管理知识及相关食品生产知识，技术人员应掌握食品生产专业技术知识，生产操作人员应能看懂相关技术文件，且能熟练地操作设备。

（2）健康管理　食品生产经营人员（包括临时工）必须进行健康检查，取得健康合格证后方可参加工作。食品厂全体工作人员每年至少体检一次，并在必要时进行临时体检。工厂应建立职工健康档案。

8. 质量检验和计量检测要求　食品生产加工企业应当具有与所生产产品相适应的质量检验和计量检测手段。企业应当具备产品出厂检验能力，检验、检测仪器必须经计量检定合格后方可使用。不具备出厂检验能力的企业，必须委托国家质检总局统一公布的、具有法定资格的检验机构进行产品出厂检验。

检验能力包括检验仪器设备、设施，检验人员、检验技术和方法。企业出厂检验设备的性能、准确度应能达到规定的要求，并在检定或校准的有效期内使用。食品生产企业常用的计量器具和设备有磅秤、流量计、温度计、压力表、灌装机、辐射加工设备。

企业应有独立行使权力的质量检验机构或专（兼）职检验管理人员和相应的检验人员，应制定成品质量检验制度以及检测设备管理制度。企业委托检验时，要签有正式的委托检验合同。

企业在生产过程中应按规定开展产品质量检验工作（过程检验），做好各项检验记录。企业应严格按产品标准及有关规定对出厂产品进行检验和试验（出厂检验），并出具产品质量检验报告和合格证。

9. 建立健全质量管理体系要求

（1）对质量管理体系的要求　食品生产加工企业应当在生产的全过程建立标准体系，实行标准化管理，建立健全企业质量管理体系，实施从原材料采购、产品出厂检验到售后服务全过程的质量管理，建立岗位质量责任制，加强质量考核，严格实施质量否决权。

食品生产企业应制定明确的质量目标，并贯彻执行，要健全内部产品质量管理制度，主要包括：组织结构图、岗位质量责任、考核办法、文件管理制度、生产过程管理制度、生产设备设施管理制度、人员培训管理制度、采购质量管理制度、不合格品管理制度、检验管理制度。

生产过程控制是对从原料投入到产品产出的全过程控制。生产过程控制要求有明确的工艺流程，确定生产过程关键工序、质量控制点，企业应制定关键质量控制点的操作控制程序或作业指导书，并切实实施，以控制和保证食品质量安全。

（2）企业认证　鼓励企业根据国际通行的质量管理标准和技术规范获取质量体系认证或者HACCP认证，提高企业质量管理水平。

企业质量体系认证是根据国际通用的质量体系标准，经过认证机构对企业质量体系进行审核，通过颁发认证证书的形式，证明企业的质量体系符合相应要求的活动。国际通用的质量管理体系标准是ISO 9001：2000《质量管理体系——要求》，我国已将其等同采用并转化为国家标准GB/T 19001—2000。质量体系认证是自愿性认证。

HACCP系统是目前食品行业有效预防食品质量与安全事故最先进的管理方法，已成为国际上通用的一种食品安全控制体系。我国将逐步在食品企业实施HACCP管理。

10. 包装、标识要求　食品包装和用于食品包装的材料必须清洁、无毒、无害，对食品无污染。食品生产企业在选购食品包装时，要验证包装及其制作包装的材料是否符合国家法律、法规和强制性标准的规定，审查包装产品和包装材料生产企业提供的检测报告。

食品标签是标注在销售包装上的产品标识，是预包装食品容器上的文字、图形、符号，以及一切说明物。食品的标签必须符合相应的规定和要求，如强制性国家标准《预包装食品标签通则》（GB 7718—2004）、《预包装特殊营养品标签通则》（GB 13432—2004）的有关要求。裸装食品在其出厂的大包装上能够标注使用标签的，也应当予以标注。

11. 储运要求　储存、运输和装卸食品的容器、包装、工具、设备必须安全，保持清洁，对食品无污染。原料、半成品、成品在转运过程中防止食品污染，主要是注意运输容器、工具、车辆的清洁，以及铺垫物、遮盖物的干净卫生，同时注意不能将食品与其他物品同车运输等。在食品储存过程中防止污染，主要是注意食品的包装、置放以及库房的防尘、防潮、防鼠、防虫以及控温、采光等。

二、食品生产许可

国家对食品生产经营实行许可制度。食品生产许可证制度是食品质量安全市场准入制度的一个组成部分，没有取得食品生产许可证的企业不得生产加工食品，任何企业和个人不得销售无证食品。

国家质检总局授权省级质量技术监督部门组织开展本辖区食品生产许可证的受理、企业必备条件审查、产品质量检验和食品生产许可证发证工作。省级质量技术监督部门可以授权市（地）级质量技术监督部门承担食品生产许可证的受理和审查等具体工作。

1. 企业申请食品生产许可证的规定　食品生产加工企业按照地域管辖和分级管理的原则，到所在地的市（地）级以上质量技术监督部门提出办理食品生产许可证的申请。

企业经营范围应当覆盖申请取证产品。新建和新转产的食品企业，应当及时向质量技术监督部门申请食品生产许可证。除法律、行政法规规定的限制条件外，任何单位不得另行附加条件，限制企业申请食品生产许可证。

2. 食品生产许可证的审批

① 食品生产加工企业申请食品生产许可证时应提供的书面材料，具体包括以下内容：按照规定要求填写《食品生产许可证申请书》；企业营业执照、食品卫生许可证、企业代码证（复印件），不需办理代码证书的企业，提供企业负责人身份证复印件；企业生产场所布局图；企业生产工艺流程图（标注有关键设备和参数）；企业质量管理文件；如产品执行企业标准，还应提供经质量技术监督部门备案的企业产品标准；不具备自行出厂检验能力的企业还须提供有效的委托检验协议；申请表中规定应当提供的其他材料。

② 质量技术监督部门在接到企业申请材料后，组成审查组，对申请书和资料等文件进行审查，审查申请材料的完整性、准确性和有效性。企业材料符合要求的，发给《食品生产许可证受理通知书》。企业申报材料不符合要求的，允许企业补正，逾期未补正的，视为撤回申请。

③ 对于书面材料审查合格的企业，审查组按照食品生产许可证审查规则，完成对企业必备条件和出厂检验能力的现场审查，并对现场审查合格的企业，由审查组现场抽封样品。

《食品生产加工企业必备条件现场审查表》包括六大部分，即质量管理职责、生产资源提供、技术文件管理、采购质量控制、过程质量控制、产品质量检验等审查内容。

④ 发证检验是对产品的全项目质量检验。审查组或者申请取证企业应当在封样后按期将样品送达指定的检验机构。检验机构收到样品后，应当按照规定的标准和要求进行检验，并应当在规定的期限内完成检验工作。

⑤ 经必备条件审查和发证检验合格而符合发证条件的，对审查报告进行审核确认无误后，由省级质量技术监督部门统一汇总符合发证条件企业的材料，将符合发证条件的企业名单及相关材料报送国家质检总局。

⑥ 国家质检总局对符合发证条件的企业材料审核批准后，公告获得食品生产许可证的企业名单。省级质量技术监督部门根据国家质检总局的批准，对符合发证条件的生产企业发放食品生产许可证。

食品生产许可证的式样由国家质检总局统一规定。食品生产许可证由国家质检总局统一印制并加印审批部门印章，食品生产许可证含正本和副本。

⑦ 出口食品生产加工企业生产的食品在国内销售的，应当申请办理食品生产许可证。已获得出入境检验检疫机构颁发的出口食品卫生注册证、登记证的企业，或者已经通过HACCP体系认证、验证的企业，在申请食品生产许可证时，免于企业必备条件审查。获得国家质检总局认定的食品认证企业，在

申请食品生产许可证时，按照不重复的原则，简化或者免于企业必备条件审查。

3. 食品生产许可证的管理

① 食品生产许可证的有效期一般不超过5年。不同食品其生产许可证的有效期限在相应的规范文件中规定。企业应在食品生产许可证有效期满前，按有关规定重新申请换证。

② 食品生产许可证实行年审制度。

③ 食品生产加工企业在食品原材料、生产工艺、生产设备等生产条件发生重大变化，或者开发生产新种类食品的，应当按规定申请变更食品生产许可证。

企业名称发生变化时，也应当对食品生产许可证办理更名手续。

④ 食品生产许可证采用英文字母“QS”加12位阿拉伯数字编号方法。编号前4位为受理机关编号，中间4位为产品类别编号，后4位为企业序号。凡取得生产许可证的产品，企业必须在产品的包装和标签上标注生产许可证编号。

受理机关编号前2位代表省、自治区、直辖市，后2位代表各地市编号。

前2位编号规则：北京11、天津12、河北13、山西14、内蒙古15、辽宁21、吉林22、黑龙江23、上海31、江苏32、浙江33、安徽34、福建35、江西36、山东37、河南41、湖北42、湖南43、广东44、广西45、海南46、重庆50、四川51、贵州52、云南53、西藏54、陕西61、甘肃62、青海63、宁夏64、新疆65。

产品类别编号规定：小麦粉0101、大米0102、食用植物油0201、酱油0301、食醋0302、糖0303、味精0304、肉制品0401、乳制品0501、饮料0601、方便面0701、饼干0801、罐头0901、冷冻饮品1001、速冻米面食品1101、膨化食品1201。

三、食品质量安全检验

对用于生产加工食品的原材料、添加剂、包装材料和容器必须实施进货验收制度，不符合质量安全要求的，不得用于食品生产加工及包装。食品出厂必须经过检验，未经检验或者检验不合格的食品不得出厂、销售。

取得食品生产许可证并具有产品出厂检验能力的企业，可以自行检验其生产加工的、属于食品生产许可证许可范围内的食品。国家对于某些特殊食品的检验另有规定的，按照国家有关规定办理。实施自行检验的企业，应当每年将样品送到质量技术监督部门指定的检验机构进行比对。

不具备产品出厂检验能力的企业，按照就近就便的原则委托国家质检总局指定并统一公布的检验机构进行食品出厂检验。

承担食品检验工作的检验机构，必须具备法定资格和条件，按照国家规定经过计量认证、审查认可或者通过实验室认可，并根据有关的产品标准和技术法规等要求实施产品抽样和检验。

四、食品质量安全标志

实施食品质量安全市场准入制度的食品，出厂前必须加印（贴）食品质量安全市场准入标志，没有食品质量安全市场准入标志的，不得出厂销售。

食品质量安全市场准入标志是质量标志，表明食品符合质量安全基本要求，以“质量安全”的英文名称Quality Safety缩写“QS”表示。企业使用食品质量安全市场准入标志表明其产品经检验合格，符合食品质量安全的基本要求。加印（贴）QS标志的食品，在质量保证期内，非消费者使用或保管不当而出现质量问题的，由生产者、销售者根据各自的义务，依法承担法律责任。

食品质量安全市场准入标志（QS标志）的式样由国家质检总局统一制定。食品质量安全市场准入标志由食品生产企业自行加印（贴），使用时可根据需要按比例放大或者缩小，但不得变形、变色。

五、食品质量安全监督

获得食品生产许可证的企业应当保证持续稳定地生产合格的食品，并接受各地质量技术监督部门的监督和管理。食品销售企业，应当检查所出售的食品是否具有QS标志和食品生产许可证编号。

质量技术监督部门应当根据不同类型食品的特点，定期对食品质量安全进行监督检查，主要检查企业是否持续满足保证产品质量的必备条件、是否持续保证食品质量安全以及食品生产许可证和食品质量安全市场准入标志的使用等情况。

食品生产加工企业不得使用过期的、失效的、变质的、污秽不洁、陈化的、回收的或者非食用的原材料生产加工食品。质量技术监督部门应当加强食品生产加工企业原材料、添加剂及包装材料使用情况的监督检查。检查其在采购食品原材料时，是否向供货单位索取合格证明，或者自行检验、委托检验合格。

使用新资源、食品添加剂新品种生产加工食品，或者利用新的原材料进行食品包装的，食品生产加工企业必须在投产前进行质量安全检验，必须向质量技术监督部门提供质量安全检验证明。质量技术监督部门对上述新材料的使用进行监督。

第三节　食品卫生许可准入管理

食品卫生许可准入是食品卫生管理的主要内容，也是食品卫生监督制度量化管理的依据，它也是食品生产企业生产经营重要许可证之一。

一、食品卫生管理的内容

食品卫生管理的含义，除了各级卫生行政部门的食品卫生监督管理之外，一般指食品生产经营者和各级政府的食品生产经营者管理组织对食品生产经营全部活动的自身管理过程。

食品卫生管理主要包括以下内容。

① 食品应当无毒、无害，符合应有的营养要求，具有相应的色、香、味等感官性状，专供婴幼儿的主、辅食品必须符合国家规定的营养、卫生标准。

② 食品生产经营过程必须符合法定的卫生条件和卫生要求。

③ 生产经营和使用食品添加剂，必须符合国家卫生标准和卫生管理办法的规定，凡是不符合规定的食品添加剂，一律不得经营、使用。

④ 对食品、食品添加剂、食品容器、包装材料、食品用工具、设备，以及用于清洗食品和食品用工具、设备的洗涤剂、消毒剂，必须按照国家卫生标准、检验规程进行监督管理。

⑤ 对食品生产、经营过程依法进行监督管理。

⑥ 对食品生产经营企业和食品生产人员实行卫生许可证和健康证的制度。

⑦ 在县级以上人民政府卫生行政部门设立食品卫生监督员的制度。

二、食品卫生行政许可

食品生产经营卫生行政许可作为食品卫生监督的重要手段，在我国已成为一项独立的法律制度，即许可证制度。国家实施公共卫生许可证制度，有利于维护社会公共卫生秩序，有利于保障人民群众身体健康。卫生行政许可是指卫生监督机关根据相对人的申请，依法对其经营的项目和卫生设施等进行审查后，认为符合卫生标准和要求而赋予相对人从事中华人民共和国食品安全法律规范所一般禁止的事项的权利和资格的行为。

卫生行政许可的形式有卫生许可证、健康证、批准证书、批准文号证照等多种许可形式。

① 食品卫生许可证的发放按各省、自治区、直辖市人民政府卫生行政部门制定的卫生许可证发放管理办法执行。

② 利用新资源生产的食品、食品添加剂的新品种以及利用新的原材料生产的食品容器，包装材料和食品用工具、设备的新品种，投入生产前须提供所需资料和样品，按照规定的审批程序报请审批。

③ 食品用洗涤剂、消毒剂的审批程序按卫生部制定的有关规定进行。

④ 具有特定保健功能的食品必须报国家食品药品监督管理局审批。

⑤ 食品生产经营人员的卫生知识培训和健康检查，按卫生部的有关规定进行。

⑥ 食品广告的审批，按《食品广告管理办法》的规定进行。

三、食品生产经营企业的自身管理

食品生产经营者是食品卫生第一责任人。为提高食品生产经营企业食品安全责任意识，从源头上保证食品安全，建立加强食品生产经营企业行业管理及自身管理的食品安全监管模式，应采取以下措施。

① 建立企业诚信公告制度。加强食品行业管理，尽快建立和加强食品企业的诚信和食品安全承诺制度。对采用先进管理技术和方法，并具有良好信誉和确保食品安全的企业予以鼓励和表彰。

② 严格执行不合格食品收回制度。制定不合格食品收回制度，企业自身及行业管理规范，加强市场监督抽检，监督食品生产经营者落实不合格食品收回制度。

③ 推行食品卫生管理员制度。食品生产经营企业，应当配有取得资质的食品卫生管理员，实行食品卫生管理员责任制度。

④ 建立食品安全溯源制度，提高食品的可溯源性，增强消费者对食品安全的信心。

⑤ 食品企业应根据国家要求或自觉实施有效的食品安全控制措施，确保向消费者提供安全的食品。应鼓励食品企业增加投入，不断改进食品加工工艺和生产条件，在食品生产加工企业全面实施食品卫生规范（GHP）或者食品企业良好生产规范（GMP），积极推行危害分析关键控制点（HACCP）方法，以加强食品生产经营的行业管理和自身管理，保证食品安全。

四、食品卫生监督量化分级管理

为方便公众了解食品生产经营单位的食品生产经营条件和自身食品卫生管理水平，接受社会对食品卫生管理工作的监督，促进食品行业健康发展，尽快使我国食品卫生监督模式与国际接轨。通过总结国外食品卫生安全监督管理经验，结合我国食品生产经营现状，把问题较多的食品生产经营单位和群众反映较大的食品生产经营品种作为监督的重点，对食品生产经营单位实施了监督量化分级管理。

1. 食品卫生监督量化分级管理的总体目标　合理配置卫生人力资源，科学监督管理，提高食品卫生监督水平和效能；鼓励企业自律，加强对高风险、食品卫生信誉度低的食品生产经营单位的监督，提高食品卫生的整体水平。

2. 推行量化分级管理应遵循的原则　全程监督；量化评价，分级管理；动态监督；公开透明；卫生安全。

3. 食品卫生监督量化分级的标准　对取得卫生许可的食品生产经营单位进行经常性卫生监督的量化评分，根据卫生许可和经常性卫生监督审查结果对其进行风险性分级和食品卫生信誉度分级，并确定次年食品卫生监督的频率。食品卫生信誉度分A、B、C、D四个等级。

① 卫生许可审查和经常性卫生监督审查结论均良好，为低风险，评为A级，进行简化监督。

② 卫生许可审查和经常性卫生监督审查结论有一个良好，另一个一般的，为中风险，评为B级，进行常规监督。

③ 卫生许可审查和经常性卫生监督审查结论均一般的，为高风险，评为C级，强化监督。

④ 卫生许可审查结论为差的或者卫生许可审查结论为良好、一般，但是经常性卫生监督为差的，评为D级，不予许可或次年不予验证。

第四节　产业安全的相关知识

植物油料加工产业安全的相关知识较广，这里仅介绍植物油料加工产业相关的产品安全、转基因食品安全、辐射食品安全三个方面的有关基本知识。

一、农产品的安全与管理

1. 豆类的安全

(1) 抗营养因子　豆中含有多种生理有害物质，如胰蛋白酶抑制剂、血细胞凝集素、致甲状腺肿物质及胀气因子等，试验表明，这些物质经加热处理后几乎全部可破坏。因此，豆制品在加工时或食用前的加热处理是很重要的。如果饮用未煮熟的豆浆，容易造成食物中毒。

(2) 豆制品微生物污染严重　豆乳生产过程中，必须严格控制微生物污染，确保卫生质量要求合格，防止中小学生饮用劣质豆乳发生食物中毒。

豆制品生产中有许多为作坊式手工操作，卫生条件差，所以，在生产过程中很容易被微生物污染，产生腐败、发黏、变色等现象。为防止豆制品污染，应加强生产工具、容器、管道等的卫生管理。

(3) 人为污染　在腐竹、豆腐皮等豆制品中添加“吊白块”等有毒物质的现象较为严重。

2. 食用植物油脂的安全

(1) 酸败　油脂酸败可使油脂中的营养素如不饱和脂肪酸和维生素 E 等遭到破坏，油脂酸败的氧化产物如醛、酮等具有毒性，影响体内正常代谢，危害人体健康。为防止油脂酸败变质，应要求油脂纯度高，限制油脂中的水分含量≤0.2%，避免微生物的污染。油脂应在密封、避光、低温的条件下储存。

(2) 有机溶剂的残留　植物油生产分压榨法和浸出法两种生产工艺。压榨法是靠物理压力，将油脂直接从油料中分离出来，全程不涉及任何化学添加剂，保证食品安全、卫生、无污染，天然营养不受破坏。浸出法生产植物油时，常用溶剂（六号轻汽油），经过脱脂、脱胶、脱臭、脱酸等六脱工艺而成，其出油率高，成本低，但可能造成溶剂残留。国内市场上的花生油一般用压榨法生产，而大豆油多选用浸出法生产。我国要求在食用油包装上标明其加工工艺。

(3) 大豆油中的“转基因”成分　由于我国大豆色拉油 70%以上含有转基因成分，我国标准要求其产品包装必须明示是否含有转基因成分。对转基因食品的选择由消费者自己决定。

(4) 煎炸油反复使用　高温加热油脂不仅降低了营养价值，而且还产生一些有毒物质。老油中的部分有机物聚合变质后还会成为致癌物质。所以为确保煎炸油的安全，在使用中应控制油温不宜过高，一般保持在 200℃以下，连续使用时间不超过 10h。

(5) 黄曲霉毒素污染　油料作物种籽被霉菌及其毒素污染后，榨出的毛油中亦含有毒素。花生很容易被黄曲霉毒素污染，黄曲霉毒素含量过高的花生油必须经碱炼去毒后才能食用。

(6) 毛油中的其他有害成分　棉酚是存在于棉籽色素腺体中的有毒物质，在棉籽油加工时可带入油中。长期食用生棉籽油可引起慢性中毒，其临床特征为皮肤灼热、无汗、头晕、心慌、无力及低钾血症等。此外，棉酚还可导致性功能减退及不育症。采用热榨法和碱炼或精炼工艺可降低棉籽油中游离棉酚的含量。

芥子苷在油菜籽中含量较多，它在植物组织中葡萄糖硫苷酶的作用下，分解为硫氰酸酯、异硫氰酸酯和腈。硫氰化物可阻断甲状腺对碘的吸收，有致甲状腺肿的作用。

芥酸是一种二十二碳不饱和脂肪酸，在菜子油中含量较高。它可使动物心肌中脂肪聚积，心肌单核细胞浸润，并导致心肌纤维化，另外可引起动物生长发育障碍和生殖功能下降。

(7) 非食用油脂混入市场　我国严禁食用回收油和二手油等不符合卫生标准的劣质油。但个别不法分子为谋取私利，置消费者的健康于不顾，将食品加工企业反复使用的煎炸油，或从大城市的饭店泔脚中提炼废弃油脂，人称“地沟油”或“泔水油”，经过二次加工后将这些仅能作为工业用的油脂再售卖给消费者食用。更有甚者，是在食用油中添加矿物油，将工业用“白油”当做食用油出售，或用工业石蜡假冒牛脂肪熬制火锅调料。

3. 农产品安全管理

我国将制定相关的农产品安全政策，以加强农产品质量安全监督管理，提高农产品质量，保障消费安全和人民身体健康。建立农产品质量安全危险性评估制度，对农产品质量安全存在的危害和潜在危害进行评估。不断加强农产品质量安全知识的宣传，提高生产者、经营者和消费者的农产品质量安全意识。

(1) 生产环境管理　农产品生产环境应当符合国家有关部门规定的环境条件。禁止向农产品产地排放和倾倒有毒有害物质，超过国家规定标准的废水、废气及固体废弃物。污水和固体废弃物用于农业生产，应当经过无害化处理，并达到国家规定标准。

国家将建立农产品产地分类制度，农产品产地分为适宜生产区、限制生产区和禁止生产区。

(2) 生产过程管理　农产品生产者应当科学合理使用农药、兽药、饲料和饲料添加剂、肥料、种子、农业机械等农业投入品。禁止在农产品生产过程中使用国家明令禁止、淘汰的或者未依法取得登记、许可的农业投入品。禁止将限制使用的农业投入品用于限制使用的农产品的生产过程。

农产品生产应当建立生产记录，生产记录内容包括：农业投入品的名称、使用日期、用法和用量；动物疫病、植物病虫草害发生情况；收获、屠宰或者捕捞日期。

农产品应当适期收获、屠宰或者捕捞，严格执行国家有关农业投入品使用安全间隔期或休药期的规定。

(3) 经营加工管理 销售的农产品应当符合国家质量安全要求，禁止销售下列农产品：农药、兽药、饲料添加剂等化学物质残留超标的；有毒有害重金属超标的；含有致病性寄生虫、微生物的；或者微生物毒素超标的；其他有毒有害物质超标的。

农产品在分等分级、分割、包装、保鲜、储存、运输中所使用的保鲜、防腐和添加剂等材料，应当符合国家有关规定。

农产品质量安全检测应按照有关检测规程、管理制度进行。

国家推行农产品分级包装销售。包装销售的农产品应当标明品名、产地、生产者、生产日期、产品等级。

(4) 认定认证 国家建立农产品质量安全认证制度，推行无公害农产品认证。

具备下列条件的，可以申请无公害农产品认证：农产品在适宜生产区生产；按照无公害生产技术规范生产；产品质量符合无公害要求。

国家支持发展优质农产品生产，鼓励发展绿色食品、有机农产品。

二、转基因食品的安全

1. 转基因食品生产概况 转基因食品是指利用基因工程技术改变基因组构成的动物、植物和微生物生产的食品和食品添加剂，包括转基因动植物、微生物产品；转基因动植物、微生物直接加工品；以转基因动植物、微生物或者其直接加工品为原料生产的食品和食品添加剂。

转基因生物（GMO）是将一种或几种植物或动物乃至人类的基因经人工分离和修饰过后导入到某一种生物基因组中，从而表现出本身自然不能拥有的由转入基因带来的新特性，达到改善其产品品质、提高营养价值、增加其抗病虫害、增加产量、抗逆转、延长货架期等目的。转基因食品就是以转基因生物为原料，加工为人类所食用的产品。

目前，转基因食品主要是大豆、玉米、油菜、马铃薯、番茄、水稻、甜椒等转基因植物产品，主要类型有耐受除草剂植物、抗病虫害、改善食品成分、延长食品的货架期、改善农业品质。

全球范围内转基因农作物的种植面积近年来呈大幅度增长的趋势。种植面积在 $100\times10^4hm^2$ 以上的有大豆、玉米、棉花和油菜，所用的基因主要为抗除草剂基因和抗虫基因。1999 年美国种植的转基因大豆面积为 $1500\times10^4hm^2$，占全国大豆种植面积的 50%；转基因玉米的种植面积为 $1030\times10^4hm^2$，占全国玉米面积的 33%。美国已批准 50 种转基因植物商品化，市场上已有近 4000 种食品来自转基因化生物。目前，我国转基因作物种植面积约 $66hm^2$，继美国、阿根廷、加拿大之后列第四位，转基因作物规模量大的是抗病毒的烟草和抗虫棉，耐储藏番茄、抗病毒番茄、抗病毒甜椒等转基因食品已被批准进入商品化生产。

2. 转基因食品的管理与标识 有关转基因食品的安全性已引起世界各国政府的高度重视。我国国务院已颁布实施了《农业转基因生物安全管理条例》，使我国对转基因生物的安全管理更加完善具体，对我国农业转基因生物的研究、试验、生产、加工、经营、进口与出口及监督检查均作了详细规定。卫生部也出台了《转基因食品卫生管理办法》和《转基因食品安全与营养评价指南》，建立转基因食品食用安全性和营养质量评价制度。

我国规定食品产品中（包括原料及其加工的食品）含有基因修饰有机体或/和表达产物的，要标注“转基因××食品”或“以转基因××食品为原料”；转基因食品来自潜在致敏食物的，还要标注“本品转××食物基因，对××食物过敏者注意”。

三、辐照食品的安全

1. 辐照食品概况 食品辐照保藏技术是应用电离辐照，特别是 γ 射线、X 射线、电子束等产生的射线与物质作用产生的物理效应和生物效应对食品进行加工，从而达到杀虫、杀菌、提高食品的卫生质量、保持营养品质及风味、延长货架期目的。辐照食品就是指用钴 60、铯 137 产生的 γ 射线或电子加速器产生的低于 10MeV 电子束照射加工保藏的食品。

食品辐照技术不添加任何化学物质，食品不会被污染，不存在残留，可极大地提高食品的安全性，而且节约大量能量，也不会对环境造成污染。经照射的食品可以在不破坏原包装的条件下较长期存放，由于射线具有穿透力强、杀伤力大的特点，可以把寄生在食品里的病原微生物及昆虫杀死；如果用适当的剂量来照射食品，还能抑制食品自身的新陈代谢的进程，因而可以防止食品的变质霉烂。在辐照处理的过程中，食品本身的温度变化不大，可以保持食品原有的色、香、味，而且其外形也不会因辐射加工而发生变化，杀菌的效果比加热还要好，因此，被称为冷加工技术。

辐照杀虫可根据食品的不同而分为：杀灭危害粮食、干燥食品、中草药等的仓储害虫，如玉米象、豆象、螨等；杀死进口食品和其他产品中的有害昆虫，如果蝇、实蝇、线虫等；杀死未加工食品肉和鱼等体内的寄生虫，如囊虫、绦虫、旋毛虫等。

辐照杀菌根据其杀菌目的可分为：选择性杀菌，以限制腐败作用；针对性杀菌，以杀死各种致病菌；辐射灭菌，杀灭食品中全部微生物。

辐照抑制发芽可使大蒜、马铃薯、洋葱等的发芽生长点受到抑制，使其不发芽而延长货架期。通过对果蔬辐照使其成熟延迟，延长储藏寿命。通过辐照还可以改良食品品质，如加速酒类的醇化等。

2. 辐照食品的安全性　食品在接受照射处理时，不与放射源直接接触，所以不存在食品带有放射性。目前，CAC 批准食品用的辐照源主要有以下几种：放射性核素^{60}Co 和^{137}Cs 的 γ 射线、在≤5MeV 的辐照能级操作的机械源产生的 X 射线、在≤10MeV 的辐照能级操作的机械源产生的电子。由于远未达到可诱发食品组成元素产生放射性的能量，也不会使辐照食品产生放射性。

对任何食品的辐照，最小吸收剂量应足以达到工艺目的，最大吸收剂量应保持消费者的安全和健康，不对结构的完整性、功能性质或感官性状产生不利影响。除了合理工艺需要外，用于食品的最大吸收剂量应不超过 10kGy。

辐射化学研究结果表明，成分类似的食品对辐射具有共同的辐解产物，这些产物绝大部分是非特异反应的；辐解产物的量即使是在辐射灭菌的剂量下（25kGy）也是小的，如在辐射灭菌的牛肉中，各类挥发性辐射化合物的总量大约是 30mg/kg，可见辐照分解产物的量是很小的，而这些产物在通常的食品加工中也能见到。

食品辐照的毒理学研究证明辐照食品也是安全的。大量的动物实验研究结果表明，人类消费的辐照食品在剂量达到 10kGy 时没有任何对健康危害的物质。从对一些特定食品的辐射化学研究结果得出的结论是，辐照并没有在食品中形成存在量足以观察到具有毒性作用的任何物质。

辐照食品的营养价值研究结果表明，辐照食品保持了蛋白质、脂肪和碳水化合物的正常营养价值，可能发生维生素的损失，然而这种损失很小，与其他食品加工方法所造成的损失没有明显的差异。

大量辐照食品微生物学的研究也证明，在实际条件下，没有观察到由于突变引起有关性状的改变，也没有任何证据证明辐射会加强诱发食源性微生物的致病性。

对于辐照食品的卫生安全性，人们以非常谨慎的态度进行了反复研究试验。1980 年 FAO/IAEA（国际原子能机构）/WHO 辐照食品卫生安全联合专家委员会得出结论：任何食品当其总体平均吸收剂量不超过 10kGy 时没有毒理学危险，不再要求做毒理学试验，无特殊营养学微生物学问题。1983 年 CAC 正式向各成员国推荐“国际辐照食品通用标准”和“用于处理食品的辐照装置运行实用准则”以及有关的剂量学及其他附件。由 FAO/IAEA/WHO 组建的国际食品辐照咨询组（ICGFI）于 1991 年正式发布了一系列规范辐照食品加工的文件，也称 GIP。1999 年由 FAO/IAEA/WHO 组织的辐照食品高剂量研究组，正式向 ICG-FI 提出研究报告，明确指出 10kGy 以上辐照的食品也是安全的这一结论。

几十年来，我国对辐照食品的研究进行了大量的工作。1997 年正式颁布了 GB 14891 系列的辐照食品类卫生标准，如辐照熟畜禽肉类，辐照花粉，辐照干果果脯类，辐照香辛料类，辐照新鲜水果，蔬菜类，辐照猪肉，辐照豆类、谷类及其制品，辐照薯干酒等卫生标准。

第五节　GMP 与 SSOP

一、GMP 概述

良好生产规范（简称 GMP）是为保障食品安全、质量而制定的贯穿食品生产全过程的一系列措施、方法和技术要求。它要求食品生产企业应具备良好的生产设备，合理的生产过程，完善的质量管理和严格的检测系统，确保终产品的质量符合标准。GMP 开始较多应用于制药工业，随后许多国家也将其用于食品工业并制定出相应的 GMP 法规。良好生产规范（GMP）和卫生标准操作程序（SSOP）等是实施 HACCP 的必备程序。

1963 年美国 FDA 就制定了世界上第一部药品的良好生产规范（GMP），1969 年发布了《食品良好生产工艺基本法》(简称 GMP 或 FGMP 基本法)。1996 年版的美国联邦管理法规第 21 篇第 110 部分《食品制造、包装或存放过程中良好生产操作规程》（GMP）共分 7 大部分，具体内容包括：定义、现行良好生产操作规范、人员、厂房和场地、卫生操作、卫生设施和控制、设备和工器具、加工过程及控制、仓储与分销、食品中对人体健康无害的天然的或不可避免的缺陷等。除了上述基本准则外，美国 FDA 还制定了各类食品的 GMP。国际食品法典委员会（CAC）的《食品卫生通则》，也可以认为是食品业的 GMP。

我国已制定《膨化食品良好生产规范》（GB 17404—1998）和《保健食品良好生产规范》（GB 17405—1998)，使我国在食品行业实施 GMP 时能完全与国际接轨。

二、我国食品企业的卫生规范和 GMP

1. 食品企业卫生规范　我国《食品企业通用卫生规范》(GB 14881—1994）是卫生部根据《中华人民共和国食品安全法》的规定，参照 CAC《食品卫生通则》，结合我国国情制定的，适用于食品生产、经营的企业、工厂，并作为制定各类食品厂专业卫生规范的依据。我国目前已制定了罐头厂、白酒厂、啤酒厂、酱油厂、食醋厂、食用植物油厂、蜜饯厂、糕点厂、乳品厂、肉类加工厂、饮料厂、葡萄酒厂、果酒厂、黄酒厂、面粉厂、饮用天然矿泉水厂、巧克力厂 17 个食品加工企业卫生规范。

根据食品贸易全球化的发展以及对食品安全卫生的要求，原国家商检局发布了我国《出口食品厂、库卫生要求》，并在此基础上制定了出口畜禽肉及制品、罐头、水产品、饮料、茶叶、糖类、面糖制品、速冻方便食品、肠衣 9 个加工企业注册卫生规范。凡是从事出口食品生产、储存的厂、库都必须达到以上要求。

《食品企业通用卫生规范》包括以下 7 个要素：原材料采购、运输的卫生要求，工厂设计与设施的卫生要求，工厂的卫生管理，生产过程的卫生要求，卫生和质量检验的管理，成品储存、运输的卫生要求，个人卫生与健康的要求。

出口食品厂、库卫生质量体系至少包括以下 11 个要素：卫生质量方针和卫生质量目标，组织机构及其职责，生产、检验人员的管理，环境卫生的要求，车间及设施卫生的控制，原料、原辅料卫生质量的控制，生产卫生质量的控制，包装、储存、运输卫生的控制，检验的要求，质量记录的控制，质量体系的内部审核。

2. 食品良好生产规范（GMP)

(1) 我国食品 GMP 的主要内容

① 设计与设施　设计、厂房与厂房设施。

② 人员要求　人员资格与培训、健康管理、个人卫生。

③ 卫生管理　建立健全卫生管理机构与制度，设施的维修与保养、清洗和消毒工作，除虫、灭害管理，有毒有害物质的管理，饲养动物的管理，污水、污物的处理，卫生设施的管理，工作服的管理。

④ 生产过程管理　制定生产操作规程，原辅料的要求，生产过程的要求，包装容器的洗涤、灭菌和保洁、包装、标识。

⑤ 品质管理　建立品质管理机构与检验设施，品质管理制度的制定与执行，原料的品质管理，加工过程的品质管理。

⑥ 成品储存与运输　仓库要求，成品的储存，成品的运输。

(2) GMP 的实施　对各类食品实施 GMP 应按照已经发布或参照相关的良好生产规范，以确定加工产品的设施、方法、操作和控制是否安全，以及这些产品是否在卫生条件下加工。

企业应该对实施 GMP 的情况进行检查、记录，并把记录情况存档备查。

我国已开始在保健食品企业实施 GMP 认证制度。

三、标准卫生操作规范

卫生标准操作程序（简称 SSOP）是食品企业为保障食品卫生质量，在食品加工过程中应遵守的操作规范。SSOP 强调食品生产车间、环境、人员及与食品有接触的器具、设备中可能存在的危害的预防以及清洗（洁）的措施。

每个企业都应制定和实施卫生标准操作程序或类似文件，以说明企业如何满足和实施如下卫生条件和规范。

① 与食品或食品表面接触的水的安全性或生产用冰的安全。

② 食品接触表面（包括设备、手套和外衣等）的卫生情况和清洁度。

③ 防止不卫生物品对食品、食品包装和其他与食品接触表面的污染及未加工产品和熟制品的交叉污染。

④ 洗手间、消毒设施和厕所设施的卫生保持情况。

⑤ 防止食品、食品包装材料和食品接触表面掺杂润滑剂、燃料、杀虫剂、清洁剂、消毒剂、冷凝剂及其他化学、物理或生物污染物。

⑥ 规范的标示标签，存储和使用有毒化合物。

⑦ 员工个人卫生的控制，这些卫生条件可能对食品、食品包装材料和食品接触面产生微生物污染。

⑧ 消灭工厂内的鼠类和昆虫。

每个企业应该对实施 SSOP 的情况进行检查、记录，并将记录结果存档、备查。

SSOP 文件应描述工厂与食品卫生和环境清洁有关的程序和实施情况，其内容是：描述在工厂中使用的卫生程序；提供这些卫生程序的时间计划表；提供一个支持日常监测计划的基础；鼓励提前做好计划，确保及时采取纠正措施；确认问题发生的趋势，防止同样问题再次发生；确保从管理层到生产工人的每个人都理解卫生（概念）；为员工提供一种连续培训的工具；为购买者和检查人员做出承诺；指导厂内的卫生操作和状况得以完善提高。

SSOP 的正确制定和有效执行，对控制危害是非常有价值的。SSOP 在对 HACCP 系统的支持性程序中扮演着十分重要的角色，有了 SSOP，HACCP 就会更有效，因为它可以更好地把重点集中在与食品或加工有关的危害上。SSOP 的设计因企业各异，企业可根据法规和自身需要建立文件化的 SSOP。

第四十八章　产业政策与法律法规

植物油料加工在产业化实践中，涉及的相关产业政策与法律法规可归纳为四大类。一是国家发布的促进植物油料种植、加工、生产与销售的政策文件；二是推进和改善产品质量、健康因数提升的有机产品方面的内容；三是产品产地安全、包装运输安全以及农产品质量安全法；四是食品质量认证体系方面相关的内容，下面将逐一介绍。

第一节　产业政策

食用植物油是城乡居民重要的生活必需品。抓好油料生产，对于稳定食用植物油市场、满足消费需求、增加农民收入、促进经济发展具有重大意义。近年来，油料生产效益偏低，农民种植积极性下降，全国油料种植面积持续下滑，产量徘徊不前，国内食用植物油产需缺口不断扩大。当前，加快恢复发展油料生产、保障市场供给任务十分紧迫。各地区、各有关部门务必高度重视，充分认识抓好油料生产的重要性，切实增强责任感和使命感，采取综合有效的政策措施，充分调动农民的生产积极性，促进油料生产迅速恢复发展。

一、进一步明确油料生产发展的基本原则、目标和任务

1. 基本原则和目标　油料生产和供给必须坚持立足国内，同时充分利用两个市场两种资源，满足需求的不断增长。发展油料生产要避免与粮食、棉花争地，把重点放在主攻单产上，同时要调整品质结构和区域布局，着力培育东北及内蒙古高油大豆、长江流域“双低”（低芥酸、低硫苷）油菜、黄淮海榨油花生以及特色油料等优势产业带。力争到2010年，我国油料种植面积比2006年扩大6%左右，总产量增长14%左右。

2. 主要任务　一是适当恢复种植面积。长江流域扩大冬闲田油菜种植面积，东北及内蒙古地区通过合理轮作等适当恢复大豆面积。二是努力提高单产。通过加快新品种新技术推广，到“十一五”期末，油料单产比2006年提高6%左右。三是大力改善品质。要加强新品种选育，大力推广高产高油新品种，到“十一五”期末，使油料含油率平均提高2个百分点左右。四是积极开发特种油料。因地制宜，大力发展芝麻、胡麻、油葵、油茶、油橄榄等作物生产，加强生产管理，提高单产水平。

二、加大油料生产扶持力度

1. 扩大大豆良种补贴规模　继续对东北三省和内蒙古自治区种植高油大豆实行良种补贴，补贴规模由目前的1000万亩扩大到4000万亩，要完善操作办法，提高良种覆盖率和种植水平。

2. 设立油菜良种补贴项目　从2007年起，在长江流域“双低”油菜优势区（包括四川、贵州、重庆、云南、湖北、湖南、江西、安徽、河南、江苏、浙江），实施油菜良种补贴，中央财政对农民种植油菜给予每亩10元补贴，鼓励农民利用冬闲田扩大“双低”油菜种植面积。各地在实施油菜良种补贴时，要注意避免粮油争地，影响粮食生产。

3. 建立对油料生产大县的奖励政策　为调动主产区发展油料生产的积极性，从2008年开始，中央财政将综合考虑粮油生产情况，统筹研究对油料生产大县与产粮大县的奖励政策。

4. 加快油料生产基地建设　为促进我国油料生产发展，“十一五”期间国家将增加油料生产基地建设投资规模，在东北三省及内蒙古自治区大豆产区、长江流域油菜产区建设一批生产基地，重点改善良种繁育和农田基础设施条件，全面提高油料综合生产能力。

5. 开展油料作物保险试点工作　为降低油料生产风险，稳定农民种植收益，国家逐步将油料作物纳入农业保险范围并给予保费补贴。各地要积极支持保险机构开展油料作物保险业务，鼓励和引导农户投保。

6. 促进油料产业化经营　积极引导一批生产规模较大、效益较好的油脂加工企业，在主产区建立原料生产基地，与农户签订产销订单，开发低芥酸菜子油、优质豆油、花生油及其他精深加工产品。积极支持“企业＋基地＋农户”的农业产业化经营模式，继续扶持各种形式的产销衔接活动，大力推进农民专业合作经济组织建设，努力提高油料生产组织化程度。

三、加强科技支撑能力建设

1. 提升科研创新能力　增加油料作物“种子工程”等项目资金投入，积极推进国家油料作物改良中心建设。加快大豆国家工程研究中心建设，择优支持油料品种培育与产业化，推动优质油料新品种繁育及其产业化示范工程建设。加快高产、优质、高效、多抗的新品种培育，加强相关配套技术集成创新，加快建设油料作物育种技术平台和新品种产业化基地。

2. 加快新品种新技术推广　加大农业科技入户项目对油料主产区的支持力度，积极推广油料重大技术和优良新品种。重点推广高油大豆、“双低”油菜、高产花生新品种，加快普及大豆密植、油菜轻简栽培、花生地膜覆盖等技术，分品种建立高产示范展示区，实现良种良法相配套。各级农业部门要制订工作方案，加强技术培训，组织专家深入田间地头，开展巡回指导，帮助农民加强田间管理和病虫害防治。

3. 提高生产机械化水平　坚持农机与农艺相结合，积极支持油料播种、收获机械研究和开发，结合机械作业调整油料品种选育目标，推进油料生产机械化，切实解决油料生产劳动强度大、费工费时问题。进一步增加农机具购置补贴项目资金规模，支持发展油料生产机械化，抓紧启动重点油菜产区全程机械化工作试点。

四、完善大豆和食用植物油市场调控

1. 健全大豆和食用植物油储备制度　进一步完善大豆及食用植物油中央和地方两级储备体系，适当扩大大豆和食用植物油的中央储备规模，并择机分步充实储备库存，充分发挥储备吞吐作用，以保护农民生产积极性和大豆油料生产能力，保证国内市场供应。鼓励大型国有粮油加工企业适当增加商业周转储备，由国家通过招标方式确定具体承储企业和承储数量，政府给予一定的贷款贴息支持。

2. 建立油料和食用植物油产销预警体系　加强油料及食用植物油信息分析和预警，建立准确、可靠的基础数据采集系统，及时发布生产、进口、流通等信息，引导生产发展，维护市场秩序。各地要强化油料和食用植物油产销形势分析，开展定点跟踪调查，准确上报生产、购销、库存等相关数据，搞好信息引导工作。

3. 培育油脂、油料期货市场　充分发挥期货市场发现价格、套期保值、规避风险的功能，稳定企业和农民生产收益，促进油料产业健康发展。在已有大豆、豆油、菜子油品种的基础上，增加棕榈油期货交易品种，尽快挂牌上市，支持国内油脂和油料生产、加工、贸易企业参与期货市场交易。支持有关期货交易所在产区和物流集散地设立期货交割仓库，面向龙头企业、农民专业合作社、运销大户和农民开展期货知识宣传和培训，引导企业和农民利用期货交易进行套期保值。

4. 控制油料转化项目　进一步制定扶持国内油料和食用植物油相关产业政策，坚持食用优先，严格控制油菜转化生物柴油项目。从紧控制油料和食用植物油出口。

五、科学引导社会消费

严格执行《农业转基因生物标签的标识》，统一大豆产品标识，要求列入标识目录内的大豆产品必须按照规定在醒目位置显著标识，保障消费者的知情权和选择权。采取多种途径，引导市场消费行为，实现优质优价，促进国内油料生产。加强宣传引导，合理食油、用油，提倡健康生活方式，减少浪费。

六、切实强化组织领导

地方各级人民政府要按照国务院的部署要求，全面落实促进油料生产的各项政策措施，切实做好油料和食用植物油产供销工作。各地要加强政策引导，及早安排每年秋冬种油料生产，抓好受灾地区生产恢复，稳定增加油料播种面积。要加大市场调节和监管力度，完善应急预案，做好组织调运工作，保障食用植物油供应。要加强食用植物油市场准入管理和质量监督检测，防止不合格产品进入市场，严厉查处违法经营、囤积居奇、哄抬价格、散布虚假信息等破坏市场秩序的行为。各有关部门要密切配合，及时沟通信息，确保各项政策措施的落实，指导地方抓好油料和食用植物油生产、供应和市场稳定工作。

第二节 农产品产地、包装与质量安全

农产品产地、包装与质量安全主要包括三个方面的内容：一是《中华人民共和国农产品质量安全法》；二是《农产品产地安全管理办法》；三是《农产品包装和标识管理办法》。详见附录 A 产业法规。

第三节 农产品认证认可的相关法规

本部分内容主要包括：

①《中华人民共和国认证认可条例》；

②《有机产品认证管理办法》；

③《有机产品认证实施规则》；

④《有机产品》(第 4 部分：管理体系)。

详见附录 A 产业法规。

第四十九章　产业标准与标准体系

第一节　概　述

在当前国际贸易中，标准已成为交易双方游戏规则的重要组成部分。发达国家在享受贸易自由化带来便利的同时，凭借其在技术、管理、环保等方面的优势，不断设置以技术标准、法规、合格评定程序、产品检疫和检验制度等为主要内容的技术性贸易壁垒，在WTO规则下，各国之间关税壁垒逐渐淡化，但同时，非关税壁垒已成为贸易双方市场垄断的“合法武器”，这其中尤以技术标准和技术法规最为广泛。另外，目前在国际贸易中又出现了“技术专利化、专利标准化、标准全球化”的发展趋势，发达国家将专利与标准相结合实现国际市场的技术垄断。

因此，为了适应入世后的国际贸易形势与我国国民经济的迅速发展，2001年由科技部提出实施中国标准化战略。目前我国将大力推广技术创新，以此来推动国家标准化工作的跨越式发展，工作重点是包括食品安全标准化在内的12个重要领域，其中“食品安全标准化”被列为标准化工作的“重中之重”。

一、标准的概念

1. 标准　我国国家标准GB/T 20000.1—2002《标准化工作指南 第1部分：标准化和相关活动的通用词汇》对“标准”所下的定义是：“为了在一定范围内获得最佳秩序，经协商一致制定并由公认机构批准，共同使用和重复使用的一种规范性文件（注：标准宜以科学、技术的综合成果为基础，以促进最佳的共同效益为目的）。”标准可以是文件形式的文本，也可以是实物标准形式，如标准模具、食品标准样品等。

食品安全标准是指：以在一定的范围内获得最佳食品安全秩序、促进最佳社会效益为目的，以科学、技术和经验的综合成果为基础，经各有关方协商一致并经一个公认机构批准的。对食品的安全性能规定共同的和重复使用的规则、导则或特性的文件。这里公认的权威机构在我国是中国国家标准化委员会，在国际上如国际标准比组织（International orga-nization for standardization，即ISO），食品方面是食品法典委员会（Codex alimentaius commission，即CAC）等。

但值得注意的是：WTO贸易技术壁垒（Technical barriers to trade，TBT）协定规定“在涉及国家安全问题、防止欺骗行为、保护人类健康和安全、保护生命和健康以及保护环境等情况下，允许各成员方实施与国际标准、导则或建议不尽一致的技术法规、标准和合格评定程序”。即WTO的《TBT协议》承认：为了合法目标可以采取技术性贸易保护壁垒。因此，在今后相当长的时间内，技术和安全卫生标准将作为很多国家贸易保护的重要手段。例如2006年日本对从我国进口的蔬菜等实施“肯定列表制度”，为此对我国一些蔬菜出口企业产生了强烈的冲击。据了解，日本对本国同类产品的要求要大大低于“肯定列表制度”中的要求，这就是典型的贸易技术壁垒的案例。

2. 标准化　我国国家标准GB/T 20000.1—2002《标准化工作指南 第1部分：标准化和相关活动的通用词汇》对“标准化”所下的定义是：“为在一定范围内获得最佳秩序，对现实问题或潜在问题制定共同使用和重复使用的条款的活动。”它的基本功能是总结实践经验，并把这些经验规范化、普及化。

标准化的活动过程一般包括以下内容。

（1）标准的制定　指标准制定部门对需要制定标准的项目编制计划、起草标准、征求意见、审查、批准发布等，另外还包括标准的复审、废止或修订等活动。

（2）标准的实施　一般包括标准的宣传、贯彻执行和监督检查等。

（3）标准的更新 是新经验取代旧经验的过程。标准化过程是根据客观情况的变化，不断循环、螺旋式上升的动态过程。

“食品安全标准化”是解决我国目前所面临严峻食品安全问题的根本措施，切实将食品安全标准体系建设贯穿到种植养殖、生产加工和流通的全过程，真正实现“从农田到餐桌”全过程的标准化管理。例如，对同一产品，要求统一原料（包括原料的产地、生产管理过程、采收情况等）、统一配方、统一生产过程、统一包装、统一储运方式、统一检验方法，使相同或不同批次的产品在标准范围内尽可能成分指标一致、外观和口感一致。标准化的实施，既可保障食品的安全，又可使食品企业生产规模化，极大地提高劳动生产率和资源转化率，达到增加企业的经济效益之目的。因此，可以说标准化工作是国民经济和社会发展的技术基础，是科技成果转化为生产力的桥梁，是企业现代化、集约化生产的重要条件。

二、标准的主要分类

标准是为了适应不同的要求而制定，目前世界各国标准种类繁多。按照等级，从世界范围来看，可把标准分为国际标准、区域性标准、国家标准、行业标准、地方标准与企业标准。我国目前将标准分为国家标准、行业标准、地方标准和企业标准4级。按照标准化对象，通常把标准分为技术标准、管理标准和工作标准三大类。按照法律属性，可把标准分为强制性标准和推荐性标准。

1. 按等级划分

（1）国际范围 按标准制定的主体等级标准分为国际标准、区域标准、国家标准、行业标准、地方标准和企业标准。

国际标准是指国际标准化组织（ISO）、国际电工委员会（IEC）和国际电信联盟（ITU）制定的标准，以及国际标准化组织确认并公布的其他国际组织制定（如CAC食品法典委员会）的标准。

区域标准是指由区域标准化组织或区域标准组织通过并公开发布的标准。目前有影响的区域标准如欧洲标准化委员会（CEN）标准、亚太经济合作组织/贸易与投资委员会/标准与合格评定分委员会（APEC/CTI/SCSC）标准等。

（2）国内范围 《中华人民共和国标准化法》规定，我国标准分为4级：国家标准、行业标准、地方标准、企业标准。

以法律级别看，国家标准最高，行业标准次之，企业标准最低。从标准的内容严格程度看，企业标准要严于地方标准、行业标准和国家标准。

在食品行业，基础性的安全标准一般均为国家标准，产品标准多以行业标准和企业标准为主。

2. 按标准化对象的属性划分

（1）技术标准 技术标准是指对标准化领域中需要协调统一的技术事项所制定的标准，其形式可以是标准、技术规范、规程等文件，以及标准样品实物等。技术标准包括基础标准、产品标准、方法标准、安全卫生标准等。

① 基础标准 是具有广泛的适用范围或包含一个特定领域的通用条款的标准，可以直接应用，也可以作为其他标准的基础。主要包括食品名词术语、图形符号、代号标准，如GB 15091—94《食品工业基本术语》；食品分类标准，如GB/T 10789—2007《饮料通则》；食品包装与标签标准，如GB 7718—2004《预包装食品标签通则》和GB 13432—2004《预包装特殊膳食用食品标签通则》；食品检验标准，如GB/T 4789—2003《食品卫生微生物学检验》等。

② 产品标准 是规定产品应满足的要求以确保其适用性的标准。食品产品标准是为保证食品的食用价值，对食品必须达到的某些或全部要求所做的规定。主要内容包括：产品分类、技术要求、试验方法、检验规则以及标签与标志、包装、储存、运输等方面的要求。另外，产品标准还可以规定产品的等级。

我国食品产品标准可以分为普通食品标准和特殊食品标准，其中特殊食品标准如绿色食品标准、有机食品标准、无公害食品标准等。

在我国除了稻谷、小麦、食用盐、食用动植物油类、婴幼儿食品类、天然矿泉水、瓶装饮用纯净水、保健（功能）食品通用标准等关系到国计民生的产品标准为强制性国家标准外，其余食品产品标准绝大部分为行业标准。

③ 检验和试验标准　食品检验标准是对食品的质量要素进行检测、试验、计量所作的统一规定，包括感官、物理、化学、微生物学、生物化学分析等。如 GB/T 5009—2003《食品卫生检验方法》理化部分、GB/T 5750.1—2006《生活饮用水标准检验方法》、GB/T 19495—2004《转基因产品检测》等。

④ 信息标识、包装与标签标准　我国食品包装标准规定了食品包装的包装容器、包装材料、包装材质的卫生指标及检验方法等内容，如 GB 9685—2003《食品容器、包装材料用助剂使用卫生标准》等。目前，我国食品包装行业强制推行“CQC”标准，即中国质量认证中心（China Quality Certification centre，CQC）制定的标准。CQC/RY 570—2005 为食品包装/容器类产品——纸、塑料及复合材料 CQC 标志产品认证特殊规则。

食品标签是对食品质量特性、安全特性及食用、饮用特性的说明，内容应包括“食品名称、配料表、净含量及固形物含量、厂名、批号、日期标志”等。GB 7718—2004《预包装食品标签通则》和 GB 13432—2004《预包装特殊膳食用食品标签通则》是目前我国最重要的食品标签标准。

⑤ 安全卫生标准　食品安全卫生标准是为了消除、限制或预防食品生产、运输、储存、食用或销售等活动过程中潜在的危害因素，保障人类食品安全而制定的标准。主要包括：食品安全管理体系标准，食品企业生产、操作（卫生）规范，食品中污染物限量、农（兽）药残留限量、食品中激素（植物生长素）及抗生素的限量、有害微生物和生物毒素限量等有毒有害物质限量标准，食物中毒诊断标准，食品原料与终产品（乳制品、肉制品、蛋制品、水产品、饮料等各类食品）卫生标准，食品添加剂（营养强化剂）使用卫生标准，食品流通安全卫生标准，食品检验检疫标准等。如 GB 14881—1994《食品企业通用卫生规范》、GB 5749—2006《生活饮用水卫生标准》、GB 2760—2007《食品添加剂使用卫生标准》等。

（2）管理标准　管理标准是指对标准化领域中需要协调统一的管理事项所制定的标准。如 GB/T 19001—2000/ISO 9001：2000《质量管理体系要求》、GB/T 2000—2006/ISO 22000：2005《食品安全管理体系——食品链中各类组织的要求》（也就是 HACCP 体系）等，以及 GB 12693—2003《乳制品企业良好生产规范》、GB 17405—1998《保健食品良好生产规范》等 GMP 管理体系和要求，均为食品行业最主要的生产管理标准。

（3）工作标准　工作标准是为实现整个工作过程的协调，提高工作质量和工作效率，对工作的责任、权利、范围、质量要求、程序、效果、检查方法、考核办法所制定的标准。工作标准一般包括部门工作标准和岗位（个人）工作标准，如企业针对某特定岗位制定的操作规程、岗位责任等文件。

3. 按标准实施的法律属性划分　根据实施的约束力，我国标准分为“强制性标准”和“推荐性标准”。

（1）强制性标准　我国标准化法规定，强制性标准是指：国家标准和行业标准中保障人体健康和人身、财产安全的标准，以及法律、行政法规规定强制执行的标准。强制性标准是由法律规定必须遵照执行的标准，包括强制性的国家标准、行业标准和地方标准。对违反强制性标准的，国家将依法追究当事人的法律责任。

强制性国家标准编号为：GB ××××—××××，如 GB 12695—2003《饮料企业良好生产规范》。根据《食品安全法》和《标准化法》规定，在我国国家、行业和地方食品卫生标准中除了方法标准属推荐性标准外，其余均为强制性标准，如食品卫生标准，食品添加剂、营养强化剂的使用卫生标准，食品的标签标准等均为强制性标准。

（2）推荐性标准　推荐性标准是国家鼓励自愿采用的具有指导作用而又不宜强制执行的标准，即标准所规定的技术内容和要求具有普遍指导作用，允许使用单位结合自己的实际情况，灵活加以选用。在我国，推荐性标准指强制性标准以外的标准，又称为非强制性标准或自愿性标准。

值得指出的是，推荐性标准虽不具有强制性，但一经接受并采用，或各方商定同意纳入经济合同中，就成为各方必须共同遵守的技术依据，具有法律上的约束性。我国一般食品的产品质量标准，检验方法标准、术语，分类编码等基础标准，为推荐性标准，编号为 GB/T ××××—××××，如《啤酒试验方法》GB/T 4928—2001。

4. 按信息载体划分 根据信息载体的不同，标准分为标准文件和标准样品。其中标准样品指作为质量检验、鉴定对比依据，测量设备检定、校准的依据，以及作为判断测试数据准确性和精确度依据的实物；如化学或仪器分析中，已经标定，供检测用的标样。

第二节 国际食品安全标准体系

目前国际食品标准分属两大系统：FAO/WHO 的食品法典委员会（CAC）标准和国际标准化组织（ISO）系统的食品标准。

一、食品法典委员会

食品法典委员会（Codex Alimentarius Commission，CAC）成立于 1963 年，隶属联合国粮农组织（Foodand Agriculture Organization of United Nations，FAO）和世界卫生组织（World Health Organization，WHO)，是政府间有关食品管理法规、标准的协调机构，现有包括中国在内的 173 个成员国，覆盖全球 98%的人口。

1. 国际食品法典委员会机构组成 CAC 是由 FAO 及 WHO 总干事直接领导，通过设在罗马的 CAC 秘书处总体协调，每两年在罗马（FAO）或日内瓦（WHO）举行一次会议。自 2001 年起，大会开始采用阿拉伯语、汉语、英语、法语和西班牙语 5 种语言作为工作语言。

目前，CAC 有 6 个地区性协调分法典委员会、9 个一般专题委员会和 13 个商品委员会及 3 个政府间特别工作组。地区协调委员会主要包括：亚洲地区、欧洲地区、非洲地区、拉丁美洲加勒比地区、近东地区和北美及西南太平洋地区等；一般专题委员会，主要涉及如食品卫生、农药残留及分析和采样方法等；商品委员会，主要涉及如鱼和鱼制品、新鲜水果和蔬菜、乳和乳制品等。

在各委员会之下又设专业分委员会，如食品卫生分委员会等。每一个专业委员会由一个成员国政府作为主席和东道主，并支付会议费用，主持国可以委派代表担任委员会主席（少部分是例外)。目前，CAC 共下设 21 个委员会，如美国目前担任四个委员会的主席，即食品卫生、加工水果和蔬菜、食品中兽药残留及谷类和豆类。2006 年 7 月 5 日，在瑞士日内瓦举行的 CAC 第 29 届会议上，我国成功当选为国际食品添加剂法典委员会（Codex Committee on Food Additiyes，CCFA）主持国和农药残留专业委员会（Codex Committee on Pesticide Residues，CCPR）的主持国，这是自 1963 年国际食品法典委员会成立以来，我国首次担任其附属委员会的主持国。

2. CAC 食品法典标准体系简介 《食品法典》(Codex Alimentarius) 是 CAC 为解决国际食品贸易争端和保护消费者健康而制定的一套食品安全和质量的国际标准、食品加工规范和准则。目前，CAC 已被世界贸易组织（WTO）确认为三个农产品及食品国际标准化机构之一，食品法典标准被认可为国际农产品及食品贸易仲裁的唯一依据，在裁决国际贸易争端中发挥着重要的作用。

《食品法典》汇集了 CAC 已经批准的国际食品标准。标准分为通用标准和专用标准两大类。通用标准包括通用的技术标准、法规和良好规范等，由一般专题委员会负责制定；专用标准是针对某一特定或某一类别食品的标准，由各商品委员会负责制定。《食品法典》标准内容包括了食品标签、食品添加剂、污染物、取样和分析方法、食品卫生、特殊饮食的食品营养、进出口食品检验和出证系统、食品中的兽药残留、食品中的农药残留等方面。

目前《食品法典》共有 237 个商品的食品标准、41 个卫生法规和技术规程、185 个农药评估标准、3274 个农药残余限量标准、25 个污染物限量标准、1005 个食品添加剂评估标准和 54 个兽药评估标准。

委员会及其下属机构负责法典标准及相关内容的修订。同时，委员会每位成员都有责任向委员会提议对现有法典标准或相关内容进行修订更新，并提供充分的科学依据和相关信息，以确保食品法典与科学技术同步发展的需要。在经济全球化趋势的推动下，法典标准在国际贸易中已成为当下最重要的国际参考标准。

二、国际标准化组织

国际标准化组织（International Organization for Standardization，ISO），是一个全球性的非政府组织，是世界上最大的国际标准化专门机构，成立于1946年，现有148个成员国，中国国家标准化管理委员会（SAC）代表我国参加该组织的活动。ISO总部设在瑞士的日内瓦。ISO的宗旨是“在全世界促进标准化及有关活动的发展，以便于国际物资交流和相互服务，并扩大知识、科学、技术和经济领域中的合作”。它的工作领域涉及除了电工、电子标准以外的所有学科，其活动主要是制定国际标准，直辖世界范围内的标准化工作，组织各成员国和各技术委员会进行情报交流，以及与其他国际组织合作，共同研究有关的标准化问题。

1. ISO系统的食品标准　国际标准化组织在食品标准化领域的活动，包括术语、分析方法和取样方法、产品质量和分级、操作、运输和储存要求等方面。

ISO系统的食品标准主要由国际标准化组织中农产品、食品技术委员会（TC34）及其下设的14个分技术委员会（TC）和4个相关的技术委员会（TC），及若干ISO指南组成的其他与食品实验室工作有关的标准分委员会组成。其中，与食品相关的绝大部分标准是由ISO/TC34制定的。

TC34农产品、食品技术委员会下设的14个分支标准委员会分别是：①TC34/SC2油料种子和果实；②TC34/SC3水果和蔬菜制品；③TC34/SC4谷物和豆类；④TC34/SC5乳和乳制品；⑤TC34/SC6/肉和肉制品；⑥TC34/SC7香料和调味品；⑦TC34/SC8茶；⑧TC34/SC9微生物；⑨TC34/SC10动物饲料；⑩TC34/SC11动物和植物油脂；⑪C34/SC12感官分析；⑫ TC34/SC13脱水和干制水果和蔬菜；⑬TC34/SC14新鲜水果和蔬菜；⑭TC34/SC15咖啡。

几个其他相关技术委员会：①ISO/TC93淀粉（包括衍生物及其制品）委员会，制定淀粉水解产品的分析和取样方法；②ISO/TC147水质技术委员会，制定化学和微生物的分析方法和取样程序；③ISO/TC47化学技术委员会，制定食用盐分析标准方法、食品工业用加工助剂产品规格等；④ISO/TC54精油技术委员会，制定调味品产品规格和分析方法标准。

ISO农产品、食品TC34标准是TBT协议所指定的国际标准，而且ISO/TC34的分技术委员会与食品法典委员会（CAC）分支机构在以下领域存在密切合作：分析方法和取样方法；果汁、加工水果和蔬菜；谷物、豆类；植物蛋白；乳和乳制品；肉和肉制品；食品卫生（特别是微生物学）；动植物油脂等。

2. ISO系统标准的特点

(1) 自愿性　ISO标准是自愿的，不强制执行。因此，一些国家采用ISO标准并将其作为其法规框架的组成部分，或在立法中作为技术基础加以引用的行为完全是该国家规章制定当局或政府独立自主的决定。

(2) 应用广泛性　ISO标准是应市场的需求、在利益相关各方意见一致的基础上制定的，从而保证了标准的广泛使用。例如，目前140个以上国家的成千上万的工商企业在执行ISO 9000标准，拥有ISO 9000证书。这些标准为贯穿客户生产、提供产品和服务全过程的质量管理提供了框架。

(3) 为合格评定方提供导则和标准　ISO标准的合格评定不是ISO的职责，即ISO本身不进行质量标准的认证，也不出具ISO系统标准证书。但ISO制定了为进行合格评定活动机构所使用的ISO/IEC导则和标准。这些导则和标准的使用为世界范围内的合格评定提供了一致性和相关性。

值得一提的是，目前除上述两大国际食品标准系统外，一些国际组织、专业组织和跨国公司制定的标准在国际经济活动中客观上起着国际标准的作用，即“事实上的国际标准”。例如，美国提出的HACCP食品危害分析和关键控制点标准已经发展成为国际食品行业普遍采用的食品安全管理标准，作为食品企业质量安全体系认证的依据。

第三节　我国食品安全的标准体系

目前，我国已发布涉及农产品及食品安全的国家标准1800余项，行业标准2900余项，其中强制性国家标准 634 项，它们涉及食品安全基础标准，食品中有毒有害物质限量标准（其中限量标准和涉及限量指标的产品卫生标准），与食品接触材料卫生标准，食品安全控制与管理标准，食品安全检测检验方法标准，食品标签标识标准，特定食品产品标准。初步形成了以国家标准为主，行业标准、地方标准和企业标准相互补充，同时将强制性标准和推荐性标准相结合的较完整标准体系。

一、我国食品安全标准体系

我国食品安全标准体系分为 4 级。

① 国家标准　国家标准是指由国家标准机构通过并公开发布的标准。

② 行业标准　行业标准是指由行业组织通过并公开发布的标准。

③ 地方标准　地方标准是在国家的某个地区通过并公开发布的标准。

④ 企业标准　企业标准是由企业制定并由企业法人代表或其授权人批准、发布的标准。

1. 国家标准　我国的国家标准是指对在全国范围内需要统一的技术要求，由国务院标准化行政主管部门制定并在全国范围内实施的标准。其他各级标准不得与之相抵触。根据我国《食品安全法》和《标准化法》的规定，国家食品卫生标准的审批权限属于卫生部，国家质量监督检验检疫总局负责国家食品卫生标准的编制。国家食品卫生标准的技术审查由全国卫生标准化技术委员会食品卫生分技术委员会（简称食品分委会）负责。国家标准的年限一般为 5 年，过了年限后，国家标准就要被修订或重新制定。

国家标准代号为“GB”或“GB/T”，分别为强制性国家标准和推荐性国家标准。国家标准编码由国家标准的代号、国家标准发布的顺序号和国家标准发布的年号（即发布年份的 4 位数字）构成。示例：GB ×××××—××××，例《保健食品良好生产规范》GB 17405—1998；GB/T ×××××—××××，例《易开盖三片罐》GB/T 17590—1998。

我国国标中将食品技术标准分为食品加工产品标准、食品工业基础及相关标准、食品检验方法标准、食品及加工产品卫生标准、食品包装材料及容器标准、食品添加剂标准六大类。

2. 行业标准　行业发达国家的行业协会属于民间组织，它们制定的标准种类繁多、数量庞大，通常称为行业协会标准。我国的行业标准是指由国家有关行业行政主管部门公开发布的标准。我国现行《标准化法》规定，对没有国家标准而又需要在全国某个行业范围内统一的技术要求，可以制定行业标准；行业标准由国务院有关行政主管部门制定。我国部分行业标准类别见表 49-1。

表 49-1　我国部分行业标准类别

行业标准代号	行业标准类别	行业标准代号	行业标准类别
HG	化工	BB	包装
QB	轻工	SN	商检
NY	农业	WM	外经贸
SC	水产	WS	卫生
SB	商业	YY	医药

行业标准编码方式与国家标准编码方式一致，例如，SB/T 10412—2007《速冻面米食品》，此标准为商业行业推荐性标准。

行业标准是对国家标准的补充，是专业性、技术性较强的标准。行业标准的制定不得与国家标准相抵触，相应的国家标准公布实施后，相应的行业标准即行废止。我国行业标准中将食品技术标准分为食品加工产品标准、食品工业基础及相关标准、食品检验方法标准、食品添加剂标准四大类。

3. 地方标准　我国的地方标准是指由省、自治区、直辖市标准化行政主管部门公开发布的标准。我国现行的《标准化法》规定，对没有国家标准和行业标准而又需要在省、自治区、直辖市范围内统一的工业产品的安全、卫生要求，可以制定地方标准，管理部门为省级质量监督检验检疫局。地方标准需报卫生部和国家质量监督检验检疫总局备案。

地方标准在本行政区域内适用，不得与国家标准和行业标准相抵触。国家标准、行业标准公布实施后，相应的地方标准即行废止。

DB××和DB××/T分别为强制性地方标准代号和推荐性地方标准代号，其中×表示省级行政区划代码前两位。例，浙江省地方标准 DB33/T 456—2003《食品企业良好作业规范》。我国部分省级行政区划代码如表49-2所列。

表49-2　我国部分省级行政区划代

代　码	省(自治区、直辖市)	代　码	省(自治区、直辖市)
110000	北京市	320000	江苏省
130000	河北省	330000	浙江省
230000	黑龙江省	440000	广东省
310000	上海市	810000	香港特别行政区

4. 企业标准　在没有相应的国家标准、行业标准或地方标准的情况下，企业可以为其生产的产品制定企业标准，即使已有国家或行业标准的，国家鼓励企业制定严于国家或者行业标准的企业标准。企业标准是企业独占的无形资产；企业标准如何制定，在遵守法律的前提下，完全由企业自己决定；企业标准采取什么形式、规定什么内容，以及标准制定的时机等，完全依据企业本身的需要和市场及客户的要求，由企业自己决定。企业标准是企业组织生产、经营活动的依据，不分强制性和推荐性，均为强制性。

国家质量监督检验检疫总局发布的《企业标准化管理办法》规定，企业标准的审批权限属于企业内部的高层主管，但食品卫生监督管理机构应对企业标准中涉及安全、营养与保健的内容进行技术审查。另外，企业标准还需报当地政府标准化行政主管部门和卫生行政部门备案。

企业产品标准的代号、编号方法如下：Q/×××××—××××。“—”后面的4位为年号。例，浙江贝因美科工贸股份有限公司产品标准 Q/HBSO 29—2006《婴儿配方奶粉》。企业标准的复审周期一般不超过3年。

二、我国食品标准的内容和技术要求

1. 标准的内容结构　不同标准之间在内容上有很大的差异，以单独标准为例，按要素的规范性和资料性的性质以及它们在标准中的位置来划分，可分为以下几类。

资料性概述要素：标识标准，介绍其内容、背景、发展情况以及该标准与其他标准的关系的要素，即标准的封面、目次、前言和引言等。

规范性一般要素和技术要素：一般要素包括名称、范围、规范性引用文件；技术要素包括术语和定义、符号和缩略语、要求……规范性附录等。

资料性补充要素：提供附加信息，以帮助理解或使用标准的要素，即标准的资料性附录、参考文献和索引等。

2. 标准的技术要求

(1) 基本要求　应充分考虑食品的基本成分和主要质量因素、外观和感官特性、营养特性和安全卫生要求，以及消费者的生理、心理因素等，尽可能定量地提出技术要求。能分级的质量要求，应根据需要，做出合理的分级规定。

(2) 主要内容　对食品的技术要求，涉及感官、理化、生物学等各个方面，应根据产品的具体情况，划分层次予以叙述。可以将技术要求划分为质量与卫生两类指标分别制定标准。标准中凡涉及安全、卫生指标的，如有现行国家标准或行业标准应直接引用，或规定不低于现行标准的要求。

① 原料要求　为保证食品的质量和安全、卫生，应对产品的必用原料和可选用原料加以规定。对直接影响食品质量的原料也应规定基本要求。如必用和可选用原料有现行国家标准或行业标准，应直接引用，或规定不低于现行原料标准的要求。

② 外观和感官要求　应对食品的外观和感官特性，如食品的外形、色泽、气味、味道、质地等做出规定。

③ 理化要求　应对食品的物理、化学指标做出规定。物理指标如净含量、固形物含量、比体积、密度、异物等，化学成分如水分、灰分、营养素的含量、保健功能指标等，食品添加剂允许量，农药残

留限量，兽药残留限量，重金属限量。

④ 生物学要求 应对食品的生物学特性和生物性污染做出规定，如活性酵母、乳酸菌等，细菌总数、大肠菌群、致病菌、霉菌、微生物毒素等，寄生虫、虫卵等。

第四节 我国与食品安全有关的主要法律法规

一、法律

我国与食品安全有关的主要法律有：《中华人民共和国中华人民共和国食品安全法》(2009)；《中华人民共和国进出口商品检验法》(1989)；《中华人民共和国进出口商品检验法实施条例》(1992)；《中华人民共和国产品质量法》(2000)；《中华人民共和国国境卫生检疫法》(1986)；《中华人民共和国进出境动植物检疫法》(1991)；《中华人民共和国进出境动植物检疫法实施条例》(1997)；《中华人民共和国标准化法》(1988)；《中华人民共和国农业法》(1993)；《中华人民共和国渔业法》(1986)；《中华人民共和国渔业法实施细则》(1987)；《中华人民共和国农产品质量安全法》(2006)。

二、法规

我国与食品安全有关的主要法规有：《中华人民共和国产品质量认证管理条例》（国务院，1991)；《中华人民共和国国境卫生检疫法实施细则》（国务院，1989)；《中华人民共和国标准化法实施条例》（国务院，1990)；《生猪屠宰管理条例》（国务院，1997)；《公共场所卫生管理条例》（国务院，1987)；《中华人民共和国出口食品卫生管理办法》（商检局、卫生部，1984)；《工业产品生产许可证管理办法》（质监总局，2002)；《食品质量安全市场准入审查通则》（质监总局，2004)；《食品生产加工企业质量安全监督管理办法》（质监总局，2003)；《禁止食品加药卫生管理办法》（卫生部，1987)；《关于食物中毒事故处理办法》（卫生部，2001)；《动物性食品中兽药最高残留含量》（农业部，1997)；《绿色市场认证实施规则》（国家认监委商务部，2004)《兽药管理条例》（国务院，2004)；《集贸市场食品卫生管理规范》（卫生部，2003)；《认证机构实施基于 HACCP 的食品安全管理体系认证的认可基本要求》（中国认证机构国家认可委员会，2004)；《有机产品认证实施规则》（国家认监委，2005)；《中华人民共和国食品安全法实施条例（草案)》（国务院，2009)。

三、标准

1. 强制性国家标准 例如，《农产品安全质量无公害蔬菜（水果、畜禽肉、水产品）安全要求》GB 18406.1～4—2001；《食品添加剂使用卫生标准》GB 2760—2007；《食品中污染物限量》GB 2762—2005； 《食品营养强化剂使用卫生标准》GB 14880—1994；《食品安全性毒理学评价程序》GB 15193.1—2003；《食品企业通用卫生规范》GB 14881—1994；《食品机械安全卫生》GB 16798—1997；《保健食品良好生产规范》GB 17405—1998；《乳制品企业良好生产规范》GB 12693—2003；《饮料企业良好生产规范》GB 12695—2003；《预包装特殊膳食用食品标签通则》GB 13432—2004；《预包装食品标签通则》GB 7718—2004；《预包装饮料酒标签通则》GB 10344—2005；《食糖卫生标准》GB 13104—2005；《月饼强制性国家标准》GB 19855—2005；《蜂蜜》GB 18796—2005。

2. 推荐性国家标准 例如，《质量管理体系 要求》GB/T 19001—2008；《室内空气中细菌总数卫生标准》GB/T 17093—1997；《食品卫生检验方法》GB/T 5009—2003；《食品中红曲色素的测定》GB/T 5009.150—2003；《食品中八甲磷残留量的测定方法》GB/T 18627—2002；《生鲜牛乳收购标准》GB/T 6914—1986；《啤酒试验方法》GB/T 4928—2001；《婴幼儿配方食品和乳粉测定方法》GB/T 5413.1～32—1997；《食品卫生微生物检验 菌落总数测定》GB/T 4789.2—2008。

附录A 产业法规

A1 中华人民共和国食品安全法

第一章 总 则

第一条 为保证食品安全，保障公众身体健康和生命安全，制定本法。

第二条 在中华人民共和国境内从事下列活动，应当遵守本法：

（一）食品生产和加工（以下称食品生产），食品流通和餐饮服务（以下称食品经营）；

（二）食品添加剂的生产经营；

（三）用于食品的包装材料、容器、洗涤剂、消毒剂和用于食品生产经营的工具、设备（以下称食品相关产品）的生产经营；

（四）食品生产经营者使用食品添加剂、食品相关产品；

（五）对食品、食品添加剂和食品相关产品的安全管理。

供食用的源于农业的初级产品（以下称食用农产品）的质量安全管理，遵守《中华人民共和国农产品质量安全法》的规定。但是，制定有关食用农产品的质量安全标准、公布食用农产品安全有关信息，应当遵守本法的有关规定。

第三条 食品生产经营者应当依照法律、法规和食品安全标准从事生产经营活动，对社会和公众负责，保证食品安全，接受社会监督，承担社会责任。

第四条 国务院设立食品安全委员会，其工作职责由国务院规定。

国务院卫生行政部门承担食品安全综合协调职责，负责食品安全风险评估、食品安全标准制定、食品安全信息公布、食品检验机构的资质认定条件和检验规范的制定，组织查处食品安全重大事故。

国务院质量监督、工商行政管理和国家食品药品监督管理部门依照本法和国务院规定的职责，分别对食品生产、食品流通、餐饮服务活动实施监督管理。

第五条 县级以上地方人民政府统一负责、领导、组织、协调本行政区域的食品安全监督管理工作，建立健全食品安全全程监督管理的工作机制；统一领导、指挥食品安全突发事件应对工作；完善、落实食品安全监督管理责任制，对食品安全监督管理部门进行评议、考核。

县级以上地方人民政府依照本法和国务院的规定确定本级卫生行政、农业行政、质量监督、工商行政管理、食品药品监督管理部门的食品安全监督管理职责。有关部门在各自职责范围内负责本行政区域的食品安全监督管理工作。

上级人民政府所属部门在下级行政区域设置的机构应当在所在地人民政府的统一组织、协调下，依法做好食品安全监督管理工作。

第六条 县级以上卫生行政、农业行政、质量监督、工商行政管理、食品药品监督管理部门应当加强沟通、密切配合，按照各自职责分工，依法行使职权，承担责任。

第七条 食品行业协会应当加强行业自律，引导食品生产经营者依法生产经营，推动行业诚信建设，宣传、普及食品安全知识。

第八条 国家鼓励社会团体、基层群众性自治组织开展食品安全法律、法规以及食品安全标准和知识的普及工作，倡导健康的饮食方式，增强消费者食品安全意识和自我保护能力。

新闻媒体应当开展食品安全法律、法规以及食品安全标准和知识的公益宣传，并对违反本法的行为进行舆论监督。

第九条 国家鼓励和支持开展与食品安全有关的基础研究和应用研究，鼓励和支持食品生产经营者为提高食品安全水平采用先进技术和先进管理规范。

第十条 任何组织或者个人有权举报食品生产经营中违反本法的行为，有权向有关部门了解食品安全信息，对食品安全监督管理工作提出意见和建议。

第二章 食品安全风险监测和评估

第十一条 国家建立食品安全风险监测制度，对食源性疾病、食品污染以及食品中的有害因素进行监测。

国务院卫生行政部门会同国务院有关部门制定、实施国家食品安全风险监测计划。省、自治区、直辖市人民政府卫生行政部门根据国家食品安全风险监测计划，结合本行政区域的具体情况，组织制定、实施本行政区域的食品安全风险监测方案。

第十二条 国务院农业行政、质量监督、工商行政管理和国家食品药品监督管理等有关部门获知有关食品安全风险信息后，应当立即向国务院卫生行政部门通报。国务院卫生行政部门会同有关部门对信息核实后，应当及时调整食品安全风险监测计划。

第十三条 国家建立食品安全风险评估制度，对食品、食品添加剂中生物性、化学性和物理性危害进行风险评估。

国务院卫生行政部门负责组织食品安全风险评估工作，成立由医学、农业、食品、营养等方面的专家组成的食品安全风险评估专家委员会进行食品安全风险评估。

对农药、肥料、生长调节剂、兽药、饲料和饲料添加剂等的安全性评估，应当有食品安全风险评估专家委员会的专家参加。

食品安全风险评估应当运用科学方法，根据食品安全风险监测信息、科学数据以及其他有关信息进行。

第十四条 国务院卫生行政部门通过食品安全风险监测或者接到举报发现食品可能存在安全隐患的，应当立即组织进行检验和食品安全风险评估。

第十五条 国务院农业行政、质量监督、工商行政管理和国家食品药品监督管理等有关部门应当向国务院卫生行政部门提出食品安全风险评估的建议，并提供有关信息和资料。

国务院卫生行政部门应当及时向国务院有关部门通报食品安全风险评估的结果。

第十六条 食品安全风险评估结果是制定、修订食品安全标准和对食品安全实施监督管理的科学依据。

食品安全风险评估结果得出食品不安全结论的，国务院质量监督、工商行政管理和国家食品药品监督管理部门应当依据各自职责立即采取相应措施，确保该食品停止生产经营，并告知消费者停止食用；需要制定、修订相关食品安全国家标准的，国务院卫生行政部门应当立即制定、修订。

第十七条 国务院卫生行政部门应当会同国务院有关部门，根据食品安全风险评估结果、食品安全监督管理信息，对食品安全状况进行综合分析。对经综合分析表明可能具有较高程度安全风险的食品，国务院卫生行政部门应当及时提出食品安全风险警示，并予以公布。

第三章 食品安全标准

第十八条 制定食品安全标准，应当以保障公众身体健康为宗旨，做到科学合理、安全可靠。

第十九条 食品安全标准是强制执行的标准。除食品安全标准外，不得制定其他的食品强制性标准。

第二十条 食品安全标准应当包括下列内容：

（一）食品、食品相关产品中的致病性微生物、农药残留、兽药残留、重金属、污染物质以及其他危害人体健康物质的限量规定；

（二）食品添加剂的品种、使用范围、用量；

（三）专供婴幼儿和其他特定人群的主辅食品的营养成分要求；

（四）对与食品安全、营养有关的标签、标识、说明书的要求；

（五）食品生产经营过程的卫生要求；

（六）与食品安全有关的质量要求；

（七）食品检验方法与规程；

（八）其他需要制定为食品安全标准的内容。

第二十一条　食品安全国家标准由国务院卫生行政部门负责制定、公布，国务院标准化行政部门提供国家标准编号。

食品中农药残留、兽药残留的限量规定及其检验方法与规程由国务院卫生行政部门、国务院农业行政部门制定。

屠宰畜、禽的检验规程由国务院有关主管部门会同国务院卫生行政部门制定。

有关产品国家标准涉及食品安全国家标准规定内容的，应当与食品安全国家标准相一致。

第二十二条　国务院卫生行政部门应当对现行的食用农产品质量安全标准、食品卫生标准、食品质量标准和有关食品的行业标准中强制执行的标准予以整合，统一公布为食品安全国家标准。

本法规定的食品安全国家标准公布前，食品生产经营者应当按照现行食用农产品质量安全标准、食品卫生标准、食品质量标准和有关食品的行业标准生产经营食品。

第二十三条　食品安全国家标准应当经食品安全国家标准审评委员会审查通过。食品安全国家标准审评委员会由医学、农业、食品、营养等方面的专家以及国务院有关部门的代表组成。

制定食品安全国家标准，应当依据食品安全风险评估结果并充分考虑食用农产品质量安全风险评估结果，参照相关的国际标准和国际食品安全风险评估结果，并广泛听取食品生产经营者和消费者的意见。

第二十四条　没有食品安全国家标准的，可以制定食品安全地方标准。

省、自治区、直辖市人民政府卫生行政部门组织制定食品安全地方标准，应当参照执行本法有关食品安全国家标准制定的规定，并报国务院卫生行政部门备案。

第二十五条　企业生产的食品没有食品安全国家标准或者地方标准的，应当制定企业标准，作为组织生产的依据。国家鼓励食品生产企业制定严于食品安全国家标准或者地方标准的企业标准。企业标准应当报省级卫生行政部门备案，在本企业内部适用。

第二十六条　食品安全标准应当供公众免费查阅。

第四章　食品生产经营

第二十七条　食品生产经营应当符合食品安全标准，并符合下列要求：

（一）具有与生产经营的食品品种、数量相适应的食品原料处理和食品加工、包装、储存等场所，保持该场所环境整洁，并与有毒、有害场所以及其他污染源保持规定的距离；

（二）具有与生产经营的食品品种、数量相适应的生产经营设备或者设施，有相应的消毒、更衣、盥洗、采光、照明、通风、防腐、防尘、防蝇、防鼠、防虫、洗涤以及处理废水、存放垃圾和废弃物的设备或者设施；

（三）有食品安全专业技术人员、管理人员和保证食品安全的规章制度；

（四）具有合理的设备布局和工艺流程，防止待加工食品与直接入口食品、原料与成品交叉污染，避免食品接触有毒物、不洁物；

（五）餐具、饮具和盛放直接入口食品的容器，使用前应当洗净、消毒，炊具、用具用后应当洗净，保持清洁；

（六）储存、运输和装卸食品的容器、工具和设备应当安全、无害，保持清洁，防止食品污染，并符合保证食品安全所需的温度等特殊要求，不得将食品与有毒、有害物品一同运输；

（七）直接入口的食品应当有小包装或者使用无毒、清洁的包装材料、餐具；

（八）食品生产经营人员应当保持个人卫生，生产经营食品时，应当将手洗净，穿戴清洁的工作衣、帽；销售无包装的直接入口食品时，应当使用无毒、清洁的售货工具；

（九）用水应当符合国家规定的生活饮用水卫生标准；

（十）使用的洗涤剂、消毒剂应当对人体安全、无害；

（十一）法律、法规规定的其他要求。

第二十八条　禁止生产经营下列食品：

（一）用非食品原料生产的食品或者添加食品添加剂以外的化学物质和其他可能危害人体健康物质的食品，或者用回收食品作为原料生产的食品；

（二）致病性微生物、农药残留、兽药残留、重金属、污染物质以及其他危害人体健康的物质含量超过食品安全标准限量的食品；

（三）营养成分不符合食品安全标准的专供婴幼儿和其他特定人群的主辅食品；

（四）腐败变质、油脂酸败、霉变生虫、污秽不洁、混有异物、掺假掺杂或者感官性状异常的食品；

（五）病死、毒死或者死因不明的禽、畜、兽、水产动物肉类及其制品；

（六）未经动物卫生监督机构检疫或者检疫不合格的肉类，或者未经检验或者检验不合格的肉类制品；

（七）被包装材料、容器、运输工具等污染的食品；

（八）超过保质期的食品；

（九）无标签的预包装食品；

（十）国家为防病等特殊需要明令禁止生产经营的食品；

（十一）其他不符合食品安全标准或者要求的食品。

第二十九条 国家对食品生产经营实行许可制度。从事食品生产、食品流通、餐饮服务，应当依法取得食品生产许可、食品流通许可、餐饮服务许可。

取得食品生产许可的食品生产者在其生产场所销售其生产的食品，不需要取得食品流通的许可；取得餐饮服务许可的餐饮服务提供者在其餐饮服务场所出售其制作加工的食品，不需要取得食品生产和流通的许可；农民个人销售其自产的食用农产品，不需要取得食品流通的许可。

食品生产加工小作坊和食品摊贩从事食品生产经营活动，应当符合本法规定的与其生产经营规模、条件相适应的食品安全要求，保证所生产经营的食品卫生、无毒、无害，有关部门应当对其加强监督管理，具体管理办法由省、自治区、直辖市人民代表大会常务委员会依照本法制定。

第三十条 县级以上地方人民政府鼓励食品生产加工小作坊改进生产条件；鼓励食品摊贩进入集中交易市场、店铺等固定场所经营。

第三十一条 县级以上质量监督、工商行政管理、食品药品监督管理部门应当依照《中华人民共和国行政许可法》的规定，审核申请人提交的本法第二十七条第一项至第四项规定要求的相关资料，必要时对申请人的生产经营场所进行现场核查；对符合规定条件的，决定准予许可；对不符合规定条件的，决定不予许可并书面说明理由。

第三十二条 食品生产经营企业应当建立健全本单位的食品安全管理制度，加强对职工食品安全知识的培训，配备专职或者兼职食品安全管理人员，做好对所生产经营食品的检验工作，依法从事食品生产经营活动。

第三十三条 国家鼓励食品生产经营企业符合良好生产规范要求，实施危害分析与关键控制点体系，提高食品安全管理水平。

对通过良好生产规范、危害分析与关键控制点体系认证的食品生产经营企业，认证机构应当依法实施跟踪调查；对不再符合认证要求的企业，应当依法撤销认证，及时向有关质量监督、工商行政管理、食品药品监督管理部门通报，并向社会公布。认证机构实施跟踪调查不收取任何费用。

第三十四条 食品生产经营者应当建立并执行从业人员健康管理制度。患有痢疾、伤寒、病毒性肝炎等消化道传染病的人员，以及患有活动性肺结核、化脓性或者渗出性皮肤病等有碍食品安全的疾病的人员，不得从事接触直接入口食品的工作。

食品生产经营人员每年应当进行健康检查，取得健康证明后方可参加工作。

第三十五条 食用农产品生产者应当依照食品安全标准和国家有关规定使用农药、肥料、生长调节剂、兽药、饲料和饲料添加剂等农业投入品。食用农产品的生产企业和农民专业合作经济组织应当建立食用农产品生产记录制度。

县级以上农业行政部门应当加强对农业投入品使用的管理和指导，建立健全农业投入品的安全使用制度。

第三十六条 食品生产者采购食品原料、食品添加剂、食品相关产品，应当查验供货者的许可证和产品合格证明文件；对无法提供合格证明文件的食品原料，应当依照食品安全标准进行检验；不得采购或者使用不符合食品安全标准的食品原料、食品添加剂、食品相关产品。

食品生产企业应当建立食品原料、食品添加剂、食品相关产品进货查验记录制度，如实记录食品原料、食品添加剂、食品相关产品的名称、规格、数量、供货者名称及联系方式、进货日期等内容。

食品原料、食品添加剂、食品相关产品进货查验记录应当真实，保存期限不得少于二年。

第三十七条 食品生产企业应当建立食品出厂检验记录制度，查验出厂食品的检验合格证和安全状况，并如实记录食品的名称、规格、数量、生产日期、生产批号、检验合格证号、购货者名称及联系方式、销售日期等内容。

食品出厂检验记录应当真实，保存期限不得少于二年。

第三十八条 食品、食品添加剂和食品相关产品的生产者，应当依照食品安全标准对所生产的食品、食品添加剂和食品相关产品进行检验，检验合格后方可出厂或者销售。

第三十九条 食品经营者采购食品，应当查验供货者的许可证和食品合格的证明文件。

食品经营企业应当建立食品进货查验记录制度，如实记录食品的名称、规格、数量、生产批号、保质期、供货者名称及联系方式、进货日期等内容。

食品进货查验记录应当真实，保存期限不得少于二年。

实行统一配送经营方式的食品经营企业，可以由企业总部统一查验供货者的许可证和食品合格的证明文件，进行食品进货查验记录。

第四十条 食品经营者应当按照保证食品安全的要求储存食品，定期检查库存食品，及时清理变质或者超过保质期的食品。

第四十一条 食品经营者储存散装食品，应当在储存位置标明食品的名称、生产日期、保质期、生产者名称及联系方式等内容。

食品经营者销售散装食品，应当在散装食品的容器、外包装上标明食品的名称、生产日期、保质期、生产经营者名称及联系方式等内容。

第四十二条 预包装食品的包装上应当有标签。标签应当标明下列事项：

（一）名称、规格、净含量、生产日期；

（二）成分或者配料表；

（三）生产者的名称、地址、联系方式；

（四）保质期；

（五）产品标准代号；

（六）储存条件；

（七）所使用的食品添加剂在国家标准中的通用名称；

（八）生产许可证编号；

（九）法律、法规或者食品安全标准规定必须标明的其他事项。

专供婴幼儿和其他特定人群的主辅食品，其标签还应当标明主要营养成分及其含量。

第四十三条 国家对食品添加剂的生产实行许可制度。申请食品添加剂生产许可的条件、程序，按照国家有关工业产品生产许可证管理的规定执行。

第四十四条 申请利用新的食品原料从事食品生产或者从事食品添加剂新品种、食品相关产品新品种生产活动的单位或者个人，应当向国务院卫生行政部门提交相关产品的安全性评估材料。国务院卫生行政部门应当自收到申请之日起六十日内组织对相关产品的安全性评估材料进行审查；对符合食品安全要求的，依法决定准予许可并予以公布；对不符合食品安全要求的，决定不予许可并书面说明理由。

第四十五条 食品添加剂应当在技术上确有必要且经过风险评估证明安全可靠，方可列入允许使用的范围。国务院卫生行政部门应当根据技术必要性和食品安全风险评估结果，及时对食品添加剂的品种、使用范围、用量的标准进行修订。

第四十六条 食品生产者应当依照食品安全标准关于食品添加剂的品种、使用范围、用量的规定使用食品添加剂；不得在食品生产中使用食品添加剂以外的化学物质和其他可能危害人体健康的物质。

第四十七条 食品添加剂应当有标签、说明书和包装。标签、说明书应当载明本法第四十二条第一款第一项至第六项、第八项、第九项规定的事项，以及食品添加剂的使用范围、用量、使用方法，并在标签上载明“食品添加剂”字样。

第四十八条　食品和食品添加剂的标签、说明书，不得含有虚假、夸大的内容，不得涉及疾病预防、治疗功能。生产者对标签、说明书上所载明的内容负责。

食品和食品添加剂的标签、说明书应当清楚、明显，容易辨识。

食品和食品添加剂与其标签、说明书所载明的内容不符的，不得上市销售。

第四十九条　食品经营者应当按照食品标签标示的警示标志、警示说明或者注意事项的要求，销售预包装食品。

第五十条　生产经营的食品中不得添加药品，但是可以添加按照传统既是食品又是中药材的物质。按照传统既是食品又是中药材的物质的目录由国务院卫生行政部门制定、公布。

第五十一条　国家对声称具有特定保健功能的食品实行严格监管。有关监督管理部门应当依法履职，承担责任。具体管理办法由国务院规定。

声称具有特定保健功能的食品不得对人体产生急性、亚急性或者慢性危害，其标签、说明书不得涉及疾病预防、治疗功能，内容必须真实，应当载明适宜人群、不适宜人群、功效成分或者标志性成分及其含量等；产品的功能和成分必须与标签、说明书相一致。

第五十二条　集中交易市场的开办者、柜台出租者和展销会举办者，应当审查入场食品经营者的许可证，明确入场食品经营者的食品安全管理责任，定期对入场食品经营者的经营环境和条件进行检查，发现食品经营者有违反本法规定的行为的，应当及时制止并立即报告所在地县级工商行政管理部门或者食品药品监督管理部门。

集中交易市场的开办者、柜台出租者和展销会举办者未履行前款规定义务，本市场发生食品安全事故的，应当承担连带责任。

第五十三条　国家建立食品召回制度。食品生产者发现其生产的食品不符合食品安全标准，应当立即停止生产，召回已经上市销售的食品，通知相关生产经营者和消费者，并记录召回和通知情况。

食品经营者发现其经营的食品不符合食品安全标准，应当立即停止经营，通知相关生产经营者和消费者，并记录停止经营和通知情况。食品生产者认为应当召回的，应当立即召回。

食品生产者应当对召回的食品采取补救、无害化处理、销毁等措施，并将食品召回和处理情况向县级以上质量监督部门报告。

食品生产经营者未依照本条规定召回或者停止经营不符合食品安全标准的食品的，县级以上质量监督、工商行政管理、食品药品监督管理部门可以责令其召回或者停止经营。

第五十四条　食品广告的内容应当真实合法，不得含有虚假、夸大的内容，不得涉及疾病预防、治疗功能。

食品安全监督管理部门或者承担食品检验职责的机构、食品行业协会、消费者协会不得以广告或者其他形式向消费者推荐食品。

第五十五条　社会团体或者其他组织、个人在虚假广告中向消费者推荐食品，使消费者的合法权益受到损害的，与食品生产经营者承担连带责任。

第五十六条　地方各级人民政府鼓励食品规模化生产和连锁经营、配送。

第五章　食品检验

第五十七条　食品检验机构按照国家有关认证认可的规定取得资质认定后，方可从事食品检验活动。但是，法律另有规定的除外。

食品检验机构的资质认定条件和检验规范，由国务院卫生行政部门规定。

本法施行前经国务院有关主管部门批准设立或者经依法认定的食品检验机构，可以依照本法继续从事食品检验活动。

第五十八条　食品检验由食品检验机构指定的检验人独立进行。

检验人应当依照有关法律、法规的规定，并依照食品安全标准和检验规范对食品进行检验，尊重科学，恪守职业道德，保证出具的检验数据和结论客观、公正，不得出具虚假的检验报告。

第五十九条　食品检验实行食品检验机构与检验人负责制。食品检验报告应当加盖食品检验机构公章，并有检验人的签名或者盖章。食品检验机构和检验人对出具的食品检验报告负责。

第六十条　食品安全监督管理部门对食品不得实施免检。

县级以上质量监督、工商行政管理、食品药品监督管理部门应当对食品进行定期或者不定期的抽样检验。进行抽样检验，应当购买抽取的样品，不收取检验费和其他任何费用。

县级以上质量监督、工商行政管理、食品药品监督管理部门在执法工作中需要对食品进行检验的，应当委托符合本法规定的食品检验机构进行，并支付相关费用。对检验结论有异议的，可以依法进行复检。

第六十一条　食品生产经营企业可以自行对所生产的食品进行检验，也可以委托符合本法规定的食品检验机构进行检验。

食品行业协会等组织、消费者需要委托食品检验机构对食品进行检验的，应当委托符合本法规定的食品检验机构进行。

第六章　食品进出口

第六十二条　进口的食品、食品添加剂以及食品相关产品应当符合我国食品安全国家标准。

进口的食品应当经出入境检验检疫机构检验合格后，海关凭出入境检验检疫机构签发的通关证明放行。

第六十三条　进口尚无食品安全国家标准的食品，或者首次进口食品添加剂新品种、食品相关产品新品种，进口商应当向国务院卫生行政部门提出申请并提交相关的安全性评估材料。国务院卫生行政部门依照本法第四十四条的规定作出是否准予许可的决定，并及时制定相应的食品安全国家标准。

第六十四条　境外发生的食品安全事件可能对我国境内造成影响，或者在进口食品中发现严重食品安全问题的，国家出入境检验检疫部门应当及时采取风险预警或者控制措施，并向国务院卫生行政、农业行政、工商行政管理和国家食品药品监督管理部门通报。接到通报的部门应当及时采取相应措施。

第六十五条　向我国境内出口食品的出口商或者代理商应当向国家出入境检验检疫部门备案。向我国境内出口食品的境外食品生产企业应当经国家出入境检验检疫部门注册。

国家出入境检验检疫部门应当定期公布已经备案的出口商、代理商和已经注册的境外食品生产企业名单。

第六十六条　进口的预包装食品应当有中文标签、中文说明书。标签、说明书应当符合本法以及我国其他有关法律、行政法规的规定和食品安全国家标准的要求，载明食品的原产地以及境内代理商的名称、地址、联系方式。预包装食品没有中文标签、中文说明书或者标签、说明书不符合本条规定的，不得进口。

第六十七条　进口商应当建立食品进口和销售记录制度，如实记录食品的名称、规格、数量、生产日期、生产或者进口批号、保质期、出口商和购货者名称及联系方式、交货日期等内容。

食品进口和销售记录应当真实，保存期限不得少于二年。

第六十八条　出口的食品由出入境检验检疫机构进行监督、抽检，海关凭出入境检验检疫机构签发的通关证明放行。

出口食品生产企业和出口食品原料种植、养殖场应当向国家出入境检验检疫部门备案。

第六十九条　国家出入境检验检疫部门应当收集、汇总进出口食品安全信息，并及时通报相关部门、机构和企业。

国家出入境检验检疫部门应当建立进出口食品的进口商、出口商和出口食品生产企业的信誉记录，并予以公布。对有不良记录的进口商、出口商和出口食品生产企业，应当加强对其进出口食品的检验检疫。

第七章　食品安全事故处置

第七十条　国务院组织制定国家食品安全事故应急预案。

县级以上地方人民政府应当根据有关法律、法规的规定和上级人民政府的食品安全事故应急预案以及本地区的实际情况，制定本行政区域的食品安全事故应急预案，并报上一级人民政府备案。

食品生产经营企业应当制定食品安全事故处置方案，定期检查本企业各项食品安全防范措施的落实情况，及时消除食品安全事故隐患。

第七十一条 发生食品安全事故的单位应当立即予以处置，防止事故扩大。事故发生单位和接收病人进行治疗的单位应当及时向事故发生地县级卫生行政部门报告。

农业行政、质量监督、工商行政管理、食品药品监督管理部门在日常监督管理中发现食品安全事故，或者接到有关食品安全事故的举报，应当立即向卫生行政部门通报。

发生重大食品安全事故的，接到报告的县级卫生行政部门应当按照规定向本级人民政府和上级人民政府卫生行政部门报告。县级人民政府和上级人民政府卫生行政部门应当按照规定上报。

任何单位或者个人不得对食品安全事故隐瞒、谎报、缓报，不得毁灭有关证据。

第七十二条 县级以上卫生行政部门接到食品安全事故的报告后，应当立即会同有关农业行政、质量监督、工商行政管理、食品药品监督管理部门进行调查处理，并采取下列措施，防止或者减轻社会危害：

（一）开展应急救援工作，对因食品安全事故导致人身伤害的人员，卫生行政部门应当立即组织救治；

（二）封存可能导致食品安全事故的食品及其原料，并立即进行检验；对确认属于被污染的食品及其原料，责令食品生产经营者依照本法第五十三条的规定予以召回、停止经营并销毁；

（三）封存被污染的食品用工具及用具，并责令进行清洗消毒；

（四）做好信息发布工作，依法对食品安全事故及其处理情况进行发布，并对可能产生的危害加以解释、说明。

发生重大食品安全事故的，县级以上人民政府应当立即成立食品安全事故处置指挥机构，启动应急预案，依照前款规定进行处置。

第七十三条 发生重大食品安全事故，设区的市级以上人民政府卫生行政部门应当立即会同有关部门进行事故责任调查，督促有关部门履行职责，向本级人民政府提出事故责任调查处理报告。

重大食品安全事故涉及两个以上省、自治区、直辖市的，由国务院卫生行政部门依照前款规定组织事故责任调查。

第七十四条 发生食品安全事故，县级以上疾病预防控制机构应当协助卫生行政部门和有关部门对事故现场进行卫生处理，并对与食品安全事故有关的因素开展流行病学调查。

第七十五条 调查食品安全事故，除了查明事故单位的责任，还应当查明负有监督管理和认证职责的监督管理部门、认证机构的工作人员失职、渎职情况。

第八章 监督管理

第七十六条 县级以上地方人民政府组织本级卫生行政、农业行政、质量监督、工商行政管理、食品药品监督管理部门制定本行政区域的食品安全年度监督管理计划，并按照年度计划组织开展工作。

第七十七条 县级以上质量监督、工商行政管理、食品药品监督管理部门履行各自食品安全监督管理职责，有权采取下列措施：

（一）进入生产经营场所实施现场检查；

（二）对生产经营的食品进行抽样检验；

（三）查阅、复制有关合同、票据、账簿以及其他有关资料；

（四）查封、扣押有证据证明不符合食品安全标准的食品，违法使用的食品原料、食品添加剂、食品相关产品，以及用于违法生产经营或者被污染的工具、设备；

（五）查封违法从事食品生产经营活动的场所。

县级以上农业行政部门应当依照《中华人民共和国农产品质量安全法》规定的职责，对食用农产品进行监督管理。

第七十八条 县级以上质量监督、工商行政管理、食品药品监督管理部门对食品生产经营者进行监督检查，应当记录监督检查的情况和处理结果。监督检查记录经监督检查人员和食品生产经营者签字后归档。

第七十九条 县级以上质量监督、工商行政管理、食品药品监督管理部门应当建立食品生产经营者食品安全信用档案，记录许可颁发、日常监督检查结果、违法行为查处等情况；根据食品安全信用档案的记录，对有不良信用记录的食品生产经营者增加监督检查频次。

第八十条 县级以上卫生行政、质量监督、工商行政管理、食品药品监督管理部门接到咨询、投诉、举报，对属于本部门职责的，应当受理，并及时进行答复、核实、处理；对不属于本部门职责的，应当书面通知并移交有权处理的部门处理。有权处理的部门应当及时处理，不得推诿；属于食品安全事故的，依照本法第七章有关规定进行处置。

第八十一条 县级以上卫生行政、质量监督、工商行政管理、食品药品监督管理部门应当按照法定权限和程序履行食品安全监督管理职责；对生产经营者的同一违法行为，不得给予二次以上罚款的行政处罚；涉嫌犯罪的，应当依法向公安机关移送。

第八十二条 国家建立食品安全信息统一公布制度。下列信息由国务院卫生行政部门统一公布：

（一）国家食品安全总体情况；

（二）食品安全风险评估信息和食品安全风险警示信息；

（三）重大食品安全事故及其处理信息；

（四）其他重要的食品安全信息和国务院确定的需要统一公布的信息。

前款第二项、第三项规定的信息，其影响限于特定区域的，也可以由有关省、自治区、直辖市人民政府卫生行政部门公布。县级以上农业行政、质量监督、工商行政管理、食品药品监督管理部门依据各自职责公布食品安全日常监督管理信息。

食品安全监督管理部门公布信息，应当做到准确、及时、客观。

第八十三条 县级以上地方卫生行政、农业行政、质量监督、工商行政管理、食品药品监督管理部门获知本法第八十二条第一款规定的需要统一公布的信息，应当向上级主管部门报告，由上级主管部门立即报告国务院卫生行政部门；必要时，可以直接向国务院卫生行政部门报告。

县级以上卫生行政、农业行政、质量监督、工商行政管理、食品药品监督管理部门应当相互通报获知的食品安全信息。

第九章 法律责任

第八十四条 违反本法规定，未经许可从事食品生产经营活动，或者未经许可生产食品添加剂的，由有关主管部门按照各自职责分工，没收违法所得、违法生产经营的食品、食品添加剂和用于违法生产经营的工具、设备、原料等物品；违法生产经营的食品、食品添加剂货值金额不足一万元的，并处二千元以上五万元以下罚款；货值金额一万元以上的，并处货值金额五倍以上十倍以下罚款。

第八十五条 违反本法规定，有下列情形之一的，由有关主管部门按照各自职责分工，没收违法所得、违法生产经营的食品和用于违法生产经营的工具、设备、原料等物品；违法生产经营的食品货值金额不足一万元的，并处二千元以上五万元以下罚款；货值金额一万元以上的，并处货值金额五倍以上十倍以下罚款；情节严重的，吊销许可证：

（一）用非食品原料生产食品或者在食品中添加食品添加剂以外的化学物质和其他可能危害人体健康的物质，或者用回收食品作为原料生产食品；

（二）生产经营致病性微生物、农药残留、兽药残留、重金属、污染物质以及其他危害人体健康的物质含量超过食品安全标准限量的食品；

（三）生产经营营养成分不符合食品安全标准的专供婴幼儿和其他特定人群的主辅食品；

（四）经营腐败变质、油脂酸败、霉变生虫、污秽不洁、混有异物、掺假掺杂或者感官性状异常的食品；

（五）经营病死、毒死或者死因不明的禽、畜、兽、水产动物肉类，或者生产经营病死、毒死或者死因不明的禽、畜、兽、水产动物肉类的制品；

（六）经营未经动物卫生监督机构检疫或者检疫不合格的肉类，或者生产经营未经检验或者检验不合格的肉类制品；

（七）经营超过保质期的食品；

（八）生产经营国家为防病等特殊需要明令禁止生产经营的食品；

（九）利用新的食品原料从事食品生产或者从事食品添加剂新品种、食品相关产品新品种生产，未经过安全性评估；

（十）食品生产经营者在有关主管部门责令其召回或者停止经营不符合食品安全标准的食品后，仍拒不召回或者停止经营的。

第八十六条 违反本法规定，有下列情形之一的，由有关主管部门按照各自职责分工，没收违法所得、违法生产经营的食品和用于违法生产经营的工具、设备、原料等物品；违法生产经营的食品货值金额不足一万元的，并处二千元以上五万元以下罚款；货值金额一万元以上的，并处货值金额二倍以上五倍以下罚款；情节严重的，责令停产停业，直至吊销许可证：

（一）经营被包装材料、容器、运输工具等污染的食品；

（二）生产经营无标签的预包装食品、食品添加剂或者标签、说明书不符合本法规定的食品、食品添加剂；

（三）食品生产者采购、使用不符合食品安全标准的食品原料、食品添加剂、食品相关产品；

（四）食品生产经营者在食品中添加药品。

第八十七条 违反本法规定，有下列情形之一的，由有关主管部门按照各自职责分工，责令改正，给予警告；拒不改正的，处二千元以上二万元以下罚款；情节严重的，责令停产停业，直至吊销许可证：

（一）未对采购的食品原料和生产的食品、食品添加剂、食品相关产品进行检验；

（二）未建立并遵守查验记录制度、出厂检验记录制度；

（三）制定食品安全企业标准未依照本法规定备案；

（四）未按规定要求储存、销售食品或者清理库存食品；

（五）进货时未查验许可证和相关证明文件；

（六）生产的食品、食品添加剂的标签、说明书涉及疾病预防、治疗功能；

（七）安排患有本法第三十四条所列疾病的人员从事接触直接入口食品的工作。

第八十八条 违反本法规定，事故单位在发生食品安全事故后未进行处置、报告的，由有关主管部门按照各自职责分工，责令改正，给予警告；毁灭有关证据的，责令停产停业，并处二千元以上十万元以下罚款；造成严重后果的，由原发证部门吊销许可证。

第八十九条 违反本法规定，有下列情形之一的，依照本法第八十五条的规定给予处罚：

（一）进口不符合我国食品安全国家标准的食品；

（二）进口尚无食品安全国家标准的食品，或者首次进口食品添加剂新品种、食品相关产品新品种，未经过安全性评估；

（三）出口商未遵守本法的规定出口食品。

违反本法规定，进口商未建立并遵守食品进口和销售记录制度的，依照本法第八十七条的规定给予处罚。

第九十条 违反本法规定，集中交易市场的开办者、柜台出租者、展销会的举办者允许未取得许可的食品经营者进入市场销售食品，或者未履行检查、报告等义务的，由有关主管部门按照各自职责分工，处二千元以上五万元以下罚款；造成严重后果的，责令停业，由原发证部门吊销许可证。

第九十一条 违反本法规定，未按照要求进行食品运输的，由有关主管部门按照各自职责分工，责令改正，给予警告；拒不改正的，责令停产停业，并处二千元以上五万元以下罚款；情节严重的，由原发证部门吊销许可证。

第九十二条 被吊销食品生产、流通或者餐饮服务许可证的单位，其直接负责的主管人员自处罚决定作出之日起五年内不得从事食品生产经营管理工作。

食品生产经营者聘用不得从事食品生产经营管理工作的人员从事管理工作的，由原发证部门吊销许可证。

第九十三条 违反本法规定，食品检验机构、食品检验人员出具虚假检验报告的，由授予其资质的主管部门或者机构撤销该检验机构的检验资格；依法对检验机构直接负责的主管人员和食品检验人员给予撤职或者开除的处分。

违反本法规定，受到刑事处罚或者开除处分的食品检验机构人员，自刑罚执行完毕或者处分决定作出之日起十年内不得从事食品检验工作。食品检验机构聘用不得从事食品检验工作的人员的，由授予其资质的主管部门或者机构撤销该检验机构的检验资格。

第九十四条　违反本法规定，在广告中对食品质量作虚假宣传，欺骗消费者的，依照《中华人民共和国广告法》的规定给予处罚。

违反本法规定，食品安全监督管理部门或者承担食品检验职责的机构、食品行业协会、消费者协会以广告或者其他形式向消费者推荐食品的，由有关主管部门没收违法所得，依法对直接负责的主管人员和其他直接责任人员给予记大过、降级或者撤职的处分。

第九十五条　违反本法规定，县级以上地方人民政府在食品安全监督管理中未履行职责，本行政区域出现重大食品安全事故、造成严重社会影响的，依法对直接负责的主管人员和其他直接责任人员给予记大过、降级、撤职或者开除的处分。

违反本法规定，县级以上卫生行政、农业行政、质量监督、工商行政管理、食品药品监督管理部门或者其他有关行政部门不履行本法规定的职责或者滥用职权、玩忽职守、徇私舞弊的，依法对直接负责的主管人员和其他直接责任人员给予记大过或者降级的处分；造成严重后果的，给予撤职或者开除的处分；其主要负责人应当引咎辞职。

第九十六条　违反本法规定，造成人身、财产或者其他损害的，依法承担赔偿责任。

生产不符合食品安全标准的食品或者销售明知是不符合食品安全标准的食品，消费者除要求赔偿损失外，还可以向生产者或者销售者要求支付价款十倍的赔偿金。

第九十七条　违反本法规定，应当承担民事赔偿责任和缴纳罚款、罚金，其财产不足以同时支付时，先承担民事赔偿责任。

第九十八条　违反本法规定，构成犯罪的，依法追究刑事责任。

第十章　附　则

第九十九条　本法下列用语的含义：

食品，指各种供人食用或者饮用的成品和原料以及按照传统既是食品又是药品的物品，但是不包括以治疗为目的的物品。

食品安全，指食品无毒、无害，符合应当有的营养要求，对人体健康不造成任何急性、亚急性或者慢性危害。

预包装食品，指预先定量包装或者制作在包装材料和容器中的食品。

食品添加剂，指为改善食品品质和色、香、味以及为防腐、保鲜和加工工艺的需要而加入食品中的人工合成或者天然物质。

用于食品的包装材料和容器，指包装、盛放食品或者食品添加剂用的纸、竹、木、金属、搪瓷、陶瓷、塑料、橡胶、天然纤维、化学纤维、玻璃等制品和直接接触食品或者食品添加剂的涂料。

用于食品生产经营的工具、设备，指在食品或者食品添加剂生产、流通、使用过程中直接接触食品或者食品添加剂的机械、管道、传送带、容器、用具、餐具等。

用于食品的洗涤剂、消毒剂，指直接用于洗涤或者消毒食品、餐饮具以及直接接触食品的工具、设备或者食品包装材料和容器的物质。

保质期，指预包装食品在标签指明的储存条件下保持品质的期限。

食源性疾病，指食品中致病因素进入人体引起的感染性、中毒性等疾病。

食物中毒，指食用了被有毒有害物质污染的食品或者食用了含有毒有害物质的食品后出现的急性、亚急性疾病。

食品安全事故，指食物中毒、食源性疾病、食品污染等源于食品，对人体健康有危害或者可能有危害的事故。

第一百条　食品生产经营者在本法施行前已经取得相应许可证的，该许可证继续有效。

第一百零一条 乳品、转基因食品、生猪屠宰、酒类和食盐的食品安全管理，适用本法；法律、行政法规另有规定的，依照其规定。

第一百零二条 铁路运营中食品安全的管理办法由国务院卫生行政部门会同国务院有关部门依照本法制定。

军队专用食品和自供食品的食品安全管理办法由中央军事委员会依照本法制定。

第一百零三条 国务院根据实际需要，可以对食品安全监督管理体制作出调整。

第一百零四条 本法自2009年6月1日起施行。《中华人民共和国食品卫生法》同时废止。

A2 中华人民共和国农产品质量安全法

第一章 总 则

第一条 为保障农产品质量安全，维护公众健康，促进农业和农村经济发展，制定本法。

第二条 本法所称农产品，是指来源于农业的初级产品，即在农业活动中获得的植物、动物、微生物及其产品。

本法所称农产品质量安全，是指农产品质量符合保障人的健康、安全的要求。

第三条 县级以上人民政府农业行政主管部门负责农产品质量安全的监督管理工作；县级以上人民政府有关部门按照职责分工，负责农产品质量安全的有关工作。

第四条 县级以上人民政府应当将农产品质量安全管理工作纳入本级国民经济和社会发展规划，并安排农产品质量安全经费，用于开展农产品质量安全工作。

第五条 县级以上地方人民政府统一领导、协调本行政区域内的农产品质量安全工作，并采取措施，建立健全农产品质量安全服务体系，提高农产品质量安全水平。

第六条 国务院农业行政主管部门应当设立由有关方面专家组成的农产品质量安全风险评估专家委员会，对可能影响农产品质量安全的潜在危害进行风险分析和评估。

国务院农业行政主管部门应当根据农产品质量安全风险评估结果采取相应的管理措施，并将农产品质量安全风险评估结果及时通报国务院有关部门。

第七条 国务院农业行政主管部门和省、自治区、直辖市人民政府农业行政主管部门应当按照职责权限，发布有关农产品质量安全状况信息。

第八条 国家引导、推广农产品标准化生产，鼓励和支持生产优质农产品，禁止生产、销售不符合国家规定的农产品质量安全标准的农产品。

第九条 国家支持农产品质量安全科学技术研究，推行科学的质量安全管理方法，推广先进安全的生产技术。

第十条 各级人民政府及有关部门应当加强农产品质量安全知识的宣传，提高公众的农产品质量安全意识，引导农产品生产者、销售者加强质量安全管理，保障农产品消费安全。

第二章 农产品质量安全标准

第十一条 国家建立健全农产品质量安全标准体系。农产品质量安全标准是强制性的技术规范。

农产品质量安全标准的制定和发布，依照有关法律、行政法规的规定执行。

第十二条 制定农产品质量安全标准应当充分考虑农产品质量安全风险评估结果，并听取农产品生产者、销售者和消费者的意见，保障消费安全。

第十三条 农产品质量安全标准应当根据科学技术发展水平以及农产品质量安全的需要，及时修订。

第十四条 农产品质量安全标准由农业行政主管部门会同有关部门组织实施。

第三章 农产品产地

第十五条 县级以上地方人民政府农业行政主管部门按照保障农产品质量安全的要求，根据农产品品种特性和生产区域大气、土壤、水体中有毒有害物质状况等因素，认为不适宜特定农产品生产的，提出禁止生产的区域，报本级人民政府批准后公布。具体办法由国务院农业行政主管部门会同国务院环境保护行政主管部门制定。

农产品禁止生产区域的调整，依照前款规定的程序办理。

第十六条 县级以上人民政府应当采取措施，加强农产品基地建设，改善农产品的生产条件。

县级以上人民政府农业行政主管部门应当采取措施，推进保障农产品质量安全的标准化生产综合示范区、示范农场、养殖小区和无规定动植物疫病区的建设。

第十七条 禁止在有毒有害物质超过规定标准的区域生产、捕捞、采集食用农产品和建立农产品生产基地。

第十八条 禁止违反法律、法规的规定向农产品产地排放或者倾倒废水、废气、固体废物或者其他有毒有害物质。

农业生产用水和用作肥料的固体废物，应当符合国家规定的标准。

第十九条 农产品生产者应当合理使用化肥、农药、兽药、农用薄膜等化工产品，防止对农产品产地造成污染。

第四章 农产品生产

第二十条 国务院农业行政主管部门和省、自治区、直辖市人民政府农业行政主管部门应当制定保障农产品质量安全的生产技术要求和操作规程。县级以上人民政府农业行政主管部门应当加强对农产品生产的指导。

第二十一条 对可能影响农产品质量安全的农药、兽药、饲料和饲料添加剂、肥料、兽医器械，依照有关法律、行政法规的规定实行许可制度。

国务院农业行政主管部门和省、自治区、直辖市人民政府农业行政主管部门应当定期对可能危及农产品质量安全的农药、兽药、饲料和饲料添加剂、肥料等农业投入品进行监督抽查，并公布抽查结果。

第二十二条 县级以上人民政府农业行政主管部门应当加强对农业投入品使用的管理和指导，建立健全农业投入品的安全使用制度。

第二十三条 农业科研教育机构和农业技术推广机构应当加强对农产品生产者质量安全知识和技能的培训。

第二十四条 农产品生产企业和农民专业合作经济组织应当建立农产品生产记录，如实记载下列事项：

（一）使用农业投入品的名称、来源、用法、用量和使用、停用的日期；

（二）动物疫病、植物病虫草害的发生和防治情况；

（三）收获、屠宰或者捕捞的日期。

农产品生产记录应当保存二年。禁止伪造农产品生产记录。

国家鼓励其他农产品生产者建立农产品生产记录。

第二十五条 农产品生产者应当按照法律、行政法规和国务院农业行政主管部门的规定，合理使用农业投入品，严格执行农业投入品使用安全间隔期或者休药期的规定，防止危及农产品质量安全。

禁止在农产品生产过程中使用国家明令禁止使用的农业投入品。

第二十六条 农产品生产企业和农民专业合作经济组织，应当自行或者委托检测机构对农产品质量安全状况进行检测；经检测不符合农产品质量安全标准的农产品，不得销售。

第二十七条 农民专业合作经济组织和农产品行业协会对其成员应当及时提供生产技术服务，建立农产品质量安全管理制度，健全农产品质量安全控制体系，加强自律管理。

第五章 农产品包装和标识

第二十八条 农产品生产企业、农民专业合作经济组织以及从事农产品收购的单位或者个人销售的农产品，按照规定应当包装或者附加标识的，须经包装或者附加标识后方可销售。包装物或者标识上应当按照规定标明产品的品名、产地、生产者、生产日期、保质期、产品质量等级等内容；使用添加剂的，还应当按照规定标明添加剂的名称。具体办法由国务院农业行政主管部门制定。

第二十九条 农产品在包装、保鲜、储存、运输中所使用的保鲜剂、防腐剂、添加剂等材料，应当符合国家有关强制性的技术规范。

第三十条 属于农业转基因生物的农产品，应当按照农业转基因生物安全管理的有关规定进行标识。

第三十一条 依法需要实施检疫的动植物及其产品，应当附具检疫合格标志、检疫合格证明。

第三十二条 销售的农产品必须符合农产品质量安全标准，生产者可以申请使用无公害农产品标志。农产品质量符合国家规定的有关优质农产品标准的，生产者可以申请使用相应的农产品质量标志。

禁止冒用前款规定的农产品质量标志。

第六章 监督检查

第三十三条 有下列情形之一的农产品，不得销售：

（一）含有国家禁止使用的农药、兽药或者其他化学物质的；

（二）农药、兽药等化学物质残留或者含有的重金属等有毒有害物质不符合农产品质量安全标准的；

（三）含有的致病性寄生虫、微生物或者生物毒素不符合农产品质量安全标准的；

（四）使用的保鲜剂、防腐剂、添加剂等材料不符合国家有关强制性的技术规范的；

（五）其他不符合农产品质量安全标准的。

第三十四条 国家建立农产品质量安全监测制度。县级以上人民政府农业行政主管部门应当按照保障农产品质量安全的要求，制定并组织实施农产品质量安全监测计划，对生产中或者市场上销售的农产品进行监督抽查。监督抽查结果由国务院农业行政主管部门或者省、自治区、直辖市人民政府农业行政主管部门按照权限予以公布。

监督抽查检测应当委托符合本法第三十五条规定条件的农产品质量安全检测机构进行，不得向被抽查人收取费用，抽取的样品不得超过国务院农业行政主管部门规定的数量。上级农业行政主管部门监督抽查的农产品，下级农业行政主管部门不得另行重复抽查。

第三十五条 农产品质量安全检测应当充分利用现有的符合条件的检测机构。

从事农产品质量安全检测的机构，必须具备相应的检测条件和能力，由省级以上人民政府农业行政主管部门或者其授权的部门考核合格。具体办法由国务院农业行政主管部门制定。

农产品质量安全检测机构应当依法经计量认证合格。

第三十六条 农产品生产者、销售者对监督抽查检测结果有异议的，可以自收到检测结果之日起五日内，向组织实施农产品质量安全监督抽查的农业行政主管部门或者其上级农业行政主管部门申请复检。

采用国务院农业行政主管部门会同有关部门认定的快速检测方法进行农产品质量安全监督抽查检测，被抽查人对检测结果有异议的，可以自收到检测结果时起四小时内申请复检。复检不得采用快速检测方法。

因检测结果错误给当事人造成损害的，依法承担赔偿责任。

第三十七条 农产品批发市场应当设立或者委托农产品质量安全检测机构，对进场销售的农产品质量安全状况进行抽查检测；发现不符合农产品质量安全标准的，应当要求销售者立即停止销售，并向农业行政主管部门报告。

农产品销售企业对其销售的农产品，应当建立健全进货检查验收制度；经查验不符合农产品质量安全标准的，不得销售。

第三十八条 国家鼓励单位和个人对农产品质量安全进行社会监督。任何单位和个人都有权对违反本法的行为进行检举、揭发和控告。有关部门收到相关的检举、揭发和控告后，应当及时处理。

第三十九条 县级以上人民政府农业行政主管部门在农产品质量安全监督检查中，可以对生产、销售的农产品进行现场检查，调查了解农产品质量安全的有关情况，查阅、复制与农产品质量安全有关的记录和其他资料；对经检测不符合农产品质量安全标准的农产品，有权查封、扣押。

第四十条 发生农产品质量安全事故时，有关单位和个人应当采取控制措施，及时向所在地乡级人民政府和县级人民政府农业行政主管部门报告；收到报告的机关应当及时处理并报上一级人民政府和有关部门。发生重大农产品质量安全事故时，农业行政主管部门应当及时通报同级食品药品监督管理部门。

第四十一条 县级以上人民政府农业行政主管部门在农产品质量安全监督管理中，发现有本法第三十三条所列情形之一的农产品，应当按照农产品质量安全责任追究制度的要求，查明责任人，依法予以处理或者提出处理建议。

第四十二条 进口的农产品必须按照国家规定的农产品质量安全标准进行检验；尚未制定有关农产品质量安全标准的，应当依法及时制定，未制定之前，可以参照国家有关部门指定的国外有关标准进行检验。

第七章 法律责任

第四十三条 农产品质量安全监督管理人员不依法履行监督职责，或者滥用职权的，依法给予行政处分。

第四十四条 农产品质量安全检测机构伪造检测结果的，责令改正，没收违法所得，并处五万元以上十万元以下罚款，对直接负责的主管人员和其他直接责任人员处一万元以上五万元以下罚款；情节严重的，撤销其检测资格；造成损害的，依法承担赔偿责任。

农产品质量安全检测机构出具检测结果不实，造成损害的，依法承担赔偿责任；造成重大损害的，并撤销其检测资格。

第四十五条 违反法律、法规规定，向农产品产地排放或者倾倒废水、废气、固体废物或者其他有毒有害物质的，依照有关环境保护法律、法规的规定处罚；造成损害的，依法承担赔偿责任。

第四十六条 使用农业投入品违反法律、行政法规和国务院农业行政主管部门的规定的，依照有关法律、行政法规的规定处罚。

第四十七条 农产品生产企业、农民专业合作经济组织未建立或者未按照规定保存农产品生产记录的，或者伪造农产品生产记录的，责令限期改正；逾期不改正的，可以处二千元以下罚款。

第四十八条 违反本法第二十八条规定，销售的农产品未按照规定进行包装、标识的，责令限期改正；逾期不改正的，可以处二千元以下罚款。

第四十九条 有本法第三十三条第四项规定情形，使用的保鲜剂、防腐剂、添加剂等材料不符合国家有关强制性的技术规范的，责令停止销售，对被污染的农产品进行无害化处理，对不能进行无害化处理的予以监督销毁；没收违法所得，并处二千元以上二万元以下罚款。

第五十条 农产品生产企业、农民专业合作经济组织销售的农产品有本法第三十三条第一项至第三项或者第五项所列情形之一的，责令停止销售，追回已经销售的农产品，对违法销售的农产品进行无害化处理或者予以监督销毁；没收违法所得，并处二千元以上二万元以下罚款。

农产品销售企业销售的农产品有前款所列情形的，依照前款规定处理、处罚。

农产品批发市场中销售的农产品有第一款所列情形的，对违法销售的农产品依照第一款规定处理，对农产品销售者依照第一款规定处罚。

农产品批发市场违反本法第三十七条第一款规定的，责令改正，处二千元以上二万元以下罚款。

第五十一条 违反本法第三十二条规定，冒用农产品质量标志的，责令改正，没收违法所得，并处二千元以上二万元以下罚款。

第五十二条 本法第四十四条、第四十七条至第四十九条、第五十条第一款、第四款和第五十一条规定的处理、处罚，由县级以上人民政府农业行政主管部门决定；第五十条第二款、第三款规定的处理、处罚，由工商行政管理部门决定。

法律对行政处罚及处罚机关有其他规定的，从其规定。但是，对同一违法行为不得重复处罚。

第五十三条 违反本法规定，构成犯罪的，依法追究刑事责任。

第五十四条 生产、销售本法第三十三条所列农产品，给消费者造成损害的，依法承担赔偿责任。

农产品批发市场中销售的农产品有前款规定情形的，消费者可以向农产品批发市场要求赔偿；属于生产者、销售者责任的，农产品批发市场有权追偿。消费者也可以直接向农产品生产者、销售者要求赔偿。

第八章 附 则

第五十五条 生猪屠宰的管理按照国家有关规定执行。

第五十六条 本法自2006年11月1日起施行。

A3 农产品产地安全管理办法

第一章 总 则

第一条 为加强农产品产地管理，改善产地条件，保障产地安全，依据《中华人民共和国农产品质量安全法》，制定本办法。

第二条 本办法所称农产品产地，是指植物、动物、微生物及其产品生产的相关区域。

本办法所称农产品产地安全，是指农产品产地的土壤、水体和大气环境质量等符合生产质量安全农产品要求。

第三条 农业部负责全国农产品产地安全的监督管理。

县级以上地方人民政府农业行政主管部门负责本行政区域内农产品产地的划分和监督管理。

第二章 产地监测与评价

第四条 县级以上人民政府农业行政主管部门应当建立健全农产品产地安全监测管理制度，加强农产品产地安全调查、监测和评价工作，编制农产品产地安全状况及发展趋势年度报告，并报上级农业行政主管部门备案。

第五条 省级以上人民政府农业行政主管部门应当在下列地区分别设置国家和省级监测点，监控农产品产地安全变化动态，指导农产品产地安全管理和保护工作。

（一）工矿企业周边的农产品生产区；

（二）污水灌溉区；

（三）大中城市郊区农产品生产区；

（四）重要农产品生产区；

（五）其他需要监测的区域。

第六条 农产品产地安全调查、监测和评价应当执行国家有关标准等技术规范。

监测点的设置、变更、撤销应当通过专家论证。

第七条 县级以上人民政府农业行政主管部门应当加强农产品产地安全信息统计工作，健全农产品产地安全监测档案。

监测档案应当准确记载产地安全变化状况，并长期保存。

第三章 禁止生产区划定与调整

第八条 农产品产地有毒有害物质不符合产地安全标准，并导致农产品中有毒有害物质不符合农产品质量安全标准的，应当划定为农产品禁止生产区。

禁止生产食用农产品的区域可以生产非食用农产品。

第九条 符合本办法第八条规定情形的，由县级以上地方人民政府农业行政主管部门提出划定禁止生产区的建议，报省级农业行政主管部门。省级农业行政主管部门应当组织专家论证，并附具下列材料报本级人民政府批准后公布。

（一）产地安全监测结果和农产品检测结果；

（二）产地安全监测评价报告，包括产地污染原因分析、产地与农产品污染的相关性分析、评价方法与结论等；

（三）专家论证报告；

（四）农业生产结构调整及相关处理措施的建议。

第十条 禁止生产区划定后，不得改变耕地、基本农田的性质，不得降低农用地征地补偿标准。

第十一条 县级人民政府农业行政主管部门应当在禁止生产区设置标示牌，载明禁止生产区地点、四至范围、面积、禁止生产的农产品种类、主要污染物种类、批准单位、立牌日期等。

任何单位和个人不得擅自移动和损毁标示牌。

第十二条 禁止生产区安全状况改善并符合相关标准的，县级以上地方人民政府农业行政主管部门应当及时提出调整建议。

禁止生产区的调整依照本办法第九条的规定执行。禁止生产区调整的，应当变更标示牌内容或者撤除标示牌。

第十三条 县级以上地方人民政府农业行政主管部门应当及时将本行政区域内农产品禁止生产区划定与调整结果逐级上报农业部备案。

第四章 产地保护

第十四条 县级以上人民政府农业行政主管部门应当推广清洁生产技术和方法，发展生态农业。

第十五条 县级以上地方人民政府农业行政主管部门应当制定农产品产地污染防治与保护规划，并纳入本地农业和农村经济发展规划。

第十六条 县级以上人民政府农业行政主管部门应当采取生物、化学、工程等措施，对农产品禁止生产区和有毒有害物质不符合产地安全标准的其他农产品生产区域进行修复和治理。

第十七条 县级以上人民政府农业行政主管部门应当采取措施，加强产地污染修复和治理的科学研究、技术推广、宣传培训工作。

第十八条 农业建设项目的环境影响评价文件应当经县级以上人民政府农业行政主管部门依法审核后，报有关部门审批。

已经建成的企业或者项目污染农产品产地的，当地人民政府农业行政主管部门应当报请本级人民政府采取措施，减少或消除污染危害。

第十九条 任何单位和个人不得在禁止生产区生产、捕捞、采集禁止的食用农产品和建立农产品生产基地。

第二十条 禁止任何单位和个人向农产品产地排放或者倾倒废气、废水、固体废物或者其他有毒有害物质。

禁止在农产品产地堆放、储存、处置工业固体废物。在农产品产地周围堆放、储存、处置工业固体废物的，应当采取有效措施，防止对农产品产地安全造成危害。

第二十一条 任何单位和个人提供或者使用农业用水和用作肥料的城镇垃圾、污泥等固体废物，应当经过无害化处理并符合国家有关标准。

第二十二条 农产品生产者应当合理使用肥料、农药、兽药、饲料和饲料添加剂、农用薄膜等农业投入品。禁止使用国家明令禁止、淘汰的或者未经许可的农业投入品。

农产品生产者应当及时清除、回收农用薄膜、农业投入品包装物等，防止污染农产品产地环境。

第五章 监督检查

第二十三条 县级以上人民政府农业行政主管部门负责农产品产地安全的监督检查。

农业行政执法人员履行监督检查职责时，应当向被检查单位或者个人出示行政执法证件。有关单位或者个人应当如实提供有关情况和资料，不得拒绝检查或者提供虚假情况。

第二十四条 县级以上人民政府农业行政主管部门发现农产品产地受到污染威胁时，应当责令致害单位或者个人采取措施，减少或者消除污染威胁。有关单位或者个人拒不采取措施的，应当报请本级人民政府处理。

农产品产地发生污染事故时，县级以上人民政府农业行政主管部门应当依法调查处理。

发生农业环境污染突发事件时，应当依照农业环境污染突发事件应急预案的规定处理。

第二十五条 产地安全监测和监督检查经费应当纳入本级人民政府农业行政主管部门年度预算。开展产地安全监测和监督检查不得向被检查单位或者个人收取任何费用。

第二十六条 违反《中华人民共和国农产品质量安全法》和本办法规定的划定标准和程序划定的禁

止生产区无效。

违反本办法规定，擅自移动、损毁禁止生产区标牌的，由县级以上地方人民政府农业行政主管部门责令限期改正，可处以一千元以下罚款。

其他违反本办法规定的，依照有关法律法规处罚。

第六章 附 则

第二十七条 本办法自 2006 年 11 月 1 日起施行。

A4 农产品包装和标识管理办法

第一章 总 则

第一条 为规范农产品生产经营行为，加强农产品包装和标识管理，建立健全农产品可追溯制度，保障农产品质量安全，依据《中华人民共和国农产品质量安全法》，制定本办法。

第二条 农产品的包装和标识活动应当符合本办法规定。

第三条 农业部负责全国农产品包装和标识的监督管理工作。

县级以上地方人民政府农业行政主管部门负责本行政区域内农产品包装和标识的监督管理工作。

第四条 国家支持农产品包装和标识科学研究，推行科学的包装方法，推广先进的标识技术。

第五条 县级以上人民政府农业行政主管部门应当将农产品包装和标识管理经费纳入年度预算。

第六条 县级以上人民政府农业行政主管部门对在农产品包装和标识工作中做出突出贡献的单位和个人，予以表彰和奖励。

第二章 农产品包装

第七条 农产品生产企业、农民专业合作经济组织以及从事农产品收购的单位或者个人，用于销售的下列农产品必须包装：

（一）获得无公害农产品、绿色食品、有机农产品等认证的农产品，但鲜活畜、禽、水产品除外。

（二）省级以上人民政府农业行政主管部门规定的其他需要包装销售的农产品。

符合规定包装的农产品拆包后直接向消费者销售的，可以不再另行包装。

第八条 农产品包装应当符合农产品储藏、运输、销售及保障安全的要求，便于拆卸和搬运。

第九条 包装农产品的材料和使用的保鲜剂、防腐剂、添加剂等物质必须符合国家强制性技术规范要求。

包装农产品应当防止机械损伤和二次污染。

第三章 农产品标识

第十条 农产品生产企业、农民专业合作经济组织以及从事农产品收购的单位或者个人包装销售的农产品，应当在包装物上标注或者附加标识标明品名、产地、生产者或者销售者名称、生产日期。

有分级标准或者使用添加剂的，还应当标明产品质量等级或者添加剂名称。

未包装的农产品，应当采取附加标签、标识牌、标识带、说明书等形式标明农产品的品名、生产地、生产者或者销售者名称等内容。

第十一条 农产品标识所用文字应当使用规范的中文。标识标注的内容应当准确、清晰、显著。

第十二条 销售获得无公害农产品、绿色食品、有机农产品等质量标志使用权的农产品，应当标注相应标志和发证机构。

禁止冒用无公害农产品、绿色食品、有机农产品等质量标志。

第十三条 畜禽及其产品、属于农业转基因生物的农产品，还应当按照有关规定进行标识。

第四章 监 督 检 查

第十四条 农产品生产企业、农民专业合作经济组织以及从事农产品收购的单位或者个人，应当对其销售农产品的包装质量和标识内容负责。

第十五条　县级以上人民政府农业行政主管部门依照《中华人民共和国农产品质量安全法》对农产品包装和标识进行监督检查。

第十六条　有下列情形之一的，由县级以上人民政府农业行政主管部门按照《中华人民共和国农产品质量安全法》第四十八条、四十九条、五十一条、五十二条的规定处理、处罚：

（一）使用的农产品包装材料不符合强制性技术规范要求的；

（二）农产品包装过程中使用的保鲜剂、防腐剂、添加剂等材料不符合强制性技术规范要求的；

（三）应当包装的农产品未经包装销售的；

（四）冒用无公害农产品、绿色食品等质量标志的；

（五）农产品未按照规定标识的。

第五章　附　则

第十七条　本办法下列用语的含义：

（一）农产品包装：是指对农产品实施装箱、装盒、装袋、包裹、捆扎等。

（二）保鲜剂：是指保持农产品新鲜品质，减少流通损失，延长储存时间的人工合成化学物质或者天然物质。

（三）防腐剂：是指防止农产品腐烂变质的人工合成化学物质或者天然物质。

（四）添加剂：是指为改善农产品品质和色、香、味以及加工性能加入的人工合成化学物质或者天然物质。

（五）生产日期：植物产品是指收获日期；畜禽产品是指屠宰或者产出日期；水产品是指起捕日期；其他产品是指包装或者销售时的日期。

第十八条　本办法自2006年11月1日起施行。

A5　中华人民共和国认证认可条例

第一章　总　则

第一条　为了规范认证认可活动，提高产品、服务的质量和管理水平，促进经济和社会的发展，制定本条例。

第二条　本条例所称认证，是指由认证机构证明产品、服务、管理体系符合相关技术规范、相关技术规范的强制性要求或者标准的合格评定活动。本条例所称认可，是指由认可机构对认证机构、检查机构、实验室以及从事评审、审核等认证活动人员的能力和执业资格，予以承认的合格评定活动。

第三条　在中华人民共和国境内从事认证认可活动，应当遵守本条例。

第四条　国家实行统一的认证认可监督管理制度。国家对认证认可工作实行在国务院认证认可监督管理部门统一管理、监督和综合协调下，各有关方面共同实施的工作机制。

第五条　国务院认证认可监督管理部门应当依法对认证培训机构、认证咨询机构的活动加强监督管理。

第六条　认证认可活动应当遵循客观独立、公开公正、诚实信用的原则。

第七条　国家鼓励平等互利地开展认证认可国际互认活动。认证认可国际互认活动不得损害国家安全和社会公共利益。

第八条　从事认证认可活动的机构及其人员，对其所知悉的国家秘密和商业秘密负有保密义务。

第二章　认证机构

第九条　设立认证机构，应当经国务院认证认可监督管理部门批准，并依法取得法人资格后，方可从事批准范围内的认证活动。未经批准，任何单位和个人不得从事认证活动。

第十条　设立认证机构，应当符合下列条件：

（一）有固定的场所和必要的设施；

（二）有符合认证认可要求的管理制度；

（三）注册资本不得少于人民币 300 万元；

（四）有 10 名以上相应领域的专职认证人员。

从事产品认证活动的认证机构，还应当具备与从事相关产品认证活动相适应的检测、检查等技术能力。

第十一条 设立外商投资的认证机构除应当符合本条例第十条规定的条件外，还应当符合下列条件：

（一）外方投资者取得其所在国家或者地区认可机构的认可；

（二）外方投资者具有 3 年以上从事认证活动的业务经历。设立外商投资认证机构的申请、批准和登记，按照有关外商投资法律、行政法规和国家有关规定办理。

第十二条 设立认证机构的申请和批准程序：

（一）设立认证机构的申请人，应当向国务院认证认可监督管理部门提出书面申请，并提交符合本条例第十条规定条件的证明文件；

（二）国务院认证认可监督管理部门自受理认证机构设立申请之日起 90 日内，应当作出是否批准的决定。涉及国务院有关部门职责的，应当征求国务院有关部门的意见。决定批准的，向申请人出具批准文件，决定不予批准的，应当书面通知申请人，并说明理由；

（三）申请人凭国务院认证认可监督管理部门出具的批准文件，依法办理登记手续。国务院认证认可监督管理部门应当公布依法设立的认证机构名录。

第十三条 境外认证机构在中华人民共和国境内设立代表机构，须经批准，并向工商行政管理部门依法办理登记手续后，方可从事与所从属机构的业务范围相关的推广活动，但不得从事认证活动。境外认证机构在中华人民共和国境内设立代表机构的申请、批准和登记，按照有关外商投资法律、行政法规和国家有关规定办理。

第十四条 认证机构不得与行政机关存在利益关系。

认证机构不得接受任何可能对认证活动的客观公正产生影响的资助；不得从事任何可能对认证活动的客观公正产生影响的产品开发、营销等活动。认证机构不得与认证委托人存在资产、管理方面的利益关系。

第十五条 认证人员从事认证活动，应当在一个认证机构执业，不得同时在两个以上认证机构执业。

第十六条 向社会出具具有证明作用的数据和结果的检查机构、实验室，应当具备有关法律、行政法规规定的基本条件和能力，并依法经认定后，方可从事相应活动，认定结果由国务院认证认可监督管理部门公布。

第三章 认 证

第十七条 国家根据经济和社会发展的需要，推行产品、服务、管理体系认证。

第十八条 认证机构应当按照认证基本规范、认证规则从事认证活动。认证基本规范、认证规则由国务院认证认可监督管理部门制定；涉及国务院有关部门职责的，国务院认证认可监督管理部门应当会同国务院有关部门制定。属于认证新领域，前款规定的部门尚未制定认证规则的，认证机构可以自行制定认证规则，并报国务院认证认可监督管理部门备案。

第十九条 任何法人、组织和个人可以自愿委托依法设立的认证机构进行产品、服务、管理体系认证。

第二十条 认证机构不得以委托人未参加认证咨询或者认证培训等为理由，拒绝提供本认证机构业务范围内的认证服务，也不得向委托人提出与认证活动无关的要求或者限制条件。

第二十一条 认证机构应当公开认证基本规范、认证规则、收费标准等信息。

第二十二条 认证机构以及与认证有关的检查机构、实验室从事认证以及与认证有关的检查、检测活动，应当完成认证基本规范、认证规则规定的程序，确保认证、检查、检测的完整、客观、真实，不得增加、减少、遗漏程序。认证机构以及与认证有关的检查机构、实验室应当对认证、检查、检测过程作出完整记录，归档留存。

第二十三条 认证机构及其认证人员应当及时作出认证结论，并保证认证结论的客观、真实。认证结论经认证人员签字后，由认证机构负责人签署。认证机构及其认证人员对认证结果负责。

第二十四条 认证结论为产品、服务、管理体系符合认证要求的，认证机构应当及时向委托人出具认证证书。

第二十五条 获得认证证书的，应当在认证范围内使用认证证书和认证标志，不得利用产品、服务认证证书、认证标志和相关文字、符号，误导公众认为其管理体系已通过认证，也不得利用管理体系认证证书、认证标志和相关文字、符号，误导公众认为其产品、服务已通过认证。

第二十六条 认证机构可以自行制定认证标志，并报国务院认证认可监督管理部门备案。认证机构自行制定的认证标志的式样、文字和名称，不得违反法律、行政法规的规定，不得与国家推行的认证标志相同或者近似，不得妨碍社会管理，不得有损社会道德风尚。

第二十七条 认证机构应当对其认证的产品、服务、管理体系实施有效的跟踪调查，认证的产品、服务、管理体系不能持续符合认证要求的，认证机构应当暂停其使用直至撤销认证证书，并予公布。

第二十八条 为了保护国家安全、防止欺诈行为、保护人体健康或者安全、保护动植物生命或者健康、保护环境，国家规定相关产品必须经过认证的，应当经过认证并标注认证标志后，方可出厂、销售、进口或者在其他经营活动中使用。

第二十九条 国家对必须经过认证的产品，统一产品目录，统一技术规范的强制性要求、标准和合格评定程序，统一标志，统一收费标准。统一的产品目录（以下简称目录）由国务院认证认可监督管理部门会同国务院有关部门制定、调整，由国务院认证认可监督管理部门发布，并会同有关方面共同实施。

第三十条 列入目录的产品，必须经国务院认证认可监督管理部门指定的认证机构进行认证。列入目录产品的认证标志，由国务院认证认可监督管理部门统一规定。

第三十一条 列入目录的产品，涉及进出口商品检验目录的，应当在进出口商品检验时简化检验手续。

第三十二条 国务院认证认可监督管理部门指定的从事列入目录产品认证活动的认证机构以及与认证有关的检查机构、实验室（以下简称指定的认证机构、检查机构、实验室），应当是长期从事相关业务、无不良记录，且已经依照本条例的规定取得认可、具备从事相关认证活动能力的机构。国务院认证认可监督管理部门指定从事列入目录产品认证活动的认证机构，应当确保在每一列入目录产品领域至少指定两家符合本条例规定条件的机构。国务院认证认可监督管理部门指定前款规定的认证机构、检查机构、实验室，应当事先公布有关信息，并组织在相关领域公认的专家组成专家评审委员会，对符合前款规定要求的认证机构、检查机构、实验室进行评审；经评审并征求国务院有关部门意见后，按照资源合理利用、公平竞争和便利、有效的原则，在公布的时间内作出决定。

第三十三条 国务院认证认可监督管理部门应当公布指定的认证机构、检查机构、实验室名录及指定的业务范围。未经指定，任何机构不得从事列入目录产品的认证以及与认证有关的检查、检测活动。

第三十四条 列入目录产品的生产者或者销售者、进口商，均可自行委托指定的认证机构进行认证。

第三十五条 指定的认证机构、检查机构、实验室应当在指定业务范围内，为委托人提供方便、及时的认证、检查、检测服务，不得拖延，不得歧视、刁难委托人，不得牟取不当利益。指定的认证机构不得向其他机构转让指定的认证业务。

第三十六条 指定的认证机构、检查机构、实验室开展国际互认活动，应当在国务院认证认可监督管理部门或者经授权的国务院有关部门对外签署的国际互认协议框架内进行。

第四章 认　可

第三十七条 国务院认证认可监督管理部门确定的认可机构（以下简称认可机构），独立开展认可活动。除国务院认证认可监督管理部门确定的认可机构外，其他任何单位不得直接或者变相从事认可活动。其他单位直接或者变相从事认可活动的，其认可结果无效。

第三十八条 认证机构、检查机构、实验室可以通过认可机构的认可，以保证其认证、检查、检测能力持续、稳定地符合认可条件。

第三十九条 从事评审、审核等认证活动的人员，应当经认可机构注册后，方可从事相应的认证活动。

第四十条 认可机构应当具有与其认可范围相适应的质量体系，并建立内部审核制度，保证质量体系的有效实施。

第四十一条 认可机构根据认可的需要，可以选聘从事认可评审活动的人员。从事认可评审活动的人员应当是相关领域公认的专家，熟悉有关法律、行政法规以及认可规则和程序，具有评审所需要的良好品德、专业知识和业务能力。

第四十二条 认可机构委托他人完成与认可有关的具体评审业务的，由认可机构对评审结论负责。

第四十三条 认可机构应当公开认可条件、认可程序、收费标准等信息。认可机构受理认可申请，不得向申请人提出与认可活动无关的要求或者限制条件。

第四十四条 认可机构应当在公布的时间内，按照国家标准和国务院认证认可监督管理部门的规定，完成对认证机构、检查机构、实验室的评审，作出是否给予认可的决定，并对认可过程作出完整记录，归档留存。认可机构应当确保认可的客观公正和完整有效，并对认可结论负责。认可机构应当向取得认可的认证机构、检查机构、实验室颁发认可证书，并公布取得认可的认证机构、检查机构、实验室名录。

第四十五条 认可机构应当按照国家标准和国务院认证认可监督管理部门的规定，对从事评审、审核等认证活动的人员进行考核，考核合格的，予以注册。

第四十六条 认可证书应当包括认可范围、认可标准、认可领域和有效期限。认可证书的格式和认可标志的式样须经国务院认证认可监督管理部门批准。

第四十七条 取得认可的机构应当在取得认可的范围内使用认可证书和认可标志。取得认可的机构不当使用认可证书和认可标志的，认可机构应当暂停其使用直至撤销认可证书，并予公布。

第四十八条 认可机构应当对取得认可的机构和人员实施有效的跟踪监督，定期对取得认可的机构进行复评审，以验证其是否持续符合认可条件。取得认可的机构和人员不再符合认可条件的，认可机构应当撤销认可证书，并予公布。取得认可的机构的从业人员和主要负责人、设施、自行制定的认证规则等与认可条件相关的情况发生变化的，应当及时告知认可机构。

第四十九条 认可机构不得接受任何可能对认可活动的客观公正产生影响的资助。

第五十条 境内的认证机构、检查机构、实验室取得境外认可机构认可的，应当向国务院认证认可监督管理部门备案。

第五章 监督管理

第五十一条 国务院认证认可监督管理部门可以采取组织同行评议，向被认证企业征求意见，对认证活动和认证结果进行抽查，要求认证机构以及与认证有关的检查机构、实验室报告业务活动情况的方式，对其遵守本条例的情况进行监督。发现有违反本条例行为的，应当及时查处，涉及国务院有关部门职责的，应当及时通报有关部门。

第五十二条 国务院认证认可监督管理部门应当重点对指定的认证机构、检查机构、实验室进行监督，对其认证、检查、检测活动进行定期或者不定期的检查。指定的认证机构、检查机构、实验室，应当定期向国务院认证认可监督管理部门提交报告，并对报告的真实性负责；报告应当对从事列入目录产品认证、检查、检测活动的情况作出说明。

第五十三条 认可机构应当定期向国务院认证认可监督管理部门提交报告，并对报告的真实性负责；报告应当对认可机构执行认可制度的情况、从事认可活动的情况、从业人员的工作情况作出说明。

国务院认证认可监督管理部门应当对认可机构的报告作出评价，并采取查阅认可活动档案资料、向有关人员了解情况等方式，对认可机构实施监督。

第五十四条 国务院认证认可监督管理部门可以根据认证认可监督管理的需要，就有关事项询问认可机构、认证机构、检查机构、实验室的主要负责人，调查了解情况，给予告诫，有关人员应当积极配合。

第五十五条 省、自治区、直辖市人民政府质量技术监督部门和国务院质量监督检验检疫部门设在地方的出入境检验检疫机构，在国务院认证认可监督管理部门的授权范围内，依照本条例的规定对认证活动实施监督管理。国务院认证认可监督管理部门授权的省、自治区、直辖市人民政府质量技术监督部门和国务院质量监督检验检疫部门设在地方的出入境检验检疫机构，统称地方认证监督管理部门。

第五十六条 任何单位和个人对认证认可违法行为，有权向国务院认证认可监督管理部门和地方认证监督管理部门举报。国务院认证认可监督管理部门和地方认证监督管理部门应当及时调查处理，并为举报人保密。

第六章 法律责任

第五十七条 未经批准擅自从事认证活动的，予以取缔，处10万元以上50万元以下的罚款，有违法所得的，没收违法所得。

第五十八条 境外认证机构未经批准在中华人民共和国境内设立代表机构的，予以取缔，处5万元以上20万元以下的罚款。经批准设立的境外认证机构代表机构在中华人民共和国境内从事认证活动的，责令改正，处10万元以上50万元以下的罚款，有违法所得的，没收违法所得；情节严重的，撤销批准文件，并予公布。

第五十九条 认证机构接受可能对认证活动的客观公正产生影响的资助，或者从事可能对认证活动的客观公正产生影响的产品开发、营销等活动，或者与认证委托人存在资产、管理方面的利益关系的，责令停业整顿；情节严重的，撤销批准文件，并予公布；有违法所得的，没收违法所得；构成犯罪的，依法追究刑事责任。

第六十条 认证机构有下列情形之一的，责令改正，处5万元以上20万元以下的罚款，有违法所得的，没收违法所得；情节严重的，责令停业整顿，直至撤销批准文件，并予公布：

（一）超出批准范围从事认证活动的；

（二）增加、减少、遗漏认证基本规范、认证规则规定的程序的；

（三）未对其认证的产品、服务、管理体系实施有效的跟踪调查，或者发现其认证的产品、服务、管理体系不能持续符合认证要求，不及时暂停其使用或者撤销认证证书并予公布的；

（四）聘用未经认可机构注册的人员从事认证活动的。与认证有关的检查机构、实验室增加、减少、遗漏认证基本规范、认证规则规定的程序的，依照前款规定处罚。

第六十一条 认证机构有下列情形之一的，责令限期改正；逾期未改正的，处2万元以上10万元以下的罚款：

（一）以委托人未参加认证咨询或者认证培训等为理由，拒绝提供本认证机构业务范围内的认证服务，或者向委托人提出与认证活动无关的要求或者限制条件的；

（二）自行制定的认证标志的式样、文字和名称，与国家推行的认证标志相同或者近似，或者妨碍社会管理，或者有损社会道德风尚的；

（三）未公开认证基本规范、认证规则、收费标准等信息的；

（四）未对认证过程作出完整记录，归档留存的；

（五）未及时向其认证的委托人出具认证证书的。与认证有关的检查机构、实验室未对与认证有关的检查、检测过程作出完整记录，归档留存的，依照前款规定处罚。

第六十二条 认证机构出具虚假的认证结论，或者出具的认证结论严重失实的，撤销批准文件，并予公布；对直接负责的主管人员和负有直接责任的认证人员，撤销其执业资格；构成犯罪的，依法追究刑事责任；造成损害的，认证机构应当承担相应的赔偿责任。指定的认证机构有前款规定的违法行为的，同时撤销指定。

第六十三条 认证人员从事认证活动，不在认证机构执业或者同时在两个以上认证机构执业的，责令改正，给予停止执业6个月以上2年以下的处罚，仍不改正的，撤销其执业资格。

第六十四条 认证机构以及与认证有关的检查机构、实验室未经指定擅自从事列入目录产品的认证以及与认证有关的检查、检测活动的，责令改正，处10万元以上50万元以下的罚款，有违法所得的，没收违法所得。认证机构未经指定擅自从事列入目录产品的认证活动的，撤销批准文件，并予公布。

第六十五条　指定的认证机构、检查机构、实验室超出指定的业务范围从事列入目录产品的认证以及与认证有关的检查、检测活动的，责令改正，处10万元以上50万元以下的罚款，有违法所得的，没收违法所得；情节严重的，撤销指定直至撤销批准文件，并予公布。指定的认证机构转让指定的认证业务的，依照前款规定处罚。

第六十六条　认证机构、检查机构、实验室取得境外认可机构认可，未向国务院认证认可监督管理部门备案的，给予警告，并予公布。

第六十七条　列入目录的产品未经认证，擅自出厂、销售、进口或者在其他经营活动中使用的，责令改正，处5万元以上20万元以下的罚款，有违法所得的，没收违法所得。

第六十八条　认可机构有下列情形之一的，责令改正；情节严重的，对主要负责人和负有责任的人员撤职或者解聘：

（一）对不符合认可条件的机构和人员予以认可的；

（二）发现取得认可的机构和人员不符合认可条件，不及时撤销认可证书，并予公布的；

（三）接受可能对认可活动的客观公正产生影响的资助的。被撤职或者解聘的认可机构主要负责人和负有责任的人员，自被撤职或者解聘之日起5年内不得从事认可活动。

第六十九条　认可机构有下列情形之一的，责令改正；对主要负责人和负有责任的人员给予警告：

（一）受理认可申请，向申请人提出与认可活动无关的要求或者限制条件的；

（二）未在公布的时间内完成认可活动，或者未公开认可条件、认可程序、收费标准等信息的；

（三）发现取得认可的机构不当使用认可证书和认可标志，不及时暂停其使用或者撤销认可证书并予公布的；

（四）未对认可过程作出完整记录，归档留存的。

第七十条　国务院认证认可监督管理部门和地方认证监督管理部门及其工作人员，滥用职权、徇私舞弊、玩忽职守，有下列行为之一的，对直接负责的主管人员和其他直接责任人员，依法给予降级或者撤职的行政处分；构成犯罪的，依法追究刑事责任：

（一）不按照本条例规定的条件和程序，实施批准和指定的；

（二）发现认证机构不再符合本条例规定的批准或者指定条件，不撤销批准文件或者指定的；

（三）发现指定的检查机构、实验室不再符合本条例规定的指定条件，不撤销指定的；

（四）发现认证机构以及与认证有关的检查机构、实验室出具虚假的认证以及与认证有关的检查、检测结论或者出具的认证以及与认证有关的检查、检测结论严重失实，不予查处的；

（五）发现本条例规定的其他认证认可违法行为，不予查处的。

第七十一条　伪造、冒用、买卖认证标志或者认证证书的，依照《中华人民共和国产品质量法》等法律的规定查处。

第七十二条　本条例规定的行政处罚，由国务院认证认可监督管理部门或者其授权的地方认证监督管理部门按照各自职责实施。法律、其他行政法规另有规定的，依照法律、其他行政法规的规定执行。

第七十三条　认证人员自被撤销执业资格之日起5年内，认可机构不再受理其注册申请。

第七十四条　认证机构未对其认证的产品实施有效的跟踪调查，或者发现其认证的产品不能持续符合认证要求，不及时暂停或者撤销认证证书和要求其停止使用认证标志给消费者造成损失的，与生产者、销售者承担连带责任。

第七章　附　　则

第七十五条　药品生产、经营企业质量管理规范认证，实验动物质量合格认证，军工产品的认证，以及从事军工产品校准、检测的实验室及其人员的认可，不适用本条例。依照本条例经批准的认证机构从事矿山、危险化学品、烟花爆竹生产经营单位管理体系认证，由国务院安全生产监督管理部门结合安全生产的特殊要求组织；从事矿山、危险化学品、烟花爆竹生产经营单位安全生产综合评价的认证机构，经国务院安全生产监督管理部门推荐，方可取得认可机构的认可。

第七十六条 认证认可收费，应当符合国家有关价格法律、行政法规的规定。

第七十七条 认证培训机构、认证咨询机构的管理办法由国务院认证认可监督管理部门制定。

第七十八条 本条例自2003年11月1日起施行。1991年5月7日国务院发布的《中华人民共和国产品质量认证管理条例》同时废止。

A6 有机产品认证管理办法

第一章 总 则

第一条 为促进有机产品生产、加工和贸易的发展，规范有机产品认证活动，提高有机产品的质量和管理水平，保护生态环境，根据《中华人民共和国认证认可条例》等有关法律、行政法规的规定，制定本办法。

第二条 本办法所称的有机产品，是指生产、加工、销售过程符合有机产品国家标准的供人类消费、动物食用的产品。

本办法所称的有机产品认证，是指认证机构按照有机产品国家标准和本办法的规定对有机产品生产和加工过程进行评价的活动。

第三条 在中华人民共和国境内从事有机产品认证活动以及有机产品生产、加工、销售活动，应当遵守本办法。

第四条 国家认证认可监督管理委员会（以下简称国家认监委）负责有机产品认证活动的统一管理、综合协调和监督工作。

地方质量技术监督部门和各地出入境检验检疫机构（以下统称地方认证监督管理部门）按照各自职责依法对所辖区域内有机产品认证活动实施监督检查。

第五条 国家制定统一的有机产品认证基本规范、规则，统一的合格评定程序，统一的标准，统一的标志。

第六条 国家按照平等互利的原则开展有机产品认证认可的国际互认。

从事有机产品认证的机构（以下简称有机产品认证机构），应当按照国家认监委对外签署的有机产品认证互认协议开展相关互认活动。

第二章 机构管理

第七条 有机产品认证机构应当依法设立，具有《中华人民共和国认证认可条例》规定的基本条件和从事有机产品认证的技术能力，并取得国家认监委确定的认可机构（以下简称认可机构）的认可后，方可从事有机产品认证活动。

境外有机产品认证机构在中国境内开展有机产品认证活动的，应当符合《中华人民共和国认证认可条例》和其他有关法律、行政法规以及本办法的有关规定。

第八条 从事有机产品认证的检查员应当经认可机构注册后，方可从事有机产品认证活动。

第九条 从事与有机产品认证有关的产地（基地）环境检测、产品样品检测活动的机构（以下简称有机产品检测机构）应当具备相应的检测条件和能力，并通过计量认证或者取得实验室认可。

第十条 国家认监委对符合本办法第七条规定的有机产品认证机构予以批准。

国家认监委定期公布符合本办法第七条和第九条规定的有机产品认证机构和有机产品检测机构的名录。不在目录所列范围之内的认证机构和产品检测机构，不得从事有机产品的认证和相关检测活动。

第三章 认证实施

第十一条 有机产品认证机构实施有机产品认证，应当依据有机产品国家标准。

出口的有机产品，应当符合进口国家或者地区的特殊要求。

第十二条 有机产品认证机构，应当公开有机产品认证依据的标准、认证基本规范、规则和收费标准等信息。

第十三条 有机产品生产、加工单位和个人或者其代理人（以下统称申请人），可以自愿向有机产品认证机构提出有机产品认证申请。申请时，应当提交下列书面材料：

（一）申请人名称、地址和联系方式；

（二）产品产地（基地）区域范围，生产、加工规模；

（三）产品生产、加工或者销售计划；

（四）产地（基地）、加工或者销售场所的环境说明；

（五）符合有机产品生产、加工要求的质量管理体系文件；

（六）有关专业技术和管理人员的资质证明材料；

（七）保证执行有机产品标准、技术规范和其他特殊要求的声明；

（八）其他材料。

申请人不是有机产品的直接生产者或者加工者的，还应当提供其与有机产品的生产者或者加工者签订的书面合同。

第十四条 有机产品认证机构应当自收到申请人书面申请之日起10日内，完成申请材料的审核，并作出是否受理的决定；对不予受理的，应当书面通知申请人，并说明理由。

第十五条 有机产品认证机构受理有机产品认证后，应当按照有机产品认证基本规范、规则规定的程序实施认证活动，保证有机产品认证等过程的完整、客观、真实，并对认证过程作出完整记录，归档留存。

第十六条 有机产品认证机构应当按照相关标准或者技术规范的要求及时作出认证结论，并保证认证结论的客观、真实。

有机产品认证机构应当对其作出的认证结论负责。

第十七条 对符合有机产品认证要求的，有机产品认证机构应当向申请人出具有机产品认证证书，并允许其使用中国有机产品认证标志；对不符合认证要求的，应当书面通知申请人，并说明理由。

第十八条 按照有机产品国家标准在转换期内生产的产品，或者以转换期内生产的产品为原料的加工产品，证书中应当注明“转换”字样和转换期限，并应当使用中国有机转换产品认证标志。

第十九条 有机产品认证机构应当按照规定对获证单位和个人、获证产品进行有效跟踪检查，保证认证结论能够持续符合认证要求。

第二十条 有机产品认证机构不得对有机配料含量（指重量或者液体体积，不包括水和盐）低于95%的加工产品进行有机认证。

第二十一条 生产、加工、销售有机产品的单位及个人和有机产品认证机构，应当采取有效措施，按照认证证书确定的产品范围和数量销售有机产品，保证有机产品的生产和销售数量的一致性。

第四章 认证证书和标志

第二十二条 国家认监委规定有机产品认证证书的基本格式和有机产品认证标志的式样。

第二十三条 有机产品认证证书应当包括以下内容：

（一）获证单位和个人名称、地址；

（二）获证产品的数量、产地面积和产品种类；

（三）有机产品认证的类别；

（四）依据的标准或者技术规范；

（五）有机产品认证标志的使用范围、数量、使用形式或者方式；

（六）颁证机构、颁证日期、有效期和负责人签字；

（七）在有机产品转换期内生产的产品或者以转换期内生产的产品为原料的加工产品，应当注明“转换”字样和转换期限。

第二十四条 有机产品认证证书有效期为一年。

第二十五条 获得有机产品认证证书的单位或者个人，在有机产品认证证书有效期内，发生下列情形之一的，应当向有机产品认证机构办理变更手续：

（一）获证单位或者个人发生变更的；

（二）有机产品生产、加工单位或者个人发生变更的；

（三）产品种类变更的；

（四）有机产品转换期满，需要变更的。

第二十六条 获得有机产品认证证书的单位或者个人，在有机产品认证证书有效期内，发生下列情形之一的，应当向有机产品认证机构重新申请认证：

（一）产地（基地）、加工场所或者经营活动发生变更的；

（二）其他不能持续符合有机产品标准、相关技术规范要求的。

第二十七条 获得有机产品认证证书的单位或者个人，发生下列情形之一的，认证机构应当及时作出暂停、撤销认证证书的决定：

（一）获证产品不能持续符合标准、技术规范要求的；

（二）获证单位或者个人发生变更的；

（三）有机产品生产、加工单位发生变更的；

（四）产品种类与证书不相符的；

（五）未按规定加施或者使用有机产品标志的。

对于撤销的证书，有机产品认证机构应当予以收回。

第二十八条 有机产品认证标志分为中国有机产品认证标志和中国有机转换产品认证标志，图案见附件。

中国有机产品认证标志标有中文"中国有机产品"字样和相应英文（ORGANIC）。

在有机产品转换期内生产的产品或者以转换期内生产的产品为原料的加工产品，应当使用中国有机转换产品认证标志。该标志标有中文"中国有机转换产品"字样和相应英文（CONVERSION TO ORGANIC）。

第二十九条 有机产品认证标志应当在有机产品认证证书限定的产品范围、数量内使用。

获证单位或者个人，应当按照规定在获证产品或者产品的最小包装上加施有机产品认证标志。

获证单位或者个人可以将有机产品认证标志印制在获证产品标签、说明书及广告宣传材料上，并可以按照比例放大或者缩小，但不得变形、变色。

第三十条 在获证产品或者产品最小包装上加施有机产品认证标志的同时，应当在相邻部位标注有机产品认证机构的标识或者机构名称，其相关图案或者文字应当不大于有机产品认证标志。

第三十一条 未获得有机产品认证的产品，不得在产品或者产品包装及标签上标注"有机产品"、"有机转换产品"（"ORGANIC"、"CONVERSION TO ORGANIC"）和"无污染"、"纯天然"等其他误导公众的文字表述。

第三十二条 有机配料含量等于或者高于95%的加工产品，可以在产品或者产品包装及标签上标注"有机"字样。

有机配料含量低于95%且等于或者高于70%的加工产品，可以在产品或者产品包装及标签上标注"有机配料生产"字样。

有机配料含量低于70%的加工产品，只能在产品成分表中注明某种配料为"有机"字样。

有机配料，应当获得有机产品认证。

第三十三条 有机产品认证机构在作出撤销、暂停使用有机产品认证证书的决定的同时，应当监督有关单位或者个人停止使用、暂时封存或者销毁有机产品认证标志。

第五章 监督检查

第三十四条 国家认监委应当组织地方认证监督管理部门和有关单位对有机产品认证以及有机产品的生产、加工、销售活动进行监督检查。监督检查可采取以下方式：

（一）组织同行进行评议；

（二）向被认证的企业或者个人征求意见；

（三）对认证及相关检测活动及其认证决定、检测结果等进行抽查；

（四）要求从事有机产品认证及检测活动的机构报告业务情况；

（五）对证书、标志的使用情况进行抽查；

（六）对销售的有机产品进行检查；

（七）受理认证投诉、申诉，查处认证违法、违规行为。

第三十五条　获得有机产品认证的生产、加工单位或者个人，从事有机产品销售的单位或者个人，应当在生产、加工、包装、运输、储藏和经营等过程中，按照有机产品国家标准和本办法的规定，建立完善的跟踪检查体系和生产、加工、销售记录档案制度。

第三十六条　进口的有机产品应当符合中国有关法律、行政法规和部门规章的规定，并符合有机产品国家标准。

第三十七条　申请人对有机产品认证机构的认证结论或者处理决定有异议的，可以向作出结论、决定的认证机构提出申诉，对有机产品认证机构的处理结论仍有异议的，可以向国家认监委申诉或者投诉。

第六章　罚　　则

第三十八条　违反本办法第二十条规定，对有机配料含量低于95%的加工产品实施有机产品认证的，责令改正，并处2万元罚款。

第三十九条　违反本办法第二十一条规定的，责令改正，并处1万元以上3万元以下罚款。

第四十条　违反本办法第二十九条、第三十条和第三十一条规定的，责令改正，并处1万元以上3万元以下罚款。

第四十一条　违反本办法第三十二条规定的，责令改正，并处1万元以上3万元以下罚款。

第四十二条　对伪造、冒用、买卖、转让有机产品认证证书、认证标志等其他违法行为，依照有关法律、行政法规、部门规章的规定予以处罚。

第四十三条　有机产品认证机构、有机产品检测机构以及从事有机产品认证活动的人员出具虚假认证结论或者出具的认证结论严重失实的，按照《中华人民共和国认证认可条例》第六章的规定予以处罚。

第七章　附　　则

第四十四条　有机产品认证收费应当按照国家有关价格法律、行政法规的规定执行。

第四十五条　本办法由国家质量监督检验检疫总局负责解释。

第四十六条　本办法自2005年4月1日起施行。

附件：有机产品认证标志图案

1. 中国有机产品认证标志：

C:100 M:0 Y:100 K:0
C:0 M:60 Y:100 K:0

2. 中国有机转换产品认证标志：

C:0 M:40 Y:100 K:40
C:0 M:60 Y:100 K:40

注：有机产品认证标志根据使用需要，分为10mm、15mm、20mm、30mm和60mm五种规格

A7　有机产品认证实施规则

1. 目的

为规范有机产品认证活动，确保认证程序和管理基本要求的一致性和认证的有效性，根据《中华人民共和国认证认可条例》和《有机产品认证管理办法》的规定制定本规则。

2. 适用范围

本规则适用于在中华人民共和国境内销售的有机产品的认证活动。

3. 依据标准

GB/T 19630.1～19630.4—2005《有机产品》

4. 认证程序

4.1　申请

4.1.1　认证机构应向申请人至少公开以下信息

4.1.1.1　国家认证认可监督管理委员会批准的认证范围和中国认证机构国家认可委员会认可的认证范围；

4.1.1.2　认证程序和认证要求；

4.1.1.3　认证依据标准；

4.1.1.4　认证收费标准；

4.1.1.5　认证机构和申请人的权利、义务；

4.1.1.6　认证机构处理申诉、投诉和争议的程序；

4.1.1.7　批准、暂停和撤销认证的规定和程序；

4.1.1.8　对获证单位或者个人使用中国有机产品认证标志、中国有机转换产品认证标志、认证机构的标识和名称的要求；

4.1.1.9　对获证单位或者个人按照认证证书的范围进行正确宣传的要求。

4.1.2　认证机构应要求申请人提交的文件资料

4.1.2.1　申请人的合法经营资质文件，如土地使用证、营业执照、租赁合同等；当申请人不是有机产品的直接生产或加工者时，申请人还需要提交与各方签订的书面合同；

4.1.2.2　申请人及有机生产、加工的基本情况，包括申请人/生产者名称、地址、联系方式、产地（基地）/加工场所的名称、产地（基地）/加工场所情况；过去三年间的生产历史，包括对农事、病虫草害防治、投入物使用及收获情况的描述；生产、加工规模，包括品种、面积、产量、加工量等描述；申请和获得其他有机产品认证情况。

4.1.2.3　产地（基地）区域范围描述，包括地理位置图、地块分布图、地块图、面积、缓冲带，周围临近地块的使用情况的说明等；加工场所周边环境描述、厂区平面图、工艺流程图等。

4.1.2.4　申请认证的有机产品生产、加工、销售计划，包括品种、面积、预计产量、加工产品品种、预计加工量、销售产品品种和计划销售量、销售去向等；

4.1.2.5　产地（基地）、加工场所有关环境质量的证明材料；

4.1.2.6　有关专业技术和管理人员的资质证明材料；

4.1.2.7　保证执行有机产品标准的声明；

4.1.2.8　有机生产、加工的管理体系文件；

4.1.2.9　其他相关材料。

4.2　受理

4.2.1　认证机构应当自收到申请人书面申请之日起10个工作日内，完成对申请材料的评审，并做出是否受理的决定。

4.2.2　同意受理的，认证机构与申请人签订认证合同；不予受理的，应当书面通知申请人，并说明理由。

4.2.3　认证机构的评审过程应确保

4.2.3.1　认证要求规定明确、形成文件并得到理解；

4.2.3.2　和申请人之间在理解上的差异得到解决；

4.2.3.3　对于申请的认证范围、申请人的工作场所和特殊要求有能力开展认证服务。

4.2.4　认证机构应保存评审过程的记录

4.3　检查准备与实施

4.3.1　下达检查任务

认证机构在检查前应下达检查任务书内容包括但不限于：

4.3.1.1　申请人的联系方式、地址等；

4.3.1.2 检查依据，包括认证标准和其他相关法律法规；

4.3.1.3 检查范围，包括检查产品种类和产地（基地）、加工场所等；

4.3.1.4 检查要点，包括管理体系、追踪体系和投入物的使用等；对于上一年度获得认证的单位或者个人，本次认证应侧重于检查认证机构提出的整改要求的执行情况等。

4.3.2 认证机构根据检查类别，委派具有相应资质和能力的检查员，并应征得申请人同意，但申请人不得指定检查员。对同一申请人或生产者/加工者不能连续3年或3年以上委派同一检查员实施检查。

4.3.3 文件评审

认证机构在现场检查前，应对申请人/生产者的管理体系等文件进行评审，确定其适宜性和充分性及与标准的符合性，并保存评审记录。

4.3.4 检查计划

4.3.4.1 认证机构应制定检查计划并在现场检查前与申请人进行确认。检查计划应包括：检查依据、检查内容、访谈人员、检查场所及时间安排等。

4.3.4.2 检查的时间应当安排在申请认证的产品生产过程的适当阶段，在生长期、产品加工期间至少需进行一次检查；对于产地（基地）的首次检查，检查范围应不少于2/3的生产活动范围。对于多农户参加的有机生产，访问的农户数不少于农户总数的平方根。

4.3.5 检查实施

根据认证依据标准的要求对申请人的管理体系进行评估，核实生产、加工过程与申请人按照4.1.2条款所提交的文件的一致性，确认生产、加工过程与认证依据标准的符合性。检查过程至少应包括：

a）对生产地块、加工、储藏场所等的检查；

b）对生产管理人员、内部检查人员、生产者的访谈；

c）对GB/T 19630.4—2005《有机产品 第4部分：管理体系》4.2.6条款所规定的生产、加工记录的检查；

d）对追踪体系的评价；

e）对内部检查和持续改进的评估；

f）对产地环境质量状况及其对有机生产可能产生污染的风险的确认和评估；

g）必要时，对样品采集与分析；

h）适用时，对上一年度认证机构提出的整改要求执行情况进行的检查；

i）检查员在结束检查前，对检查情况的总结。明确存在的问题，并进行确认。允许被检查方对存在的问题进行说明。

4.3.6 产地环境质量状况的评估和确认

4.3.6.1 认证机构在实施检查时应确保产地（基地）的环境质量状况符合GB/T 19630—2005《有机产品》规定的要求；

4.3.6.2 当申请人不能提供对于产地环境质量状况有效的监测报告（证明），认证机构无法确定产地环境质量是否符合GB/T 19630—2005《有机产品》规定的要求时，认证机构应要求申请人委托有资质的监测机构对产地环境质量进行监测并提供有效的监测报告（证明）。

4.3.7 样品采集与分析

4.3.7.1 认证机构应按照相应的国家标准，制定样品采集与分析程序（包括残留物和转基因分析等）。

4.3.7.2 如果检查员怀疑申请人使用了认证标准中禁止使用的物质，或者产地环境、产品可能受到污染等情况，应在现场采集样品；

4.3.7.3 采集的样品应交给具有相关资质的检测机构进行分析。

4.3.8 检查报告

4.3.8.1 检查报告应采用认证机构规定的格式。

4.3.8.2 检查报告和检查记录等书面文件应提供充分的信息以使认证机构有能力做出客观的认证决定。

4.3.8.3　检查报告应含有风险评估和检查员对生产者的生产、加工活动与认证标准的符合性判断，对检查过程中收集的信息和不符合项的说明等相关方面进行描述。

4.3.8.4　检查员应对申请人/生产者执行标准的总体情况做出评价，但不应对申请认证的产地（基地）/加工者、产品是否通过认证做出书面结论。

4.3.8.5　检查报告应得到申请人的书面确认。

4.4　认证决定

4.4.1　当生产过程检查完成后，认证机构根据认证过程中收集的所有信息进行评价，做出认证决定并及时通知申请人。

4.4.2　申请人/生产者符合下列条件之一，予以批准认证

4.4.2.1　生产活动及管理体系符合认证标准的要求。

4.4.2.2　生产活动、管理体系及其他相关信息不完全符合认证标准的要求，认证机构应提出整改要求，申请人已经在规定的期限内完成整改、或已经提交整改措施并有能力在规定的期限内完成整改以满足认证要求的，认证机构经过验证后可批准认证。

4.4.3　申请人/生产者的生产活动存在以下情况之一，不予批准认证

4.4.3.1　未建立管理体系，或建立的管理体系未有效实施；

4.4.3.2　使用禁用物质；

4.4.3.3　生产过程不具有可追溯性；

4.4.3.4　未按照认证机构规定的时间完成整改、或提交整改措施；所提交的整改措施未满足认证要求。

4.4.3.5　其他严重不符合有机标准要求的事项。

4.5　认证机构应对批准认证的申请人及时颁发认证证书，准许其使用认证标志/标识。

4.6　认证机构应当与获得认证的单位或者个人签订有机产品标志/标识使用合同，明确标志/标识使用的条件和要求。

5. 认证后管理

5.1　认证机构应对获得认证的单位或个人、产品采取有效的管理措施，必要时实施未通知检查，以保证持续符合认证要求；

5.2　认证机构应对获证产品的标志使用情况进行跟踪管理，确保使用有机标志/标识的产品与认证证书规定范围一致（包括标志的数量）；

5.3　认证机构应及时获得有关变更的信息，并采取适当的措施进行管理，以确保获得认证的单位或个人符合认证的要求；

5.4　违反《有机产品认证管理办法》第二十七条的规定，认证机构应及时撤销或暂停其认证证书，要求其停止使用认证标志/标识，并对外公布。

6. 认证证书、标志和标识

6.1　认证机构应当采用国家认监委规定的有机产品认证证书和有机转换产品认证证书的基本格式。

6.2　认证证书的内容应当根据认证和被认可的实际情况如实填写依据的标准、认证类别和使用认可标志。

6.3　认证机构应当按照《认证证书和认证标志管理办法》和《有机产品认证管理办法》的规定使用国家有机产品标志、国家有机转换产品标志和认证机构的标识。

6.4　认证机构自行制定的认证标志应当报国家认监委备案。

7. 认证收费

认证机构按照《国家计委国家质量技术监督局关于印发产品质量认证收费管理办法和收费标准的通知》（计价格［1999］1610 号）有关规定收取。

A8　有机产品（第 4 部分：管理体系）

1. 范围

GB/T 19630 的本部分规定了有机产品生产、加工、经营过程中必须建立和维护的管理体系的通用

规范和要求。

本部分适用于有机产品的生产者、加工者、经营者及相关的供应环节。

2. 规范性引用文件

下列文件中的条款通过 GB/T 19630 本部分的引用而成为本部分的条款。凡是注日期的引用文件，其随后所有的修改单（不包括勘误的内容）或修订版均不适用于本部分，然而，鼓励根据本部分达成协议的各方研究是否可使用这些文件的最新版本。凡是不注日期的引用文件，其最新版本适用于本部分。

GB/T 19630.1 有机产品 第1部分：生产

GB/T 19630.2 有机产品 第2部分：加工

GB/T 19630.3 有机产品 第3部分：标识与销售

3. 术语和定义

下列术语和定义适用于 GB/T 19630 的本部分。

3.1 有机产品生产者 organic producer

按照本部分从事有机种植、养殖以及野生产品采集，其生产单元和产品已获得有机认证机构的认证，产品已获准使用有机产品标志的单位或个人。

3.2 有机产品加工者 organic processor

按照本部分从事有机产品加工，其加工单位和产品已获得有机认证机构的认证，产品已获准使用有机产品标志的单位或个人。

3.3 有机产品经营者 organic handler

按照本部分从事有机产品的运输、储存、包装和贸易，其经营单位和产品获得有机认证机构的认证，产品获准使用有机产品认证标志的单位和个人。

3.4 生产基地 production base

从事有机种植、养殖或野生产品采集的生产单元。

3.5 内部检查员 internal auditor

有机产品生产、加工、经营单位内部负责有机管理体系审核，并配合有机认证机构进行检查、认证的管理人员。

4. 要求

4.1 基本要求

4.1.1 有机产品生产、加工、经营者应有合法的土地使用权和合法的经营证明文件。

4.1.2 有机产品生产、加工、经营者应按 GB/T 19630.1～GB/T 19630.3 的要求建立和保持有机生产、加工、经营管理体系，该管理体系应按本部分 4.2 要求形式系列文件，加以实施和保持。

4.2 文件要求

4.2.1 有机生产、加工、经营管理体系的文件应包括：

a）生产基地或加工、经营等场所的位置图；

b）有机生产、加工、经营的质量管理手册；

c）有机生产、加工经营的操作规程；

d）有机生产、加工、经营的系统记录。

4.2.2 生产基地或加工、经营等场所的位置图

应按比例绘制生产基地或加工、经营等场所的位置图。应及时更新图件，以反映单位的变化情况。图件中应相应标明但不限于以下的内容：

a）种植区域的地块分布，野生采集/水产捕捞区域的地理分布，加工、经营区的分布，水产养殖场、蜂场分布，畜禽养殖场及其牧草场、自由活动区、自由放牧区的分布；

b）河流、水井和其他水源；

c）相邻土地及边界土地的利用情况；

d）畜禽检疫隔离区域；

e）加工、包装车间；原料、成品仓库及相关设备的分布；

f）生产基地内能够表明该基地特征的主要标示物。

4.2.3 有机产品生产、加工、经营质量管理手册

应编制和保持有机产品生产、加工、经营质量管理手册，该手册应包括以下内容：

a）有机产品生产、加工、经营者的简介；

b）有机产品生产、加工、经营者的经营方针和目标；

c）管理组织机构图及其相关人员的责任和权限；

d）有机生产、加工、经营实施计划；

e）内部检查；

f）跟踪审查；

g）记录管理；

h）客户申、投诉的处理。

4.2.4 生产、加工、经营操作规程

应制定并实施生产、加工、经营操作规程，操作规程中至少应包括：

a）作物栽培、野生采集、畜禽、蜜蜂、水产养殖等有机生产、加工、经营的操作规程；

b）禁止有机产品与转换期产品及非有机产品相互混合，以及防止有机生产、加工和经营过程中受禁用物质污染的规程；

c）作物收获规程及收获后运输、加工、储藏等各道工序的管理规程；

d）畜禽、水产等产品的屠宰、捕捞、加工、运输及储藏等管理规程；

e）机械设备的维修、清扫规程；

f）员工福利和劳动保护规程。

4.2.5 文件的控制

有机生产、加工管理体系所要求的文件应是最新有效的，应确保在使用时可获得适用文件的有效版本。

4.2.6 记录的控制

有机产品生产、加工、经营者应建立并保存记录。记录应清晰准确，并为有机生产、加工活动提供有效证据。记录至少保存5年并应包括但不限于以下内容：

a）土地、作物种植和畜禽、蜜蜂、水产养殖历史记录及最后一次使用禁用物质的时间及使用量；

b）种子、种苗、种畜禽等繁殖材料的种类、来源、数量等信息；

c）施用堆肥的原材料来源、比例、类型、堆制方法和使用量；

d）控制病、虫、草害而施用的物质的名称、成分、来源、使用方法和使用量；

e）对畜禽养殖场（及养蜂场）要有完整的存栏登记表。其中包括所有进入该单元动物的详细信息（品种、产地、数量、进入日期等），还应提供所有的出栏畜禽的详细资料，年龄、屠宰时的质量、标识及目的地等。

f）畜禽养殖场（及养蜂场）要记录所有兽药的使用情况，包括：购入日期和供货商；产品名称、有效成分及采购数量；被治疗动物的识别方法；治疗数目、诊断内容和用药剂量；治疗起始日期和管理方法；销售动物或其产品的最早日期。

g）畜禽养殖场要登记所有饲料的详情，包括种类、成分和其来源等；

h）加工记录，包括原料购买、加工过程、包装、标识、储藏、运输记录；

i）加工厂有害生物防治记录和加工、储存、运输设施清洁记录；

j）原料和产品的出入库记录，所有购货发票和销售发票；

k）标签及批次号的管理。

4.3 资源管理

有机产品生产、加工者不仅应具备与有机生产、加工规模和技术相适应的资源，而且应具备符合运作要求的人力资源并进行培训和保持相关的记录。

4.3.1 应配备有机产品生产、加工的管理者并具备以下条件：

a）本单位的主要负责人之一；

b）了解国家相关的法律、法规及相关要求；

c）了解 GB/T 19630.1～19630.4 的要求；

d）具备 5 年以上农业生产和（或）加工的技术知识或经验；

e）熟悉本单位的有机生产、加工管理体系及生产和（或）加工过程。

4.3.2 应配备内部检查员并具备以下条件：

a）了解国家相关的法律、法规及相关要求；

b）相对独立于被检查对象；

c）熟悉并掌握 GB/T 1/9630.1～19630.4 的要求；

d）具备 3 年以上农业生产和（或）加工的技术知识或经验；

e）熟悉本单位的有机生产、加工和经营管理体系及生产和（或）加工过程。

4.4 内部检查

4.4.1 应建立内部检查制度，以保证有机生产、加工管理体系及生产过程符合 GB/T 19630.1～19630.4 的要求。

4.4.2 内部检查应由内部检查员来承担。

4.4.3 内部检查员的职责是：

a）配合认证机构的检查和认证；

b）对照本部分，对本企业的质量管理体系进行检查，并对违反本部分的内容提出修改意见；

c）对本企业追踪体系的全过程确认和签字；

d）向认证机构提供内部检查报告。

4.5 追踪体系

为保证有机生产完整性，有机产品生产、加工者应建立完善的追踪系统，保存能追溯实际生产全过程的详细记录（如地块图、农事活动记录、加工记录、仓储记录、出入库记录、销售记录等）以及可跟踪的生产批号系统。

4.6 持续改进

应利用纠正和预防措施，持续改进其有机生产和加工管理体系的有效性，促进有机生产和加工的健康发展，以消除不符合或潜在不符合有机生产、加工的因素。有机生产和加工者应：

a）确定不符合的原因；

b）评价确保不符合不再发生的措施的需求；

c）确定和实施所需的措施；

d）记录所采取措施的结果；

e）评审所采取的纠正或预防措施。

附录B　产 业 标 准

一、原料质量标准

B1　大豆国家标准（GB 1352—2009）

1　范围

本标准规定了大豆的相关术语和定义、分类、质量要求、检验方法、检验规则、标签标识以及包装、储存和运输要求。

本标准适用于收购、储存、运输、加工和销售的商品大豆。

本标准不适用于本标准分类规定以外的特殊品种大豆。

2　规范性引用文件

下列文件中的条款通过本标准的引用而成为本标准的条款。凡是注日期的引用文件，其随后所有的修改单（不包括勘误的内容）或修订版均不适用于本标准，然而，鼓励根据本标准达成协议的各方研究是否可使用这些文件的最新版本。凡是不注日期的引用文件，其最新版本适用于本标准。

GB 2715　粮食卫生标准

GB/T 5490　粮食、油料及植物油脂检验　一般规则

GB 5491　粮食、油料检验　扦样、分样法

GB/T 5492　粮油检验　粮食、油料的色泽、气味、口味鉴定

GB/T 5493　粮油检验　类型及互混检验

GB/T 5494　粮油检验　粮食、油料的杂质、不完善粒检验

GB/T 5497　粮食，油料检验　水分测定法

GB/T 5511　谷物和豆类　氮含量测定和粗蛋白质含量计算　凯氏法

GB/T 5512　粮油检验　粮食中粗脂肪含量测定

GB 7718　预包装食品标签通则

GB 13078　饲料卫生标准

GB 19641　植物油料卫生标准

3　术语和定义

下列术语和定义适用于本标准。

3.1　完整粒　perfect kernel

籽粒完好正常的颗粒。果实。

3.2　未熟粒　immature kernel

籽粒不饱满，瘪缩达粒面二分之一及以上或子叶青色部分达二分之一及以上（青仁大豆除外）的、与正常粒显著不同的颗粒。质量分数。

3.3　损伤粒　damaged kernel

受到严重摩擦损伤、冻伤、细菌损伤、生芽、热损伤或其他原因损伤的大豆颗粒。

3.3.1　虫蚀粒　insect-bored kernel

被虫蛀蚀，伤及子叶的颗粒。

3.3.2　病斑粒 spotted kernel

粒面带有病斑，伤及子叶的颗粒。

3.3.3　生芽、涨大粒　sprouted kernel

芽或幼根突破种皮或吸湿涨大未复原的颗粒。

3.3.4　生霉粒　moulded kernel

粒面生霉的颗粒。

3.3.5　冻伤粒　frost-damaged kernel

因受冰冻伤害籽粒透明或子叶僵硬呈暗绿色的颗粒。

3.3.6　热损伤粒　heat-damaged kernel

因受热而引起子叶变色和损伤的颗粒。

3.4　破碎粒　broken kernel

子叶破碎达本颗粒体积四分之一及以上的颗粒。

3.5　杂质　impurities

通过规定筛层和经筛理后仍留在样品中的非大豆类物质，包括以下几种：

3.5.1　筛下物　passed sieve material

通过直径3.0mm圆孔筛的物质。

3.5.2　无机杂质　inorganic impurity

泥土、沙石、砖瓦块及其他无机物质。

3.5.3　有机杂质　organic impurity

无使用价值的大豆粒、异种类粮粒及其他有机物质。

3.6　色泽、气味　color、odor

一批大豆固有的综合色泽和气味。

3.7　完整粒率　percent of perfect kernels

完整粒占试样的质量分数。

3.8　损伤粒率　percent of damaged kernel

损伤粒占试样的质量分数。

3.9　热损伤粒　percent of heat-damaged kernel

热损伤粒占试样的质量分数。

3.10　高油大豆　high-oil soybean

粗脂肪含量不低于20.0%的大豆。

3.11　高蛋白质大豆　high-protein soybean

粗蛋白质含量不低于40.0%的大豆。

4　分类

根据大豆的皮色分为：

4.1　黄大豆：种皮为黄色，淡黄色，脐为黄褐色或深褐色的籽粒不低于95%的大豆。

4.2　青大豆：种皮为绿色的籽粒不低于95%的大豆。按其子叶的颜色分为青皮青仁和青皮黄仁大豆两种。

4.3　黑大豆：种皮为黑色的籽粒不低于95%的大豆。按其子叶的颜色分为黑皮青仁和黑皮黄仁大豆两种。

4.4　其他大豆：种皮为褐色、棕色、赤色等单一颜色的大豆及双色大豆（种皮为两种颜色，其中一种为棕色或黑色，并且覆盖粒面二分之一以上）等。

4.5　混合大豆：不符合4.1至4.4规定的大豆。

5　质量要求和卫生要求

5.1　质量要求

5.1.1　大豆质量指标应符合表1规定。

表1　大豆质量指标

等级	完整粒率/%	损伤粒率/%		杂质含量/%	水分含量/%	气味、色泽
		合计	其中:热损伤粒			
1	≥95.0	≤1.0	≤0.2	≤1.0	≤13.0	正常
2	≥90.0	≤2.0	≤0.2			
3	≥85.0	≤3.0	≤0.5			
4	≥80.0	≤5.0	≤1.0			
5	≥75.0	≤8.0	≤3.0			

5.1.2 高油大豆质量指标应符合表2规定。

表2 高油大豆质量指标

等级	粗脂肪含量（干基）/%	完整粒率/%	损伤粒率/%		杂质含量/%	水分含量/%	气味、色泽
			合计	其中：热损伤粒			
1	≥22.0	≥85.0	≤3.0	≤0.5	≤1.0	≤13.0	正常
2	≥21.0						
3	≥20.0						

5.1.3 高蛋白质大豆质量指标应符合表3规定。

表3 高蛋白质大豆质量指标

等级	粗蛋白质含量（干基）/%	完整粒率/%	损伤粒率/%		杂质含量/%	水分含量/%	气味、色泽
			合计	其中：热损伤粒			
1	≥44.0	≥90.0	≤2.0	≤0.2	≤1.0	≤13.0	正常
2	≥42.0						
3	≥40.0						

5.2 卫生标准

5.2.1 食用大豆按GB 2715、GB 19641及国家有关规定执行。

5.2.2 饲料用大豆按GB 13078及国家有关规定执行。

5.2.3 其他用途：大豆按国家有关标准和规定执行。

5.2.4 植物检疫按国家有关标准和规定执行。

6 检验方法

6.1 扦样，分样：按GB 5491的要求执行。

6.2 完整粒率：按附录A规定的方法测定。

6.3 损伤粒率：按附录A规定的方法测定。

6.4 热损伤粒：按附录A规定的方法测定。

6.5 杂质、不完善粒：按GB/T 5494规定的方法测定。

6.6 水分：按GB/T 5497规定的方法测定。

6.7 异色粒：按GB/T 5493规定的方法测定。

6.8 色泽、气味：按GB/ 5492规定的方法测定。

6.9 粗蛋白质含量：按GB/T 5511规定的方法测定。

6.10 粗脂肪含量：按GB/T 5512规定的方法测定。

7 检验规则

7.1 检验的一般规则按GB/T 5490执行。

7.2 检验批为同种类、同产地、同收获年度、同运输单元、同储存单元的大豆。

7.3 大豆完整粒率定等，3等为中等。完整粒率低于最低等级规定的，应作为等外级。其他指标按照国家有关规定执行。

7.4 高油大豆粗脂肪含量定等，2等为中等，粗脂肪含量低于最低等级规定的，不应作为高油大豆。其他指标按照国家有关规定执行。

7.5 高蛋白大豆按粗蛋白质含量定等，2等为中等，粗蛋白质含量低于最低等级规定的，不应作为高蛋白质大豆。其他指标按照国家有关规定执行。

8 标签标识

除应符合GB 7718的规定外，还应符合以下条款：

8.1 凡标识"大豆"的产品均应符合本标准。

8.2 应在包装物上或随行文件中注明产品的名称、类别、等级、产地、收获年度和月份。

8.3 转基因大豆应按国家有关规定标识。

9 包装、储存和运输

9.1 包装

包装应使用符合卫生要求的包装材料或容器，同时应清洁、牢固、无破损，缝口严密、结实，不应撒漏，不应带来污染和异常气味。

9.2 储存

应储存在清洁、干燥、防雨、防潮、防虫，防鼠、无异味的仓库内，不应与有害物质或水分较高的物质混存。

9.3 运输

应使用符合卫生要求的运输工具和容器运送。运输过程中应注意防止雨淋和被污染。

B2 **油菜籽国家标准**（GB 11762—2006）

1 范围

本标准规定了油菜籽的术语和定义、分类、质量要求、检验方法、判定规则，以及对标识、包装、储存和运输的要求。

本标准适用于加工食用油的商品普通油菜籽和双低油菜籽。

2 规范性引用文件

下列文件中的条款通过本标准的引用而成为本标准的条款。凡是注日期的引用文件，其随后所有的修改单（不包括勘误的内容）或修订版均不适用于本标准，然而，鼓励根据本标准达成协议的各方研究是否可使用这些文件的最新版本。凡是不注日期的引用文件，其最新版本适用于本标准。

GB 5491 粮食、油料检验 扦样、分样法

GB/T 5492 粮食、油料检验 色泽、气味、口味鉴定法

GB/T 5494 粮食、油料检验 杂质、不完善粒检验法

GB/T 8946 塑料编织袋

GB/T 14488.1 油料种籽含油量测定法

GB/T 14489.1 油料 水分及挥发物含量测定法

GB 19641 植物油料卫生标准

LS/T 3801 粮食包装 麻袋

NY/T 91 油菜籽中油的芥酸的测定 气相色谱法

ISO 9167-1 油菜籽——硫代葡萄糖甙含量的测定——第1部分：高效液相色谱法

3 术语和定义

下列术语和定义适用于本标准。

3.1 油菜籽 rapeseed

十字花科草本植物栽培油菜长角果的小颗粒球形种子，种皮有黑、黄、褐红等色。

3.2 转基因油菜籽 genetically modified organism rapeseed

用转基因生物技术培育的种子生产的油菜籽。

3.3 含油量 oil content

净油菜籽中租脂肪的含量（以标准水分计）。

3.4 杂质 impurity

除油菜籽以外的有机物质、无机物质及无使用价值的油菜籽。

3.5 不完善粒 unsound kernel

受到损伤或存在缺陷但尚有使用价值的颗粒。包括生芽粒、生霉粒、未熟粒和热损伤粒。

3.5.1 生芽粒 sprouted kernel

芽或幼根突破种皮的颗粒。

3.5.2 生霉粒 moldy kernel

粒面生霉的颗粒。

3.5.3　未熟粒　immature kernel

籽粒未成熟，子叶呈现明显绿色的颗粒。

3.5.4　热损伤粒　heat-damaged kernel

由于受热而导致子叶变成黑色或深褐色的颗粒。

3.6　芥酸含量　erucic acid content

油菜籽油的脂肪酸中芥酸［顺式二十二（碳）烯-(13) 酸］的百分含量。

3.7　硫代葡萄糖苷含量　glucosinolate content

油菜籽粕（或饼，含油 2%计）中硫代葡萄糖苷（简称硫甙或硫苷）的含量。

3.8　双低油菜籽（低芥酸低硫苷油菜籽）low erucic acid and low glucosinolate rapeseed

油菜籽油的脂肪酸中芥酸含量不大于 3.0 %，粕（饼）中的硫苷含量不大于 35.0 μmol/g 的油菜籽。

4　分类

根据芥酸和硫苷含量将油菜籽分为普通油菜籽和双低油菜籽。

5　质量指标

5.1　质量等级指标

5.1.1　普通油菜籽质量指标见表 1。

表 1　普通油菜籽质量指标

等级	含油量(标准水计)/%	未熟粒/%	热损伤粒/%	生芽粒/%	生霉粒/%	杂质/%	水分/%	色泽气味
1	≥42.0	≤2.0	≤0.5	≤2.0	≤2.0	≤3.0	≤8.0	正常
2	≥40.0	≤6.0	≤1.0					
3	≥38.0							
4	≥36.0	≤15.0	≤2.0					
5	≥34.0							

5.1.2　双低油菜籽质量指标见表 2。

表 2　双低油菜籽质量指标

等级	含油量(标准水计)/%	未熟粒/%	热损伤粒/%	生芽粒/%	生霉粒/%	芥酸含量/%	硫苷含量/(μmol/g)	杂质/%	水分/%	色泽气味
1	≥42.0	≤2.0	≤0.5	≤2.0	≤2.0	≤3.0	≤35.0	≤3.0	≤8.0	正常
2	≥40.0	≤6.0	≤1.0							
3	≥38.0									
4	≥36.0	≤15.0	≤2.0							
5	≥34.0									

5.2　卫生指标

按 GB 19641 和国家有关标准、规定执行。

5.3　植物检疫

按国家有关标准和规定执行。

6　检验方法

6.1　扦样、分样　按 GB 5491 执行。

6.2　色泽、气味检验　按 GB/T 5492 执行。

6.3　杂质检验、生芽粒检验、生霉粒检验　按 GB/T 5494 执行。
6.4　芥酸含量检验　按 NY/T 91 执行。
6.5　含油量检验　按 GB/T 14488.1 执行。
6.6　水分检验　按 GB/T 14489.1 执行。
6.7　热损伤粒检验、未熟粒检验　按附录 A 执行。
6.8　硫苷含量检验　按 ISO 9167-1 执行。

7　判定规则

7.1　普通油菜籽和双低油菜籽均以含油量定等，含油量低于 5 等的为等外油菜籽。
7.2　芥酸和硫苷两项指标中有一项达不到表 2 规定的油菜籽，不能作为双低油菜籽。

8　标识

应在包装或货位登记卡、贸易随行文件中标明产品名称、质量等级、收获年度、产地等内容. 转基因产品的标识按国家有关规定执行。

9　包装，储存和运输

包装或散装油菜籽的包装、储存、运输，应符合国家的有关技术标准和规范。

9.1　包装

包装物应密实牢固，不应产生撒漏，不应对油菜籽造成污染。使用麻袋包装时，应符合 LS/T 3801 的规定，使用编织袋包装时，应符合 GB/T 8946 的规定。

9.2　储存

应分类，分级储存于阴凉干燥处，不应与有毒，有害物品混存，堆放的高度应适宜。

9.3　运输

运输中应注意安全，防止日晒、雨淋、渗漏、污染，运输所用车、船和其他装具不应对油菜籽造成污染。

B3　**花生国家标准**（GB 1532—2008）

1　范围

本标准规定了花生的术语和定义、分类、质量要求和卫生要求、检验方法、检验规则、标签和标识以及对包装、储存和运输的要求。

本标准适用于加工、储存、运输、贸易的商品花生，不包括经过熟化处理的花生。

2　规范性引用文件

下列文件中的条款通过本标准的引用而成为本标准的条款。凡是注日期的引用文件，其随后所有的修改单（不包括勘误的内容）或修订版均不适用于本标准，然而，鼓励根据本标准达成协议的各方研究是否可使用这些文件的最新版本。凡是不注日期的引用文件，其最新版本适用于本标准。

GB/T 5490　粮食、油料及植物油脂检验　一般规则
GB 5491　粮食、油料检验　扦样、分样法
GB/T 5492　粮油检验　粮食、油料的色泽、气味、口味鉴定
GB/T 5494　粮油检验　粮食、油料的杂质、不完善粒检验
GB/T 5497　粮食、油料检验　水分测定法
GB/T 5499　粮油检验　带壳油料纯仁率检验方法
GB 7718　预包装食品标签通则
GB/T 8946　塑料编织袋
GB 19641　植物油料卫生标准
LS/T 3801　粮食包装　麻袋

3　术语和定义

下列术语和定义适用于本标准。

3.1　花生仁　peanut kernel

花生果去掉果壳的果实。

3.2　纯仁率　pure kernel yield

净花生果脱壳后籽仁的质量（其中不完善粒折半计算）占试样的质量分数。

3.3　净花生仁　peeledpeanut kernel

花生仁去掉果皮后的果实。

3.4　纯质率　purerate

净花生仁质量（其中不完善粒折半计算）占试样的质量分数。

3.5　不完善粒　unsound kernel

受到损伤但尚有使用价值的花生颗粒，包括虫蚀粒、病斑粒、生芽粒、破碎粒、未熟粒、其他损伤粒几种。

3.5.1　虫蚀粒　injured kernel

被虫蛀蚀，伤及胚的颗粒。

3.5.2　病斑粒　spotted kernel

表面带有病斑并伤及胚的颗粒。

3.5.3　生芽粒　sprouted kernel

芽或幼根突破种皮的颗粒。

3.5.4　破碎粒　broken kernel

籽仁破损达到其体积五分之一及以上的颗粒，包括花生破碎的单片子叶。

3.5.5　未熟粒　shrivelled pods/kernel

籽仁皱缩，体积小于本批正常完善粒二分之一，或质量小于本批完善粒子均粒重二分之一的颗粒。

3.5.6　其他损伤粒 damaged kernel

其他伤及胚的颗粒。

3.6　杂质　impurity

花生果或花生仁以外的物质，包括泥土、砂石、砖瓦块等无机物质和花生果壳、无使用价值的花生仁及其他有机物质。

3.7　色泽、气味　colour and odour

一批花生固有的综合色泽、气味。

3.8　整半粒花生仁　whole half peanut kernel

花生仁被分成的两片完整的胚瓣。

3.9　整半粒限度　total whole half peanut kernel content

整半粒花生仁占试样的质量分数。

4　分类

花生分为花生果和花生仁。

5　质量要求和卫生要求

5.1　质量要求

5.1.1　花生果质量要求见表1，其中纯仁率为定等指标。

表1　花生果质量指标

等级	纯仁率/%	杂质/%	水分/%	气味、色泽
1	≥71.0	≤1.5	≤10.0	正常
2	≥69.0			
3	≥67.0			
4	≥65.0			
5	≥63.0			
等外	<63.0			

5.1.2　花生仁质量指标见表2，其中纯质率为定等指标。

表 2 花生仁质量指标

等级	纯质率/%	杂质/%	水分/%	整半粒限度/%	气味、色泽
1	≥96.0	≤1.0	≤9.0	≤10	正常
2	≥94.0				
3	≥92.0				
4	≥90.0				
5	≥88.0				
等外	<88.0			—	

注："—"为不要求。

5.2 卫生要求

按 GB 19641 和国家有关标准、规定执行。

6 检验方法

6.1 扦样、分样 按 GB 5491 执行。

6.2 色泽、气味检验 按 GB/T 5492 执行。

6.3 杂质、不完善粒检验 按 GB/T 5494 执行。

6.4 水分检验 按 GB/T 5497 执行。

6.5 纯仁率检验 按 GB/T 5499 执行。

6.6 纯质率检验 按 GB/T 5494 执行。

6.7 整半粒限度检验 按本标准的附录 A 执行。

7 检验规则

7.1 检验一般规则按 GB/T 5490 执行。

7.2 检验批为同种类、同产地、同收获年度、同运输单元、同储存单元的花生。

7.3 判定规则；花生果以纯仁率定等，花生仁以纯质率定等。纯仁率或纯质率应符合表 1 和表 2 中相应等级的要求，其他指标作为限制性指标，按照国家有关规定执行。当其他项目符合要求，而花生果纯仁率和花生仁纯质率低于五等时，判定为等外级。

8 标签和标识

8.1 花生仁的预销售包装标签按 GB 7718 执行。

8.2 非零售的花生果或花生仁应在包装或货位登记卡、贸易随行文件中标明产品名称、质量等级、收获年度、产地。

9 包装、储存和运输

9.1 包装

包装物应密实牢固，不应产生撒漏，不应对花生造成污染。使用麻袋包装时，应符合 LS/T 3801 的规定。使用塑料编织袋包装时，应符合 GB/T 8946 的规定。

9.2 储存

应分类分级储存于阴凉干燥处。不得与有毒有害物质混存。

9.3 运输

运输工具应清洁，运输过程中应防止日晒、雨淋、受潮、污染和标签脱落。不得与有腐蚀性、有毒、有异味的物品混运。

B4 **棉籽国家标准**（GB/T 11763—2008）

1 范围

本标准规定了棉籽的相关术语和定义、质量要求和卫生要求、检验方法、检验规则、标签、标识以及包装、储存和运输要求。

本标准适用于籽棉经加工脱绒后供制油的商品棉籽。

2 规范性引用文件

下列文件中的条款通过本标准的引用而成为本标准的条款。凡是注日期的引用文件，其随后所有的修改单（不包括勘误的内容）或修订版均不适用于本标准，然而，鼓励根据本标准达成协议的各方研究是否可使用这些文件的最新版本。凡是不注日期的引用文件，其最新版本适用于本标准。

GB/T 5490　粮食、油料及植物油脂检验　一般规则

GB 5491　粮食、油料检验　扦样、分样法

GB/T 5492　粮油检验　粮食、油料的色泽、气味、口味鉴定

GB/T 14488.1　植物油料　含油量测定（ISO 659：1998，MOD）

GB/T 14488.2　油料　杂质含量的测定（ISO 658：2002，IDT）

GB/T 14489.1　油料　水分及挥发物含量测定（ISO 665：2000，IDT）

GB 19641　植物油料卫生标准

3　术语和定义

下列术语和定义适用于本标准。

3.1　含油率　oil content

经机械脱绒后的棉籽所含油脂占试样（干基）的质量分数。

3.2　杂质　foreign material

除棉籽以外的其他物质，包括筛下物、无机杂质和有机杂质。

3.2.1　筛下物　throughs

通过直径3.0mm圆孔筛的物质。

3.2.2　无机杂质　inorganic foreign material

砂石、煤渣、砖瓦块、泥土等矿物质及其他无机类物质。

3.2.3　有机杂质　organic foreign material

无使用价值的棉籽、异种粮粒、油籽以及其他有机类物质。

3.3　色泽、气味　color and odour

一批棉籽固有的综合颜色、光泽和气味。

3.4　水分　moisture content

净棉籽所含水分占试样的质量分数。

4　质量要求和卫生要求

4.1　质量要求

棉籽按含油率定等，质量要求见表1。

表1　棉籽质量要求

等级	含油率(以干基计)/%	杂质/%	水分/%	气味、色泽
1	≥20.0	≤12.0	≤2.0	正常
2	≥19.0			
3	≥18.0			
4	≥17.0			
5	≥16.0			
等外	<16.0			

4.2　卫生要求

按照GB 19641及国家有关标准和规定执行。

4.3　植物检疫

植物检疫项目，按照国家有关规定执行。

5　检验方法

5.1　扦样、分样　按GB 5491执行。

5.2　含油率检验　按GB/T 14488.1执行。

5.3　色泽、气味检验　按GB/T 5492执行。

5.4 杂质检验 按 GB/T 14488.2 执行。

5.5 水分检验 按 GB/T 14489.1 执行。

6 检验规则

6.1 检验的一般规则按 GB/T 5490 执行。

6.2 检验批为同种类、同产地、同收获年度、同运输单元、同储存单元的棉籽。

6.3 判定规则：棉籽含油率应符合表 1 中相应等级的要求，其他指标按国家有关规定执行。含油率低于 5 等，其他指标符合表 1 规定的，判定为等外棉籽。

7 标签、标识

7.1 应在包装物上或随行文件中标注产品名称、等级、产地、收获年度和月份。

7.2 产品的销售和运输应标注相应的标志，具体标准按有关规定执行。

8 包装、储存和运输

8.1 包装

8.1.1 应清洁、牢固、无破损，封口严密、结实，不应撒漏，不应给产品带来污染和异常气味。

8.1.2 材料应符合包装技术要求和国家有关食品卫生的规定。

8.2 储存

8.2.1 应储存在清洁、干燥、防雨、防潮、防虫、防鼠、无异味的仓库内，不应与有毒有害物质或含水量较高的物质混存。

8.2.2 包装袋码放应距地面、墙壁 20～30cm，保持通风。

8.3 运输

应使用符合卫生要求的运输工具，运输过程中应注意防止雨淋和污染。

B5 **葵花籽国家标准**（GB/T 11764—2008）

1 范围

本标准规定了葵花籽的相关术语和定义、分类、质量要求和卫生要求、检验方法、检验规则、标签标识以及包装、储存和运输的要求。

本标准适用于收购、储存、运输、贸易和加工用商品葵花籽。

2 规范性引用文件

下列文件中的条款通过本标准的引用而成为本标准的条款。凡是注日期的引用文件，其随后所有的修改单（不包括勘误的内容）或修订版均不适用于本标准，然而，鼓励根据本标准达成协议的各方研究是否可使用这些文件的最新版本。凡是不注日期的引用文件，其最新版本适用于本标准。

GB/T 5490 粮食、油料及植物油脂检验 一般规则

GB 5491 粮食、油料检验 扦样、分样法

GB/T 5492 粮油检验 粮食、油料的色泽、气味、口味鉴定

GB/T 5494 粮油检验 粮食、油料的杂质、不完善粒检验

GB/T 5497 粮食、油料检验 水分测定法

GB/T 5499 粮油检验 带壳油料纯仁率检验法

GB/T 8946 塑料编织袋

GB/T 14488.1 植物油料 含油量测定

GB 19641 植物油料 卫生标准

LS/T 3801 粮食包装 麻袋

3 术语和定义

下列术语和定义适用于本标准。

3.1 葵花籽 sunflowerseed

向日葵的籽实，由果皮（壳）和籽仁组成。

3.2 葵花籽仁 sunflowerseed kernel

葵花籽脱壳后的果实，由种皮、两片子叶和胚组成，颜色为白色、浅灰色、黑色、褐色、紫色，并

有宽条纹、窄条纹或无条纹。

3.3　纯仁率　pure kernel ratio

净葵花籽脱壳后籽仁（其中不完善粒折半计算）占试样的质量分数。

3.4　含油率　oil ratio

净葵花籽所含油脂占试样（干基计）的质量分数。

3.5　不完善粒　unsound kernel

受到损伤但尚有使用价值的颗粒，包括破损粒、生芽粒、生霉粒、虫蚀粒、病斑粒几种。

3.5.1　破损粒　broken kernel

籽粒压扁、破碎伤及籽仁的颗粒。

3.5.2　生芽粒　sprouted kernel

芽或幼根突破种皮的颗粒。

3.5.3　生霉粒　moldy kernel

粒面或籽仁表面生霉的颗粒。

3.5.4　虫蚀粒　ixdured kernel

被虫蛀蚀、伤及籽仁的颗粒。

3.5.5　病斑粒　spotted kernel

籽仁带有病斑的颗粒。

3.6　杂质　foreign material

通过规定筛层及无使用价值的物质，包括下列几种：

a）筛下物：通过直径 3.5mm 圆孔筛的物质。

b）无机杂质：泥土、砂石、砖瓦块及其他无机物质。

c）有机杂质：无使用价值的葵花籽、异种粮粒以及其他有机杂质。

3.7　色泽、气味　colour and odour

一批葵花籽或葵花籽仁固有的综合色泽、气味。

4　分类

根据葵花籽的用途分为普通葵花籽和油用葵花籽两类。

5　质量要求和卫生要求

5.1　质量要求

5.1.1　普通葵花籽质量指标要求见表 1，其中纯仁率为定等指标。

表 1　普通葵花籽质量指标

等级	纯仁率/%	杂质含量/%	水分含量/%	气味、色泽
一等	≥55.0	≤1.5	≤11.0	正常
二等	≥52.0			
三等	≥49.0			
等外	<49.0			

5.1.2　油用葵花籽质量指标要求见表 2，其中含油率为定等指标。

表 2　油用葵花籽质量指标

等级	含油率/%	杂质含量/%	水分含量/%	气味、色泽
一等	≥42.0	≤1.5	≤11.0	正常
二等	≥39.0			
三等	≥36.0			
四等	≥33.0			
五等	≥30.0			
等外	<30.0			

5.2 卫生指标

按 GB 19641 和国家有关标准、规定执行。

6 检验方法

6.1 扦样、分样 按 GB 5491 执行。

6.2 色泽、气味的鉴定 按 GB/T 5492 执行。

6.3 杂质、不完善粒检验 按 GB/T 5494 执行。

6.4 水分检验 按 GB/T 5497 执行。

6.5 纯仁率检验 按 GB/T 5499 执行。

6.6 含油率检验 按 GB/T 14488. 1 执行。

7 检验规则

7.1 检验一般规则：按 GB/T 5490 执行。

7.2 检验批：同种类、同产地、同收获年度、同运输单元、同储存单元的葵花籽为一批。

7.3 判定规则：普通葵花籽以纯仁率定等，油用葵花籽以含油率定等，定等指标达不到要求时，应降为下一等级，其他指标按国家有关规定执行。普通葵花籽定等指标低于三等，油用葵花籽定等指标低于五等，其他指标符合本标准规定的，判定为等外级。

8 标签标识

应在包装或货位登记卡、贸易随行文件中标明产品名称、质量等级、收获年度、产地和生产国。

9 包装、储存和运输

9.1 包装

包装物应密实牢固，不应产生撒漏，不得对葵花籽造成污染。使用麻袋包装时，麻袋应符合 LS/T 3801 的规定。使用编织袋包装时，编织袋应符合 GB/T 8946 的规定。

9.2 储存

应分级储存于阴凉干燥处。不应与有害、有毒物品一同存放。

9.3 运输

运输工具要清洁，防止日晒、雨淋、受潮、污染和标签脱落。不得与有腐蚀性、有毒、有异味的物品混运。

二、产品质量标准

B6 **大豆油国家标准**（GB 1535—2003）

1 范围

本标准规定了大豆油的术语和定义、分类、质量要求、检验方法及规则、标签、包装、储存和运输等要求。

本标准适用于压榨成品大豆油、浸出成品大豆油和大豆原油。

大豆油的质量标准仅适用于大豆原油的贸易。

2 规范性引用文件

下列标准中的条款通过本标准的引用而成为本标准的条款，凡是注日期的引用文件，其随后所有的修改单（不包括勘误的内容）或修订版均不适用于本标准，然而鼓励根据本标准达成协议的各方研究是否可使用这些文件的最新版本。凡是不注日期的引用文件，其最新版本适用于本标准。

GB 2716 食用植物油卫生标准

GB 2760 食用添加剂使用卫生标准

GB/T 5009.37 食用植物油卫生标准的分析方法

GB/T 5524 食用油脂检验 扦样、分样法

GB/T 5525—1985 植物油脂检验 透明度、色泽、气味、滋味鉴定法

GB/T 5526 植物油脂检验 比重测定法

GB/T 5527　植物油脂检验　折光指数测定法
GB/T 5528　植物油脂水分及挥发物含量测定法
GB/T 5529　植物油脂检验　杂质测定法
GB/T 5530　动物油脂检验　酸值和酸度测定
GB/T 5531　植物油脂检验　加热实验
GB/T 5532　植物油碘值测定
GB/T 5533　植物油脂检验　含皂量测定法
GB/T 5534　动植物油脂皂化值的测定
GB/T 5535　植物油脂检验　不皂化物测定
GB/T 5538　油脂过氧化值测定
GB/T 5539　植物油脂检验　油脂定性试验
GB 7718　食品标签通用标准
GB/T 17374　食用植物油销售包装
GB/T 17376　动植物油脂　脂肪酸甲酯制备
GB/T 17377　动植物油脂　脂肪酸甲酯的气相色谱分析
GB/T 17756—1999　色拉油通用技术条件

3　术语和定义

下列术语和定义适用于本标准。

3.1　压榨大豆油　pressing soya bean oil

大豆油经直接压榨制取的油。

3.2　浸出大豆油　solven extraction soya oil

大豆经浸出工艺制取的油。

3.3　转基因大豆油　genetically modified organism soya bean oil

用转基因大豆制取的油。

3.4　大豆原油　crude soya bean oil

未经任何处理的不能直接供人类食用的大豆油。

3.5　成品大豆油　finished product of soya bean oil

经过处理符合本标准成品油质量指标和卫生要求的直接供人类食用的大豆油。

3.6　折光指数　refractive index

光线从空气中射入油脂时，入射角与折射角的正弦比值。

3.7　相对密度　specific gravity

20℃植物油的质量与同体积20℃蒸馏水的质量之比值。

3.8　碘值　iodine value

在规定条件下与100g油脂发生加成反应所需要的碘的克数。

3.9　皂化值　saponification value

皂化1g油脂所需要的氢氧化钾毫克数。

3.10　不皂化物　unsaponifiable matter

油脂中不与碱起作用、溶于醚、不溶于水的物质。

3.11　脂肪酸 fatty acid

脂肪族一元羧酸的总称，通式为R—COOH。

3.12　色泽 color

油脂本身带有的颜色。主要来自于油料中的油溶性色素。

3.13　透明度　transpareancy

油脂可透过的光线的程度。

3.14　水分及挥发物　moisture and volatile matter

在一定温度条件下，油脂中所含的微量水分和挥发物。

3.15 不溶性杂质 insoluble impurity

油脂中不溶于石油醚等有机溶剂的物质。

3.16 酸值 acid value

中和 1g 油脂中所含游离脂肪酸需要的氢氧化钾毫克数。

3.17 过氧化值 peroxide value

1kg 油脂中过氧化物的毫摩尔数。

3.18 溶剂残留量 residual solvent content in oil

1kg 油脂中残留的溶剂毫克数。

3.19 加热实验 heating test

油样加热至 280℃时，观察有无析出物和油色变化等。

3.20 冷冻实验 refrigeration test

油样置于 0℃恒温条件下保持一定的时间，观察其澄清度。

3.21 含皂量 saponified matter content

经过碱炼后的油脂中皂化物的含量（以油酸钠计）。

3.22 烟点 smoking point

油样加热至开始连续发蓝烟时的温度。

4 分类

大豆油分为大豆原油和压榨成品大豆油、浸出成品大豆油三类。

5 质量要求

5.1 特征指标

折光指数（n^{40}）	1.466～1.470	皂化值（KOH)/(mg/g)	189～195
相对密度（d_{20}^{20}）	0.919～0.925	不皂化物/(g/kg)	≤15
碘值（I)/(g/100g)	12～139		

脂肪酸组成/%		
十四碳以下脂肪酸		ND～0.1
豆蔻酸	$C_{14:0}$	ND～0.2
棕榈酸	$C_{16:0}$	8.0～13.5
棕榈一烯酸	$C_{16:1}$	ND～0.2
十七烷酸	$C_{17:0}$	ND～0.1
十七碳一烯酸	$C_{17:1}$	ND～0.1
硬脂酸	$C_{18:0}$	2.5～5.4
油酸	$C_{18:1}$	17.7～28.0
亚油酸	$C_{18:2}$	49.8～59
亚麻酸	$C_{18:3}$	5.0～11.0
花生酸	$C_{20:0}$	0.1～0.6
花生一烯酸	$C_{20:1}$	ND～0.5
花生二烯酸	$C_{20:2}$	ND～0.1
山嵛酸	$C_{20:0}$	ND～0.7
芥酸	$C_{22:1}$	ND～0.3
木焦油酸	$C_{24:0}$	ND～0.5

注：1. 上列指标与国际食品法典委员会标准 CODEX STAN 210—1999《指定的植物油法典标准》的指标一致。
2. ND 表示未检出，定义为 0.05%。

5.2 质量等级标准

5.2.1 大豆原油质量指标见表 1。

5.2.2 压榨成品大豆油、浸出成品大豆油质量指标见表 2。

表1　大豆原油质量指标

项　目	质量指标	项　目	质量指标
气味、滋味	具有大豆原油固有的气味、滋味	酸值(KOH)/(mg/g)　≤	4.0
水分及挥发物/%　≤	0.20	过氧化值/(mmol/kg)　≤	7.5
不溶性杂质/%　≤	0.20	溶剂残留量/(mg/kg)　≤	100

表2　压榨成品大豆油、浸出成品大豆油质量标准

项　目		质量标准			
		一级	二级	三级	四级
色泽	(罗维朋比色槽 25.4mm)　≤	—	—	黄 70　红 4.0	黄 70　红 6.0
	(罗维朋比色槽 133.4mm)　≤	黄 20　红 2.0	黄 35　红 4.0	—	—
气味、滋味		无气味、口感好	气味、口感良好	具有大豆油固有的气味和滋味，无异味	具有大豆油固有的气味和滋味，无异味
透明度		澄清、透明	澄清、透明	—	—
水分及挥发物%	≤	0.05	0.05	0.10	0.20
不溶性杂质/%	≤	0.05	0.05	0.05	0.05
酸值(KOH)/(mg/g)	≤	0.20	0.30	1.0	3.0
过氧化值(mmol/kg)	≤	5.0	5.0	6.0	6.0
加热试验(280℃)		—	—	无析出物，罗维朋比色：黄色值不变，红色值的增加小于 0.4	微量析出物，罗维朋比色：黄色值不变，红色值增加小于 4.0，蓝色值增加小于 0.5
含皂量/%	≤	—	—	0.03	—
烟点/℃	≥	215	205	—	—
冷冻试验(0℃储藏 5.5h)		澄清、透明	—	—	—
溶剂残留量/(mg/kg)	浸出油	不得检出	不得检出	≤50	≤50
	压榨油	不得检出	不得检出	不得检出	不得检出

注：划有“—”者不做检测。压榨油和一、二级浸出油的溶剂残留量检出值小于 10mg/kg 时，视为未检出。

5.3　卫生指标

按 GB 2716、GB 2760 和国家有关规定执行。

5.4　其他

大豆油不得掺有其他食用油和非食用油，不得添加任何香精和香料。

6　检验方法

6.1　透明度、气味、滋味检验　按照 GB/T 5525—1985 中第 1 章、第 3 章执行。

6.2　色泽检验　按照 GB/T 5525—1985 中第 2 章执行。

6.3　相对密度检验　按照 GB/T 5526 执行。

6.4　折光指数检验　按照 GB/T 5527 执行。

6.5　水分及挥发物检验　按照 GB/T 5528 执行。

6.6　不溶性杂质检验　按照 GB/T 5529 执行。

6.7　酸值检验　按照 GB/T 5530 执行。

6.8　加热试验　按照 GB/T 5531 执行。

6.9　碘值检验　按照 GB/T 5532 执行。

6.10　含皂量检验　按照 GB/T 5533 执行。

6.11　皂化值检验　按照 GB/T 5534 执行。

6.12　不皂化物检验　按照 GB/T 5535 执行。

6.13　过氧化值检验　按照 GB/T 5538 执行。

6.14　冷冻试验　按照 GB/T 17756—1999 附录 A 执行。

6.15 烟点检验 按照 GB/T 17756—1999 附录 B 执行。

6.16 溶剂残留量检验 按照 GB/T 5009.37 执行。

6.17 油脂定性试验 按照 GB/T 5539 执行。以油脂定性试验和大豆油特征指标（5.1）作为综合判定依据。

6.18 脂肪酸组成检验 按照 GB/T 17375～17377 执行。

6.19 卫生指标检验 按照 GB/T 5009.37 执行。

7 检验规则

7.1 抽样

大豆油抽样方法按照 GB/T 5521 的要求执行。

7.2 出厂检验

7.2.1 应逐批检验、并出具检验报告。

7.2.2 按本标准 5.2 的规定检验。

7.3 形式检验

7.3.1 当原料、设备、工艺有较大变化或质量监督部门提出要求时，均应进行形式检验。

7.3.2 按本标准第 5 章的规定检验。

7.4 判定规则

7.4.1 产品未标注质量等级时，按不合格判定。

7.4.2 产品的等级指标中有一项不合格时，即判定为不合格产品。

8 标签

除了符合 GB 7718 的规定及要求外，还有以下专门条款：

8.1 产品名称

8.1.1 凡标识“大豆油”的产品均应符合本标准。

8.1.2 转基因大豆油要按国家有关规定标识。

8.1.3 压榨大豆油、浸出大豆油要在产品标签中分别标识“压榨”、“浸出”字样。

8.2 原产国

应注明产品原料的生产国名。

9 包装、储存和运输

9.1 包装

应符合 GB/T 17374 及国家的有关规定和要求。

9.2 储存

应储存于阴凉、干燥及避光处。不得与有害、有毒物品一同存放。

9.3 运输

运输中应注意安全，防止日晒、雨淋、渗漏、污染和标签脱落。散装运输有专车，保持车辆清洁、卫生。

B7 菜籽油国家标准（GB 1536—2004）

1 范围

本标准规定了菜籽油的术语和定义、分类、质量要求、检验方法及规则、标签、包装、储存和运输等要求。

本标准适用于压榨成品菜籽油、浸出成品菜籽油和菜籽原油。

菜籽原油的质量指标仅适用于菜籽原油的贸易。

2 规范性引用文件

下列标准中的条款通过本标准的引用而成为本标准的条款。凡是注日期的引用文件，其随后所有的修改单（不包括勘误的内容）或修订版均不适用于本标准，然而，鼓励根据本标准达成协议的各方研究是否可使用这些文件的最新版本。凡是不注日期的引用文件，其最新版本适用于本标准。

GB 2716 食用植物油卫生标准

GB 2760 食品添加剂使用卫生标准

GB/T 5009.37 食用植物油卫生标准的分析方法

GB/T 5490 粮食、油料及植物油脂检验 一般规则

GB/T 5524 植物油脂检验 扦样、分样法

GB/T 5525—1985 植物油脂检验 透明度、色泽、气味、滋味鉴定法

GB/T 5526 植物油脂检验 比重测定法

GB/T 5527 植物油脂检验 折光指数测定法

GB/T 5528 植物油脂水分及挥发物含量测定法

GB/T 5529 植物油脂检验 杂质测定法

GB/T 5530 动植物油脂 酸值和酸度的测定（GB/T 5530—1998，eqv ISO 660：1983）

GB/T 5531 植物油脂检验 加热试验

GB/T 5532 植物油碘值测定（GB/T 5532—1995，neq ISO 3961：1989）

GB/T 5533 植物油脂检验 含皂量测定法

GB/T 5534 动植物油脂皂化值的测定（GB/T 5534—1995，idt ISO 3657：1988）

GB/T 5535 植物油脂检验 不皂化物测定

GB/T 5538 油脂过氧化值测定（GB/T 5538—1995，eqv ISO 3960：1977）

GB/T 5539 植物油脂检验 油脂定性试验

GB 7718 食品标签通用标准

GB/T 17374 食用植物油销售包装

GB/T 17376 动植物油脂 脂肪酸甲酯制备（GB/T 17376—1998，eqv ISO 5509：1978）

GB/T 17377 动植物油脂 脂肪酸甲酯的气相色谱分析（GB/T 17377—1998，eqv ISO 5508：1990）

GB/T 17756—1999 色拉油通用技术条件

3 术语和定义

下列术语和定义适用于本标准。

3.1 压榨菜籽油 pressing rapeseed oil

菜籽经直接压榨制取的油。

3.2 浸出菜籽油 solvent extraction rapeseed oil

油菜籽经浸出工艺制取的油。

3.3 转基因菜籽油 genetically modified organism rapeseed oil

用转基因油菜籽制取的油。

3.4 低芥酸菜籽油 rapeseed oil-low erucic acid

芥酸含量不超过脂肪酸组成 3%的菜籽油。

3.5 菜籽原油 crude rapeseed oil

未经任何处理的不能直接供人类食用的菜籽油。

3.6 成品菜籽油 finished product of rapeseed oil

经处理符合本标准成品油质量指标和卫生要求的直接供人类食用的菜籽油。

3.7 折光指数 refractive index

光线从空气中射入油脂时，入射角与折射角的正弦之比值。

3.8 相对密度 specific gravity

20℃植物油的质量与同体积 20℃蒸馏水的质量之比值。

3.9 碘值 iodine value

在规定条件下与 100g 油脂发生加成反应所需碘的克数。

3.10 皂化值 saponification value

皂化 1g 油脂所需的氢氧化钾毫克数。

3.11 不皂化物 unsaponifiable matter

油脂中不与碱起作用、溶于醚、不溶于水的物质，包括甾醇、脂溶性维生素和色素等。

3.12　脂肪酸　fatty acid

脂肪族一元羧酸的总称，通式为 R—COOH。

3.13　色泽　colour

油脂本身带有的颜色。主要来自于油料中的油溶性色素。

3.14　透明度　transparency

油脂可透过光线的程度。

3.15　水分及挥发物　moisture and volatile matter

在一定温度条件下，油脂中所含的微量水分和挥发物。

3.16　不溶性杂质　insoluble impurity

油脂中不溶于石油醚等有机溶剂的物质。

3.17　酸值　acid value

中和 1g 油脂中所含游离脂肪酸需要的氢氧化钾毫克数。

3.18　过氧化值　peroxide value

1kg 油脂中过氧化物的毫摩尔数。

3.19　溶剂残留量　residual solvent content in oil

1kg 油脂中残留的溶剂毫克数。

3.20　加热试验　heating test

油样加热至 280℃时，观察有无析出物和油色变化情况。

3.21　冷冻试验　refrigeration test

油样置于 0℃恒温条件下保持一定的时间，观察其澄清度。

3.22　含皂量　saponified matter content

经过碱炼后的油脂中皂化物的含量（以油酸钠计）。

3.23　烟点　smoking point

油样加热至开始连续发蓝烟时的温度。

4　分类

菜籽油分为菜籽原油和压榨成品菜籽油、浸出成品菜籽油三类。

5　质量要求

5.1　特征指标

		一般菜籽油	低芥酸菜子油
折光指数（n^{40}）		1.465～1.469	1.465～1.467
相对密度（d_{20}^{20}）		0.910～0.920	0.914～0.920
碘值（I）/(g/100g)		94～120	105～126
皂化值（KOH）/(mg/g)		168～181	182～193
不皂化物/(g/kg)		≤20	≤20
脂肪酸组成/%：			
十四碳以下脂肪酸		ND	ND
豆蔻酸	$C_{14:0}$	ND～0.2	ND～0.2
棕榈酸	$C_{16:0}$	1.5～6.0	2.5～7.0
棕榈一烯酸	$C_{16:1}$	ND～8.0	ND～0.3
十七烷酸	$C_{17:0}$	ND～0.1	ND～0.3
十七碳一烯酸	$C_{17:1}$	ND～0.1	ND～0.3
硬脂酸	$C_{18:0}$	0.5～3.1	0.8～0.3
油　酸	$C_{18:1}$	8.0～60.0	51.0～70.0
亚油酸	$C_{18:2}$	11.0～23.0	15.0～30.0
亚麻酸	$C_{18:3}$	5.0～13.0	5.0～14.0

花生酸	$C_{20:0}$	ND～3.0	0.2～1.2
花生一烯酸	$C_{20:1}$	3.0～15.0	0.1～4.3
花生二烯酸	$C_{20:2}$	ND～1.0	ND～0.1
山嵛酸	$C_{22:0}$	ND～2.0	ND～0.6
芥 酸	$C_{22:1}$	8.0～60.0	ND～3.0
二十二碳二烯酸	$C_{20:2}$	ND～2.0	ND～0.1
木焦油酸	$C_{24:0}$	ND～3.0	ND～0.4
二十四碳一烯酸	$C_{24:1}$	ND～3.0	ND～0.4

注：1. 上列指标除芥酸含量外，其他指标与国际食品法典委员会标准 CODEX STAN 210—1999《指定的植物油法典标准》的指标一致。

2. ND表示未检出，定义为0. 05%。

5.2　质量等级指标

5.2.1　菜籽原油质量指标见表1。

表1　菜籽原油质量指标

项　目	质　量　指　标	项　目	质　量　指　标
气味、滋味	具有菜籽原油固有的气味和滋味，无异味	酸值(KOH)/(mg/g)	≤4.0
水分及挥发物/%	≤0.20	过氧化值/(mmol/kg)	≤7.5
不溶性杂质/%	≤0.20	溶剂残留量/(mg/kg)	≤100

5.2.2　压榨成品菜籽油、浸出成品菜籽油质量指标见表2。

表2　压榨成品菜籽油、浸出成品菜籽油质量指标

项目			质量标准			
			一级	二级	三级	四级
色泽	(罗维朋比色槽 25.4mm)	≤	—	—	黄 70　红 4.0	黄 70　红 6.0
	(罗维朋比色槽 133.4mm)	≤	黄 20　红 2.0	黄 35　红 4.0	—	—
气味、滋味			无气味、口感好	气味、口感良好	具有菜籽油固有的气味和滋味，无异味	具有菜籽油固有的气味和滋味，无异味
透明度			澄清、透明	澄清、透明	—	—
水分及挥发物%		≤	0.05	0.05	0.10	0.20
不溶性杂质/%		≤	0.05	0.05	0.05	0.05
酸值(KOH)/(mg/g)		≤	0.20	0.30	1.0	3.0
过氧化值/(mmol/kg)		≤	5.0	5.0	6.0	6.0
加热试验(280℃)			—	—	无析出物，罗维朋比色：黄色值不变，红色值的增加小于0.4	微量析出物，罗维朋比色：黄色值不变，红色值增加小于4.0，蓝色值增加小于0.5
含皂量/%		≤	—	—	0.03	—
烟点/℃		≥	215	205	—	—
冷冻试验(0℃储藏 5.5h)			澄清、透明	—	—	—
溶剂残留量/(mg/kg)	浸出油		不得检出	不得检出	≤50	≤50
	压榨油		不得检出	不得检出	不得检出	不得检出

注：划有“—”者不做检测。压榨油和一、二级浸出油的溶剂残留量检出值小于10mg/kg时，视为未检出。

5.3 卫生指标

按 GB 2716、GB 2760 和国家有关规定执行。

5.4 其他

菜籽油不得掺有其他食用油和非食用油；不得添加任何香精和香料。

6 检验方法

6.1 透明度、气味、滋味检验 按 GB/T 5525—1985 中的第 1 章、第 3 章执行。

6.2 色泽检验 按 GB/T 5525—1985 中的第 2 章执行。

6.3 相对密度检验 按 GB/T 5526 执行。

6.4 折光指数检验 按 GB/T 5527 执行。

6.5 水分及挥发物检验 按 GB/T 5528 执行。

6.6 不溶性杂质检验 按 GB/T 5529 执行。

6.7 酸值检验 按 GB/T 5530 执行

6.8 加热试验 按 GB/T 5531 执行。

6.9 碘值检验 按 GB/T 5532 执行。

6.10 含皂量检验 按 GB/T 5533 执行。

6.11 皂化值检验 按 GB/T 5534 执行。

6.12 不皂化物检验 按 GB/T 5535 执行。

6.13 过氧化值检验 按 GB/T 5538 执行。

6.14 冷冻试验 按 GB/T 17756—1999 附录 A 执行。

6.15 烟点检验 按 GB/T 17756—1999 附录 B 执行。

6.16 溶剂残留量检验 按 GB/T 5009.37 执行。

6.17 油脂定性试验 按 GB/T 5539 执行。以油脂定性试验和菜籽油特征指标（5.1）作为综合判定依据。

6.18 脂肪酸组成检验 按 GB/T 17376～17377 执行。

6.19 卫生指标检验 按 GB/T 5009.37 执行。

7 检验规则

7.1 抽样

菜籽油抽样方法按照 GB/T 5524 的要求执行。

7.2 出厂检验

7.2.1 应逐批检验，并出具检验报告。

7.2.2 按本标准 5.2 的规定检验。

7.3 型式检验

7.3.1 当原料、设备、工艺有较大变化或质量监督部门提出要求时，均应进行型式检验。

7.3.2 按本标准第 5 章的规定检验。

7.4 判定规则

7.4.1 产品未标注质量等级时，按不合格判定。

7.4.2 产品的各等级指标中有一项不合格时，即判定为不合格产品。

8 标签

除了符合 GB 7718 的规定及要求之外，还有以下专门条款：

8.1 产品名称

8.1.1 凡标识“菜籽油”的产品均应符合本标准。

8.1.2 转基因菜籽油要按国家有关规定标识。

8.1.3 压榨菜籽油、浸出菜籽油要在产品标签中分别标识“压榨”、“浸出”字样。

8.2 原产国

应注明产品原料的生产国名。

9 包装、储存和运输

9.1 包装

应符合 GB/T 17374 及国家的有关规定和要求。

9.2 储存

应储存于阴凉、干燥及避光处，不得与有害、有毒物品一同存放。

9.3 运输

运输中应注意安全，防止日晒、雨淋、渗漏、污染和标签脱落。散装运输要有专车，保持车辆清洁、卫生。

B8 **花生油国家标准**（GB 1534—2003）

1 范围

本标准规定了花生油的术语和定义、分类、质量要求、检验方法及规则、标签、包装、储存和运输等要求。

本标准适用于压榨成品花生油、浸出成品花生油和花生原油。

花生原油的质量指标适用于花生原油的贸易。

2 规范性引用文件

下列标准中的条款通过本标准的引用而成为本标准的条款。凡是注日期的引用文件，其随后所有的修改单（不包括勘误的内容）或修订版均不适用于本标准，然而，鼓励根据本标准达成协议的各方研究是否可使用这些文件的最新版本。凡是不注日期的引用文件，其最新版本适用于本标准。

GB 2716 食用植物油卫生标准

GB 2760 食品添加剂使用卫生标准

GB/T 5009.37 食用植物油卫生标准的分析方法

GB/T 5524 植物油脂检验 扦样、分样法

GB/T 5525—1985 植物油脂检验 透明度、色泽、气味、滋味鉴定法

GB/T 5526 植物油脂检验 比重测定法

GB/T 5527 植物油脂检验 折光指数测定法

GB/T 5528 植物油脂水分及挥发物含量测定法

GB/T 5529 植物油脂检验 杂质测定法

GB/T 5530 动植物油脂 酸值和酸度测定（GB/T 5530—1998，eqv ISO 660：1983）

GB/T 5531 植物油脂检验 加热试验

GB/T 5532 植物油碘值测定（GB/T 5532—1995，neq ISO 3961：1989）

GB/T 5533 植物油脂检验 含皂量测定法

GB/T 5534 动植物油脂皂化值的测定（GB/T 5534—1995，idt ISO 3657：1988）

GB/T 5535 植物油脂检验 不皂化物测定

GB/T 5538 油脂过氧化值测定（GB/T 5538—1995，eqv ISO 3960：1977）

GB/T 5539 植物油脂检验 油脂定性试验

GB 7718 食品标签通用标准

GB/T 17374 食用植物油销售包装

GB/T 17376 动植物油脂 脂肪酸甲酯制备（GB/T 17376—1998，eqv ISO 5509：1978）

GB/T 17377 动植物油脂 脂肪酸甲酯的气相色谱分析（GB/T 17377—1998，eqv ISO 5508：1990）

GB/T 17756—1999 色拉油通用技术条件

3 术语和定义

下列术语和定义适用于本标准。

3.1 压榨花生油 pressing peanut oil

花生经直接压榨制取的油。

3.2 浸出花生油 solvent extraction peanut oil

花生经浸出工艺制取的油。

3.3　花生原油　crude peanut oil

未经任何处理的不能直接供人类食用的花生油。

3.4　成品花生油　finished product of peanut oil

经处理符合本标准成品油质量指标和卫生要求的直接供人类食用的花生油。

3.5　折光指数　refractive index

光线从空气中射入油脂时，入射角与折射角的正弦之比值。

3.6　相对密度　specific gravity

20℃植物油的质量与同体积20℃蒸馏水的质量之比值。

3.7　碘值　iodine value

在规定条件下与100g油脂发生加成反应所需碘的克数。

3.8　皂化值　saponification value

皂化1g油脂所需的氢氧化钾毫克数。

3.9　不皂化物　unsaponifiable matter

油脂中不与碱起作用、溶于醚、不溶于水的物质，包括甾醇、脂溶性维生素和色素等。

3.10　脂肪酸　fatty acid

脂肪族一元羧酸的总称，通式为R—COOH。

3.11　色泽　colour

油脂本身带有的颜色。主要来自于油料中的油溶性色素。

3.12　透明度　transparency

油脂可透过光线的程度。

3.13　水分及挥发物　moisture and volatile matter

在一定温度条件下，油脂中所含的微量水分和挥发物。

3.14　不溶性杂质　insoluble impurity

油脂中不溶于石油醚等有机溶剂的物质。

3.15　酸值　acid value

中和1g油脂中所含游离脂肪酸需要的氢氧化钾毫克数。

3.16　过氧化值　peroxide value

1kg油脂中过氧化物的毫摩尔数。

3.17　溶剂残留量　residual solvent content in oil

1kg油脂中残留的溶剂毫克数。

3.18　加热试验　heating test

油样加热至280℃时，观察有无析出物和油色变化情况。

3.19　冷冻试验　refrigeration test

油样置于0℃恒温条件下保持一定的时间，观察其澄清度。

3.20　含皂量　saponified matter content

经过碱炼后的油脂中皂化物的含量（以油酸钠计）。

3.21　烟点　smoking point

油样加热至开始连续发蓝烟时的温度。

4　分类

花生油分为花生原油和压榨成品花生油、浸出成品花生油三类。

5　质量要求

5.1　特征指标

折光指数（n^{40}）	1.460～1.465	皂化值（KOH）/(mg/g)	187～196
相对密度（d_{20}^{20}）	0.914～0.917	不皂化物/(g/kg)	≤10
碘值（I）/(g/100g)	86～107		

脂肪酸组成/%：

十四碳以下脂肪酸		ND～0.1
豆蔻酸	$C_{14:0}$	ND～0.1
棕榈酸	$C_{16:0}$	8.0～14.0
棕榈一烯酸	$C_{16:1}$	ND～0.2
十七烷酸	$C_{17:0}$	ND～0.1
十七碳一烯酸	$C_{17:1}$	ND～0.1
硬脂酸	$C_{18:0}$	1.0～4.5
油酸	$C_{18:1}$	35.0～67.0
亚油酸	$C_{18:2}$	13.0～43.0
亚麻酸	$C_{18:3}$	ND～0.3
花生酸	$C_{20:0}$	1.0～2.0
花生一烯酸	$C_{20:1}$	0.7～1，7
山嵛酸	$C_{22:0}$	1.5～4.5
芥酸	$C_{22:1}$	ND～0.3
木焦油酸	$C_{24:0}$	0.5～2.5
二十四碳一烯酸	$C_{24:1}$	ND～0.3

注：1. 上列指标与国际食品法典委员会标准 CODEX STAN 210—1999《指定的植物油法典标准》的指标一致。
2. ND表示未检出，定义为0.05%。

5.2　质量等级指标

5.2.1　花生原油质量指标见表1。

表1　花生原油质量指标

项　目	质量指标	项　目	质量指标
气味、滋味	具有花生原油固有的气味和滋味，无异味	酸值(KOH)/(mg/g)	≤4.0
水分及挥发物/%	≤0.20	过氧化值/(mmol/kg)	≤7.5
不溶性杂质/%	≤0.20	溶剂残留量/(mg/kg)	≤100

5.2.2　压榨成品花生油、浸出成品花生油质量指标分别见表2和表3。

表2　压榨成品花生油质量指标

项　目		质量标准	
		一级	二级
色泽(罗维朋比色槽25.4mm)	≤	黄15　红1.5	黄25　红4.0
气味、滋味		具有花生油固有的香味和滋味，无异味	具有花生油固有的香味和滋味，无异味
透明度		澄清、透明	澄清、透明
水分及挥发物%	≤	0.10	0.15
不溶性杂质/%	≤	0.05	0.05
酸值(KOH)/(mg/g)	≤	1.0	2.5
过氧化值/(mmol/kg)	≤	6.0	7.5
溶剂残留量/(mg/kg)		不得检出	不得检出
加热试验(280℃)		无析出物，罗维朋比色：黄色值不变，红色值的增加小于0.4	微量析出物，罗维朋比色：黄色值不变，红色值增加小于4.0，蓝色值增加小于0.5

表 3 浸出成品花生油质量指标

项目			质量标准			
			一级	二级	三级	四级
色泽	(罗维朋比色槽 25.4mm)	≤	—	—	黄 25 红 2.0	黄 25 红 4.0
	(罗维朋比色槽 133.4mm)	≤	黄 15 红 1.5	黄 20 红 2.0	—	—
气味、滋味			无气味、口感好	气味、口感良好	具有花生油固有的气味和滋味,无异味	具有花生油固有的气味和滋味,无异味
透明度			澄清、透明	澄清、透明	—	—
水分及挥发物%		≤	0.05	0.05	0.10	0.20
不溶性杂质/%		≤	0.05	0.05	0.05	0.05
酸值(KOH)/(mg/g)		≤	0.20	0.30	1.0	3.0
过氧化值/(mmol/kg)		≤	5.0	5.0	7.5	7.5
加热试验(280℃)			—	—	无析出物,罗维朋比色:黄色值不变,红色值的增加小于 0.4	微量析出物,罗维朋比色:黄色值不变,红色值增加小于 4.0,蓝色值增加小于 0.5
含皂量/%		≤	—	—	0.03	0.03
烟点/℃		≥	215	205	—	—
冷冻试验(0℃储藏 5.5h)			澄清、透明	—	—	—
溶剂残留量/(mg/kg)		≤	不得检出	不得检出	≤50	≤50

注:划有"—"者不做检测。压榨油和一、二级浸出油的溶剂残留量检出值小于 10mg/kg 时,视为未检出。

5.3 卫生指标

按 GB 2716、GB 2760 和国家有关规定执行。

5.4 其他

花生油中不得掺有其他食用油和非食用油;不得添加任何香精和香料。

6 检验方法

6.1 透明度、气味、滋味检验:按 GB/T 5525—1985 中的第 1 章、第 3 章执行。

6.2 色泽检验:按 GB/T 5525—1985 中的第 2 章执行。

6.3 相对密度检验:按 GB/T 5526 执行。

6.4 折光指数检验:按 GB/T 5527 执行。

6.5 水分及挥发物检验:按 GB/T 5528 执行。

6.6 不溶性杂质检验:按 GB/T 5529 执行。

6.7 酸值检验:按 GB/T 5530 执行。

6.8 加热试验:按 GB/T 5531 执行。

6.9 碘值检验:按 GB/T 5532 执行。

6.10 含皂量检验:按 GB/T 5533 执行。

6.11 皂化值检验:按 GB/T 5534 执行。

6.12 不皂化物检验:按 GB/T 5535 执行。

6.13 过氧化值检验:按 GB/T 5538 执行。

6.14 冷冻试验:按 GB/T 17756—1999 附录 A 执行。

6.15 烟点检验:按 GB/T 17756—1999 附录 B 执行。

6.16 溶剂残留量检验:按 GB/T 5009.37 执行。

6.17 油脂定性试验:按 GB/T 5539 执行。以油脂定性试验和花生油特征指标(5.1)作为综合判定依据。

6.18 脂肪酸组成检验:按 GB/T 17376~17377 执行。

6.19 卫生指标检验：按 GB/T 5009.37 执行。

7 检验规则

7.1 抽样

花生油抽样方法按照 GB/T 5524 的要求执行。

7.2 出厂检验

7.2.1 应逐批检验，并出具检验报告。

7.2.2 按本标准 5.2 的规定检验。

7.3 型式检验

7.3.1 当原料、设备、工艺有较大变化或质量监督部门提出要求时，均应进行型式检验。

7.3.2 按本标准第 5 章的规定检验。

7.4 判定规则

7.4.1 产品未标注质量等级时，按不合格判定。

7.4.2 产品的各等级指标中有一项不合格时，即判定为不合格产品。

8 标签

除了符合 GB 7718 的规定及要求之外，还有以下专门条款：

8.1 产品名称

8.1.1 凡标识“花生油”的产品均应符合本标准。

8.1.2 压榨花生油、浸出花生油要在产品标签中分别标识“压榨”、“浸出”字样。

8.2 原产国

应注明产品原料的生产国名。

9 包装、储存和运输

9.1 包装

应符合 GB/T 17374 及国家的有关规定和要求。

9.2 储存

应储存于阴凉、干燥及避光处。不得与有害、有毒物品一同存放。

9.3 运输

运输中应注意安全，防止日晒、雨淋、渗漏、污染和标签脱落。散装运输要有专车，保持车辆清洁、卫生。

B9 **棉籽油国家标准**（GB 1537—2003）

1 范围

本标准规定了棉籽油的术语和定义、分类、质量要求、检验方法及规则、标签、包装、储存和运输等要求。

本标准适用于压榨成品棉籽油、浸出成品棉籽油和棉籽原油。棉籽原油的质量指标适用于棉籽原油的贸易。

2 规范性引用文件

下列文件中的条款通过本标准的引用而成为本标准的条款。凡是注日期的引用文件，其随后所有的修改单（不包括勘误的内容）或修订版均不适用于本标准，然而，鼓励根据本标准达成协议的各方研究是否可使用这些文件的最新版本。凡是不注日期的引用文件，其最新版本适用于本标准。

GB 2716 食用植物油卫生标准

GB 2760 食品添加剂使用卫生标准

GB/T 5009.37 食用植物油卫生标准的分析方法

GB/T 5524 植物油脂检验 扦样、分样法

GB/T 5525—1985 植物油脂检验透明度、色泽、气味、滋味鉴定法

GB/T 5526 植物油脂检验 比重测定法

GB/T 5527 植物油脂检验 折光指数测定法

GB/T 5528 植物油脂水分及挥发物含量测定法

GB/T 5529 植物油脂检验杂质测定法

GB/T 5530 动植物油脂 酸值和酸度的测定（GB/T 5530—1998，eqv ISO 660：1983）

GB/T 5531 植物油脂检验加热试验

GB/T 5532 植物油碘值测定（GB/T 5532—1995，neq ISO 3961：1989）

GB/T 5533 植物油脂检验含皂量测定法

GB/T 5534 动植物油脂皂化值的测定（GB/T 5534—1995，idt ISO 3657：1988）

GB/T 5535.1 植物油脂检验 不皂化物测定 第1部分：乙醚提取法（第一方法）（GB/T 5535.1—1998，eqv ISO 3596-1：1988）

GB/T 5535.2 植物油脂检验不皂化物测定 第2部分：己烷提取快速法（GB/T 5535.2—1998，eqv ISO 3596-2：1988）

GB/T 5538 油脂过氧化值测定（GB/T 5538—1995，eqv ISO 3960：1977）

GB/T 5539 植物油脂检验油脂定性试验

GB 7718 食品标签通用标准

GB/T 17374 食用植物油销售包装

GB/T 17376 动植物油脂脂肪酸甲酯制备（GB/T 17376—1998，eqv ISO 5509：1978）

GB/T 17377 动植物油脂脂肪酸甲酯的气相色谱分析（GB/T 17377—1998，eqv ISO 5508：1990）

GB/T 17756—1999 色拉油通用技术条件

3 术语和定义

下列术语和定义适用于本标准。

3.1 压榨棉籽油 pressing cottonseed oil

棉籽经直接压榨制取的油。

3.2 浸出棉籽油 solvent extraction cottonseed oil

棉籽经浸出工艺制取的油。

3.3 转基因棉籽油 genetically modified organism cottonseed oil

用转基因棉籽制取的油。

3.4 棉籽原油 crude cottonseed oil

未经任何处理的不能直接供人类食用的棉籽油。

3.5 成品棉籽油 finished product of cottonseed oil

经处理符合本标准成品油质量指标和卫生要求的直接供人类食用的棉籽油。

3.6 折光指数 refractive index

光线从空气中射入油脂时，入射角与折射角的正弦之比值。

3.7 相对密度 specific gravity

20℃植物油的质量与同体积20℃蒸馏水的质量之比值。

3.8 碘值 iodine value

在规定条件下与100g油脂发生加成反应所需碘的克数。

3.9 皂化值 saponification value

皂化1 g油脂所需的氢氧化钾毫克数。

3.10 不皂化物 unsaponifiable matter

油脂中不与碱起作用、溶于醚、不溶于水的物质，包括甾醇、脂溶性维生素和色素等。

3.11 脂肪酸 fatty acid

脂肪族一元羧酸的总称，通式为R—COOH。

3.12 色泽 colour

油脂本身带有的颜色。主要来自于油料中的油溶性色素。

3.13 透明度 transparency

油脂可透过光线的程度。

3.14 水分及挥发物 moisture and volatile matter

在一定温度条件下，油脂中所含的微量水分和挥发物。

3.15 不溶性杂质 insoluble impurity

油脂中不溶于石油醚等有机溶剂的物质。

3.16 酸值 acid value

中和 1g 油脂中所含游离脂肪酸需要的氢氧化钾毫克数。

3.17 过氧化值 peroxide value

1kg 油脂中过氧化物的毫摩尔数。

3.18 溶剂残留量 residual solvent content in oil

1kg 油脂中残留的溶剂毫克数。

3.19 加热试验 heating test

油样加热至 280℃时，观察有无析出物和油色变化情况。

3.20 冷冻试验 refrigeration test

油样置于 0℃恒温条件下保持一定的时间，观察其澄清度。

3.21 含皂量 saponified matter content

经过碱炼后的油脂中皂化物的含量（以油酸钠计）。

3.22 烟点 smoking point

油样加热至开始连续发蓝烟时的温度。

4 分类

棉籽油分为棉籽原油和压榨成品棉籽油、浸出成品棉籽油三类。

5 技术质量要求

5.1 特征指标

折光指数（n^{40}）	1.458～1.466	皂化值（KOH)/(mg/g)	189～198
相对密度（d_{20}^{20}）	0.918～0.926	不皂化物/(g/kg)	≤15
碘值/(g/100g)	100～115		

脂肪酸组成/%：

十四碳以下脂肪酸		ND～0.2
豆蔻酸	$C_{14:0}$	0.6～1.0
棕榈酸	$C_{16:0}$	21.4～26.4
棕榈一烯酸	$C_{16:1}$	ND～1.2
十七烷酸	$C_{17:0}$	ND～0.1
十七碳一烯酸	$C_{17:1}$	ND～0.1
硬脂酸	$C_{18:0}$	2.1～3.3
油酸	$C_{18:1}$	14.7～21.7
亚油酸	$C_{18:2}$	46.7～58.2
亚麻酸	$C_{18:3}$	ND～0.4
花生酸	$C_{20:0}$	0.2～0.5
花生一烯酸	$C_{20:1}$	ND～0.1
花生二烯酸	$C_{20:2}$	ND～0.1
山嵛酸	$C_{22:0}$	ND～0.6
芥酸	$C_{22:1}$	ND～0.3
二十二碳二烯酸	$C_{22:2}$	ND～0.1
木焦油酸	$C_{24:0}$	ND～0.1

注：1. 上列指标与国际食品法典委员会标准 CODEX STAN 210—1999《指定的植物油法典标准》的指标一致。

2. ND 表示未检出，定义为 0.05%。

5.2　质量等级指标

5.2.1　棉籽原油质量指标见表1。

表1　棉籽原油质量指标

项　　目	质量指标	项　　目	质量指标
气味、滋味	具有棉籽原油固有的气味和滋味，无异味	酸值(KOH)/(mg/g)	≤4
水分及挥发物/%	≤0.2	过氧化值/(mmol/g)	≤7.5
不溶性杂质/%	≤0.2	溶剂残留量/(mg/kg)	≤100

5.2.2　压榨成品棉籽油、浸出成品棉籽油质量指标见表2。

表2　压榨成品棉籽油、浸出成品棉籽油质量指标

项　　目			质　量　标　准		
			一级	二级	三级
色泽	(罗维朋比色槽 25.4mm)	≤	—	—	黄 35　红 8.0
	(罗维朋比色槽 133.4mm)	≤	黄 35　红 3.5	黄 35　红 5.0	—
气味、滋味			无气味、口感好	气味、口感良好	具有棉籽油固有的气味和滋味，无异味
透明度			澄清、透明	澄清、透明	—
水分及挥发物/%		≤	0.05	0.05	0.20
不溶性杂质/%		≤	0.05	0.05	0.05
酸值(KOH)/(mg/g)		≤	0.20	0.30	1.0
过氧化值/(mmol/kg)		≤	5.0	5.0	6.0
加热试验(280℃)			—	—	无析出物，罗维朋比色：黄色值不变，红色值的增加小于 0.4
含皂量/%		≤	—	—	0.03
烟点/℃		≥	215	205	—
冷冻试验(0℃储藏 5.5h)			澄清、透明	—	—
溶剂残留量/(mg/kg)	浸出油		不得检出	不得检出	≤50
	压榨油		不得检出	不得检出	不得检出

注：划有“—”者不做检测。压榨油和一、二级浸出油的溶剂残留量检出值小于 10mg/kg 时，视为未检出。

5.3　卫生指标

按 GB 2716、GB 2760 和国家有关标准、规定执行。

5.4　其他

棉籽油中不得掺有其他食用油和非食用油；不得添加任何香精和香料。

6　检验方法

6.1　透明度、气味、滋味检验　按 GB/T 5525—1985 中的第 1 章、第 3 章执行。

6.2　色泽检验　按 GB/T 5525—1985 中的第 2 章执行。

6.3　相对密度检验　按 GB/T 5526 执行。

6.4　折光指数检验　按 GB/T 5527 执行。

6.5　水分及挥发物检验　按 GB/T 5528 执行。

6.6　不溶性杂质检验　按 GB/T 5529 执行。

6.7　酸值检验　按 GB/T 5530 执行。

6.8　加热试验　按 GB/T 5531 执行。

6.9　碘值检验　按 GB/T 5532 执行。

6.10　含皂量检验　按 GB/T 5533 执行。

6.11　皂化值检验　按 GB/T 5534 执行。

6.12　不皂化物检验　按 GB/T 5535.1～5535.2 执行。

6.13　过氧化值检验　按 GB/T 5538 执行。

6.14　冷冻试验　按 GB/T 17756—1999 中附录 A 执行。

6.15　烟点检验　按 GB/T 17756—1999 中附录 B 执行。

6.16　溶剂残留量检验　按 GB/T 5009.37 执行。

6.17　油脂定性试验　按 GB/T 5539 执行。以油脂的定性试验和棉籽油特征指标（5.1）作为综合参考判定依据。

6.18　脂肪酸组成检验　按 GB/T 17376～17377 执行。

6.19　卫生指标检验　按 GB/T 5009.37 执行。

7　检验规则

7.1　抽样

棉籽油抽样方法按照 GB/T 5524 的要求执行。

7.2　出厂检验

7.2.1　应逐批检验，并出具检验报告。

7.2.2　按 5.2 的规定检验。

7.3　型式检验

7.3.1　当原料、设备、工艺有较大变化或质量监督部门提出要求时，均应进行型式检验。

7.3.2　按第 5 章的规定检验。

7.4　判定规则

7.4.1　产品未标注质量等级时，按不合格判定。

7.4.2　产品的各等级指标中有一项不合格时，即判定为不合格产品。

8　标签

除了符合 GB 7718 的规定及要求之外，还有以下专门条款：

8.1　产品名称

8.1.1　凡标识“棉籽油”的产品均应符合本标准。

8.1.2　转基因棉籽油要按国家有关规定标识。

8.1.3　压榨棉籽油、浸出棉籽油要在产品标签中分别标识“压榨”、“浸出”字样。

8.2　原产国

应注明产品原料的生产国名。

9　包装、储存和运输

9.1　包装

应符合 GB/T 17374 及国家的有关规定和要求。

9.2　储存

应储存于阴凉、干燥及避光处。不得与有害、有毒物品一同存放。

9.3　运输

运输中应注意安全，防止日晒、雨淋、渗漏、污染和标签脱落。散装运输要有专车，保持车辆清洁、卫生。

B10　**葵花籽油国家标准**（GB 10464—2003）

1　范围

本标准规定了葵花籽油的术语和定义、分类、质量要求、检验方法及规则、标签、包装、储存和运输等要求。

本标准适用于压榨成品葵花籽油、浸出成品葵花籽油和葵花籽原油。

葵花籽原油的质量指标仅适用于葵花籽原油的贸易。

2　规范性引用文件

下列文件中的条款通过本标准的引用而成为本标准的条款。凡是注日期的引用文件，其随后所有的修改单（不包括勘误的内容）或修订版均不适用于本标准，然而，鼓励根据本标准达成协议的各方应研究是否可使用这些文件的最新版本。凡是不注日期的引用文件，其最新版本适用于本标准。

GB 2716　食用植物油卫生标准

GB 2760　食品添加剂使用卫生标准

GB/T 5009.37　食用植物油卫生标准的分析方法

GB/T 5524　植物油脂检验　扦样、分样法

GB/T 5525—1985　植物油脂检验　透明度、色泽、气味、滋味鉴定法

GB/T 5526　植物油脂检验　比重测定法

GB/T 5527　植物油脂检验　折光指数测定法

GB/T 5528　植物油脂水分及挥发物含量测定法

GB/T 5529　植物油脂检验　杂质测定法

GB/T 5530　动植物油脂酸值和酸度的测定（GB/T 5530—1998，eqv ISO 660：1983）

GB/T 5531　植物油脂检验　加热试验

GB/T 5532　植物油碘值测定（GB/T 5532—1995，neq ISO 3961：1989）

GB/T 5533　植物油脂检验含皂量测定法

GB/T 5534　动植物油脂皂化值的测定（GB/T 5534—1995，idt ISO 3657：1988）

GB/T 5535.1　植物油脂检验　不皂化物测定　第1部分：乙醚提取法（第一方法）(GB/T 5535.1—1998，eqv ISO 3596-1：1988）

GB/T 5535.2　植物油脂检验　不皂化物测定　第2部分：己烷提取快速法（GB/T 5535.2—1998，eqv ISO 3596-2：1988）

GB/T 5538　油脂过氧化值测定

GB/T 5539　植物油脂检验　油脂定性试验

GB 7718　食品标签通用标准

GB/T 17374　食用植物油销售包装

GB/T 17376　动植物油脂　脂肪酸甲酯制备（GB/T 17376—1998，eqv ISO 5509：1978）

GB/T 17377　动植物油脂　脂肪酸甲酯的气相色谱分析（GB/T 17377—1998，eqv ISO 5508：1990）

GB/T 17756—1999　色拉油通用技术条件

3　术语和定义

下列术语和定义适用于本标准。

3.1　压榨葵花籽油　pressing sunflowerseed oil

葵花籽经直接压榨制取的油。

3.2　浸出葵花籽油　solvent extraction sunflowerseed oil

葵花籽经浸出工艺制取的油。

3.3　葵花籽原油　crude sunflowerseed oil

未经任何处理的不能直接供人类食用的葵花籽油。

3.4　成品葵花籽油　finished product of sunflowerseed oil

经处理符合本标准成品油质量指标和卫生要求的直接供人类食用的葵花籽油。

3.5　折光指数　refractive index

光线从空气中射入油脂时，入射角与折射角的正弦之比值。

3.6　相对密度　spedfic gravity

20℃植物油的质量与同体积20℃蒸馏水的质量之比值。

3.7　碘值　iodine value

在规定条件下与100g油脂发生加成反应所需碘的克数。

3.8　皂化值　saponification value

皂化1 g油脂所需的氢氧化钾毫克数。

3.9　不皂化物　unsaponifiable matter

油脂中不与碱起作用、溶于醚、不溶于水的物质，包括甾醇、脂溶性维生素和色素等。

3.10　脂肪酸　fatty acid

脂肪族一元羧酸的总称，通式R—COOH。

3.11　色泽　colour

油脂中本身带有的颜色。主要来自于油料中的油溶性色素。

3.12　透明度　transparency

油脂可透过光线的程度。

3.13　水分及挥发物　moisture and volatile matter

在一定温度条件下，油脂中所含的微量水分和挥发物。

3.14　不溶性杂质　insoluble impurity

油脂中不溶于石油醚等有机溶剂的物质。

3.15　酸值　acid value

中和1g油脂中所含游离脂肪酸需要的氢氧化钾毫克数。

3.16　过氧化值　peroxide value

1kg油脂中过氧化物的毫摩尔数。

3.17　溶剂残留量　residual solvent content in oil

1kg油脂中残留的溶剂毫克数。

3.18　加热试验　heating test

油样加热至280℃，观察有无析出物和油色变化情况。

3.19　冷冻试验　refrigeration test

油样置于0℃恒温条件下保持一定的时间，观察其澄清度。

3.20　含皂量　sapordfied matter content

经过碱炼后的油脂中皂化物的含量（以油酸钠计）。

3.21　烟点　smoking point

油样加热至开始连续发蓝烟时的温度。

4　分类

葵花籽油分为葵花籽原油和压榨成品葵花籽油、浸出成品葵花籽油三类。

5　质量要求

5.1　特征指标

折光指数（n^{40}）　1.461～1.468　　皂化值（KOH)/(mg/g)　188～194

相对密度（d_{20}^{20}）　0.918～0.923　　不皂化物/(g/kg)　≤15

碘值（I)/(g/100g)　118～141

脂肪酸组成/%：

十四碳以下脂肪酸		ND～0.1
豆蔻酸	$C_{14:0}$	ND～0.2
棕榈酸	$C_{16:0}$	5.0～7.6
棕榈一烯酸	$C_{16:1}$	ND～0.3
十七烷酸	$C_{17:0}$	ND～0.2
十七碳一烯酸	$C_{17:1}$	ND～0.1
硬脂酸	$C_{18:0}$	2.7～6.5
油酸	$C_{18:1}$	14.0～39.4
亚油酸	$C_{18:2}$	48.3～74.0

亚麻酸 $C_{18:3}$ ND～0.3

花生酸 $C_{20:0}$ 0.1～0.5

花生一烯酸 $C_{20:1}$ ND～0.3

山嵛酸 $C_{22:0}$ 0.3～0.5

芥酸 $C_{22:1}$ ND～0.3

二十二碳二烯酸 $C_{22:2}$ ND～0.3

木焦油酸 $C_{24:0}$ ND～0.5

二十四碳一烯酸 $C_{24:1}$ ND

注：1. 上列指标与国际食品法典委员会标准 CODEX STAN 210—1999《指定的植物油法典标准》的指标一致。

2. ND 表示未检出，定义为 0.05%。

5.2 质量等级指标

5.2.1 葵花籽原油质量指标见表 1。

表 1 葵花籽原油质量指标

项 目	质量指标	项 目	质量指标
气味、滋味	具有葵花籽原油固有的气味和滋味，无异味	酸值(KOH)/(mg/g)	≤4.0
水分及挥发物/%	≤0.2	过氧化值/(mmol/g)	≤7.5
不溶性杂质/%	≤0.2	溶剂残留量/(mg/kg)	≤100

5.2.2 压榨成品葵花籽、浸出成品葵花籽油质量指标见表 2。

表 2 压榨成品葵花籽、浸出成品葵花籽油质量指标

项 目		质量标准			
		一级	二级	三级	四级
色泽	(罗维朋比色槽 25.4mm) ≤	—	—	黄 35 红 3.0	黄 35 红 5.0
	(罗维朋比色槽 133.4mm) ≤	黄 15 红 1.5	黄 25 红 2.5	—	—
气味、滋味		无气味、口感好	气味、口感良好	具有菜籽油固有的气味和滋味，无异味	具有菜籽油固有的气味和滋味，无异味
透明度		澄清、透明	澄清、透明	—	—
水分及挥发物/%	≤	0.05	0.05	0.10	0.20
不溶性杂质/%	≤	0.05	0.05	0.05	0.05
酸值(KOH)/(mg/g)	≤	0.20	0.30	1.0	3.0
过氧化值/(mmol/kg)	≤	5.0	5.0	7.5	7.5
加热试验(280℃)		—	—	无析出物，罗维朋比色：黄色值不变，红色值的增加小于 0.4	微量析出物，罗维朋比色：黄色值不变，红色值增加小于 4.0，蓝色值增加小于 0.5
含皂量/%	≤	—	—	0.03	—
烟点/℃	≥	215	205	—	—
冷冻试验(0℃储藏 5.5h)		澄清、透明	—	—	—
溶剂残留量/(mg/kg)	浸出油	不得检出	不得检出	≤50	≤50
	压榨油	不得检出	不得检出	不得检出	不得检出

注：划有“—”者不做检测。压榨油和一、二级浸出油的溶剂残留量检出值小于 10mg/kg 时，视为未检出。

5.3 卫生指标

按 GB 2716、GB 2760 和国家有关标准、规定执行。

5.4 其他

葵花籽油中不得掺有其他食用油和非食用油；不得添加任何香精和香料。

6 检验方法

6.1 透明度、气味、滋味检验 按 GB/T 5525—1985 中的第 1 章、第 3 章执行。

6.2 色泽检验 按 GB/T 5525—1985 中的第 2 章执行。

6.3 相对密度检验 按 GB/T 5526 执行。

6.4 折光指数检验 按 GB/T 5527 执行。

6.5 水分及挥发物检验 按 GB/T 5528 执行。

6.6 不溶性杂质检验 按 GB/T 5529 执行。

6.7 酸值检验 按 GB/T 5530 执行。

6.8 加热试验 按 GB/T 5531 执行。

6.9 碘值检验 按 GB/T 5532 执行。

6.10 含皂量检验 按 GB/T 5533 执行。

6.11 皂化值检验 按 GB/T 5534 执行。

6.12 不皂化物检验 按 GB/T 5535.1～5535.2 执行。

6.13 过氧化值检验 按 GB/T 5538 执行。

6.14 冷冻试验 按 GB/T 17756—1999 中附录 A 执行。

6.15 烟点检验 按 GB/T 17756—1999 中附录 B 执行。

6.16 溶剂残留量检验 按 GB/T 5009.37 执行。

6.17 油脂定性试验 按 GB/T 5539 执行。以油脂的定性试验和葵花籽油特征指标（5.1）作为综合参考判定依据。

6.18 脂肪酸组成检验 按 GB/T 17376～17377 执行。

6.19 卫生指标检验 按 GB/T 5009.37 执行。

7 检验规则

7.1 抽样

葵花籽油抽样方法按照 GB/T 5524 的要求执行。

7.2 出厂检验

7.2.1 应逐批检验，并出具检验报告。

7.2.2 按 5.2 的规定检验。

7.3 型式检验

7.3.1 当原料、设备、工艺有较大变化或质量监督部门提出要求时，均应进行型式检验。

7.3.2 按第 5 章的规定检验。

7.4 判定规则

7.4.1 产品未标注质量等级时，按不合格判定。

7.4.2 产品的各等级指标中有一项不合格时，即判定为不合格产品。

8 标签

除了符合 GB 7718 的规定及要求之外，还有以下专门条款：

8.1 产品名称

8.1.1 凡标识“葵花籽油”的产品均应符合本标准。

8.1.2 压榨葵花籽油、浸出葵花籽油要在产品标签中分别标识“压榨”、“浸出”字样。

8.2 原产国

应注明产品原料的生产国名。

9 包装、储存和运输

9.1 包装

应符合 GB/T 17374 及国家的有关规定和要求。

9.2 储存

应储存于阴凉、干燥及避光处。不得与有害、有毒物品一同存放。

9.3 运输

运输中应注意安全，防止日晒、雨淋、渗漏、污染和标签脱落。散装运输要有专车，保持车辆清洁、卫生。

B11 **油茶籽油国家标准**（GB 11765—2003）

1 范围

本标准规定了油茶籽油的术语和定义、分类、质量要求、检验方法及规则、标签、包装、储存和运输等要求。

本标准适用于压榨成品油茶籽油、浸出成品油茶籽油和油茶籽原油。

油茶籽原油的质量指标仅适用于油茶籽原油的贸易。

2 规范性引用文件

下列文件中的条款通过本标准的引用而成为本标准的条款。凡是注日期的引用文件，其随后所有的修改单（不包括勘误的内容）或修订版均不适用于本标准，然而，鼓励根据本标准达成协议的各方应研究是否可使用这些文件的最新版本。凡是不注日期的引用文件，其最新版本适用于本标准。

GB 2716 食用植物油卫生标准

GB 2760 食品添加剂使用卫生标准

GB/T 5009.37 食用植物油卫生标准的分析方法

GB/T 5524 植物油脂检验扦样、分样法

GB/T 5525—1985 植物油脂检验透明度、色泽、气味、滋味鉴定法

GB/T 5526 植物油脂检验 比重测定法

GB/T 5527 植物油脂检验 折光指数测定法

GB/T 5528 植物油脂水分及挥发物含量测定法

GB/T 5529 植物油脂检验 杂质测定法

GB/T 5530 动植物油脂 酸值和酸度的测定（GB/T 5530—1998，eqv ISO 660：1983）

GB/T 5531 植物油脂检验 加热试验

GB/T 5532 植物油碘值测定（GB/T 5532—1995，neq ISO 3961：1989）

GB/T 5533 植物油脂检验 含皂量测定法

GB/T 5534 动植物油脂皂化值的测定（GB/T 5534—1995，idt ISO 3657：1988）

GB/T 5535.1 植物油脂检验不皂化物测定 第 1 部分：乙醚提取法（第一方法） （GB/T 5535.1—1998，eqv ISO 3596-1：1988）

GB/T 5535.2 植物油脂检验不皂化物测定 第 2 部分：己烷提取快速法（GB/T 5535.2—1998，eqv ISO 3596-2：1988）

GB/T 5538 油脂过氧化值测定

GB/T 5539 植物油脂检验 油脂定性试验

GB 7718 食品标签通用标准

GB/T 17374 食用植物油销售包装

GB/T 17376 动植物油脂 脂肪酸甲酯制备（GB/T 17376—1998，eqv ISO 5509：1978）

GB/T 17377 动植物油脂 脂肪酸甲酯的气相色谱分析（GB/T 17377—1998，eqv ISO 5508：1990）

GB/T 17756—1999 色拉油通用技术条件

3 术语和定义

下列术语和定义适用于本标准。

3.1 压榨油茶籽油 pressing oil-tea camellia seed oil

油茶籽经直接压榨制取的油。

3.2 浸出油茶籽油 solvent extraction oil-tea camellia seed oil

未经任何处理的不能直接供人类食用的油茶籽油。

3.4 成品油茶籽油 finished product of oil-tea camellia seed oil

经处理符合本标准成品油质量指标和卫生要求的直接供人类食用的油茶籽油。

3.5 折光指数 refractive index

光线从空气中射入油脂时，入射角与折射角的正弦之比值。

3.6 相对密度 specific gravity

20℃植物油的质量与同体积20℃蒸馏水的质量之比值。

3.7 碘值 iodine value

在规定条件下与100 g油脂发生加成反应所需碘的克数。

3.8 皂化值 saponification value

皂化1g油脂所需的氢氧化钾毫克数。

3.9 不皂化物 unsaponifiable matter

油脂中不与碱起作用、溶于醚、不溶于水的物质，包括甾醇、脂溶性维生素和色素等。

3.10 脂肪酸 fatty acid

脂肪族一元羧酸的总称，通式为R—COOH。

3.11 色泽 colour

油脂本身带有的颜色。主要来自于油料中的油溶性色素。

3.12 透明度 transparency

油脂可透过光线的程度。

3.13 水分及挥发物 moisture and volatile matter

在一定温度条件下，油脂中所含的微量水分和挥发物。

3.14 不溶性杂质 insoluble impurity

油脂中不溶于石油醚等有机溶剂的物质。

3.15 酸值 acid value

中和1g油脂中所含游离脂肪酸需要的氢氧化钾毫克数。

3.16 过氧化值 peroxide value

1kg油脂中过氧化物的毫摩尔数。

3.17 溶剂残留量 residual solvent content in oil

1kg油脂中残留的溶剂毫克数。

3.18 加热试验 heating test

油样加热至280℃时，观察有无析出物和油色变化情况。

3.19 冷冻试验 refrigeration test

油样置于0℃恒温条件下保持一定的时间，观察其澄清度。

3.20 含皂量 eaponified matter content

经过碱炼后的油脂中皂化物的含量（以油酸钠计）。

3.21 烟点 smoking point

油样加热至开始连续发蓝烟时的温度。

4 分类

油茶籽油分为油茶籽原油和压榨油茶籽油、浸出成品油茶籽油三类。

5 质量要求

5.1 特征指标

折光指数（n^{40}）	1.460～1.464	皂化值（KOH）/(mg/g)	193～196
相对密度（d_{20}^{20}）	0.912～0.922	不皂化物/(g/kg)	≤15
碘值（I）/(g/100g)	83～89		

主要脂肪酸组成/%：

饱和酸	$C_{18:0}$	7～11
油酸	$C_{18:1}$	74～87
亚油酸	$C_{18:2}$	7～14

5.2 质量等级指标

5.2.1 油茶籽原油质量指标见表1。

表1 油茶籽原油质量指标

项 目	质量指标	项 目	质量指标
气味、滋味	具有油茶籽原油固有的气味和滋味，无异味	酸值(KOH)/(mg/g)	≤4
水分及挥发物/%	≤0.2	过氧化值/(mmol/g)	≤7.5
不溶性杂质/%	≤0.2	溶剂残留量/(mg/kg)	≤100

5.2.2 压榨、浸出成品油茶籽油质量指标分别见表2、表3。

表2 压榨成品油茶籽油质量指标

项 目		质量标准	
		一级	二级
色泽(罗维朋比色槽25.4mm)	≤	黄35 红2.0	黄25 红3.0
气味、滋味		具有油茶籽油固有的气味和滋味，无异味	具有油茶籽油固有的气味和滋味，无异味
透明度		澄清、透明	澄清、透明
水分及挥发物/%	≤	0.10	0.15
不溶性杂质/%	≤	0.05	0.05
酸值(KOH)/(mg/g)	≤	1.0	2.5
过氧化值/(mmol/kg)	≤	6.0	7.5
溶剂残留量/(mg/kg)		不得检出	不得检出
加热试验(280℃)		无析出物，罗维朋比色：黄色值不变，红色值的增加小于0.4	微量析出物，罗维朋比色：黄色值不变，红色值增加小于4.0，蓝色值增加小于0.5

表3 浸出成品油茶籽质量指标

项 目		质量标准			
		一级	二级	三级	四级
色泽	(罗维朋比色槽25.4mm) ≤	—	—	黄35 红2.0	黄35 红5.0
	(罗维朋比色槽133.4mm) ≤	黄30 红3.0	黄35 红4.0	—	—
气味、滋味		无气味、口感好	气味、口感良好	具有油茶籽油固有的气味和滋味，无异味	具有油茶籽油固有的气味和滋味，无异味
透明度		澄清、透明	澄清、透明	—	—
水分及挥发物/%	≤	0.05	0.05	0.10	0.20
不溶性杂质/%	≤	0.05	0.05	0.05	0.05
酸值(KOH)/(mg/g)	≤	0.20	0.30	1.0	3.0
过氧化值/(mmol/kg)	≤	5.0	5.0	6.0	6.0

续表

项 目	质量标准			
	一级	二级	三级	四级
加热试验(280℃)	—	—	无析出物,罗维朋比色:黄色值不变,红色值的增加小于0.4	微量析出物,罗维朋比色:黄色值不变,红色值增加小于4.0,蓝色值增加小于0.5
含皂量/% ≤	—	—	0.03	0.03
烟点/℃ ≥	215	205	—	—
冷冻试验(0℃储藏5.5h)	澄清、透明	—	—	—
溶剂残留量/(mg/kg)	不得检出	不得检出	≤50	≤50

注:划有“—”者不做检测。压榨油和一、二级浸出油的溶剂残留量检出值小于10mg/kg时,视为未检出。

5.3 卫生指标

按GB 2716、GB 2760和国家有关标准、规定执行。

5.4 其他

油茶籽油中不得掺有其他食用油和非食用油;不得添加任何香精和香料。

6 检验方法

6.1 透明度、气味、滋味检验 按GB/T 5525—1985中的第1章、第3章执行。

6.2 色泽检验 按GB/T 5525—1985中的第2章执行。

6.3 相对密度检验 按GB/T 5526执行。

6.4 折光指数检验 按GB/T 5527执行。

6.5 水分及挥发物检验 按GB/T 5528执行。

6.6 不溶性杂质检验 按GB/T 5529执行

6.7 酸值检验 按GB/T 5530执行。

6.8 加热试验 按GB/T 5531执行。

6.9 碘值检验 按GB/T 5532执行。

6.10 含皂量检验 按GB/T 5533执行。

6.11 皂化值检验 按GB/T 5534执行。

6.12 不皂化物检验 按GB/T 5535.1~5535.2执行。

6.13 过氧化值检验 按GB/T 5538执行。

6.14 冷冻试验 按GB/T 17756—1999中附录A执行。

6.15 烟点检验 按GB/T 17756—1999中附录B执行。

6.16 溶剂残留量检验 按GB/T 5009.37执行。

6.17 油脂定性试验 按GB/T 5539执行。以油脂的定性试验和油茶籽油特征指标(5.1)作为综合参考判定依据。

6.18 脂肪酸组成检验 按GB/T 17376~17377执行。

6.19 卫生指标检验 按GB/T 5009.37执行。

7 检验规则

7.1 抽样

油茶籽油抽样方法按照GB/T 5524的要求执行。

7.2 出厂检验

7.2.1 应逐批检验,并出具检验报告。

7.2.2 按5.2的规定检验。

7.3 型式检验

7.3.1 当原料、设备、工艺有较大变化或质量监督部门提出要求时,均应进行型式检验。

7.3.2 按第5章的规定检验。

7.4 判定规则

7.4.1 产品未标注质量等级时，按不合格判定。

7.4.2 产品的各等级指标中有一项不合格时，即判定为不合格产品。

8 标签

除了符合 GB 7718 的规定及要求之外，还有以下专门条款：

8.1 产品名称

8.1.1 凡标识“油茶籽油”的产品均应符合本标准。

8.1.2 压榨油茶籽油、浸出油茶籽油要在产品标签中分别标识“压榨”、“浸出”字样。

8.2 原产国

应注明产品原料的生产国名。

9 包装、储存和运输

9.1 包装

应符合 GB/T 17374 及国家的有关规定和要求。

9.2 储存

应储存于阴凉、干燥及避光处。不得与有害、有毒物品一同存放。

9.3 运输

运输中应注意安全，防止日晒、雨淋、渗漏、污染和标签脱落。散装运输要有专车，保持车辆清洁、卫生。

B12 **玉米油国家标准**（GB 19111—2003）

1 范围

本标准规定了玉米油的术语和定义、分类、质量要求、检验方法及规则、标签、包装、储存和运输等要求。

本标准适用于压榨成品玉米油、浸出成品玉米油和玉米原油。

玉米原油的质量指标仅适用于玉米原油的贸易。

2 规范性引用文件

下列文件中的条款通过本标准的引用而成为本标准的条款。凡是注日期的引用文件，其随后所有的修改单（不包括勘误的内容）或修订版均不适用于本标准，然而，鼓励根据本标准达成协议的各方应研究是否可使用这些文件的最新版本。凡是不注日期的引用文件，其最新版本适用于本标准。

GB 2716 食用植物油卫生标准

GB 2760 食品添加剂使用卫生标准

GB/T 5009.37 食用植物油卫生标准的分析方法

GB/T 5524 植物油脂检验 扦样、分样法

GB/T 5525—1985 植物油脂检验 透明度、色泽、气味、滋味鉴定法

GB/T 5526 植物油脂检验 比重测定法

GB/T 5527 植物油脂检验 折光指数测定法

GB/T 5528 植物油脂水分及挥发物含量测定法

GB/T 5529 植物油脂检验 杂质测定法

GB/T 5530 动植物油脂酸值和酸度的测定（GB/T 5530—1998，eqv ISO 660：1983）

GB/T 5531 植物油脂检验 加热试验

GB/T 5532 植物油碘值测定（GB/T 5532—1995，neq ISO 3961：1989）

GB/T 5533 植物油脂检验 含皂量测定法

GB/T 5534 动植物油脂皂化值的测定（GB/T 5534—1995，idt ISO 3657：1988）

GB/T 5535.1 植物油脂检验 不皂化物测定 第 1 部分：乙醚提取法（第一方法）（GB/T 5535.1—1998，eqv ISO 3596-1：1988）

GB/T 5535.2 植物油脂检验 不皂化物测定 第 2 部分：己烷提取快速法（GB/T 5535.2—

1998，eqv ISO 3596-2：1988)

GB/T 5538 油脂过氧化值测定（GB/T 5538—1995，eqv ISO 3960：1977)

GB/T 5539 植物油脂检验 油脂定性试验

GB 7718 食品标签通用标准

GB/T 17374 食用植物油销售包装

GB/T 17376 动植物油脂 脂肪酸甲酯制备（GB/T 17376—1998，eqv ISO 5509：1978)

GB/T 17377 动植物油脂 脂肪酸甲酯的气相色谱分析（GB/T 17377—1998，eqv ISO 5508：1990)

GB/T 17756—1999 色拉油通用技术条件

3 术语和定义

下列术语和定义适用于本标准。

3.1 玉米油 maize oil

用玉米胚制取的油。

3.2 压榨玉米油 pressing maize oil

玉米胚经直接压榨制取的油。

3.3 浸出玉米油 solvent extraction maize oil

玉米胚经浸出工艺制取的油。

3.4 转基因玉米油 genetically modified organism maize oil

用转基因玉米胚制取的油。

3.5 玉米原油 crude maize oil

未经任何处理的不能直接供人类食用的玉米油。

3.6 成品玉米油 finished product of maize oil

经处理符合本标准成品油质量指标和卫生要求的直接供人类食用的玉米油。

3.7 折光指数 refractive index

光线从空气中射入油脂时，入射角与折射角的正弦之比值。

3.8 相对密度 specific gravity

20℃植物油的质量与同体积 20℃蒸馏水的质量之比值。

3.9 碘值 iodine value

在规定条件下与 100g 油脂发生加成反应所需碘的克数。

3.10 皂化值 saponification value

皂化 1g 油脂所需的氢氧化钾毫克数。

3.11 不皂化物 unsaponifiable matter

油脂中不与碱起作用、溶于醚、不溶于水的物质，包括甾醇、脂溶性维生素和色素等。

3.12 脂肪酸 fatty acid

脂肪族一元羧酸的总称，通式为 R—COOH。

3.13 色泽 colour

油脂本身带有的颜色。主要来自于油料中的油溶性色素。

3.14 透明度 transparency

油脂可透过光线的程度。

3.15 水分及挥发物 moisture and volatile matter content

在一定温度条件下，油脂中所含的微量水分和挥发物。

3.16 不溶性杂质 insoluble impurity

油脂中不溶于石油醚等有机溶剂的物质。

3.17 酸值 acid value

中和 1g 油脂中所含游离脂肪酸需要的氢氧化钾毫克数。

3.18 过氧化值 peroxide value

1kg 油脂中过氧化物的毫摩尔数。

3.19　溶剂残留量　residual solvent content in oil

1kg 油脂中残留的溶剂毫克数。

3.20　加热试验　heating test

油样加热至 280℃时，观察有无析出物和油色变化情况。

3.21　冷冻试验　refrigeration test

油样置于 0℃恒温条件下保持一定的时间，观察其澄清度。

3.22　含皂量　saponified matter content

经过碱炼后的油脂中皂化物的含量（以油酸钠计）。

3.23　烟点　smoking point

油样加热至开始连续发蓝烟时的温度。

4 分类

玉米油分为玉米原油和压榨成品玉米油、浸出成品玉米油三类。

5　质量要求

5.1　特征指标

折光指数（n^{40}）　1.456～1.468　皂化值（KOH）/(mg/g)　187～195

相对密度（d_{20}^{20}）　0.917～0.925　不皂化物/(g/kg)　≤28

碘值（I）/(g/100g)　107～135

脂肪酸组成/%：

十四碳以下脂肪酸		ND～0.3
豆蔻酸	$C_{14:0}$	ND～0.3
棕榈酸	$C_{16:0}$	8.6～16.5
棕榈一烯酸	$C_{16:1}$	ND～0.5
十七烷酸	$C_{17:0}$	ND～0.1
十七碳一烯酸	$C_{17:1}$	ND～0.1
硬脂酸	$C_{18:0}$	ND～3.3
油酸	$C_{18:1}$	20.0～42.2
亚油酸	$C_{18:2}$	34.0～65.6
亚麻酸	$C_{18:3}$	ND～2.0
花生酸	$C_{20:0}$	0.3～1.0
花生一烯酸	$C_{20:1}$	0.2～0.6
花生二烯酸	$C_{20:2}$	ND～0.1
山嵛酸	$C_{22:0}$	ND～0.5
芥酸	$C_{22:1}$	ND～0.3
木焦油酸	$C_{24:0}$	ND～0.5

注：1. 上列指标与国际食品法典委员会标准 CODEX STAN 210—1999《指定的植物油法典标准》的指标一致。

2. ND 表示未检出，定义为 0.05%。

5.2　质量等级指标

5.2.1　玉米原油质量指标见表 1。

表 1　玉米原油质量指标

项　目	质量指标	项　目	质量指标
气味、滋味	具有玉米原油固有的气味和滋味，无异味	酸值(KOH)/(mg/g)	≤4
水分及挥发物/%	≤0.2	过氧化值/(mmol/g)	≤7.5
不溶性杂质/%	≤0.2	溶剂残留量/(mg/kg)	≤100

5.2.2　压榨成品玉米油、浸出成品玉米油质量指标见表2。

表2　压榨成品玉米油、浸出成品玉米油质量指标

项　目		质量标准			
		一级	二级	三级	四级
色泽	(罗维朋比色槽25.4mm)　≤	—	—	黄30　红3.5	黄30　红6.5
	(罗维朋比色槽133.4mm)≤	黄30　红3.0	黄35　红4.0	—	—
气味、滋味		无气味、口感好	气味、口感良好	具有油茶籽油固有的气味和滋味,无异味	具有油茶籽油固有的气味和滋味,无异味
透明度		澄清、透明	澄清、透明	—	—
水分及挥发物/%	≤	0.05	0.05	0.10	0.20
不溶性杂质/%	≤	0.05	0.05	0.05	0.05
酸值(KOH)/(mg/g)	≤	0.20	0.30	1.0	3.0
过氧化值/(mmol/kg)	≤	5.0	5.0	6.0	6.0
加热试验(280℃)		—	—	无析出物,罗维朋比色:黄色值不变,红色值的增加小于0.4	微量析出物,罗维朋比色:黄色值不变,红色值增加小于4.0,蓝色值增加小于0.5
含皂量/%	≤	—	—	0.03	0.03
烟点/℃	≥	215	205	—	—
冷冻试验(0℃储藏5.5h)		澄清、透明	—	—	—
溶剂残留量/(mg/kg)		不得检出	不得检出	≤50	≤50

注:划有"—"者不做检测。压榨油和一、二级浸出油的溶剂残留量检出值小于10mg/kg时,视为未检出。

5.3　卫生指标

按GB 2716、GB 2760和国家有关标准、规定执行。

5.4　其他

玉米油中不得掺有其他食用油和非食用油;不得添加任何香精和香料。

6　检验方法

6.1　透明度、气味、滋味检验　按GB/T 5525—1985中的第1章、第3章执行。

6.2　色泽检验　按GB/T 5525—1985中的第2章执行。

6.3　相对密度检验　按GB/T 5526执行。

6.4　折光指数检验　按GB/T 5527执行。

6.5　水分及挥发物检验　按GB/T 5528执行。

6.6　不溶性杂质检验　按GB/T 5529执行。

6.7　酸值检验　按GB/T 5530执行。

6.8　加热试验　按GB/T 5531执行。

6.9　碘值检验　按GB/T 5532执行。

6.10　含皂量检验　按GB/T 5533执行。

6.11　皂化值检验　按GB/T 5534执行。

6.12　不皂化物检验　按GB/T 5535.1~5535.2执行。

6.13　过氧化值检验　按GB/T 5538执行。

6.14　冷冻试验　按GB/T 17756—1999附录A执行。

6.15　烟点检验　按GB/T 17756—1999附录B执行。

6.16　溶剂残留量检验　按GB/T 5009.37执行。

6.17　油脂定性试验　按GB/T 5539执行。以油脂的定性试验和玉米油特征指标(5.1)作为综合参考判定依据。

6.18　脂肪酸组成检验　按 GB/T 17376～17377 执行。

6.19　卫生指标检验　按 GB/T 5009.37 执行。

7　检验规则

7.1　抽样

玉米油抽样方法按照 GB/T 5524 的要求执行。

7.2　出厂检验

7.2.1　应逐批检验，并出具检验报告。

7.2.2　按 5.2 的规定检验。

7.3　型式检验

7.3.1　当原料、设备、工艺有较大变化或质量监督部门提出要求时，均应进行型式检验。

7.3.2　按第 5 章的规定检验。

7.4　判定规则

7.4.1　产品未标注质量等级时，按不合格判定。

7.4.2　产品的各等级指标中有一项不合格时，即判定为不合格产品。

8　标签

除了符合 GB 7718 的规定及要求之外，还有以下专门条款：

8.1　产品名称

8.1.1　凡标识“玉米油”的产品均应符合本标准。

8.1.2　转基因玉米油要按国家有关规定标识。

8.1.3　压榨玉米油、浸出玉米油要在产品标签中分别标识“压榨”、“浸出”字样。

8.2　原产国

应注明产品原料的生产国名。

9　包装、储存和运输

9.1　包装

应符合 GB/T 17374 及国家的有关规定和要求。

9.2　储存

应储存于阴凉、干燥及避光处。不得与有害、有毒物品一同存放。

9.3　运输

运输中应注意安全，防止日晒、雨淋、渗漏、污染和标签脱落。散装运输要有专车，保持车辆清洁、卫生。

B13　**米糠油**（GB 19112—2003）

1　范围

本标准规定了米糠油的术语和定义、分类、质量要求、检验方法及规则、标签、包装、储存和运输等要求。

本标准适用于压榨成品米糠油、浸出成品米糠油和米糠原油。

米糠原油的质量指标仅适用于米糠原油的贸易。

2　规范性引用文件

下列文件中的条款通过本标准的引用而成为本标准的条款。凡是注日期的引用文件，其随后所有的修改单（不包括勘误的内容）或修订版均不适用于本标准，然而，鼓励根据本标准达成协议的各方应研究是否可使用这些文件的最新版本。凡是不注日期的引用文件，其最新版本适用于本标准。

GB 2716　食用植物油卫生标准

GB 2760　食品添加剂使用卫生标准

GB/T 5009.37　食用植物油卫生标准的分析方法

GB/T 5524　植物油脂检验　扦样、分样法

GB/T 5525—1985　植物油脂检验　透明度、色泽、气味、滋味鉴定方法

GB/T 5526　植物油脂检验　比重测定法

GB/T 5527　植物油脂检验　折光指数测定方法

GB/T 5528　植物油脂水分及挥发物含量测定法

GB/T 5529　植物油脂检验　杂质测定法

GB/T 5530　动植物油脂　酸值和酸度的测定（GB/T 5530—1998，eqv ISO 660：1983）

GB/T 5531　植物油脂检验　加热试验

GB/T 5532　植物油碘值测定（GB/T 5532—1995，neq ISO 3961：1989）

GB/T 5533　植物油脂检验　含皂量测定法

GB/T 5534　动植物油脂皂化值的测定（GB/T 5534—1995，idt ISO 3657：1988）

GB/T 5535.1　植物油脂检验　不皂化物测定　第1部分：乙醚提取法（第一方法）（GB/T 5535.1—1998，eqv ISO 3596-1：1988）

GB/T 5535.2　植物油脂检验　不皂化物测定　第2部分：己烷提取快速法（GB/T 5535.2—1998，eqv ISO 3596-2：1988）

GB/T 5538　油脂过氧化值测定（GB/T 5538—1995，eqv ISO 3960：1977）

GB/T 5539　植物油脂检验　油脂定性试验

GB 7718　食品标签通用标准

GB/T 17374　食用植物油销售包装

GB/T 17376　动植物油脂　脂肪酸甲酯制备（GB/T 17376—1998，eqv ISO 5509：1978）

GB/T 17377　动植物油脂　脂肪酸甲酯的气相色谱分析（GB/T 17377—1998，eqv ISO 5508：1990）

GB/T 17756—1999　色拉油通用技术条件

3　术语和定义

下列术语和定义适用于本标准。

3.1　压榨米糠油　pressing rice bran oil

米糠经直接压榨制取的油。

3.2　浸出米糠油　solvent extraction rice bran oil

米糠经浸出工艺制取的油。

3.3　米糠原油　crude rice bran oil

未经任何处理的不能直接供人类食用的米糠油。

3.4　成品米糠油　finished product of rice bran oil

经处理符合本标准成品油质量指标和卫生要求的直接供人类食用的米糠油。

3.5　折光指数　refractive index

光线从空气中射入油脂时，入射角与折射角的正弦之比值。

3.6　相对密度　specific gravity

20℃植物油的质量与同体积20℃蒸馏水的质量之比值。

3.7　碘值　iodine value

在规定条件下与100g油脂发生加成反应所需碘的克数。

3.8　皂化值　saponification value

皂化1g油脂所需的氢氧化钾毫克数。

3.9　不皂化物　unsaponifiable matter

油脂中不与碱起作用、溶于醚、不溶于水的物质，包括甾醇、脂溶性维生素和色素等。

3.10　脂肪酸　fatty acid

脂肪族一元羧酸的总称，通式为R—COOH。

3.11　色泽　colour

油脂本身带有的颜色。主要来自于油料中的油溶性色素。

3.12 透明度 transparency

油脂可透过光线的程度。

3.13 水分及挥发物 moisture and volatile matter

在一定温度条件下，油脂所含的微量水分和挥发物。

3.14 不溶性杂质 insoluble impurity

油脂中不溶于石油醚等有机溶剂的物质。

3.15 酸值 acid value

中和1g油脂中所含游离脂肪酸需要的氢氧化钾毫克数。

3.16 过氧化值 peroxide value

1kg油脂中过氧化物的毫摩尔数。

3.17 溶剂残留量 residual solvent content in oil

1kg油脂中残留的溶剂毫克数。

3.18 加热试验 heating test

油样加热至280℃时，观察有无析出物和油色变化情况。

3.19 冷冻试验 refrigeration test

油样置于0℃恒温条件下保持一定的时间，观察其澄清度。

3.20 含皂量 saponified matter content

经过碱炼后的油脂中皂化物的含量（以油酸钠计）。

3.21 烟点 smoking point

油样加热至开始连续发蓝烟时的温度。

4 分类

米糠油分为米糠原油和压榨成品米糠油、浸出成品米糠油三类。

5 质量要求

5.1 特征指标

折光指数（n^{40}）	1.464～1.468	皂化值（KOH)/(mg/g)	179～195
相对密度（d_{20}^{20}）	0.914～0.925	不皂化物/(g/kg)	≤45
碘值（I)/(g/100g)	92～115		

主要脂肪酸组成/%：

豆蔻酸	$C_{14:0}$	0.4～1.0
棕榈酸	$C_{16:0}$	12～18
棕榈一烯酸	$C_{16:1}$	0.2～0.4
硬脂酸	$C_{18:0}$	1.0～3.0
油酸	$C_{18:1}$	40～50
亚油酸	$C_{18:2}$	29～42
亚麻酸	$C_{18:3}$	<1.0
花生酸	$C_{20:0}$	<1.0

5.2 质量等级指标

5.2.1 米糠原油质量指标见表1。

表1 米糠原油质量指标

项 目	质量指标	项 目	质量指标
气味、滋味	具有米糠原油固有的气味和滋味，无异味	酸值(KOH)/(mg/g) ≤	4
水分及挥发物/% ≤	0.2	过氧化值/(mmol/g) ≤	7.5
不溶性杂质/% ≤	0.2	溶剂残留量/(mg/kg) ≤	100

5.2.2 压榨成品米糠油、浸出成品米糠油质量指标见表2。

表2 压榨成品米糠油质量指标

项目		质量标准			
		一级	二级	三级	四级
色泽	(罗维朋比色槽 25.4mm) ≤	—	—	黄 30 红 3.0	黄 30 红 6.5
	(罗维朋比色槽 133.4mm) ≤	黄 30 红 3.0	黄 35 红 4.0	—	—
气味、滋味		无气味、口感好	气味、口感良好	具有米糠油固有的气味和滋味,无异味	具有米糠油固有的气味和滋味,无异味
透明度		澄清、透明	澄清、透明	—	—
水分及挥发物/%	≤	0.05	0.05	0.10	0.20
不溶性杂质/%	≤	0.05	0.05	0.05	0.05
酸值(KOH)/(mg/g)	≤	0.20	0.30	1.0	3.0
过氧化值/(mmol/kg)	≤	5.0	5.0	7.5	7.5
加热试验(280℃)		—	—	无析出物,罗维朋比色:黄色值不变,红色值的增加小于 0.4	微量析出物,罗维朋比色:黄色值不变,红色值增加小于 4.0,蓝色值增加小于 0.5
含皂量/%	≤	—	—	0.03	0.03
烟点/℃	≥	215	205	—	—
冷冻试验(0℃储藏 5.5h)		澄清、透明	—	—	—
溶剂残留量/(mg/kg)	浸出油	不得检出	不得检出	≤50	≤50
	压榨油	不得检出	不得检出	不得检出	不得检出

注:划有"—"者不做检测。压榨油和一、二级浸出油的溶剂残留量检出值小于 10mg/kg 时,视为未检出。

5.3 卫生指标

按 GB 2716、GB 2760 和国家有关标准、规定执行。

5.4 其他

米糠油中不得掺有其他食用油和非食用油;不得添加任何香精和香料。

6 检验方法

6.1 透明度、气味、滋味检验 按 GB/T 5525—1985 中的第 1 章、第 3 章执行。

6.2 色泽检验 按 GB/T 5525—1985 中的第 2 章执行。

6.3 相对密度检验 按 GB/T 5526 执行。

6.4 折光指数检验 按 GB/T 5527 执行。

6.5 水分及挥发物检验 按 GB/T 5528 执行。

6.6 不溶性杂质检验 按 GB/T 5529 执行。

6.7 酸值检验 按 GB/T 5530 执行。

6.8 加热试验 按 GB/T 5531 执行。

6.9 碘值检验 按 GB/T 5532 执行。

6.10 含皂量检验 按 GB/T 5533 执行。

6.11 皂化值检验 按 GB/T 5534 执行。

6.12 不皂化物检验 按 GB/T 5535.1~5535.2 执行。

6.13 过氧化值检验 按 GB/T 5538 执行。

6.14 冷冻试验 按 GB/T 17756—1999 中附录 A 执行。

6.15 烟点检验 按 GB/T 17756—1999 中附录 B 执行。

6.16 溶剂残留量检验 按 GB/T 5009.37 执行。

6.17 油脂定性试验 按 GB/T 5539 执行。以油脂的定性试验和米糠油特征指标(5.1)作为综合参考判定依据。

6.18 脂肪酸组成检验 按 GB/T 17376～17377 执行。

6.19 卫生指标检验 按 GB/T 5009.37 执行。

7 检验规则

7.1 抽样

米糠油抽样方法按照 GB/T 5524 的要求执行。

7.2 出厂检验

7.2.1 应逐批检验，并出具检验报告。

7.2.2 按 5.2 的规定检验。

7.3 型式检验

7.3.1 当原料、设备、工艺有较大变化或质量监督部门提出要求时，均应进行型式检验。

7.3.2 按第 5 章的规定检验。

7.4 判定规则

7.4.1 产品未标注质量等级时，按不合格判定。

7.4.2 产品的各等级指标中有一项不合格时，即判定为不合格产品。

8 标签

除了符合 GB 7718 的规定及要求之外，还有以下专门条款：

8.1 产品名称

8.1.1 凡标识“米糠油”的产品均应符合本标准。

8.1.2 压榨米糠油、浸出米糠油要在产品标签中分别标识“压榨”、“浸出”字样。

8.2 原产国

应注明产品原料的生产国名。

9 包装、储存和运输

9.1 包装

应符合 GB/T 17374 及国家的有关规定和要求。

9.2 储存

应储存于阴凉、干燥及避光处。不得与有害、有毒物品一同存放。

9.3 运输

运输中应注意安全，防止日晒、雨淋、渗漏、污染和标签脱落。散装运输要有专车，保持车辆清洁、卫生。

B14 **食用棕榈油国家标准**（GB 15680—1995）

1 主题内容适用范围

本标准规定了食用棕榈油的特征指标、质量指标、检验方法、检验规则及包装和储存等到要求。本标准适用于棕榈毛油经精炼工序精制而成的食用棕榈油。

2 引用标准

GB 2716 食用植物油卫生标准

GB 5009.37 食用植物油卫生标准的分析方法

GB 5524 植物油脂检验 扦样、分样法

GB 5525 植物油脂检验 透明度、色泽、气味、滋味鉴定法

GB 5528 植物油脂检验 水分及挥发物测定法

GB 5529 植物油脂检验 杂质测定法

GB 5530 植物油脂检验 酸值测定法

GB 5532 植物油脂检验 碘值测定法

GB 5534 植物油脂检验 皂化值测定法

GB 5535 植物油脂检验 不皂化物测定法

GB 5536 植物油脂检验 熔点测定法

GB 5538　植物油脂检验　油脂酸败试验及过氧化值测定法

GB 7718　植物油脂检验　食品标签通用标准

3　产品分类

食用精炼棕榈油：棕榈毛油经精炼、未经分提工序精制而成的食用棕榈油。

食用精炼棕榈液油：棕榈毛油经精炼、分提工序精制而成的食用棕榈油。

食用精炼棕榈硬脂：棕榈毛油经精炼、分提工序精制而成的食用棕榈油。

4. 技术要求

4.1　特征指标及质量指标见下表。

项目＼种类	食用精炼棕榈油	食用精炼棕榈液油	食用精炼棕榈硬脂
比重	(50℃/25℃水) 0.902～0.909	(40℃/25℃水) 0.893～0.905	(60℃/25℃水) 0.880～0.890
折光指数	(50℃)1.449～1.445		
碘值/(gI/100g)	44～60	≥54	≤50
皂化值/(mg KOH/g)	190～209	188～207	192～210
透明度	50℃澄清透明	40℃澄清透明	60℃澄清透明
气味、滋味	气味、口感良好	气味、口感良好	气味、口感良好
色泽(罗维朋比色槽133.4mm)	≤Y30、R3.0	≤Y30、R3.0	≤Y30、R3.0
水分及挥发物/%	≤0.05	≤0.05	≤0.07
杂质/%	≤0.05	0.05	≤0.07
熔点/℃	33～39	≤24	≥44
酸值/(mg KOH/g)	≤0.20	≤0.20	≤0.40
不皂化物/%	≤1.0	≤1.0	≤1.0
过氧化值/(meq/kg)	≤10	≤10	≤10

4.2　卫生指标：符合 GB 2719 规定。

4.3　本产品不得掺有其他食用和非食用油、矿物油等。

5. 检验方法

比重：按附录A（参考件）测定执行。

折光指数：按附录B（参考件）测定执行。

碘值：按 GB 5532 执行。

皂化值：按 GB 5534 执行。

透明度：将盛试样的比色管放入规定温度（食用精炼棕榈油 50℃，食用精炼棕榈液油 40℃，食用精炼棕榈硬脂 60℃）的水浴锅中，静置之度外 24h。按 GB 5525 执行。

气味、滋味：按 GB 5525 执行。

色泽：将试样在 52.5℃±2.5℃温度下，按 GB 5525 执行。

水分及挥发物：按 GB 5528 执行。

杂质：按 GB 5529 执行。

熔点：按 GB 5536 执行。

酸值：按 GB 5530 执行，其中取样量改为 10g，氢氧化钾标准溶液浓度改为 0.05mol/L，平行检验结果误差改为 0.04mgKOH/g。

不皂化物：按 GB 5535 执行。

过氧化值：按 GB 5538 执行。

6　检验规则

产品出厂、交货必须进行检验，检验样品应妥善保存一个月，以备复检。

本标准的特征指标需要进行抽检；质量指标全部项目检验；卫生指标按 GB 5000.37 执行。

检验取样方法 GB 5524 执行。

检验结果中质量指标有一项不合格，就不能采用本标准的产品名称。

7 标志、包装、运输、储存

食用棕榈油产品标志必须符合 GB 7718 规定。

8 包装

包装容器必须专用、清洁、干燥和密封，应符合食品卫生和安全要求。

9 运输

运输中要注意安全，防止渗漏、污染和标签脱落。

10 储存

储存应在低温、干燥和避光处，防止产品变质。

B15 **芝麻油国家标准**（GB 8233—2008）

1 范围

本标准规定了芝麻油的术语和定义、分类、技术质量要求、检验方法、检验规则、标签标识、包装、储存和运输等要求。

本标准适用于芝麻香油、成品芝麻油和芝麻原油。

2 规范性引用文件

下列文件中的条款通过本标准的引用而成为本标准的条款。凡是注日期的引用文件，其随后所有的修改单（不包括勘误的内容）或修订版均不适用于本标准，然而，鼓励根据本标准达成协议的各方研究是否可使用这些文件的最新版本。凡是不注日期的引用文件，其最新版本适用于本标准。

GB 2716 食用植物油卫生标准

GB 2760 食品添加剂使用卫生标准

GB/T 5009.37 食用植物油卫生标准的分析方法

GB/T 5524 植物油脂检验 扦样、分样法

GB/T 5525 植物油脂 透明度、气味、滋味鉴定法

GB/T 5526 植物油脂检验 比重测定法

GB/T 5527 植物油脂检验 折光指数测定法

GB/T 5528 植物油脂水分及挥发物含量测定法

GB/T 5530 动植物油脂 酸值和酸度测定（GB/T 5530—2005，ISO 660：1996，IDT）

GB/T 5532 植物油碘值测定（GB/T 5532—1995，neq ISO 3961：1989）

GB/T 5533 植物油脂检验 含皂量测定法

GB/T 5534 动植物油脂皂化值的测定（GB/T 5534—1995，idt ISO 3657：1988）

GB/T 5535.1 动植物油脂 不皂化物测定 第 1 部分：乙醚提取法（第一方法）（GB/T 5535.1—1998，eqv ISO 3596-1；1988）

GB/T 5535.2 动植物油脂 不皂化物测定 第 2 部分：己烷提取快速法（GB/T 5535.2—1998，eqv ISO 3596-2：1988）

GB/T 5538 动植物油脂 过氧化值测定（GB/T 5538—2005，ISO 3960：2001，IDT）

GB 7718 预包装食品标签通则

GB/T 15688 动植物油脂中不溶性杂质含量的测定

GB/T 17374 食用植物油销售包装

GB/T 17376 动植物油脂 脂肪酸甲酯制备（GB/T 17376—1998，eqv ISO 5509：1978）

GB/T 17377 动植物油脂 脂肪酸甲酯的气相色谱分析（GB/T 17377—1998，eqv ISO 5508：1990）

GB/T 17756—1999 色拉油通用技术条件

GB/T 22460 动植物油脂 罗维朋色泽的测定（ISO 15305：1998，IDT）

3　术语和定义

下列术语和定义适用于本标准。

3.1　芝麻香油　fragrant sesame oil

焙炒过的芝麻籽采用压榨、压滤、水代等工艺制取的具有浓郁香味的油品的统称。其中，经石磨磨浆，采用水代法加工制取的油品称为小磨香油。

3.2　芝麻原油　crude sesame oil

芝麻籽采用浸出工艺制取、未经任何处理的油品，该油品不能直接食用。

3.3　成品芝麻油　refined sesame oil

芝麻原油经精炼加工制成的油品。

3.4　色泽　colour

油脂本身带有的颜色。主要来自于油料中的油溶性色素。

3.5　酸值　acid value

中和1g油脂中所含游离脂肪酸需要的氢氧化钾毫克数。

3.6　过氧化值　peroxide value

1kg油脂中过氧化物的毫摩尔数。

3.7　溶剂残留量　residual solvent content in oil

1kg油脂中残留溶剂的毫克数。

3.8　冷冻试验　refrigeration test

油样置于0℃恒温条件下保持一定的时间，观察其澄清程度。

4　分类

芝麻油分为芝麻香油、芝麻原油和成品芝麻油三类。

5　技术质量要求

5.1　特征指标

折光指数（n^{40}）	1.465～1.469	皂化值（KOH)/(mg/g)	186～195
相对密度（d_{20}^{20}）	0.915～0.924	不皂化物（g/kg）	≤20
碘值（I)/(g/100g)	104～120		

脂肪酸组成（%）：

十四碳以下脂肪酸		ND～0.1
豆蔻酸	$C_{14:0}$	ND～0.1
棕榈酸	$C_{16:0}$	7.9～12.0
棕榈一烯酸	$C_{16:1}$	ND～0.2
十七烷酸	$C_{17:0}$	ND～0.2
十七碳一烯酸	$C_{17:1}$	ND～0.1
硬脂酸	$C_{18:0}$	4.5～6.7
油酸	$C_{18:1}$	34.4～45.5
亚油酸	$C_{18:2}$	36.9～47.9
亚麻酸	$C_{18:3}$	0.2～1.0
花生酸	$C_{20:0}$	0.3～0.7
花生一烯酸	$C_{20:1}$	ND～0.3
山嵛酸	$C_{22:0}$	ND～1.1
芥酸	$C_{22:1}$	ND
木焦油酸	$C_{24:0}$	ND～0.3
二十四碳一烯酸	$C_{24:1}$	ND

注：1. 上列指标与国际食品法典委员会标准CODEX STAN 210（Amended 2003，2005）《指定的植物油法典标准》的指标一致。

2. ND表示未检出，定义为不大于0.05%。

5.2　质量指标

5.2.1　芝麻香油质量指标见表1。

表1　芝麻香油（包括小磨香油）质量指标

项　目	等　级	
	一级	二级
气味、滋味	具有浓郁或显著芝麻香油的香味和滋味，无异味	
透明度(20℃,24h)	澄清、透明	
不溶性杂质/% ≤	0.10	
水分及挥发物/% ≤	0.10	0.20
色泽(罗维朋比色槽 25.4mm) ≤	黄 70　红 11.0	黄 70　红 16.0
酸值(KOH)/(mg/g) ≤	2.0	4.0
过氧化值/(mmol/kg) ≤	6.0	7.5
溶剂残留量/(mg/kg)	不得检出	

注：溶剂残留量检出值小于 10mg/kg 时，视为未检出。

5.2.2　成品芝麻油和芝麻原油质量指标见表2。

表2　成品芝麻油和芝麻原油质量指标

项　目		质量指标		
		成品芝麻油		芝麻原油
		一级	二级	
色泽	(罗维朋比色槽 25.4mm) ≤	—	黄 70　红 10.0	—
	(罗维朋比色槽 133.4mm) ≤	黄 20　红 2.0	—	—
气味、滋味		具有成品芝麻油固有的气味和滋味，无异味、口感好		具有芝麻原油固有的气味和滋味
透明度(20℃,24h)		澄清、透明		—
不溶性杂质/%	≤	0.05		—
含皂量/%	≤	0.03		—
水分及挥发物/%	≤	0.05	0.10	0.20
冷冻试验(0℃储藏 5.5h)		澄清、透明	—	—
酸值(KOH)/(mg/g)	≤	0.60	3.0	4.0
过氧化值/(mmol/kg)	≤	6.0		7.5
溶剂残留量/(mg/kg)	≤	50		100

注：划有“—”者不做检测。

5.3　卫生指标

按 GB 2716、GB 2760 和国家有关标准、规定执行。

5.4　真实性要求

不得掺有其他食用油和非食用油，不得添加任何香精和香料。

6　检验方法

6.1　透明度、气味、滋味：按 GB/T 5525 执行。

6.2　色泽：按 GB/T 22460 执行。

6.3　相对密度：按 GB/T 5526 执行。

6.4　折光指数：按 GB/T 5527 执行。

6.5　水分及挥发物：按 GB/T 5528 执行。
6.6　不溶性杂质：按 GB/T 15688 执行。
6.7　酸值：按 GB/T 5530 执行。
6.8　碘值：按 GB/T 5532 执行。
6.9　皂化值：按 GB/T 5534 执行。
6.10　不皂化物：按 GB/T 5535.1 或 GB/T 5535.2 执行。
6.11　过氧化值：按 GB/T 5538 执行。
6.12　含皂量检验：按 GB/T 5533 执行。
6.13　溶剂残留量：按 GB/T 5009.37 执行。
6.14　脂肪酸组成测定：按 GB/T 17376、GB/T 17377 执行。
6.15　冷冻试验：按 GB/T 17756—1999 附录 A 执行。
B.16　卫生标准的测定：按 GB/T 5009.37 执行。

7　检验规则

7.1　扦样

按照 GB/T 5524 执行。

7.2　出厂检验

按本标准 5.2 规定的项目检验。

7.3　型式检验

7.3.1　当原料、设备、工艺有较大变化时，均应进行型式检验。
7.3.2　按本标准第 5 章的规定检验。

7.4　判定规则

7.4.1　未标注产品质量等级时，该产品按不合格判定。
7.4.2　产品的各等级指标中有一项不合格时，即判定为不合格产品。

8　标签标识

8.1　应符合 GB 7718 的要求。
8.2　产品名称：符合本标准相应要求的产品，可分别标注为芝麻油、芝麻香油、小磨香油、芝麻原油、成品芝麻油。
8.3　加工工艺：应标识水代、压滤、压榨、浸出。
8.4　原产国：至少应注明产品原料的生产国名。

9　包装、储存和运输

9.1　包装

应符合 GB/T 17374 及国家的有关规定和要求。

9.2　储存

应储存于阴凉、干燥及避光处，不应与有害有毒物品一同存放。

9.3　运输

运输车辆和器具应保持清洁、卫生。运输中应注意安全，防止日晒、雨淋、渗漏、污染和标签脱落，不应与有毒有害物质混装于同一运输单元。

B16　亚麻籽油国家标准（GB/T 8235—2008）

1　范围

本标准规定了亚麻籽油的相关术语和定义、分类、质量要求、检查方法、检验规则、标签标识以及包装、储存和运输要求。

本标准适用于以亚麻籽为原料加工的食用商品亚麻籽油。

2　规范性引用文件

下列文件中的条款通过本标准的引用而成为本标准的条款。凡是注日期的引用文件，其随后所有的修改单（不包括勘误的内容）或修订版均不适用于本标准，然而，鼓励根据本标准达成协议的各方研究是否可使用这些文件的最新版本。凡是不注日期的引用文件，其最新版本适用于本标准。

GB 2716 食用植物油卫生标准

GB/T 5009.37 食用植物油卫生标准的分析方法

GB/T 5524 动植物油脂 扦样

GB/T 5525 植物油脂 透明度、气味、滋味鉴定法

GB/T 5526 植物油脂检验 比重测定法

GB/T 5527 植物油脂检验 折光指数测定法

GB/T 5528 动植物油脂 水分及挥发物含量测定

GB/T 5529 植物油脂检验 杂质测定法

GB/T 5530 动植物油脂 酸值和酸度测定

GB/T 5531 粮油检验 植物油脂加热试验

GB/T 5532 动植物油脂 碘值的测定

GB/T 5533 粮油检验 植物油脂含皂量的测定

GB/T 5534 动植物油脂 皂化值的测定

GB/T 5535.1 动植物油脂 不皂化测定 第1部分：乙醚提取法

GB/T 5535.2 动植物油脂 不皂化物测定 第2部分：己烷提取法

GB/T 5538 动植物油脂 过氧化值测定

GB/T 5539 粮油检验 油脂定性试验

GB 7718 预包装食品标签通则

GB/T 17374 食用植物油销售包装

GB/T 17376 动植物油脂 脂肪酸甲酯制备

GB/T 17377 动植物油脂 脂肪酸甲酯的气相色谱分析

GB/T 17756—1999 色拉油通用技术条件

GB/T 22460 动植物油脂 罗维朋色泽的测定

3 术语和定义

下列术语和定义适用于本标准。

3.1 压榨亚麻籽油 Pressing flaxseed oil

亚麻籽经压榨工艺制取的油。

3.2 浸出亚麻籽油 solvent extraction flaxseed oil

亚麻籽经浸出工艺制取的油。

3.3 亚麻籽原油 crude flaxseed oil

未经处理的不能直接供人食用的亚麻籽油。

3.4 成品亚麻籽油 finished product of flaxseed oil

经处理符合本标准成品亚麻籽油质量指标和卫生要求的可直接供人食用的亚麻籽油。

3.5 折光指数 refractive index

光线从空气中射入油脂时，入射角与折射角的正弦之比值。

3.6 相对密度 relative density

规定温度下的植物油的质量与同体积20℃蒸馏水的质量之比值。

3.7 碘值 iodine value

在规定条件下与100g油脂发生加成反应所需碘的克数。

3.8 皂化值 saponification value

皂化1g油脂所需的氢氧化钾毫克数。

3.9 不皂化物 unsaponifiable matter

油脂中不与碱起作用、溶于醚、不溶于水的物质，包括甾醇、脂溶性维生素和色素等。

3.10 脂肪酸 fatty acid

脂肪族一元羧酸的总称，通式为R—COOH。

3.11　色泽　colour

油脂本身带有的颜色和光泽。主要来自于油料中的油溶性色素。

3.12　透明度　transparency

油脂可透过光线的程度。

3.13　水分及挥发物　moisture and volatile matter

油脂在一定温度条件下加热损失的物质。

3.14　不溶性杂质　insoluble impurity

油脂中不溶于石油醚等有机溶剂的物质。

3.15　酸值　acid value

中和1g油脂中所含游离脂肪酸需要的氢氧化钾毫克数。

3.16　过氧化值　peroxide value

1kg油脂中过氧化物的毫摩尔数。

3.17　溶剂残留量　residual solvent content in oil

1kg油脂中残留的浸出溶剂毫克数。

3.18　加热试验　heating test

油样加热至280℃时，观察有无析出物和颜色变化情况。

3.19　冷冻试验　refrigeration test

油样置于0℃恒温条件下保持一定的时间，观察其澄清度。

3.20　含皂量　saponified matter content

经过碱炼后的油脂中皂化物的质量分数（以油酸钠计）。

4　分类

亚麻籽油分为亚麻籽原油、压榨成品亚麻籽油和浸出成品亚麻籽油三类。

5　质量要求

5.1　特征指标

折光指数 n^{20}　1.4785～1.4840

相对密度 d_{20}^{20}　0.9276～0.9382

碘值（以 I_2 计）　164g/100g～202g/100g

皂化值（以KOH计）　188mg/g～195mg/g

不皂化物　≤15g/kg

脂肪酸组成：

棕榈酸　$C_{16:0}$　3.7%～7.9%

硬脂酸　$C_{18:0}$　2.0%～6.5%

油酸　$C_{18:1}$　13.0%～39.0%

亚油酸　$C_{18:2}$　12.0%～30.0%

亚麻酸　$C_{18:3}$　39.0%～62.0%。

5.2　质量指标

5.2.1　亚麻籽原油质量指标见表1。

表1　亚麻籽原油质量指标

项　目		质 量 指 标
气味、滋味		具有亚麻籽油固有的气味和滋味，无异味
水分及挥发物/%	≤	0.20
不溶性杂质/%	≤	0.20
酸值(以KOH计)/(mg/g)	≤	4.0
过氧化值/(mmol/kg)	≤	7.5
溶剂残留量/(mg/kg)	≤	100

5.2.2　压榨成品亚麻籽油和浸出成品亚麻籽油质量指标分别见表 2 和表 3。

表 2　压榨成品亚麻籽油质量指标

项　目		一级	二级
色泽(罗维朋比色槽 25.4mm)	≤	黄 45　红 4.5	黄 50　红 7.0
气味、滋味		具有亚麻籽油固有的气味和滋味，无异味	具有亚麻籽油固有的气味和滋味，无异味
透明度		澄清、透明	澄清、透明
水分及挥发物/%	≤	0.10	0.15
不溶性杂质/%	≤	0.05	0.05
酸值(以 KOH 计)/(mg/g)	≤	1.0	3.0
过氧化值/(mmol/kg)	≤	6.0	7.5
溶剂残留量/(mg/kg)		不得检出	不得检出
加热试验(280℃)		无析出物，罗维朋值：黄色值不得增加，红色值增加小于 0.4	微量析出物，罗维朋值：黄色值不得增加，红色值增加小于 4.0，蓝色值增加小于 0.5

注：溶剂残留量小于 10mg/kg 时，视为未检出。

表 3　浸出成品亚麻籽油质量指标

项　目			一级	二级	三级	四级
色泽	(罗维朋比色槽 25.4mm)	≤	—	—	黄 35　红 3.0	黄 35　红 5.0
	(罗维朋比色槽 133.4mm)	≤	黄 35　红 3.5	黄 35　红 5.0	—	—
气味、滋味			气味、口感好	具有亚麻籽油固有的气味和滋味，无异味，口感良好	具有亚麻籽油固有的气味和滋味，无异味	具有亚麻籽油固有的气味和滋味，无异味
透明度			澄清、透明	澄清、透明	—	—
水分及挥发物/%		≤	0.05	0.05	0.10	0.20
不溶性杂质/%		≤	0.05	0.05	0.05	0.05
酸值(以 KOH 计)/(mg/g)		≤	0.2	0.3	1.0	3.0
过氧化值/(mmol/kg)		≤	5.0	5.0	6.0	6.0
加热试验(280℃)			—	—	无析出物，罗维朋值：黄色值不得增加，红色值增加小于 0.4	微量析出物，罗维朋值：黄色值不得增加，红色值增加小于 4.0，蓝色值增加小于 0.5
含皂量/%		≤	—	—	0.03	0.03
冷冻试验(0℃储藏 5.5h)			澄清、透明	—	—	—
溶剂残留量/(mg/kg)			不得检出	不得检出	≤50	≤50

注：1. 划有“—”不做要求。

2. 溶剂残留量小于 10mg/kg 时，视为未检出。

5.3　卫生要求

按 GB 2716 和国家有关标准、规定执行。

5.4　真实性要求

亚麻籽油中不得掺有其他食用油和非食用油；不得添加任何香精和香料。

6　检验方法

6.1　透明度、气味、滋味检验：按 GB/T 5525 执行。

6.2　色泽检验：按 GB/T 22460 执行。

6.3　相对密度检验：按 GB/T 5526 执行。
6.4　折光指数检验：按 GB/T 5527 执行。
6.5　水分及挥发物检验：按 GB/T 5528 执行。
6.6　不溶性杂质检验：按 GB/T 5529 执行。
6.7　酸值检验：按 GB/T 5530 执行。
6.8　加热试验：按 GB/T 5531 执行。
6.9　碘值检验：按 GB/T 5532 执行。
6.10　含皂量检验：按 GB/T 5533 执行。
6.11　皂化值检验：按 GB/T 5534 执行。
6.12　不皂化物检验：按 GB/T 5535.1 或 GB/T 5535.2 执行。
6.13　过氧化值检验：按 GB/T 5538 执行。
6.14　冷冻试验：按 GB/T 17756—1999 中附录 A 执行。
6.15　溶剂残留量检验：按 GB/T 5009.37 执行。
6.16　油脂定性试验：按 GB/T 5539 执行。以油脂定性试验和亚麻籽油特征指标（5.1）作为综合判定依据。
6.17　脂肪酸组成检验：按 GB/T 17376、GB/T 17377 执行。

7　检验规则

7.1　扦样、分样

亚麻籽油扦样与分样按 GB/T 5524 执行。

7.2　产品组批

同原料、同工艺、同设备、同班次加工的产品为一批。

7.3　出厂检验

应按 5.2 规定的项目逐批检验，产品经检验合格，方可出厂。

7.4　型式检验

7.4.1　原料、设备、工艺有较大变化或质量监督部门提出要求时，均应进行型式检验。
7.4.2　型式检验的项目按第 5 章执行。

7.5　判定规则

7.5.1　各类各等级产品的指标中有一项不合格时，即判定为该批该等级产品不合格。有一项指标不符合最低等级指标时，不能供人食用。
7.5.2　产品未标注质量等级时，按不合格判定。

8　标签标识

8.1　预销售包装的标签除了符合 GB 7718 的规定及要求之外，还应标注产品的加工方式，如“压榨”、“浸出”以及相对应的质量等级。
8.2　非零售包装应注明产品的名称、标准号、原料、生产日期、保质期、生产单位名称、地址和电话等。
8.3　应注明产品原料原产国。

9　包装、储存和运输

9.1　包装

应符合 GB/T 17374 及国家的有关规定和要求。

9.2　储存

应储存于阴凉、干燥及避光处。不得与有害、有毒物品一同存放。

9.3　运输

运输中应注意安全，防止日晒、雨淋、渗漏、污染和标签脱落。散装运输要有专车，保持车辆清洁、卫生。

B17　**蓖麻籽油国家标准**（摘自 GB 8234—87）

1　技术要求

蓖麻籽油应具下列特征常数：

比重（20℃/4℃）：0.9515～0.9675

折光指数（20℃）：1.4765～1.4810

典价（韦氏法）：80～88

皂化值/(mgKOH/g)：177～187

乙酰值/(mgKOH/g)：≥140

2 等级指标

蓖麻籽油的等级指标见表1。

表1 蓖麻籽油的等级指标

项 目		1	2
气味		具有蓖麻籽油固有的气味	
酸值/(mgKOH/g)	≤	2.0	4.0
水分及挥发物/%	≤	0.10	0.20
杂质/%	≤	0.05	0.10
透明度		透明	允许微浊色泽
色泽(罗维朋比色计,25.4mm槽)		黄20 红≤1.5	黄20 红≤3.5

B18 **桐油国家标准**（摘自 GB 8277—87）

1 技术要求

桐油应具下列特征常数

比重（20/4℃）	0.9360～0.9395	碘值（韦氏法）	163～173
折光指数（20℃）	1.5185～1.5225	皂化值	190～195

热聚合试验（华司脱试验）282℃、7min 30s内凝成固体，切时不粘刀，压之即碎。

2 等级方法

桐油的等级指标见表1。

表1 桐油等级指标

项 目		一级	二级	三级
热聚合试验(华司脱试验)		282℃,7分30秒内凝成固体,切时不粘刀,压之即碎		
气味		具有桐油固有的正常气味,无异味		
色泽(罗维朋比色计,英寸槽)		Y35 R≤1.5	Y35 R≤5.0	Y35 R≤7
酸值/(mgKOH/g)	≤	2.0	4.0	
水分及挥发物/%	≤	0.10	0.20	
杂质/%	≤	0.05	0.10	
透明度(静置)		无结晶析出	无晶体析出	无晶体析出

B19 **橄榄油、油橄榄果渣油国家标准**(GB 23347—2009)

1 范围

本标准规定了橄榄油、橄榄果渣油的术语和定义、分类、技术质量要求、试验方法、检验规则、标签、包装、运输的要求.

本标准适用于各类商品橄榄油、橄榄果渣油。

2 规范性引用标准

下列文件中的条款通过本标准的引用而成为本标准的条款，凡是注日期的引用文件，其随后所有的修改单（不包括勘误的内容）或修订版均不适用于本标准，然而，鼓励根据本标准达成协议的各方研究是否可使用这些文件的最新版本。凡是不注日期的引用文件，其最新版本适用于本标准。

GB 2716 食用植物油卫生标准

GB/T 5009.13 食品中铜的测定

GB/T 5009.37 食用植物油卫生标准的分析方法

GB/T 5009.90 食品中铁、镁、锰的测定

GB/T 5524 动植物油脂 扦样（GB/T 5524—2008，ISO 5555：2001，IDT）

GB/T 5525 植物油脂 透明度、气味、滋味鉴定法

GB/T 5528 动植物油脂 水分及挥发物含量测定（GB/T 5528—2008，ISO 662：1998，IDT）

GB/T 5530 动植物油脂 酸值和酸度测定（GB/T 5530—2005，ISO 660：1996，IDT）

GB/T 5535.1 动植物油脂 不皂化物测定 第1部分：乙醚提取法（GB/T 5535.1—2008，ISO 3596：2000，IDT）

GB/T 5535.2 动植物油脂 不皂化物测定 第2部分：己烷提取法（GB/T 5535.2—2008，ISO 18609：2000，IDT）

GB/T 5538 动植物油脂 过氧化值测定（GB/T 5538—2005，ISO 3960：2001，IDT）

GB 7718 预包装食品标签通则

GB/T 15688 动植物油脂 不溶性杂质含量的测定（GB/T 15688—2008，ISO 663：2007，MOD）

GB/T 17374 食用植物油销售包装

GB/T 17376 动植物油脂 脂肪酸甲脂制备（GB/T 17376—2008，ISO 5509：2000，IDT）

GB/T 17377 动植物油脂 脂肪酸甲脂的气相色谱分析（GB/T、17377—2008，ISO 5508：1990，I DT）

ISO 3656 动植物油脂 紫外吸收度的测定

ISO 6800 动植物油脂 甘三酯分子2-脂肪酸组成的测定

ISO 9936 动植物油脂 生育酚及生育三烯酚含量测定 高效液相色谱法

ISO 15304 动植物油脂 植物油中反式脂肪酸异构体含量的测定 气相色谱法

ISO 12228 动植物油脂 甾醇成分及甾醇总含量的测定 气相色谱法

ISO 15788.2 动植物油脂 植物油中豆甾二烯醇的测定 高效液相色谱法

COI/T.20/Doc. no. 5 油样品评玻璃杯

COI/T. 20/Doc. no. 8 橄榄油中四氯乙烯的测定 气相色谱法

COI/T. 20/Doc. no. 15 橄榄油感官品评分析方法

COI/T. 20/Doc. no. 18 橄榄油中蜡含量测定——毛细柱气相色谱法

COI/T. 20/Doc. no. 20 实际与理论ECN42甘油二酸酯成分含量的最大差值的测定

IUPAC 2.431 高根二醇含量测定

3 术语和定义

下列术语和定义适用于本标准

3.1 橄榄油 olive oil

以油橄榄树（*Olea europaea* L.）的果实为原料制取的油脂。采用溶剂浸提或重酯化工艺获得的油脂除外，不得掺杂其他种类的油脂。

3.1.1.1 特级初榨橄榄油 extra virgin olive oil

其游离脂肪酸含量（以油酸计）为每100g油中不超过0.8g，即其酸值（以氢氧化钾计）小于等于1.6mg/g，且其他指标符合本标准适用范围的规定。

3.1.1.2 中级初榨橄榄油 medium-grade virgin olive oil

其游离脂肪酸含量（以油酸计）为每100g油中不超过2g，即其酸值（以氢氧化钾计）小于等于4.0mg/g，且其他指标符合本标准适用范围的规定。

3.1.1.3 初榨油橄榄灯油 iampante virgin olive oil

其游离脂肪酸含量（以油酸计）为每100g油中不超过2g，即其酸值（以氢氧化钾计）大于4.0mg/g，且其他指标符合本标准适用范围的规定。该油不能食用，主要用作精炼或其他用途。

3.1.2 精炼橄榄油 refined olive oil

初榨油橄榄灯油经精炼工艺（不得改变其甘油酯结构）制取的油品，其游离脂肪酸含量（以油酸计）为每100g油中不超过0.3g，即酸值（以氢氧化钾计）小于等于0.6mg/g，且其他指标符合本标准

适用范围的规定。

3.1.3 混合橄榄油 blended olive oil

精炼橄榄油和初榨橄榄油（除初榨油橄榄灯油外）的混合油品，其游离脂肪酸含量（以油酸计）为每100g油中不超过1g，即酸值（以氢氧化钾计）小于等于2.0mg/g，且其他指标符合本标准适用范围的规定。

3.2 油橄榄果渣油 olive-pomace oil

采用溶剂或其他物理方法从油橄榄果渣中获得的油脂，不包括重酯化工艺获得的油脂，不得掺杂其他种类的油脂。该类油品在任何情况下都不能称作“橄榄油”

3.2.1 粗提油橄榄果渣油 crude olive-pomace oil

未经处理的油橄榄果渣油，不能直接食用。

3.2.2 精炼油橄榄果渣油 refined olive-pomace oil

粗提油橄榄果渣油经精炼工艺（不得改变其甘油酯结构）制取油品。

3.2.3 混合油橄榄果渣油 blended olive-pomace oil

精炼油橄榄果渣油与初榨橄榄油（除初榨油橄榄灯油外）的混合油品。

3.3 不皂化物 unsaponifiable matter

油脂中不与碱起作用能溶于醚，不溶于水的物质，包括甾醇、脂溶性维生素和色素等。

3.4 紫外吸收度 ultraviolet absorbency

在特定的紫外波长下样品的吸光度。

3.5 ΔK 值 delta K

在特定的紫外波长下，样品吸光度的变异值。

3.6 果味特征中位值 median of the fruity attribute

果味是指橄榄油的正常味觉、嗅觉，其来源于完好、新鲜、成熟或不成熟的不同品种的油橄榄果实。

中位值是指感官判别过程中，排列在所有数据中间的数值，即一个顺序排列数集的中间数。如果数集的个数为奇数，则中间数的数值为中间值，如果数集的个数为偶数，则中间两个数的数值平均值为中位值。

3.7 缺陷中位值 median of defect

缺陷是指橄榄油的不正常味觉、嗅觉，其来源于干枯的、经过长期厌氧发酵、混有泥土或没有清洗、盐水保存等的油橄榄果实，以及在粉碎、混合、压榨或存储过程中和金属表面长期性接触的滋味、经过氧化处理的油的滋味。

中位值是指感官判别过程中，排列在所有数据中间的数值，即一个顺序排列数集的中间数。如果数集的个数为奇数，则中间数的数值为中间值，如果数集的个数为偶数，则中间两个数的数值平均值为中位值。

3.8 溶剂残留量 residual solvent content

1kg油品中提取溶剂残留的毫克数。

3.9 蜡 wax

高级一元醇与高级脂肪酸合成的酯。

3.10 甾醇 sterol

含羟基的环戊烷并全氢菲类化合物的总称，以游离状态或同脂肪酸结合成酯状态存在于生物体内。

4 分类

4.1 橄榄油

橄榄油包括：

a）初榨橄榄油，又可分为：

1）特级初榨橄榄油；

2）中级初榨橄榄油；

3）初榨油橄榄灯油。

b）精炼橄榄油。

c）混合橄榄油。

4.2　油橄榄果渣油

油橄榄果渣油包括：

a）粗提油橄榄果渣油；

b）精炼油橄榄果渣油；

c）混合油橄榄果渣油。

5　技术质量要求

5.1　特征指标

5.1.1　脂肪酸组成见表1。

表1　橄榄油和油橄榄果渣油脂肪酸组成

名　称		含量/%	名　称		含量/%
豆蔻酸($C_{14:0}$)	≤	0.05	亚油酸($C_{18:2}$)		3.5～21.0
棕榈酸($C_{16:0}$)		7.5～20.0	亚麻酸($C_{18:3}$)	≤	1.0
棕榈油酸($C_{16:1}$)		0.3～3.5	花生酸($C_{20:0}$)	≤	0.6
十七烷酸($C_{17:0}$)	≤	0.3	二十碳烯酸($C_{20:1}$)	≤	0.4
十七烷一烯酸($C_{17:1}$)	≤	0.3	山嵛酸($C_{22:0}$)	≤	0.2[a]
硬脂酸($C_{18:0}$)		0.5～5.0	二十四烷酸($C_{24:0}$)	≤	0.2
油酸($C_{18:1}$)		55.0～83.0			

a 油橄榄果榨油≤0.3。

5.1.2　反式脂肪酸量见表2。

表2　橄榄油和油橄榄果渣油反式脂肪酸量

反式脂肪酸种类	初榨橄榄油	精炼橄榄油	油橄榄果榨油
C18：1T	≤0.05	≤0.20	≤0.40
C18：2T+C18：3T	≤0.05	≤0.30	≤0.35

注：混合型油品不要求。

5.1.3　不皂化物含量见表3。

表3　橄榄油和油橄榄果渣油不皂化物含量

产品类别		不皂化物含量/(g/kg)
橄榄油	≤	15
油橄榄果渣油	≤	30

5.1.4　甾醇和三萜烯二醇（高根二醇和熊果醇）组成

5.1.4.1　甾醇总含量见表4。

表4　橄榄油和油橄榄果渣油中甾醇总含量

产品类别		甾醇含量/(mg/kg)
特级初榨橄榄油	≥	1000
中级初榨橄榄油	≥	
初榨油橄榄灯油	≥	
精炼橄榄油	≥	
混合橄榄油	≥	
粗提油橄榄果渣油	≥	2500
精炼油橄榄果渣油	≥	1800
混合油橄榄果渣油	≥	1600

5.1.4.2　无甲基甾醇组分见表5。

表5　橄榄油和油橄榄果渣油中甾醇组成

甾醇组成		占甾醇总含量的百分数%
胆甾醇	≤	0.5
菜籽甾醇	≤	0.2(适用于油橄榄果渣油) 0.1(适用于其他等级)
菜油甾醇	≤	4.0
豆甾醇	≤	菜油甾醇
δ-7-豆甾醇	≤	0.5
δ-谷甾醇+δ-5-燕麦甾烯醇+δ-5-23-豆甾二烯醇+赤桐甾醇+谷甾烷醇+δ-5-24-豆甾二烯醇的总和	≥	93.0

5.1.4.3　高根二醇和熊果醇含量见表6。

表6　橄榄油中高根二醇和熊果醇含量

产品类别		占甾醇总含量的百分数/%
初榨橄榄	≤	4.5
精炼橄榄油	≤	
混合橄榄油	≤	

5.1.5　蜡含量见表7。

表7　橄榄油和油橄榄果渣油中蜡含量

产品类别		占甾醇总含量的百分数%
特级初榨橄榄油	≤	250
中级初榨橄榄油	≤	
初榨油橄榄灯油	≤	300
精炼橄榄油	≥	350
混合橄榄油	≥	
粗提油橄榄果渣油	>	350
精炼油橄榄果渣油	>	
混合油橄榄果渣油	>	

5.1.6　实际与理论ECN 42甘油三酸酯含量的最大差值见表8。

表8　实际与理论ECN42甘油三酸酯成分含量的最大差值

产品类别	实际和理论ECN 42甘油三酸酯含量最大差值	产品类别	实际和理论ECN 42甘油三酸酯含量最大差值
初榨橄榄油	0.2	混合橄榄油	0.3
精炼橄榄油	0.3	油橄榄果渣油	0.5

注：ECN=CN−2*n*，CN是碳数，*n*是双键数。

5.1.7　豆甾二烯含量。

初榨橄榄油≤0.15mg/kg。

5.1.8　甘三酯-2位的饱和脂肪酸（棕榈酸和硬脂酸的总和）含量见表9。

表9　甘三酯-2位的饱和脂肪酸（棕榈酸和硬脂酸的总和）含量

产品类别		甘三酯-2位的饱和脂肪酸的含量/%
初榨油橄榄油	≤	1.5
精炼橄榄油	≥	1.8
混合橄榄油	≥	

续表

产品类别		甘三酯-2位的饱和脂肪酸的含量/%
精炼油橄榄果渣油	>	2.2
混合油橄榄果渣油	>	

注：1. 表1指标和数据与国际橄榄油理事会 COI/T.15/NC n 0.3/ReV.2（2006）的指标和数据一致。

2. 5.1.2、5.1.3、5.1.4、5.1.5、5.1.6、5.1.7、5.1.8 的指标和数据与国际食品法典委员会标准 CODEX STAN 33—1981（Rev.2—2003）的指标和数据一致。

5.2　质量指标

5.2.1　橄榄油的质量指标见表10。

表10　橄榄油的质量指标

项　目		质量指标				
		特级初榨橄榄油	中级初榨橄榄油	初榨油橄榄灯油	精炼橄榄油	混合橄榄油
气味与滋味	感官评判	具有橄榄油固有的气味和滋味，正常		—	正常	正常
	缺陷中位值[a]（Me）	0	0<Me≤2.5	Me>2.5	—	—
	果味特征中位值[b]（Me）	Me>0	Me>0	—	—	—
色泽		—			浅黄色	浅黄到浅绿
透明度（20℃，24h）		清澈		—	清澈	
酸值（以氢氧化钾计）/（mg/g）		**≤1.6**	**≤4.0**	**>4.0**	**≤0.6**	**≤2.0**
过氧化值[c]/（mmol/kg）　≤		10	10	—	2.5	7.5
溶剂残留量/（mg/kg）		—			不得检出	
紫外线吸光度（$K_{1cm}^{1\%}$）	270mm　≤	0.22	0.25	—	1.10	0.90
	ΔK　≤	0.01	0.01	—	0.16	0.15
	232nm[d]　≤	2.5	2.6	—	—	—
水分及挥发物%　≤		0.2		0.3	0.1	0.1
不溶性杂质%　≤		0.1		0.2	0.05	0.05
金属含量/（mg/kg）	铁　≤	3.0				
	铜　≤	0.1				

注：1. 划有“—”者不做检测。当溶剂残留量检出值小于10mg/kg时，视为未检出。

2. 黑体部分指标强制。

a. 国际橄榄油理事会设定的评价橄榄油风味缺陷指标。

b. 国际橄榄油理事会设定的评价橄榄油风味特征指标。

c. 过氧化值的单位换算：当以 g/100g 表示时，如：5.0mmol/kg=5.0/39.4≈0.13g/100g。

d. 此项检测只作为商业伙伴在自愿的基础上实施的剂限量。

5.2.2　油橄榄果渣油的质量指标见表11。

表11　油橄榄果渣油的质量指标

项　目		质量指标		
		粗提油橄榄果渣油	精炼油橄榄果渣油	混合有橄榄果渣油
气味与滋味		—	正常	正常
色泽		—	浅黄到褐黄色	浅黄到绿色
透明度（20℃，24h）		—	透明	
酸值（以氢氧化钾计）/（mg/g）	≤	**—**	**0.6**	**2.0**
过氧化值/（mmol/kg）	≤	**—**	**2.5**	**7.5**
溶剂残留量/（mg/kg）		**≤100**	**不得检出**	

续表

项目		质量指标		
		粗提油橄榄果渣油	精炼油橄榄果渣油	混合有橄榄果渣油
紫外线吸收值($K_{1cm}^{1\%}$)	270nm ≤	—	2.00	1.70
	ΔK ≤	—	0.20	0.18
水分及挥发物/%	≤	1.5	0.1	
不溶性杂质/%	≤	—	0.05	
金属含量/(mg/kg)	铁 ≤	—	3.0	
	铜 ≤	—	0.1	

注：1. 划有“一”者不做检测。当溶剂残留量检出值小于 10mg/kg 时，视为未检出。

2. 黑体部分指标强制。

5.3 卫生指标

按 GB 2716 和国家有关标准、规定执行。橄榄油和油橄榄果渣油中每种卤化溶剂残留量不得超过 0.1mg/kg，所有卤化溶剂残留量总和不得超过 0.2mg/kg。

5.4 真实性要求

橄榄油、油橄榄果渣油中不得掺有其他食用油和非食用 1，不得添加任何香精和香料。

5.5 食品添加剂

初榨橄榄油不得添加任何添加剂。

精炼橄榄油、混合橄榄油、精炼油橄榄果渣油和混合油橄榄果渣油中允许添加 α-生育酚，在最终产品中 α-生育酚的浓度不得超过 200mg/kg。

注：5.3、5.5 的指标和数据与国际食品法典委员会标准 CODEX STAN 33—1981 (REV. 2—2003) 的指标和数据一致。

6 检验方法

6.1 气味、滋味，色泽检验：按 COI/T. 20/Doc. no. 15 执行（其中油样品评玻璃杯符合 COI/T. 20/Doc. no. 5 规定）。

6.2 透明度检验：按 GB/T 5525 执行。

6.3 水分及挥发物检验：按 GB/T 5528 执行。

6.4 不溶性杂质检验：按 GB/T 15688

6.5 酸值或酸度检验按：GB/T 5530 执行。

6.6 不皂化物检验：按 GB/T 5535. 1 和 GB/T 5535. 2 执行。

6.7 过氧化值检验：按 GB/T 5538 执行。

6.8 脂肪酸组成检验：按 GB/T 17376、GB/T 17377 执行。

6.9 紫外吸收度、ΔK 值检验：按 ISO 3656 执行。

6.10 甘三酯分子 2-脂肪酸组分检验：按 ISO 6800 执行

6.11 α-生育酚检验：按 ISO 9936 执行。

6.12 反式脂肪酸检验：按 ISO 15304 执行。

6.13 甾醇成分及甾醇总量的检验：按 ISO 12228 执行。

6.14 豆甾二烯醇的检验：按 ISO 15788. 2 执行。

6.15 实际与理论 ECN 42 甘油三酸酯含量的最大差值检验：按 COI/T. 20/Doc. no. 20 执行。

6.16 高根二醇和熊果醇含量检验：按 IUPAC 2. 431 执行。

6.17 蜡含量的检验：按 COI/T. 20/Doc. no. 18 执行。

6.18 溶剂残留量检验：按 GB/T 5009. 37 执行。

6.19 铜含量检验：按 GB/T 5009. 13 执行。

6.20 铁含量检验：按 GB/T 5009. 90 执行。

6.21 卫生指标检验：按 GB/T 5009. 37 执行。

6.22　卤化溶剂的检验：按 COI/T.20/Doc.no.8 执行。

7　检验规则

7.1　抽样

抽样方法按照 GB/T 5524 的要求执行。

7.2　出厂检验

7.2.1　应逐批检验，并出具检验报告。

7.2.2　按 5.2 的规定检验。

7.3　型式检验

7.3.1　当原料、设备、工艺有较大变化，均或进行型式检验。

7.3.2　按第 5 章的规定检验。

7.4　判定规则

7.4.1　产品经检验符合第 5 章的规定时，判定为合格产品。有一项不符合本标准规定时，判定为不合格产品。

7.4.2　产品未按第 4 章的规定标注产品名称时，按不合格判定。

7.4.3　产品经检验，第 4 章各分类产品与 5.1 规定值不符合时，按掺伪判定。

7.4.4　产品的反式脂肪酸含量未标识时，判定为不合格产品。

8　标签

8.1　标签应符合 GB 7718 的要求。

8.2　产品名称：按第 4 章分类要求的产品名称标注。

8.3　生产日期的标注：

a）特级初榨橄榄油、中级初榨橄榄油、初榨橄榄灯油应标示油橄榄果的年份；

b）特级初榨橄榄油、中级初榨橄榄油、初榨橄榄灯油、精炼橄榄油、混合橄榄油、精炼油橄榄果渣油、混合油橄榄果渣油应标示包装日期；

c）以包装日期为保质期起点日期，进口分装产品应再注明分装日期。

8.4　应标注产品原产国。

8.5　或标注反式酸含量。

9　包装、储存、运输

9.1　包装

应符合 GB/T 17374 及国家有关规定和要求。

9.2　储存

应储存在卫生、阴凉、干燥、避光的地方，不得与有害、有毒物品一同存放，尤其是要避开有异常气味的物品。

如果产品有效期限依赖于某些特殊条件，应在标签上注明。

9.3　运输

运输中应注意安全，防止日晒、雨淋、渗漏、污染和标签脱落。散装运输要有专车，保持车辆清洁、卫生。

B20　**花椒籽油国家标准**（GB/T 22479—2008）

1　范围

本标准规定了花椒籽油的术语和定义、分类、质量要求与卫生要求、检验方法、检验规则、标签标识以及包装、储存和运输等的要求。

本标准适用于以花椒籽为原料加工的供人食用的商品花椒籽油。

2　规范性引用文件

下列文件中的条款通过本标准的引用而成为本标准的条款。凡是注日期的引用文件，其随后所有的修改单（不包括勘误的内容）或修订版均不适用于本标准，然而，鼓励根据本标准达成协议的各方研究是否可使用这些文件的最新版本。凡是不注日期的引用文件，其最新版本适用于本标准。

GB 2716 食用植物油卫生标准
GB/T 5009.13 食品中铜的测定
GB/T 5009.37 食用植物油卫生标准的分析方法
GB/T 5009.90 食品中铁、镁、锰的测定
GB/T 5490 粮食、油料及植物油脂检验 一般规则
GB/T 5524 动植物油脂 扦样
GB/T 5525 植物油脂 透明度、气味、滋味鉴定法
GB/T 5526 植物油脂检验 比重测定法
GB/T 5527 植物油脂检验 折光指数测定法
GB/T 5528 动植物油脂 水分及挥发物含量测定
GB/T 5530 动植物油脂 酸值和酸度测定
GB/T 5532 动植物油脂 碘值的测定
GB/T 5533 粮油检验 植物油脂含皂量的测定
GB/T 5534 动植物油脂 皂化值的测定
GB/T 5535.1 动植物油脂 不皂化物测定 第1部分：乙醚提取法
GB/T 5535.2 动植物油脂 不皂化物测定 第2部分：己烷提取法
GB/T 5538 动植物油脂 过氧化值测定
GB 7718 预包装食品标签通则
GB/T 15688 动植物油脂 不溶性杂质含量的测定
GB/T 17374 食用植物油销售包装
GB/T 17376 动植物油脂 脂肪酸甲酯制备
GB/T 17377 动植物油脂 脂肪酸甲酯的气相色谱分析
GB/T 22460 动植物油脂 罗维朋色泽的测定

3 术语和定义

下列术语和定义适用于本标准。

3.1 花椒籽油 zanthoxylum bungeanum seed oil

采用花椒的籽粒为原料制成的油脂。

3.2 压榨花椒籽油 pressing zanthoxylum bungeanum seed oil

花椒籽经压榨工艺制取的油脂。

3.3 浸出花椒籽油 solvent extraction zanthoxylum bungeanum seed oil

花椒籽经浸出工艺制取的油脂。

3.4 折光指数 refractive index

光线从空气中射入油脂时，入射角与折射角的正弦之比值。

3.5 相对密度 relative density

在规定温度下植物油的质量与同体积20℃蒸馏水的质量之比值。

3.6 碘值 iodine value

在规定条件下与100g油脂发生加成反应所需碘的克数。

3.7 皂化值 saponification value

皂化1g油脂所需的氢氧化钾毫克数。

3.8 不皂化物 unsaponifiable matter

油脂中不与碱起作用、溶于醚、不溶于水的物质，包括甾醇、脂溶性维生素和色素等。

3.9 脂肪酸 fatty acid

脂肪族一元羧酸的总称，通式为R—COOH。

3.10 水分及挥发物 moisture and volatile matter

油脂在规定条件下加热，导致其质量损失的物质。

3.11 不溶性杂质 insoluble impurity

油脂中不溶于石油醚等有机溶剂的物质。

3.12　酸值　acid value

中和1g油脂中所含游离脂肪酸需要的氢氧化钾毫克数。

3.13　过氧化值　peroxide value

1kg油脂中过氧化物的毫摩尔数。

3.14　溶剂残留量　residual solvent content in oil

1kg油脂中残留的溶剂毫克数。

3.15　含皂量　saponified matter content

经过碱炼后的油脂中皂化物的含量（以油酸钠计）。

4　分类

花椒籽油分为压榨花椒籽油和浸出花椒籽油。

5　质量要求与卫生要求

5.1　特征指标

a）折光指数（n^{20}）：1.472～1.481

b）相对密度（d_{20}^{20}）：0.921～0.967

c）碘值（I）：125～133g/100g

d）皂化值（KOH）：191～198mg/g

e）不皂化物：≤10g/kg

f）脂肪酸组成：

棕榈酸　$C_{16:0}$　9%～14%；

棕榈油酸　$C_{16:1}$　2%～8%；

硬脂酸　$C_{18:0}$　1%～3%；

油酸　$C_{18:1}$　25%～32%；

亚油酸　$C_{18:2}$　18%～33%；

亚麻酸　$C_{18:3}$　17%～24%。

5.2　质量指标

压榨花椒籽油和浸出花椒籽油分级质量指标要求见表1。

表1　质量指标

项　　目		质　量　指　标	
		一　级	二　级
色泽(罗维朋比色槽25.4mm)	≤	黄30　红4.0	黄70　红7.0
气味、滋味		具有花椒籽油固有的气味和滋味、无异味	具有花椒籽油固有的气味和滋味、无异味
酸值(KOH)/(mg/g)	≤	1.0	3.0
透明度		澄清、透明	—
不溶性杂质/%	≤	0.05	
水分及挥发物/%	≤	0.20	
含皂量/%	≤	0.03	
过氧化值/(mmol/kg)	≤	6.0	
溶剂残留量/(mg/kg)	≤	50	
铁/(mg/kg)	≤	1.5	
铜/(mg/kg)	≤	0.1	

注：1. 划有“—”者不作检测。

2. 溶剂残留量检出值小于10mg/kg时，视为未检出。

3. 压榨花椒籽油溶剂残留量不得检出。

5.3　卫生要求

按GB 2716和国家有关标准、规定执行。

5.4　添加剂使用限制

不得添加任何香精和香料。

5.5　真实性要求

花椒籽油中不得掺有其他食用油和非食用油。

6　检验方法

6.1　扦样、分样：按 GB/T 5524 执行。

6.2　透明度、气味、滋味检验：按 GB/T 5525 执行。

6.3　色泽检验：按 GB/T 22460 执行。

6.4　相对密度检验：按 GB/T 5526 执行。

6.5　折光指数检验：按 GB/T 5527 执行。

6.6　水分及挥发物检验：按 GB/T 5528 执行。

6.7　不溶性杂质检验：按 GB/T 15688 执行。

6.8　酸值检验：按 GB/T 5530 执行。

6.9　碘值检验：按 GB/T 5532 执行。

6.10　皂化值检验：按 GB/T 5534 执行。

6.11　不皂化物检验：按 GB/T 5535.1 或 GB/T 5535.2 执行。

6.12　过氧化值检验：按 GB/T 5538 执行。

6.13　含皂量检验：按 GB/T 5533 执行。

6.14　溶剂残留量检验：按 GB/T 5009.37 执行。

6.15　脂肪酸组成检验：按 GB/T 17376、GB/T 17377 执行。

6.16　铜含量检验：按 GB/T 5009.13 执行。

6.17　铁含量检验：按 GB/T 5009.90 执行。

7　检验规则

7.1　检验一般规则

按 GB/T 5490 执行。

7.2　检验组批

同原料、同工艺、同设备、同班次加工的产品为一批。

7.3　出厂检验

除铁、铜项目外，按 5.2 执行。

7.4　型式检验

7.4.1　当原料、设备、工艺有较大变化时，均应进行型式检验。

7.4.2　按第 5 章执行。

7.5　判定规则

7.5.1　产品未标注质量等级时，按不合格判定。

7.5.2　产品的各等级指标中有一项不合格时，即判定为不合格产品。

8　标签标识

8.1　应符合 GB 7718 的要求。

8.2　应标注加工工艺。

8.3　应注明产品原料的生产国名。

9　包装、储存和运输

9.1　包装

应符合 GB/T 17374 及国家的有关规定和要求。

9.2　储存

应储存于阴凉、干燥、避光处。不得与有毒有害物质一同存放。

9.3　运输

运输车辆和器具应保持清洁、卫生。运输过程中应注意安全，防止日晒、雨淋、渗漏、污染和标签脱落。不得与有毒有害物质同车运输。

B21 **红花籽油国家标准**(GB/T 22465—2008)

1 范围

本标准规定了红花籽油的相关术语和定义、分类、质量要求、检验方法、检验规则、标签以及包装、储存和运输要求。

本标准适用于以红花籽为原料加工的供人食用的商品红花籽油。

2 规范性引用文件

下列文件中的条款通过本标准的引用而成为本标准的条款。凡是注日期的引用文件，其随后所有的修改单（不包括勘误的内容）或修订版均不适用于本标准，然而，鼓励根据本标准达成协议的各方研究是否可使用这些文件的最新版本。凡是不注日期的引用文件，其最新版本适用于本标准。

GB 2716 食用植物油卫生标准

GB 2760 食品添加剂使用卫生标准

GB/T 5009.13 食品中铜的测定

GB/T 5009.37 食用植物油卫生标准的分析方法

GB/T 5009.90 食品中铁、镁、锰的测定

GB/T 5524 动植物油脂 扦样

GB/T 5525 植物油脂 透明度、气味、滋味鉴定法

GB/T 5526 植物油脂检验 比重测定法

GB/T 5527 植物油脂检验 折光指数测定法

GB/T 5528 动植物油脂 水分及挥发物含量测定

GB/T 5530 动植物油脂 酸值和酸度测定

GB/T 5532 动植物油脂 碘值的测定

GB/T 5534 动植物油脂 皂化值的测定

GB/T 5535.1 动植物油脂 不皂化物测定 第1部分：乙醚提取法

GB/T 5535.2 动植物油脂 不皂化物测定 第2部分：己烷提取法

GB/T 5538 动植物油脂 过氧化值测定

GB 7718 预包装食品标签通则

GB/T 15688 动植物油脂 不溶性杂质含量的测定

GB/T 17374 食用植物油销售包装

GB/T 17376 动植物油脂 脂肪酸甲酯制备

GB/T 17377 动植物油脂 脂肪酸甲酯的气相色谱分析

GB/T 22460 动植物油脂 罗维朋色泽的测定

ISO 12228：1999 动植物油脂 甾醇成分及甾醇总含量的测定 气相色谱法

3 术语和定义

下列术语和定义适用于本标准。

3.1 红花籽油 safflowerseed oil

以红花籽（*Carthamus tinctorious* L.）为原料经加工制成的油。

3.2 压榨红花籽油 pressing sufflowerseed oil

红花籽经压榨工艺制取的油。

3.3 浸出红花籽油 solvent extraction sufflowerseed oil

红花籽经浸出工艺制取的油。

3.4 红花籽原油 crude sufflowerseed oil

未经处理的不能直接供人类食用的红花籽油。

3.5 成品红花籽油 finished product of sufflowerseed oil

经处理符合本标准成品油质量指标和卫生要求的直接供人类食用的红花籽油。

3.6　折光指数　refractive index

光线从空气中射入油脂时，入射角与折射角的正弦之比值。

3.7　相对密度　relative density

规定温度下的植物油的质量与同体积20℃蒸馏水的质量之比值。

3.8　碘值　iodine value

在规定条件下与100g油脂发生加成反应所需碘的克数。

3.9　皂化值　saponification value

皂化1g油脂所需的氢氧化钾毫克数。

3.10　不皂化物　unsaponifiable matter

油脂中不与碱起作用、溶于醚、不溶于水的物质，包括甾醇、脂溶性维生素和色素等。

3.11　脂肪酸　fatty acid

脂肪族一元羧酸的总称，通式为R—COOH。

3.12　色泽　colour

油脂本身带有的颜色和光泽。

3.13　水分及挥发物　moisture and volatile matter

油脂中在一定温度条件下加热导致其质量损失的物质。

3.14　不溶性杂质　insoluble impurity

油脂中不溶于石油醚等有机溶剂的物质。

3.15　酸值　acid value

中和1g油脂中所含游离脂肪酸需要的氢氧化钾毫克数。

3.16　过氧化值　peroxide value

1kg油脂中过氧化物的毫摩尔数。

3.17　溶剂残留量　residual solvent content in oil

1kg油脂中残留的溶剂毫克数。

3.18　甾醇　sterol

含羟基的环戊烷并全氢菲类化合物的总称，以游离状态或同脂肪酸结合成酯的状态存在于生物体内。

4　分类

红花籽油分为红花籽原油、压榨成品红花籽油、浸出成品红花籽油三类。

5　质量要求

5.1　特征指标

5.1.1　折光指数（n^{40}）：1.467～1.470。

5.1.2　相对密度（d_{20}^{20}）：0.922～0.927。

5.1.3　碘值（I）：136～148g/100g。

5.1.4　皂化值（KOH）：186～198mg/g。

5.1.5　不皂化物：≤15g/kg。

5.1.6　脂肪酸组成见表1。

表1　红花籽油脂肪酸组成

脂肪酸		含量/%	脂肪酸		含量/%
豆蔻酸	C14∶0	ND～0.2	亚麻酸	C18∶3	ND～0.1
棕榈酸	C16∶0	5.3～8.0	花生酸	C20∶0	0.2～0.4
棕榈一烯酸	C16∶1	ND～0.2	二十碳一烯酸	C20∶1	0.1～0.3
十七烷酸	C17∶0	ND～0.1	山嵛酸	C22∶0	ND～1.0
十七碳一烯酸	C17∶1	ND～0.1	芥酸	C22∶1	ND～1.8
硬脂酸	C18∶0	1.9～2.9	木焦油酸	C24∶0	ND～0.2
油酸	C18∶1	8.4～21.3	二十四碳一烯酸	C24∶1	ND～0.2
亚油酸	C18∶2	67.8～83.2			

注：ND表示未检出，定义为≤0.05%。

5.1.7　红花籽油总甾醇要求为2100mg/kg～4600mg/kg，甾醇成分含量见表2。

表2　红花籽油甾醇成分含量

甾醇成分	占总甾醇的百分数/%	甾醇成分	占总甾醇的百分数/%
胆固醇　cholesterol	ND～0.7	δ-5-燕麦甾醇　delta-5-avenasterol	0.8～4.8
芸苔甾醇　brassicasterol	ND～0.4	δ-7-谷甾醇　delta-7-stigmastenol	13.7～24.6
菜籽甾醇　campesterol	9.2～13.3	δ-7-燕麦甾醇　delta-7-avenasterol	2.2～6.3
豆甾醇　stigmasterol	4.5～9.6	其他　others	0.5～6.4
β-谷甾醇　beta-sitosterol	40.2～50.6		

注：ND表示未检出，定义为≤0.05%。

5.2　质量等级指标

5.2.1　红花籽原油质量指标见表3。

表3　红花籽原油质量指标

项目		质量指标
气味、滋味		具有红花籽原油固有的气味和滋味，无异味
水分及挥发物/%	≤	0.20
不溶性杂质/%	≤	0.20
酸值(KOH)/(mg/g)	≤	4.0
过氧化值/(mmol/kg)	≤	7.5
溶剂残留量/(mg/kg)	≤	100

5.2.2　压榨成品红花籽油、浸出成品红花籽油质量指标见表4。

表4　压榨成品红花籽油、浸出成品红花籽油质量指标

项目			质量指标 一级油	二级油	三级油
色泽	(罗维朋比色槽25.4mm)	≤	—	黄35　红2.5	黄35　红5.0
	(罗维朋比色槽133.4mm)	≤	黄25　红3.0	—	—
滋味、气味			具有红花籽油固有气味和滋味，无异味	具有红花籽油固有气味和滋味，无异味	具有红花籽油固有气味和滋味，无异味
透明度			澄清、透明	澄清、透明	澄清、透明
水分及挥发物/%		≤	0.10	0.10	0.20
不溶性杂质/%		≤	0.05		
酸值(KOH)/(mg/g)		≤	0.5	1.0	3.0
过氧化值/(mmol/kg)		≤	6.0	7.5	7.5
铁/(mg/kg)		≤	1.5		5.0
铜/(mg/kg)		≤	0.1		0.4
溶剂残留量/(mg/kg)	浸出油		不得检出	≤50	
	压榨油		不得检出		

注：1. 划“—”不做检测。

2. 压榨油和一、二级浸出油的溶剂残留量检出值小于10mg/kg时，视为未检出。

5.3　卫生指标

按GB 2716和国家有关标准、规定执行。

5.4　添加剂使用限制

按GB 2760和国家有关标准、规定执行，但不得添加任何香精和香料。

5.5 真实性要求

红花籽油中不得掺有其他食用油和非食用油。

6 检验方法

6.1 扦样：按 GB/T 5524 执行。

6.2 透明度、气味、滋味检验：按 GB/T 5525 执行。

6.3 色泽检验：按 GB/T 22460 执行。

6.4 相对密度检验：按 GB/T 5526 执行。

6.5 折光指数检验：按 GB/T 5527 执行。

6.6 水分及挥发物检验：按 GB/T 5528 执行。

6.7 不溶性杂质检验：按 GB/T 15688 执行。

6.8 酸值检验：按 GB/T 5530 执行。

6.9 碘值检验：按 GB/T 5532 执行。

6.10 皂化值检验：按 GB/T 5534 执行。

6.11 不皂化物检验：按 GB/T 5535.1 或 GB/T 5535.2 执行。

6.12 过氧化值检验：按 GB/T 5538 执行。

6.13 溶剂残留量检验：按 GB/T 5009.37 执行。

6.14 脂肪酸组成检验：按 GB/T 17376、GB/T 17377 执行。

6.15 甾醇含量检验：按 ISO 12228：1999 执行。

6.16 铜含量检验：按 GB/T 5009.13 执行。

6.17 铁含量检验：按 GB/T 5009.90 执行。

6.18 卫生标准的测定：按 GB/T 5009.37 执行。

7 检验规则

7.1 出厂检验

除铁、铜项目外，按 5.2 规定的项目检验。

7.2 型式检验

7.2.1 当原料、设备、工艺有较大变化时，均应进行抽样检验。

7.2.2 按第 5 章的规定检验。

7.3 判定规则

7.3.1 产品未标注质量等级时，按不合格判定。

7.3.2 产品的各等级指标中有一项不合格时，即判定为不合格产品。

8 标签

8.1 应符合 GB 7718 的要求。

8.2 产品的加工方式和质量等级须标注。

8.3 应注明产品原料的生产国名。

9 包装、储存和运输

9.1 包装

包装应符合 GB/T 17374 及国家有关规定和要求。

9.2 储存

应储存于阴凉、干燥及避光处。不得与有害、有毒物品一同存放。

9.3 运输

运输中应注意安全，防止日晒、雨淋、渗漏、污染和标签脱落。散装运输要有专车，保持车辆清洁、卫生。

B22 核桃油国家标准（GB/T 22327—2008）

1 范围

本标准规定了核桃油的术语和定义、分类、质量要求、检验方法、检验规则、标签、标识以及包装、储存和运输等要求。

本标准适用于以核桃为原料加工的供人食用的商品核桃油。

2　规范性引用文件

下列文件中的条款通过本标准的引用而成为本标准的条款。凡是注日期的引用方法，其随后所有的修改单（不包括勘误的内容）或修订版均不适用于本标准，然而，鼓励根据本标准达成协议的各方研究是否可使用这些文件的最新版本。凡是不注日期的引用文件，其最新版本适用于本标准。

GB 2716　食用植物油卫生标准

GB/T 5009.13　食品中铜的测定

GB/T 5009.37　食用植物油卫生标准的分析方法

GB/T 5009.90　食品中铁、镁、锰的测定

GB/T 5490　粮食、油料及植物油脂检验　一般规则

GB/T 5524　植物油脂检验　扦样、分样法

GB/T 5525　植物油脂　透明度、气味、滋味鉴定法

GB/T 5526　植物油脂检验　比重测定法

GB/T 5527　植物油脂检验　折光指数测定法

GB/T 5528　植物油脂水分及挥发物含量测定法

GB/T 5530　动植物油脂　酸值和酸度测定（GB/T 5530—2005，ISO 660：1996，IDT）

GB/T 5532　植物油碘值测定（GB/T 5532—1995，neq ISO 3961：1989）

GB/T 5533　植物油脂检验　含皂量测定法

GB/T 5534　动植物油脂皂化值的测定（GB/T 5534—1995，idt ISO 3657：1988）

GB/T 5535.1　动植物油脂　不皂化物测定　第1部分：乙醚提取法（GB/T 5535.1—2008，ISO 3596：2000，IDT）

GB/T 5535.2　动植物油脂　不皂化物测定　第2部分：己烷提取法（GB/T 5535.2—2008，ISO 18609：2000，IDT）

GB/T 5538　动植物油脂　过氧化值测定（GB/T 5538—2005，ISO 3960：2001，IDT）

GB 7718　预包装食品标签通则

GB/T 15688　动植物油脂中不溶性杂质含量的测定（GB/T 15688—1995，eqv ISO 663：1992）

GB/T 17374　食用植物油销售包装

GB/T 17376　动植物油脂　脂肪酸甲酯制备（GB/T 17376—1998，eqv ISO 5509：1978）

GB/T 17377　动植物油脂　脂肪酸甲酯的气相色谱分析（GB/T 17377—1998，eqv ISO 5508：1990）

GB/T 22460　动植物油脂　罗维朋色泽的测定（GB/T 22460—2008，ISO 15305：1998，IDT）

3　术语和定义

下列术语和定义适用于本标准。

3.1　核桃油　walnut oil

采用核桃仁为原料制成的油脂。

3.2　压榨核桃油　pressing walnut oil

核桃仁经压榨工艺制取的油脂。

3.3　浸出核桃油　solvent extraction walnut oil

核桃仁经浸出工艺制取的油脂。

3.4　核桃原油　crude walnut oil

未经任何处理的不能直接供人类食用的核桃油。

3.5　折光指数　refractive index

光线从空气中射入油脂时，入射角与折射角的正弦之比值。

3.6　相对密度　relative density

规定温度下植物油的质量与同体积20℃蒸馏水的质量之比值。

3.7　碘值　iodine value

在规定条件下与100g油脂发生加成反应所需碘的克数。

3.8　皂化值　saponification value

皂化1g油脂所需的氢氧化钾毫克数。

3.9　不皂化物　unsaponifiable matter

油脂中不与碱起作用、溶于醚、不溶于水的物质，包括甾醇、脂溶性维生素和色素等。

3.10　脂肪酸　fatty acid

脂肪族一元羧酸的总称，通式为R—COOH。

3.11　水分及挥发物　moisture and volatile matter

油脂在一定温度条件下加热，导致质量损失的物质。

3.12　不溶性杂质　insoluble impurity

油脂中不溶于石油醚等有机溶剂的物质。

3.13　酸值　acid value

中和1g油脂中所含游离脂肪酸需要的氢氧化钾毫克数。

3.14　过氧化值　peroxide value

1kg油脂中过氧化物的毫摩尔数。

3.15　溶剂残留量　residual solvent content in oil

1kg油脂中残留的溶剂毫克数。

3.16　含皂量　saponified matter content

经过碱炼后的油脂中皂化物的质量百分数（以油酸钠计）。

4　分类

核桃油分为核桃原油和压榨核桃油、浸出核桃油三类。

5　质量要求

5.1　特征指标

特征指标见表1。

表1　核桃油特征指标

项　目		范　围	项　目		范　围
折光指数(n^{20})		1.467～1.482	脂肪酸组成/%		
			棕榈酸	C16：0	6.0～10.0
相对密度(d_{20}^{20})		0.902～0.929	棕榈油酸	C16：1	0.1～0.5
碘值(以I计)/(g/100g)		140～174	硬脂酸	C18：0	2.0～6.0
皂化值(以KOH计)/(mg/g)		183～197	油酸	C18：1	11.5～25.0
			亚油酸	C18：2	50.0～69.0
不皂化物/(g/kg)	≤	20	亚麻酸	C18：3	6.5～18.0

5.2　质量指标

5.2.1　核桃原油质量指标见表2。

表2　核桃原油质量指标

项　目		质量指标	项　目		质量指标
水分及挥发物/%	≤	0.20	过氧化值/(mmol/kg)	≤	10.0
不溶性杂质/%	≤	0.20	溶剂残留量/(mg/kg)	≤	100
酸值(以KOH计)/(mg/g)	≤	4.0			

5.2.2　压榨核桃油质量指标见表3。

表 3 压榨核桃油质量指标

项 目		质量指标	项 目		质量指标
色泽(罗维朋比色槽 25.4mm)	≤	黄 30 红 4.0	酸值(以 KOH 计)/(mg/g)	≤	3.0
气味、滋味		正常、无异味	过氧化值/(mmol/kg)	≤	6.0
透明度		澄清、透明	铁/(mg/kg)	≤	5.0
水分及挥发物/%	≤	0.10	铜/(mg/kg)	≤	0.4
不溶性杂质/%	≤	0.05	溶剂残留量/(mg/kg)		不得检出

注：溶剂残留量检出值小于 10mg/kg 时，视为未检出。

5.2.3 浸出核桃油分级质量指标见表 4。

表 4 浸出核桃油质量指标

项 目			质量指标	
			一级	二级
色泽	(罗维朋比色槽 25.4mm)	≤	—	黄 30 红 4.0
	(罗维朋比色槽 133.4mm)	≤	黄 20 红 2.0	—
气味、滋味			气味、口感好	
透明度			澄清、透明	
水分及挥发物/%		≤	0.10	
不溶性杂质/%		≤	0.05	
酸值(以 KOH 计)/(mg/kg)		≤	6.0	3.0
过氧化值/(mmol/kg)		≤	6.0	
含皂量/%		≤	0.03	
溶剂残留量/(mg/kg)			50	
铁/(mg/kg)		≤	1.5	
铜/(mg/kg)		≤	0.1	

注：溶剂残留量检出值小于 10mg/kg 时，视为未检出。

5.3 卫生要求

按 GB 2716 和国家有关标准、规定执行。

5.4 添加剂使用限制

不得添加任何香精和香料。

5.5 真实性要求

核桃油中不得掺有其他食用油和非食用油。

6 检验方法

6.1 扦样、分样：按 GB/T 5524 执行。

6.2 透明度、气味、滋味检验：按 GB/T 5525 执行。

6.3 色泽检验：按 GB/T 22460 执行。

6.4 相对密度检验：按 GB/T 5526 执行。

6.5 折光指数检验：按 GB/T 5527 执行。

6.6 水分及挥发物检验：按 GB/T 5528 执行。

6.7 不溶性杂质检验：按 GB/T 15688 执行。

6.8 酸值测定：按 GB/T 5530 执行。

6.9 碘值测定：按 GB/T 5532 执行。

6.10 皂化值测定：按 GB/T 5534 执行。

6.11 不皂化物测定：按 GB/T 5535.1，GB/T 5535.2 执行。

6.12 过氧化值测定：按 GB/T 5538 执行。

6.13 含皂量测定：按 GB/T 5533 执行。

6.14 溶剂残留量测定：按 GB/T 5009.37 执行。

6.15 脂肪酸组成测定：按 GB/T 17376、GB/T 17377 执行。

6.16 铜含量测定：按 GB/T 5009.13 执行。

6.17 铁含量测定：按 GB/T 5009.90 执行。

7 检验规则

7.1 检验一般规则

按 GB/T 5490 执行。

7.2 产品组批

同原料、同工艺、同设备、同批次加工的产品为一批。

7.3 出厂检验

除铁、铜项目外，按 5.2 规定的项目检验。

7.4 型式检验

7.4.1 当原料、设备、工艺有较大变化时，均应进行型式检验。

7.4.2 按本标准第 5 章的规定检验。

7.5 判定规则

7.5.1 产品的各等级指标中有一项不合格时，即判定为不合格产品。

7.5.2 产品未标注质量等级时，按不合格判定。

8 标签、标识

8.1 应符合 GB 7718 的要求。

8.2 应标注加工工艺。

8.3 应注明产品原料的生产国名。

9 包装、储存和运输

9.1 包装

符合 GB/T 17374 及国家的有关规定和要求。

9.2 储存

应储存于阴凉、干燥及避光处。不得与有害有毒物质一同存放。

9.3 运输

运输车辆和器具应保持清洁、卫生。运输过程中应注意安全，防止日晒、雨淋、渗漏、污染和标签脱落。不得与有害有毒物质同车运输。

B23 **葡萄籽油国家标准**(GB/T 22478—2008)

1 范围

本标准规定了葡萄籽油的相关术语和定义、质量要求与卫生要求、检验方法、检验规则、检签标识以及包装、储存、运输等要求。

本标准适用于以葡萄籽为原料加工的供人食和的商品葡萄籽油。

2 规范性引用文件

下列文件中的条款通过本标准的引用而成为本标准的条款。凡是注日期的引用文件，其随后所有的修改单（不包括勘误的内容）或修订版均不适用于本标准，然而，鼓励根据本标准达成协议的各方研究是否可使用这些文件的最新版本。凡是不注日期的引用文件，其最新版本适用于本标准。

GB 2716 食用植物油卫生标准

GB/T 5009.13 食用中铜的测定

GB/T 5009.37 食用植物油卫生标准的分析方法

GB/T 5009.90 食品中铁、镁、锰的测定

GB/T 5490 粮食、油料及植物油脂检验 一般规则

GB/T 5524 动植物油脂 扦样
GB/T 5525 植物油脂 透明度、气味、滋味鉴定法
GB/T 5526 植物油脂检验 比重测定法
GB/T 5527 植物油脂检验 折光指数测定法
GB/T 5528 动植物油脂 水分及挥发物含量测定
GB/T 5530 动植物油脂 酸值和酸度测定
GB/T 5532 动植物油脂 碘值的测定
GB/T 5534 动植物油脂 皂化值的测定
GB/T 5535.1 动植物油脂 不皂化物测定 第1部分：乙醚提取法
GB/T 5535.2 动植物油脂 不皂化物测定 第2部分：己烷提取法
GB/T 5538 动植物油脂 过氧化值测定
GB 7718 预包装食品标签通则
GB/T 15688 动植物油脂 不溶性杂质含量的测定
GB/T 17374 食用植物油销售包装
GB/T 17376 动植物油脂 脂肪酸甲酯制备
GB/T 17377 动植物油脂 脂肪酸甲酯的气相色谱分析
ISO 12228：1999 动植物油脂 甾醇成分及甾醇总含量的测定 气相色谱法
AOCS Cc 17—95（97） 油脂中含皂量测定 滴定法

3 术语和定义

下列术语和定义适用于本标准。

3.1 葡萄籽油 grapeseed oil

以葡萄籽为原料经加工制成的油脂产品。

3.2 折光指数 refractive index

光线从空气中射入油脂时，入射角与折射角的正弦之比值。

3.3 相对密度 relative density

在规定温度下植物油的质量与同体积20℃蒸馏水的质量之比值。

3.4 碘值 iodine value

在规定条件下与100g油脂发生加成反应所需碘的克数。

3.5 皂化值 saponification value

皂化1g油脂所需的氢氧化钾毫克数。

3.6 不皂化物 unsaponifiable matter

油脂中不与碱起作用、溶于醚、不溶于水的物质，包括甾醇、脂溶性维生素和色素等。

3.7 脂肪酸 fatty acid

脂肪族一元羧酸的总称，通式为R—COOH。

3.8 水分及挥发物 moisture and volatile matter

油脂在规定条件下加热，导致其质量损失的物质。

3.9 不溶性杂质 insoluble impurity

油脂中不溶于石油醚等有机溶剂的物质。

3.10 酸值 acid value

中和1g油脂中所含游离脂肪酸需要的氢氧化钾毫克数。

3.11 过氧化值 peroxide value

1kg油脂中过氧化物的毫摩尔数。

3.12 溶剂残留量 residual solvent content in oil

1kg油脂中残留的溶剂毫克数。

3.13 含皂量 saponified matter content

经过碱炼后的油脂中残留的皂化物的含量（以油酸钠计）。

3.14 甾醇 sterol

含羟基的环戊烷并全氢非类化合物的总称，以游离状态或同脂肪酸结合成酯的状态存在于生物体内。

4 质量要求与卫生要求

4.1 特征指标

4.1.1 折光指数（n^{40}）：1.467～1.477。

4.1.2 相对密度（d_{20}^{20}）：0.920～0.926。

4.1.3 碘值（I）：128～150g/100g。

4.1.4 皂化值（KOH）：188～194mg/g。

4.1.5 不皂化值：≤20g/kg。

4.1.6 脂肪酸组成见表1。

表1 葡萄籽油脂肪酸组成

脂肪酸		含量/%	脂肪酸		含量/%
豆蔻酸	$C_{14:0}$	ND～0.3	亚油酸	$C_{18:2}$	58.0～78.0
棕榈酸	$C_{16:0}$	5.5～11.0	亚麻酸	$C_{18:3}$	ND～1.0
棕榈油酸	$C_{16:1}$	ND～1.2	花生酸	$C_{20:0}$	ND～1.0
十七烷酸	$C_{17:0}$	ND～0.2	二十碳一烯酸	$C_{20:1}$	ND～0.3
十七碳一烯酸	$C_{17:1}$	ND～0.1	山嵛酸	$C_{20:0}$	ND～0.5
硬脂酸	$C_{18:0}$	3.0～6.5	芥酸	$C_{22:1}$	ND～0.3
油酸	$C_{18:1}$	12.0～28.0	木焦油酸	$C_{24:0}$	ND～0.4

注：ND表示未检出，含量≤0.05%。

4.1.7 总甾醇含量：2000～7000mg/kg。

4.1.8 各种甾醇成分含量（占总甾醇的质量分数）见表2。

表2 葡萄籽油甾醇成分含量

甾醇成分	占总甾醇的质量分数/%	甾醇成分	占总甾醇的质量分数/%
高根二醇	>2	δ-5-燕麦甾醇	1.0～3.5
芸苔甾醇	ND～0.2	δ-7-谷甾醇	0.5～3.5
菜籽甾醇	7.5～14.0	δ-7-燕麦甾醇	0.5～1.5
豆甾醇	7.5～12.0	其他	ND～5.1
β-谷甾醇	64.0～70.0		

注：ND表示未检出，含量≤0.05%。

4.2 质量指标

质量指标见表3。

表3 葡萄籽油质量指标

项目		等级		
		一级	二级	三级
色泽		淡绿色或浅黄绿色		
气味、滋味		气味、口感好	气味、口感良好	具有葡萄籽油固有的气味和滋味，无异味
透明度		澄清、透明		
水分及挥发物/%	≤	0.10		
杂质/%	≤	0.05		

续表

项 目	等 级		
	一级	二级	三级
酸值(以 KOH 计)/(mg/g) ≤	0.60	1.0	3.0
过氧化值/(mmol/kg) ≤	5.0	6.0	7.5
含皂量/% ≤	0.005	0.005	0.03
铁/(mg/kg) ≤	1.5		5.0
铜/(mg/kg) ≤	0.1		0.4
溶剂残留量/(mg/kg) ≤	50		

注：当油的溶剂残留量检出值小于 10mg/kg 时，视为未检出。

4.3 卫生要求

按 GB 2716 和国家有关标准、规定执行。

4.4 添加剂使用限制

不得添加任何香精和香料。

4.5 真实性要求

葡萄籽油中不得掺有其他食用油和非食用油。

5 检验方法

5.1 扦样、分样：按 GB/T 5524 执行。

5.2 透明度、气味、滋味检验：按 GB/T 5525 执行。

5.3 色泽检验：按 GB/T 5009.37 执行。

5.4 相对密度：按 GB/T 5526 执行。

5.5 折光指数：按 GB/T 5527 执行。

5.6 水分及挥发物检验：按 GB/T 5528 执行。

5.7 不溶性杂质检验：按 GB/T 15688 执行。

5.8 酸值检验：按 GB/T 5530 执行。

5.9 碘值检验：按 GB/T 5532 执行。

5.10 含皂量检验：按 AOCS Cc 17-95（97）执行。

5.11 皂化值检验：按 GB/T 5534 执行。

5.12 不皂化物检验：按 GB/T 5535.1 或 GB/T 5535.2 执行。

5.13 过氧化值检验：按 GB/T 5538 执行。

5.14 溶剂残留量检验：按 GB/T 5009.37 执行。

5.15 脂肪酸组成检验：按 GB/T 17376、GB/T 17377 执行。

5.16 甾醇含量检验：按 ISO 12228：1999 执行。

5.17 铜含量检验：按 GB/T 5009.13 执行。

5.18 铁含量检验：按 GB/T 5009.90 执行。

6 检验规则

6.1 检验一般规则

按 GB/T 5490 执行。

6.2 出厂检验

除铁、铜项目外，按 4.2 规定的项目检验。

6.3 型式检验

6.3.1 当原料、设备、工艺有较大变化时，均应进行型式检验。

6.3.2 按第 4 章的规定检验。

6.4 判定规则

6.4.1 产品未标注质量等级时，按不合格判定。

6.4.2 产品的各等级指标中有一项不合格时，即判定为不合格产品。

7 标签标识

7.1 应符合 GB 7718 的要求。

7.2 应注明产品原料的生产国名。

8 包装、储存和运输

8.1 包装

应符合 GB/T 17374 及国家的有关规定和要求。

8.2 储存

应储存于阴凉、干燥、避光处。不得与有毒有害物质一同存放。

8.3 运输

运输车辆和器具应保持清洁、卫生。运输过程中应注意安全，防止日晒、雨淋、渗漏、污染和标签脱落。不得与有毒有害物质同车运输。

B24 **人造奶油国家标准**(摘自 GB 15196—94)

1 感官指标

外观呈乳白色或淡黄色半固体状，质地均匀细腻，具有天然奶油特有的风味，无霉变、无异味、无异嗅和无杂质。

2 理化指标

理化指标应符合表 1 的要求。

表 1 人造奶油理化指标

项 目		指 标	项 目		指 标
酸值/(mgKOH/g)	≤	1	B 级	≤	20
过氧化值/(mmol/kg)	≤	2	砷(以 As 计)/(mg/kg)		0.5
脂肪/%		—	铅(以 Pb 计)/(mg/kg)		0.5
A 级	≥	80	铜(以 Cu 计)/(mg/kg)		1
B 级	≥	75	镍(以 Ni 计)/(mg/kg)		1
水分/%		—	食品添加剂		按 GB 2760 的规定
A 级	≤	16			

3 微生物指标

微生物指标应符合表 2 的要求。

表 2 人造奶油微生物指标

项 目		指 标	项 目		指 标
细菌总数/(个/g)	≤	200	致病菌（指肠道致病菌和致病性球菌）		不得检出
大肠菌群/(个/100g)	≤	30	霉菌/(个/g)	≤	50

三、产品卫生标准

B25 **食用植物油厂卫生规范**(GB 8955—88)

1 主题内容与适用范围

本规范适用于生产食用植物油脂或食用植物油制品的工厂（作坊）食用油脂储炼厂，以及其他工厂附设的食用植物油脂或食用植物油制品的车间。

2 术语

2.1 食用植物油：利用植物油料经深加工生产出供人类食用的油脂。

2.2 食用油制品：以动、植物油脂为主要原料，经深加工制成供人类食用的油脂用品，如人造奶油、起酥油、粉末油脂等。

2.3 溶剂：指在生产植物油或生产其他综合利用产品过程中所需要的6＃大豆溶剂油以及国家允许使用的其他溶剂。

3 原材料采购、运输、储藏的卫生

3.1 采购

3.1.1 采购的原辅料必须符合国家有关的食品卫生标准或规定。

3.1.2 严禁采用下列原料生产食用植物油或食用油制品。

3.1.2.1 受工业“三废”、放射性元素和其他有毒、有害物质污染而不符合国家有关卫生标准的原料。

3.1.2.2 浸、拌过农药的油料种子。

3.1.2.3 经加工处理后不符合食用植物油卫生质量标准的原料。

3.1.2.4 混有非食用植物的油料、油脂，以及生产过程中非正常使用的矿物油。

3.1.2.5 严重腐败变质的原料。

3.1.3 生产食用植物油或工厂综合利用所用的溶剂，必须符合国家有关规定。

3.1.4 必须采用国家允许使用的、定点生产的食用级食品添加剂。

3.2 运输

3.2.1 运输原辅材料的车、船、容器等必须符合卫生要求；不允许将原料与有毒、有害或其他可能造成原料污染的物品混运。

3.2.2 溶剂的储罐、输送管道 、运输工具必须专用。

3.3 储藏

3.3.1 储存原辅材料的仓库必须通风、干燥、清洁卫生，具有防虫、防鼠设施，定期清扫、消毒。油料应按不同品种分类堆放，防止腐败变质。

3.3.2 油脂储罐必须坚固、密闭、无毒，按有关规定设计制作。

3.3.3 特殊原辅材料应根据其特性采取相应的储存措施。

4 工厂设计与设施的卫生

4.1 选址 食用植物油厂必须建在交通方便，水源充足，无有害气体、烟雾、灰尘、放射性物质及其他扩散性污染源的地区。

4.2 厂区和道路 厂区裸露地面应绿化。厂区道路、车辆集中场地和油桶堆放场地应铺砌水泥地面或其他坚硬地面。地面应平坦，无积水，不起尘土。

4.3 厂房与设施

4.3.1 厂房与设施应根据工艺流程合理布局；并便于卫生管理，便于清扫、消毒。

4.3.2 厂房与设施必须结构合理、坚固、完好；经常维修、保养，保持良好状况。

4.3.3 厂房与设施必须严格防止鼠、蝇及其他有害虫的侵入和隐匿，并应有防烟雾、防灰尘的有效措施。

4.3.4 食用与非食用植物油的原料和成品仓库应分别设置，防止交叉污染。

4.3.5 锅炉房应远离生产车间和成品库；内部布局合理；烟囱高度要达到环保部门要求并有除尘设施。

4.4 生产（加工）车间

4.4.1 生产（加工）车间的一般要求车间内必须具有通风、照明设施。

4.4.1.1 车间内必须具有通风、照明设施。

4.4.1.2 车间内地面、墙壁、天花板须平整。

4.4.1.3 车间内的门窗须完好、严密，采用不变形的材料制作，必须有防蚊、蝇设施。

4.4.1.4 车间内设备、管道、动力照明线、电缆等必须安装合理，符合有关规定，并便于维修。

4.4.2 生产（加工）车间的特殊要求

4.4.2.1 浸出、炼油、食用油制品车间的地面须稍有坡度，便于清洗。

4.4.2.2 食用油制品车间及包装车间应符合下列要求：地面磨水磨石、墙根砌白瓷砖或相当的建材；墙角、地角、顶角呈弧形；墙壁、天花板、门窗涂刷无毒的浅色涂料；安装排风扇、抽风机或空调设备；架空构件及其辅助装置必须能防止尘污积聚，便于清洗。

4.4.2.3 浸出车间的设备、管道必须密封良好。

4.4.2.4 油料预处理车间必须安装防尘设施，以保证车间内外粉尘含量符合国家环境保护的规定。

4.5 生产区与职工生活区应隔开，生产区内不得设职工与家属宿舍。

4.6 卫生设施

4.6.1 供水系统

4.6.1.1 生产用水必须符合 GB 5749《生活饮用水卫生标准》的规定。如配备储水设施，应有防污染措施，定期清洗、消毒。

4.6.1.2 非生产用水（循环、制冷、冷却、消防用水等）必须用单独管道输送，决不能与生产（饮用水）交叉连接，并应有明显的颜色区别。

4.6.2 废弃物临时存放设施 应在远离生产车间的适当地点，设置废弃物临时存放设施。采用便于清洗、消毒的材料制成。结构严密，能防止害虫侵入，避免废弃物污染原料、成品、饮用水、设备、道路。

4.6.3 废水、废气处理系统 必须设有废水、废气处理系统，经常检查、维修。废水、废气的排放应符合国家环境保护的规定。

4.6.4 更衣室、厕所等设施 生产车间必须设有与车间人数相适应，并与车间相连接的更衣室、厕所、淋浴室和工间休息室。这些场所应灯光明亮、通风良好、清洁卫生、无气味；门窗不得直接开向车间。车间内和靠近车间的厕所必须是水冲式的。

4.6.5 洗手设施 车间内必须设有洗手设施。食用油制品车间及包装车间的进口处，必须设有不用手开关的温水或冷热水洗手设施和供洗手用的清洗剂、消毒剂。洗手设施的下水管须经反水弯通入排水管，废水不得外溢。

4.6.6 其他设施

4.6.6.1 食用油制品车间及包装车间的进口处，必须设有鞋靴消毒池。

4.6.6.2 车间内必须设有水池、冲洗水管，供清洗设备、工器具、容器使用。

5 工厂的卫生管理

5.1 措施

5.1.1 工厂应根据本规范的要求，制定卫生实施细则。

5.1.2 工厂和车间都应配备经培训合格的专职卫生管理人员，按规定的权限和责任负责监督全体工作人员执行本规范有关规定。

5.2 维修、保养 厂房、设备、排水系统和其他机械设施，必须保持良好的状态。正常情况下，每年至少进行一次全面检修，发现问题应及时检修。

5.3 清扫（清洗）、消毒

5.3.1 每天工作结束后和必要时必须彻底清扫（或清洗）生产场地的地面、墙壁、排水沟，必要时进行消毒。

5.3.2 更衣室、厕所、淋浴室，工间休息等公共场所应经常清扫、清洗、消毒、保持清洁。

5.3.3 生产设备、中转容器、管道应定期清扫（清洗），保持清洁。

5.4 废弃物处理

5.4.1 厂房通道及周围场地应保持清洁，不得堆放杂物。

5.4.2 生产场地和其他工作场地的废弃物必须随时清除，并及时清理出厂，废弃物容器及其存放场地应及时清洗、消毒。

5.5 除虫灭害 厂区周围应定期或在必要时进行除虫灭害，防止害虫孳生。

5.6 危险品管理 工厂必须以设置专用的危险品库，存放杀虫剂和一切有毒、有害物品。这些物品必须贴有醒目的有毒标记。工厂应制订各种危险品的使用规则。使用危险品须经专门管理部门核准，并在指定的专门人员的严格监督下使用，严禁污染食品。

5.7 厂内禁止饲养家禽、家畜。

6 个人卫生与健康要求

6.1 卫生教育 工厂应对新参加工作及临时参加工作的人员进行卫生教育，定期对全厂职工进行“食品卫生法”、本规范及其他有关规定的宣传教育，做到教育有计划，考核有标准，卫生培训制度化和规范化。

6.2 健康检查 食用植物油或食用植物油制品的操作人员及有关人员每年至少进行一次健康检查，必要时接受临时检查。新参加或临时参加工作的人员。必须经健康检查并取得健康合格证后方可工作。工厂应建立职工健康档案。

6.3 健康要求 凡患有下列病症之一者，不得在食用植物油脂车间、食用油制品车间工作：痢疾、伤寒、病毒性肝炎等消化道传染病（包括病源携带者）；化脓性或渗出性皮肤病；其他有碍食品卫生的疾病。

6.4 洗手要求 食用植物油脂和食用油制品操作人员在下述情况之一时必须洗手，工厂应有监督措施：开始工作之前；上厕所之后；从事与生产无关的其他活动之后。

6.5 个人卫生

6.5.1 食用植物油制品操作人员应保持良好的个人卫生，勤洗澡、勤换衣、勤理发。不得留长指甲，涂指甲油。

6.5.2 食用植物油制品操作人员不得将与生产无关的个人用品、饰物带入车间；进车间必须穿戴工作服、工作帽、工作鞋；头发不得外露；不得穿戴工作服、工作帽、工作鞋进入与生产无关的场地。

6.5.3 严禁一切人员在车间内吃食物、吸烟、随地吐痰。

6.6 非加工人员 非加工人员进入车间时，必须遵守本规范 6.5.2 的规定。

7 生产过程中的卫生

7.1 工厂应根据原料的质量、卫生状况，制订相应的工艺技术措施，确保成品达到食用植物油和食用植物油制品有关质量、卫生标准。

7.2 当更换原料品种或设备使用时间较长时，应将所有输送机、设备、中间容器及管道地坑中积存的油料或油脂全部清除，防止腐烂的油料重复加工。

7.3 食用植物油加工车间一般不宜加工非食用植物油，但由于某些原因加工非食用植物油后，除按 7.2 的要求处理外，还应在加工食用植物油的投料初期抽样检验，符合食用植物油的质量、卫生标准后方能视为食用油；不合格的油脂应作为工业用油。

7.4 生产过程中需要加入添加剂时，必须符合 GB 2760《食品添加剂使用卫生标准》的规定。

7.5 用于油料、油脂加工用水，必须符合 4.6.1.1 的要求。

8 成品包装、储藏、运输的卫生要求

8.1 包装

8.1.1 食用植物油、食用植物油制品的包装容器，应采用无毒、耐油的材料制成。

8.1.2 成品经严格检验，达到国家有关质量、卫生标准后才能进行包装。

8.1.3 包装容器应有明显的唛头标记，标明：品名、等级、规格、毛重、净重、生产单位、生产日期等。

8.2 储存

8.2.1 应按食用植物油的品种、等级分别储存，不得与非食用植物油混储。在露天存放时应有防雨、防晒、防爆措施。

8.2.2 储存成品油的专用容器必须定期清理或清洗；如发现油污、水污、异味，必须经认真清洗、消毒、水冲、干燥后才能罐油。

8.3 运输 运输过程中应有防雨、防晒、防污染措施，不得与有毒、有害物品混运。

9 卫生与质量检验管理

9.1 工厂应设置与生产能力相适应的卫生、质量检验机构，配备相当于职工总数 3%～5%的检验人员。

9.2 检验机构应设置检验室、化验室，并应具备检验工作所需要的仪器、设备。

9.3 检验机构应制订健全的卫生、质量检验制度。

9.4 检验机构应按照国家规定的检验方法（标准）对原辅材料、半成品、成品进行检验。不合格的产品一律不得出厂。

9.5 各项检验记录须保存三年，备查。

B26 **食用植物油卫生标准**(摘自 GB 2716—2005)

1 范围

本标准规定了植物原油、食用植物油的卫生指标和检验方法以及食品添加剂、包装、标识、贮存、运输的卫生要求。

本标准适用于植物原油、食用植物油，不适用于氢化油和人造奶油。

2 规范性引用文件

下列文件中的条款通过本标准的引用而成为本标准的条款。凡是注日期的引用文件，其随后所有的修改单（不包括勘误的内容）或修订版均不适用于本标准，然而，鼓励根据本标准达成协议的各方研究是否可使用这些文件的最新版本。凡是不注日期的引用文件，其最新版本适用于本标准。

GB 2760 食品添加剂使用卫生标准

GB 2763 食品中农药最大残留限量

GB/T 5009.11 食品中总砷及无机砷的测定

GB/T 5009.12 食品中铅的测定

GB/T 5009.22 食品中黄曲霉毒素 B_1 的测定

GB/T 5009.27 食品中苯并［a］芘的测定

GB/T 5009.37 食用植物油卫生标准的分析方法

GB 8955 食用植物油厂卫生规范

GB 16629 6号抽提溶剂油

GB/T 17374 食用植物油销售包装

GB 19641 植物油料卫生标准

3 术语和定义

下列术语和定义适用于本标准。

3.1 植物原油 virginvegetable oil

以植物油料为原料制取的原料袖。

3.2 食用植物油 edible vegetable oil

以植物油料或植物原油为原料制成的食用植物油脂。

4 指标要求

4.1 原料、辅料要求

4.1.1 原料应符合 GB 19641 的规定。

4.1.2 浸出使用的抽提溶剂应符合 GB 16629 的要求及其他规定。

4.2 感官要求

具有产品正常的色泽、透明度、气味和滋味，无焦臭、酸败及其他异味。

4.3 理化指标

理化指标应符合表1的规定。

5 食品添加剂

5.1 食品添加剂质量应符合相应的标准和有关规定。

5.2 食品添加剂品种及其使用量应符合 GB 2760 的规定。

表1 理化指标

项目		指标	
		植物原油	食用植物油
酸值(KOH)/(mg/g)	≤	4	3
过氧化值/(g/100g)	≤	0.25	0.25
浸出油溶剂残留/(mg/kg)	≤	100	50
游离棉酚/% 棉籽油	≤	—	0.02

续表

项目		指标	
		植物原油	食用植物油
总砷(以As计)/(mg/kg)	≤	0.1	0.1
铅(Pb)/(mg/kg)	≤	0.1	0.1
黄曲霉毒素/(μg/kg)			
花生油、玉米胚油	≤	20	20
其他油	≤	10	10
苯并[a]芘/(μg/kg)	≤	10	10
农药残留		按GB 2763的规定执行	

注：栏内项目如具体产品的强制性国家标准中已作规定，按已规定的指标执行。

6 生产加工过程

应符合GB 8955及其他卫生要求的规定。

7 包装

7.1 应使用符合卫生要求的包装材料或容器，包装容器应清洁、干燥和密封。

7.2 销售包装应符合GB/T 17374的规定。

8 标识

8.1 销售包装标识要求应符合有关规定。

8.2 由转基因原料加工而成的产品，应符合国家有关规定。

9 储存、运输

9.1 不得与非食用植物油混存，应有防雨、防晒、防污、防爆措施。

9.2 储油容器的内壁和阀不得使用铜质材料，大容量的包装应尽可能充入氮气或二氧化碳气体，不得通入空气搅拌。

9.3 储存成品油的专容器必须明确标记，定期清洗或清理，干燥后才能灌油。

9.4 运输时应有防污染措施，不得与有毒、有害物品混运。

10 检验方法

10.1 感官

按GB/T 5009.37规定的方法测定。

10.2 理化指标

10.2.1 酸值、过氧化值、浸出油溶剂残留、游离棉酚：按GB/T 5009.37规定的方法测定。

10.2.2 总砷：按GB/T 5009.11规定的方法测定。

10.2.3 铅：按GB/T 5009.12规定的方法测定。

10.2.4 黄曲霉毒素 B_1，按GB/T 5009.22规定的方法测定。

10.2.5 苯并［a］芘：按GB/T 5009.27规定的方法测定。

B27 食用植物油煎炸过程中的卫生标准(GB 7102.1—2003)

1 范围

本标准规定了食用植物油煎炸过程中的指标要求、食品添加剂的卫生要求。

本标准适用于食品煎炸过程中的各种食用植物油。

2 规范性引用文件

下列文件中的条款通过本标准的引用而成为本标准的条款。凡是注日期的引用文件，其随后所有的修改单（不包括勘误的内容）或修订版均不适用于本标准，然而，鼓励根据本标准达成协议的各方研究是否可使用这些文件的最新版本。凡是不注日期的引用文件，其最新版本适用于本标准。

GB 2760 食品添加剂使用卫生标准

GB 5009.37 食用植物油卫生标准的分析方法

GB/T 7102.2 食用植物油煎炸过程中的极性组分（PC）的测定方法

3 指标要求

3.1 原料要求

应符合相应的标准和有关规定

3.2 感官指标

具有正常煎炸各种食品过程中植物油的色泽、气味和滋味，并且无异味、杂质和残渣。

3.3 理化指标

理化指标应符合下表的要求。

项目		指标	项目		指标
酸值(KOH)/(mg/g)	≤	5	极性组分/%	≤	27
羰基价/(meq/kg)	≤	50			

4 食品添加剂

4.1 食品添加剂质量应符合相应的标准和有关规定。

4.2 食品添加剂的品种和使用量应符合 GB 2760 的规定。

5 检验方法

5.1 感官指标

按 GB/T 5009.37 规定的方法测定。

5.2 理化指标

5.2.1 酸值、羰基价

按 GB/T 5009.37 规定的方法测定。

5.2.2 极性组分

按 GB/T 5009.202 规定的方法测定。

B28 **食用氢化油卫生标准**(GB 17402—2003)

1 范围

本标准规定了食用氢化油的指标要求、食品添加剂、生产加工过程的卫生要求、包装、标识、储存及运输要求和检验方法。

本标准适用于食用氢化油。

2 规范性引用文件

下列文件中的条款通过本标准的引用而成为本标准的条款。凡是注日期的引用文件，其随后所有的修改单（不包括勘误的内容）或修订版均不适用于本标准，然而，鼓励根据本标准达成协议的各方研究是否可使用这些文件的最新版本。凡是不注日期的引用文件，其最新版本适用于本标准。

GB 2760 食品添加剂使用卫生标准

GB/T 5009.12 食品中铅的测定

GB/T 5009.37 食用植物油卫生标准的分析方法

GB 8955 食用植物油厂卫生规范

3 术语和定义

下列术语和定义适用于本标准。

3.1 食用氢化油

以食用植物油，经氢化和精炼处理后制得的食品工业用原料油。

4 指标要求

4.1 原料要求

应符合相应的标准和有关规定。

4.2 感官要求

外观呈乳白色塑性固体，质地均匀，无异味。

4.3 理化指标

理化指标应符合表1规定。

表1　理化指标

项　　目	指　　标	项　　目	指　　标
酸值/(mgKOH/g)　　≤	1	铅(以Pb计)/(mg/kg)　　≤	1
过氧化值/(g/100g)　　≤	0.1		

5　食品添加剂

5.1　食品添加剂质量应符合相应的标准和有关规定。

5.2　食品添加剂的品种和使用量应符合GB 2760的规定。

6　生产加工过程的卫生要求

生产加工过程的卫生要求应符合GB 8955的规定。

7　包装

包装容器和材料应符合相应的卫生标准和有关规定。

8　标识

定型包装的标识要求应符合有关规定。

9　储存及运输

9.1　储存

成品应储存在干燥、通风良好的场所。不得与有毒、有害、有异味，易挥发、易腐蚀的物品同处储存。

9.2　运输

运输产品时应避免日晒、雨淋。不得与有毒、有害、有异味或影响产品质量的物品混装运输。

10　检验方法

10.1　感官指标

按本标准附录A操作。

10.2　理化指标

10.2.1　酸值

按GB/T 5009.37规定的方法测定。

10.2.2　过氧化值

按GB/T 5009.37规定的方法测定。

10.2.3　铅

按GB/T 5009.12规定的方法测定。

B29　人造奶油卫生标准(GB 15196—2003)

1　范围

本标准规定了人造奶油（人造黄油）的指标要求，食品添加剂、生产加工过程的卫生要求、包装、标识、储存及运输要求和检验方法。

本标准适用于以氢化后的精炼食用植物油为主要原料，添加水和其他辅料，经乳化、急冷而制成的具有天然奶油特色的可塑性制品，可供直接食用或加工食品。

2　规范性引用文件

下列文件中的条款通过本标准的引用而成为本标准的条款。凡是注日期的引用文件，其随后所有的修改单（不包括勘误的内容）或修订版均不适用于本标准，然而，鼓励根据本标准达成协议的各方研究是否可使用这些文件的最新版本。凡是不注日期的引用文件，其最新版本适用于本标准。

GB 2760　食品添加剂使用卫生标准

GB/T 4789.2　食品卫生微生物学检验　菌落总数的测定

GB/T 4789.3　食品卫生微生物学检验　大肠菌群的测定

GB/T 4789.4　食品卫生微生物学检验　沙门氏菌检验

GB/T 4789.5 食品卫生微生物学检验 志贺氏菌检验

GB/T 4789.10 食品卫生微生物学检验 金黄色葡萄球菌检验

GB/T 4789.15 食品卫生微生物学检验 霉菌和酵母计数

GB/T 5009.11 食品中总砷及无机砷的测定

GB/T 5009.12 食品中铅的测定

GB/T 5009.13 食品中铜的测定

GB/T 5009.37 食用植物油卫生标准的分析方法

GB/T 5009.77 食用氢化油、人造奶油卫生标准的分析方法

GB/T 5009.138 食品中镍的测定

GB 8955 食用植物油厂卫生规范

3 指标要求

3.1 原料要求

应符合相应的标准和有关规定。

3.2 感官要求

外观呈乳白色或淡黄色半固体状，质地均匀细腻，具有天然奶油特有的风味，无霉变、无异味、无异嗅和无杂质。

3.3 理化指标

理化指标应符合表1的要求。

表1 理化指标

项 目		指 标	项 目		指 标
水分/(g/100g)	≤	16	铜(Cu)/(mg/kg)	≤	0.1
脂肪/(g/100g)	≥	80	镍(Ni)/(mg/kg)	≤	1
酸值(KOH)/(mg/g)	≤	1	总砷(以As计)/(mg/kg)	≤	0.1
过氧化值/(g/100g)	≤	0.13	铅(Pb)/(mg/kg)	≤	0.1

3.4 微生物指标

微生物指标应符合表2的要求。

表2 微生物指标

项 目		指 标	项 目		指 标
细菌总数/(cfu/g)	≤	200	致病菌（指肠道致病菌和致病性球菌）		不得检出
大肠菌群/(MNP/100g)	≤	30	霉菌/(cfu/g)	≤	50

4 食品添加剂

4.1 食品添加剂质量应符合相应的标准和有关规定。

4.2 食品添加剂的品种和使用量应符合GB 2760的规定。

5 生产加工过程的卫生要求

应符合GB 8955的规定。

6 包装

包装容器和材料应符合相应的卫生标准和有关规定。

7 标识

定型包装的标识要求应符合有关规定。

8 储存及运输

8.1 储存

产品应储存在干燥，通风良好的场所。不得与有毒、有害，有异味，易挥发，易腐蚀的物品同处储存。

8.2 运输

运输产品时应避免日晒、雨淋。不得与有毒、有害，有异味或影响产品质量的物品混装运输。

9 检验方法

9.1 感官指标

按本标准附录A操作。

9.2 理化指标

9.2.1 水分、脂肪

按GB/T 5009，77规定的方法测定。

9.2.2 酸值，过氧化值

按GB/T 5009.37—2003中4.1和4.2规定的方法测定。

9.2.3 铜

按GB/T 5009.13中原于吸收分光光度法测定。

9.2.4 镍

按GB/T 5009.138规定的方法测定。

9.2.5 铅

按GB/T 5009.12规定的方法测定。

9.2.6 总砷

按GB/T 5009.11规定的方法测定。

9.3 微生物指标

菌落总数、大肠菌群、霉菌检验、致病菌按GB/T 4789.2、GB/T 4789.3、GB/T 4789.15，GB/T 4789.4、GB/T 4789.5，GB/T 4789.10规定的方法检验。

B30 食用油脂的限量卫生标准

（1）油脂中黄曲霉B_1允许量标准（摘自GB 2761—81）

品 种		指标/(μg/kg)
玉米、花生仁、花生油	≤	20
其他食用油	≤	10

（2）油脂中苯并［a］芘限量卫生标准（摘自GB 7104—94）

品 种		指标/(μg/kg)	品 种		指标/(μg/kg)
豆油	≤	10	茶油	≤	10
花生油	≤	10	其他油	≤	10
菜籽油	≤	10			

（3）油脂中铁限量卫生标准

品 种		指标(以Fe计)/(μg/kg)
食用油	≤	20

B31 油料和油脂中农药残留的限量标准

（1）油脂中甲拌磷、杀螟硫磷、倍硫磷最大残留限量标准（摘自GB 4788—94）

项 目	指标/(mg/kg)		
	甲拌磷	杀螟硫磷	倍硫磷
食用油	不得检出	不得检出	≤0.01

（2）油脂中敌敌畏、乐果、马拉硫磷、对硫磷最大残留限量（摘自GB 5127—1998）

品　种	最大残留量/(mg/kg)			
	敌敌畏	乐果	马拉硫磷	对硫磷
食用油	不得检出	不得检出	≤0.01	0.1

（3）棉籽油中甲基对硫磷最大残留限量标准（摘自 GB 14874—94）

项　目	指标/(mg/kg)
棉籽油	≤0.1

（4）食用油（花生油、棉籽油）中涕灭威最大残留限量标准（GB 14928.6—94）

限　量	指　标
食用油(花生油、棉籽油)/(mg/kg)	不得检出

（5）食用油中西维因最大残留限量指标（摘自 GB 14791—94）

项　目		指标/(mg/kg)
食用油	≤	0.5

（6）油脂中乙硫磷、氰戊菊酯（氰氰菊酯）农药最大残留限量标准（摘自 GB 15194—94）

项　目	指标/(mg/kg)	
	乙硫磷	氰氰菊酯
棉籽油	0.5	0.2

（7）双甲脒等农药在油脂中的最大残留量（摘自 GB 16333—1996）

项目	指标/(mg/kg)										
	双甲脒	毒死蜱	氟氯氰菊酯	三氟氯氰菊酯	多效唑	久效磷	百草枯	伏杀硫磷	腐霉利	克螨特	硫双威
棉籽油	0.05	0.05	0.05	0.02		0.05		0.1		0.1	0.1
菜籽油				0.5	0.05		0.1				

四、辅料标准

B32　**植物油抽提溶剂国家标准**(GB 16629—2008)

1　范围

本标准规定了由石油直馏馏分、重整抽余油或凝析油馏分经精制而成的植物油抽提溶剂的要求和试验方法、检验规则、标志、包装、运输储存及交货验收。

本标准所属产品主要适用于食用油脂抽提。

2　规范性引用文件

下列文件中的条款通过本标准的引用而成为本标准的条款。凡是注日期的引用文件，其随后所有的修改单（不包括勘误的内容）或修订版均不适用于本标准，然而，鼓励根据本标准达成协议的各方研究是否可使用这些文件的最新版本。凡是不注日期的引用文件，其最新版本适用于本标准。

GB/T 1884　原油和液体石油产品密度实验室测定法（密度计法）（GB/T 1884—2000，eqv ISO 3675：1998）

GB/T 1885　石油计量表（GB/T 1885—1998，eqv ISO 91-2：1991）

GB/T 3209　苯类产品蒸发残留量的测定方法

GB/T 3555　石油产品赛波特颜色测定法（赛波特比色计法）

GB/T 4756　石油液体手工取样法（GB/T 4756—1998，eqv ISO 3170：1988）

GB/T 5096　石油产品铜片腐蚀试验法

GB/T 6536　石油产品蒸馏测定法

GB/T 11136 石油烃类溴指数测定法（电位滴定法）

GB/T 17474 烃类溶剂中苯含量测定法（气相色谱法）

SH 0164 石油产品包装、储运及交货验收规则

SH/T 0253 轻质石油产品中总硫含量测定法（电量法）

SH/T 0604 原油和石油产品密度测定法（U形振动管法）（SH/T 0604—2000，eqv ISO 12185：1996）

SH/T 0689 轻质烃及发动机燃料和其他油品的总硫含量测定法（紫外荧光法）

3 要求和试验方法

植物油抽提溶剂的技术要求和试验方法见表1。

4 检验规则

4.1 出厂检验

出厂产品按表1规定的全部质量指标进行检验。

4.2 组批规则

本产品以一罐为一批次。

4.3 抽样

按GB/T 4756的规定进行。取3L样品作为检验和留样用。

4.4 判定规则

出厂检验的结果全部符合表1要求时，则判定为合格。

4.5 复验规则

如果出厂检验结果中有不符合表1技术指标时，按GB/T 4756的规定重新抽取双倍量样品进行复检，复检结果如仍有不符合时，则判该批产品为不合格。

5 标志、包装、运输、储存及交货验收

产品的标志、包装、运输、储存及交货验收按SH 0164进行。符合本标准的产品在运输、储存过程中必须使用专用的管道、容器和机泵。

表1 植物油抽提溶剂技术要求和试验方法

项目		指标	试验方法
馏程			
初馏点/℃	不低于	61	GB/T 6536
干点/℃	不高于	76	
苯含量(质量分数)/%	不大于	0.1	GB/T 17474
密度(20℃)/(kg/m^3)		655～680	GB/T 1884 和 GB/T 1885 SH/T 0604[a]
溴指数	不大于	100	GB/T 11136
色度/号	不大于	30	GB/T 3555
不挥发物/(mg/100mL)	不大于	1	GB/T 3209
硫含量(质量分数)/%	不大于	0.0005	SH/T 0253[b] SH/T 0689
机械杂质及水分		无	目测[c]
铜片腐蚀(50℃,3h)/级	不大于	1	GB/T 5096

a 有争议时，以GB/T 1884和GB/T 1885为仲裁试验方法。

b 有争议时，以SH/T 0253为仲裁试验方法。

c 将试样注入100mL的玻璃量筒中，室温下观察，试样应透明、无悬浮及沉降物。

备注：

本标准第3章和第4章为强制性，其余为推荐性。

本标准代替GB 16629—1996《6号抽提溶剂油》。

本标准与GB 16629—1996相比主要变化如下：

——标准名称改为“植物油抽提溶剂”；

——馏程范围由60～90℃（98%馏出温度）改为61～76℃（干点）；

——芳烃质量分数由不大于1.0%改为苯质量分数不大于0.1%；

——溴指数由不大于1000改为不大于100；

——不挥发物由不大于3mg/100mL改为不大于1.0mg/100mL；

——硫质量分数由不大于0.012%改为不大于0.0005%。

本标准实施过渡期为一年，本标准自实施之日起一年后，GB 16629—1996《6号抽提溶剂油》废止，本标准由全国石油产品和润滑剂标准化技术委员会（SAC/TC 280）提出。

本标准由中国石油化工集团公司归口。

B33 **食品工业抽提用正己烷**（Q/SH 3170 045—2009）

1 范围

本标准规定了轻质石油馏分经二次深度加氢、精馏等工艺生产的食品工业抽提用正己烷的要求和试验方法、检验规则、标志、包装、运输、储存及交货验收、安全。

本标准适用于，主要作为食用植物油脂抽提溶剂的食品工业抽提用正己烷（以下简称产品）。

2 规范性引用文件

下列文件中的条款通过本标准的引用而成为本标准的条款。凡是注日期的引用文件，其随后所有的修改单（不包括勘误的内容）或修订版均不适用于本标准，然而，鼓励根据本标准达成协议的各方研究是否可使用这些文件的最新版本。凡是不注日期的引用文件，其最新版本适用于本标准。

CD/T 190 危险货物包装标志

GB/T 260—1977 石油产品水分测定法

GB/T 511—1988 石油产品和添加剂机械杂质测定法（重量法）

G3/T 1884—2000 原油和液体石油产品密度实验室测定法（密度计法）（GB/T 1884—2000，eqv ISO 3675：1998）

G8/T 1885—1998 石油计量表（GB/T 1885—1998，eqv ISO 91-2：1991）

G8/T 3555—1992 石油产品赛波特颜色测定法（赛波特比色计法）

GB/T 4756—1998 石油液体手工取样法（GB/T 4756—1998，eqv ISO 3170：1988）

GB/T 5096—1985 石油产品铜片腐蚀试验法

GB/T 8170—2008 数值修约规则与极限数值的表示和判定

GB/T 11136—1997 石油烃类溴指数测定法（电位滴定法）

CB 13690 常用危险化学品的分类及标志（中文）

GB/T 17474—1998 烃类溶剂中苯含量测定法（气相色谱法）

GB 17602—1998 工业己烷

CB 20581—2006 化学品分类、警示标签和警示性说明安全规范易燃液体

SH 0164 石油产品包装、储运及交货验收规则

SH/T 0253—1992 轻质石油产品中总硫含量测定法（电量法）

SH/T 0689—2000 轻质烃及发动机燃料和其他油品的总硫含量测定法（紫外荧光法）

SH/T 0714—2002 石脑油中单体烃组成测定法（毛细管气相色谱法）

3 要求和试验方法

产品的质量指标和试验方法应符合表1的规定。

4 检验规则

4.1 出厂检验

产品应按表1规定的所有项目进行检验，检验合格并附质量合格证明方可出厂。

4.2 组批

产品以一罐为一批。

4.3 抽样

按 GB/T 4756—1998 规定进行。取 2L 样品作为检验和留样用。

4.4 判定规则

产品检验结果的判定按 GB/T 8170—2008 中修约值比较法进行。出厂检验结果全部符合表 1 的规定，判定该批产品合格。

表 1 产品的质量指标和试验方法

项　目		指　标	试验方法
馏程			
初馏点/℃	不低于	66	GB/17602—1998 附录 B
干点/℃	不高于	70	
密度(20℃)/(kg/m³)		655～680	GB/T 1884—2000 和 GB/T 1885—1998
正己烷含量(质量分数)/%	不小于	80.0	SH/T 0714—2002
苯含量(质量分数)/%	不大于	0.01	GB/T 17474—1998
色度/号	不小于	30	GB/T 3555—1992
溴指数	不大于	100	GB/T 11136—1997
不挥发物/(mg/100mL)	不大于	1.0	GB 17502—1998 附录 C
硫含量(质量分数)/%	不大于	0.0005	SH/T 0253—1992 或 SH/T 0689—2000[a]
机械杂质及水分		无	目测观察[b]
铜片腐蚀(50℃,3h)/级	不大于	1	GB/T 5096

a 以 SH/T 0253—1992 为仲裁试验方法。

b 将试样注入 100mL 的玻璃量筒中，室温下观察，试样应透明并无可见的悬浮及沉降的机械杂质及水时观察结果为“无”，反之为“有”。有争议时，分别以 GB/T 260—1977 和 GB/T 511—1988 为仲裁法。

4.5 复验规则

产品出厂检验结果中若有不合格项，可按 GB/T 4756—1998 的规定自同批产品中重新抽取双倍量样品对不合格项进行复检，复检结果如仍不合格，则判该批产品不合格。

5 标志、包装、运输、储存及交货验收

产品的标志、包装、运输、储存及交货验收按 SH 0164 和 GB 190、GB 13690 规定进行。符合本标准的产品在运输、储存过程中必须使用专用的管道，容器、机泵和运输工具。

6 安全

产品属易燃液体，大量吸入有麻醉性，产品应置阴凉处密封储存，并严格注意火灾危险。产品的危险性警示见 GB 20581—2006 中第 8 章的警示说明。

本标准的意图不在于强调与本标准使用有关的所有安全问题。在使用前，本标准的使用方有责任建立并采取合适的安全与健康措施并确定其适用性。

B34 食品添加剂 特丁基对苯二酚行业标准（QB 2395—2007）

1 范围

本标准规定了食品添加剂特丁基对苯二酚的要求、试验方法、检验规则和标志、包装、运输、储存。

本标准适用于以对苯二酚为原料，经烷基化反应生成的特丁基对苯二酚（简称 TBHQ）产品。

2 规范性引用文件

下列文件中的条款通过本标准的引用而成为本标准的条款。凡是注日期的引用文件，其随后所有的修改单（不包括勘误的内容）或修订版均不适用于本标准，然而，鼓励根据本标准达成协议的各方研究是否可使用这些文件的最新版本。凡是不注日期的引用文件，其最新版本适用于本标准。

GB/T 617 化学试剂 熔点范围测定通用方法

GB/T 5009.12 食品中铅的测定

GB/T 6682 分析实验室用水规格和试验方法

3 结构式、分子式、相对分子质量

结构式：

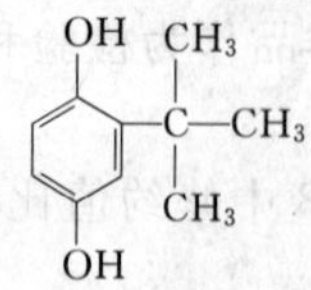

分子式：$C_{10}H_{14}O_2$

相对分子质量：166.22

4　要求

4.1　感官指标

产品为白色结晶性粉末，具有一种特殊的气味。

4.2　理化指标

应符合表 1 的规定。

表 1　理化指标

项　　目		指标	项　　目		指标
特丁基对苯二酚含量(以 $C_{10}H_{14}O_2$ 计)/%	≥	99.0	砷盐(以 As 计)/(mg/kg)	≤	3
特丁基对苯醌/%	≤	0.2	重金属(以 Pb 计)/(mg/kg)	≤	10
氢醌/%	≤	0.1	熔点/℃		126.5～128.5
2,5-二特丁基氢醌/%	≤	0.2	紫外吸收(多核碳氢化合物)		合格
甲苯/%	≤	0.0025			

5　试验方法

除非另有说明，在分析中仅使用确认为分析纯的试剂和 GB/T 6682 中规定的水。

5.1　感官指标

取适量样品置于清洁、干燥的白瓷盘中，在自然光线下，观察其色泽，嗅其味。

5.2　鉴别

把几毫克样品溶于 1mL 甲醇中，然后加入几滴 25%的二甲胺水溶液，溶液从淡红色变成红色而不被还原。

5.3　特丁基对苯二酚含量、特丁基对苯醌、2,5-二特丁基氢醌及氢醌

5.3.1　试剂和材料

a) 丙酮；

b) 氢醌标准品；

c) 特丁基对苯二酚标准品：纯度不低于 99%；

d) 特丁基对苯醌标准品：纯度不低于 99%；

e) 2,5-二特丁基氢醌标准品：纯度不低于 99%。

5.3.2　仪器

a) 气相色谱仪：配有氢火焰离子化检测器和自动积分仪；

b) 色谱柱：HP-5 弹性石英毛细管柱，柱长 30m，内径 0.32mm，涂层厚度 0.25μm。

5.3.3　色谱条件

a) 气流速度：载气为氢气，线速为 30cm/s；

b) 温度：柱温 220℃，进样器 250℃，检测器 300℃；

c) 分流比：20∶1。

5.3.4　分析步骤

5.3.4.1　标准溶液制备

准确称取约 10mg 氢醌、特丁基对苯二酚、特丁基对苯醌和 2,5-二特丁基氢醌标准品，分别置于 10mL 容量瓶中，用丙酮溶解并定容至刻度，摇匀。

5.3.4.2　样品处理

准确称取约 0.2g 样品（精确至 0.0002g），置于 10mL 容量瓶中，用丙酮溶解并定容至刻度，摇

匀，制成样品溶液。

5.3.4.3　测定

在上述色谱条件下注入各标准溶液 1μL，进行气相色谱分析，确定各标准品的保留时间，再注入样品溶液 1μL，进行色谱分析。

5.3.5　结果计算

采用面积归一法分别算出特丁基对苯二酚、特丁基对苯醌、2,5-二特丁基氢醌及氢醌的含量。

5.3.6　允许差

特丁基对苯二酚测定结果的相对偏差不超过 0.2%：其他物质测定结果的相对偏差不超过 2%；实验结果以两次平行测定结果的算术平均值为准。

5.4　甲苯

5.4.1　试剂和材料

a）辛醇；

b）甲苯。

5.4.2　仪器

a）气相色谱仪：配有氢火焰离子化检测器和自动积分仪；

b）色谱柱；填充柱，柱长 2m，内径 3mm，填料为 FFAP 和 Chromosorb W(80～100 目)，其比值为 10：100。

5.4.3　操作条件

a）气流速度：载气为氮气，25mL/mim；

b）温度：柱温 70℃，进样器 275℃，检测器 300℃；

c）分流比：50：1；

d）进样量为 1μL，甲苯的推荐保留时间为 2.260min。

5.4.4　分析步骤

5.4.4.1　样品处理

准确称取约 2g 样品（精确至 0.0002g），置于 10mL 容量瓶中，用辛醇溶解并定容至刻度，摇匀，计准确浓度为 c_s。

5.4.4.2　标准溶液制备

制备每毫升含 50μg 甲苯的辛醇溶液，计准确浓度为 c_R。

5.4.4.3　样品测定

在色谱仪中进样 1μL 标准溶液，在色谱图上测量甲苯的峰高（H_R），其他峰对分析无影响，同样的，在色谱仪中进样 1μL 样品溶液和空白的辛醇溶液，测量峰高（H_s）。

5.4.5　结果计算

样品中申苯含量按公式（1）计算：

$$X=(H_s/H_R)\times(c_R/c_s) \tag{1}$$

式中　X——样品中甲苯的含量，mg/kg；

H_s——标准溶液中甲苯的峰高；

H_R——样品溶液中甲苯的峰高；

c_R——样品溶液的浓度，g/mL。

c_s——标准溶液中甲苯的浓度，μg/mL。

5.4.6　允许差

测定结果的相对偏差不超过 10%，实验结果以两次平行测定结果的算术平均值为准。

5.5　铅

按 GB/T 5009.12 的方法测定。

5.6　熔点

按 GB/T 617 的方法测定。

5.7　紫外吸收

5.7.1 试剂和材料

a) L-抗坏血酸；

b) 异辛烷；

c) 乙醇；

d) 无水硫酸钠。

5.7.2 仪器和设备

a) 分液漏斗；

b) 旋转蒸发仪；

c) 紫外分光光度计。

5.7.3 分析步骤

5.7.3.1 样品处理

5.7.3.1.1 萃取

称取1g L-抗坏血酸，溶于100mL乙醇和100mL水组成的溶液中，移入500mL的分液漏斗（S-1）中。准确称量50g样品，置于分液漏斗（S-1）中，振荡溶解，再加入50mL异辛烷，萃取3min。静置分离，将底层水相移入另一500mL的分液漏斗（S-2）中，再分离1min，将底层水相再移入分液漏斗（S-2）中。往分液漏斗（S-2）中加入50mL异辛烷，重复上述萃取步骤，将底层水相移入第三只500mL分液漏斗（S-3）中。往分液漏斗（S-3）中加入50mL异辛烷，重复上述萃取步骤，将底层水相排出，废弃。

将1g抗坏血酸溶于由50mL乙醇和150mL水组成的溶液中，分别用200mL该溶液萃取上述的异辛烷溶液（S-1，S-2和S-3中的溶液），每一混合液振荡萃取1min，静置分离，弃掉下层水相。然后，分别用200mL 5%的乙醇水溶液（用水将10mL的乙醇定容至200mL）萃取，弃掉下层水相。最后，分别用100mL蒸馏水洗所得的异辛烷溶液，进行2次，弃去洗液。

5.7.3.1.2 色谱柱过滤

称取100g无水硫酸钠，轻置于标准尺寸的色谱分析柱中，用75mL异辛烷洗涤，弃去洗液。将S-1中的异辛烷溶液用此色谱分析柱过滤，收集滤液，置于500mL的蒸馏瓶中。用S-2中的异辛烷溶液洗涤分液漏斗S-1，然后将溶液通过色谱分析柱，收集滤液置于同一蒸馏瓶中。用S-3中的异辛烷溶液依次洗涤分液漏斗S-2和S-1，然后如前所述进行过滤及收集滤液。用25mL异辛烷依次洗涤分液漏斗S-3，S-2和S-1，将洗液过滤并收集到蒸馏瓶中，重复两次，直至色谱分析柱完全排干。

5.7.3.1.3 蒸发浓缩

在装有混合异辛烷溶液的蒸馏瓶中加入2mL十六烷和2粒沸石，将蒸馏瓶固定到合适的真空蒸馏装置上。调节真空度为1/3的大气压，然后将蒸馏瓶置于蒸汽浴中进行蒸馏。当异辛烷停止滴入到接受器时，关掉真空，通过蒸馏瓶的顶部用5mL异辛烷洗涤瓶壁，然后重新放置温度计，重新抽空，这一剂量的异辛烷蒸馏时间约需1min。蒸馏快结束时，再加入5mL异辛烷，重复上述蒸馏过程。

5.7.3.2 测定

用异辛烷将蒸馏瓶中的残留物洗涤转移至10mL的容量瓶中，加异辛烷稀释定容至刻度，混匀。采用紫外分光光度计，在250～400nm的波长范围内，用5cm的石英比色管测定样品溶液的紫外吸收，使用异辛烷为空白样，经上述处理的不含样品的溶剂为对照样。从样品光谱图可以得到每个波长段每厘米的最大吸收：(a) 280～289nm；(b) 290～299nm；(c) 300～359nm；(d) 360～400nm。计算每个波段每厘米的最大吸收，即用样品溶液的每个波段每厘米的最大吸收减去溶剂对照样相应波段每厘米的最大吸收。所得净值不应超过指示值：(a) 0.15；(b) 0.12；(c) 0.08；(d) 0.02。

6 检验规则

6.1 组批

由生产单位的质量检验部门按照其相应的规则确定产品的批号，经最后混合且有均一性质量的产品为一批。

6.2 取样方法和取样量

在每批产品中随机抽取样品，每批按包装件数的2%抽取小样，每批应不少于三个包装，每个包装抽取样品应不少于100g，将抽取试样迅速混合均匀，分装入两个洁净、干燥的瓶中，瓶上注明生产厂、产品名称、批号、数量及取样日期，一瓶作检验，一瓶密封留存备查。

6.3　出厂检验

6.3.1　出厂检验项目包括特丁基对苯二酚含量、特丁基对苯醌、2,5-二特丁基氢醌、氢醌、甲苯和熔点。

6.3.2　每批产品须经生产厂检验部门按本标准规定的方法检验，并出具产品合格证后方可出厂。

6.4　型式检验

本标准要求中规定的所有项目均为型式检验项目。型式检验每半年进行一次，当出现下列情况之一时，也应进行型式检验。

——原料、工艺发生较大变化时；

——停产后重新恢复生产时；

——出厂检验结果与平常记录有较大差别时；

——国家质量监督检验机构或用户提出型式检验的要求时。

6.5　判定规则

对全部要求进行检验，当检验结果中有一项指标不符合本标准要求时，应重新双倍取样进行复检。若复检结果仍有一项不符合本标准，则整批产品判为不合格。

如供需双方对产品质量产生异议时，可由双方协商选定仲裁机构，按本标准规定的检验方法进行仲裁。

7　标志、包装、运输、储存

7.1　标志

食品添加剂必须有包装标志和产品说明书，标志内容包括：产品名称、产地，厂名、卫生许可证号、生产许可证、规格、配方或者主要成分、生产日期、批号或代号、保质期限、使用范围与使用量、使用方法等，并在标志上明确标示“食品添加剂”字样。

7.2　包装

产品的包装应采用国家批准的、并符合相应的食品包装用卫生标准的材料，

7.3　运输

产品在运输过程中不应与有毒、有害及污染物质混合载运，避免雨淋日晒等。

7.4　储存

产品应储存在通风、清洁、干燥的地方，不应与有毒、有害及有腐蚀性等物质混存。

7.5　保质期

产品自生产之日起，在符合上述储运条件、包装完好的情况下，保质期应不少于18个月。

B35　**食用盐卫生标准**(GB 2721—2003)

1　范围

本标准规定了食用盐的指标要求、食品添加剂、营养强化剂、生产加工过程的卫生要求和检验方法。

本标准适用于从海水、地下岩（矿）盐沉积物、天然卤（咸）水获得的以氯化钠为主要成分的经加工而成的食用盐，不适用于低钠盐。

2　规范性引用文件

下列文件中和的条款通过本标准的引用而成为本标准的条款。凡是注日期的引用文件，其随后所有的修改单（不包括勘误的内容）或修订版均不适用于本标准，然而，鼓励根据本标准达成协议的各方研究是否可使用这些文件的最新版本，凡是不注日期的引用文件，其最新版本适用于本标准。

GB 2760　食品添加剂使用卫生标准

GB/T 5009.13　食品中铜的测定

GB/T 5009.15　食品中镉的测定

GB/T 5009.17　食品中总汞及有机汞的测定

GB/T 5009.33　食品中亚硝酸盐与硝酸盐的测定

GB/T 5009.42　食盐卫生标准的分析方法

GB 14880　食品营养强化剂使用卫生标准

GB 14881　食品企业通用卫生规范

3　指标要求

3.1　感官要求

白色、味咸，无异味，无肉眼可见的与盐无关的外来异物。

3.2　理化指标

理化指标应符合表 1 的规定。

表 1　理化指标

项　目		指　标	项　目		指　标
氯化钠(以干基计)/(g/100g)	≥	97	铅(Pb)/(mg/kg)	≤	2
水不溶物/(g/100g)			铜(Cu)/(mg/kg)	≤	2
普通盐	≤	0.4	镉(Cd)/(mg/kg)	≤	0.5
精制盐	≤	0.1	总汞(以 Hg 计)/(mg/kg)	≤	0.1
硫酸盐(以 SO 计)/(g/100g)	≤	2	钡(Ba)/(mg/kg)	≤	15
亚硝酸盐(以 NaNO 计)/(g/100g)	≤	2	氟(F)/(mg/kg)	≤	2.5
总砷(以 As 计)/(mg/kg)	≤	0.5	碘(I)①		按 GB 14880 规定执行

① 仅适用于强化碘的食用盐。

4　食品添加剂和营养强化剂

4.1　食品添加剂和营养强化剂质量应符合相应的标准和有关规定。

4.2　食品添加剂和营养强化剂的品种和使用量应符合 GB 2760 和 GB 14880 的规定。

5　生产加工过程的卫生要求

应符合 GB 14881 的规定。

6　包装

包装容器和材料应符合相应的卫生标准和有关规定。

7　标识

定型包装的标识要求应符合有关规定。

8　储存及运输

8.1　储存

产品应储存在于燥，通风良好的场所。不得与有毒、有害、有异味、易挥发、易腐蚀的物品同处储存。

8.2　运输

运输产品时应避免日晒、雨淋。不得与有毒、有害、有异味或影响产品质量的物品混装运输。

9　检验方法

9.1　氯化钠、水不溶物、硫酸盐、总砷、铅、钡、氟、碘

按 GB/T 5009.42 规定的方法测定。

9.2　铜

按 GB/T 5009.13 规定的方法测定。

9.3　镉

按 GB/T 5009.15 规定的方法测定。

9.4　总汞

按 GB/T 5009.17 规定的方法测定。

9.5　亚硝酸盐

按 GB/T 5009.33 规定的方法测定。

B36 **食用烧碱国家标准**(GB 5175—2008)

1 范围

本标准规定了食品添加剂氢氧化钠的要求、试验方法、检验规则、标志，标签、包装、运输和储存。

本标准适用于食品添加剂氢氧化钠。该产品在食品工业上用作酸度调节剂和食品工业用加工助剂。

2 规范性引用标准

下列文件中的条款通过本标准的引用而成为本标准的条款，凡是注日期的引用文件，其随后所有的修改单（不包括勘误的内容）或修订版均不适用于本标准，然而，鼓励根据本标准达成协议的各方研究是否可使用这些文件的最新版本。凡是不注日期的引用文件，其最新版本适用于本标准。

GB 190—1990 危险货物包装标志

GB/T 191—2008 包装储运图示标志（ISO 780：1997，MOD）

GB/T 534—2002 工业硫酸

GB/T 6678 化工产品采样总则

GB/T 6682—2008 分析实验室用水规格的试验方法（ISO 3696：1987，MOD）

GB/T 5009.74—2003 食品添加剂中重金属限量试验

GB/T 5009.76—2003 食品添加剂中砷的测定

Her/T 3696.1 无机化工产品化学分析用标准滴定溶液的制备

Her/T 3696.2 无机化工产品化学分析用杂质标准溶液的制备

Her/T 3696.3 无机化工产品化学分析用制剂及制品的制备

3 分子式和相对分子质量

分子式：NaOH

相对分子质量：40.00（按 2007 年国际相对原子质量）

4 要求

4.1 外观

4.1.1 食品添加剂固体氢氧化钠为白色或近乎白色。

4.1.2 食品添加剂液体氢氧化钠是清亮的或略有混浊，无色或带粉颜色的液体。

4.2 食品添加剂固体氢氧化钠应符合表1要求。

表1 要求

项 目		指标	项 目		指标
总碱量(以 NaOH 计)ω/%		98.0～100.5	重金属(以 Pb 计)ω/(%)	≤	0.0005
碳酸钠(Na_2CO_3)ω/%	≤	2.0	不溶物及有机杂质		通过实验
砷(As)ω/(%)	≤	0.0003	汞(Hg)ω/%	≤	0.00001

4.3 食品添加剂液体氢氧化钠或符合表2要求。

表2 要求

项 目		指标	项 目		指标
总碱量(以 NaOH 计)(按氢氧化钠的标示值折升)ω/%		98.0～103.5	重金属(以 Pb 计)ω/(%)	≤	0.0005
碳酸钠(Na_2CO_3)(按氢氧化钠的标示值折升)ω/%	≤	2.0	不溶物及有机杂质		通过实验
砷(As)ω/(%)	≤	0.0003	汞(Hg)ω/%	≤	0.00001

B37 **磷酸国家标准**(GB 3149—2004)

1. 范围

本标准规定了食品添加剂磷酸的技术要求、试验方法、检验规则以及标志、标签、包装、运输、储存。

本标准适用于热法生产的食品添加剂磷酸，该产品主要用途为食品工业中的酸味剂，酵母的营养剂等。

分子式：H_3PO_4

相对分子质量：97.99（按1999年国际相对原子质量）

2　规范性引用文件

下列文件中的条款通过本标准的引用而成为本标准的条款。凡是注日期的引用文件，其随后所有的修改单（不包括勘误的内容）或修订版均不适用于本标准，然而，鼓励根据本标准达成协议的各方研究是否可使用这些文件的最新版本。凡是不注日期的引用文件，其最新版本适用于本标准。

GB/T 191—2000　包装储运图示标志（eqv ISO 780：1997）

GB/T 6678　化工产品采样总则

GB/T 6682—1992　分析实验室用水规格和试验方法（neq ISO 3696：1987）

HG/T 3696.1　无机化工产品化学分析用标准滴定溶液的制备

HG/T 3696.2　无机化工产品化学分析用杂质标准溶液的制备

HG/T 3696.3　无机化工产品化学分析用制剂及制品的制备

3　要求

3.1　外观：无色透明或略带浅色稠状液体。

3.2　食品添加剂　磷酸应符合表1要求。

表1　要求

项　　目		指标	项　　目		指标
磷酸(H_3PO_4)的质量分数/(%)		75.0～86.0	重金属(以 Pb 计)的质量分数/(%)	≤	0.0005
砷(As)的质量分数/(%)	≤	0.00005	易氧化物(以 H_3PO_4 计)的质量分数/(%)	≤	0.012
氟化物(以F计)的质量分数/(%)	≤	0.001			

B38　**食品级白油国家标准**(GB 4853—2008)

1　范围

本标准规定了食品级白油的技术要求、试验方法、标志、包装、储运、交货验收、采样。

本标准适用于由行油的润滑油馏分经脱蜡、化学精制或加氢精制而制得的食品级白油。

2　规范性引用文件

下列文件中的条款通过本标准的引用而成为本标准的条款。凡是注日期的引用文件，其随后所有的修改单（不包括勘误的内容）或修订版均不适用于本标准，然而，鼓励根据本标准达成协议的各方研究是否可使用这些文件的最新版本。凡是不注日期的引用文件，其最新版本适用于本标准。

GB/T 259　石油产品水溶性酸及碱测定法

GB/T 265　石油产品运动黏度测定法和动力粘度计算法

GB/T 3555　石油产品赛波特颜色测定法（赛波特比色计法）

GB/T 4756　石油液体石油产品取样法（手工法）(GB/T 4756—1998，eqv ISO 5J 18B)

GB/T 8451　食品添加剂中重金属限量试验法

GB/T 8449　食品添加剂中铅的测定方法

GB/T 8450　食品添加剂中砷的测定方法

GB/T 11079　白色油易碳化物试验法

GB/T 11081　白色油紫外吸光度测定法

SH/T 0134　白色油固态石蜡试验法

SH 0164　石油产品包装、储运及交货验收规则

SH/T 0398　石油蜡和石油脂分子量测定法

SH/T 0558　石油馏分沸程分布测定法（气相色谱法）

SH/T 0730　石油馏分分子量估算法（黏度测量法）

3　产品用途

本产品适用于食品上光、脱膜、消泡和水果、蔬菜、禽蛋的保鲜以及作为食品机械、手术器械的防锈、润滑剂；谷物储存的防尘剂和食品级塑料、树脂的增塑剂等。

4 技术要求和试验方法

食品级白油的技术要求和试验方法见表1。

表1 食品级白油的技术要求和试验方法

项目		质量指标					试验方法
		低、中黏度				高黏度	
		1号	2号	3号	4号	5号	
运动黏度(100℃)/(mm²/s)		3.0～3.0	3.0～7.0	7.3～8.5	9.8～12	≥11	GB/T 265
运动黏度(40℃)/(mm²/s)		报告	报告	报告	报告	报告	GB/T 265
初馏点/℃		200	200	200	200	350	SH/T 0658
5%(质量分数)蒸馏点	不小于	12	17	99	25	29	SH/T 0558
5%(质量分数)蒸馏点温度/℃	大于	224	287	356	391	482	SH/T 0658
平均相对分子质量[a]	不小于	258	320	400	490	500	SH/T 0398 SH/T 0730
颜色、赛氏号	不低于	+30	+30	+30	+30	+30	GB/T 3555
水溶性酸或碱		无	无	无	无	无	GB/T 259
易炭化物		通过	通过	通过	通过	通过	GB/T 11079
稠环芳烃,紫外吸光度(260mm～420mm)/cm	不大于	0.1	0.1	0.1	0.1	0.1	GB/T 11081
固态石蜡		通过	通过	通过	通过	通过	SH/T 0134
铅含量[b]/(mg/kg)	不大于	1	1	1	1	1	附录A GB/T 5009.75
砷含量/(mg/kg)	不大于	1	1	1	1	1	GB/T 5009.76
重金属含量/(mg/kg)	不大于	10	10	10	10	10	GB/T 5009.74

a 平均相对分子质量的仲裁试验方法为SH/T 0730。

b 铅的试验方法附录A。

5 采样

采样按GB/T 4755进行，取2I.作为检验及留样用。

6 标志、包装、运输、储存及交验货验收按SH 0164进行

B39 **纯氮、高纯氮和超纯氮国家标准**(CB/T 8979—2008)

1 范围

本标准规定了纯氮、高纯氮和超纯氮产品的技术要求、检验方法以及包装、标志，储运，安全警示等。

本标准适用于空气分离或经净化得到的气态或液态的纯氮、高纯氮和超纯氮，主要刚作保护气、置换气、反应气等。

分子式：N_2

相对分子质量：28.0134（按2005年相对原子质量）

2 规范性引用文件

下列文件中的条款通过本标准的引用而成为本标准的条款，凡是注日期的引用文件，其随后所有的修改单（不包括勘误的内容）或修订版均不适用于本标准，然而，鼓励根据本标准达成协议的各方研究是否可使用这些文件的最新版本。凡是不注日期的引用文件，其最新版本适用于本标准。

GB/T 3864—2008 工业氮

GB/T 5832.1 气体湿度的测定 第1部分：电解法

GB/T 5832.2 气体中微量水分的测定 露点法

GB/T 6285 气体中微量氧的测定 电化学法

GB/T 8981 气体中微量氢的测定 气相色谱法

GB/T 8984.1 气体中一氧化碳、二氧化碳和碳氢化合物的测定 第1部分：气体中一氧化碳、二氧化碳和甲烷的测定

GB/T 14605 氧气中微量氩、氮和氪的测定 气相色谱法

HG/T 2686 惰性气体中微量氢、氧、甲烷、一氧化碳的测定 氧化锆检测器气相色谱法

3 要求

纯氮、高纯氮和超纯氮技术要求应符合表1的规定。

表1 纯氮，高纯氮和超纯氮技术要求

项 目		指 标		
		纯氮	高纯氮	超纯氮
氮气(N_2)纯度(体积分数)/10^{-2}	≥	99.99	99.999	99.9999
氧气(O_2)含量(体积分数)/10^{-5}	≤	50	3	0.1
氩(Ar)含量(体积分数)/10^{-6}	≤	—	—	2
氢气(H_2)含量(体积分数)/10^{-6}	≤	15	1	0.1
一氧化碳(CO)含量(体积分数)/10^{-6}	≤	5	1	0.1
二氧化碳(CO_2)含量(体积分数)/10^{-6}	≤	10	1	0.1
甲烷(CH_4)含量(体积分数)/10^{-5}	≤	5	1	0.1
水(H_2O)含量(体积分数)/10^{-5}	≤	15	3	0.5